CW00571331

LEIBHAFTES PERSONSEIN

THEOLOGISCHE UND INTERDISZIPLINÄRE PERSPEKTIVEN

FESTSCHRIFT FÜR EILERT HERMS ZUM 75. GEBURTSTAG

HERAUSGEGEBEN VON

ELISABETH GRÄB-SCHMIDT,
MATTHIAS HEESCH, FRIEDRICH LOHMANN,
DOROTHEE SCHLENKE, CHRISTOPH SEIBERT

MARBURGER THEOLOGISCHE STUDIEN

123

begründet von

Hans Graß und Werner Georg Kümmel

herausgegeben von

Friedhelm Hartenstein und Michael Moxter

LEIBHAFTES PERSONSEIN

THEOLOGISCHE UND INTERDISZIPLINÄRE PERSPEKTIVEN

FESTSCHRIFT FÜR EILERT HERMS ZUM 75. GEBURTSTAG

Herausgegeben von Elisabeth Gräb-Schmidt,
Matthias Heesch, Friedrich Lohmann, Dorothee Schlenke,
Christoph Seibert

EVANGELISCHE VERLAGSANSTALT
Leipzig 2015

Bibliografische Information der Deutschen Bibliothek

Die Deutsche Bibliothek verzeichnet diese Publikation in der Deutschen Nationalbibliografie; detaillierte bibliografische Daten sind im Internet über http://dnb.ddb.de abrufbar.

ISBN 978-3-374-04306-4

INHALTSVERZEICHNIS

VORWORT

Eilert Herms, theologischer Lehrer, Freund und Weggefährte der Autorinnen und Autoren dieses Bandes, vollendet am 11. Dezember 2015 sein 75. Lebensjahr.

Als theologischer Denker und Autor ist Eilert Herms stets Zeitgenosse geblieben. Dies hat seinen Ausdruck vor allem darin gefunden, dass er die Binnenperspektive des christlichen Glaubens und der diesen reflektierenden Theologie durchgehend zu verbinden sucht mit anderen, auch christentumskritischen Gegenwartsdeutungen.

Unter solchen Bedingungen besteht nach Herms eine zentrale Aufgabe der Theologie in der Apologetik, jedoch nicht im Sinne einer kleinmütigen Verteidigung isolierter Wahrheiten, sondern in einem zweifach präzisierten Sinne: (1) Eine apologetisch argumentierende Theologie bedarf der *Zeitdiagnose*. Diese wiederum umfasst zwei Aspekte. Einerseits gehört zu ihr eine wache Zeitgenossenschaft und die Bereitschaft, sich auf kirchliche, aber auch auf allgemein-gesellschaftliche Diskussionen der Gegenwart vom christlichen Standpunkt her und weltbezogen-sachkundig einzulassen. Andererseits muss die Gegenwart – sowohl der Christentumskritik wie auch des theologischen Diskurses mit der christentumskritischen Gegenwart – aus ihrer Geschichte heraus begriffen werden. Dies leistet die systematisch-theologisch orientierte und engagierte Theologiegeschichte.

(2) Eine Theologie im kritisch-konstruktiven Dialog mit ihrer Gegenwart erfordert *Kategorien, welche diejenigen Phänomene benennen, deren Deutung auch in nichttheologischen Kontexten als grundlegende Aufgabe gesehen wird*. Nur so wird ein interdisziplinäres Gespräch allererst möglich, und nur so kann das in diesen Kategorien reflektierte Wirklichkeitsverständnis des christlichen Glaubens seine erschließende und orientierende Kraft, gegebenenfalls auch in Konkurrenz zu anderen Deutungsoptionen, öffentlich plausibel zur Geltung bringen.

Beide Anliegen nehmen in der theologischen Arbeit von Eilert Herms eine zentrale Rolle ein. Zahlreiche Beiträge zu kirchlichen und gesellschaftlichen Gegenwartsthemen kennzeichnen Herms als wachen, reflektiert urteilenden und auch über die Theologie hinaus sachkundigen Zeitgenossen und Beobachter. Greifbare und thematisch fokussierte Gestalt hat darüber hinaus sein Beitrag zur Theologiegeschichte in systematisch-theologischer Absicht gewonnen: Neben Luther steht in dieser Hinsicht F. D. E. Schleiermacher, einschließlich dessen Vor- und Wirkungsgeschichte, von Beginn an im Zentrum der Arbeit des Jubilars. Seine von H.-J. Birkner betreute Kieler Dissertation *Herkunft, Entfaltung und erste Gestalt des Systems der Wissenschaften bei Schleiermacher* untersucht den Einfluss u.a. der in Halle eingeführten aufklärerischen Schulphilosophie, F. H. Jacobis und I. Kants auf den frühen Schleiermacher. Wie die Untersuchung zeigt, verarbeitet Schleiermacher diese Einflüsse in verschiedenen Entwürfen und schließlich in seinem ersten kritisch-systematischen Werk, den *Grundlinien einer Kritik der bisherigen Sittenlehre*. Im Zusammenhang solcher Bemühungen kommt der für Schleiermachers weitere philoso-phisch-theologische Entwicklung bestimmende Gedanke zustande, dass Theologie und Philosophie ihren Gegenstand auf je eigene Weise in dem sich in der Geschichte realisie-renden *Geist* haben, der die *Natur* zunehmend deutend und gestaltend ergreift, bis hin zu ihrer umfassenden Durchdringung am Ende der Zeit. Herms hat eine solche, jenen Ge-danken als zentral erkennende Schleiermacher-Deutung weiter ausgebaut, u.a. in Beiträ-gen, die in einem Schleiermacher gewidmeten Aufsatzband zusammengefasst sind. Vor allem aber ist ihm die definitive Edition der *Grundlinien einer Kritik der bisherigen Sittenlehre* zu verdanken, also der Schrift Schleiermachers, die den Gedanken der sich im Ge-schichtsprozess realisierenden Synthese aus Natur und Geist auf dem Weg einer kriti-schen Rekonstruktion der Philosophie- und Theologiegeschichte begründet hat.

Damit gerät der zweite wesentliche Schwerpunkt der gedanklichen Arbeit des Jubilars in den Blick: Wenn der Realisierungsprozess der christlichen Existenz als Individuum und Sozialgestalt sich auch als Aneignung der Natur durch den Geist verstehen lässt, dann fragt sich, wo und wie eben dies Wirklichkeit wird. Die Antwort, die Herms gibt, besteht in einer produktiv-selbstständigen Aufnahme und Weiterentwicklung einerseits von Grundideen Schleiermachers und der Reformation, andererseits bestimmter Überlie-ferungen der Philosophiegeschichte des 20. Jahrhunderts, die sich vor allem mit dem Denken W. James', E. Husserls und M. Heideggers verbinden. Hier spielt der Gedanke eine Rolle, dass der Mensch für sich und seinesgleichen aufgrund dessen erfahrbar wird, dass er leiblich verfasst ist. Damit werden sowohl Selbst- wie auch kommunikative Ge-meinschaftserfahrung allererst möglich. Wenn der christliche Glaube bzw. die in ihm angelegte Sicht auf die individuelle Biographie also eine Gewissheit ist, die es mit dem Realwerden des die Natur durchdringenden Geistes zu tun hat, und wenn (was wiede-rum eine Intention Schleiermachers ist, die Herms in einem forschungsgeschichtlich epochemachenden Aufsatz herausgearbeitet hat) sich dies als ein kommunikativer Pro-zess der Glaubenden beschreiben lässt, dann ist Leiblichkeit eine geeignete Kategorie, um die relevanten Aspekte des Subjekts-, Natur-, Kultur- und Kommunikationsbezugs des Glaubens zum Ausdruck zu bringen. Glaube lässt sich in diesem Sinne verstehen als eine bestimmte inhaltliche Ausprägung des Typus *Eigenleibgewissheit*. Diese repräsentiert so den Brennpunkt derjenigen Dimensionen von Wirklichkeit, in denen sich die Begeg-nung von Geist und Natur vollzieht, nämlich Selbsterleben, gesellig-kommunikatives Erleben anderer Menschen und schließlich das Erleben gegenständlich begegnender Sachverhalte, darunter der Natur und ihrer Gesetzmäßigkeiten. In der leiblich verfassten Erschlossenheit von Wirklichkeit – dem *leiblichen Personsein* – ist zugleich immer auch ein Bewusstsein Gottes als der ermöglichenden Instanz jener Erschlossenheit und der in ihr begegnenden Dimensionen der Realität gesetzt. Selbstgewissheit im Sinne der Eigenleib-gewissheit stellt also von sich aus immer auch theologische Fragen, von denen deshalb auch nur um den Preis sachlich unbegründeter Verkürzungen abgesehen werden kann. Am Beitrag der christlichen Theologie zur Interpretation der Situation des Menschen in der Moderne besteht folglich ein allgemeines Interesse, denn der in der Theologie verhandelte Typus der Gewissheit betrifft alle Bereiche des menschlichen Lebens und Zusammenlebens. Herms hat diese Gegenwarts- und Gesellschaftsrelevanz des christlichen Menschenbildes und des ihm zugrunde liegenden Wirklichkeitsverständnisses in unermüdlicher Vortragstätigkeit und in zahlreichen Publikationen zu Fragen der Ethik zur Geltung gebracht.

Ort der Repräsentanz theologischen Denkens ist für Eilert Herms einerseits die Theologie als universitäre Wissenschaft, andererseits legt er ein besonderes Gewicht auf die Funktion der Kirche. Denn nach seiner Überzeugung kann existentiell und gemeinschaftsbezogen nur wirksam werden, was die Gestalt einer Institution hat und so geschichtlich beständig ist und von einer auf die sachlichen Aufgaben der Institution geprägten Kompetenz getragen und geleitet wird. Bis hin zur Ebene der kirchlichen Gremienarbeit hat sich Herms von diesem Gedanken leiten lassen. Auch diese Institutionsbezogenheit seines Denkens lässt sich aus der Einsicht in die fundamentale Bedeutung herleiten, welche die beiden unlöslich miteinander verbundenen Kategorien Leiblichkeit und Personalität für das Leben des Menschen haben. So sehr Herms dabei dezidiert aus der Perspektive der reformatorischen Tradition argumentiert, so sehr liegt ihm der ökumenische Gedanke am Herzen.

Die Beiträge des vorliegenden Bandes bemühen sich, Themen und Anliegen aus den weit ausgespannten Arbeitsgebieten des Jubilars aufzunehmen und weiterzudenken. Der Titel *Leibhaftes Personsein* – im Sinne von Herms' Ausarbeitung dieser doppelten Kategorie und des hinter ihr stehenden gedanklichen Instrumentariums – soll dabei als thematische Klammer dienen. Die Beiträge illustrieren in ihrer teils anknüpfenden, teils modifizierenden Fortschreibung auf ihre Weise auch die sachliche Weite von Herms' theologischem Denken. Zugleich wird im selbstständigen Weiterdenken des theologischen Ansatzes unseres gemeinsamen Freundes und Lehrers die Offenheit seines Denkens für eine sich stets wandelnde Situation vor Augen geführt.

Ein Buch wie das vorliegende ist nur als Gemeinschaftswerk möglich. Entsprechend vielfältig haben wir zu danken. An erster Stelle sind die Autorinnen und Autoren der einzelnen Aufsätze zu nennen, die unsere Einladung zur Mitarbeit gerne angenommen und aus ihrer jeweiligen fachlichen Expertise heraus zum Gelingen des Gesamtprojekts beigetragen haben. Diese Aufsätze haben einen Redaktionsprozess durchlaufen, an dem sich die folgenden Mitarbeiterinnen und Mitarbeiter an unseren Professuren und Instituten dankenswerterweise beteiligt haben: Benjamin Häfele und Christian Stritzelberger (Tübingen); Jutta Brandl-Hammer und Ann-Katrin Amend (Regensburg); Simon Jungnickel und Florian Albrod (Hamburg); PD Dr. Jochen Bohn (München-Neubiberg) hat die Schlussredaktion und die Anfertigung des Personenregisters übernommen. In diesen Dank eingeschlossen sind die verantwortlichen Herausgeber der Marburger Theologischen Studien, Prof. Dr. Michael Moxter (Hamburg) und Prof. Dr. Friedhelm Hartenstein (München), sowie die Mitarbeiterin Marieke Lohse und das Verlags- und Herstellungsteam der EVA, für die gute Zusammenarbeit. Frau Dr. Annette Weidhas danken wir dafür, dass das Buch bei der Evangelischen Verlagsanstalt erscheinen kann. Und schließlich haben wir den evangelischen Kirchen zu danken, die die Veröffentlichung finanziell durch großzügige Druckkostenzuschüsse gefördert und so ihre Verbundenheit mit dem Jubilar zum Ausdruck gebracht haben. Unser Dank gilt dabei der Evangelischen Kirche in Deutschland (EKD) und der Vereinigten Evangelisch-Lutherischen Kirche in Deutschland (VELKD), der Evangelischen Landeskirche in Württemberg, der Evangelischen Kirche von Kurhessen-Waldeck, der Evangelisch-Lutherischen Kirche in Bayern, der Evangelischen Kirche in der Pfalz und der Evangelischen Kirche in Hessen und Nassau.

In diesem Sinne ein Gemeinschaftswerk von Kirche und Wissenschaft, hoffen wir, dass der vorliegende Band nicht nur dem Jubilar Freude bereitet, sondern auch den gesellschaftlichen Diskurs voranbringt über eine Thematik, die sein Leben begleitet hat und weiter begleitet: das leibhafte Personsein des Menschen.

Die Herausgeber

I.
BIBLISCHE PERSPEKTIVEN

Bernd Janowski

DAS HÖRENDE HERZ

Zum Personverständnis des Alten Testaments

> Ein frohes Herz macht das Wohlbefinden gut,
> aber ein niedergeschlagener Sinn
> trocknet die Knochen aus. (Spr 17,22)[1]

In seinem Buch *Das Gehirn – ein Beziehungsorgan* hat der Psychiater und Philosoph T. Fuchs eine Kritik der Neurowissenschaft vorgelegt, die das Gehirn wieder dem Leib und den Leib der Lebenswelt zuordnet, in die der Mensch eingebettet ist und in der er durch seinen Leib agiert. Das Gehirn ist nach dieser Sicht nicht „eine unsichtbare Kammer […], die sich im Kopf hinter den Sinnesorganen verbirgt"[2] und unsere Welt „wie ein geheimer Schöpfer"[3] hervorbringt, sondern ein „Beziehungsorgan", also

> „das Organ, das unsere Beziehung zur Welt, zu anderen Menschen und zu uns selbst *vermittelt*. Es ist der Mediator, der uns den Zugang zur Welt ermöglicht, der Transformator, der Wahrnehmungen und Bewegungen miteinander verknüpft. Das Gehirn für sich wäre nur ein totes Organ. Lebendig wird es erst in Verbindung mit unseren Muskeln, Eingeweiden, Nerven und Sinnen, mit unserer Haut, unserer Umwelt und mit anderen Menschen"[4].

Auffälligerweise spricht das Alte Testament nicht vom Gehirn und hat dafür auch kein hebräisches oder aramäisches Lexem. Die Funktion, die wir traditioneller Weise dem Gehirn zuordnen – nämlich das Denken –, übt nach alttestamentlichem Verständnis das Herz aus. Nicht zuletzt deshalb ist es die „Zentralinstanz im Inneren des Menschen"[5]. Die Funktionen des Herzens lassen sich aber nicht auf kognitive Fähigkeiten reduzieren, sondern diese konstituieren, wie wir sehen werden, zusammen mit seinen emotionalen und voluntativen Eigenheiten das Personverständnis des Alten Testaments. Um dieses

---

[1] Mit diesem Beitrag grüße ich E. Herms herzlich zu seinem 75. Geburtstag und denke bei dieser Gelegenheit dankbar an viele Gespräche, an das gemeinsame Seminar zur ‚Biblischen Theologie‘ im Sommersemester 1997, aber auch an die Zusammenarbeit im Vorstand unserer Fakultät in den Jahren 2002–2006 zurück. Sein Artikel zum Begriff der ‚Person‘ in der RGG bietet zahlreiche Anknüpfungspunkte für die folgenden Überlegungen. Vgl. *E. Herms*, Art. Person IV. Dogmatisch u. V. Ethisch, in: RGG[4] 6 (2003) 1123–1129. Im Übrigen gilt das obige Motto aus Spr 17,22 – *ad multos annos!*

[2] *T. Fuchs*, Das Gehirn – ein Beziehungsorgan. Eine phänomenologisch-ökologische Konzeption, 3. aktualisierte u. erw. Aufl., Stuttgart 2010, 95.

[3] AaO., 21.

[4] Ebd.

[5] *T. Krüger*, Das „Herz" in der alttestamentlichen Anthropologie, in: *Ders.*, Das menschliche Herz und die Weisung Gottes. Studien zur alttestamentlichen Anthropologie und Ethik (AThANT 96), Zürich 2009, 91–106, 97.

Problem angemessen zu beschreiben, wenden wir uns zunächst dem Zusammenhang von Personverständnis und Körperbegriff zu.

1 Personverständnis und Körperbegriff – Vorbemerkungen

Wenn man nach dem alttestamentlichen Personverständnis[6] fragt, stößt man schnell auf Sachverhalte, die im Gegensatz zum neuzeitlichen Personbegriff und seiner verzweigten Problemgeschichte[7] stehen. Das hat seinen Grund nicht nur im Fehlen eines dem lateinischen *persona* (Maske, Rolle, Status) bzw. dem griechischen πρόσωπον (Angesicht, Maske, Vorderseite)[8] entsprechenden hebräischen Terminus, sondern auch und vor allem in der unterschiedlichen Sicht des Menschen. So ist, wie die Geschichte der neuzeitlichen Identität zeigt, für den modernen Personbegriff eine spezifische Form der *Innen-/Außen-Relation* bestimmend, deren Wurzeln C. Taylor zufolge bei Platon liegen, der seine Auffassung der menschlichen Person anhand der Metapher von der Seele (ψυχή) als Lenkerin eines geflügelten Zweigespanns entwickelt hat.[9] Der Schlüssel zum „wahren" Selbst liegt danach in der Auffassung der Seele als einer vernunftbegabten Kraft, die der Außenwelt ordnend gegenübertritt, und zwar so, als hätten wir „ein Selbst in der gleichen Weise, in der wir einen Kopf oder Arme haben, und innere Tiefe in der gleichen Weise wie Herz oder Leber"[10].

Im Unterschied zu diesem Interpretationsmodell geht die alttestamentliche Anthropologie von einem *konstellativen Personbegriff* aus.[11] Der Begriff ‚Konstellation' meint dabei zweierlei: Zum einen wird der menschliche Körper als eine konstellative, d.h. aus einzelnen Teilen und Organen zusammengesetzte Ganzheit verstanden. Zum anderen bedeutet menschliches Leben die Eingebundenheit in soziale Zusammenhänge oder Rollen. Dieses vormoderne Konzept personaler Identität hat R. A. di Vito anhand von vier *Identitätsmarkern* charakterisiert:

---

[6] Vgl. dazu *B. Janowski*, Anerkennung und Gegenseitigkeit. Zum konstellativen Personbegriff des Alten Testaments, in: Ders./K. Liess (Hg.), Der Mensch im alten Israel. Neue Forschungen zur alttestamentlichen Anthropologie (HBS 59), Freiburg u.a. 2009, 181–211; *C. Frevel/O. Wischmeyer*, Menschsein. Perspektiven des Alten und Neuen Testaments (NEB. Themen 11), Würzburg 2003; *A. Wagner*, Körperbegriffe als Stellvertreterausdrücke der Person in den Psalmen, in: *Ders.*, Beten und Bekennen. Über Psalmen, Neukirchen-Vluyn 2008, 289–317; *R. A. di Vito*, Alttestamentliche Anthropologie und die Konstruktion personaler Identität, in: B. Janowski/K. Liess (Hg.), Der Mensch im alten Israel, aaO., 213–241.

[7] Vgl. dazu paradigmatisch *D. Sturma*, Art. Person, in: Neues Handbuch philosophischer Grundbegriffe 2 (2011) 1728–1738.

[8] Vgl. dazu *H. Cancik*, Art. Person I. Zum Begriff, in: RGG⁴ 6 (2003) 1120 f.

[9] Vgl. *Platon*, Phaidros, Deutsche Übers. v. F. Schleiermacher, bearb. v. D. Kurz (Platon. Werke 5), Darmstadt 1990², 1–193, 70–111 (246a–257a); vgl. dazu *C. Taylor*, Quellen des Selbst. Die Entstehung der neuzeitlichen Identität (stw 1233), Frankfurt a. M. 1994, 214–223; *J. Halfwassen*, Art. Seelenwagen, in: HWPh 9 (1995) 111–117.

[10] *C. Taylor*, Quellen des Selbst, aaO., 208.

[11] Zum konstellativen Personbegriff vgl. die Hinweise bei *B. Janowski*, Anthropologie des Alten Testaments. Grundfragen – Kontexte – Themenfelder, in: ThLZ 139 (2014) 5, Sp. 535–554, Sp. 545 f.

„Das Subjekt ist (1) zutiefst eingebettet in seine soziale Identität bzw. eng damit verbunden. Es ist (2) vergleichsweise dezentriert und undefiniert im Blick auf die Grenzen seiner Person. Es ist (3) relativ transparent, ins gesellschaftliche Leben eingebunden und darin verkörpert (mit anderen Worten: es ermangelt all dessen, was mit ‚inneren Tiefen' bezeichnet ist). Und schließlich ist es (4) ‚authentisch' gerade in seiner Heteronomie, in seinem Gehorsam anderen gegenüber und in seiner Abhängigkeit von anderen."[12]

Diese Charakterisierung hebt zu Recht hervor, dass die personale Identität nicht durch eine alles steuernde Rationalität zustande kommt, sondern durch Konstellationen, die komplexe, auf *Sozialität und Gegenseitigkeit* ausgerichtete Beziehungen des Menschseins zum Ausdruck bringen. Sie übersieht aber, dass die personale Identität in gleicher Weise durch *Binnenmotivationen* konstituiert wird, die den Bezug zur Außenwelt steuern und beeinflussen. Nach alttestamentlicher Vorstellung ist es vor allem das Herz, das diese Motivationsarbeit leistet.

2 Fühlen, Denken, Wollen – zur Bedeutung von leb/lebāb

Im Alten Testament begegnen die beiden Ausdrücke für Herz (*leb/lebāb*) über 850-mal, und zwar am häufigsten in den Psalmen (137), im Buch der Sprüche (99) sowie in den Büchern Ex (47), Dtn (51), Jes (49), Jer (66), Ez (47), Koh (42), 2 Chr (44) und Sir (68). Wahrscheinlich hängt diese Belegverteilung und -konzentration mit der *Entdeckung des inneren Menschen* zusammen, die literaturgeschichtlich in die mittlere und späte Königszeit, vor allem aber in die exilisch-nachexilische Epoche gehört. Die Entwicklung dürfte dabei schubweise vor sich gegangen sein und mehrere, sich vielfach überlappende Phasen umfasst haben: die *Einbindung des Ich* in die Gesellschaft (Spr), die *Verinnerlichung der Gottesbeziehung* (Dtn) und die *Herausbildung des Selbstbewusstseins in Gebet und Reflexion* (Ps, Jer, Ez, Koh, Sir). In dieser *sozialen*, *religiösen* und *individuellen* Akzentuierung des Herzens tritt der *innere Mensch* immer deutlicher in Erscheinung.

2.1 Das Symbol des ‚Inneren Menschen'

In einem materialreichen Lexikonartikel hat C. Markschies die Geschichte des ‚Inneren Menschen' von Platon über das Neue Testament bis in die spätantike und frühchristliche Literatur skizziert und dabei wichtige Begriffsdifferenzierungen eingeführt.[13] Wenn man über Platon hinausgeht und die vorderorientalischen Kulturen in die Betrachtung einbezieht, gelangt man zu Israel und Ägypten, die man als „Kulturen des Herzens"[14] bezeichnen kann. Die Geschichte des ‚Inneren Menschen' hat hier ihren Anfangspunkt.

Es ist allerdings ein Anfang, der unseren heutigen Vorstellungen vom Herzen nur wenig entspricht, weil das alte Israel – im Unterschied zum alten Ägypten – nur vage Vorstellungen von den inneren Organen hatte und der anatomische Blick in das Innere des

---

[12] *R. A. di Vito*, Alttestamentliche Anthropologie (s. Anm. 6), 217.

[13] Vgl. dazu *C. Markschies*, Art. Innerer Mensch, in: RAC 8 (1998) 266–312.

[14] Vgl. *J. Assmann*, Zur Geschichte des Herzens im Alten Ägypten, in: Ders. (Hg.), Die Erfindung des inneren Menschen. Studien zur religiösen Anthropologie (SVfR 6), Gütersloh 1993, 81–113.

Menschen erst seit dem frühen 16. Jahrhundert in Gebrauch gekommen ist. Dieses Manko wird allerdings durch eine intensive Form der Introspektion aufgewogen.

2.1.1 Physiologisch-vegetative Aspekte

Beginnen wir unsere Spurensuche mit der Frage nach der *physiologisch-vegetativen Funktion* des Herzens. Ein Wissen um diese Funktion scheint vorhanden gewesen zu sein, aber nicht in der Weise, die uns geläufig ist, weil es im alten Israel keine Lehre von den chemisch-physikalischen Vorgängen im menschlichen Körper gab. So erfahren wir nichts darüber, dass das Herz den Blutkreislauf bewirkt und dieser für den Stoffwechsel sorgt. Auch das Funktionieren des vom Zentralnervensystem unabhängigen vegetativen Nervensystems, an das die inneren Organe wie das Herz, die Leber, die Nieren, die Verdauungs- und die Geschlechtsorgane angeschlossen sind, war weitgehend unbekannt. Doch es gibt einige – wenige! – Hinweise, die zur Vorsicht gegenüber der Annahme einer völligen Unkenntnis anatomischer Gegebenheiten mahnen.[15] So meint *leb* an einigen Stellen offenbar die ‚Herzgegend‘ bzw. den ‚Brustkorb‘ oder unspezifisch das ‚Leibesinnere‘. Nach 2 Sam 18,14 f. etwa packte Joab drei Stöcke und

(14b) stieß sie in die Herzgegend (*leb*) Absaloms, während er noch lebend in der Eiche[16] hing.
(15) Zehn junge Männer, Joabs Waffenträger, umringten (ihn) und schlugen Absalom und töteten ihn.

In ähnlicher Weise spricht Hos 13,8 im Blick auf das schuldige Israel vom „Verschluss ihres Herzens“ und meint wohl den ‚Brustkorb‘:

7 Da wurde ich ihnen zum Löwen,
   wie ein Panther lauere ich am Weg auf,
8 ich falle sie an wie eine Bärin, die der Jungen beraubt ist,
   und zerreiße den Verschluss ihres Herzens (*seḡôr libbām*).
   Da werden sie die Hunde fressen,
   wilde Tiere sie in Stücke reißen.

Der Brustkorb, der das Herz umschließt und als sein „Verschluss“ schützt, wird von JHWH als der wütenden Bärin zerrissen. In 1 Sam 25,37 f. ist dagegen vom Herzen im ‚Inneren‘, in der ‚Mitte‘ des Menschen, also von dem konkreten Körperorgan im Leibesinneren die Rede:

37 Es erstarb ihm [sc. Nabal] sein Herz in seinem Inneren (*libbô beqirbô*), und er wurde zu Stein.
38 Etwa zehn Tage danach schlug JHWH den Nabal, so dass er starb.

Der Text spricht weder von einem tödlichen „Herzschlag“[17] noch von einem „Schlaganfall mit Gehirnblutung“[18] – Nabal lebt danach noch zehn Tage –, sondern wohl von einem Herzinfarkt mit anschließenden Lähmungserscheinungen („er wurde zu Stein“). Möglicherweise belegt der Text den Übergang von der vegetativen zur funktionalen Be-

---

[15] Eine solche Annahme ist in den einschlägigen Lexikonartikeln beliebt. Vgl. etwa *H.-J. Fabry*, Art. *leb/lebāb*, in: ThWAT 4 (1984) 413–451, 424.
[16] Eigentlich: ‚im *leb* der Eiche‘, womit wohl das innere Astwerk der Eiche gemeint ist.
[17] *F. Stolz*, Art. *leb*, in: THAT I (1994⁵) 861–867, 861.
[18] *H. W. Wolff*, Anthropologie des Alten Testaments, mit zwei Anhängen neu hg. v. B. Janowski, Gütersloh 2010, 76 u. 210.

deutung des Herzens, das im gesunden Zustand die ‚Beweglichkeit der Glieder' ermöglicht und dessen ‚Ersterben' das Erlöschen der motorischen und sensorischen Funktionen bedeutet.

Als Organ im Leibesinneren ist das Herz „ständig mehr oder weniger spürbar"[19]. In ihm konzentriert sich nicht nur das emotionale, kognitive und voluntative, sondern auch das *leibliche Wesen* des Menschen (vgl. Spr 4,23; 25,13), das gelabt bzw. ‚gestützt' werden muss, in der Regel mit Brot (Ri 19,5.8; vgl. Gen 18,5; 1 Kön 21,7; Ps 102,5), aber auch durch die Gewissheit, dass Gott den Menschen hört (Ps 69,33). Vom Gegenteil, nämlich vom Verlust der Lebenskraft, wird gesprochen, wenn der Mensch in Situationen der Angst und Bedrängnis gerät:

> Mein Inneres, mein Inneres, ich winde mich,
> Wände meines Herzens!
> Es tobt mir mein Herz,
> ich kann nicht schweigen!
> Denn den Schall des Horns ‚hörst du', meine *næpæš*,
> den Lärm des Krieges. (Jer 4,19)

Dieser vegetativen Schicht der Person entstammen auch die meisten Sprachbilder in der „Topologie der Klage"[20]. Das Herz des Klagenden „flattert" (Ps 38,11), es „bebt" (Ps 55,5), es „tobt" (Jer 4,19), es „wankt" (1Sam 28,5), es „verdorrt" (Ps 102,5), es „wird heiß" wie Feuer (Ps 39,4) oder „weich wie Wachs" und „zerfließt" (Ps 22,15; vgl. 2 Sam 17,10 u.ö.). Für alle diese Stellen ist der Übergang von der vegetativen zur emotionalen Bedeutung charakteristisch. Mit Übergängen – vom Gefühl zum Denken und/oder zum Handeln – ist auch bei den funktionalen Aspekten zu rechnen.

2.1.2 Funktionale Aspekte

Der größte Unterschied zwischen unserem und dem hebräischen Verständnis des Herzens liegt in der kognitiven Funktion (*Denken*), die ihm im Alten Testament zugeschrieben wird. Aber auch das *Fühlen* und *Wollen* werden im Herzen lokalisiert. Immer wieder zeigt sich dabei, dass diese drei Funktionen nicht gegeneinander abgegrenzte Eigenschaften repräsentieren, sondern ineinander übergehen bzw. sich überschneiden und im Herzen einen gemeinsamen organischen Fixpunkt haben.[21]

2.1.2.1 Emotionen und Gefühle

Ich hatte bereits darauf hingewiesen, dass Emotionen wie das Herzflattern (bei Angst und Beklemmung) oder das Herzhüpfen (bei Freude und Jubel) häufig auf der Basis vegetativer Vorgänge beschrieben werden. So wird das Herz zum Ausgangspunkt der *Klage*

---

[19] *S. Schroer/ T. Staubli*, Die Körpersymbolik der Bibel, 2. überarb. Aufl., Gütersloh 2005, 33.
[20] *H.-J. Fabry*, Art. *leb/lebāb* (s. Anm. 15), 426.
[21] Das wird von T. Krüger geleugnet. Vgl. *T. Krüger*, Das „Herz" in der alttestamentlichen Anthropologie (s. Anm. 5), 93. Näheres dazu weiter unten in Abschnitt 3.

– es schreit (Jes 15,5), es klagt (Jer 48,36), es weint zu JHWH (Klgl 2,18) –, aber auch der *Freude*,[22] wie z.B. in Ps 4,7–9:

> 7 Viele sagen:
>   „Wer lässt uns Gutes sehen?"
>   Erhebe doch auf uns das Licht deines Angesichts, JHWH!
> 8 Du hast Freude in mein Herz (*leb*) gegeben,
>   mehr als in der Zeit, da ihr Korn und ihr neuer Wein viel waren.
> 9 In Frieden will ich mich zugleich hinlegen und einschlafen,
>   denn du, JHWH, allein, du lässt mich wohnen in Sicherheit.

Oder in 1 Sam 2,1, wo Hanna, deren Herz wegen ihrer Kinderlosigkeit zunächst „missmutig" ist (1 Sam 1,8), nach der Geburt Samuels jubelt:

> Und Hanna betete und sprach:
> „Froh ist mein Herz (*leb*) in JHWH,
> hoch ist mein Horn in JHWH,
> offen ist mein Mund gegen meine Feinde,
> denn ich freue mich über deine Rettung."

Kummer (Ps 13,3; 34,19), Angst und Not (Ps 25,17), Armut (Ps 109,16.22), Schmach (Ps 69,21) und Verzweiflung (Jes 65,14; Klgl 1,20) lassen das Herz dagegen verzagen, z.B. in Ps 13,2 f.:

> 2 Wie lange, JHWH, vergisst du mich auf Dauer?
>   Wie lange verbirgst du dein Gesicht vor mir?
> 3 Wie lange soll ich Sorgen tragen in meiner *næpæš*,
>   Kummer in meinem Herzen (*leb*) Tag für Tag?
>   Wie lange erhebt sich mein Feind über mich?

Das Herz ist aber nicht die Quelle der positiven und negativen Emotionen, sondern der *Ort*, an dem diese in Erscheinung treten. Inwiefern ist das so, d.h. warum werden innere Organe wie das Herz oder die Innereien (*meʿîm*) zum Ort von Emotionen? Die Antwort liegt auf der Hand und wird durch die Ergebnisse der Humanbiologie und der Psychologie bestätigt: Die Emotionen werden deswegen „mit dem Herzen und den Innereien verbunden, weil sie dort physisch erfahren werden"[23]. Und sie werden dort physisch erfahren, weil das Herz ein physiologisch empfindliches Organ ist:

> „Physiologisch zeigt das Herz deutliche Veränderungen in Verbindung mit unterschiedlichen Emotionen. Dieser Punkt ist besonders relevant bei biblischen Gebeten, denn das Herz erscheint als physischer Ort, an dem eine Vielzahl von Emotionen körperlich in Erscheinung tritt. Folglich ist es kaum überraschend, dass das Herz jenes Organ ist, das von den Israeliten und anderen Völkern des antiken mittleren Ostens mit Gefühlen in Verbindung gebracht wurde."[24]

---

[22] Vgl. dazu die Übersicht bei *H. W. Wolff*, Anthropologie des Alten Testaments (s. Anm. 18), 80–82; *H.-J. Fabry*, Art. *leb/lebāb* (s. Anm. 15), 426 u. 427–432; *M. S. Smith*, Herz und Innereien in israelitischen Gefühlsäußerungen. Notizen aus der Anthropologie und Psychobiologie, in: A. Wagner (Hg.), Anthropologische Aufbrüche. Alttestamentliche und interdisziplinäre Zugänge zur historischen Anthropologie (FRLANT 232), Göttingen 2009, 171–181, 176 f.; *F. Markter*, Transformationen. Zur Anthropologie des Propheten Ezechiel unter besonderer Berücksichtigung des Motivs „Herz" (fzb 127), Würzburg 2013, 23 f.

[23] *M. S. Smith*, Herz und Innereien, aaO., 175.

[24] AaO., 177.

Die physiologischen Veränderungen, die das Herz in Verbindung mit unterschiedlichen Emotionen zeigt, erlauben es dem Menschen, sich auf bestimmte Situationen einzustellen. Das lässt sich durch eine Vielzahl alttestamentlicher Texte belegen, z.B. durch die Klage eines Kranken in Ps 38,7–9:

> 7 Ich bin verstört, tief gebeugt,
>   den ganzen Tag gehe ich niedergedrückt umher.
> 8 Denn meine Lenden sind voller Brand,
>   und nichts Heiles ist an meinem Fleisch.
> 9 Kraftlos bin ich und zerschlagen,
>   in der Qual meines Herzens schreie ich auf.

Man kann noch einen Schritt weiter gehen. Denn Emotionen sind nicht nur ein äußerer Ausdruck der inneren Gefühlswelt, sondern auch das Medium, durch das der Mensch mit anderen *kommuniziert* und sich ,*vernünftig*‘, d.h. richtig auf eine Handlung oder Entscheidung *vorbereitet*. Das wird von der neueren Emotionsforschung in Philosophie, Neurowissenschaft und Psychologie bestätigt, denn sie zeigt,

> „dass die Herrschaft der Vernunft auf eine funktionierende Emotionalität angewiesen ist. Entscheidungen kommen nicht rein rational zustande und Handlungen, welche rationalen Erwägungen folgen sollen, können ohne die motivierende und bewertende Kraft von Emotionen nicht umgesetzt werden. Wer nicht nur vernünftig denken, sondern auch vernünftig handeln will, ist auf seine Emotionen und Gefühle angewiesen“.[25]

Ein gutes Beispiel dafür ist die *Parabel vom Salomonischen Urteil* in 1 Kön 3,16–28. Die nach 1 Kön 3,4–15 von Salomo in einer Traumvision erbetene und ihm von JHWH zugesprochene Weisheit, die sich in seinem „hörenden Herzen“ (*leb šome*^{a}‘, V. 9) zeigt, bewährt sich in einem klugen Gerichtsurteil, das in ganz Israel Eindruck macht (1 Kön 3,28). Denn der König wird hier mit einem an sich unlösbaren Fall konfrontiert, bei dem Aussage gegen Aussage steht und es keine objektiven Rechtsmittel (Zeugen, Indizien) gibt. Überraschenderweise verhilft ein höchst subjektiver Faktor zur Wahrheitsfindung. Denn die richtige Mutter bekommt ihr Kind zugesprochen, weil sie in mütterlichem „Erbarmen“ will, dass das Kind am Leben bleibt und nicht durch das königliche Schwert zerschnitten wird:

> Da sprach die Frau, deren Kind das lebende war, zum König, denn es entbrannte ihr Erbarmen über ihr Kind, und sie sagte: „Bitte, mein Herr, gebt jener das lebende Kind, nur tötet es nicht!“ Diese aber sagte: „Weder mir noch dir soll es gehören, zerschneidet es!“ (1 Kön 3,26)

Salomos Weisheit besteht darin, dass er das Verhalten der Frau, deren Kind das lebende war, aufgrund seines ,hörenden Herzens‘ emotional richtig einschätzt und damit den scheinbar unlösbaren Fall löst. So zeigt die Parabel, wie Emotionen in einer bestimmten Situation die Aufmerksamkeit auf die relevanten Gesichtspunkte lenken können – wozu rationale Überlegungen allein nicht in der Lage sind.

---

[25] E.-M. *Engelen*, Was leisten Gefühle und Emotionen für das Denken?, in: Information Philosophie 4/2010, 22–26, 23.

2.1.2.2 Erkenntnis und Weisheit

Emotionen, so zeigen die bisherigen Überlegungen, sind nicht Ausdruck einer inneren Gefühlswelt, die unabhängig von der Außenwelt ist. Im Gegenteil: Sie spielen eine konstitutive Rolle in der *Kommunikation mit anderen*, indem sie dem Individuum helfen, sich gedanklich auf eine bestimmte Handlung oder Entscheidung vorzubereiten. Das Herz ist dasjenige Organ, das diese Vermittlung zwischen Innenwelt und Außenwelt in hervorragender Weise leistet – oder vor dieser Aufgabe versagt.

Diese Innen-/Außen-Relation wird besonders an den Stellen deutlich, in denen die *kognitive Funktion* des Herzens in Erscheinung tritt. Von den zahlreichen Belegen[26] seien nur einige exemplarische Fälle herausgegriffen. Dass *leb/lebāb* die ‚Erkenntnis‘, die ‚Vernunft‘ meint, macht *via negativa* z.B. Dtn 29,3 deutlich, wo die sensorische Wahrnehmung des Herzens mit der Seh- und Hörfähigkeit der Augen und Ohren parallelisiert wird:

Aber JHWH hat euch nicht gegeben ein Herz (*leb*) zum Erkennen
und Augen zum Sehen und Ohren zum Hören bis zum heutigen Tag. (Dtn 29,3)

Viele Texte des Psalters und des Sprüchebuchs sehen die Aufgabe des Herzens folglich in der Suche nach Lebensklugheit und Weisheit, die auch zu einer realistischen Einsicht in die Begrenztheit des Lebens führt:

Das Herz des Verständigen sucht Erkenntnis,
aber der Mund der Selbstzufriedenen weidet Narrheit. (Spr 15,14)

Unsere Tage zu zählen, lass (uns) erkennen,
damit wir einbringen ein weises Herz! (Ps 90,12)

Woher kommt solche Erkenntnisfülle des Herzens? Sie kommt aus dem *aufmerksamen Hören*, um das der weise Salomo JHWH bittet:

So gib deinem Knecht ein hörendes Herz (*leb šome*ᵃ‘), um dein Volk zu richten,
um den Unterschied zwischen gut und böse zu verstehen, denn wer vermag,
dieses dein zahlreiches Volk zu richten? (1 Kön 3,9; vgl. V. 12)

Das ‚hörende Herz‘ besitzt die „Weite“, d.h. den umfassenden Verstand, mit dem es die Fülle der Sinneseindrücke erfassen und verarbeiten kann:

Und Gott gab Salomo Weisheit und Einsicht in sehr großem Maß und Weite des Herzens (*roḥab leb*),
vergleichbar dem Sand, der am Rand des Meeres ist. (1 Kön 5,9)

„Der Salomo von 1 Kön 3“, schreibt G. von Rad, „hätte auch […] sagen können: Er erbäte sich von Jahwe, dass ihm die Welt nicht stumm bleibe, sondern ihm vernehmbar werde“[27]. Sie wurde ihm vernehmbar, denn er besaß ein ‚weites Herz‘, das ihn lehrte, auf die Ordnung der Schöpfung (Pflanzen und Tiere) zu achten und die kulturellen Leistungen des Menschen (Sprüche und Lieder) zu pflegen (1 Kön 5,9–14).

---

[26] Vgl. dazu *H. W. Wolff*, Anthropologie des Alten Testaments (s. Anm. 18), 84–90; *H.-J. Fabry*, Art. *leb/lebāb* (s. Anm. 15), 432–436; *F. Markter*, Transformationen (s. Anm. 22), 26–31.

[27] *G. von Rad*, Weisheit in Israel, mit einem Anhang neu hg. v. B. Janowski, 4. durchgesehene u. erw. Aufl., Neukirchen-Vluyn 2013, 309.

Die im Herz lokalisierte Einsicht drängt aber auch zu dauerhaftem *Bewusstsein*, so dass das Herz die Schatzkammer des Wissens, der Erinnerung und des Gedächtnisses ist.[28] Aber nicht nur das. Das Herz ist auch das Organ, das auf die *Entsprechung zwischen Innen und Außen* achtet (Spr 16,23), das diese Entsprechung in kritischen Situationen bewahrheitet und sich nicht trügerisch verstellt (Spr 26,24 f.):

> Ein weises Herz (*leb ḥākām*) macht seinen Mund achtsam,
> und auf seinen Lippen fügt es Einsicht hinzu. (Spr 16,23)

> 23 Schlackensilber, aufgetragen auf Tonscherben,
>   (so) sind strömende Lippen und ein böses Herz (*leb raʿ*).
> 24 Mit seinen Lippen verstellt sich ein Hassender,
>   aber in seinem Inneren legt er Trug (zurecht).
> 25 Wenn er seine Stimme anmutig macht, traue ihm nicht,
>   denn sieben Gräuel sind in seinem Herzen (*leb*). (Spr 26,23–25)

2.1.2.3 Wille und Plan

Das Herz ist schließlich der *Sitz des Wollens und Planens*, wobei der Übergang von den kognitiven zur voluntativen Funktion wieder fließend ist und mehrere Stufen umfasst:

(1) Der erste Schritt besteht im Nachdenken, d.h. in der *Formierung eines Gedankens ‚im Herzen'*, die zu einer Handlungsabsicht führt. So sagt Nathan zu David, als dieser darüber nachdenkt, dass er in einem Haus aus Zedernholz sitzt, während die Lade Gottes in einem Zelt wohnt (2 Sam 7,2):

> Alles, was in deinem Herzen (*bilbāb^e kāh*) ist, geh, tue es,
> denn JHWH ist mit dir! (2 Sam 7,3)

(2) Der zweite Schritt umfasst den *Übergang von der Absicht zum Wunsch*, der Kontur gewinnt, wenn vom Sprechen im Herzen oder zum eigenen Herzen die Rede ist. So heißt es im Prolog der nichtpriesterlichen Flutgeschichte (Gen 6,5–8), dass JHWH, den es reute, den Menschen geschaffen zu haben, und der darüber und über die Bosheit des menschlichen Herzens (Gen 6,5) Schmerz empfand, sprach:

> 5 Und JHWH sah,
>   dass die Bosheit des Menschen zahlreich war auf der Erde
>   und jedes Gebilde der Gedanken seines Herzens (*jeṣær maḥš^e bot libbô*)
>   nur böse war alle Tage.
> 6 Da reute es JHWH,
>   dass er den Menschen auf der Erde gemacht hatte,
>   und er empfand Schmerz in seinem Herzen (*wajjitʿaṣṣeb ʾæl-libbô*).[29]
> 7 Und JHWH sprach:
>   „Ich will austilgen den Menschen, den ich geschaffen habe,
>   von der Oberfläche des Ackerbodens, *vom Menschen bis zum Vieh,*
>   *bis zum Gewürm bis zu den Vögeln des Himmels,*
>   *denn es reut mich, dass ich sie gemacht habe.*"

---

[28] Vgl. Dtn 6,6; Ri 16,15.17 f. u. Jes 33,18.
[29] Vgl. dazu B. *Janowski*, Die Empathie des Schöpfergottes, in: JBTh 30 (2015) (i.E.).

(3) Das Herz richtet sich schließlich auf ein *bestimmtes Ziel* – wie die Vernichtung eines Beters durch dessen Freund (Ps 55,22), die Gewalt der „bösen Männer" (Spr 24,2) oder die Gottlosigkeit (2 Chr 12,14) –, das die Handlung einleitet:

21 Er legte seine Hände an seine Freundschaft,
    entweihte seinen Bund.
22 Glatt waren die Butterstücke seines Mundes,
    aber sein Herz (*leb*) war Krieg.
    Milder waren seine Worte als Öl,
    doch sie waren gezückte Messer. (Ps 55,21 f.)

1   Sei nicht eifersüchtig auf die bösen Männer
    und begehre nicht, mit ihnen zu sein!
2   Denn auf Gewalttätigkeit sinnt ihr Herz (*leb*),
    und Beschwerliches reden ihre Lippen. (Spr 24,1 f.)

Und er [sc. Rehabeam] tat Böses, denn er hatte sein Herz (*leb*)
nicht gefestigt, um JHWH zu suchen. (2 Chr 12,14)

Ein besonders eindrückliches Beispiel für die Fokussierung des Herzens auf ein bestimmtes Ziel ist die Beschreibung der Innenwelt des Frevlers und des in ihr ersonnenen Tuns in Ps 36,2-5:[30]

2   Raunen des Verbrechens zum Frevler inmitten meines Herzens (*leb*),
    kein Gottesschrecken (ist/steht) vor seinen Augen.
3   Denn es schmeichelte ihm in seinen Augen[31]
    hinsichtlich des Findens seiner Verkehrtheit, um (sie) zu hassen.
4   Die Worte seines Mundes sind Unheil und Trug,
    er hat aufgehört, klug zu handeln, Gutes zu tun.
5   Unheil ersinnt er auf seinem Lager,
    er stellt sich auf einen Weg, der nicht gut ist,
    Böses verabscheut er nicht.

Der Beter, der hier spricht, hört in sich hinein und vernimmt dabei das „Raunen des Verbrechens", das ihn zum Frevler machen will (V. 2a). Die Sünde, so stellt der Text fest, ist eine Möglichkeit, die im Zentralorgan des – oder genauer: jedes – Menschen, nämlich in seinem *Herzen*, lokalisiert und über die Augen mit der Außenwelt verbunden ist, wo sie sich nicht einmal von einem „Gottesschrecken" erschüttern lässt. Warum? Weil der Frevler ein in sich verkrümmter Mensch (*homo incurvatus in seipsum*) ist: Er hat Augen, die nicht fähig sind, die eigene Verkehrtheit aufzudecken und zu hassen (V. 3), und einen trügerischen Mund, der aufgehört hat, aus Einsicht Gutes zu tun (V. 4). Darum ersinnt er Unheil „auf seinem Lager" (V. 5a) und führt es auch aus, indem er einen Weg betritt, der nicht gut ist, und das Böse nicht verabscheut (V. 5b u. c). So führt hier – im Gegensatz zum ‚weisen Herzen' von Spr 16,23, das den Mund seines Trägers achtsam macht und auf seinen Lippen Einsicht hinzufügt – die Bewegungsrichtung des frevelhaften ‚Raunens' vom *Herzen* (V. 2a) über die *Augen* (V. 2b.3) zum *Mund* (V. 4) und von da

---

[30] Vgl. dazu B. *Janowski*, Ein Gott, der straft und tötet? Zwölf Fragen zum Gottesbild des Alten Testaments, 2. durchgesehene u. um einen Literaturnachtrag erw. Aufl., Neukirchen-Vluyn 2014, 239–241.

[31] Wörtlich: „denn es [sc. das Verbrechen] glättete ihm (seine Zunge/Worte) in seinen Augen/umschmeichelte ihn in seinen Augen".

zur *bösen Tat* (V. 5). Das ist, wie V. 4b unterstreicht („er hat aufgehört, klug zu handeln, Gutes zu tun"), eine Handlungskette, die an Konsequenz nichts zu wünschen übrig lässt.

2.2 Gott und das menschliche Herz

Der einzige, der Zugang zum menschlichen Herzen hat, ist Gott. Gott, der das Herz geschaffen hat (vgl. Ps 33,15), sieht in es hinein und ‚prüft' es zusammen mit den Nieren. Dieser göttliche Prüfvorgang, aber auch die Bitte um ein ‚reines Herz' steht im Folgenden im Vordergrund.

2.2.1 ‚Der Herz(en) und Nieren prüft'

Von den inneren Organen des Menschen sind es besonders die Nieren, die im Alten Testament (13-mal) mit den verschiedensten Regungen in Verbindung gebracht werden. Sie werden als *Sitz der Empfindungen* von der Freude bis zum tiefsten Leid angesehen:

> 15 Mein Sohn, wenn dein Herz weise geworden ist,
>   freut sich tatsächlich mein Herz,
> 16 und es frohlocken meine Nieren,
>   wenn deine Lippen Aufrichtiges sagen. (Spr 23,15 f.)

> 21 Als mein Herz sich verbitterte,
>   und ich in meinen Nieren ein scharfes Stechen fühlte,
> 22 da war ich ein Dummkopf und begriff nicht,
>   (ganz und gar) Vieh war ich vor dir. (Ps 73,21)

Die tiefste *seelische Not* sitzt in den Nieren. Der Gott, der Leid zufügt, erscheint als feindlicher Bogenschütze, der seine Pfeile auf den Leidenden abschießt und diesen tödlich in die Nieren trifft:

> 12 Ruhig lebte ich, da hat er mich durchgeschüttelt,
>   er hat mich im Genick gepackt und mich zerstückelt.
>   Er hat mich für sich zur Zielscheibe hingestellt,
> 13 es umringen mich seine Pfeile,
>   er spaltet meine Nieren und verschont nicht,
>   er gießt zur Erde aus meine Galle;
> 14 er zerreißt mich, Riss auf Riss,
>   er rennt gegen mich an wie ein Kriegsheld. (Hi 16,12–14)

> Er hat gebracht über meine Nieren die Söhne des Köchers
> (= seine Pfeile). (Klgl 3,13)

Die Nieren sind nach Ps 139 in besonderer Weise *von Gott geschaffen*. „Um die Gewissheit zu verdeutlichen, dass der Mensch sich vor Gott in keine Finsternis hineinflüchten kann (V. 11), da Gott sogar die Nacht durchleuchtet (V. 12), führt er als Begründung (V. 13) seine persönliche Schöpfungsgeschichte an"[32]:

> 13 Ja, du hast meine Nieren geschaffen,
>   du hast mich gewoben im Leib meiner Mutter.

---

[32] *H. W. Wolff*, Anthropologie des Alten Testaments (s. Anm. 18), 148 f.

14 Ich danke dir, dass ich so wunderbar geschaffen bin,
    wunderbar sind deine Werke,
    mein Leben(sdrang) ist sich dessen bewusst!
15 Nicht war verborgen mein Gebein vor dir,
    als ich im Geheimen entstand,
    als ich gewirkt wurde in den Tiefen der Erde. (Ps 139,13–15)

Schließlich ist das in Ps 16,7 enthaltene Bild von den Nieren als den *nächtlichen Lehr-meistern* zu nennen, das im Alten Testament keine Parallele hat:

Ich segne JHWH, der mich beraten hat,
auch in Nächten mahnen mich meine Nieren.

Als Sitz der innersten Regungen des Menschen sind die Nieren ebenso wie das Herz der *Ort des Einwirkens Gottes*. Die in Jer 11,20; 12,3; 17,10; 20,12 sowie in Ps 7,10 und 26,2 belegte Wendung vom ‚Prüfen von Herz(en) und Nieren‘ steht für das innerste Wesen des Menschen, zu dem nur Gott Zugang hat und das er ‚prüft‘ (*bāḥan*):

JHWH Zebaoth ist ein Prüfer des Gerechten,
ein Nieren- und Herz-Seher.
Ich werde deine Rache an ihnen sehen,
denn dir habe ich meinen Rechtsstreit offenbart. (Jer 20,12)

Dass im Alten Testament ‚Herz(en) und Nieren‘ als Objekt der göttlichen Prüfung genannt werden, soll vermutlich den ganzen Menschen charakterisieren, indem je ein besonders wichtiges Organ der zwei Teile des menschlichen Leibes erwähnt wird: das Herz als Körperteil im Oberbauch (‚Brustkorb‘) über dem Zwerchfell und die Nieren als Repräsentanten des unter dem Zwerchfell sich ausdehnenden Unterbauchs. Auf diese Weise werden die innersten Regungen des Gefühlslebens, als deren Ort die Nieren galten, und die der Vernunft zugeschriebenen Regungen des Herzens zusammen als der ‚ganze Mensch‘ verstanden, der von JHWH einer Prüfung unterzogen wird. Es gibt jedoch zahlreiche Belege, die denselben Sachverhalt – das göttliche Wissen um den Menschen – allein vom Herzen aussagen, z.B.:

Er, der allen das Herz gebildet hat,
er weiß um alle ihre Werke. (Ps 33,15)

2.2.2 Das ‚reine Herz‘

Zusammen mit Ps 6; 32; 37; 102; 130 und 143 gehört Ps 51 zu den sieben kirchlichen Bußpsalmen. Er stellt ein nachexilisches Bittgebet eines Einzelnen mit sekundärer biographischer Überschrift (V. 1 f.) und zionstheologischer Fortschreibung (V. 20 f.) dar. Während das Sündenbekenntnis in den Individualpsalmen auffallend zurücktritt – dominant sind hier vielmehr die (An-)Klage und die Unschuldsbeteuerung –, tritt es im ersten Teil von Ps 51 (V. 3–14) beherrschend in den Vordergrund:

Thema: Bitten um Reinigung von Sünde (mit Invocatio)

3   Sei mir gnädig, Gott, nach deiner Güte,
    nach der Fülle deiner Barmherzigkeit wisch ab
      meine *Verbrechen*!
4   Wasche mich ganz rein von meiner *Verkehrtheit*,
    und von meiner *Verfehlung* reinige mich!

Sündenbekenntnis

5   Denn meine *Verbrechen* erkenne ich selbst,
    und meine *Verfehlung* ist beständig vor mir.
6   An dir allein habe ich gesündigt,
    und das in deinen Augen *Böse* habe ich getan,
    so dass du dich als gerecht erweist in deinem Reden,
    makellos in deinem Richten.
7   Siehe, in *Schuld* wurde ich in Wehen geboren,
    und in *Verfehlung* hat mich empfangen meine Mutter.
8   Siehe, an Wahrheit hast du Gefallen im Innersten,
    und im Verborgenen – Weisheit lässt du mich erkennen.

Bitten um Reinigung und Neuschaffung

9   Entsündige mich mit Ysop, dass ich rein werde,
    wasche mich, dass ich weißer werde als Schnee!
10 Lass mich hören Wonne und Freude,
    es sollen jauchzen die Gebeine, die du zerschlagen hast!
11 Verbirg dein Angesicht vor meinen *Verfehlungen*,
    und alle meine *Verkehrtheiten* wisch ab!

12 Ein reines Herz erschaffe mir, Gott,
    und einen beständigen Geist erneuere in meinem Inneren!
13 Verwirf mich nicht von deinem Angesicht,
    und deinen heiligen Geist nimm nicht von mir!
14 Bring mir zurück die Wonne deiner Rettung,
    und mit einem willigen Geist sollst du mich stützen!

Durch die drei Verben ‚ab-/wegwischen‘, ‚waschen‘ und ‚reinigen‘, mit denen in V. 3 f. (vgl. V. 9–11) um die Reinigung von der Sünde gebeten wird, wird diese als ‚Schmutz‘ qualifiziert, der den Menschen von innen her verunreinigt. In V. 9 (Ysop//Waschung) ist allerdings nicht (mehr) von einem konkreten Reinigungsritus die Rede, vielmehr wird mit Hilfe kultischer Begrifflichkeit von einer Unreinheit und ihrer Beseitigung gesprochen, die in die Tiefen menschlicher Existenz hinabreicht.

Diese Tiefendimension ergibt sich vor allem aus V. 5–8. Denn hier hält sich der Beter – nicht aus eigener Einsicht, sondern angeleitet durch die Weisheit Gottes (V. 8)! – seine Sünde(n) vor Augen und bekennt, dass er nicht gegen dies und das, sondern *allein an Gott* gesündigt hat (V. 6; vgl. 2 Sam 12,13). Was er dabei erkennt, nämlich seine *eigene Sündhaftigkeit*, ist schwerwiegend. Sie kommt aus einer rätselhaften Tiefe seiner menschlichen Existenz[33] und bestimmt diese von Anfang an. Das zeigt die Rede von Geburt und Empfängnis (V. 7), die deutlich macht, dass er Teil einer sozialen Gemeinschaft ist, in die er hineingeboren wird, in der er lebt und von der er sich als handelnde Person nicht dispensieren kann. Die Schulderfahrung des Menschen gründet in Unheilszusammenhängen, die täglich aufbrechen können und die immer wieder eine *überindividuelle Dimension* haben.

---

[33] Es geht hier nicht um ‚Erbsünde‘ im traditionellen Sinn, sondern um eine überindividuelle Schuldverstrickung vom Lebensbeginn an. Vgl. *H. Irsigler*, Neuer Mensch – neues Jerusalem. Zur kultischen und eschatologischen Dimension in Psalm 51, in: S. Ernst/M. Häusl (Hg.), Kulte, Priester, Rituale. Beiträge zu Kult und Kultkritik im Alten Testament und Alten Orient. FS für T. Seidl zum 65. Geburtstag (ATS 89), St. Ottilien 2010, 295–345, 307.

Nur eine fundamentale Neubestimmung kann dem Sünder eine neue Sicht auf sein Leben eröffnen. Diese Neubestimmung wird in V. 12–14 mit Hilfe der Verben *bārāʾ* ‚erschaffen' (immer mit Subjekt Gott) und *ḥdš* pi. ‚neu machen' als *Neuschöpfung* qualifiziert. Sie ist keine Wiedererlangung einer ehemals vorhandenen Reinheit, sondern eine „bleibende Verwandlung"[34] des sündigen Menschen, die durch einen kreativen Akt Gottes in seinem Personzentrum, nämlich in seinem *Herzen* (V. 12a.19b) und in seinem *Geist* (*rûᵃḥ*, V. 12b.13b.14b.19a) geschieht. Während das Herz als Sitz der Gefühle, des Verstandes und des Willens das Zentralorgan des Menschen ist, ist der Geist, wie vor allem Ez 11,19 f. und 36,25–27 zeigen, die Quelle der von Gott geschenkten Lebenskraft.

Beide, Herz und Geist, sollen nach Ps 51,12 ‚rein' und ‚neu' werden, damit der Beter das mit dem Herzen Erkannte zuverlässig (‚beständiger Geist' V. 12b) und hingebungsvoll (‚williger Geist' V. 14b) tun kann. Das ist aber nur möglich, weil und sofern Gott sein Angesicht nicht vom Beter abwendet (V. 13a) und seinen ‚heiligen Geist' nicht von ihm wegnimmt (V. 13b), sondern die ‚Wonne' seiner Rettung zu ihm ‚zurückbringt' (V. 14a) – obwohl der Beter sich als Sünder weiß. Das ist paradox! „Wir spüren", kommentiert H. Irsigler, „die Spannung zwischen der Vorstellung von Verlierbarkeit heilvoller Erfahrung und intentionaler Endgültigkeit der Neuschöpfung durch Gott"[35]. Die Dringlichkeit, mit der in V. 12 um die ‚Beständigkeit' des Geistes gebeten wird, macht diese Spannung unübersehbar.

Wenn man auf den Gebetsprozess des ersten Teils zurückblickt, wird deutlich, dass sich das, was Ps 51 unter Neuschöpfung versteht, nicht von selbst einstellt. Es bedarf der Erkenntnis und Anerkenntnis der eigenen Sünde. Niemand ist aber aus sich allein zu solcher Erkenntnis fähig, sie bedarf des Anstoßes von außen, der – wie der Beter von Ps 51 weiß – von Gott kommt: „Siehe, an Wahrheit hast du Gefallen im Innersten, und im Verborgenen – Weisheit lässt *du* mich erkennen" (V. 8). Und weil der Beter um diese Initiative Gottes weiß und sie zu erleben hofft, setzt er im zweiten Teil mit einem Versprechen (V. 15) und nochmaligen Bitten (V. 16 f.) ein:

15 Ich will lehren Verbrecher deine Wege,
     dass Sünder zu dir zurückkehren.
16 Errette mich aus Blutschuld, Gott, *Gott meiner Rettung*,
     dass meine Zunge juble über deine Gerechtigkeit(stat)!
17 Herr, meine Lippen sollst du öffnen,
     so wird mein Mund verkünden dein Lob!

Hier geht es nicht um eine äußerliche Belehrung der Sünder, sondern um eine werbende Einsicht in die ‚Wege' Gottes, wie sie der Beter selbst gewinnt und die auch die Sünder zu Gott ‚zurückkehren' lassen kann (vgl. V. 14a: *šûb* hif.). Solche Einsicht, die vor einer todbringenden Gefahr (‚Blutschuld' V. 16a) warnt, macht frei und drängt zum jubelnden Gotteslob (V. 16b.17). Dieses wird in V. 18 f. opfertheologisch begründet. Es

---

[34] AaO., 310.
[35] AaO., 314.

ist aber, wie die auf die Metapher von den ‚zerschlagenen Gebeinen' (V. 10) zurückgreifende Formulierung zeigt, ein Opfer *sui generis*:

> 18 Denn ein Schlachtopfer gefällt dir nicht,
>   und gebe ich ein Brandopfer – du hast kein Wohlgefallen (daran),
> 19 Schlachtopfer Gottes sind ein zerbrochener Geist,
>   ein zerbrochenes und zerschlagenes Herz, Gott, verachtest du nicht.

Die vom Beter ersehnte und durch Reinigung von seiner Sünde geschenkte Neuschöpfung seiner Person – dafür stehen ‚Herz' und ‚Geist' – kommt nur durch einen ‚Bruch' mit seiner bisherigen Existenzweise zustande (vgl. Ez 6,9). Die Voraussetzung dafür ist das Bekenntnis der Sünde, das ihm die verfehlten Möglichkeiten eines wahren Lebens (vgl. V. 8) vor Augen stellt.

3 Der ‚herzgeleitete Mensch' – Resümee

Versuchen wir abschließend, unsere Ausführungen zu bündeln, indem wir noch einmal auf die Eingangsfrage nach dem Zusammenhang von Personverständnis und Körperbegriff zurückkommen. Sind, so kann man diese Frage zuspitzen, die alttestamentlichen Vorstellungen vom menschlichen Herzen ein Beleg für ein ‚ganzheitliches' Menschenbild?[36] Nach T. Krüger, der diese Frage verneint,[37] stehen der emotionale, der kognitive und der voluntative Aspekt nebeneinander, ohne „dass diese drei Gesichtspunkte im Herzen in irgendeiner Weise verbunden wären"[38]. Als Belege dafür werden Spr 15,28; 16,23 und 17,22 angeführt, die m.E. allerdings eine andere Sprache sprechen. Nehmen wir Spr 15,28:

> Das Herz des Gerechten (*leb ṣaddīq*) sinnt nach, um (recht)
>   zu antworten,
> aber der Mund der Frevler sprudelt Bosheiten hervor.

Während der Mund der Frevler unkontrolliert Bosheiten hervorsprudelt, ist das Herz des Gerechten (oder: ein gerechtes Herz) die „moralische Kontroll- und Lenkungsinstanz im Inneren des Menschen"[39]. Eine Verbindung der moralischen (‚[recht] antworten') mit der kognitiven Funktion des Herzens (‚nachsinnen'), die von Krüger geleugnet wird,[40] wird im vorliegenden Text durch das Verb *hāgāh* (murmelnd nachsinnen, meditierend rezitieren)[41] angezeigt: Das Herz „sinnt nach", ja es führt „ein leises Selbstge-

---

[36] Zur Formel vom ‚ganzen Menschen' vgl. *B. Janowski*, Der „ganze Mensch". Zur Geschichte und Absicht einer integrativen Formel, in: Ders. (Hg.), Der ganze Mensch. Zur Anthropologie der Antike und ihrer europäischen Nachgeschichte, Berlin 2012, 9–21.

[37] Vgl. *T. Krüger*, Das „Herz" in der alttestamentlichen Anthropologie (s. Anm. 5), 93.

[38] AaO., 97.

[39] Ebd.

[40] Krüger übersetzt ebd. zwar sachgemäß: „Das Herz des Gerechten überlegt die Antwort", übergeht in seiner Auslegung aber das entscheidende Verb *hāgāh*.

[41] Zu *hāgāh* vgl. *F. Hartenstein/B. Janowski*, Psalmen (BK XV/1), Neukirchen-Vluyn 2012, 10 u. 26–30.

spräch"[42], in dem es sich über die rechte Antwort, die zu geben ist, klar wird. Insofern ist es hier nicht nur Äußerungs-, sondern auch Denkorgan, das zum rechten Handeln anleitet. Auch in Spr 16,23 (und seiner Variante Spr 16,21) steht das Herz nicht nur für den Intellekt,[43] sondern auch für die *vernehmende* Vernunft, die zur Einsicht führt:

> Ein weises Herz (*leb ḥākām*) macht seinen Mund achtsam,
> und auf seinen Lippen fügt es Einsicht hinzu.

Die Bewegungsrichtung der ‚weisen' Rede führt vom *Herzen* (innen) über den *Mund* (innen/außen) bis zu den *Lippen* (außen), wo das Wort den Körper verlässt. Diese Rede ist „besonnen, durchdacht, vorsichtig, aber auch bestimmt und wirksam, weil sie die möglichen Verfehlungen vermeidet"[44]. Die wohltuende Wirkung des ‚weisen Herzens', das seinen Mund ‚achtsam macht' (*śkl* hif.) und auf seinen Lippen ‚Einsicht hinzufügt' (*jsp* hif. + *læqaḥ*), wird anschließend (Spr 16,24) in einer Weise beschrieben, die den Menschen in seiner personalen, lebendigen Ganzheit (V. 24b: *næpæš* [Leben] // *'æṣæm* [Knochen]) in den Blick nimmt:

> (Wie) Fließen von Honig sind liebliche Worte,
> süß für das Leben und Heilung für die Knochen.

Und schließlich Spr 17,22 (mit seiner Variante 15,13), wo das Herz nach Krüger nichts anderes als der Sitz der Emotionen[45] ist:

> Ein frohes Herz (*leb śāme^aḥ*) macht das Wohlbefinden schön,
> aber ein niedergeschlagener Sinn trocknet die Knochen aus.

Auch hier ist allerdings genauer auf den Text zu achten. ‚Freude' ist natürlich ein Ausdruck der – oft überschwänglichen – Gefühlsbewegung, aber einer Gefühlsbewegung, die das ganze Wesen des Menschen aufhellen kann, weil sie sich *lebensförderlich* auswirkt. Entscheidend ist auch hier wieder das Verb, das die Tätigkeit des ‚frohen Herzens' beschreibt: ‚schön, gut machen'. Das ‚frohe Herz' macht das Wohlbefinden ‚schön' oder ‚gut', was im Gegensatz zur Kontrastformulierung von V. 22b (Austrocknen der Knochen) die *innere Einstellung* meint, die sowohl den Körper als auch den Geist beeinflusst und damit die Lebensqualität steigert.

Jeder der besprochenen Spr-Texte ist damit auf seine Weise ein Beleg für das ganzheitliche Menschenbild des Alten Testaments. Mit ‚Ganzheitlichkeit' ist nicht ein vager Holismus, sondern ein Sachverhalt gemeint, der auf dem *Prinzip der Relationalität* beruht. Dem Herzen kommt dabei eine Hauptrolle zu, weil es der Ort der nicht-rationalen und rationalen Kräfte im Inneren des Menschen (Fühlen, Denken, Wollen) ist, das als Zentrum der Binnenmotivation und Innensteuerung fungiert. Der biblische Mensch ist nicht kopfgesteuert, sondern ‚herzgeleitet'[46] – oder sollte es vielmehr sein. Und zwar in dem

---

[42] *A. Meinhold*, Die Sprüche. Teil 1: Sprüche Kapitel 1–15 (ZBK.AT 16/1), Zürich 1991, 260.
[43] So aber *T. Krüger*, Das „Herz" in der alttestamentlichen Anthropologie (s. Anm. 5), 97.
[44] *A. Meinhold*, Die Sprüche. Teil 2: Sprüche Kapitel 16–31 (ZBK.AT 16/2), Zürich 1991, 276.
[45] Vgl. *T. Krüger*, Das „Herz" in der alttestamentlichen Anthropologie (s. Anm. 5), 97.
[46] Zu diesem Ausdruck vgl. *J. Assmann*, Zur Geschichte des Herzens (s. Anm. 14), 95 f.

Sinne, dass die Gefühle, Gedanken und Absichten in seinem Inneren ansetzen, sich aber auf die Außenwelt und deren mannigfache Herausforderungen richten.

Michael Tilly

ASPEKTE DES LEIBHAFTEN PERSONSEINS BEI PAULUS

1 Positionalität und Leiblichkeit

Der deutsche Philosoph und Soziologe H. Plessner (1892–1985) prägte in seinem anthropologischen Hauptwerk *Die Stufen des Organischen und der Mensch*[1] den Begriff der *Exzentrischen Positionalität* zur Beschreibung der Leiblichkeit des Menschen als personaler Lebenseinheit. Von der bloßen Position eines unbelebten anorganischen oder pflanzlichen Körpers und von der *zentrischen* Positionalität eines Tieres, das zwar sowohl ein Zentrum, einen inneren Antrieb, als auch ein Verhältnis zu seiner Umwelt hat, indem es diese wahrnimmt und auf sie instinktiv reagiert, dieses Verhältnis zwischen Zentrum und Umwelt selbst aber nicht zu reflektieren fähig ist, unterscheidet sich der lebendige Mensch laut Plessner dadurch, dass er einen Abstand zu seinem erlebenden Zentrum wahrzunehmen und sich damit in *ex-zentrischer* Weise selbstreferenziell auf seinen eigenen Körper und sein eigenes leibliches Erleben zu beziehen vermag, was seinerseits dazu führt, dass er sich selbst beim Handeln und beim Erleben erleben kann. Diese *ex-zentrische* menschliche Leiblichkeit ist für Plessner die eigentliche Voraussetzung jeglicher Konstitution von Sinn, von Welt und von Beziehung.

Im Mittelpunkt dieses Beitrags steht die Frage, welche Bedeutungen und Funktionen der Rekurs auf die menschliche Leiblichkeit innerhalb der Argumentation des Apostels Paulus hat. Dabei ist insbesondere zu untersuchen, ob sich Plessners anthropologisches Konzept der *Exzentrischen Positionalität* in diesem Kontext als tragfähig für die Erfassung eines wesentlichen Aspekts des paulinischen Denkens erweist bzw. ob es hierzu seiner Modifikation bedarf. Näherhin zu betrachten ist, welche Bedeutung der menschlichen Leiblichkeit im Zusammenhang mit den Explikationen der paulinischen Anthropologie in ihren unterschiedlichen Kontexten zukommt, wie der Heidenapostel seine eigene Leiblichkeit deutet, wie er sie in argumentativer Weise zur Geltung bringt, und in welchem Verhältnis diese Aussagen sowohl zu den übergeordneten theologischen Leitgedanken seiner Briefe als auch zu der Wahrnehmung und Deutung des Konzepts der

---

[1] Vgl. H. *Plessner,* Die Stufen des Organischen und der Mensch. Einleitung in die philosophische Anthropologie (SG 2200), Berlin/New York 1975³; dazu *W. Eßbach,* Der Mittelpunkt außerhalb. Helmuth Plessners philosophische Anthropologie, in: G. Dux/U. Wenzel (Hg.), Der Prozeß der Geistesgeschichte. Studien zur ontogenetischen und historischen Entwicklung des Geistes (stw 1119), Frankfurt a. M. 1994, 15–44; *Ders.,* Die exzentrische Position des Menschen, in: Freiburger Universitätsblätter 37 (1998) 139, 143–151; *J. Fischer,* Exzentrische Positionalität. Plessners Grundkategorie der Philosophischen Anthropologie, in: DZPh 48 (2000) 2, 265–288; *P. Wilwert,* Philosophische Anthropologie als Grundlagenwissenschaft? Studien zu Max Scheler und Helmuth Plessner (Trierer Studien zur Kulturphilosophie 17), Würzburg 2009, 93–154.

Leiblichkeit in seiner jüdischen und hellenistisch-römischen Umwelt stehen. In einem ersten Hauptteil werden im Folgenden die anthropologischen Konzeptionen und religiösen bzw. philosophischen Voraussetzungen und Implikationen hinsichtlich des Konzepts der Leiblichkeit bei jüdischen und paganen Autoren der hellenistisch-römischen Epoche skizziert. Im zweiten Hauptteil dieses Beitrags geht es zunächst um das Vorkommen, um die Verwendung und um die Funktion der Begriffe σάρξ, σῶμα und σῶμα Χριστοῦ im *Corpus Paulinum*, um auf dieser Basis nacheinander einige wesentliche Gesichtspunkte ihrer Bedeutung für die Darstellung der paulinischen Christologie, Anthropologie, Ekklesiologie und Eschatologie systematisch darzustellen. Am Ende stehen eine kurze Zusammenfassung der Einzelergebnisse und aus ihnen sich ergebende Schlussfolgerungen.

2 Leiblichkeit in der Umwelt des frühen Christentums

2.1 Leiblichkeit im antiken Judentum

Bereits die anthropologische Begrifflichkeit der jüdisch-biblischen Tradition weist auf ein ganzheitliches Verständnis der menschlichen Leiblichkeit hin.[2] Auch den biblischen und frühjüdischen Quellen aus hellenistisch-römischer Zeit gilt der Mensch nicht als ein Kompositum, sondern zunächst als eine psychophysische Lebenseinheit.[3] Die hebräischen Begriffe בשר und נפש bezeichnen in den hebräischen heiligen Schriften jeweils differente Aspekte dieser Lebenseinheit, nämlich des ganzen Menschen, den Gott als leib-seelische Einheit bzw. Ganzheit geschaffen und ihm Lebenskraft gegeben hat.[4] Gott allein vermag über die menschliche Leiblichkeit zu verfügen.[5] Auch die Beendigung des menschlichen Lebens gilt somit allein als Gottes Recht. Weder wird in den älteren Strata der jüdischen Tradition die Leiblichkeit des Menschen in irgendeiner Weise abgewertet, noch existiert hier eine generelle Dichotomie zwischen dem menschlichen Leib und seinem Geist bzw. seiner Seele. Vielmehr gilt das lebendige Individuum zunächst als Ganzes als von Gott geschaffen und belebt. Wahres menschliches Leben ist somit nur im

---

[2] Vgl. *B. Janowski,* Konfliktgespräche mit Gott. Eine Anthropologie der Psalmen, 2. durchgesehene u. erw. Aufl., Neukirchen-Vluyn 2006; *Ders.,* Konstellative Anthropologie. Zum Begriff der Person im Alten Testament, in: Ders. (Hg.), Der ganze Mensch. Zur Anthropologie der Antike und ihrer europäischen Nachgeschichte, Berlin 2012, 109–127; *H. Eilberg-Schwartz,* The Savage in Judaism. An Anthropology of Israelite Religion and Ancient Judaism (Midland Book 591), Bloomington 1990; *S. Wibbing,* Art. σῶμα, in: TBLNT² 2 (2000) 1281–1285, 1281 f.; *O. Kaiser,* Gott, Mensch und Geschichte. Studien zum Verständnis des Menschen und seiner Geschichte in der klassischen, biblischen und nachbiblischen Literatur (BZAW 413), Berlin/New York 2010; zur älteren Forschung vgl. *A. Nissen,* Gott und der Nächste im antiken Judentum. Untersuchungen zum Doppelgebot der Liebe (WUNT 15), Tübingen 1974, 134 (mit Anm. 153).

[3] Vgl. 2 Makk 7,37; 14,38; 15,30.

[4] Vgl. *O. Kaiser,* Gott, Mensch und Geschichte (s. Anm. 2), 348.

[5] Vgl. Gen 2,7 f.; Weish 2,23.

Leib und in der Gemeinschaft möglich.[6] Diese Ganzheit überdauert (ebenso wie die Bundestreue Gottes) den physischen Tod eines Menschen.[7]

Erst in hellenistisch-römischer Zeit wurden in Teilen des Judentums die platonische Idee von der Präexistenz und Unsterblichkeit der leibfreien Seele und das – auf dieser philosophischen Idee aufbauende – dichotomische Menschenbild rezipiert.[8] Die transmortalen Vorstellungen und Hoffnungen insbesondere ‚apokalyptischer' Strömungen auf Auferweckung der Toten und postmortale Gerechtigkeit, d.h. auf ausgleichende Belohnung aller Frommen und Bestrafung ihrer Unterdrücker in einem Endgericht Gottes, bewirkten angesichts der Martyriumserfahrungen der macht- und wehrlosen Gerechten während der Zeit der Seleukidenherrschaft[9] und vor dem Hintergrund einer zeitgleichen tiefgreifenden Rezeption der hellenistischen Kultur in nahezu allen Lebensbereichen die Übernahme von Motiven der griechischen Anthropologie wie das dichotomische Bild vom Menschen als Kompositum aus Leib und leibfreier, die Auflösung des Körpers überdauernder Seele.[10] Diese Polarität von Leib und Seele wurde zum Bestandteil eines sich vertiefenden Traditionsstroms im nachbiblischen Judentum.[11] Leiblichkeit konnte fortan auch im Judentum mit (sündhafter und schlechter) Begierde konnotiert werden.[12] Erlösung wurde zur *ex-zentrischen* Loslösung der menschlichen Identität von ihrer Leiblichkeit und deren konstitutiven Schwächen.[13]

Der Glaube an die Totenauferstehung im Judentum hat seinen Grund in der Vorstellung von der schöpferischen Allmacht Gottes, die auch vor der Scheol nicht Halt macht.[14] Die erhoffte leibliche Auferstehung in der messianischen Zeit wurde hier zumeist als eine vollständige Wiederbelebung, d.h. als eine Restitution der prämortalen leiblichen Existenz vorgestellt.[15] Die Gerechten werden in ihre körperliche Leiblichkeit zurückkehren. Literarisch spiegelt sich diese Vorstellung wohl bereits in Ez 37,1–14 wider, wo die Neubelebung und -schöpfung der Totengebeine durch Gottes Atem als Bild

---

[6] Vgl. *E. Käsemann*, Leiblichkeit bei Paulus, in: *Ders.*, In der Nachfolge des gekreuzigten Nazareners. Aufsätze und Vorträge aus dem Nachlass, hg. v. R. Landau u. W. Kraus, Tübingen 2005, 36–49, 40; *J. Schelhas*, Der Leib als Schöpfung, in: NZSTh 55 (2013) 1, 33–53, 42 f.

[7] Vgl. *G. Stemberger*, Der Leib der Auferstehung. Studien zur Anthropologie und Eschatologie des palästinischen Judentums im neutestamentlichen Zeitalter (ca. 170 v.Chr.–100 n.Chr.) (AnBib 56), Rom 1972; *D. Kraemer*, The Meanings of Death in Rabbinic Judaism, London u.a. 2000.

[8] Vgl. *G. Stemberger*, Der Leib der Auferstehung, aaO., 116; *Ders.*, Zur Auferstehungslehre in der rabbinischen Literatur, in: *Ders.*, Studien zum rabbinischen Judentum (SBA 10), Stuttgart 1990, 47–88; *H. Frankemölle*, Frühjudentum und Urchristentum. Vorgeschichte – Verlauf – Auswirkungen (4. Jahrhundert v.Chr. bis 4. Jahrhundert n.Chr.) (Studienbücher Theologie 5), Stuttgart 2006, 215 f.; *M. Morgenstern*, Der ganze Mensch der Tora. Zur Anthropologie des rabbinischen Judentums, in: B. Janowski (Hg.), Der ganze Mensch (s. Anm. 2), 235–267.

[9] Vgl. 2 Makk 7,9–14; hierzu *M. Tilly*, Apokalyptik (UTB Profile 3651), Tübingen u.a. 2012, 39–44.

[10] Vgl. *D. Sänger*, Ewiges Leben mit und ohne Auferstehung – Transmortale Vorstellungen im frühen Judentum, in: P. David/H. Rosenau (Hg.), Auferstehung. Ringvorlesung der Theologischen Fakultät Kiel (Kieler Theologische Reihe 10), Berlin u.a. 2009, 49–80.

[11] Vgl. 2 Makk 6,30; Weish 3,1 u. 13; 4,14; 8,19 f.

[12] Vgl. Sir 23,16–18; 47,19; zur älteren biblischen Tradition vgl. z.B. Jer 22,17; Spr 6,17.

[13] Vgl. Philo Abr. 22.

[14] Vgl. Ps 49; 73; Jes 26,19.

[15] Vgl. Dan 12,2; 1 Hen 51,1; LibAnt 3,10.

für die Wiederherstellung des Volkes Israel nach dem Exil Verwendung findet.[16] Archäo-
logisch fassbar ist diese Vorstellung z.B. durch Funde von Grabbeigaben wie Nahrung,
Schminke oder Spielzeug in antiken jüdischen Nekropolen um die Zeitenwende.[17]

Bei den Rabbinen in der Epoche nach der Zerstörung des Zweiten Tempels setzte
sich die dichotomische Sicht vom Menschen durch. Sie betrachten die Seele eines Menschen entweder als „Gast" in seinem Körper (Lev R 34,3) oder als „himmlischen" Bestandteil des Menschen (Sifre Dtn 306); der Körper wurde dabei als „Futteral" der Seele
angesehen (b Sanh 108a). Die menschliche Seele galt den rabbinischen Gelehrten als
teilhabend am Göttlichen (m Av 3,14) und als Zeit und als Raum zugleich transzendie-
rend. Vor ihrer Verbindung mit dem Leib befindet sie sich in einem präexistenten Zustand. Vom Zeitpunkt des Todes an lebt sie unabhängig vom Körper weiter (b Shab
152b). Anzumerken ist, dass diese rabbinische Seelenvorstellung nicht anthropozentrisch, sondern prinzipiell theozentrisch fokussiert, also auf Gott hin gedacht ist. Im Fokus der Bezugnahmen auf das Thema in der spätantiken und mittelalterlichen rabbinischen Literatur stehen nicht das gegenwärtige Leben eines Menschen und seine Leiblichkeit, sondern seine prä- bzw. postmortale Existenz.[18]

2.2 Leiblichkeit in der hellenistisch-römischen Welt

In Platons Φαίδων fragt Sokrates: „Wann also trifft die Seele die Wahrheit?" und fährt
sogleich fort: „Denn wenn sie mit dem Leibe versucht, etwas zu betrachten, dann offenbar wird sie von diesem hintergangen." Der platonische Sokrates folgert daraus: „[S]ie
denkt offenbar am besten, wenn nichts von diesem [Leib] sie trübt, weder Gehör noch
Gesicht noch Schmerz und Lust, sondern sie am meisten ganz für sich ist, den Leib gehen läßt und soweit irgend möglich ohne Gemeinschaft und Verkehr mit ihm dem Seienden nachgeht."[19] Gemäß dieser platonischen Beschreibung des phänomenalen Verhältnisses von Körper und Seele gilt der menschliche Organismus als ein selbstorgani-
siertes Lebewesen, zu dem eine zweite immaterielle Substanz, die „Seele" (mitsamt
Selbstbewusstsein und Gewissen), als ein reines, göttliches Prinzip hinzukommt. Die
kulturprägende Rezeption und Popularisierung der platonischen Philosophie führte in
hellenistisch-römischer Zeit zu einer verbreiteten Wahrnehmung des menschlichen Körpers als Kompositum bzw. als dichotomisches Wesen, dessen materieller Leib als zeitlich

---

[16] Vgl. *K.-F. Pohlmann,* Das Buch des Propheten Hesekiel (Ezechiel) Kapitel 20–48, übers. u. erkl. v. K.-
F. Pohlmann, mit einem Beitrag v. T. A. Rudnig (ATD 22/2), Göttingen 2001, 491–499; *M. Konkel,* Das
Ezechielbuch zwischen Hasmonäern und Zadokiden, in: U. Dahmen/J. Schnocks (Hg.), Juda und Jerusalem in der Seleukidenzeit. Herrschaft – Widerstand – Identität, FS für H.-J. Fabry (BBB 159), Göttingen
2010, 59–78, 71 f.

[17] Vgl. *R. Hachlili,* Jewish Funerary Customs, Practices and Rites in the Second Temple Period (JSJ.S
94), Leiden u.a. 2005, 375–446.

[18] Vgl. *M. Tilly,* Lebensbeginn und Lebensende im Judentum und im Christentum, in: Genossenschaft
Rheinland-Pfalz-Saar des Johanniterordens (Hg.), 26. Rittertag, Worms 2011, 31–44, 32–38.

[19] *Platon,* Phaidon, Deutsche Übers. v. F. Schleiermacher, bearb. v. D. Kurz (*Platon,* Werke 3), Darmstadt 1990², 1–207, 27 u. 29 (65b–c).

begrenzte Form, als Gefäß oder als Wohnung der unsterblichen und den Leib belebenden Seele dient; der Seele wiederum wurde eine belebende Funktion im Leib zugesprochen. Mit dieser Sichtweise verbunden war gerade im Denken der Stoiker und Kyniker eine exzentrisch-positionale Objektivierung – und zuweilen auch Abwertung – des menschlichen Leibes als Ursprung allen Übels und als Gefängnis der Seele, was seinerseits zu einer Distanzierung der Person gegenüber dem eigenen Körper als Objekt führte.[20]

Vor dem Hintergrund der in der hellenistisch-römischen Welt verbreiteten stoischen Überzeugung, dass jede menschliche Emotionalität, jeder Affekt, jeder Trieb und jede Leidenschaft als ein Irrtum des Verstandes und als geradezu krankhafter Zustand anzusehen ist, der durch die vernunftgemäße Erkenntnis überwunden werden kann, und dass alles, was dem Menschen widerfährt, in Übereinstimmung mit dem vorausschauenden Planen der Weltvernunft steht und deshalb grundsätzlich als sinnvoll und gut zu betrachten ist, wurde der gesellschaftliche Status eines Menschen nicht in erster Linie mit seinem Körper, sondern vielmehr mit seinem persönlichen Verhalten verknüpft. Auch wenn zugleich in der Dichtung immer wieder der Zusammenhang zwischen einer gesunden, agilen und ästhetischen äußeren Erscheinung und einem guten Charakter postuliert wurde,[21] spiegelte sich im philosophischen Denken in dem Ausmaß der Verhaftung eines Menschen in seiner Leiblichkeit auch seine Position innerhalb der kosmischen Hierarchie wider, die vom unbeseelten Tier über das unmündige Kind, den weiblichen Menschen, den Mann, Engelwesen und Halbgötter bis zur Gottheit (bzw. den Göttern) selbst reicht. Eine Folge dieser Wahrnehmung der Leiblichkeit ist zunächst die konventionelle Geschlechterrelation bzw. die gesellschaftliche Rollenzuteilung aufgrund der Bewertung der Differenz zwischen Mann und Frau nicht als dual-dichotomisch, sondern als graduell-relational, sowie das Verständnis der weiblichen Physis als inferiores Derivat des männlichen Körpers.[22] Eine weitere Folge ist die politische Instrumentalisierung der Leibmetapher,[23] gerade während der Prinzipatszeit, wobei die prinzipielle funktionale Überlegenheit des Kopfes bzw. Verstandes über alle anderen zusammengehörigen, jedoch unterschiedlich gewerteten Glieder im Mittelpunkt des Darstellungsinteresses liegt.[24]

---

[20] Vgl. *S. Wibbing*, Art. σῶμα (s. Anm. 2), 1281; *G. Sissa*, Sex and Sensuality in the Ancient World, New Haven u.a. 2008, 188–191; *J. N. Bremmer*, Die Karriere der Seele. Vom antiken Griechenland ins moderne Europa, in: B. Janowski (Hg.), Der ganze Mensch (s. Anm. 2), 173–198.

[21] Vgl. *P. Marshall*, Enmity in Corinth. Social Conventions in Paul's Relations with the Corinthians (WUNT II 23), Tübingen 1987, 153; *K.-W. Weeber*, Alltag im Alten Rom. Ein Lexikon, Zürich 1995², 48; *L. Aejmelaeus*, Schwachheit als Waffe. Die Argumentation des Paulus im „Tränenbrief" (2.Kor 10–13) (SESJ 78), Göttingen 2000, 220.

[22] So z.B. Arist. e. N. 7,1,2; Plato Symposion 189–193; Plato rep. 381a; vgl. *G. Sissa*, Sex and Sensuality (s. Anm. 20), 4.

[23] So z.B. Sen. De clementia I,5,1; vgl. II,2,1; vgl. *C. Wolff*, Der zweite Brief des Paulus an die Korinther (ThHK 8), Berlin 1989, 303 f.

[24] So z.B. Plato rep. 556e u. 567c; Liv. 2, 32 f.; Plut. Solon 18,6; vgl. *F. Annen*, Der eine Leib und die vielen Glieder. 1 Kor 12 und das Amtsverständnis in der Kirche heute, in: R. Scoralick (Hg.), Damit sie Le-

3 Die Begriffe σάρξ, σῶμα und σῶμα Χριστοῦ im Corpus Paulinum

Im Kontext der paulinischen Explikation verschiedener Aspekte der Heilsbedeutung des Christusereignisses erfahren auch die menschliche Leiblichkeit und ihre christologischen, anthropologischen, ekklesiologischen, soteriologischen und eschatologischen Implikationen eine eingehende Reflexion. Durchweg ist dabei zu beobachten, dass die Leiblichkeit des Menschen für Paulus in seiner Geschöpflichkeit begründet ist und dass für den Heidenapostel keine menschliche Identität ohne Leiblichkeit denkbar ist.[25]

Unbeschadet dieser beiden grundlegenden Beobachtungen ist ein methodisches *Caveat* zu beachten. Die paulinische Korrespondenz ist nicht als ‚zeitlose' Literatur zu verstehen, sondern als eine erhaltene Sammlung historischer und theologischer Momentaufnahmen. Der Heidenapostel konnte sich in unterschiedlichen Kommunikationssituationen und im Zusammenhang mit unterschiedlichen Lebensbezügen, Problemlagen und Fragestellungen auch unterschiedlicher Teilmengen, Interpretationen und Modifikationen der ihm zugänglichen religiösen Tradition bedienen. Als Einzeldokumente waren die paulinischen Homologoumena zunächst zur Lösung aktueller und drängender Probleme seiner Adressaten bestimmt. Deren Wahrnehmung durch den antiken Autor muss zudem nicht unbedingt der Realität in den von ihm angeschriebenen christlichen Gemeinden entsprechen. Aus diesem Grund ist es nicht möglich, aus dem *Corpus Paulinum das* eine und einzige paulinische Verständnis von Leiblichkeit zu destillieren. Paulus legt keine systematische Anthropologie vor. Zu unterschiedlich sind die literarischen, theologischen und situativen Kontexte, in denen er auf das Thema zu sprechen kommt.

3.1 Verwendung und Funktion der Begriffe σάρξ und σῶμα bei Paulus

Einige Grundzüge der paulinischen Anthropologie spiegeln sich in dem Gebrauch der beiden Begriffe σάρξ und σῶμα wider.[26] Beiden griechischen Wörtern kommt sowohl in ihrem allgemeinen Gebrauch als auch in ihren Spezialbedeutungen in der *Septuaginta* und anderen religiösen Schriften ein relativ weites und sich nicht selten überschneidendes Bedeutungsspektrum zu. Als σῶμα begegnet in der griechischen Literatur zuweilen auch der lebendige oder tote Körper von Mensch und Tier;[27] ein Wortgebrauch, der sich bei Paulus nicht findet. Auch in der *Septuaginta* bezeichnet das Wort σῶμα (oft als Äquivalent für hebr. בשר) einen Körper,[28] einen Leichnam,[29] eine – häufig passive – Person[30] sowie

---

ben haben (Joh 10,10), FS für W. Kirchschläger zum 60. Geburtstag (Edition NZN bei TVZ), Zürich 2007, 23–41, 24 f.

[25] Vgl. *U. Schnelle*, Paulus. Leben und Denken (de Gruyter Lehrbuch), Berlin/New York 2003, 568; *M. Wolter*, Paulus. Ein Grundriss seiner Theologie (Neukirchener Theologie), Neukirchen-Vluyn 2011, 190; *R. Zimmermann*, Körperlichkeit, Leiblichkeit, Sexualität, Mann und Frau, in: F. W. Horn (Hg.), Paulus Handbuch, Tübingen 2013, 378–385.

[26] Vgl. *L. Scornaienchi*, Sarx und Soma bei Paulus. Der Mensch zwischen Destruktivität und Konstruktivität (NTOA 67), Göttingen 2008.

[27] Vgl. z.B. Hom. Il. 3,23; Hesiod, Erga 540; Hdt. 1,139; Plato rep. 564a.

[28] Gen 47,18; Lev 6,3; 14,9; Num 8,7 u.ö.

menschliches oder tierisches Fleisch.[31] Der Begriff σάρξ wiederum steht sowohl für die menschliche oder tierische Muskulatur[32] als auch für den gesamten Leib,[33] wobei er im Gegensatz zu σῶμα häufiger die Substanz des Leibes meint. Die *Septuaginta* verwendet auch σάρξ als Äquivalent für בשׂר,[34] jedoch (im Gegensatz zu σῶμα und gerade in jüngeren Texten) insbesondere in Zusammenhängen, wo ein Kontrast zwischen dem Irdischen und dem Geistigen bzw. dem Göttlichen Betonung erfährt.[35]

Bezüglich der Verwendung von σῶμα in der paulinischen Korrespondenz lassen sich drei wesentliche Bedeutungsfunktionen unterscheiden. Zum einen meint σῶμα im *Corpus Paulinum* die körperliche Vitalität und die individuelle leibliche Anwesenheit eines Menschen als notwendige Basis der zwischenmenschlichen Kommunikation. Z.B. beklagt Paulus in 1 Kor 5,3, dass er nicht persönlich (τῷ σώματι) nach Korinth gekommen ist. In 2 Kor 10,10 beziehen sich die literarischen Gegner des Paulus auf seine schwache Erscheinung während seiner Anwesenheit (παρουσία τοῦ σώματος). In Gal 6,17 betont der Heidenapostel, er trage die Malzeichen Christi an seinem Leibe (ἐν τῷ σώματι), und in Röm 4,19 nimmt er in typologischer Weise Bezug auf die leibliche Hinfälligkeit Abrahams.

Zum anderen steht σῶμα bei Paulus für den der Sünde und dem Tod verfallenen Leib des geschöpflichen Menschen in seinen irdischen Lebenskontexten. In Röm 6,6 geht es z.B. um die verhängnisvolle und heillose Abhängigkeit des menschlichen Leibes von der Sünde, in Röm 7,24 um den dem Tode verfallenen σῶμα τοῦ θανάτου. Als zwei einander entgegengesetzte Aspekte des menschlichen Seins begegnen σῶμα und πνεῦμα in Röm 8,10 f. Der in 1 Thess 5,23 begegnenden Gegenüberstellung von σῶμα und ψυχή, im Kontext eines wohl vorpaulinischen Traditionsstücks, kommt indes nur begrenzte Aussagekraft hinsichtlich des paulinischen Wortgebrauchs zu.[36]

Schließlich bezeichnet σῶμα als positiver Ausdruck in monistischer Weise den gesamten kreatürlichen Menschen in der Bezogenheit zu seinem Schöpfer und in seinem durch das Christusgeschehen begründeten neuen Verhältnis zu Gott. So betont z.B. die parallel gestaltete Aussage in 1 Kor 6,13 u. 19 f. (τὸ δὲ σῶμα οὐ τῇ πορνείᾳ ἀλλὰ τῷ κυρίῳ, καὶ ὁ κύριος τῷ σώματι) den Kontrast zwischen dem geschaffenen Leib unter der Macht der Sünde in dieser vergänglichen Welt und dem durch Gottes Heilshandeln in Christus von der Macht der Sünde befreiten und erlösten Leib. Entweder gehört der Leib der πορνεία oder er gehört dem Herrn. In beiden Fällen wird σῶμα von Paulus als

---

[29] Gen 15,11; Dtn 21,23; Jos 8,29 u.ö.

[30] Gen 36,6; 1 Chr 28,1; Neh 9,37 u.ö.

[31] Gen 15,11.

[32] Lev 4,11; 13,10; Spr 5,11 u.ö.

[33] Gen 6,3; Num 16,22; Dtn 5,26; Ps 16 (LXX: 15),9 u.ö.

[34] Gen 2,21; 6,12; Num 18,15; Ps 27 (LXX: 26),2; Ps 65 (LXX: 64),3 u.ö.

[35] Vgl. Sir 17,31; 4 Makk 7,18.

[36] Zu 1 Thess 5,23 vgl. *T. Holtz,* Der erste Brief an die Thessalonicher (EKK 13), 2. durchgesehene Aufl., Zürich u.a. 1990, 263 f.; *R. F. Collins,* Studies on the First Letter to the Thessalonians (BEThL 66), Leuven 1984, 140–142, sowie *E. E. Ellis,* The Making of the New Testament Documents (Biblical Interpretation Series 39), Leiden u.a. 1999, 114.

eine inaktive und abhängige bzw. fremdbestimmte Größe wahrgenommen.[37] In 1 Kor 10,16 f. deutet Paulus den Genuss der gesegneten Elemente des Herrenmahls als eine fortwährende Realisierung der (die Heilswirklichkeit des am Kreuz in den Tod gegebenen Leibes Jesu Christi konstituierenden) Anteilnahme (κοινωνία) am σῶμα Χριστοῦ. Auch in Röm 7,4 wird mit dem Begriff σῶμα Χριστοῦ das jegliche bisherige Bindung des geschöpflichen Menschen aufhebende und eine neue Bindung ermöglichende Heilsgeschehen des Kreuzestodes Christi bezeichnet.

Der paulinische Gebrauch von σάρξ thematisiert zunächst die Hinfälligkeit des geschöpflichen Menschen in seiner heillosen Preisgegebenheit an diese Welt. In 2 Kor 12,7–10 rekurriert Paulus auf seine eigene, intensiv beeinträchtigende Leidenserfahrung,[38] die er als gottgewolltes[39] Einwirken einer schadenden Macht mit der Metonymie ἄγγελος σατανᾶ umschreibt und die sich in einer chronischen und schmerzhaften körperlichen Erkrankung manifestiert.[40] Auch in Gal 4,13 f. wird im Kontext einer Erinnerung der Galater an ihre Bekehrung zum paulinischen Evangelium die Erkrankung des Apostels erwähnt. Hier erfährt man, dass die ἀσθένεια τῆς σαρκός, die er bei seinem vorherigen Missionsaufenthalt an den Tag legte, (offenbar aufgrund ihrer abstoßenden äußeren Symptome) bei seinem Gegenüber Verachtung und das Bedürfnis nach apotropäischem Schutz vor einer Übertragung bzw. Ansteckung provozierte.[41] Daneben steht σάρξ im *Corpus Paulinum* entweder für die körperliche Substanz (z.B. 1 Kor 15,39; Röm 2,28) oder zur Bezeichnung der Situation des Menschen in allen Bereichen seiner natürlichen, biologischen Leiblichkeit und zugleich als Ursprung aller destruktiven menschlichen Affekte (Röm 7,18). So spricht Paulus vom Menschen als aktiv handelndes, beseeltes und lebendiges Wesen z.B. in 2 Kor 10,3, Gal 2,20, Röm 7,5 und Phil 1,24. Gemäß 1 Kor 3,2 bedingt die Fleischlichkeit auch die σχίσματα innerhalb der Gemeinde.[42] Dabei finden sich sowohl Stellen, an denen σάρξ für den ganzen Menschen steht (2 Kor 7,1–5; Röm 6,12; vgl. Gal 6,8), als auch Stellen, an denen der Begriff mit πνεῦμα kontrastiert die Vergänglichkeit der irdischen Leiblichkeit zum Ausdruck bringt (2 Kor 4,11–13). Dabei erscheint

---

[37] Vgl. *K.-A. Bauer,* Leiblichkeit, das Ende aller Werke Gottes. Die Bedeutung der Leiblichkeit des Menschen in der paulinischen Theologie (StNT 4), Gütersloh 1971, 74 f.

[38] Vgl. *J. Krug,* Die Kraft des Schwachen. Ein Beitrag zur paulinischen Apostolatstheologie (TANZ 37), Tübingen/Basel 2001, 57; *Y. S. Choi,* „Denn wenn ich schwach bin, dann bin ich stark". Die paulinischen Peristasenkataloge und ihre Apostolatstheologie (NET 16), Tübingen u.a. 2010, 236–238.

[39] Das *Passivum divinum* ἐδόθη im Zusammenhang mit dem rahmenden Finalsatz bezeichnet Gott als den eigentlichen Urheber der Krankheit des Paulus. Vgl. *C. Wolff,* Der zweite Brief des Paulus an die Korinther (s. Anm. 23), 246.

[40] Vgl. *U. Heckel,* Der Dorn im Fleisch. Die Krankheit des Paulus in 2Kor 12,7 und Gal 4,13f., in: ZNW 84 (1993) 65–92; *M. Tilly,* Behinderung als Thema des paulinischen Denkens, in: W. Grünstäudl/M. Schiefer Ferrari (Hg.), Gestörte Lektüre. Disability als hermeneutische Leitkategorie biblischer Exegese (Behinderung – Theologie – Kirche 4), Stuttgart 2012, 64–80, 74 f.

[41] Vgl. *D. Lührmann,* Der Brief an die Galater (ZBK.NT 7), Zürich 1978, 74; *U. B. Müller,* Art. Krankheit III. Neues Testament, in: TRE 19 (1990) 684–686, 685; *M. Albl,* „For Whenever I Am Weak, Then I Am Strong". Disability in Paul's Epistles, in: H. Avalos u.a. (Hg.), This Abled Body. Rethinking Disabilities in Biblical Studies (SemeiaSt 55), Leiden u.a. 2007, 145–158, 154.

[42] Vgl. *U. Schnelle,* Paulus. Leben und Denken (s. Anm. 25), 213.

σάρξ geradezu als Materie des σῶμα (vgl. 2 Kor 4,10).[43] Neben diesen individuell bestimmten Bedeutungen begegnet πᾶσα σάρξ schließlich als – zunächst neutraler – anthropologischer Kollektivbegriff zur Bezeichnung der gesamten Menschheit (z.B. 1 Kor 1,29; Gal 2,16; Röm 3,20).

3.2 Christologische und anthropologische Aspekte

Betrachtet man die Verwendung und Funktion der Begriffe σάρξ und σῶμα im speziellen Kontext der paulinischen Anthropologie, ist zunächst die grundsätzliche Korrelation beider Begriffe mit dem paulinischen Kerygma zu berücksichtigen, das sich auf die Heilsbedeutung von Kreuz und Auferweckung Jesu Christi konzentriert. Das paulinische Verständnis der Leiblichkeit ist in seiner Kreuzestheologie begründet, wie sie vor allem im 1. Korintherbrief entfaltet wird.[44] Das Christusgeschehen steht im Gegensatz zu allen menschlichen Handlungsprinzipien und bringt ihre fundamentale Relativierung zum Ausdruck (vgl. 1 Kor 1,27 f.). Das Kreuz als Handeln Gottes in Niedrigkeit und Ohnmacht bedeutet die radikale Infragestellung aller menschlicher Selbstbehauptung und allen individualistischen Heilsstrebens. Der gekreuzigte und erhöhte Christus wird vielmehr zum Grund, zur Norm und zum Ziel der christlichen Existenz (1 Kor 1,23; 2,1 f.). Die radikale Schwachheit, Hilflosigkeit und Ehrlosigkeit des Gekreuzigten steht dabei keineswegs im Gegensatz zur Allmacht Gottes. Vielmehr muss der echte Diener Christi dieser schwachen, hilflosen und ehrlosen Leiblichkeit des Gekreuzigten als typologischem Vorbild und Zuspruch der eigenen Bestimmung auch in der Gestaltung seiner christlichen Existenz als Kreuzesnachfolge entsprechen.[45]

Die geschenkte Leiblichkeit des geschöpflichen bzw. sarkischen Menschen bedeutet für Paulus zunächst ein allgemeines anthropologisches Defizit in Relation zu Gott.[46] Seit dem Sündenfall Adams wird der menschliche Leib von Sünde und Tod beherrscht; seitdem werden Sünde und Tod in der Welt bzw. in diesem Äon durch das Fleisch wirksam (Gal 5,16–24; Röm 5,12; 7,24). Fleischlich ist darum, so 1 Kor 3,3, wer nach rein menschlichen Maßstäben sein Leben führt und die Christusbotschaft nicht mit seinem Alltag und mit seiner Leiblichkeit in Beziehung setzt (1 Kor 6,3). In diesem Punkt überschneidet sich der Wortgebrauch von σάρξ und σῶμα als zwei Aspekte des menschlichen Seins (1 Kor 7,34). Auch in Röm 5,6, 6,19 und 8,26 thematisiert Paulus in verallgemeinernder Weise die generelle natürliche körperliche Gebrechlichkeit und Schwachheit des sarkischen Menschen in dieser Welt sowie seine Anfälligkeit für Unreinheit und widergesetzliche Taten.

---

[43] Vgl. L. *Scornaienchi,* Sarx und Soma bei Paulus (s. Anm. 26), 114 f.

[44] Vgl. S. *Vollenweider,* Weisheit am Kreuzweg. Zum theologischen Programm von 1Kor 1 und 2, in: A. Dettwiler/J. Zumstein (Hg.), Kreuzestheologie im Neuen Testament (WUNT 151), Tübingen 2002, 43–58.

[45] Vgl. L. *Aejmelaeus,* Schwachheit als Waffe (s. Anm. 21), 225.

[46] E. *Käsemann,* Leiblichkeit bei Paulus (s. Anm. 6), 41: „Leiblichkeit wird aus einer heilsgeschichtlichen Konzeption heraus interpretiert, konkret also von Schöpfung, Sündenfall, Erlösung, Vollendung her."

Jedoch ist die geschöpfliche Körperlichkeit und Unvollkommenheit der adamitischen Menschheit[47] für Paulus zugleich der zentrale Ort, an dem sich das eschatologische Heilsgut der Auferweckung zu realisieren vermag. Gerade gegenüber dem enthusiastischen Heilsverständnis seiner Gegner in Korinth, welche bereits die Taufe als gegenwärtige Teilhabe des menschlichen Geistes an der (durch die Auferweckung Jesu Christi konstituierten) Heilswirklichkeit deuten und welche die Taten des vergänglichen Leibes (wie alle weltlichen Dinge) fortan als irrelevant für das Heil des geistlichen Menschen erachten,[48] betont er, dass sich kein Teil des Menschen aus der Bindung an den κύριος und aus der Verantwortung vor ihm ausklammern lässt (1 Kor 6,12–14). In 1 Kor 7,34 begegnet eine explizite Sakralisierung des christlichen Leibes (hier als σῶμα *und* πνεῦμα) in der Hoffnung auf die Teilhabe an der Auferweckung Jesu Christi, die den Umgang mit ihm theologisch relevant werden lässt.[49] Die Leiblichkeit ist demnach für Paulus nicht Teil, sondern umgreifendes Ganzes des Menschen in seiner jeweils ganz besonderen Ausrichtung, d.h. entweder in Relation zu Sünde, Gesetz und Tod oder in Relation zu Geist, Christus und Gott: „Was er ist, ist er stets in Zugehörigkeit zu einer bestimmten Welt."[50]

Weder σάρξ noch σῶμα repräsentieren für Paulus allein die dem menschlichen Willenszentrum oder dem Geistlichen entgegengesetzte Sphäre der Leiblichkeit oder gar eine gottwidrige Macht. Beides sind vielmehr zusammengehörige anthropologische Begriffe, mittels derer die gegebene menschliche Leiblichkeit nicht als bloße biologische, sondern als umfassende personal-relationale Kategorie beschrieben wird. Der Christ als ganzheitliche Person, nicht nur eine unvergängliche Substanz im Menschen, ist Eigentum des Herrn. Paulus vertritt hier also dezidiert keine dichotomische Anthropologie, sondern sieht den Menschen als eine psycho-physische Einheit. Er stellt nicht den bösen und unreinen und sündigen Leib und die reine Seele als Antonyme gegenüber, sondern unterscheidet zwischen dem natürlichen Leib, als σῶμα beherrscht von der sich in seiner σάρξ machtvoll realisierenden Sünde, und dem durch die heiligende Kraft des Geistes verwandelten pneumatischen Leib der neuen Schöpfung und des neuen leiblichen Lebens ἐν Χριστῷ.[51] Kreuz und Auferweckung Christi begründen für die Christusgläubigen also eine positive Umwertung ihrer menschlichen Leiblichkeit. Der bekannten – m.E. anachronistischen – Definition R. Bultmanns, der Leib sei für Paulus der individu-

---

[47] Vgl. M. *Albl,* „For Whenever I Am Weak, Then I Am Strong" (s. Anm. 41), 147.

[48] Vgl. L. *Scornaienchi,* Sarx und Soma bei Paulus (s. Anm. 26), 82–95.

[49] So M. *Wolter,* Paulus (s. Anm. 25), 333; vgl. T. *Nicklas,* Gottesbeziehung und Leiblichkeit des Menschen. Frühjüdische und antik-christliche Perspektiven, in: W. Grünstäudl/M. Schiefer Ferrari (Hg.), Gestörte Lektüre (s. Anm. 40), 127–140.

[50] E. *Käsemann,* Leiblichkeit bei Paulus (s. Anm. 6), 40 f.; aaO., 44: „In der Sphäre der Leiblichkeit und nur in ihr entscheidet sich, wer jeweils unser Herr ist."

[51] Vgl. D. *Zeller,* Der erste Brief an die Korinther, übers. u. erkl. v. D. Zeller (KEK 5), Göttingen 2010, 115; M. *Landmann,* Philosophische Anthropologie. Menschliche Selbstdeutung in Geschichte und Gegenwart (SG 2201), 5. durchgesehene Aufl., Berlin/New York 1982, 66: „Nach Paulus ist der Pneumatiker als ganzer, mitsamt seinem Leibe, pneumatisch."

elle Mensch als sich selbst bewusstes Subjekt „in seiner Zeitlichkeit und Geschichtlichkeit"[52], steht dieser Befund durchaus entgegen.

Gerade die Vorstellung der unverfügbaren Geschöpflichkeit und Gottebenbildlichkeit des Menschen eröffnet für Paulus die Möglichkeit einer grundsätzlich positiven Wahrnehmung der zur Heiligung und Erlösung bestimmten Leiblichkeit; Leibfeindlichkeit und strenge Askese lehnt er deshalb wiederholt ab (1 Kor 6,13 u. 18–29).[53] Leiblosigkeit kann für ihn geradezu einen Mangel bedeuten, denn auch die pneumatische Existenz ἐν Χριστῷ bedarf der Leiblichkeit (2 Kor 4,10).[54] Es kann festgehalten werden, dass die paulinische Vorstellung von Leiblichkeit eine Konsequenz der paulinischen Soteriologie ist und zunächst vor diesem besonderen Hintergrund betrachtet werden muss. Der gekreuzigte Christus gilt Paulus als typologisches Vorbild und Zuspruch der eigenen Bestimmung. Das gesamte menschliche Leben und die menschliche Leiblichkeit werden von ihm darum im Sinne dieser positiven Umwertung der Begriffe σῶμα und σάρξ als Möglichkeiten verstanden, in der Nachfolge Christi zu dem zu werden, zu dem Gott einen berufen hat.

3.3 Ekklesiologische Aspekte

Die Leibmetaphorik des Paulus ermöglicht eine bildhafte Darstellung der Verbindung zwischen dem einzelnen Christen und der christlichen Gemeinschaft. Zugleich verknüpft sie die christologisch-relational bestimmte Leiblichkeit generell mit dem neuen Status der Nachfolge als Eingliederung in den Christusleib im Sinne einer existenzialen Teilhabe am Kreuz Christi (Röm 6,1–8,39) und speziell mit seiner eigenen apostolischen Existenz in Vollmacht. Das Argumentationsziel besteht im ersteren Fall in der konsolidierenden Reduktion des *tertium comparationis* aller Mitglieder der christlichen Gemeinde auf ihre Anteilhabe am Kreuzesgeschehen (unter prinzipieller Absehung von statusbestimmenden Faktoren wie Gruppenzugehörigkeit, Weisheit, Reichtum, Macht, Kraft, Schönheit, Abstammung oder Gesundheit)[55] bzw. in ihrer tätigen Nachfolge in der voraussetzungslosen geschwisterlichen Liebe ἐν Χριστῷ. Im letzteren Fall gründet sie in einer biographisch bedingten und apologetisch motivierten, dem Vorwurf der mangelnden Vollmacht begegnenden Umwertung der eigenen (durch statusmindernde physische Schwachheit und chronische Krankheit gekennzeichneten) Leiblichkeit[56] in ein Wirkungsfeld der Kraft Christi[57] und damit in eine – gleichsam charismatische – besondere Befähigung zum Apostelamt in der Nachfolge des Gekreuzigten.

---

[52] *R. Bultmann,* Art. Paulus, RGG² 4 (1930) 1019–1045, 1033; vgl. *E. Käsemann,* Leiblichkeit bei Paulus (s. Anm. 6), 42 f.; *U. Schnelle,* Paulus. Leben und Denken (s. Anm. 25), 567: „Σῶμα ist der Mensch selbst, die σάρξ hingegen eine fremde, ihn beanspruchende Macht."

[53] Vgl. *K.-A. Bauer,* Leiblichkeit, das Ende aller Werke Gottes (s. Anm. 37), 74 f. u. 80.

[54] Vgl. aaO., 107–115.

[55] Vgl. *L. Aejmelaeus,* Schwachheit als Waffe (s. Anm. 21), 219.

[56] Vgl. 1 Kor 2,3; 2 Kor 10,10; 11,20 f.

[57] Vgl. *U. Heckel,* Art. ἀσθένεια, in: TBLNT² 2 (2000) 1199–1203, 1202.

Für Paulus dokumentiert insbesondere die – ihrerseits als eine Darstellungsform der Leiblichkeit zu verstehende – gemeinschaftliche Feier des Herrenmahls eine fortgesetzte Partizipation aller Christen am σῶμα τοῦ Χριστοῦ, in das der Einzelne bereits in seiner Taufe inkorporiert wurde (1 Kor 10,16 f.).[58] Auch in 1 Kor 10,17 und 11,29 wird der Begriff σῶμα in seiner kollektiven Bedeutung zur Bezeichnung der Gemeinde verwendet. Bereits an diesen Stellen wird deutlich erkennbar, dass Paulus zeitgenössische philosophische Vorstellungen vom σῶμα als prägnantes Bild für den Aufbau der menschlichen Gemeinschaft kannte. Während jedoch bei der Ausgestaltung der Leib-Metapher in hellenistisch-römischen Texten eine solche Gemeinschaft mit einem Kollektivleib verglichen wird, dessen verschiedene Glieder und Organe unterschiedlich gewertete Glieder und Organe der abgebildeten Gruppe (häufig in ihrer vorgegebenen gesellschaftlichen bzw. staatspolitischen Dimension) repräsentieren,[59] liegt bei dem ausführlichen paulinischen Gebrauch der Leib-Metapher für die Sozialität der christlichen Gemeinschaft in 1 Kor 12 der Akzent nicht auf der unterschiedlichen Wertung, sondern auf dem konstruktiven Zusammenwirken und auf dem gegenseitigen Angewiesensein der einzelnen Glieder des Leibes.[60] Dabei kommt gerade den schwachen Gliedern des Leibes eine besondere Bedeutung zu (1 Kor 12,22–24), was auch als ein wesentliches Argument gegen die These D. B. Martins spricht, die Leibmetaphorik diene dem Heidenapostel vor allem dazu, die sozialen Unterschiede und Statusdifferenzen in der Gemeinde zu rechtfertigen.[61] Die von Paulus auf die christliche Gemeinde als soteriologischer Binnenraum angewandte Metapher des Leibes intendiert hier gerade nicht die Rechtfertigung, sondern die Überwindung des sozialen Status als Dimension κατὰ σάρκα. Als Glieder am Leib Christi, deren Einheit und Gleichheit nunmehr bewirkt wurde durch den Geist Gottes, können und sollen alle Christen die Vielfalt der individuellen Charismen fortan nicht in kompetitiver Weise missbrauchen, sondern allesamt in den Dienst der Gemeinde stellen. Leibliche bzw. fleischliche Verfehlungen, wie sie z.B. in 1 Kor 6 zur Sprache kommen, beruhen somit allesamt auf dem Missbrauch eines Macht- und Autoritätsgefälles, das seinerseits der ethischen Explikation der paulinischen Kreuzestheologie zuwider läuft. In ähnlicher Weise wird auch die Geschlechterrelation von Mann und Frau in der Gemeinschaft der Getauften von Paulus in 1 Kor 11,11 f. im Gegensatz zur zeitgenössischen Sexualethik als ein gegenseitiges Abhängigkeitsverhältnis aufgrund der beiden gemeinsamen neuen Identität ἐν Χριστῷ beschrieben.[62]

---

[58] Vgl. *E. Käsemann,* Leiblichkeit bei Paulus (s. Anm. 6), 38 f.; *U. Schnelle,* Paulus. Leben und Denken (s. Anm. 25), 649; *M. Wolter,* Paulus (s. Anm. 25), 288.

[59] Vgl. Anm. 23.

[60] Vgl. *S. Wibbing,* Art. σῶμα (s. Anm. 2), 1284.

[61] Vgl. *D. B. Martin,* The Corinthian Body, New Haven u.a. 1995, 130 f.

[62] Vgl. *W. Schrage,* Der erste Brief an die Korinther (1Kor 6,12–11,16) (EKK 7/2), Zürich 1995, 517–519; *R. Zimmermann,* Körperlichkeit (s. Anm. 25), 380 f.; *G. Holtz,* Damit Gott sei alles in allem. Studien zum paulinischen und frühjüdischen Universalismus (BZNW 149), Berlin/New York 2007, 274 f.

3.4 Eschatologische Aspekte

Ein zentrales Element der paulinischen Zukunftserwartung ist die bereits in 1 Thess 4 angesprochene und in 1 Kor 15 ausführlich behandelte Totenauferstehung. Für Paulus, der hier die ältere jüdische anthropologische Tradition rezipiert, kann es eine Auferstehung nicht als eine eschatische Trennung von Leib und Seele, sondern nur als personale Lebenseinheit geben. Auf dieser Grundlage entwickelt er in 1 Thess 4,13–18 (in Reaktion auf die Irritation, die erste Todesfälle innerhalb der christlichen Gemeinde offenbar ausgelöst haben) die Vorstellung einer vorläufigen Rückkehr der Verstorbenen in ihre irdische Leiblichkeit als Voraussetzung ihrer erhofften endgültigen Entrückung in das Reich Gottes bei der Parusie. In 1 Kor 5,3–5 betrachtet Paulus das Sterben des Leibes geradezu als ein für den Vollzug des eschatischen Gerichtsgeschehens hinderliches Ereignis. Vielmehr soll die züchtigende Vernichtung der die menschliche Identität auch im Tod repräsentierenden σάρξ in dem hier dargestellten sakral-pneumatischen Rechtsakt Gottes als ihr positives Ziel gerade die heilsame Rettung und Erhaltung des Geistträgers ermöglichen.[63]

In 2 Kor 5,1–10 entwirft Paulus angesichts seiner eigenen Todesbedrohung (vgl. 2 Kor 1,9) eine Kontinuität zwischen dem irdischen Leben κατὰ σάρκα und dem neuen Leben ἐν Χριστῷ mittels des Bildes vom Überkleidetwerden mit dem σῶμα πνευματικόν.[64] Im Kern der paulinischen Argumentation steht hier die erhoffte Bewahrung der Christen, die bereits in der heillosen Gegenwart den Geist Gottes als ἀρραβών („Unterpfand") auf das künftige Heil in ihren Herzen haben, die bei ihrer Auferstehung mit einem völlig neuen Leib überkleidet werden, die deshalb das Endgericht Gottes nicht fürchten müssen und die schließlich Teil der neuen Schöpfung sein werden (2 Kor 5,1–17). Während zeitgenössische, kynisch und stoisch geprägte, dichotomische Bilder vom Menschen seine postmortale ‚Nacktheit', d.h. seine Befreiung von σάρξ und σῶμα erwarten, so dass lediglich der nackte πνεῦμα-Kern übrig bleibt, lehnt Paulus diese Vorstellung ab. Auch die Auferstandenen ἐν Χριστῷ werden seines Erachtens ein σῶμα haben, allerdings ein völlig neues. Das Sterbliche wird die Unsterblichkeit anziehen und vom Unsterblichen überkleidet werden; die empirische Leiblichkeit wird zu einer neuen und heilsfähigen Leiblichkeit. Auf diese Weise findet eine Wesensverwandlung des Menschen statt, bei der allerdings seine Individualität erhalten bleibt.[65]

In 1 Kor 15 setzt sich Paulus vermutlich mit christlichen enthusiastischen Gesprächspartnern auseinander, die wohl die bereits geschehene Erlösung der unvergänglichen Seele aus der Sphäre der vergänglichen Leiblichkeit lehren und die deshalb seine Hoff-

---

[63] Vgl. 1 Tim 1,20; hierzu R. F. *Collins,* I & II Timothy and Titus. A Commentary (NTLi), Louisville (KY) 2002, 50.

[64] Vgl. K.-A. *Bauer,* Leiblichkeit, das Ende aller Werke Gottes (s. Anm. 37), 116–127; M. *Vogel,* Commentatio mortis. 2Kor 5,1–10 auf dem Hintergrund antiker ars moriendi (FRLANT 214), Göttingen 2006, 238–246.

[65] Vgl. *J. Becker,* Paulus. Der Apostel der Völker, 2. durchgesehene Aufl., Tübingen 1992, 407 f.

nung auf eine zukünftige leibliche Auferstehung nicht nachvollziehen wollen.[66] Paulus versucht nun – ausgehend vom begründenden Rekurs auf die Faktizität und die Heilsrelevanz des Todes und der Auferweckung Jesu – diese (seines Erachtens verfehlte) Gegenwartseschatologie zu korrigieren, indem er die zukünftige Dimension des Heils akzentuiert, dieses Heil zugleich unlösbar in der – kreuzestheologisch fokussierten – Christologie verankert und damit die Eschatologie als eigentliche Begründung der Ethik funktionalisiert: Die künftige leibliche Auferweckung wird auch zur Norm des gegenwärtigen Verhältnisses eines jeden Christen zu seiner unentbehrlichen Leiblichkeit. Der Heidenapostel betont somit die Auferweckung und Erlösung des ganzen, der Vergänglichkeit unterworfenen leibhaftigen Menschen und zugleich die Existenz eines Kontinuums zwischen dem leiblichen und dem erlösten Menschen. Allein die prototypische Auferstehung Jesu Christi ermöglicht den pneumatischen ewigen Auferstehungsleib der zu ihm gehörenden getauften und glaubenden Verstorbenen. Sowohl Lebende als auch bereits Verstorbene können in ihrer natürlichen und gegenwärtigen, für das ewige Leben ungeeigneten Beschaffenheit nicht zu Gott gelangen; das eschatologische Heilsgut besteht für Paulus weder in der Fortexistenz eines entmaterialisierten Geistes noch in einer neuen irdischen Leiblichkeit, sondern in dem Mysterium[67] der gottgewirkten grundsätzlichen und vollständigen Verwandlung bzw. Umgestaltung des ganzen vergänglichen irdischen Leibes in einen unverweslichen pneumatischen Leib als Bedingung seines neuen unvergänglichen Seins (1 Kor 15,50–54; vgl. Phil 3,20). Der Mensch kann sich also nicht von seiner kreatürlichen Leiblichkeit distanzieren. Nicht die aufgehobene Leiblichkeit, sondern der Heilsindikativ der verwandelten konkreten Leiblichkeit des Menschen ἐν Χριστῷ kennzeichnet die paulinische Jenseitserwartung und vermag zugleich den Imperativ gegenwärtigen sittlichen Umgangs mit dieser Leiblichkeit zu begründen.[68] Die menschliche Leiblichkeit wird somit zum exzentrisch-positionalen Ort, an dem die christozentrisch-relationale Erlösung stattfindet.

4 Ergebnisse und Ausblicke

Es hat sich gezeigt, dass die Rede vom leibhaften Personsein des Menschen im *Corpus Paulinum* unbeschadet ihrer Erfahrungs-, Kontext- und Diskursabhängigkeit grundsätzlich die Relation der exzentrischen Positionalität des Menschen entweder unter der umfassenden Macht von Sünde, Gesetz und Tod oder unter der umfassenden Macht Gottes thematisiert. In beiden Fällen realisiert sich die menschliche Leiblichkeit stets in zwei Dimensionen, nämlich hinsichtlich ihrer Materialität und hinsichtlich ihrer Sozialität. Die Leiblichkeit des Menschen ist für Paulus Ausdruck seiner gottgewollten Geschöpflichkeit. Sie fußt in der – den ganzen Menschen als personale Lebenseinheit betreffenden –

---

[66] Vgl. *G. Sellin*, Der Streit um die Auferstehung der Toten. Eine religionsgeschichtliche Untersuchung von 1. Korinther 15 (FRLANT 138), Göttingen 1986.

[67] Vgl. Röm 11,25.

[68] Vgl. *L. Scornaienchi*, Sarx und Soma bei Paulus (s. Anm. 26), 231–279.

Gottebenbildlichkeit und ist deshalb nur bedingt als Teilaspekt eines allgemeinen anthropologischen Defizits – d.h. einer zu überwindenden bzw. bereits überwundenen *conditio humana* – zu betrachten. Als theologisch positiv besetzte Begriffe gehören Leiblichkeit und Personalität für Paulus zusammen und sind grundsätzlich relational bestimmt. Futurisches Heil und Erlösung können nur im Medium der Leiblichkeit angeeignet werden; auch präsentische christliche Existenz kann nur im Medium der Leiblichkeit ausgedrückt werden. Leibliche Wahrnehmung, leibliche Erfahrung und leibliche Begegnung haben darum stets auch eine eminent religiöse Bedeutungskomponente.

Es ist nun abschließend zu fragen, ob H. Plessners Begriff der *Exzentrischen Positionalität* nicht einer gewissen Modifikation bedarf, um das paulinische Menschenbild und damit ein prägendes Stück christlicher anthropologischer Tradition zu erfassen. Problematisch an der Konzeption Plessners erscheint vor allem seine Beschränkung hinsichtlich der (nur auf den eigenen Körper und nur auf das eigene leibliche Erleben bezogenen) Selbstreferenzialität als wesentliches Charakteristikum der menschlichen Leiblichkeit.[69] Es wäre zu überlegen, ob mit Paulus nicht eher von einer *Christozentrischen Positionalität* oder gar von einer *Christozentrischen Relationalität*[70] als umfassende Beschreibung christlicher Existenz in der Welt zu sprechen ist – einer menschlichen Existenz also, in deren leibhaftem Personsein als geschöpflicher Gottebenbildlichkeit jegliche Konstitution von Sinn, von Welt, und von Beziehung begründet ist.

---

[69] Vgl. *D. Sänger,* Ewiges Leben mit und ohne Auferstehung (s. Anm. 10), 51; *K.-A. Bauer,* Leiblichkeit, das Ende aller Werke Gottes (s. Anm. 37), 187 f.

[70] Vgl. *E. Käsemann,* Leiblichkeit bei Paulus (s. Anm. 6), 40.

II.
FUNDAMENTALTHEOLOGISCHE PERSPEKTIVEN

Matthias Heesch

PERSONALITÄT, REALITÄT, TRANSZENDENZ

Zur möglichen Bedeutung von Subjektivitätslehre und Ontologie
für die Begründung der Prolegomena zur Dogmatik

*1 Vorüberlegungen: Zur Unabgeschlossenheit als Merkmal der Kategorie Person
und zu den Folgen im Rahmen einer hieran orientierten Subjektivitätstheorie*

Die Kategorie *Person*, wenn man sie im Kontext neuzeitlicher Auslegungen des Begriffs mit *Subjektivität*[1] umschreibt, hat theologisch einen prekären Charakter: *Einerseits* ist ohne sie ganz offensichtlich nicht auszukommen, jedenfalls nicht unter Bedingungen des modernen Wahrheitsbewusstseins. Dabei lassen sich manche der hier wirksamen theologischen Anliegen schon in der reformatorischen Theologie nachweisen. *Andererseits* ist aber das, was unter Einbeziehung der Kategorie *Subjektivität* behandelt wird, schnell in einen kategorialen Rahmen eingezeichnet, dessen sowohl erkenntnistheoretische wie auch alltagspraktische Pointe darin besteht, was (allenfalls) *subjektiv* plausibel zu machen sei, könne *objektiv* durchaus keine Wahrheit für sich beanspruchen, sei also in diesem Sinne nicht einmal *wahrheitsfähig* – geschweige denn wahr. In diesem Sinne hat man immer wieder gemeint, der Kategorie des Subjektiven die theologische Legitimität bestreiten zu müssen. Das gilt geschichtlich gesehen umso mehr, je leichter es geworden ist, das Subjektive als leicht erreichbaren Rückzugsort angesichts einer für die Theologie unerreichbar gewordenen ‚Objektivität' zu verstehen. Aus der Einbeziehung subjektivitätstheoretischer Kategorien in modernes theologisches Denken wird dann die polemische These begründet, wenn schon diese letzte Rückzugslinie erreicht und überschritten werde, dann sei die Theologie endgültig aus dem Kreis der Disziplinen zu verabschieden, die hinsichtlich der objektiven Beschaffenheit der Wirklichkeit etwas beizutragen haben.

Diese Tendenz der *communis opinio* ist zweifellos einseitig und wird den Erschließungszusammenhängen, in denen auch objektives Weltwissen steht, selbst das der Naturwissenschaften, in ihrer Kompliziertheit kaum gerecht. Denn auch außertheologisches wissenschaftliches Wissen schließt immer den Aspekt des Subjektes ein, für das etwas mit dem begründeten Ansehen der Objektivität erschlossen ist. Andererseits wird man nicht

---

[1] Dies schließt vor allem auch die, gerade im Kontext der Phänomenologie wichtig gewordene, Einsicht ein, dass Subjektivität nicht ohne Leiblichkeit vorzustellen, mithin Person als leibseelische Einheit zu denken ist, was in der Grundtatsache des Selbstbewusstseins immer enthalten ist. Vgl. *E. Herms*, Glaube, in: *Ders.*, Offenbarung und Glaube. Zur Bildung des christlichen Lebens, Tübingen 1992, 457–483, 464 f. u.ö. Aus solchen Überlegungen heraus erscheint die Rede vom *nur Subjektiven* jedenfalls revisionsbedürftig, wozu auch die folgenden Überlegungen ihren Beitrag leisten wollen.

erst in neueren Diskussionen über Wert und Eigenart religiöser Erlebnisse Hinweise finden, dass bestimmte Arten des religiösen Subjektivismus tatsächlich destruktiv wirken, weil sie Wahrheitsfragen auf scheinbar einfache Art ausblenden zugunsten von *Befindlichkeiten*, die ihrem Wesen nach tatsächlich *nur subjektiv* sind. Angesichts der Ergebnisse eines solchen Subjektivismus legt sich der Gedanke nahe, dass das Ideal objektiver Wahrheit, das den modernen Wissenschaften zugrunde liegt, womöglich nicht so abwegig ist, wie es bestimmte Formen einer voreilig zu subjektivistischen und erlebnishaften Rückzügen geneigten Theologie voraussetzen[2] – wobei eben die Offenkundigkeit dieser Präferenz die Theologie in der Welt der Wissenschaften weiteren Kredit kostet. Andererseits ist das Thema Subjektivität, mit dem sich die Theologie gerade in ihrer jüngeren Geschichte intensiv auseinandergesetzt hat,[3] offensichtlich von wesentlicher Bedeutung über die Theologie hinaus und kann deswegen nicht gegen die Wissenschaftlichkeit der Theologie und die Sachhaltigkeit des Glaubens ausgespielt werden.

Es besteht also die Aufgabe, die Dimensionen des subjektiven Wirklichkeitszugangs und der objektiven Wirklichkeit bei theologischen Fragestellungen zusammenzubringen. Diese Aufgabe ist für die Zwecke dieser Überlegungen insoweit zu präzisieren, dass es nicht zu genügen scheint, auf einen einheitlichen Konstitutionszusammenhang zu verweisen. Die transzendentalen Analysen Kants und der auf ihn folgenden Philosophen mögen gezeigt haben, dass die objektiv begegnende Welt unlöslich mit bestimmten konstituierenden Leistungen des (insoweit transzendentalen) Subjekts verbunden ist, dass diese Verbindung unverfügbare Voraussetzung erscheinender Wirklichkeit ist und dass sie insofern als indirekter Aufweis von Transzendenz gedeutet werden kann.

Aber die transzendentale Reflexion kann die Beziehung zwischen Subjektivität und objektiver Welt nur im Kontext des Subjektiven deuten: Die Problematik, dass sich die Theologie, wenn sie denn nicht jede Relevanz verlieren will, inmitten einer *Tatsachenwelt* bewegt, die in der Mehrheit ihrer Aspekte theologischem Denken große Widerstände entgegensetzt, wird dadurch nicht gelöst, auch dann nicht, wenn man transzendentale Subjektivität quasi theologisch auslegt und sich deswegen gegen jede Möglichkeit einer atheistischen Weltdeutung gesichert wähnt.[4] Dennoch bleibt die Frage nach dem Subjekt

---

[2] So etwa J. *Kunstmann*, Rückkehr der Religion. Glaube, Gott und Kirche neu verstehen, Gütersloh 2010, 123–221 u.ö. Dem bis dahin dogmatisch dominierten und überreflektierten Kirchenglauben ist nach Kunstmann die Unmittelbarkeit des religiösen Erlebnisses, eben die *Religion*, entgegenzusetzen. Zu den für diese These in Anspruch genommenen Autoren vgl. aaO. 25–47 (v.a. in den Anm.). Die Frage, mit welchem Recht diese Inanspruchnahme geschieht, ist hier nicht zu diskutieren.

[3] Vgl. etwa W. *Pannenberg*, Theologie und Philosophie. Ihr Verhältnis im Lichte ihrer gemeinsamen Geschichte, Göttingen 1996, 142–256 u.ö. (auch zu theologischen Motiven, die in der Philosophie gewirkt haben); ferner *Ders.*, Wissenschaftstheorie und Theologie (stw 676), Frankfurt a. M. 1987.

[4] In diesem Sinne etwa J. G. *Fichte*, Appellation an das Publicum gegen die Anklage des Atheismus (1799), in: *Ders.*, Zur Religionsphilosophie (J. G. *Fichte*, Fichtes Werke V), Berlin 1971, 191–238; vgl. auch die Gesamtheit der Atheismusstreit-Schriften, aaO., 175–303, sowie J. G. *Fichte*, Die Anweisung zum seligen Leben, oder auch die Religionslehre (1806), aaO., 397–580. Eine umfangreiche Studie zu dieser Problematik, die allerdings eher geschichtstheologische und ethische Aspekte berücksichtigt, bietet W. *Lütgert*, Die Religion des deutschen Idealismus und ihr Ende. Bd. 3: Höhe und Niedergang des Idealismus (BFChTh.M 10), Gütersloh 1925, zusammenfassend 450 u.ö.

eine wesentliche Problemstellung. Einerseits weil sie in der erwähnten und *keineswegs zurückzuweisenden, sondern offenbar ergänzungsbedürftigen* transzendentalen Reflexion eine wesentliche Rolle spielt, andererseits – und vor allem –, weil die Theorie des Subjekts als Beschreibungsmöglichkeit für Innerlichkeit grundlegende Aspekte des christlichen Glaubens benennt und theologisch reflektiert.

Um den Aporien der Auflösung theologischer in transzendentalphilosophische Fragen zu begegnen, muss man bedenken, dass Personalität bzw. Subjektivität als Kategorie die konkrete, geschichtlich gewordene Daseinsweise des Menschen im Gegenüber (was natürlich auch die Bezogenheit einschließt) zu den Phänomenen der Natur und der ihrerseits geschichtlich gewordenen kulturellen Lebenswelt meint.

Eine Theorie der Personalität kann demzufolge nie mit Blick ausschließlich auf die Phänomene des Subjektiven und auch nie abschließend formuliert werden: Sie ist genau genommen gar keine Theorie, sondern eher der Versuch, typisierend Zeiterfahrung im Sinne der (überwiegend) ethischen Frage nach grundlegenden Anhaltspunkten für die Gestaltung der Lebensführung aufzuarbeiten. Dabei wird nach maßgeblichen handlungsleitenden Tendenzen gefragt, wie sie sich aus den Tatsachen der Gegenwart ergeben. Der hier mögliche sehr umfangreiche Fragenkatalog ist natürlich nicht vollständig aufzustellen und schon gar nicht vollständig zu bearbeiten. Es muss vor allem mit grundlegenden gesellschaftlichen und die Selbstdeutung von Subjekten betreffenden sachlichen Veränderungen gerechnet werden, die von strukturellen Aspekten nur bedingt unterschieden werden können. Schon deswegen kann die Konstitution von geschichtlich eingebundener und handelnder Subjektivität – Personalität – nicht im Sinne einer materialen Theorie mit Gewissheitscharakter beschrieben werden. Dies wäre allenfalls im Sinne einer formalen Theorie des Subjekts möglich, die aber – bei aller möglichen Ausgefeiltheit – über das geschichtlich-konkrete Leben, das sich mit der Kategorie *Person* verbindet, nichts zum Ausdruck bringen kann, also zur Leere tendiert.[5]

So bleibt die Theorie der Person als des geschichtlich-konkreten Subjekts notwendigerweise in der Aufzählung – in gewisser Weise: Erzählung – konkret-bestimmender Parameter stecken. Selbstgewissheit hat also immer fragmentarischen Charakter, als in sich abgeschlossenes Wissen gibt es sie nicht. In *formaler* Hinsicht ist Selbstgewissheit zwar gegenüber anderem Wissen privilegiert, denn sie ist in (relativer) Unmittelbarkeit erschlossen. Inhaltlich gesehen ist Selbstgewissheit aber geprägt durch geschichtlich-lebensweltlich begründete Einflüsse. Sie ist zwar derjenige Typus von Gewissheit, durch den (wie durch eine Optik) sich anders geartete Gewissheiten zur Geltung bringen und natürlich, infolge der subjektiven Aneignung, auch verändern. Aber gerade darin ist das

---

[5] Dieser Einsicht folgt exemplarisch Fichte, wenn er die subjektivitätstheoretische Engführung der frühen *Wissenschaftslehre* zugunsten einer Geschichts- und Protestantismusdeutung zu überwinden versucht, die persönliches Leben verstehen will aus einer Deutung von Vergangenheit und Gegenwart und aus den sich damit verbindenden Erziehungsaufgaben. Vgl. *J. G. Fichte*, Reden an die deutsche Nation (1808), in: *Ders.*, Zur Politik, Moral und Philosophie der Geschichte (*J. G. Fichte*, Fichtes Werke VII), Berlin 1971, 257–499, 344–358 u. 396–427 (6., 9. u. 10. Rede).

Wissen der Person um sich selbst unabgeschlossen, fragmentarisch und lebensweltlich geprägt.

Das bedeutet natürlich nicht, dass die Idee des fragmentarischen Wissens von Personen um sich selbst (und bezogen auf die Welt als Gesamtheit) völlig zu entfallen hätte. Aber ein solches Wissen ist seiner Verwirklichung nach ausstehend. Nur im Lichte eines solchen Wissens gäbe es ein Selbstbewusstsein als abgeschlossene Selbstgewissheit (und ein Weltwissen als Weltgewissheit),[6] was auch bedeutet: Es gibt sie, außer als, allerdings notwendige, Vorwegnahme, in keinem empirischen Moment. Diese Voraussetzung ist allerdings nicht willkürlich, denn die Struktur des Wissens (als Selbst- und Weltgewissheit) – die in der Reflexion erscheinende Erschlossenheit der Gegenstandssphäre und des Subjekts – ist in gewisser Weise schon Bedingung jeden Wissens und verbindet dieses mit der Zielperspektive der Vollendung dieser Erschlossenheit.[7] In diesem Sinne ist in der Fragmentarität des als Person innergeschichtlich existierenden Subjekts die Überwindung dieser Bruchstückhaftigkeit angelegt. Der Übergang von Fragmentarität in Gewissheit kann aber nicht auf dem Weg des Postulats oder der Umdefinition von bestimmten (z.B. religiösen) Überzeugungen in eine universale Theorie vorweggenommen werden. Es ist deswegen auch nicht möglich, Personalität bzw. Subjektivität einheitlich abzuleiten. Denn dazu müsste man die Sphäre der lebensweltlich-vielfältigen Begründung von Subjektivität auf einen in sich einheitlichen und in der Theorie erfassbaren Grund überschreiten können. An die Stelle dieser transzendentalen Bündelung der Erkenntnisbemühungen um Personalität kann also nur eine Analyse des Bedingungsgefüges treten, in dem Personen unter gegenwärtigen Bedingungen leben. Diese ist theologisch nur möglich unter dem Vorbehalt einer ausstehenden Wahrheit über den Menschen und über jeden einzelnen Menschen, also unter eschatologischem Vorbehalt, der aber nicht vorwegnehmend konkretisiert werden kann.

Mit dieser Einschränkung soll versucht werden, Personalität unter folgenden Gesichtspunkten zu verstehen, die auch den Aufbau der nachfolgenden Überlegungen vorgeben: Gegenwart und Geschichte (2), Individuum und Gemeinschaft (3), Einheit und Vielfalt (4), Wissen und Glaube (5).

2 Gegenwart und Geschichte

Unser Leben findet in der Gegenwart statt. In die Gegenwart hineinverwoben ist freilich die Vergangenheit, die Gegenwart selbst fließt dahin mit Richtung auf die Zukunft. Von der Gegenwart gilt also zweierlei: Sie ist einerseits die zeitliche Gegebenheit, in der überhaupt etwas erschlossen ist (damit ist sie *in gewisser Weise absolut*), andererseits ist sie

---

[6] Vgl. F. D. E. *Schleiermacher*, Dialektik. Bd. 2, hg. u. eingel. v. M. Frank (stw 1529), Frankfurt a. M. 2001, 265–314; anders und kürzer argumentierend, in der Sache aber übereinstimmend: *Ders.*, Ethik (1812/13). Mit späteren Fassungen der Einleitung, Güterlehre und Pflichtenlehre, auf der Grundlage der Ausg. v. Otto Braun hg. u. eingel. v. H.-J. Birkner (PhB 335), Hamburg 1981, 7 f., 55 f. u.ö.

[7] Vgl. F. D. E. *Schleiermacher*, Dialektik, aaO., 312 u.ö; *Ders.*, Ethik, aaO., 9 f..

relativiert durch die Tatsachen ihrer Herkünftigkeit aus der Vergangenheit und ihres Verfließens auf die Zukunft hin. Gegenwart existiert also absolut in der für sie ermöglichenden Relativität durch Herkünftigkeit und Verfließen.

Dementsprechend nehmen wir uns als Individuen (abgeleitet auch als unterschiedliche Formationen von Geselligkeit bis hin zu Gesellschaften als Ganzen) wahr aufgrund einer konkreten Vergangenheit, auf die wir uns jetzt beziehen, und einer Zukunft, auf die hin wir uns entwerfen. Hierbei handelt es sich um intentionale Prozesse: Wir intendieren etwas für die Zukunft und unternehmen Wahlhandlungen, die sich einerseits auf Zukunft hin erstrecken und diese in gewisser Weise damit auch begründen.[8] Ferner: Wir beziehen unsere Gegenwart und die Art, wie wir die Zukunft gestalten wollen, auf die Vergangenheit und den Erfahrungsschatz, der uns die Vergangenheit gegenwärtig macht (sie in diesem Sinne symbolisiert). Denn es ist deutlich: Die Vergangenheit als solche ist uns unerreichbar. Erreichbar ist stattdessen die Rückschau auf unsere Erlebnisse und die in diesen präsenten Erlebnisse anderer (von mündlichen Berichten Nahestehender bis hin zu geschichtswissenschaftlichen Darstellungen). Diese Rückschau vertritt also die Vergangenheit. In entsprechender Weise gilt das auch für die Zukunft. Diese realisiert sich in nach vorne schauenden Intentionen, Handlungsabsichten, Plänen, Annahmen, Hoffnungen, Befürchtungen etc. Darüber hinaus ist die Zukunft aber als sie selbst ungreifbar. Vielmehr ist sie in all den Bewusstseinsgegebenheiten, die sich, meist unter Aufnahme von Erfahrungen der Vergangenheit, auf sie beziehen, symbolisch präsent.

Es würde aber den Tatsachen nicht gerecht, wollte man Zeit auf retrospektiv-auslegende und planend-zukünftige Lebensvollzüge reduzieren. *Als Grundstruktur* von deutender Auslegung der Vergangenheit und planender Vorausschau ist sie vielmehr *vorgegeben*. Man kann auch nicht sagen, dass sich Zeit im intentionalen Handeln realisiert. Das wäre nicht möglich, wenn die Zeit nicht in gewisser Weise *objektiv* bestünde. Eher könnte man sagen, dass die objektive Tatsache der Zeitlichkeit durch die Modalitäten des Handelns eine Aktualisierung erfährt, die zugleich eine Symbolisierung ist. Das gilt in dem Sinne, dass den in der Zeit handelnden Personen durch die Handlungen und deren Ziele Zeit (unter Einschluss von Vergangenheit und Zukunft) gegenwärtig und erfassbar wird, wobei das in der Zeit Erscheinende und seine Abfolge immer nur stellvertretend für die Zeit als solche (insofern: symbolisch) wirkt.

Aber Zeit verfließt auch, ohne dass gehandelt würde. Formulierungen wie die, dass das Weltall eine in der Zeit verlaufende Geschichte hätte, oder dass die Evolution des Lebens eine Art Naturgeschichte beschreibt[9] – in der die Geschichte der Menschheit als einer Gesamtheit (im Unterschied zu Tieren, erst recht zu pflanzlichen Lebewesen und

---

[8] Grundlegend E. *Husserl*, Ideen zu einer reinen Phänomenologie und phänomenologischen Philosophie. Erstes Buch: Allgemeine Einführung in die reine Phänomenologie. Nachwort (1930). Text nach Husserliana III,1 und V (E. *Husserl*, Gesammelte Schriften 5), Hamburg 1992, 180–191 u.ö.; auch E. *Herms*, Prozeß und Zeit. Überlegungen eines Theologen zu Friedrich Cramers „Der Zeitbaum", in: *Ders.*, Phänomene des Glaubens (s. Anm. 14), 262–285.

[9] Vgl. *K. Mainzer*, Zeit. Von der Urzeit zur Computerzeit (Beck'sche Reihe 2011), München 2005[5], 52–56 u.ö.; *J. v. Uexküll*, Die Lebenslehre (Weltbild 13), Potsdam/Zürich 1930, 139–144 u.ö.

nichtbelebten Objekten) handlungsbefähigter Subjekte nur eine kleine Teilepoche darstellt –, sind zwar einerseits uneigentlich zu verstehen. Andererseits machen solche Ausdrucksweisen deutlich, dass hier ein Zusammenhang gegeben ist, der *Intentionalität* (einschließlich ihrer am Ort der Personen verlaufenden Zeitlichkeit) umgreift und mit dieser
das Wesensmerkmal fließender Veränderung teilt. So sind intentionale Prozesse eine
Teilmenge von Veränderungsdynamiken überhaupt. Diese Teilmengenbeziehung könnte
man dann so auf den Begriff zu bringen versuchen, dass man sagt: Die Veränderungsdynamiken, die die Wirklichkeit insgesamt ausmachen, gehören zu den Möglichkeitsbedingungen intentionaler Prozesse, wobei unbenommen bleibt, dass Intentionalität und die
für sie bezeichnenden Auslegungsprozesse einen Zuwachs über Veränderung rein als
solche darstellen.[10] Aber Zeitlichkeit als solche – intentionale und nichtintentionale Veränderungsdynamiken umfassend – ist ein ermöglichender Rahmen für das, was in ihr
abläuft: Als Zeitlichkeit ist die Zeit in gewisser Weise objektiv, jedenfalls in der Bedeutung, dass sie zu den Möglichkeitsbedingungen von Subjektivität zählt und nicht dieser
selbst angehört.[11] Das bedeutet: Intentionale Veränderungen vollziehen sich auf der
Grundlage von ihrerseits in gewisser Weise unveränderlichen Bedingungen (eben der
Zeit als Zeitlichkeit, die eine Veränderungsdynamik ist, über die intentionales Handeln
freilich nicht verfügt, was aus der Sicht des intentional handelnden Subjekts unveränder-
lich so gegeben ist), diese freilich erscheinen nur im Kontext von Zeit, indem sich auf
ihrer Grundlage zeitliches Handeln und Geschehen ermöglicht.

Daraus ergibt sich weiter, dass Gegenwart und Vergangenheit, in entsprechender Weise auch Gegenwart und Zukunft, in einer festen Beziehung stehen, die nicht durch Handeln begründet wird, sondern die ihrerseits Möglichkeitsbedingung des Handelns ist.
Diese Beziehung könnte man als die Gegenwart bezeichnen.

Zur Erscheinung kommt dieser Zusammenhang allerdings durch das, was unter seiner
Bedingung geschieht; leere Zeit (ebenso wenig wie leerer Raum) erscheint nicht, denn es

---

[10] In diesem Sinne *P. Teilhard de Chardin*, Auswahl aus dem Werk, mit einem Nachwort v. K. Schmitz-
Moormann (Fischer-Bücherei. Bücher des Wissens 793), München 1967, 6–144.

[11] In diesem Sinne – und nicht etwa im Sinne der Deutung als Funktionselement der psychologischen
Funktion empirischer Subjekte – sind die bekannten Ausführungen Kants zur Zeit als Form der inneren
Anschauung zu verstehen. Vgl. *I. Kant*, Kritik der reinen Vernunft 1, hg. v. W. Weischedel (*I. Kant*, Werkausgabe III/stw 55), Frankfurt a. M. 1977³, 78–86 (B 46, 47/A 31–B 58, 59/A 41, 42). Entscheidend ist,
dass die Zeit (und der Raum) ihrerseits wieder Anschauung ist und zwar *vorsubjektiv*. Der Begriff *Anschauung* mag in diesem Zusammenhang auch auf irreführende Auslegungsmöglichkeiten hinführen, rechtfertigt
sich aber aus der Singularität der Zeit. In diesem Sinne *W. Bröcker*, Kant über Metaphysik und Erfahrung,
Frankfurt a. M. 1970, 21–28. Zur Einheitlichkeit der Zeit, aaO., 25: Als Singularität kann sie jedenfalls nur
angeschaut und nicht begriffen werden. Damit steht nicht im Widerspruch, dass von Zeit nicht anders die
Rede sein kann denn als Form, unter der etwas erscheint. Insofern ist sie transzendental-subjektiv – vgl. *I.
Kant*, Kritik der reinen Vernunft 1, aaO., 80 f. (B 49/A 33) –, gleichwohl der Rahmen, in dem Subjekten
welthaftes Sein, einschließlich von dessen Veränderungsdynamiken, erscheint. Zur übersubjektiven
Grundlegung der Zeit und der Zeitmessung in der neueren Wissenschaftstheorie noch *P. Jahnich*, Die Pro-
tophysik der Zeit. Konstruktive Begründung und Geschichte der Zeitmessung, Frankfurt a. M. 1980, 125–
217; speziell auf die Biologie bezogen nochmals *J. v. Uexküll*, Die Lebenslehre (s. Anm. 9), 139–143.

gibt keine leere Gegenwart. Vielmehr erscheint Zeit durch das, was geschieht, indem es in der Gegenwart präsent wird.[12]

Wie aber können Vergangenheit und Zukunft präsent werden? In gewisser und grundlegender Weise natürlich in der Struktur von Intentionalität als quasi synthetische Verbindung von Vergangenheit und Zukunft. Aber die im konkreten Moment der Gegenwart verfließenden Extensionen der Zeit verweisen nicht nur auf den intentionalen Prozess, sondern auch auf dessen Rahmen, der selbst am Fluss der Zeit nicht teilhat, obwohl er sich seinerseits als Veränderungsdynamik verstehen lässt. Wie kann derartiges präsent sein? Jedenfalls nicht als es selbst, auch wenn (oder gerade weil) die objektive Zeitlichkeit Möglichkeitsbedingung der existentiell erlebten Zeit ist. So bleibt nur die Möglichkeit der symbolischen Präsenz.

Symbole, die diese Präsenz ermöglichen, sind Überzeugungen über einen Rahmen der Zeit, also über die Schöpfung als Anfang und über die Weltvollendung als Ende der Zeit. Die christlichen Lehrbildungen über die Schöpfung und das Ende aller Zeit sind in diesem Sinne Symbole: Religionsgeschichtlich gesehen bedienen sich christliche Glaubenssätze (und sie reflektierende dogmatische Sätze) über Anfang und Ende der Zeit Kategorien, die auch in anderen religiösen Kontexten aufgetreten sind. Aber sie führen zugleich über diese hinaus. Denn sie haben die Funktion – oder können sie jedenfalls gewinnen –, die Herkünftigkeit und Bezogenheit der endlichen Wirklichkeit auf Gott so zu benennen, dass diese im Glauben schon gegenwärtig werden und zwar so, dass darin die seinsmäßige Vollendung der in der Zeit erscheinenden Wirklichkeit als Erfüllung der Zeit vorweggenommen wird. Damit verbindet sich durchaus ein Objektivitätsanspruch. Hiergegen kann die Herkunft z.B. eschatologischer Vorstellungen aus benennbaren religionsgeschichtlichen Kontexten nicht als Gegenargument angeführt werden, denn die gegenwärtig als Symbole präsenten christlichen Gewissheiten stehen stellvertretend für ihre seinsmäßige Erfüllung. Dieser über die Religionsgeschichte hinausführende Objektivitätsanspruch ist ein Anspruch, dessen volle Einlösung somit zwar aussteht, die aber als Bestandteil der Symbolwirkung des Glaubensinhalts zugleich immer mit präsent ist.

Mit symbolischen Ausdrucksweisen besteht auch die Möglichkeit, eine Beharrlichkeit zu benennen, die in der konkreten Zeit Bestand hat, weil sie deren Möglichkeitsbedingung darstellt: Damit können die beharrlichen Voraussetzungen des Wandels indirekt – im symbolisch wirksamen Bild oder Ausdruck – zur Anschauung gebracht werden.[13] Insofern kommt im Symbol zum Ausdruck, dass geschichtlicher Wandel nur im Kontext

---

[12] Zeit und Raum erscheinen als Möglichkeitsbedingungen synthetischer Operationen. Vgl. *I. Kant*, Kritik der reinen Vernunft 1, aaO., 91 (B 66/A 48, 49).

[13] Vgl. *E. Cassirer*, Philosophie der symbolischen Formen. Erster Teil: Die Sprache, reprographischer Nachdruck der 2. Aufl. (1953), Darmstadt 1994[10], 22 u.ö.; ferner *P. Tillich*, Das religiöse Symbol, in: *Ders.*, Ausgewählte Texte, hg. v. C. Danz u.a. (de Gruyter Texte), Berlin/New York 2008, 183–198, v.a. 195 f. Das Symbol ist vom Gemeinten zu unterscheiden, präsentiert dieses aber in einer abgeleiteten Unmittelbarkeit; Grenzphänomen wäre die Symbolfunktion alles Empirischen bezogen auf dessen absoluten Ermöglichungszusammenhang. Grundlegend im Übrigen *F. D. E. Schleiermacher*, Ethik (s. Anm. 6), 7 f., 52–80 u.ö.; dazu *E. Herms*, Die Ethik des Wissens beim späten Schleiermacher, in: *Ders.*, Menschsein im Werden. Studien zu Schleiermacher, Tübingen 2003, 1–47, v.a. 44–46 u.ö.

eines einheitlichen, Zeit ermöglichenden, Zusammenhangs stattfindet. Dieser ist die Matrix, vor deren Hintergrund sich Vergangenheit und Zukunft (mithin Geschichtlichkeit) ereignen. Das Symbol, das den ermöglichenden Hintergrund des zeitlich-geschichtlichen Wandels präsent macht, ist in seiner relativen Stabilität gegenwärtig, aber auf Vergangenheit und Zukunft bezogen, diese sozusagen umgreifend.[14] In diesem Sinne (nicht nur im elementaren Sinne einer Zusammenstellung von Glaubenslehren) sind auch die christlichen Glaubensbekenntnisse Symbole im Sinne des Präsentmachens einer konstitutiven Vergangenheit (Schöpfung) und letztgültigen Zukunft (Eschatologie), die jeweils die Zeit umgreifen und damit deren überzeitlichen Rahmen darstellen. Das bedeutet: Sie sind gerade nicht in erster Linie Ausdruck subjektiver Befindlichkeiten ihrer Verfasser bzw. der hinter ihnen stehenden Kreise, sondern sind zu lesen als Möglichkeiten des Gegenwärtigwerdenkönnens dessen, was in ihnen gemeint und symbolisch-vermittelt ausgedrückt ist.

Die Gegenwart ist zwar einerseits ein fliehender Punkt im Fluss der Zeit, andererseits hat sie, gerade wegen ihrer Beschaffenheit als Punkt, nicht den Charakter der Erstreckung und damit des Verfließens, sondern sozusagen den Charakter einer Präsenz, die zwar keine absolute ist, weil sie in der Kontinuität der Vergangenheit zur Zukunft hin steht, gleichwohl ist Gegenwart aus diesem Prozess ihrem Wesen nach (kategorial) herausgenommen.[15] Sie ist, in Abwandlung einer auf E. Husserl zurückgehenden Terminologie, *Urpräsenz* gegenüber der *Appräsenz* der anderen Zeitextensionen.[16] Die Beschaffenheit der Zeit als Rahmen für die Erscheinung des geschichtlich Gegebenen erscheint in dieser Eigenschaft der Gegenwart. Es bleibt die Frage danach, wie dies konkret möglich ist.

Im Symbol und seiner Deutung kommen Zeitlichkeit und Zeitüberhobenheit zu einer Synthese. Das Symbol artikuliert und vergegenwärtigt einen Wahrheitsanspruch, der einerseits natürlich innergeschichtlich (zeitlich) begründet ist, denn Symbole kommen durch (innergeschichtliche) Handlungsprozesse zustande und erleiden durch diese auch

---

[14] Über einige Probleme, die sich hiermit verbinden vgl. *W. Pannenberg*, Das Glaubensbekenntnis. Ausgelegt und verantwortet vor den Fragen der Gegenwart (GTB 1292), 6. überarb. Aufl., Gütersloh 1995, 9–22 u.ö.; grundlegend ferner *E. Herms*, Ganzheit als Geschick. Dogmatik als Begriff menschlicher Ganzheitserfahrung und Anleitung zu ihrer Wahrnehmung, in: *Ders.*, Phänomene des Glaubens. Beiträge zur Fundamentaltheologie, Tübingen 2006, 171–204.

[15] Dies arbeitet O. Marquard als Merkmal der Phänomenologie (im Unterschied zur Existenzphilosophie) heraus. Vgl. *O. Marquard*, Der Einzelne. Vorlesungen zur Existenzphilosophie, hg. v. F. J. Wetz (Was bedeutet das alles?/RUB 19086), Stuttgart 2013, 185–196.

[16] Vgl. *E. Husserl*, Phänomenologie der Lebenswelt. Ausgewählte Texte II, hg. u. eingel. v. K. Held (RUB 8085), Stuttgart 1986, 186–199 u.ö. Der Ausdruck *Appräsenz* – im Unterschied zur *Urpräsenz* – bezieht sich bei Husserl auf die Erlebnissphären anderer (deren abgeleitete Erschlossenheit Intersubjektivität ja erst möglich macht). Bei Husserl wäre – anders als in der obigen Verwendung des Begriffs Appräsenz – Erinnertes durchaus urpräsent. Unsere Begriffserweiterung stützt sich darauf, dass Vergangenheit sich wesentlich doch aus Quellen speist, und sei es nur in der Weise, dass sich unsere Erinnerung aus der Erinnerung anderer ergänzt. Entsprechend kann auch Zukunft nicht originär gegeben, sondern nur, etwa im Kontext kommunizierbarer Erwartungen, *appräsent* sein. Vergangenheit und Zukunft begegnen im Horizont von Intersubjektivität; Gegenwart im strengen Sinne im Kontext von Subjektivität, der freilich den übersubjektiven Rahmen voraussetzt.

Modifizierungen, gegebenenfalls bis hin zum völligen Bedeutungswandel oder bis zur Auflösung.[17] Sie sind dennoch immer willkürlicher Deutung auch entzogen: Denn sie stellen den Anknüpfungspunkt von Deutungsprozessen dar, der deren Vollzug und möglichen Ergebnissen wesentlich immer auch vorausliegt, so dass die Zeitgebundenheit christlicher Selbstreflexion die Identität mit dem im überzeitlichen Sinne Christlich-Gültigen nicht verliert.[18] Man kann christliche (und sonstige) Symbole also nicht beliebig interpretieren. Die in einem Symbol präsente Wahrheit ist nicht nur in der Summe der geschehenen und der möglichen Deutungen gegeben, sondern besteht grundlegend darin, Wahrheitsfähigkeit zu begründen. Vergangene und mögliche zukünftige Deutungen des Symbols stellen also den Möglichkeitsraum dar, der sich mit dem symbolischen Zugang zur Wirklichkeit verbindet. Deswegen wird im Symbol – das wegen dieser transzendentalen Funktion *im Kern religiöses Symbol* ist – der überzeitliche Ermöglichungszusammenhang symbolischer Kommunikation und damit von Intentionalität überhaupt[19] auf vermittelte Weise gegenwärtig. Wenn symbolisch präsente Wahrheit so verstanden wird, dann ist sie teilweise abgekoppelt von der Frage subjektiver Gewissheit. In der symbolischen Kommunikation ist Wahrheit gegeben und zugleich angesichts dessen, dass symbolische Räume möglicher Bewahrheitungen erschlossen sind, auch entzogen. Die symbolisch vermittelte Gewissheit ist also immer auch verbunden mit dem Ausstehen von Gewissheit, weil sie – bestenfalls – Teilaspekte des Gesamtsachverhalts präsent machen kann und weil darüber hinaus dieser sich nur in der gesamten Deutungsgeschichte des Symbols erschließt und schon deswegen zu keinem geschichtlichen Moment restlos objektivierbar ist. Denn zu jedem angenommenen Zeitpunkt ist diese Deutungsgeschichte ja unabgeschlossen.

Aufgrund der Zeitstruktur der symbolisch vermittelten Kommunikation ist die objektive Wahrheit etwas stets Ausstehendes und kann im auf Einzelnes (oder dessen Summe) bezogenen Wahrheitsbewusstsein nur im Sinne einer *Stellvertretung* antizipiert werden. Im Sinne unserer Überlegungen zum Impliziertsein der erfahrenen Zeit in der transsubjektiven und insofern objektiven Zeit (oder Zeitlichkeit) ist also festzuhalten, dass Wahrheitsbewusstsein auch bezüglich des konstitutiven Grundes personalen Daseins immer fragmentarischen Charakter trägt. Jede mögliche reflexive Entfaltung des unmittelbaren Selbstbewusstseins hat also dieses Moment von Unvollständigkeit und potenzieller Irrtumsbehaftetheit.

Das führt auf einen weiteren und letzten Gesichtspunkt im Verhältnis von Gegenwart und Geschichte unter dem Gesichtspunkt der Bedeutung für die Person: Wahrheit in einem abgeschlossenen Sinne ist immer nur als intersubjektive Wahrheit vorstellbar, de-

---

[17] Vgl. P. *Tillich*, Das religiöse Symbol (s. Anm. 13), 194–196.
[18] Vgl. P. *Tillich*, Kairos, in: *Ders.*, Ausgewählte Texte (s. Anm. 13), 43–62, v.a. 58 f. u.ö.
[19] Vgl. F. D. E. *Schleiermacher*, Ethik (s. Anm. 6), außer den bereits herangezogenen Passagen noch 240–275; ferner I. *Kant*, Kritik der Urteilskraft, hg. v. W. Weischedel (*I. Kant*, Werkausgabe X/stw 57), Frankfurt a. M. 1977², 168–191 (B 79, 80/A 78, 79–B 113/A 112), über das *Erhabene* als empirische Symbolisierungsmöglichkeit für ihrem Wesen nach moralische (also überzeitliche) Begriffe. Vgl. hierzu E. *Cassirer*, Kants Leben und Lehre, Nachdruck der Ausg. New Haven (1975), Darmstadt 1994, 348–352 u.ö.

ren Subjekt eine Gemeinschaft ist. In gewisser Weise mögen Wahrheitsfähigkeit und partieller Wahrheitsbesitz Konstitutionsmerkmale von Personalität sein. Sie sind das aber nur aufgrund der Erfüllungsperspektive des Symbols hin zu seiner vollen Wahrheit. Und deren Subjekt kann kein Individuum sein, sondern muss vorgestellt werden als die vollendete Gemeinschaft aller Subjekte, was nicht gleichgesetzt werden darf mit kulturell-zivilisatorischem Fortschritt. Es wäre nicht sachgemäß zu sagen, dass die Menschheitsgeschichte ein Prozess des organischen Wachstums auf dem Weg zu dieser Letztverwirklichung des Wissens ist. Das würde unterstellen, dass es so etwas wie einen Fortschritt hin zum höchsten (oder jedenfalls: vollendeten) Wissen gäbe. Wissen (im Sinne handlungsleitender Bewusstseinsbestimmtheiten mit Wahrheits- oder Richtigkeitsanspruch) geht aber im Geschichtsprozess ebenso verloren, wie es gewonnen wird: Wir haben keinen besseren, nur einen anderen Zugang zur Wirklichkeit als die Menschen früherer Epochen. Viele Belange unseres Lebens heute mögen in ihrer Gestaltung gegenüber den Gegebenheiten zu früheren Zeiten höchst defizitär sein. Die Vollendung des Wissens – also des symbolvermittelten Deutungsprozesses, der Wirklichkeit erschließt – ist also nicht nur unter Voraussetzung der gesamten Zeit, in diesem Sinne: am Ende der Zeit, zu erwarten, sondern setzt auch eine in sich abgeschlossene Gemeinschaft Wissender voraus. Die zu dieser Gemeinschaft gehörigen Wissenden sind zwar in verschiedene, geschichtlich und anderweitig bedingte, Perspektiven eingebunden. Angesichts dessen, dass diese Perspektiven sich zur Vollendung des Wissens komplementär verhalten, sind sie aber grundsätzlich gleichberechtigt und gleichwertig. Das Wissen am Ort des Individuums bleibt ebenso Fragment, wie die begrenzte Lebenszeit eines Menschen ein Erleben der Zeit als Ganzes und damit den Besitz eines abgeschlossenen *höchsten Wissens* unmöglich macht.

3 Individuum und Gemeinschaft

Die Zeitstruktur unseres Wirklichkeitsverständnisses und der Verweis von Wahrheit auf Objektivität, die über Geschichtlichkeit hinaus verweist und die nicht am Ort einzelner Individuen erscheinen kann, verweist den Menschen als Individuum auf Gemeinschaft.

Dies hat verschiedene Aspekte, von denen ein wichtiger Teilaspekt im vorigen Abschnitt abgehandelt worden ist: die Zeit- und damit Gemeinschaftsbindung von symbolisch vermittelter Wahrheit. Denn die Zeitlichkeit, in der auch zeitüberhobene Wahrheitsmomente begegnen, konkretisiert sich in der Gemeinschaftlichkeit der Kommunikation über Wahrheitsansprüche, ist insofern also nicht etwas, was primär am Ort des Individuums begegnet. Zwar ist die intersubjektiv erlebte Zeitlichkeit (also z.B. die Epoche) immer noch nicht die Zeit in ihrer Objektivität, sie ist aber eine Annäherung an diese, verglichen mit der subjektiv erlebten Zeit von Individuen. Dabei stellt sich nun die Frage nach den Einzelheiten von Aufbau und Funktion einer Gemeinschaftlichkeit, die der Verständigung und dem Wirksamwerden von gemeinschaftlich getragenen symbolischen Wahrheitsansprüchen über die Verfasstheit von Wirklichkeit dienlich ist.

Auch hier kann es nicht um die systematische Ableitung einer solchen Struktur, sondern nur um eine Art Beschreibung gehen: Zunächst ist festzustellen, dass sich Verständigungsprozesse immer konkret vollziehen, und es ist gegebenenfalls auch damit zu rechnen, dass sehr unterschiedliche Strukturen von Gesellschaft Formen symbolischer Kommunikation hervorbringen, die sich schließlich – bis zu einem gewissen Grade – zwar als funktionell vergleichbar erweisen, im Einzelnen aber so unterschiedlich sind, dass es schwer fiele, dem, was in geschichtlich-lebensweltlicher Vielfalt gegeben ist, einen (mehr oder weniger) einheitlichen Bauplan zu unterlegen. Entscheidend hierfür ist die Tatsache, dass grundlegende Strukturmerkmale des Zusammenlebens zwar durchaus für dieses und seine Weiterentwicklung prägend sind, dass sie aber ihrerseits nur als Ergebnisse geschichtlicher Prozesse verstanden werden können.[20] Deswegen muss also aus tatsächlichen Geschehnisverläufen deren Struktur als etwas geschichtlich Wandelbares erschlossen werden. Eine Beurteilung wird das Kriterium der Lebensdienlichkeit zugrunde legen, so dass sich die dem Leben selbst immanente normative Perspektive schließlich doch in Richtung einer allgemeinen Kategorien- und Strukturlehre öffnet. Aber man kann nicht sagen, dass diese Kategorien und Strukturen dem geschichtlichen Leben als solchem zugrunde lägen.[21] Vielmehr handelt es sich um Deutungen, deren Bewährung letztlich nur pragmatisch von der erbrachten Verstehensleistung her möglich[22] und von dieser her gegebenenfalls zu revidieren ist. Apriorische Formen geschichtlichen Lebens gibt es nicht, wohl aber einen reflexiven Bezug des Lebens auf sich selber, der bestimmte durch das Leben selbst entstandene Kriterien zur Gestaltung und Beurteilung von Lebensgegebenheiten mit sich bringt. Aber auch diese lassen sich nur aus der historischen Analyse heraus verstehen, weswegen Ethik – im weitesten Sinne einer zeitdiagnostischen Anstrengung in handlungsleitender Absicht – immer wesentlich die historische Perspektive einschließen muss.[23]

---

[20] Eine Einsicht vor allem Herders: vgl. *J. G. Herder*, Briefe zur Beförderung der Humanität (Tredition Classics), Hamburg 2013, 297–358 u.ö.; ferner *W. Dilthey*, Der Aufbau der geschichtlichen Welt in den Geisteswissenschaften (stw 354), Frankfurt a. M. 1981, 157–185 u.ö.

[21] Das ist die Auffassung Schleiermachers, die ihn einerseits von älteren Geschichtsdenkern wie Herder, dann aber auch von der Geschichtsauffassung im Zusammenhang der Lebensphilosophie trennt. Vgl. *F. D. E. Schleiermacher*, Ethik (s. Anm. 6), grundlegend dort etwa 23–25.

[22] In diesem Sinne *M. Weber*, Wirtschaft und Gesellschaft. Grundriß der verstehenden Soziologie, hg. v. J. Winckelmann, 5. revidierte Aufl., Tübingen 1972, 2 f. u.ö.; vgl. dort die Gesamtkonzeption der *soziologischen Grundbegriffe*, 1–30, sowie die Typisierung von Herrschaftsformen, 122–176. Ein historischer Begriff muss „aus seinen einzelnen der geschichtlichen Wirklichkeit zu entnehmenden Bestandteilen allmählich komponiert werden. Die endgültige begriffliche Erfassung kann daher nicht am Anfang, sondern muß am Schluß der Untersuchung stehen." *M. Weber*, Aus den Schriften zur Religionssoziologie, Einl. u. Bemerkungen v. M. E. Graf zu Solms (Civitas gentium 2), Frankfurt a. M. 1948, 45; vgl. dort den Zusammenhang, 44–51 u.ö.

[23] Grundlegend *E. Troeltsch*, Der Historismus und seine Probleme. Erstes Buch: Das logische Problem der Geschichtsphilosophie (*E. Troeltsch*, Gesammelte Schriften 3), Neudruck der Ausg. 1922, Aalen 1961, 111–220 u.ö. Die gegenteilige Position würde lauten: Das (individuell oder historisch geprägte) geschichtliche Leben ist von bestimmten apriorischen Formen her zu verstehen; so seit dem Frühwerk *A. Schütz*,

Die Beziehung zwischen Individuum und Gemeinschaft ist also, abgesehen von der letztlich schon in der biologischen Verfasstheit des Menschen wurzelnden notwendigen Bezogenheit beider aufeinander, historisch verschieden, allerdings nicht beliebig gestaltbar. Ein wesentlicher Aspekt scheint dabei die Staffelung der Lebensbereiche zu sein, in denen individuelle und gemeinschaftliche Dimensionen des Lebens einander zugeordnet sind. Diese Staffelung wird lose nachgezeichnet durch verschiedene, teils überwiegend funktionelle, teils eher normative Aspekte des Zusammenlebens, deren Zuordnung und Gestaltung im Einzelnen sehr variabel sind.

Exkurs: Das Recht und der Anspruch auf innerweltliche Vollendung des Lebens

Als eine exemplarisch wichtige von zahlreichen Fragen, die sich hier stellen, ist die Frage nach der Beziehung des Rechtslebens und der auf es bezogenen Normativität zu anderen Lebensbereichen und entsprechenden Typen der Normativität anzusehen. In modernen Gesellschaften hat das Recht eine organisierende Funktion für alle außerrechtlichen Lebensbereiche, die zudem mit Durchsetzungsmöglichkeiten versehen ist, die andere Orientierungsgrößen, wie etwa die Konvention oder das persönliche, gegebenenfalls religiös begründete Ethos, nicht haben. Ein entscheidender Aspekt dieser Frage folgt daraus, dass Rechtsnormen und deren Durchsetzung sich nur auf äußere Handlungen beziehen können.[24] Damit ist natürlich nicht gesagt, dass sich nicht auch im Recht nach den Seiten der Rechtssetzung und -anwendung gesinnungshafte Überzeugungen einer relevanten Zahl von Teilhabern der Rechtsordnung aussprechen können und in gewisser Weise auch müssen.[25] Recht ist immer auch Ausdruck und Folge bestimmter moralischer Überzeugungen, aber deswegen mit diesen Überzeugungen auch nicht gleichzusetzen. Man hat hierfür die Formulierung gefunden: Das Recht bzw. der Staat als oberste Integrationsebene von Recht, „[leben] von Voraussetzungen, die [sie] selbst nicht garantieren [können]"[26]. Das bedeutet aber, dass es neben dem Recht – der wertgeleiteten und insofern ethisch nicht indifferenten Vorgabe äußerer Handlungen und Un-

---

Theorie der Lebensformen (frühe Manuskripte aus der Bergson-Periode), hg. u. eingel. v. I. Srubar (stw 350), Frankfurt a. M. 1981, 79–197; vgl. zum speziell Weber gegenüber erhobenen Überbietungsanspruch die Einleitung des Herausgebers, aaO., 25–36.

[24] Eine Einsicht, die am Beginn modernen Rechtsdenkens steht; vgl. etwa die Hinweise zu S. Pufendorf bei E. Wolf (Hg.), Quellenbuch zur Geschichte der deutschen Rechtswissenschaft, Frankfurt a. M. 1948, 145–182, 150 u.ö.; vorangelegt ist diese Position in gewisser Weise schon in der lutherischen Zwei-Reiche-Lehre. Durch die naturrechtliche Überformung der materialethischen Konkretisierung der reformatorischen Ethik tritt dieser Aspekt zunächst in den Hintergrund. Vgl. *M. Heesch*, Diakonie aus evangelischer Sicht: Theologische Grundüberlegungen, in: D. Megheşan/H. Schwarz (Hg.), Diakonie und Philanthropie. Der Dienst der Kirche an der Welt (Theorie und Forschung 926/Theologie 51), Regensburg 2014, 97–111, v.a. 98–100.

[25] Vgl. *B. Losch*, Kulturfaktor Recht. Grundwerte – Leitbilder – Normen. Eine Einführung (UTB 2848), Köln 2006, 170–175, v.a. 172 f.; *D. v. d. Pfordten*, Rechtsphilosophie. Eine Einführung (Beck'sche Reihe 2801), München 2013, 17–22 u. 66–120.

[26] *E.-W. Böckenförde*, Die Entstehung des Staates als Vorgang der Säkularisation (1967), in: *Ders.*, Der säkularisierte Staat. Sein Charakter, seine Rechtfertigung und seine Probleme im 21. Jahrhundert (Themen 86), München 2007, 43–72, 71.

terlassungen – weitere moralische und pragmatische Normierungsebenen gibt und geben muss.[27] In diesen spricht sich eine durch unmittelbare Lebenszusammenhänge – etwa den familiären, interessensmäßigen oder gemeindlichen Zusammenhalt – geprägte Moralität unmittelbarer aus. Das gilt etwa für Glaubensüberzeugungen, die den Kern der handlungsleitenden Wirklichkeitssicht ausmachen.

Das moderne Rechtsverständnis tendiert dahin, lebensweltlich vorgegebene handlungsleitende Überzeugungen zu überformen. So wird etwa Glaube, sofern es sich dabei um mehr und anderes handelt als eine bloße Privatüberzeugung, (allenfalls) dann als positiver Bestandteil der rechtlich normierten Werteordnung der modernen Gesellschaft empfunden, wenn er bestimmte Aspekte des Grundkonsenses der veröffentlichten Meinung, z.B. Sozial- und Rechtsstaatlichkeit, als seine unmittelbare ethische Implikationen behauptet,[28] wobei die Pointe darin besteht, dass diese ethische Konsequenz des – einstweilen noch als der allgemeinen säkularen Aufgeklärtheit widerstrebendes Faktum zu akzeptierenden – Glaubens zugleich Ausdruck der moralisch aufgeklärten Vernunft ist.[29] Entsprechend werden auch Konventionen, lokales Herkommen etc. in den Rahmen rechtlicher Formen gestellt und nur in diesen Grenzen akzeptiert. Gleichzeitig greift das Recht, geleitet von relativ allgemeinen Wertannahmen, auf immer weitere Gebiete aus.[30]

Es ist zu fragen, worin das Attraktive dieser Tendenz besteht. Zunächst einmal – auf das Ganze der Gesellschaft gesehen – sicher darin, dass die Ausweitung einer (dem Anspruch nach) *vernünftigen* normativen Doktrin, die die Gesellschaft und die sie formierende Rechtsordnung trägt, eine scheinbar plausible Antwort auf die sich immer weiter komplizierenden modernen Lebensverhältnisse darstellt. Rationalisierung im Sinne eines wissenschaftlich begründeten Säkularismus bewirkt Komplexitätsreduktion, darin gleicht sie bestimmten Formen von Religion. Wichtiger scheint aber zu sein, dass mit der Komplexitätsreduktion durch eine die Phänomene in ihrer Eigenartigkeit und ihrem normativen Eigengewicht einebnende Vernunft sich auch eine sozial nivellierende Tendenz verbindet. Ein Aspekt dieser nivellierenden Tendenz ist die Reduzierung der Phänomene und damit auch des wichtigsten unter diesen Phänomenen: des Menschen, auf die empirische Vorfindlichkeit – unter Einschluss des mit dieser Vorfindlichkeit empirisch oder auch nur infolge von Zuschreibung und Normen angeblich verbundenen Möglichkeits-

---

[27] Kritisch wendet dies gegen Zeittendenzen eines mit moralischen Implikationen unmittelbar gleichgesetzten und in diesem Sinne übergriffigen Rechts: *K. A. Bettermann*, Der totale Rechtsstaat. Zwei kritische Vorträge (Berichte aus den Sitzungen der Joachim-Jungius-Gesellschaft der Wissenschaften 4,3), Hamburg/Göttingen 1986, 36 f. u.ö.

[28] Mit dieser Tendenz etwa W. *Huber*, Gerechtigkeit und Recht. Grundlinien christlicher Rechtsethik, Gütersloh 1996, 268–275 u.ö.

[29] Hierzu treffende Beobachtungen bei E. *Herms*, Vorwort, in: *Ders.*, Phänomene des Glaubens (s. Anm. 14), IX–XII, hier IX f. Den Rahmen, innerhalb dessen säkulares Bewusstsein eine ‚vernünftige' Religiosität allenfalls gelten lässt, beschreibt demgegenüber knapp und aufschlussreich B. *Losch*, Kulturfaktor Recht (s. Anm. 25), 165 f.

[30] Vgl. *D. Grimm*, Die Verfassung und die Politik. Einsprüche in Störfällen, München 2001, 151–157 u.ö.

raums. Das Leben ist sozusagen *letzte Gelegenheit* seiner selbst,[31] und es wird damit zu etwas in gewisser Weise Absoluten. Die darin angelegten Möglichkeiten sind demzufolge mit einem möglichst ausgreifend gestalteten Zwangsinstrumentarium zu sichern, die diesem *absolutum* sein Wirklichwerden garantieren. Die (jedenfalls neuzeitliche) Wurzel dieser Auffassung liegt sicher im Neuhumanismus des frühen 19. Jahrhunderts, soweit dieser sich darum bemühte, unter Rückgriff auf die klassische Antike ein zeitloses Ideal von Humanität zu formulieren, das letztlich allen (nicht selbstmissverständlichen) menschlichen Selbstentwürfen zugrunde liegen müsse.[32] Damit wird das, was der Mensch aus sich machen kann oder was Erziehung und Bildung aus ihm machen können, zum säkularisiert-eschatologischen Ziel seines Daseins. Das verlangt entsprechende normative (und daran anschließend: faktische) Sicherungen. Gleichzeitig werden Ohnmachts- und Entfremdungstendenzen, die für moderne Lebenswelten mindestens in dem Maße prägend sind wie für frühere Gesellschaften, zum nicht mehr hinnehmbaren Skandalon: Wer es nicht schafft, den Umfang seiner Möglichkeiten zu erschöpfen, der hat umsonst gelebt. Auch die Möglichkeit, dass das, was Einzelne aus sich machen können, schon vom Ausgangspunkt her nicht in allen Fällen gleich ist, ganz zu schweigen davon, dass das Ergebnis lebensgestalterischer Bemühungen Ungleichheiten hervorbringt, wird im Zusammenhang dieser innerweltlichen Eschatologie zum schweren Anstoß. Denn es fehlt (oder ist bis zur Formelhaftigkeit entleert) der wirkmächtige Gedanke einer transzendenten Zielbestimmtheit des Daseins, also die Option einer Perspektive über das hinaus, was ich aus meinem Leben machen kann, oder was andere, z.B. durch pädagogisches Handeln, daraus hätten machen können oder sollen.[33]

Die Ausgestaltung dieses Gedankens ist natürlich grundsätzlich variabel und einem geschichtlichen Wandel unterworfen. Aus der angedeuteten Richtung auf eine innerweltliche Eschatologie des Subjekts ergibt sich aber eine gewisse Richtung, in der der Wandel zu verlaufen scheint: Letzten Endes geht es um subjektive Authentizität als Realisierungsgestalt von Humanität. Nicht mehr der Inhalt, sondern Art und Intensität des Selbsterlebens entscheiden dann darüber, ob Leben gelingt. Mit diesem Gedanken verbindet sich der weitere Gedanke, dass es ein Recht auf dieses Gelingen gibt.

Dies ist zunächst einmal mit einer Abkoppelung des Einzelnen von der Gesellschaft verbunden. Denn Sozialität ist immer mit einem Authentizitätsverzicht verbunden, weil

---

[31] Vgl. *M. Gronemeyer*, Das Leben als letzte Gelegenheit. Sicherheitsbedürfnisse und Zeitknappheit, Darmstadt 2014⁵, resümierend 155–158 u.ö.

[32] So etwa *W. v. Humboldt*, Über den Charakter der Griechen, die idealische und historische Ansicht desselben, in: J. Trabant (Hg.), Wilhelm von Humboldt: Das große Lesebuch (Fischer Klassik), Frankfurt a. M. 2010, 92–97. Anders als die im kirchlichen Protestantismus tiefer verwurzelten Herder oder Schleiermacher sieht Humboldt die teleologische Bestimmtheit des Menschen innergeschichtlich mit der Neuaneignung altgriechischer Humanität im Kontext eines modernen (säkular-protestantischen) Wahrheitsverständnisses vorgegeben. Geschichte ist für ihn somit weniger als transzendent bezogener und innerweltlich somit unabgeschlossener und offener Prozess zu sehen.

[33] Grundlegender Vertreter dieser Auffassung ist sicher J.-J. Rousseau. Kommentierte Belege bieten *W. Böhm/M. Soëtard*, Jean-Jacques Rousseau der Pädagoge. Einführung mit zentralen Texten, Paderborn 2012, 59–78 u.ö.; ferner 94–99 über die politisch-rechtlichen Konsequenzen aus den anthropologischen Vorannahmen.

sie den in ihr verbundenen Individuen Schranken setzt, die auch den (jedenfalls subjektiv) berechtigten Lebensinteressen der Einzelnen widerstreben.[34] Die neuhumanistische Vorstellung von einer Harmonie der gesellschaftlichen und individuellen Dimension von Humanität erweist sich in dem Augenblick als Illusion, wo eine, sozusagen intrinsische, Begrenzung des individuellen durch den sozialen Aspekt des Lebens entfällt, deren Pointe dann sein könnte, dass sich beide Aspekte in einer harmonischen Synthese begrenzen und verstärken.[35]

Doch dazu bedarf es bestimmter Überzeugungen, die das Verhalten in und gegenüber der Gemeinschaft regeln, und die sich nicht auf ein Nutzenkalkül reduzieren lassen. Luthers verschiedene Auslegungen des vierten Gebots[36] – auch wenn manches daraus nicht unmodifiziert in unsere Zeit übernehmbar sein mag – bringen solche Überzeugungen zum Ausdruck. Das setzt bei Luther voraus, dass Gemeinschaft nicht als Ausdruck subjektiver Autonomie und Authentizität verstanden wird. Genau das aber geschieht in der Gegenwart vielfach.[37] Auch wird Gemeinschaft in der Sicht, die durch den Rückbezug auf Luther angedeutet worden ist, nicht als Teilaspekt der Zielbestimmtheit von Subjektivität verstanden, sondern so, dass sie in ihrer teils subjektverstärkenden wie auch Entfremdung begründenden Wirkung, *also in ihrer Ambivalenz*, akzeptiert wird.

Tatsächlich geschieht das angesichts der Aporien eines unbegrenzten Freiheitsbewusstseins gerade nicht. Ein solches Freiheitsbewusstsein schwankt zwischen zwei Po-

---

[34] Dies ist ein zentrales Thema in der anthropologischen Reflexion des 20. Jahrhunderts. Klassische Bedeutung erlangt haben etwa M. *Weber*, Politik als Beruf, in: *Ders.*, Politik und Gesellschaft. Politische Schriften und Reden, hg. v. D. Lehmann, Frankfurt a. M. 2006, 565–610; *Ders.*, Wissenschaft als Beruf, aaO., 1016-1040. Politik und Wissenschaft verlangen eine Disziplin aus der Sache heraus, die nicht in, und sei es noch so aufrichtig gemeinte, subjektive Plausibilitäten umzurechnen ist. Vgl. etwa Webers Abgrenzung des politisch denkenden und handelnden Verantwortungsethikers vom gesinnungsethischen Subjektivisten, aaO., 603–610; ferner *S. Freud*, Das Unbehagen in der Kultur, in: *Ders.*, Fragen der Gesellschaft. Ursprünge der Religion (*S. Freud*, Studienausgabe 9), Sonderausg., Frankfurt a. M. 2000, 191–270, hier etwa 226–230 u.ö.: Kultur lebt von der konstruktiven Rücknahme („Sublimierung") individueller Triebe und ist damit stets nur um den Preis von Entfremdung („Unbehagen") zu haben; schließlich *H. Plessner*, Grenzen der Gemeinschaft. Eine Kritik des sozialen Radikalismus, in: *Ders.*, Macht und menschliche Natur, hg. v. G. Dux u.a. (*H. Plessner*, Gesammelte Schriften 5/stw 1628), Frankfurt a. M. 2003, 7–133, v.a. 113–133: Politisches Handeln führt über individuelles Ethos hinaus und realisiert am Ort des politisch handelnden Subjekts das für moderne Vergesellschaftungsformen insgesamt charakteristische Maß an Entfremdung.

[35] Als klassisches Dokument dieser Begrenzung (und gerade darin liegend: Qualifizierung) von Sozialität und Individualität des Menschen kann vor allem gelten: *F. D. E. Schleiermacher*, Monologen. Eine Neujahrsgabe, hg. v. G. Wehrung, Nachdruck der Erstausg. v. 1800 (Libelli 10), Darmstadt 1984, pass.; vgl. auch *Ders.*, Ethik (s. Anm. 6), 23–131. In der Unterstellung einer grundsätzlich erreichbaren Harmonie individueller und sozialer Aspekte von Humanität besteht eine Nähe Schleiermachers zu Humboldt; vgl. J. Trabant (Hg.), Wilhelm von Humboldt (s. Anm. 32), 31–110 (Auszüge aus verschiedenen politisch-anthropologischen Texten Humboldts).

[36] Exemplarisch Luthers *Von den guten Werken* (1520), WA 6, 202–276, 250–265; entsprechend im *Großen Katechismus*: BSLK 586–605.

[37] Die These lautet also: Gemeinschaft muss Ausdruck subjektiv-authentischer Lebensführung sein und diese unterstützen. Unterstellt wird: Wo subjektiv authentisch gelebt wird, da gelingt auch Gemeinschaft. Kritisch hierzu *C. Lasch*, Das Zeitalter des Narzißmus, aus dem Amerikanischen v. G. Burmundt, München 1980, 99–132 u.ö.; zur Bedeutung dieser Identifizierung in der Sozialgeschichte der jüngsten Vergangenheit *S. Reichardt*, Authentizität und Gemeinschaft. Linksalternatives Leben in den siebziger und frühen achtziger Jahren (stw 2075), Berlin 2014, 99–222 u.ö.

len: *Einerseits* dem Bewusstsein einer im Prinzip unbegrenzten Freiheit, sowohl was deren Berechtigung, als auch was deren Reichweite angeht. Der Gegenpol ist – *andererseits* – darin zu sehen, dass Bindungen Entfremdung begründen. Das gilt zunächst deswegen, weil Freiheitsgebrauch ja aus einem umfassenden Berechtigtsein hierzu abgeleitet wird, die Gemeinschaft mir (als Subjekt) also meine Freiheit zu allem möglichen umfassend verbürgen muss und damit ein immer dichteres Netz an Abhängigkeiten und normativen Gegebenheiten knüpft. Darüber hinaus schafft jeder Freiheitsgebrauch tendenziell entfremdende Bindungen, es sei denn, man akzeptierte die neuhumanistische Unterstellung einer (jedenfalls prinzipiell möglichen) bruchlosen Harmonie von individueller Freiheit mit lebensweltlichen Bindungen aller Art.[38]

Freiheit ist also tendenziell paradox: Sie beruht auf Voraussetzungen, die sie nicht selbst schafft, die ihr teilweise sogar widersprechen, zusammengefasst in der sozialen Lebenswelt als Inbegriff der Möglichkeitsbedingungen für Freiheit. Und sie führt zu sozialen (und anderweitigen) Folgen, die bindend wirken, also Freiheit künftig begrenzen. Der Mensch ist, wie kaum ein anderes Lebewesen, auf die Kooperation mit seinesgleichen angewiesen. Die Strukturen dieser Zusammenarbeit sind einerseits Bedingung von Individualität und Freiheitsgebrauch, andererseits deren ständige und schmerzhaft erfahrene Gefährdung. Auf diese Weise wiederholt sich am Brennpunkt der Beziehung zwischen Individuum und Gemeinschaft, also am Problem der Freiheit, die einerseits subjektiv ist, andererseits aber auf lebensweltlichen Voraussetzungen beruht und sich darüber hinaus nach außen richtet, die Fragmentarität des Individuellen, die im vorigen Abschnitt im Zusammenhang mit der Gewissheitsproblematik schon erwähnt worden ist.

Die säkulare Ideologie als Grundlage moderner Gesellschaften führt also in ein aporetisches Freiheitsverständnis und verstärkt dieses, wenn Selbstverwirklichung die Bedeutung einer innerweltlichen individuellen Eschatologie annimmt[39] ohne einen Horizont von Transzendenz, d.h. ohne die Möglichkeit des vorwegnehmenden Überschreitens der innerweltlichen Perspektive.

Hier greift nun das Recht ein und findet die Möglichkeitsbedingungen seiner Hypertrophie. Denn vollendeter Freiheitsgebrauch als Zielbestimmung menschlichen Daseins bedarf ja eines Garanten, der, gegebenenfalls unter Anwendung von Zwang, das beseitigt oder verringert, was der je individuellen Selbstvollendung entgegensteht (bzw. entgegenzustehen scheint). Bestritten wird dabei implizit, dass durch die Ausweitung gesellschaftlicher, oder, da es sich im Wesentlichen ja um Rechtssetzung und die Ausübung dadurch normierten Zwangs handelt: staatlicher, Tätigkeit Freiheit und Individualität gefährdet werden könnten. Im Gegenteil: Da ja Freiheit und Selbstverwirklichung das erklärte Ziel staatlicher Tätigkeit sind, ist die Ausdehnung staatlicher Tätigkeit Realisierung von Frei-

---

[38] Der Gedanke folgt teilweise *S. Kierkegaard*, Der Begriff Angst, übers. u. mit Glossar, Bibliographie sowie einem Essay „Zum Verständnis des Werkes" hg. v. L. Richter (*S. Kierkegaard*, Werke 1/eva-Taschenbuch 21), Hamburg 1991, 50–74 u.ö.

[39] Vgl. *S. Reichardt*, Authentizität und Gemeinschaft (s. Anm. 37), 99–185 u. 782–872; *C. Lasch*, Das Zeitalter des Narzißmus (s. Anm. 37), 52–75 u.ö.

heit und somit zu begrüßen. Dieser in seiner wirkungsvollsten Gestalt auf Hegel[40] zurückgehende Gedanke liegt modernen Theorien des Staates weitgehend zugrunde.[41] Wo ältere Freiheitstheorien weitgehend mit dem Gedanken der Freiheit *von* staatlichen Übergriffen auskamen, sind moderne Varianten des Freiheitsgedankens vor allem an der Freiheit *zum* (wie auch immer gesteuerten) Freiheitsgebrauch orientiert. Dies ist die Tendenz auch gegenwärtiger sozialpolitischer Entwicklungen.[42]

Das bedeutet aber nun, dass auch Subjektivität zum sozialen, mittelbar zum politischen Projekt wird. Die prinzipielle Illusion des protestantischen Neuhumanismus in der Generation Humboldts, Fichtes und (bis zu einem gewissen Grade) Schleiermachers mag darin bestanden haben, Subjektivität und Sozialität in bruchloser Kontinuität (bei dennoch bestehender Abgrenzbarkeit) gesehen zu haben. Die Problematik der modernen Sichtweise liegt demgegenüber eher in der Tendenz, umfassende persönliche Selbstverwirklichung als Aufgabe umfassenderer Gemeinschaftsstrukturen, im Prinzip letztlich der umfassendsten: des Staates, zu sehen. Dabei herrscht der, freilich naive, Gedanke vor, dass mit einer solchen Hinwendung des Staates auf die Förderung der Lebenssphäre der Individuen keine Nachteile verbunden seien, wenn nur sichergestellt ist, dass die Tätigkeit des Staates und anderer übergreifender Strukturen (etwa der öffentlicher Versicherungen) sich auf diese gegenüber dem individuellen Leben förderliche Ausrichtung beschränkt.

Weitaus folgenreicher ist aber eine damit in Verbindung stehende Annahme: dass nämlich die öffentlich ermöglichte individualisierte Lebensweise tatsächlich dem gleichkommt – oder es übertrifft –, was aus dem lebensweltlich-unmittelbar ermöglichten und bis zu einem relativ hohen Grade unplanbaren gemeinschaftlichen Leben von Menschen erwächst oder jedenfalls erwachsen *kann*. Diese Entgegensetzung führt schon auf einen zentralen Aspekt des Problems: Im Kontext moderner Erwartungen an das Leben ist es offenbar unaushaltbar geworden, dass Erfüllungsperspektiven sich zunächst einmal der Möglichkeit nach bieten und dass die Ergebnisse, die sich aus notwendigerweise unterschiedlichen Gestalten der Verwirklichung dieser Möglichkeiten ergeben, zunächst offen bleiben müssen. Stattdessen will man eine – natürlich, wenn möglich, das größte Glück der größten Zahl sichernde – Berechenbarkeit und damit auch Rationalität des Ergebnisses. Rationalität kann in diesem Kontext nur bedeuten: Gleichheit.

Eine praktisch-handlungsleitende Perspektive für die Garantenfunktion übergeordneter sozialer Ebenen, vor allem des Staates, für das Gelingen kleinräumiger oder individu-

---

[40] Vgl. *G. W. F. Hegel*, Grundlinien der Philosophie des Rechts oder Naturrecht und Staatswissenschaft im Grundrisse. Mit Hegels eigenhändigen Notizen in seinem Handexemplar und den mündlichen Zusätzen, hg. u. eingel. v. H. Reichelt (Ullstein-Bücher 2929), Frankfurt a. M. u.a. 1972, 214–290.

[41] Zu Einzelheiten *W. Reinhard*, Geschichte der Staatsgewalt. Eine vergleichende Verfassungsgeschichte Europas von den Anfängen bis zur Gegenwart, 2. durchgesehene Aufl., München 2000 pass.; dort zur modernen Entwicklung, 458–479 u.ö.

[42] Eine auf bundesdeutsche Gegebenheiten bezogene Darstellung solcher Zusammenhänge bietet etwa *E. Conze*, Die Suche nach Sicherheit. Eine Geschichte der Bundesrepublik Deutschland von 1949 bis zur Gegenwart, Berlin 2009; zusammenfassend und mit Bezug auf die jüngste Vergangenheit und die Gegenwart, 887–936.

eller Lebenszusammenhänge kann im Rahmen dieser Argumentationslogik ja nur an dem wichtigsten normativen Gefüge staatlichen Handelns orientiert sein: am Recht.[43] Zu dessen Wesen gehört aber konstitutiv der Rechtszwang.[44] Dieser ist zwar nicht die einzige Grundlage des Rechts, auch nicht das einzige Motiv der Rechtsbefolgung,[45] gleichwohl von der Rechtsidee untrennbar.[46] Eine sich unmittelbar und positiv auf das Gelingen des Lebens richtende Rechtssetzung und -praxis würde also Lebensglück (auch) als das Ergebnis von einer spezifischen Art Zwang verstehen. Damit ist nicht bestritten, dass gelingendes Leben eine nicht unwesentliche Grundlage in einer unterstützenden und Unglück, soweit es geht, verhindernden Rechtsordnung hat. Gleichwohl gilt es, die Grenze zu sehen (und zu respektieren), die rechtliche Rahmensetzung von der unmittelbaren Gestaltung kleinräumiger Lebensverhältnisse durch das Recht trennt.

Die Tendenz zur Ausweitung der Garantenfunktion des Rechts hat zwei Implikationen: Die rechtlich geordneten Gemeinschaftsbezüge tendieren dahin, einen Gesamtrahmen aller Lebensverhältnisse zu bilden und damit zu einem geschlossenen handlungsleitenden Entwurf menschlichen Lebens überhaupt zu werden. In diesem Sinne bilden sie funktionell eine Art Religion, wenn man diese als umfassende handlungsleitende Überzeugung über den Sinn des Lebens versteht – einschließlich aller oder jedenfalls vieler daraus folgender lebenspraktischer Einzelaspekte. Der dem christlichen Glauben wesentliche Anspruch, *letzte Fragen* zu beantworten, wird mit der Konkurrenz durch die angeblich anthropologisch-letztbegründende Instanz des Rechts in Frage gestellt. Dies gilt umso mehr, je ausgreifender das Recht in der Gestaltung von Lebensverhältnissen wird und – vor allem – je umfangreicher hierfür humanitär-werthafte (und nicht etwa nur pragmatische) Motive in Anspruch genommen werden.[47] Insofern wird man auch sagen müssen, dass die fast schon reflexhafte kirchliche Unterstützung für Versuche, sozialstaatliche Belange auszuweiten, das Problem verkennt, das die strukturell-religiösen Aspekte modernen sozialstaatlichen Denkens bieten.

Der andere Aspekt besteht in der Zerstörung von gelebter Individualität durch ihre tendenzielle Reduzierung auf die Rechtspersönlichkeit. Vordergründig gesehen beruht das zunächst darauf, dass rechtlich kommunikable Selbstentwürfe in den Mittelpunkt des Selbsterlebens rücken und deswegen die Umgangsweise der Einzelnen miteinander ver-

---

[43] Exemplarisch etwa *J. Galtung*, Menschenrechte – anders gesehen, aus dem Englischen v. G. Günther (stw 1084), Frankfurt a. M. 1994, 91–111 u.ö.; zu den in diesem Werk kaum gesehenen Problemen gehört, dass ein gesamtgesellschaftliches Menschenrechtsregime auf der Grundlage eines extrem ausgeweiteten Menschenrechtsverständnisses dazu tendiert, kleinräumige Gemeinschaftsgestalten gar nicht wahrzunehmen, weil diese im Sinne der von Galtung angenommenen Zielsetzung ohnehin nicht effektiv sind und sein können. Demgegenüber kritisch angesichts eines solchen ethischen Maximalismus in der Rechtsgestaltung etwa *D. Grimm*, Die Verfassung und die Politik (s. Anm. 30), 126–138.

[44] Vgl. *G. Radbruch*, Rechtsphilosophie. Studienausgabe, hg. v. R. Dreier u. S. L. Paulson (UTB 2043), Heidelberg 1999, 78–85.

[45] Vgl. aaO., 101 f. u.ö.

[46] Radbruch stellt fest, dass das Recht zwar nicht schon deswegen als Recht gilt, *weil* es sich durchsetzen kann, aber doch nur, *wenn* es sich durchsetzen kann. Vgl. aaO., 83.

[47] Vgl. aaO., 94 f., dort auch den Gesamtzusammenhang, 92–95; ferner *M. Heesch*, Diakonie aus evangelischer Sicht (s. Anm. 24), 110 f.

rechtlicht wird. Ein fundamentaler Aspekt dieser Verrechtlichung, der nachfolgende Tendenzen, wie sie in modernen westlichen Rechtsordnungen etwa durch das immer weiter ausgreifende Sozial- und Familienrecht ersichtlich werden, erst möglich macht, besteht in der Ökonomisierung von Beziehungen: Sie laufen tendenziell auf der Basis gegenseitiger Vorteilsgewährung und -annahme, also auf der Grundlage des *do ut des*,[48] und sind damit *ihrem Wesen nach*[49] rechtlicher Regelung zugänglich.

Gravierender ist aber die offensichtliche anthropologische Fundierung dieser Entwicklung, die sich als eine Einseitigkeit der subjektiven Entwicklung und Selbstauslegung beschreiben lässt. Die Einseitigkeit besteht in einer Reduzierung des Menschen selbst – nicht nur seiner sozialen Rolle und des mit ihr verbundenen Typus des miteinander Umgehens – auf den Typus des Inhabers von Rechten.[50] Die Beziehung auf das individuelle Selbsterleben scheint ein wichtiger Aspekt zu sein: Denn moderne Phänomene wie etwa die Verrechtlichung innerfamiliärer Beziehungen beruhen demzufolge also – mindestens teilweise – nicht nur auf dem Willen maßgeblicher Kreise zur rechtlichen Regelung, sondern auch – und primär? – auf einer Affinität des modernen Selbstentwurfs zum Recht als Regelungstypus. Das muss nicht unbedingt explizit geschehen: Die faktische Reduktion auf den Aspekt der Rechtspersönlichkeit kann sich durchaus mit einem antirechtlichen Habitus verbinden. Der Verlustcharakter einer solchen Tendenz besteht vor allem darin, dass Recht ja einen Modus des sozialen Austauschs darstellt. Im Selbstverhältnis ist Recht prinzipiell ebenso wenig denkbar, wie sich, jedenfalls nach evangelischem Verständnis, der Glaube nicht verrechtlichen lässt.[51] Die Fokussierung – schlimmstenfalls: Reduzierung – des Menschen auf die Rechtspersönlichkeit führt also in der Tendenz dazu, dass die dem Recht nicht zugänglichen Aspekte des Lebens einer Auszehrung anheimfallen oder letztlich aufhören, in lebensbedeutsamer Weise zu bestehen. Wollte man dies zusammenfassen, könnte man sagen: Wo das Recht in quasi totalitärer Weise überhandnimmt – zunächst einmal im Selbstentwurf des Menschen als eines *Rechthabers* – da ist die Liebe als Sammelbegriff informeller und positiver Gestaltungsmöglichkeiten des Lebens in ihrer Wirkungsmöglichkeit bedroht. Zwar gilt durchaus, dass Liebe als Integrationsgestalt positiver Gestaltungen in der Lebenswelt des Rechts bedarf und sich demzufolge seiner auch bedienen muss: Die Begründung einer Rechtsordnung ist eine sittliche Pflicht, die in gewisser Weise aus der Liebe folgt, die die le-

---

[48] Vgl. *R. N. Bellah* u.a., Gewohnheiten des Herzens. Individualismus und Gemeinsinn in der amerikanischen Gesellschaft, übers. v. I. Peikert, mit einem Vorwort v. H. Scheer, Köln 1987, 81–197 u.ö.; zu den Hintergründen vgl. nochmals *C. Lasch*, Das Zeitalter des Narzißmus (s. Anm. 37), 52–74.

[49] Zu einigen Zusammenhängen dieser Art vgl. nochmals *S. Reichardt*, Authentizität und Gemeinschaft (s. Anm. 37), 99–222. Grundsätzlich, aber geprägt durch ein dezidiert ethisches Verständnis des Rechts, das die Problematik des Ausgreifens des Rechts eher verkleinert, vgl. W. *Huber*, Gerechtigkeit und Recht (s. Anm. 28), 22–27 u.ö.

[50] Vgl. die Ausführungen unter der Überschrift *Der Mensch als Rechthaber* bei *J. Braun*, Einführung in die Rechtswissenschaft (Mohr-Lehrbuch), Tübingen 2001², 23–27.

[51] Weswegen es auch im Protestantismus kein kanonisches Recht geben kann. Vgl. *G. Radbruch*, Rechtsphilosophie (s. Anm. 44), 94 f., 175–180.

bensdienliche Anwendung der Vernünftigkeit des Menschen fordert.[52] Dasselbe gilt für die Befolgung des Rechts,[53] jedenfalls wenn dieses sich an gewisse moralische Grundanforderungen hält.[54] Gleichwohl muss der Bereich des Rechts eingegrenzt werden auf das, was sich nicht anders als rechtlich regeln lässt.[55] Andernfalls droht die Reduzierung der Vollgestalt von Subjektivität auf den Lebensphänotyp des *Rechthabers*, der den Absolutismus des Rechts verkörpert.

Die damit angedeuteten Zusammenhänge machen deutlich, dass sich Individuum und Gemeinschaft in gewisser Weise komplementär verhalten, dass diese Komplementarität aber durchaus auch Züge von Paradoxalität an sich hat, was sich nicht systematisch auflösen lässt: Denn die Förderung individuellen Lebens mit Hilfe rechtlicher Regelungen wendet sich, wenn sie ein bestimmtes – systematisch nicht ableitbares – Optimum überschreitet, gegen das Subjekt selbst, das zum Objekt paternalistischer Bevormundung und gesellschaftlicher Planung wird und dieses, in seiner Rolle und seinem Selbstentwurf als Inhaber von Rechten, dann auch als tragenden Aspekt seines Selbsterlebens verinnerlicht, was aber angemessen nur als Entfremdungsvorgang verstanden werden kann. Mit solchen Erwägungen ist natürlich der Gemeinschaftsbezug von Individualität in keiner Weise bestritten. Er wird aber unter zwei Gesichtspunkten ethisch-normativ näher zu bestimmen sein:

(1) *Zunächst* wird Recht im Kern darauf verpflichtet, unmittelbar gegebene Gemeinschaftsbezüge in lebensdienlicher Weise zu formalisieren, was auch und vor allem bedeutet: berechenbar zu machen. Das Recht stellt aber keinen eigenen Typus der Vergemeinschaftung dar. Es verhält sich vielmehr dienend gegenüber bestehenden Gemeinschaften. Wo es eine Sozialität eigener Art schaffen will, wird es totalitär. Gemeinschaften brauchen rechtliche Regelungen, diese schaffen aber keine Gemeinschaft eigenen Typs,[56] sondern realisieren und präzisieren vorrechtliche Parameter des Zusammenlebens.[57]

Auch hier ist natürlich zu differenzieren. Grundsätzlich ist die menschliche Lebenswelt nie rein naturwüchsig, sondern beruht auf kulturellen Prozessen,[58] denen zumindest in dem Sinne das Moment des Willkürlichen immer anhaftet, dass kulturelle Phänomene

---

[52] Die protestantische, v.a. lutherische, Soziallehre aufnehmend: *G. W. F. Hegel*, Grundlinien der Philosophie des Rechts (s. Anm. 40), 215–218 u.ö.

[53] Über äußeres Guthandeln (darunter auch: Rechtlichkeit) als Ausdruck christlicher Liebe vgl. auch die bekannten Ausführungen Luthers in *Von der Freiheit eines Christenmenschen* (1520), WA 7, 20–38, v.a. 35 f..

[54] Vgl. *G. Radbruch*, Rechtsphilosophie (s. Anm. 44), 210 u.ö. Radbruch versteht diese Grundsätze, seinem auf die Differenzierung von Recht und Moral abzielenden Ansatz entsprechend, ihrerseits als rechtlich und bemüht dafür die rechtsethische Kategorie des Naturrechts.

[55] Vgl. aaO., 41–53 u.ö. Ein besonderes Problem in diesem Rahmen sind die außerrechtlichen Voraussetzungen des Rechts, vgl. aaO., 47 f. u.ö.; ferner *W. Huber*, Gerechtigkeit und Recht (s. Anm. 28), 25–72 u.ö., die *gegenseitige* Verwiesenheit von Recht und Moral betonend. Einen Einfallspunkt für solche Entwicklungen dürfte der Unterschiede nivellierende Gleichheitsgedanke darstellen. Zu dessen Analyse noch *M. Gronemeyer*, Das Leben als letzte Gelegenheit (s. Anm. 31), 155–158.

[56] Vgl. *G. Radbruch*, Rechtsphilosophie (s. Anm. 44), 59–61 u.ö.

[57] In diesem Sinne Radbruch über die (relative) Abhängigkeit des Rechts von der Konvention („Sitte"), vgl. aaO., 50–53.

[58] Vgl. *H. Plessner*, Mensch und Tier, in: *Ders.*, Conditio humana, hg. v. G. Dux u.a. (*H. Plessner*, Gesammelte Schriften 8/stw 1631), Frankfurt a. M. 2003, 52–65, 63 f.

nie unmittelbar aus Naturzusammenhängen ableitbar sind, auch nicht aus Annahmen über eine Natur des Menschen, die zumindest teilweise immer auch Rückprojektionen von einem gegebenen Kulturzustand aus darstellen.[59] Auf der anderen Seite scheint es doch so zu sein, dass es prinzipiell lebensundienliche Gestaltungen von Gesellschaft gibt, denen als ein wesentlicher Kern nicht lebensdienliche rechtliche Regelungen zugrunde liegen. An den totalitären politischen Systemen der Moderne lässt sich dies veranschaulichen.

Die Grenzen gesellschaftlicher Gestaltbarkeit lassen sich nicht begrifflich ableiten, sondern unterliegen situativen und pragmatischen Bedingungen, die geschichtlich wandelbar sein können. Unter Gegenwartsbedingungen scheint eine wesentliche Tendenz aber in der Entleerung gelebter Individualität und Gemeinschaftlichkeit zu bestehen, die bewirkt, dass das Selbstverständnis der Einzelnen und kleinerer lebensweltlicher Gemeinschaften sich mit zunehmender Ausschließlichkeit vom Recht her bestimmt. Weil Recht eine gesellschaftliche Realität ist, die stets auf der Entscheidungskompetenz von Eliten (z.B. gesetzgebender Körperschaften) beruht, wächst damit deren Kompetenz auch in den lebensweltlich gegebenen vorrechtlichen Rahmen hinein und absorbiert diesen.

(2) *Weiter* ist zu berücksichtigen, dass die geschichtliche Bedingtheit der konkreten Ausgestaltung der Beziehung zwischen Individuum und Gesellschaft es nur sehr eingeschränkt möglich macht, die einzelnen Kreise individuellen und gemeinschaftlichen Wirklichkeitsumgangs in eine allgemeine Theorie zu fassen. Dementsprechend ist Gesellschaft nicht planbar. Diese Unmöglichkeit findet vor allem statt, wenn es um die Absicht geht, die Bedingungen einer Harmonie zwischen individuellen und überindividuellen Gesichtspunkten des Wirklichkeitsumgangs quasi zu definieren.[60] Grundsätzlich ist die Beziehung zwischen Individuum und Gemeinschaft offen, was einschließen kann, dass es Gestalten des Zusammenlebens gibt, die mehr in Richtung auf Individualität, und solche, die mehr in Richtung auf Gemeinschaft tendieren, und dass auch funktionell entsprechende Gestalten gesellschaftlichen Lebens – etwa im Bildungsbereich – mehr die eine oder die andere Richtung einschlagen können. Gesellschaftliche Planung sichert

---

[59] Sachlich in diesem Sinne über den *Satzungscharakter* der Rechtsordnung vgl. etwa M. *Weber*, Wirtschaft und Gesellschaft (s. Anm. 22), 19 f. u.ö.; zur *Positivität* des Rechts vgl. G. *Radbruch*, Rechtsphilosophie (s. Anm. 44), 73–77 u.ö.; anthropologische Grundlagenreflexionen bietet H. *Plessner*, Grenzen der Gemeinschaft (s. Anm. 34).

[60] Im Sinne eines solchen Versuchs lässt sich z.B. Schleiermachers philosophische Ethik verstehen. Vgl. F. D. E. *Schleiermacher*, Ethik (s. Anm. 6), 23–35 u.ö.; demgegenüber aber Hegels Ausgehen von der „Wirklichkeit des substantiellen Willens", der in der Geschichte wirkt und dessen Substantialität sich an der *gegebenen Wirklichkeit* erschließt, von der her dann rückwirkend die geschichtslogische Rekonstruktion möglich ist. G. W. F. *Hegel*, Grundlinien der Philosophie des Rechts (s. Anm. 40), 215 u.ö. Von dieser methodischen Differenz gegenüber Schleiermacher abgesehen geht Hegel aber noch stärker als Schleiermacher von der Überzeugung aus, dass die objektive Dimension des Zusammenlebens dessen subjektive Aspekte allenfalls und bedingt ins Recht setzen kann, wobei jede Autonomie des Subjektiven in die Verneinung der Sittlichkeit führt. Vgl. aaO., 132 f. u.ö. Das Ausgehen von der geschichtlich gewordenen Gegebenheit bleibt dennoch Hegels Stärke gegenüber Schleiermacher und lässt sich auch, eher als Schleiermachers Systematik, für die Begründung einer, geschichtliche Kontingenz einschließenden, Auffassung von der Beziehung zwischen Individuum und Gemeinschaft fruchtbar machen – auch wenn Hegel dies nicht tut.

entweder solchen Pluralitäten Entfaltungsräume, oder sie wird totalitär, weil sie dem nicht Rechnung trägt, dass Individualität und Gemeinschaft grundsätzlich und auch in ihrer Relation unverfügbare Gegebenheiten des Lebens sind. Die technokratische Gestaltung der Gesellschaft bis zur völligen Konformität gegenüber den Anforderungen des Rechtsstaates wird dem, aus den dargelegten Gründen, nicht gerecht. Das, worauf es ankommt, scheint zu sein, den jeweils auftretenden lebensweltlichen Gestalten von Selbstsein und kleinräumiger Gemeinschaft Raum zu geben. Hierin scheint – weiterhin – ein normatives Element der unverfügbaren, theologisch gesprochen: schöpfungsmäßig-theonomen Verfasstheit des Menschseins zu bestehen (*Ende des Exkurses*).

4 Einheit und Vielfalt, Transparenz und Undurchschaubarkeit

Wirklichkeit ist – in letzter Hinsicht – *eine* Wirklichkeit, die in sich einheitlich ist. Unter anderen – vor allem pragmatischen – Gesichtspunkten aber ist sie in sich vielfältig, unabgeschlossen und undurchschaubar. Beide Aspekte hängen miteinander zusammen und ergänzen sich zu einem handlungsleitenden und handlungsbegrenzenden Wirklichkeitsverständnis. Die Komplementarität aus Einheit und Vielheit, Transparenz und Undurchschaubarkeit zeigt und erweist sich am Ort des Subjekts und sollte daher hier in ihrer Bedeutung angedeutet werden.

Subjektives Dasein ist Existenz im Widerspruch. Die Elemente subjektiven Daseins lassen sich nicht zum Ausgleich bringen und sind letzlich über diese Nebeneinander-Existenz hinaus nicht zu einer restlosen Synthese zu bringen. Nichtintegrierte Vielheit ist nicht lebensdienlich. Das Dasein lässt sich also nur führen, wenn eine gewisse Konzentration auf bestimmte Inhalte und Absichten möglich ist, was immer auch bedeutet, dass andere Erfahrungen und Intentionen von der (jedenfalls unmittelbaren) Prägekraft für das Bewusstsein und vom Handlungsleitendwerden ausgeschlossen sind. Wo das nicht möglich ist, droht der Verlust eines handlungsbefähigenden Wirklichkeitsumgangs. Bewusstsein bedeutet also, sich auf etwas konzentrieren können, wobei diese Konzentrationsleistung einerseits etwas ist, was willentlich erbracht werden kann und muss, auch eingeübt werden kann,[61] was andererseits aber auch auf unverfügbaren Voraussetzungen beruht, weil es von gegenstrebigen Tendenzen im Bewusstsein gestört werden kann. Es handelt sich also um eine pragmatische Balance, die stets bedroht ist und die auf einer in sich offenbar grundlegend uneinheitlichen Grundlage beruht – bzw. bedingt herstellbar ist, wobei jederzeit Ereignisse eintreten können, die diese pragmatische Balance in ihrem

---

[61] Zur erzieherisch – und das bedeutet im Kern: pragmatisch – anzustrebenden Einheit des Bewusstseins grundlegend J. F. *Herbart*, Allgemeine Pädagogik aus dem Zweck der Erziehung abgeleitet, hg. v. H. Holstein (Kamps pädagogische Taschenbücher 23/Historische Pädagogik), 6. durchgesehene u. verb. Aufl., Bochum 1983, 96–126. Zu den psychologischen Hintergründen kurz M. *Heesch*, Johann Friedrich Herbart zur Einführung (Zur Einführung 199), Hamburg 1999, 47–88 (dort Belege aus Schriften Herbarts).

Prekärsein offensichtlich machen.[62] Solche Widerfahrnisse stellen dann Integrationsanforderungen,[63] die auf ihre Weise deutlich machen, dass Pluralität der Ausgangszustand, Integration das immer prekäre Ergebnis von Entwicklungs- und Erziehungsprozessen ist. Subjektivität ist also ein sich Bemühen um Einheit angesichts einer sich in der Lebenswelt ständig bemerkbar machenden Tendenz zur Dissoziation, die das sich als bedingte und pragmatische Einheit entwerfen müssende Subjekt umfasst, was bedeutet: in paradoxem Zusammentreffen einerseits bedroht, andererseits, wenn als Grundcharakter von Subjektivität die Synthese angenommen wird,[64] auch ermöglicht wird. In diesem Sinne könnte gesagt werden: Das Leben trägt stets Entscheidungscharakter, aber die Richtung, in der diese Entscheidungen gefällt werden, ihr faktisches Wirksamwerden und auch die Stimmigkeit der Entscheidungen in ihrer Abfolge – etwa im Sinne einer großen Synthese des Lebens, wie sie dem klassischen Bildungsroman vorschwebte – sind nicht garantiert.

Möglichkeitsbedingung und Bedrohung des Subjekts ist also die Pluralität. Von der Vielheit der Begegnungen und dinglichen Gegebenheiten her entwickelt sich (günstigenfalls) die Einheit des handlungsleitenden Bewusstseins, durch sie ist es zugleich bedroht. In gewisser Weise kann man sagen, dass Subjektivität eine qualitative Bestimmung an unhintergehbarer Vielfalt ist, die sozusagen in eine gegenüber der empirischen Vielfalt neue und andersartige Dimension führt. Diese ist freilich gegenüber den Dynamiken ihrer Grundlage fragil. Das teilt sie mit der den Menschen umgebenden sozialen und auch gegenständlichen Welt.

An der Schnittstelle zwischen Individuum und sozialer Welt manifestiert sich Pluralität als Kollision unterschiedlicher individueller und auch sozialer Intentionen. In einem anderen Zusammenhang ist schon die normative Kategorie des Rechts in diesen Zusammenhang gestellt worden. Dabei hat sich allerdings ergeben, dass das Recht mehr der Stillstellung als der Lösung von Konflikten dient, und dass da, wo es im Sinne einer echten Bestimmung von Innerlichkeit wirksam zu werden beansprucht, eine Entleerung persönlichen Lebens droht. Recht – obwohl es durchaus auch Züge einer heterogenen Materie haben kann, wie etwa die Konkurrenz römisch- und germanisch-rechtlicher Tendenzen in der europäischen Rechtsgeschichte zeigt – ist vom Regelungstypus her relativ einheitlich. Aber es steht anderen Regelungstypen gegenüber wie konventionellen, religiösen, oder rein individuellen Handlungsvorgaben: Konflikte, die auf immer schon vorhandene Komplexität und Irrationalität des Zusammenlebens verweisen. Dabei geht es um Konflikte zwischen Recht und Liebe, zwischen Gemeinschaftsanforderungen (rechtlich, konventionell oder auf andere Weise ethisch begründet) und individuellen

---

[62] In diesem Sinne etwa die Annahme eines grundlegenden Triebantagonismus bei *S. Freud*, Jenseits des Lustprinzips, in: *Ders.*, Psychologie des Unbewussten (*S. Freud*, Studienausgabe 3), Sonderausg., Frankfurt a. M. 2000, 213–272, 244–269 u.ö.

[63] Vgl. *S. Freud*, Vorlesungen zur Einführung in die Psychoanalyse. 18. Vorlesung: Die Fixierung an das Trauma, das Unbewußte, in: *Ders.*, Vorlesungen zur Einführung in die Psychoanalyse und Neue Folge (*S. Freud*, Studienausgabe 1), Sonderausg., Frankfurt a. M. 2000, 273–284; *Ders.*, Vorlesungen zur Einführung in die Psychoanalyse. 19. Vorlesung: Widerstand und Verdrängung, aaO., 285–299.

[64] Vgl. *I. Kant*, Kritik der reinen Vernunft 1 (s. Anm. 11), 136–143 (B 132, 133–B 143).

Interessen. Solche Differenzen können offenbar nur pragmatisch ausgeglichen, aber nicht ein für allemal zur Harmonie geführt werden.

Aber nicht nur an der Schnittstelle zwischen Individuum und Gesellschaft ergeben sich Konflikte, deren Quintessenz das *Unbehagen in der Kultur* ist, sondern diese ist auch in sich heterogen und beherrscht von Tendenzen, die gegeneinander wirken. Moderne demokratische Staaten verstehen sich selbst als pluralistische Gemeinwesen, was den Versuch meint, unter Verzicht auf alles, was über einen Grundlagenkonsens, der sich in der Rechtsordnung widerspiegelt, hinausgehen würde, antagonistischen Tendenzen und Interessen Raum zu geben. Das Ausgreifen rechtlicher Normativität im Sinne der Intentionen einer jeweiligen Mehrheit wirkt diesem Grundvorhaben allerdings entgegen. So weist die zunehmende Regelungsdichte spätmoderner Staaten, entgegen deren vordergründigem Selbstverständnis, einen antipluralistischen Zug auf, dem allerdings eine ebenfalls zunehmende Tendenz z.B. zur Radikalisierung interessengebundener oder religiös motivierter Teilgesellschaften gegenübersteht. Aber grundsätzlich verbindet sich vor allem mit dem Gedanken der religiös-weltanschaulichen Neutralität des Staates die Vorstellung von der staatlichen Ordnung als einem begrenzenden Rahmen nicht zu reduzierender Vielfalt. Die Erfahrung zeigt, dass eine dauernde Stillstellung solcher Konflikte im Inneren eines Staatswesens allenfalls bedingt möglich ist.[65] Zwischen staatsförmig oder sonst relativ gefestigt beschaffenen sozialen Verbänden mit unterschiedlichen Interessen und Werthaltungen ist sie noch viel schwieriger zu realisieren und vor allem auf Dauer zu stellen.[66] Die Lebenswelt ist also von Auseinandersetzungen gekennzeichnet, die nur zu relativen und temporären Ruhezuständen und prekären Herausbildungen von Einheiten führt. Die Vorstellung von einem Ende der Geschichte, etwa durch weltweite Vorherrschaft dem Anspruch nach liberaler und marktwirtschaftlich und bzw. oder menschenrechtlich orientierter Staatswesen,[67] scheint sich durch den tatsächlichen Verlauf der Ereignisse nicht zu bestätigen, damit auch nicht die Idee einer weltweiten Wirtschaftsgemeinschaft, die zu einer globalen Gesellschaft führen könnte. Offenbar ist das handlungsleitende Bewusstsein sowohl von Individuen als auch von Gesellschaften an eine Art *differentia specifica* gebunden, also an die Möglichkeit der Selbstabgrenzung. Diese Möglichkeit setzt allerdings Widerstand voraus: Das *Unbehagen in der Kultur* ergibt sich aufgrund des gesellschaftlichen Zwangs zur Triebsublimierung, also daraus, dass im Zusammenleben dem Individuum Grenzen aufgezeigt werden, ohne die es freilich nicht existieren könnte. Entsprechend ergeben sich Gruppenzugehörigkeiten aus einem relativen Bewusstsein über Zugehörigkeit und Nichtzugehörigkeit, die allerdings nicht festliegen, sondern dynamisch sind.

[65] Ein Gedanke, dessen frühe Gestalt schon die antike Reflexion über die auseinandersetzungsbedingte Abfolge von Verfassungstypen bestimmt. Vgl. etwa *Polybios*, Historien. Auswahl, Übers., Anm. u. Nachwort v. K. F. Eisen (RUB 6210/11), Stuttgart 1973, 9–19 u.ö.

[66] Vgl. *S. P. Huntington*, Kampf der Kulturen. Die Neugestaltung der Weltpolitik im 21. Jahrhundert, aus dem Amerikanischen v. H. Fliessbach, vollst. Taschenbuchausg., München 1998[8], 331–491.

[67] So etwa *J. Galtung*, Menschenrechte – anders gesehen (s. Anm. 43), 204–209 u.ö.

Der Grund dafür scheint in der intentionalen Beschaffenheit des menschlichen Selbst- und Welterlebens zu liegen. Dessen Wesen liegt darin, Zustände und Gegebenheiten, die zu einem gegenwärtigen Zeitpunkt nicht existieren, herstellen oder bewirken zu wollen,[68] wobei die Tatsache, dass der intendierte Zustand zum Zeitpunkt der Intention noch nicht gegeben ist, als solche schon einen gewissen Widerstand bedingt,[69] der, weil mit dem Phänomen der Intentionalität gleichursprünglich, für Subjektivität mithin konstitutiv ist. Damit ist zugleich gegeben, dass sich intendierte Gegenstände gegenüber der sie treffenden bzw. begründenden Intention als irrational erweisen können. Das intendierte Objekt hat einen Kern von Undurchdringlichkeit, der sich aus der Beschaffenheit der Intentionalität, d.h. aus womöglich angenommenen Irrationalitäten der in der Intentionalität liegenden Bestrebungen selbst, nicht begründen lässt.[70] Dies gilt natürlich erst recht angesichts der unmittelbaren Nicht-Erfahrbarkeit des Anderen als Grenze und Möglichkeitsbedingung jeweils meines Handelnkönnens in der Lebenswelt als der Welt für alle.[71] Auch deswegen gilt, dass ich über mich selbst keine wirklich zureichende Gewissheit habe. Einerseits sind wesentliche Handlungsantriebe auch dem Handelnden undurchsichtig,[72] andererseits setzt sich Subjektivität immer auch aus sozialisatorischen, ja sogar aus sozial zugeschriebenen Faktoren zusammen, die, worauf schon hingewiesen worden ist, keineswegs immer eine bruchlose Einheit bilden,[73] ja dies vielleicht nur in einer die Empirie übersteigenden, also eschatologischen Perspektive tun können. Der fragmentarische Charakter von Subjektivität lässt diese also als etwas Offenes und in diesem Sinne auch Plurales verstehbar werden,[74] das verwoben ist in die Vielfalt der sozialen und auch dinglichen Umwelt: Die Grenzen von Subjektivität sind offen, und die Gestaltung indi-

---

[68] Dies ist für praktisch-handlungsleitende und entscheidungshafte Lebenszusammenhänge ohne weiteres ersichtlich, es gilt letztlich aber auch für ‚Bedeutungen' überhaupt, was theoretische Einsichten einschließt. Vgl. *E. Husserl*, Logische Untersuchungen. Bd. II,1: Untersuchungen zur Phänomenologie und Theorie der Erkenntnis. Text nach Husserliana XIX/1 (*E. Husserl*, Gesammelte Schriften 3), Hamburg 1992, 78–82.

[69] Vgl. *W. Dilthey*, Beiträge zur Lösung der Frage vom Ursprung unseres Glaubens an die Realität der Außenwelt und seinem Recht, in: *Ders.*, Texte zur Kritik der historischen Vernunft, hg. u. eingel. v. H.-U. Lessing (Sammlung Vandenhoeck), Göttingen 1983, 150–185, v.a. 156 f., 169–176 u.ö.

[70] Grundlegend *E. Husserl*, Ideen zu einer reinen Phänomenologie (s. Anm. 8), 191–196. Dabei wird allerdings davon ausgegangen, dass zwischen psychischer μορφή und sinnlich-gegebener, also stofflicher ὕλη eine „merkwürdige Doppelheit und Einheit" besteht. AaO., 192. Vgl. auch aaO., 120 f. u.ö. Immerhin rechnet Husserl mit stufenweise sich in intentionalen Akten ergebender Erkenntnisklarheit. Vgl. aaO., 143 f. u.ö.

[71] Vgl. *E. Husserl*, Phänomenologie der Lebenswelt (s. Anm. 16), 166–219. Analysen zu diesem und verwandten Ansätzen bei *K. Meyer-Drawe*, Leiblichkeit und Sozialität. Phänomenologische Beiträge zu einer pädagogischen Theorie der Inter-Subjektivität (Übergänge 7), München 1987[2], 86–155.

[72] Dies ist eine grundlegende Einsicht der Psychoanalyse. Vgl. etwa *S. Freud*, Vorlesungen zur Einführung in die Psychoanalyse, in: *Ders.*, Vorlesungen zur Einführung in die Psychoanalyse (s. Anm. 63), 50–230 u.ö. (über Fehlleistungen und Träume als Chiffren für unbewusste Motive). Zur Vorgeschichte gehören sicher schon Kants Differenzierung zwischen empirischen und intelligiblen Aspekten von Subjektivität und deren Umdeutung in Herbarts Auffassung des Unterbewussten.

[73] Vgl. *H. Luther*, Religion und Alltag. Bausteine zu einer Praktischen Theologie des Subjekts (Identität und Fragment), Stuttgart 1992, 62–87 u.ö.

[74] Dies ist eine erforderliche Konkretisierung, um körperhaft gegebenes Selbsterleben mittels der Kategorie der Gewissheit deuten zu können. Vgl. *E. Herms*, Glaube (s. Anm. 1), 464–467.

viduellen Lebens ist wesentlich von der nicht vorhersagbaren und auch nur bedingt planbaren Gegebenheit dessen geprägt, was auf das Individuum zukommt. In diesem Rahmen besteht die unabschließbare Aufgabe, eine gewisse Kohäsionskraft gegenüber dem Erlebten und dem Erleben zu entwickeln.[75]

Diese Dynamik, die in der Beschaffenheit von Intentionalität als Grundphänomen individuell-psychischen und (indirekt) gemeinsamen Lebens wurzelt, enthält auch ein gewisses Konfliktpotential,[76] das sich in sozialer Hinsicht so auswirkt, dass eine harmonisch gegliederte Gesamtgesellschaft erst als das historisch nicht vorwegnehmbare Ende einer darin dann vollendeten Geschichte denkbar ist. Denn auch Gemeinschaften, die sich um ein bestimmtes Gemeinschaftsbewusstsein herum bilden, leben in einem Feld des teilweise Irrationalen, d.h. angesichts der Herausforderungen durch unabsehbare innere Entwicklungen und äußere Widerfahrnisse, zu denen die Konfrontationen mit anderen sozialen Strukturen im eigenen Inneren und von außen gehören. Gesellschaft ist nicht nach Plänen gestaltbar, man hat in diesem Sinne sogar von einem *Gesetz der Heterogonie der Zwecke*[77] sprechen wollen.

Die erlebte Welt ist also in dem elementaren Sinne vielfältig, dass Einheit in ihr vor allem als pragmatisch zu lösende Aufgabe erscheint und entsprechend wahrzunehmen ist. Vielfalt und (relative) Undurchschaubarkeit bzw. Begrenztheit möglichen Wissens sind innerweltlich unbedingt geltende Kriterien für die Angemessenheit jeder Beschreibung und Analyse dieser Realität. Sie verhalten sich zueinander komplementär in dem Sinne, dass Pluralismus die ontologische Kategorie für die Begrenzung innerweltlicher Erkenntnisansprüche und diese Begrenzung die erkenntnistheoretische Legitimation des Pluralismus ist: Denn letzte Erkenntnis (das höchste Wissen), die als organischeinheitliche Erkenntnis vorstellbar ist, kann nur als ausstehend betrachtet werden.

Mit solchen Gesichtspunkten lässt sich die Annahme begründen, dass die empirisch erreichbare Realität insgesamt pluralistisch verfasst ist. Das gilt zunächst, wie dargelegt, in existentieller, dann auch in erkenntnistheoretischer und sozialer Hinsicht. Erkenntnistheoretisch ist darauf zu verweisen, dass die gegebenen Phänomene eine irreduzible Vielschichtigkeit aufweisen. Angesichts eines (jedenfalls scheinbar) einheitlichen Wirklichkeitscharakters überlagern sich auf komplexe Weise Phänomenbestände, die nicht aufeinander zurückgeführt werden können: das Naturschöne und gar die formalen Gesetzmäßigkeiten seiner ästhetischen Aneignung und des diese bezeichnenden lyrischen Ausdrucks sind mit den Naturgesetzen, die sich etwa im Erscheinungszusammenhang eines Sonnenuntergangs auswirken, in keiner Weise verrechenbar. Das den Sonnenuntergang beschreibende und reflektierende Gedicht muss auch nach völlig anderen Gesichtspunkten verstanden werden als die Lichtbrechung, die Planetenbewegungen etc., die den na-

---

[75] Vgl. *W. James*, Das pluralistische Universum. Vorlesungen über die gegenwärtige Lage der Philosophie, ins Deutsche übertr. v. J. Goldstein, mit einer Einführung hg. v. K. Schubert u. U. Wilkesmann, reprografischer Nachdr. der Ausg. Leipzig 1914 (Bibliothek klassischer Texte), Darmstadt 1994, 113–141 u. 177–194 u.ö.

[76] In diesem Sinne auch *F. D. E. Schleiermacher*, Ethik (s. Anm. 6), 103 f., v.a.104.

[77] Vgl. *W. Wundt*, Grundriss der Psychologie, Leipzig 1902², 398 f.

turgesetzlichen Hintergrund der Erscheinung ausmachen. In solchen Brechungen der Wirklichkeit liegen die erkenntnistheoretischen Differenzen zwischen Natur- und Geisteswissenschaften begründet.

Auch die Frage des individuellen und des gemeinschaftlichen Ethos stellt sich entsprechend, denn beide sind nicht aufeinander reduzierbar. Während etwa dem Christen in eigener Sache Gewaltverzicht auferlegt ist, stellt sich diese Frage anders, wenn wichtige Interessen anderer berührt sind, v.a. dann, wenn solche Interessen im Rahmen eines geordneten Amtes zu schützen sind. Diese Problematik stellt ein unauflösbares Dilemma der Sozialethik dar, zu dessen Entschärfung vielleicht handlungsleitende Kategorien wie *Christperson* und *Amtsperson* beitragen können, ohne dass die grundsätzlich bestehende Spannung dadurch aufgehoben würde. Anders ausgedrückt: Die soziale Welt ist nur höchst relativ gesehen eine Einheit (auch der Verweis auf angebliche organische Gliederung ändert daran nichts), was in den sich gleichermaßen überlagernden wie auch einander widersprechenden normativen Deutungsoptionen ersichtlich wird.[78]

Die lebensweltlich in unterschiedlichen Hinsichten gegebene Deutungsvielfalt überträgt sich auf die Natur. Eine einheitliche Auffassung der Natur ist nicht möglich. Denn die in ihr begegnenden Phänomene der subatomaren und der gegenständlichen Welt, des biologischen und des psychischen Lebens lassen sich nur perspektivisch, nicht aber in ihren Einzelheiten kategorial einheitlich verstehen.[79] Es ist im Sinne der hier vorgeschlagenen bzw. begründeten erkenntnistheoretischen Zurückhaltung nur bedingt möglich, einen Schluss definitiv zu ziehen, der naheliegend ist: Da die existentiellen und lebensweltlichen Wurzeln unseres Erkennens (auch des naturwissenschaftlichen Erkennens) bruchstückhaften und pluralistischen Charakter haben, ist auch eine Naturwissenschaft aus einem kategorialen Entwurf heraus nicht möglich, auch wenn der Naturbegriff – ebenso wie der der Realität – eine Tendenz auf Einheit hat. Diese Tendenz ist allerdings innerweltlich, d.h. vor allem: mit den Mitteln der empirischen Naturwissenschaft, uneinlösbar,[80] auch wenn diese Einlösung als *regulative Idee* (im Kant'schen Sinne) nicht grundsätzlich aufgebbar ist.[81]

---

[78] Die im konservativeren Luthertum immer wieder betonte Zwei-Reiche-Lehre (auch in ihrer im Sinne der Bonhoeffer'schen Auffassung von den innerweltlichen *Mandaten* modifizierten Variante) ändert hieran nichts. Sie beschreibt vielmehr das Bestehen zweier unterschiedlicher Handlungsdimensionen und warnt davor, diese – z.B. um einer vermeintlich besseren Gerechtigkeit willen – zu vermengen. Vgl. etwa *W. Künneth*, Politik zwischen Dämon und Gott. Eine christliche Ethik des Politischen, Berlin 1954, 317–347 (über das Problem des Krieges und des militärischen Dienstes des Christen). Auch andere in dem Werk behandelte Problembereiche sind hinsichtlich der gegebenen Deutungen instruktiv.

[79] Klassisch in diesem Sinne etwa *C. F. v. Weizsäcker*, Zum Weltbild der Physik, 7. erw. Aufl., Stuttgart 1958, 11–32 u.ö.; *J. v. Uexküll*, Die Lebenslehre (s. Anm. 9), 15–45 u.ö. Zu den schlagend evidenten Reflexionen auf diese Zusammenhänge gehört übrigens schon Schleiermachers Einsicht, dass Erkenntnis davon abhängig sei, dass Natur als Symbol angeeignet worden ist, was ein unabgeschlossener und innerweltlich auch unabschließbarer Prozess ist. Deswegen könne es eine abgeschlossene ‚Physik‘ (Naturwissenschaft) nicht geben, erst der Übergang von ‚Physik‘ und ‚Ethik‘ am Ende des Geschichtsprozesses bringt den Abschluss. Vgl. *F. D. E. Schleiermacher*, Ethik (s. Anm. 6), 5–15 u.ö.

[80] Zur Diskussion dieser Problematik anhand eines exemplarisch wichtigen naturwissenschaftlichen Entwurfs vgl. *M. Mühling*, Einstein und die Religion. Das Wechselverhältnis zwischen religiös-weltanschaulichen Gehalten und naturwissenschaftlicher Theoriebildung Albert Einsteins in seiner Entwicklung (Reli-

Mit Handlungen – ebenso wie mit den natürlichen Voraussetzungen des Handelnkönnens – mögen also unterschiedliche Aspekte verbunden sein, die auf unterschiedliche Dimensionen von Realität verweisen bzw. auf diesen beruhen. Einer dieser Bereiche ist zweifellos die Kausalität: Intentionen intendieren etwas, erreichen oder verfehlen es und leisten auf diese Weise kausal einen Beitrag zur Wirklichkeit, d.h. zu jenem Aspekt von Wirklichkeit, der sich als Inbegriff dessen verstehen lässt, was kausal zustande gekommen ist, wobei gegebenenfalls nach den unterschiedlichen Arten von Kausalität (z.B. Intentionalität und Naturkausalität, komplexe Überlagerungen beider) noch weiter zu differenzieren wäre. Aber es realisiert sich nicht nur etwas kausal infolge von Handlungen (also *durch* diese), sondern auch *an* diesen Handlungen: Ein Handlungs- und Lebensstil führt nicht nur auf bestimmte Resultate (beabsichtigte und unbeabsichtigte), sondern es verwirklicht sich auch in ihm eine bestimmte, durch Qualitäten ausgezeichnete Lebensweise. Diese erlebten Qualitäten sind mit den linearen kausalen Verknüpfungen aufgrund von Absichten und Handlungen nicht gleichzusetzen (wenn sie sich auch nicht ohne diese ergeben).[82] Solche Überlegungen mögen seinerzeit Luther veranlasst haben, den Glauben als *Werk* (wenn auch von Gott ermöglichtes) zu bestimmen, das sozusagen alle anderen Werke in sich enthält, weil es ihnen die Richtung vorgibt: Der Glaube wäre in diesem Sinne also eine Qualität *an* den einzelnen Werken, was sich für Luther u.a. so auswirkt, dass zwischen, innerweltlich gesehen, ,höheren' und ,niederen' Tätigkeiten theologisch-ethisch betrachtet keine Wertdifferenz besteht,[83] auch wenn, wieder innerweltlich gesehen, ständisch und beruflich differenzierte Zuständigkeiten nicht vermengt werden dürfen, schon gar nicht mit Berufung auf eine egalitär missverstandene *evangelische Freiheit.*

Ein weiterer und wichtiger, deswegen hervorhebenswerter, Aspekt von Vielfalt wäre also darin zu sehen, dass an linearen intentionalen Prozessen sich Qualitäten realisieren, die nicht unmittelbar dem intentionalen Prozess zugehören, d.h. intendiert werden, son-

---

gion, Theologie und Naturwissenschaft 23), Göttingen 2011, 301–355 u.ö.; zur Problematik grundsätzlich vgl. *S. Hawking*, Eine kurze Geschichte der Zeit. Die Suche nach der Urkraft des Universums, mit einer Einl. v. C. Sagan, deutsch v. H. Kober (rororo 8850), Reinbek bei Hamburg 1992, 195–212 u.ö.

[81] Vgl. *S. Hawking*, Eine kurze Geschichte der Zeit, aaO., 211 f. u.ö.; im Übrigen ist auch jede mögliche Theorie eines *Multiversums* eine einheitliche Theorie über etwas in sich Vielfältiges. Das gilt auch dann, wenn etwa philosophische Theorien über die Beschaffenheit der Gesamtrealität mit parallelen und – in welchen Sinne auch immer – jeweils ,wahren' Alternativen rechnen; vgl. *W. James*, Das pluralistische Universum (s. Anm. 75), 205–207 u.ö., oder wenn Gegenstand einer einheitlichen Theorie etwas der Sache nach Unbestimmtes ist *C. F. v. Weizsäcker,* Zum Weltbild der Physik (s. Anm. 79), 211–242 u.ö.

[82] Hierzu etwa *W. G. Lycan*, Eine eingeschränkte Verteidigung phänomenaler Information, in: T. Metzinger (Hg.), Bewußtsein. Beiträge aus der Gegenwartsphilosophie, 2. durchges. Aufl., Paderborn u.a. 1996, 283–303; *D. Raffman*, Über die Beharrlichkeit der Phänomenologie, aaO., 347–366.

[83] Vgl. Luthers *Von den guten Werken* (s. Anm. 36), 204–250, v.a. 204–207 (der Glaube als Werk, in dem alle Werke geschehen müssen) u. 212 f. (der Mensch als handelndes Wesen: alles was sich theologisch auf den Menschen bezieht, ist deswegen, von der Kategorie her, in gewisser Weise ein *Werk*, beschreibt also ein Handeln oder eine Unterlassung). Unter diesem Aspekt gelten alle Werke gleich viel. Das ist zu unterscheiden von der vereinfachenden Deutung der Zwei-Reiche-Lehre, derzufolge man, je nach Handlungsbezug, etwa im Sinne der Bergpredigt oder eben als Inhaber weltlicher Ämter zu handeln habe (vgl. Anm. 78).

dern diesem gegenüber eine eigene Wirklichkeitsdimension darstellen, wenn auch eine, die Rückwirkungen hat auf den intentionalen Prozess.[84] Wollte man sich das Gemeinte räumlich vorstellen, könnte man sagen: manches, was unser Selbstverständnis und damit auch unser Handeln bestimmt, ist durchaus nur über einen Richtungswechsel der Betrachtungsperspektive zu erreichen: Es liegt nicht im linearen Verlauf des intentionalen Prozesses, und es lässt sich in einen solchen auch nicht auflösen, jedenfalls nicht unmittelbar.[85]

Intentionale Prozesse und ihre Korrelate, natürlich auch diese Prozesse selbst, sofern sie Gegenstand von Reflexion und insofern gegenständliche Korrelate von Intentionen werden können, haben allenfalls die Möglichkeit, die an ihnen möglicherweise auftretenden Erlebnisqualitäten zu symbolisieren. Dabei ist wichtig zu sehen, dass nicht schon die Iteration intentionaler Prozesse (also das reflexive Nachdenken über meine Intentionen) als solche diese Qualität herbeibringt: Vielmehr erscheint auch in der Reflexion die Erlebnisqualität derjenigen (natürlich intentional vermittelten) Erlebnisse, auf die ich reflektiere, als kontingent: Ein bestimmtes Erlebnis – z.B. religiöser oder ästhetischer Art – kann mit bestimmten Qualitäten verbunden sein, aber diese Qualitäten stellen sich eben nicht methodisch-planbar durch den Kirchgang, Landschaftseindruck, Konzertbesuch etc. als solchen schon ein. Die gelegentlich behauptete Lehrbarkeit von Gefühlen (auch im religiösen Sinne)[86] wird der Ebenenvielfalt des Bewusstseins nicht gerecht: Die sich an einem intentionalen Bewusstsein ergebenden nicht-intentionalen (oder in einem sehr anderen Sinne als gegenständliches Bewusstsein intentional zu verstehenden) Bewusstseinsbestimmtheiten sind mit den sie vermittelnden (und über diese Vermittlung ermöglichenden) intentionalen Akten nicht gleichzusetzen.[87] Sie sind auch von einer Analyse dieser intentionalen Akte her nicht einzuholen, sondern stellen gegenüber den sie ermöglichenden Akten eine eigene und unverrechenbare Ebene dar. Die Überbrückung dieser

[84] Vgl. R. *Scruton*, The Soul of The World, Oxford/Princeton 2014, 43–50 u.ö.; aaO., 140–174, wird das Phänomen der aus anderen Kontexten sozusagen aufsteigenden Sinnphänomene am Beispiel der Musik und der ihr zugrundeliegenden akustischen Phänomene erörtert; auf die im Ergebnis behaupteten und m.E. nicht zwingenden ästhetisch-theologischen Parallelisierungen ist hier nicht weiter einzugehen.

[85] Ein tendenziell ungelöstes Problem der Psychoanalyse mit ihrem an F. Brentanos Intentionalitätsverständnis geschulten Verständnis des Psychischen (was übrigens eine gewisse Verwandtschaft mit der transzendentalen Phänomenologie begründet) ist dies: Erlebnisqualitäten lassen sich auf bestimmte intentionale Grundformen (in gewisser Weise: Algorithmen) zurückführen, z.B. Wunscherfüllung. Vgl. S. *Freud*, Vorlesungen zur Einführung in die Psychoanalyse, in: *Ders.*, Vorlesungen zur Einführung in die Psychoanalyse (s. Anm. 63), 101–241.

[86] Eine wirkungsreiche Formulierung dieser These findet sich bei R. *Kabisch*, Wie lehren wir Religion? Versuch einer Methodik des evangelischen Religionsunterrichts für alle Schulen auf psychologischer Grundlage, 3. verb. Aufl., Göttingen 1913, 51–68 u.ö.

[87] In diesem Sinne Schleiermacher in seinen Reden *Über die Religion*: Das *Universum* erscheint nicht als es selbst (in dieser Hinsicht ist es vielmehr die konstituierende Voraussetzung von Selbst- und Gegenstandsbewusstsein), sondern in Gestalt endlicher Sachverhalte, die auf die Tätigkeit von *Mittlern* zurückgehen, die das *Universum* anhand innerweltlicher Zusammenhänge symbolisch präsent machen. Vgl. F. D. E. *Schleiermacher*, Über die Religion. Reden an die Gebildeten unter ihren Verächtern, mit einem Nachwort v. C.-H. Ratschow (RUB 8313/15), Stuttgart 1969, 7–12 (erste Rede: über die Tätigkeit der *Mittler*), 49–53 (zweite Rede: das *Universum* in seiner Tätigkeit als Voraussetzung von Selbst- und Gegenstandsbewusstsein, als es selbst aber weder im Bewusstsein noch an Gegenständen erscheinend).

Ebenen ließe sich am ehesten mit dem Tillich'schen Begriff des *Symbols* benennen,[88] das einerseits eine erschließende Funktion hat, andererseits aber mit der symbolisierten Sache nicht gleichgesetzt werden darf. Dennoch ist das Symbol ontologisch nicht gleichgültig: Die Tatsache, dass es seine erschließende Funktion wirklich hat, kann nur auf Faktoren beruhen, die in der Struktur der Realität angelegt sind, wenn sie auch nicht mit wissenschaftlichen Mitteln objektivierbar sind.[89] Das Symbol vermittelt also zwischen – im erkenntnistheoretischen und existentiellen Sinne: unterschiedlichen – Dimensionen von Realität. Diese erweist sich damit als in sich relativ uneinheitlich, jedenfalls unter dem Aspekt, dass sich die Beziehung zwischen verschiedenen Bereichen der Realität nicht linear darstellt: Der alltagsweltlich-handlungsleitende, reflexive oder auch wissenschaftliche Typus intentionalen Bezogenseins auf Gegenstände erreicht bestimmte Bereiche, z.B. die existenztragender Bewusstseinsbestimmtheiten, nur mittels einer paradigmatischen ‚Wende‘, eines ‚Abbiegens‘ etc. Das Medium dieses Paradigmenwechsels ist das Symbol, dessen eine Seite intentionalen Zusammenhängen der reflexiven, objektiven oder wissenschaftlich-abstrahierend betrachteten Lebenswelt zugewandt ist, dessen andere Seite aber in emotionalen, ästhetischen u.a. Bewusstseinsbestimmtheiten besteht, die ihrerseits Intentionen darstellen, die Transzendenz intendieren und dabei Modalitäten der Bewahrheitung in Anspruch nehmen können, die innerweltlichen Intentionen nicht zur Verfügung stehen.[90] Dabei ist die Wirksamkeit des Symbols unverfügbar.

Die These ist also nicht widersprüchlich, dass *einerseits* Realität im Sinne eines Korrelatbegriffs von Wissenschaft (und solcher Intentionalitätstypen, die auf Wissenschaft hintendieren wie etwa alltägliche Naturkunde auf die Naturwissenschaften etc.) eine relative Einheit darstellt, jedenfalls in dem Sinne, dass es möglich sein muss, eine solche Einheit als synthetisch herstellbar zu denken, dass aber *andererseits* Realität im existentiellen Sinne psychische und ontologische Aspekte hat, die das alltägliche Selbst- und Weltbewusstsein und die ihm zugrundeliegenden Intentionalitätstypen nicht einholen können. Zwar hat Transzendenz bzw. haben die sie symbolisierenden Geschehnisse und Überzeugungen unbeschadet solcher kategorialer Unterschiede sehr wohl eine Rückwir-

---

[88] Vgl. *P. Tillich*, Das religiöse Symbol (s. Anm. 13), 191–194, entsprechend aber schon *F. D. E. Schleiermacher*, Über die Religion (s. Anm. 87), 37: Für die „unendliche und mannigfache Natur" (eben das Universum) sind „Mannigfaltigkeit und Individualität […] Symbol", d.h. die Fülle des vielfältig-individuiert Gegebenen kann als *Symbol* für das gegenständlich nicht fassbare *Universum* fungieren, freilich nur unter bestimmten geschichtlichen Gegebenheiten, die durch die Tätigkeit der *Mittler* herbeigeführt werden.

[89] Vgl. *W. James*, Das pluralistische Universum (s. Anm. 75), 205 f. u.ö.; ausführlicher und mit spezieller Würdigung des Phänomenbereichs *Religion* vgl. *W. James*, Die Vielfalt religiöser Erfahrung. Eine Studie über die menschliche Natur, aus dem Amerikanischen übers. v. E. Herms u. C. Stahlhut, mit einem Vorwort von P. Sloterdijk (Insel-Taschenbuch 1784), Frankfurt a. M. 1997, 473–496.

[90] Über den phänomenologischen Ausschluss religionsphilosophischer Fragestellungen vgl. *E. Husserl*, Ideen zu einer reinen Phänomenologie (s. Anm. 8), 124 f. Vgl. dazu *M. Heesch*, Religionsphilosophische Aspekte im Denken Husserls. Überlegungen zur Wissenschaftskonzeption und ihren religionsphilosohischen Voraussetzungen im ersten Buch der Ideen zu einer reinen Phänomenologie und in den Cartesianischen Meditationen, in: ThPh 72 (1997) 77–90 (dort weitere Literaturangaben). Husserls Resümierung der Gottesfrage unter der ἐποχή ist eine Konsequenz seines letztlich linearen Phänomenverständnisses, das – anders etwa als die entsprechenden Überlegungen W. James' – keine kategorialen Ebenendifferenzierungen kennt.

kung auf innerweltliches Wissen und Handeln;[91] dabei handelt es sich aber stets um die Überbrückung einer ontologischen Differenz,[92] die sich auch auf der Ebene von Intentionalitätstypen repräsentiert.

Realität ist also auf der Ebene praktischer, wissensförmiger und existentieller Erfahrung in sich vielfach gebrochen. Dass zugleich der Begriff Realität für die nicht aufeinander reduzierbaren Wirklichkeitsbereiche angewendet wird, macht andererseits deutlich, dass Pluralismus schon aus erkenntnistheoretischen Gründen die Perspektive auf Einheit braucht: Pluralistische Ontologien sind auch in sich einheitliche Theorien – metatheoretisch betrachtet.[93] Andernfalls würden sie immer auch das Gegenteil ihrer Aussageintentionen behaupten und wären selbstwidersprüchlich oder beliebig. Ohne die regulative Idee eines höchsten Wissens – verstehbar auch im Sinne einer universalen Theorie – ist eine wahrheitsfähige Beschreibung einer in sich pluralistisch-gebrochenen Lebenswelt nicht möglich.[94] Dieses Wissen ist freilich nicht objektivierbar und als ausstehend zu bezeichnen: Der Glaube – und auf der Ebene von dessen wissenschaftlicher Reflexion: das dogmatisch reflektierte Lehrgebäude – vertritt es. Sowohl die Gehalte des Glaubens wie auch die der Dogmatik sind somit Symbole im Sinne der Präsenz des theonomen Ziels von Existenz und Geschichte, das als solches unter innergeschichtlichen Bedingungen nicht unmittelbar zur Anschauung kommen kann.

5 Wissen und Glaube, Theorie und Praxis

Aus den bisherigen Überlegungen lässt sich zusammenfassend zweierlei ableiten: Wissen, das auf Erfahrung gestützt ist und epistemologisch auf demjenigen Typus von In-

---

[91] Auch hier hat Schleiermacher das Wesentliche gesehen: *einerseits* mit seiner These vom „schneidenden Gegensatz, in welche(m) sich die Religion gegenüber Moral und Metaphysik befindet". F. D. E. *Schleiermacher*, Über die Religion (s. Anm. 87), 35. *Andererseits:* Weil aber Religion die „Beziehung auf ein unendliches Ganzes aus(drückt)", aaO., 40, ist sie als symbolische Präsenz eines umfassendsten Inneseins der Realität und als Symbol eines umfassend gelingenden Lebens erkenntnistheoretisch und ethisch wirksam. An Luthers Verständnis des Glaubens als handlungsleitendes *Werk* (vgl. Anm. 83) und an W. James' Überzeugung, dass die handlungsleitende Beurteilung von Glaubensfragen eine ontologisch-ethische Differenz begründet (vgl. Anm. 89), ist schon erinnert worden.

[92] Aufgrund solcher Differenzen ist die Religion „von allem Systematischen ebenso weit entfernt, als die Philosophie sich von Natur dazu hinneigt". F. D. E. *Schleiermacher*, Über die Religion (s. Anm. 87), 21. Gemeint ist selbstverständlich nicht, dass Religion nicht Gegenstand systematischen Nachdenkens werden kann, was im Rahmen einer Abhandlung *Über die Religion* ja ein performativer Selbstwiderspruch wäre, sondern dass sie nicht auf einer Ebene mit wissenschaftlichem („Metaphysik") und praktischem („Moral") Wissen gedeutet werden darf; vgl. noch aaO., 18.

[93] So etwa Schleiermacher oder W. James. Vgl. auch die naturwissenschaftlichen Überlegungen bei *S. Hawking*, Eine kurze Geschichte der Zeit (s. Anm. 80), 195–212. Die ganze Problematik wird demgegenüber tendentiell verkannt etwa bei *O. Marquard*, Lob des Polytheismus, in: *Ders.*, Abschied vom Prinzipiellen. Philosophische Studien (RUB 7724), Stuttgart 1981, 91–116, v.a. 110 f.: Eine sich in „Geschichten über Geschichten", aaO., 111, auflösende Philosophie hätte keinen nicht-beliebigen Gegenstandsbezug mehr.

[94] Vgl. *F. D. E. Schleiermacher*, Dialektik (s. Anm. 6), 183–187 u. 294–310 u.ö.; vgl. demgegenüber verkürzt, aber in der Tendenz übereinstimmend, auch schon *Ders.*, Über die Religion (s. Anm. 87), 25: Wer Religion hat, glaubt nur an eine Realität.

tentionalität beruht, der wissend-handlungsleitend die Lebenspraxis ermöglicht und in der Erfahrungswissenschaft reflektiert wird, erschöpft den Bereich des Wirklichen nicht. Die Kategorie des Wissens führt vielmehr auf Bewusstseinsbestimmtheiten, die wesentlich nicht Wissen sind, sondern etwa Gestimmtheit,[95] wenn diese sich auch mit gemeinschafts-, erlebnis- oder wissensförmigen Symbolen verbindet. Dabei können auch Gestimmtheiten als Symbole verstanden werden, da sie ja Antworten auf ein Bestimmtwerden durch eine für sie transzendente Realität sind. Es mag eine lineare Kontinuität geben zwischen intendierten Gegenständen und den Gefühlen, die sie auslösen; die Gefühle verweisen aber nicht direkt auf ihre Verursachung (im Sinne eines ‚Gegenstands‘), da sie subjektiv-psychologisch sind. Sie stellen vielmehr eine eigene Ebene der Symbolbildung dar. Diese Symbole sind als innerweltliche Sachverhalte gegenständlicher Erkenntnis durchaus zugänglich, wenn auch, worauf schon hingewiesen worden ist, mit der gegenständlichen Erkenntnis des Symbols dessen transzendente Bedeutung sich nicht erschließen muss, was auch für religiöse Gefühle gilt: Das unbeteiligte Hören auch der gelungensten Predigt ist ebenso möglich wie das Nichtberührtwerden durch ein bedeutendes Kunstwerk oder eine musikalische Darbietung.

Der christliche Glaube ist also in gewissem Sinne durchaus eine Gewissheit über Herkunft und Zielbestimmung, insofern also über das Wesen des menschlichen Lebens und auch der Welt, in der sich dieses abspielt.[96] Er ist es in anderer Hinsicht aber nicht, weil der Glaube seiner inhaltlichen Beschaffenheit nach die Ebene des Symbolischen nur ansatzweise in Richtung auf objektives Wissen überschreiten kann – auch wenn diese Symbole sich (ihrem Wesen nach) auf eine Wirklichkeit beziehen, die eben den Umfang der Symbole unendlich überschreitet. Die Beziehungen zwischen Symbol und existentiell erfahrenem Gehalt sind hinreichend voraussetzungsreich, dass die Kategorie der Gewissheit erst vollständig greifen kann, wenn es zu einer endgültigen, d.h. eschatologischen Bewahrheitung des Symbols gekommen ist. Bis dahin ist aber religiöser Glaube immer auch ein Glaubenwollen, das den Charakter einer Entscheidung hat, wenn auch dem Glaubenssymbol – sei es etwa die in der Dogmatik reflektierte Glaubenslehre, die Erfahrung der Gemeinschaft des Glaubens oder anderes – Plausibilität in Richtung ihrer Erfüllung innewohnt, bis dahin, dass man von einer Vorwegnahme dieser Erfüllung sprechen kann.[97] Im Glauben in seiner voreschatologischen Prägung fallen also Wissen,

---

[95] Zu diesem Begriff kurz E. *Herms*, Ganzheit als Geschick (s. Anm. 14), 174 f. Herms sieht die Theologie in der Funktion als kunstgerechte Handhabung existentieller Bestimmtheiten, vgl. aaO., 203 f. u.ö. Das steht in einem gewissen Gegensatz zu der hier vertretenen Auffassung, dass Gestimmtheit und diejenigen unmittelbar-lebensweltlichen Phänomene, die existentielle Bestimmtheiten hervorrufen, in einem indirekten, unabgeschlossenen, nur in einem sehr spezifischen Sinne die Kategorie *Gewissheit* nahelegenden Sinn, verbunden sind. So erscheint eine technische Handhabung des transzendenten Symbols nicht wirklich möglich.

[96] Vgl. E. *Herms*, Offenbarung, in: *Ders.*, Offenbarung und Glaube (s. Anm. 1), 167–220, v.a.178 f. u.ö.; vgl. auch weitere Beiträge aaO.

[97] Lehrreich bleibt die Analyse des Problems bei E. *Troeltsch*, Die Absolutheit des Christentums und die Religionsgeschichte (1902/1912). Mit den Thesen von 1901 und den handschriftlichen Zusätzen, hg. v. T. Rendtorff u. S. Pautler (E. *Troeltsch*, KGA 5), Berlin/New York 1998, 194 f., 238–244 u.ö.: Auch wenn manches – v.a. die Betonung der persönlichen Gottesbegegnung – das Christentum objektiv über die

existentielle Bestimmtheit und Gegenstandsbezug immer auseinander – wenn auch diese Aspekte des Glaubens nie ohne einander sind.[98] Der Glaube ist also eine symbolvermittelte Daseinshermeneutik. Seine volle Vergewisserung ist ausstehend. Die theologische Reflexion führt, etwa in der Dogmatik, zu Kategorien, die sich selbst verfehlen würden, wenn sie dies nicht berücksichtigten. Damit hat die Theologie wissenschaftstheoretisch einen sehr eigengeprägten Status.

Sie reflektiert einerseits im Rahmen einer historisch-hermeneutischen Wissenschaftlichkeit durchaus in praktischer Abzweckung die christliche Lehrüberlieferung. In der Anwendung kommt sie aber nicht zu einem eigentlichen Expertenwissen. Das liegt daran, dass die eigentliche Dimension der theologisch entwickelten und reflektierten Symbolsprache in der existentiellen Bestimmtheit des Glaubens liegt und damit in doppelter Weise ausstehend ist: *Einerseits*, weil die Theologie als Wissenschaft über diesen Aspekt nicht verfügt, *andererseits*, weil der Glaube grundsätzlich unter einem eschatologischen Vorbehalt steht, er also eine Bewusstseinsbestimmtheit darstellt, deren Bewahrheitung zwar vorweggenommen wird, aber gerade in dieser Vorwegnahme des Glaubens als ausstehend verstanden wird. In anderen praktisch ausgerichteten Wissenschaften – etwa der Medizin – steht natürlich auch jede handlungsleitende Einsicht unter dem Vorbehalt der Ablösung durch besseres Wissen. Aber theologisches Wissen (als symbolisch-indirekt auf die Sache bezogenes Wissen) vermag den Zugang zu ihrer eigentlichen Sache, der Bestimmung von Dasein durch die nach ihrer Vollgestalt ausstehende Bewahrheitung des christlichen Glaubens, nicht methodisch zu realisieren. Die Medizin kann Gesundheit bewirken, die Ingenieurswissenschaft im Sinne der Zielsetzung und Planung funktionierende Konstruktionen entwerfen – die Theologie aber kann weder Glauben bewirken noch hat sie auch nur praktische Konzepte zu bieten, die dem christlichen Leben verbindliche Wege weisen. Hier muss es beim Aufzeigen womöglich praktikabler Wege bleiben, unter denen nach nicht verrechenbaren Lageeinschätzungen vor Ort – letztlich am Ort des Individuums – gewählt werden muss.

Es erscheint auch zweifelhaft, ob Gesellschaften zwingend etwas wie ein Religionssystem brauchen, mit entsprechenden Experten, den studierten Theologen. Einerseits ist es sicher so, dass (im weitesten Sinne) weltanschauliche Gewissheiten in jeder Gesellschaft eine Rolle spielen, auch da, wo man sich auf, dem Anspruch nach, wissenschaftliche Weltanschauungen beruft, oder wo ein diffuser Agnostizismus vorherrscht, dessen Poin-

anderen Bildungen der Religionsgeschichte erhebt und ihm als historisches Gebilde eine bedingte Absolutheit verleiht, bleibt es doch in seiner Geschichtseinbindung zugleich relativ. Die existentielle Annahme des christlichen Glaubens bleibt also entscheidungshaft – wenn auch durchaus begründet. Vgl. in diesem Sinne noch deutlicher E. *Troeltsch*, Der Historismus und seine Überwindung. Fünf Vorträge, eingel. v. F. v. Hügel-Kensington, Berlin 1924, 21 u.ö. Die Charakterisierung der existentiellen Evidenz von Offenbarung über ihre Alternativlosigkeit – vgl. E. *Herms*, Offenbarung (s. Anm. 96), 217 – darf jedenfalls nicht unter Ignorierung des Entscheidungsaspekts jeder weltimmanenten Glaubenspraxis verstanden werden.

[98] Ein prinzipiell undogmatisches (nicht-lehrhaftes) Verständnis des christlichen Glaubens ist also nicht möglich, auch wenn Überlegungen wie die hier angestellten den vorwegnehmenden und damit in gewisser Weise uneigentlichen Charakter der Kirchenlehre und der sie reflektierenden Dogmatik betonen. Dies ist also nicht zu verwechseln mit einer grundsätzlich dogmenkritischen Position etwa bei J. *Kunstmann*, Rückkehr der Religion (s. Anm. 2), 222–280 u.ö.

te in der Behauptung besteht, dass die ihrem Wesen nach privaten Glaubensüberzeugungen in einer wissenschaftlich dominierten Welt eben allenfalls private Geltung beanspruchen dürfen. Andererseits ist die verbreitete Ablösung christlicher durch (meist) diffusweltanschauliche oder (seltener) wissenschaftsförmige Gewissheiten als Phänomen durchaus ernst zu nehmen. Weder die Wissenschaft als dem Anspruch nach letztinstanzliche Gewissheit über Lebensfragen noch das agnostische Ausklammern (oder diffuslebenspraktische Beantworten) solcher Fragen sind ja christlicher Glaube (oder eine andere Gestalt von Religion). Wollte man (existentielle) Wissenschaftsorientierung oder Agnostizismus für Religionen erklären, dann hätte man die Kategorie *Religion* auf einen reinen Funktionszusammenhang reduziert. Der Begriff würde damit aber seine Trennschärfe und Aussagekraft einbüßen. Dies zugrunde gelegt, wird man der These zustimmen müssen, dass moderne Gesellschaften grundsätzlich ohne bestimmt abgegrenztes Religionssystem auskommen können, wobei hier – dies einschränkend – die These aufgestellt sei (hinsichtlich ihrer Begründung im Einzelnen aber dahingestellt bleiben muss), dass das Vorhandensein und das Gelingen einer Kommunikation über ‚letzte Fragen‘, wie sie die Kirchen in westlichen Gesellschaften immer noch zu bieten haben, doch einen erheblichen positiven Beitrag zum Zusammenleben auch über die unmittelbare Kirchengemeinschaft hinaus darstellt. Dennoch ist auch nach der sozialen Seite für theologisches Expertentum (anders als etwa für medizinisches, ingenieurwissenschaftliches, wirtschaftswissenschaftliches) keine funktionell unvertretbare Stelle vorhanden. Die beiden Exponenten der wissenschaftstheoretischen Problematik der Theologie – der Subjektbezug und das eschatologische Ausstehen der Bewahrheitung – verhindern dies ebenso wie die Tatsache, dass der christliche Glaube keine humane Selbstverständlichkeit ist: Wo weltanschauliche Kommunikation auf der Basis des Human-Selbstverständlichen geschieht, ist sie jedenfalls nicht Kommunikation des christlichen Glaubens.

Die Selbstverständigung moderner westlicher Gesellschaften – sofern sie überhaupt ausdrücklich stattfindet und nicht durch mediale Übertäubung jeder Reflexion beliebig wird – findet vielfach ohne kirchliche und theologische Beteiligung statt, Versuche, durch theologisches Aufgreifen tatsächlich oder vermeintlich gesellschaftlich relevanter Themen doch noch Präsenz in allgemeinen Diskussionen zu erlangen, machen vielfach einen hilflosen Eindruck und verfehlen letztlich ihren Zweck.

Theologisch ist aus solchen Erwägungen heraus nach verheißungsvollen Perspektiven zu fragen. Ein primäres sich Orientieren an Gesellschaft kann dieses nicht sein. Auch Subjektivität als solche ist kein Thema, das allgemeinem Übereinkommen der Gegenwart entsprechend eine theologische Dimension hat. Dennoch: das individuelle Leben rückt doch stärker die Frage in den Mittelpunkt, mit welcher Zielbestimmtheit und im Kontext von welcher Verantwortung es zu führen ist. Soziale Fragen – jenseits dieser das Individuum betreffenden Dimension – lassen sich eher auf funktionelle Aspekte reduzieren, was, wie angedeutet, zu einer Ausklammerung theologisch-ethischer Fragen führen kann und heute vielfach führt. Es scheint auch im Sinne hier angestellter Überlegungen so zu sein, dass bestimmte Probleme der sozialen Entwicklung, auch aus theologisch-ethischer Sicht, etwas mit einer Unwucht der Beziehung zwischen Individuum und Gesellschaft zu tun haben, die zu einer Auflösung des Einzelnen in soziale Funktionalität führt. Das ist, wie gezeigt, auch und gerade da der Fall, wo es scheinbar darum geht, individuelle Positionen zu stärken. In dieser Situation kann der theologisch-interpretierende Blick auf den Einzelnen die Unhintergehbarkeit der Erfahrungsdimension *Individuum sein* in Erinnerung rufen – einschließlich der Tatsache, dass es zwar eine Gottesbeziehung des Individuums, nicht aber, jedenfalls nicht im selben Sinne, eine Gottesbeziehung der Gesellschaft gibt. Das könnte dann auch die Einsicht fördern, dass die Frage nach dem Individuum jenseits gegenwärtiger Selbstverständlichkeiten doch eine theologische Dimension hat.

Dass der Glaube immer in Gemeinschaftsbezüge stellt, ist wohl richtig, aber die damit gemeinte Sozialität befindet sich ihrem Wesenskern nach kategorial auf einer anderen Ebene als alle Institutionen. Sie ist ausstehende Vollendungsgestalt von Gewissheit und Gemeinschaft.[99] Die Vorstellung einer innerweltlichen Eschatologie, deren säkularisierter Restbestand durchaus auch in modernen wohlfahrtsstaatlichen Doktrinen weiterwirkt, ist demgegenüber in gewisser Weise die Bestreitung der eschatologischen Perspektive.[100] In jedem Fall geht es dabei um die Behauptung, eine (vielleicht relative) Vollendungsgestalt menschlichen Daseins und von Gemeinschaft ließe sich innerweltlich mit sozialer Planung erzeugen. Einerseits scheint eine solche Planung unmöglich, jedenfalls dann, wenn man in der Gestaltung dieser Planung von linearen Verläufen geplanter sozialer Prozesse im Sinne der zugrunde gelegten Absichten ausgeht. Soziale Prozesse sind komplizierter als alles, was planend vorweggenommen werden kann. Andererseits geht eine solche Planung immer von Leitvorstellungen von Humanität aus, die auch eine Vollendungsgestalt beinhalten. Diese verstellt aber die Einsicht, dass innergeschichtlich eine Vollendungsgestalt von Humanität nicht erreichbar ist, weil innergeschichtliche Entwicklungen einerseits grundsätzlich ambivalent, andererseits aber durch ihre komplexe Vernetztheit in ihren Ausgängen in der Weise unvorhersehbar sind, dass man – freilich nur erkenntnistheoretisch – von Zufallsbestimmtheit sprechen könnte.

Eine theologisch-ethische Sicht auf diese Zusammenhänge wird deswegen die Perspektive auf jedwedes Sozialingenieurstum aufgeben: Eine innerweltliche Vollendung von Humanität kann es nicht geben. Dennoch bleibt die regulative Idee einer Vollendung personalen Lebens und letztlich der Menschheit unverzichtbar, nicht nur, weil sie mit einer gewissen Wirkmacht säkularen Ideologien die Definitionshoheit über die Zielbestimmung des Lebens bestreitet, sondern auch, weil sie den Pragmatismus in seine

---

[99] In diesem Sinne vgl. vor allem Schleiermachers Abhandlungen über das *höchste Gut*: *F. D. E. Schleiermacher*, Über den Begriff des höchsten Gutes. Erste Abhandlung (17. Mai 1827), in: *Ders.*, Akademievorträge, hg. v. M. Rösler u. L. Emersleben (*F. D. E. Schleiermacher*, KGA I,11), Berlin/New York 2002, 535–553; *Ders.*, Über den Begriff des höchsten Gutes. Zweite Abhandlung (24. Juni 1830), aaO., 657–677. Mit diesem Verweis ist übrigens nicht gesagt, dass Schleiermachers, vom Primat der Gemeinschaft herkommende, Auffassung des Christlichen mit der hier vorgeschlagenen Deutung von Individualität übereinstimmt.

[100] Für weiteres nochmals *M. Heesch*, Diakonie aus evangelischer Sicht (s. Anm. 24), 97–111. Die vielfach wenig kriteriengeleitete Einstimmung der Kirchen in sozialstaatliche Aktivitäten verkennt den immanent-eschatologischen Charakter wohlfahrtsstaatlicher Tendenzen und der diesen zugrundeliegenden Anthropologie. Vgl. aaO., 109–111.

Schranken weist. Der Pragmatismus in seiner radikalen, kaum je theorieförmig auftretenden, Gestalt ist der zur Ideologie gewordene *status quo:* Alles, was an Verbesserungen
der gegenwärtigen Lage möglich ist, ist in dieser schon enthalten, eine auf qualitativ anderer Stufe stehende Realität gibt es nicht. Der Utopie der innerweltlichen Vollendung
steht also die – in gewisser Weise ebenfalls utopische – implizite Behauptung gegenüber,
die erfahrene Gegenwart sei schon diese Vollendung.

Der abschließende Gedanke führt auf den Ausgangspunkt zurück: Die Vorstellung einer vollendeten Humanität ist einerseits nur als ausstehend zu begreifen – wer wollte
unter Absehung von allem Entgegenstehenden irgendeine Form bestehenden Lebens
und Zusammenlebens damit gleichsetzen? –, andererseits aber nur von der Kategorie der
Person her verständlich: Gemeinschaft reflektiert sich am Ort von Subjekten, und ihre
spezifische Qualität gewinnt sie aus der Reflexion am Ort der Personen, die sie bilden.[101]

Mit dem Gedanken von Personalität ist aber in mehrfacher Hinsicht der von Transzendenz verbunden. Einerseits, weil Intentionalität als Kern von Subjektivität immer
Selbstüberschreiten im Hinblick auf ausstehende Vollendung ist – sei es einer einzelnen
Handlung, eines Handlungskomplexes oder des intentionalen Lebens als Ganzen. Dann
aber auch, weil eben das Leben als Gesamtintentionalität ein Streben über sich hinaus
ist,[102] weil es Transzendenz nicht nur im Sinne eines jeweils konkreten innerweltlichen
Noch-Nicht, sondern des Ausstehens überhaupt voraussetzt. Wir haben gesehen, wie
dieses als etwas Transzendentes innerweltlich präsent, d.h. symbolisch gegeben ist.

Es ist Aufgabe der Dogmatik, eine Deutung der christlichen Lehrüberlieferung zu
entwickeln, die in diesem Sinne an das Phänomen *Subjektivität* anschlussfähig ist. Das
bedeutet, dass der hier vorgeschlagene sowohl *erkenntnistheoretische, gemeinschaftliche* wie
auch schließlich *ontologische* Rahmen für die Dogmatik das Spannungsfeld von Person und
Symbol als innerweltliche Vertretung transzendenter Realität ist. *Erkenntnistheoretisch*
scheint dies zu gelten, weil Subjektivität der Ort von Ungewissheit und Gewissheit sowie
des sich Durchfindens von der Ungewissheit zur Gewissheit ist. Der *gemeinschaftliche* Aspekt besteht darin, dass Gewissheit – auch unabgeschlossene oder angefochtene Gewissheit – immer eine gesellschaftliche, weil subjektübergreifende Dimension hat. Diese
verwirklicht sich einerseits kommunikativ, andererseits lebt Gewissheit jeder Art davon,
dass ihre Evidenz über das Subjekt – und möglicherweise auch über dessen Nichtein-
sicht oder Nicht-Einsichtsfähigkeit – hinausgeht. Viele Einsichten der modernen Naturwissenschaften etwa sind im sozialen Sinne Gewissheiten, ohne dass alle Einzelnen in
der Lage wären, diese komplexen Theorien detailliert nachzuvollziehen, geschweige denn
ihre sachliche Begründung und Reichweite zu verstehen. Der *ontologische* Aspekt schließlich liegt darin, dass die innergeschichtlich-symbolisch präsente Gewissheit des christlichen Lebens unter der Verheißung eines umfassenden Wirklichwerdens steht, was ein

---

[101] Dies begründet und in seinen Konsequenzen bedacht zu haben, bleibt das Verdienst der handlungs-
orientierten Sozialwissenschaft. Vgl. etwa *M. Weber*, Wirtschaft und Gesellschaft (s. Anm. 22), 1–30 u.ö.

[102] In diesem Sinne aus unterschiedlicher Perspektive *E. Herms*, Ganzheit als Geschick (s. Anm. 14),
171–204; *W. Pannenberg*, Was ist der Mensch? Die Anthropologie der Gegenwart im Lichte der Theologie
(Kleine Vandenhoeck-Reihe 1139), Göttingen 1995[8], 95–103 u.ö.

Überschreiten des gegenwärtig Wirklichen, in diesem Sinne ein *neues Sein*, bedeutet.[103] Die am Ort des Subjekts notwendigerweise subjektiv-existentielle Dogmatik steht in der Perspektive ihrer objektiven Bewahrheitung.

Zielsetzung dieser Überlegungen war es, Personalität bzw. Subjektivität als unabdingbare Implikationen dieses Weges zur ontologischen Objektivität zu beschreiben und damit zu verdeutlichen, dass Subjektivitätstheorie und deutende Lehre vom Sein (im umfassendsten und über das Vorfindliche hinausgehenden Sinne) in keinem Widerspruch, sondern in einer Komplementaritätsbeziehung stehen. Deren Entfaltung wäre im angedeuteten Sinne eine wesentliche Aufgabe der *Prolegomena zur Dogmatik*.

---

[103] Vgl. P. *Tillich*, Das neue Sein als Zentralbegriff einer christlichen Theologie, in: *Ders.*, Ausgewählte Texte (s. Anm. 13), 344–365.

Elisabeth Gräb-Schmidt

DER LEBENDIGE GRUND PERSONALER IDENTITÄT

Überlegungen zu einem leibbezogenen Personkonzept
im Anschluss an Wilhelm Dilthey

1 Zur Verortung der Fragestellung nach der Person und der Bezug auf Dilthey

In den kontroversen Debatten um ein angemessenes Personverständnis, die innergesellschaftlich vornehmlich in rechtstheoretischer Hinsicht geführt werden, scheint nach wie vor die Kontroverse leitend zu sein zwischen einer Orientierung an Kants Person- und Würdeverständnis des Menschen und an einem naturalistisch-reduktionistischen Verständnis, wie es nicht nur von der Evolutionsbiologie und der Hirnforschung, sondern auch dieser folgenden Konzeptionen der Philosophie in weiten Teilen vertreten wird. Obwohl Kants Autonomieverständnis – wie sein Philosophieverständnis generell – einem metaphysikkritischen Interesse entsprang, liegt dieses doch diesseits nihilistischer Infragestellung der Metaphysik. Es ist damit zwar in der Lage, naturalistische Reduktionismen im Personverständnis, die gegenwärtig anzutreffen sind, durch Argumente zu irritieren, nicht aber jene postmetaphysischen Interpretationen von Vernunft und Freiheit. Denn solche Argumente, sofern sie dem Duktus des neuzeitlichen Autonomiekonzepts folgen, basieren letztlich auf der Voraussetzung eines Einheitskonzepts der Vernunft, auch wenn dieses nur als Postulat und regulative Idee vorgestellt wird. Dieses Einheitskonzept wird in der Moderne – und erst recht in der Postmoderne – in Frage gestellt.[1] Die wissenschaftstheoretischen Entwicklungen, die zum einen den Metaphysikverlust und zum anderen das positivistische Wahrheitsverständnis beförderten, wirken jedoch bis heute nach und haben Konsequenzen für das Verständnis von Person. Sie markieren die Schwierigkeiten eines freiheits- und geistbezogenen Personkonzepts. Damit erweist sich zugleich, dass auch das Verständnis der Person nicht eine zeitunabhängige Größe ist, sondern dass es seine näheren Bestimmungen jeweils aus den anthropologischen und den wissens- und gesellschaftstheoretischen Selbstverständnissen erhält. Wenn es um die Deutungshoheit solcher Selbstverständnisse geht, stellen sich immer auch Grundlagenfragen auf wissens- und erkenntnistheoretischem Gebiet.

Nun scheint das Auseinanderdriften der Wissensbereiche von Geistes- und Naturwissenschaften letztlich gerade dadurch zementiert worden zu sein, dass man auf einseitige

---

[1] Auch vermochte ein solches nicht das Auseinanderdriften empirischer Wissenschaften und Geisteswissenschaften zu stoppen. Deren Kampf um eine Vormachtstellung hat denn auch nie aufgehört, selbst wenn man sich im schiedlich-friedlichen Nebeneinander zeitweise sehr gut einrichten konnte.

Weise dem Kantischen Paradigma folgte, das einer Separierung von theoretischem und praktischem Erkenntnisinteresse Vorschub leistete. In der Duldung dieser Separierung ihrerseits aber – entgegen Kants Intention, die er jedoch nicht zielführend zum Tragen bringen konnte – wurde nur dem theoretischen und nicht dem praktischen Erkenntnisinteresse Rechnung getragen. Dies hatte zur Konsequenz, dass nach der Verabschiedung der Substanz-Metaphysik diese Separierung auch zur Verabschiedung der gesamten Fragestellung samt der Antwortmöglichkeiten der praktischen Erkenntnis führte, und zwar mit dem Ergebnis einer positivistischen Weltanschauung, die letztlich bis heute immer wieder darauf besteht, die Rationalität allein für sich zu beanspruchen. Doch holt die praktische Frage, die im Zuge der mehr und mehr empirisch orientierten Wissenschaften in den Hintergrund rückte, diese wieder ein. Das zeigt sich durch die ethische Aufgabe, die jene Wissenschaften uns seit der Jahrtausendwende wieder aufgeben. Aufgeschreckt durch die in Aussicht gestellte Entschlüsselung des menschlichen Genoms durch den Genomforscher C. Venter wurden erneut die Fragen nach Personalität und Selbstbewusstsein des Menschen wach. Und es zeigt sich insbesondere auf der neurobiologischen Ebene selbst, dass Leben ein komplizierter Prozess ist. Allein auf empirisch beobachtbare Weise kommt es nicht in den Blick. Die Untersuchungen zur ersten und dritten Personperspektive auf dem Gebiet der ‚Philosophie des Geistes‘ legen davon beredtes Zeugnis ab.[2]

Im Zuge dieser Komplexität der Verhältnisbestimmung von Leben und Geist rückt auch der menschliche Leib in den Vordergrund solcher Untersuchungen. Leibphänomenologische Ansätze, etwa eines Merleau-Pontys[3], halten Einzug in die sogenannten ‚hard sciences‘. So versuchen zwar Wissenschaften wie die ‚Embodied cognitive sciences‘ den Weg der empirischen Beobachtung konsequent weiter zu verfolgen, doch geraten sie in Aporien, die transportiert werden in die Diskussionen um ein funktionalistisches oder substantialistisches Personkonzept.[4] Die Frage ist allerdings, ob auf diesem Wege des Reduktionismus das menschliche Leben, das sich in der Personalität des Menschen Ausdruck verschafft, in den Blick kommen kann. Die ‚Lebenswissenschaften‘, die Leben allein naturwissenschaftlich betrachten, sind das leuchtende Beispiel solchen Vorgehens. Das zeigt sich insbesondere durch den Versuch der empirischen Wissenschaften, die Gesamtheit der Lebenserscheinungen erklären zu wollen mit dem Ziel, damit dem Leben selbst auf die Spur zu kommen. Die Frage, was die Person zur Person macht, lässt sich auf diesem Wege kaum beantworten.[5] Ist Person eine Eigenschaft, sei sie natural oder

---

[2] Vgl. u.a. *A. Beckermann*, Analytische Einführung in die Philosophie des Geistes (de Gruyter Studienbuch), 3. aktualisierte u. erw. Aufl., München 2008; P. Bieri (Hg), Analytische Philosophie des Geistes (Beltz-Bibliothek), Weinheim/Basel 2007⁴.

[3] Vgl. *M. Merleau-Ponty*, Phänomenologie der Wahrnehmung, übers. u. eingef. durch eine Vorrede v. R. Böhm (Phänomenologisch-psychologische Forschungen 7), Berlin 1966.

[4] Vgl. T. Metzinger (Hg.), Bewußtsein. Beiträge aus der Gegenwartsphilosophie, 5. erw. Aufl., Paderborn 2005.

[5] Dem Erklärungsanspruch der Lebenswissenschaften kann auf verschiedene Weise begegnet werden. Man kann etwa auf philosophische und theologische Personkonzepte hinweisen und Argumente für die Plausibilität eines solchen differenzierten Personkonzepts vorstellen. Der Plausibilitätsanspruch erfordert

kulturell, die der *homo sapiens* sich im Laufe der Evolution zugelegt hat, oder ist es eine Fähigkeit, die dem Menschen qua reflektierendem Bewusstsein, das heißt der Fähigkeit, sich auf sich selbst als Ich zu beziehen, zukommt, die graduell mit diesen Fähigkeiten zunimmt oder abnimmt? Oder ist sie eine relationale Bestimmung, deren Beziehungsgrund extern konstituiert ist? Und nicht zuletzt ist zu fragen: Welche Bedeutung hat für die Selbsterfassung des Menschen als Person seine Leiblichkeit?

Die Intention meines Beitrags ist es, den Personbegriff so zu erörtern, dass diese Überlegung unter Berücksichtigung der Konstitutions- und Freiheitsthematik durch sich selbst zur Leibthematik führt. Am Leib haftet auf eigentümliche Weise die Identitätsthematik, die das Personkonzept spätestens seit Locke bestimmt.[6] Damit folgt dieser der Ablösung des substanzontologischen hin zu einem bewusstseinsorientierten Personkonzept, für das die Selbstbezüglichkeit thematisch wird. Dabei ist die Frage, was eine Person in ihrem Kern ausmacht und wie sie sich als solche erkennt, nicht zu lösen von der Frage, welche Rolle die Freiheit auf der einen und die Leibgebundenheit auf der anderen Seite im Konstitutionszusammenhang der Person spielt. Genau diese Frage verschärft sich durch die neuzeitliche Thematik der Verflüssigung des Personkonzepts, die eben genau durch Auflösung der Substanzontologie auf der einen und das Hervortreten des Freiheitsaspekts und der Prinzipienorientierung der Philosophie auf der andern Seite sich vollzieht. Dabei ist aber die Leibgebundenheit in bemerkenswerter Weise durch das Raster der Untersuchung gefallen. Ein weiterführendes Personkonzept wird daran zu bemessen sein, inwieweit es Identität und Begründungsbezug, für den ehemals das substanzontologische Personverständnis stand, zusammendenken kann.

Es mag nun überraschen, dem Philosophen und Hermeneutiker W. Dilthey in diesem Zusammenhang Beachtung zu schenken. Dilthey, der als Mitbegründer der Lebensphilosophie angesehen werden kann, wurde von dem Interesse bestimmt, Naturwissenschaften und Geisteswissenschaften zueinander in Beziehung zu setzen, um ihr jeweiliges Eigenrecht festzuhalten. Seine Untersuchungen waren zum einen davon geleitet, der Verselbstständigung des naturwissenschaftlichen Weltbildes und der damit verbundenen Zementierung der Aufspaltung der sogenannten zwei Kulturen entgegenzuwirken, die vor allem durch die Entdeckungen Darwins beschleunigt wurde. Zum anderen versuchte er, durch eine Objektivierung der Geisteswissenschaften deren Entwicklung hin zu einer an den objektiven Tatsachen orientierten Wissenschaft zu befördern. Diltheys erkennt-

---

jedoch eine Konzeption, die die wissenschaftstheoretische Entwicklung nicht ignoriert, sondern ihren verschiedenen Facetten Rechnung tragen kann. Dies gilt nicht nur für die empirisch orientierten Wissenschaften, sondern auch für die Philosophie und Theologie.

[6] Vgl. *J. Locke*, Versuch über den menschlichen Verstand. Bd. I: Buch I und II (PhB 75), 4. durchgesehene Aufl., Hamburg 1981; *Ders.*, Versuch über den menschlichen Verstand. Bd. II: Buch III und IV (PhB 76), 4. durchgesehene Aufl., unv. Nachdruck mit erg. Bibliographie, Hamburg 1988. Eine ausführliche Diskussion von Lockes Theorie personaler Identität unter Einbeziehung der gegenwärtigen Debatte findet sich in *J. L. Mackie*, Problems from Locke, Oxford 1976; *M. Ayers*, Locke. Epistemology and Ontology (The Arguments of the Philosophers), London u.a. 1993; *U. Thiel*, Lockes Theorie der personalen Identität (Abhandlungen zur Philosophie, Psychologie und Pädagogik 183), Bonn 1983; *D. Sturma*, Philosophie der Person. Die Selbstverhältnisse von Subjektivität und Moralität, Paderborn u.a. 1997.

nistheoretisches Konzept erlaubt eine spezifische Konturierung des Objekt- und Empi-
rieverständnisses, die nicht nur dem Geist, sondern dem Leben des Geistes in seiner
Leibbezogenheit Rechnung tragen kann. Insofern folgt der Bezug auf Dilthey im Zusammenhang eines leiblichen Person- und Identitätskonzepts der Suche nach einer Ar-
gumentationsbasis, die die möglichen und vorfindlichen reduktionistischen Auffassungen eines solchen Konzepts von innen her aufbrechen kann.

Um die Koordinaten, die für die Fassung eines Personkonzepts relevant sind, bestimmen zu können, werde ich zunächst (2) die neuzeitliche Konstellation der wissenstheore-
tischen Frage und die sich daraus ergebende Weichenstellung für das Personkonzept
skizzieren, dann (3) die erkenntnistheoretischen Grundlagen der Personkonzeption
Diltheys in Anschluss an Locke und Kant vorstellen und (4) Diltheys Leistung für eine
Bestimmung des Personkonzepts sowie dieses (5) im Lichte des reformatorischen Personverständnisses darstellen. Schließlich (6) soll eine mögliche Weiterführung des
Diltheyschen Personkonzepts durch leibliche Bezüge des Personverständnisses als Beitrag zur gegenwärtigen Debatte festgehalten werden.

2 Der neuzeitliche Horizont der Frage nach der Person und Diltheys Konzept einer Hermeneutik bzw. einer Kritik der historischen Vernunft

Im Personkonzept zwischen empirischem Ich und Selbstbewusstsein spitzt sich eine
Schwierigkeit zu, die für alles Geltungswissen seit der Moderne auftritt. Es ist die Frage
nach Begründung und Grund des Wissens. Kant hat diese erkenntnistheoretische Situation klar beschrieben, indem er strikt empirische und geltungstheoretische Begründungen und damit ebenso Bewusstsein von Selbstbewusstsein unterschieden hat. Diese Unterscheidung bleibt für die Bestimmung eines neuzeitlichen Personkonzepts maßgebend.[7] Dieses unterliegt aber heute in der Diskussion mit naturwissenschaftlicher – etwa
neurobiologischer – Personauffassung der Schwierigkeit, das in der abendländischen
Tradition im Personkonzept immer Mitgedachte, Unhintergehbare, Unverfügbare, Vorausgesetzte, nicht Einholbare festzuhalten, ohne dieses aber allein philosophisch oder
theologisch zu begründen. Dieses Nichteinholbare als Suchen eines neuen Einheitsgrundes zeigt sich denn auch seit Beginn der Neuzeit in den verschiedenen Facetten des Rekurses auf ein *fundamentum inconcussum*, sei es bei Descartes als methodischer Zweifel, sei
es bei Locke in den Bezügen auf die Identität des Bewusstseins, sei es in Kants transzen-
dentaler Apperzeption bzw. in der grundlegenden Funktion von Freiheit. In allen diesen
Versuchen meldet sich das Bestreben des Denkens, seine Vollzüge durch Zentrierung in
einem Fundament zu legitimieren. Es geht dabei um eine leitende Prinzipienorientierung,

---

[7] Diese widerlegt sich auch nicht durch organismische und erkenntnistheoretische Konzepte, wie sie im
amerikanischen Pragmatismus, etwa bei J. Dewey, entwickelt worden sind. Vgl. *Ders.*, The reflex arc concept in psychology, in: Psychological Review 3 (1896) 4, 357–370.

die methodische Zuverlässigkeit gewähren soll. Zugleich markiert das Nichteinholbare eine Schranke direkter Erkenntnis.

Man kann die Weichenstellung benennen als diejenige einer Lücke, die einst in der Ontologie durch das Sein und in der Metaphysik durch die Idee Gottes geschlossen werden konnte und nun massiv als Bruch auftrat. Bereits in der ersten Hälfte des 19. Jahrhunderts hatte S. Kierkegaard jene offene Stelle der Philosophie seismografisch unüberboten aufgespürt in seiner Thematisierung des Nichts, des Abgrundes.[8] Damit legt Kierkegaard das Argument auf die Lücke als leere Stelle, deren Zugänglichkeit nun aber für das Denken unwiederbringlich verloren war.

Dilthey war sich dieser philosophie-historisch problematischen Situation auf dem Gebiet der Erkenntnistheorie bewusst, die Kant als solche beschrieben hatte. Mit seiner differenzierten und komplexen Beschreibung aber hatte Kant auch den Boden für viele Missverständnisse und einseitige Weichenstellungen geliefert. Diesen wollte Dilthey mit einem hermeneutischen Programm begegnen, das im Dienste seiner Lebensphilosophie stand. Mittels ihrer sollte eine Begründungsbasis für eine umfassende Wissenschaft wiedergewonnen werden. Umfassend sollte sie sein, indem sie den Hiat zwischen Natur- und Geisteswissenschaften überwinden und damit dem Leben unverstellt Beobachtung schenken könnte. In keiner Weise – darauf wird jüngst auch hingewiesen[9] – erschöpft sich sein Anliegen im Entwickeln einer Hermeneutik im engen Sinne des Textverstehens oder des Verstehens geisteswissenschaftlicher Sachverhalte. Hermeneutik ist sein Anliegen in wissenschaftstheoretischem Sinne, und zwar als philosophisches Grundlagenkonzept, das in einer *Kritik der historischen Vernunft*[10] seine Ausformulierung erfährt. Nur aufgrund dieser kritischen Ausrichtung seines Forschens und Denkens kann er auch in dem hier zu erörternden Zusammenhang von Gewicht sein. Denn um den Personbegriff im gegenwärtig wissensorientierten Diskurs zu profilieren, ist es zwingend notwendig, Anschlussfähigkeiten zwischen den verschiedenen Wissenschaften und den verschiedenen Personkonzepten aufzudecken und nicht im Habitus der Konfrontation zu verharren. Dabei meint diese Anschlussfähigkeit nicht eine die Unterscheidungen nivellierende Anpassung, sondern eine Benennung des Ortes, der sowohl die Trennung der Wege verfolgt, als auch auf deren gemeinsame Wurzel verweist. Dieser Ort ist nun aber nachneuzeitlich ein anderer als vorneuzeitlich, ja er ist nachneuzeitlich zunächst überhaupt kein ‚Ort' mehr. Die gemeinsame Wurzel lässt sich nicht verorten. Sie fällt durch den Hiat

---

[8] „[I]ch stecke den Finger ins Dasein – es riecht nach nichts." *S. Kierkegaard*, Die Wiederholung, übers. v. E. Hirsch (*S. Kierkegaard*, Gesammelte Werke Abt. 5/6), Düsseldorf/Köln 1955, 1–97, 70.

[9] Vgl. etwa *M. Jung*, Erfahrung und Religion. Grundzüge einer hermeneutisch-pragmatischen Religionsphilosophie (Alber-Reihe Thesen 2), Freiburg/München 1999; *M. Riegel*, Verstehen oder Erklären? Zur Theorie und Geschichte der hermeneutischen Wissenschaften, Stuttgart 1978; *F. Rodi*, Wilhelm Dilthey. Der Strukturzusammenhang des Lebens, in: M. Fleischer/J. Hennigfeld (Hg.), Philosophen des 19. Jahrhunderts. Eine Einführung, Darmstadt 2004², 199–219.

[10] Eine solche zu entwickeln verstand Dilthey als seine Lebensaufgabe. Sie fand ihren Niederschlag in seiner *Einleitung in die Geisteswissenschaften*. Vgl. *W. Dilthey*, GS I u. XIX. Dilthey wird hier zitiert nach der von seinen Schülern begründeten, ab Bd. XV zunächst von K. Gründer, ab Bd. XVIII von K. Gründer und F. Rodi fortgeführten Werkausgabe *Gesammelte Schriften* (GS). Angeführt werden die römischen Band- und die i.d.R. arabischen Seitenzahlen der GS.

von Denken und Sein, dessen Verfestigung durch die Rede von Subjekt und Objekt angezeigt ist – und darüber hinaus durch die Unterscheidung der Wissensarten von Genesis und Geltung. Gleichwohl rückt eine Entität in den Vordergrund, auf die sich beide gemeinsam beziehen könnten.

Diltheys *Kritik der historischen Vernunft* versteht sich als neue Konzeption einer Kritik der reinen Vernunft oder besser als deren Ergänzung.[11] Wenn Dilthey der Lebensphilosophie zugerechnet wird, dann geht es ihm nicht um eine unkritische Rezeption von deren vitalistischer Ausrichtung, sondern darum, das Leben, die Lebendigkeit mit zu berücksichtigen. Im Anschluss an Kant stellt er die Frage der Geltungsbedingungen des Denkens, nämlich „nach der Fundierung – welche es mit der Wahrnehmung verbindet"[12]. Seine Bemühung um eine neue Fundierung der Erkenntnistheorie ist also nicht auf die Empirie im Sinne der Naturwissenschaften beschränkt, sondern diese soll auch der Erkenntnis des geschichtlichen Lebens dienen können. Ein direkter Rekurs auf das Leben im Sinne empirischer Beobachtung ist nämlich nicht möglich, wohl aber ein indirekter. „Das Leben ist uns nicht unmittelbar, sondern aufgeklärt durch die Objektivierungen des Denkens gegeben."[13] Dieser indirekte Weg ist notwendig, um sowohl die objektive Erkenntnis als auch die Geltung des Denkens zu sichern: „Soll nicht die objektive Auffassung dadurch, dass sie durch die Operationen des Denkens hindurchgeht, zweifelhaft gemacht werden, so muss die objektive Geltung des Denkens dargetan werden."[14]

Dazu bedarf es einer geregelten Kommunikation zwischen dem Denken und dem Leben, die eine *neue (zeitliche) Logik* und ein aufgewerteter Erfahrungsbegriff liefern sollten. Dieses Vermittlungsprogramm zwischen Denken und Leben zwecks Sicherung der Realität der Außenwelt kann als Diltheys Programm der *Kritik der historischen Vernunft* bezeichnet werden. Ihr folgt auch sein Programm der Hermeneutik. Denn es ist genau das hermeneutische Verfahren, das als Kritik und Weiterführung des Kritizismus Kants zu verstehen ist. Das kritische Unternehmen setzt nämlich ein Eingebettetsein aller Erkenntnisbedingungen voraus, das nicht selbst durch diese autorisiert ist. Dieser dem Erkennen vorgegebene Gegenstand ist jedoch nicht einfachhin das ‚Leben'. Darin sähe Dilthey eine unzulässige metaphysische Einbindung des Lebensbegriffs.[15] Der Lebensbegriff ist vielmehr ein zeitlicher, den geschichtlichen Verschiebungen gegenüber offener und sich durch solche Verschiebungen erst bestimmender Begriff.

Mittels dieses lebensgebundenen ‚Kritizismus' verändert sich in Diltheys Konzept die Funktion des Denkens. Denken stellt Einheit nicht her, sondern ‚vermittelt' sie nur. Zur leitenden These wird, dass Wirklichkeit überhaupt ursprünglich nicht das ist, was vom

---

[11] Vgl. zu diesen Ausführungen auch *W. Stegmaier*, Diltheys Denken des Lebens, in: R. Elm u.a. (Hg.), Hermeneutik des Lebens. Potentiale des Lebensbegriffs in der Krise der Moderne (Alber-Reihe Philosophie), Freiburg/München 1999, 100–116.

[12] *W. Dilthey*, GS V, 5.

[13] Ebd.

[14] Ebd.

[15] Dilthey warnt ausdrücklich davor, das Leben wiederum zu metaphysisieren, wie es in der sogenannten ‚Lebensphilosophie' geschah. Vgl. *W. Dilthey*, GS V, 351 f.

Intellekt vorgestellt und begriffen wird, sondern dass leibliche Lebensbezüge maßgeblich werden. Volitionen und Sensationen, mithin das, was dem Willen widersteht und woran das Gefühl leidet, treten als die Wahrnehmung der Wirklichkeit bestimmend hervor. Wirklichkeit konstituiert sich nicht in der Korrelation von Subjekt und Objekt, von ‚Ich denke' und den Gegenständen meines Denkens. „Was wir Wirklichkeit nennen, ist etwas anderes als diese tote und passive Gegenständlichkeit, welche dem Bild im Spiegel gleicht. Es ist das Innewerden durch den Druck des Gefühls, durch den Widerstand des Willens, das so noch eine Aktivität außer mir offenbart"[16] und das sich konstituiert in der Auseinandersetzung mit dem Willen und dem Gefühl, die das Denken nur vermittelt.[17] Neben den Kognitionen der Vernunft treten damit die leib-seelischen Widerstände für diese in den Horizont der Überlegungen.

Für sein erkenntnistheoretisches Programm spielen jedoch – hier verfolgt Dilthey eine andere Fährte – die sogenannten „Objektivationen" eine herausragende Rolle.[18] In ihnen sieht Dilthey in geronnener Weise die Kommunikation von Leben und Denken repräsentiert, wie sie für die Entwicklung von Geschichte und Personalität maßgeblich ist. Weit davon entfernt, in die Klage der Subjekt-Objekt-Spaltung einzustimmen, nimmt Dilthey diese Konstellation als Gegebenheit auf, um sie auf ihren Wahrheitskern hin zu überprüfen. Diesen sieht er in der *Notwendigkeit* des Objektwerdens *aller* Gegenstände des begrifflichen Denkens.[19] Dieser wahre Kern entwickelt sich jedoch zu einer Unwahrheit der empirischen Wissenschaften, wenn es zur Verselbstständigung des Objekts unter Absehung seiner Konstitutionsbedingungen durch das Subjekt kommt. Die Stärke von Diltheys Ansatz ist es nun, diesen Reduktionsprozess nicht nur zu kritisieren, sondern ihn näher zu bestimmen, ihn auch wertzuschätzen und weiterzuführen. So versucht er zuerst parallel zur Methode der Naturwissenschaften, die Wahrheit des Objektgedankens festzuhalten. In der Betonung der Objektivationen des gesamten Geisteslebens erhält er diese methodische Parallele. Diese kann aber zugleich als inhaltlich weiterführend vorgestellt werden. Inwiefern? Im Bezug der Objektivation auf begriffliche Bestimmung als solche erfährt der Begriff der Objektivation selbst eine Erweiterung. Er transzendiert den bloß empirischen Bereich und gewinnt geltungstheoretisches Gewicht, und zwar ohne seine empirischen Bezüge dabei aufgeben zu müssen. Über den gemeinsamen Bezug auf den Begriff der Objektivationen sieht Dilthey nämlich in der Empirie selbst einen Geltungsanspruch verborgen, der in den empirischen Wissenschaften in der Regel nicht reflektiert wird. Diese Reflexion könnte die Naturwissenschaften auf den Horizont und die Geltung ihrer empirischen Ergebnisse aufmerksam machen, ebenso wie den Geisteswissenschaften zu einem Empiriebezug des Geltungsanspruchs verhelfen. Dies gelänge nach Dilthey mit dem Begriff der Objektivation. Dieser rechnet mit der Unhin-

---

[16] *W. Dilthey*, GS XIX, 163.
[17] Vgl. aaO., 337 u. 350.
[18] *W. Dilthey*, GS V, 200: „Solche Objektivationen bieten den Vorteil, gegenüber den beständigen Veränderlichkeiten des Erlebnisstroms feste Gestalten auszubilden."
[19] Darin sieht er den wahren Kern des naturwissenschaftlichen Zugriffs auf die Wirklichkeit – wie ihn bereits Kant herausgestellt hat.

tergehbarkeit des Objektivierens, indem er dessen Symbolcharakter wahrnimmt, in den geltungstheoretische Aspekte eingegangen sind. So sind Objektivationen nicht einfach Objektivierungen im Sinne dinglicher Objekte, sondern sie beziehen sich reflexiv auf die Bedingungen ihres Objektwerdens. Sie sind Objekte immer nur unter Einschluss ihrer transzendentalen Voraussetzungen.[20]

Der Begriff der Objektivation leistet damit etwas Einschneidendes. Indem im Begriff der Objektivation der Begriff des Objekts als Symbol eingeschlossen ist, verbürgt dieser zugleich dessen Reflexivwerden, das uns in einem hermeneutischen ‚als' das Objekt in eins mit seinem Status des Objektseins für uns – und damit als unserer Perspektive unterworfen – kenntlich macht. Dilthey nimmt daher auf der einen Seite das Empirieverständnis Kants auf, das die Bestimmung der Empirie in der kategorialen Tätigkeit des Verstandes begründet sein lässt. Auf der anderen Seite aber denkt er die kategoriale Tätigkeit des Verstandes selbst noch einmal rückgebunden an das leibliche Erleben. Dieses ist nicht zeitenthoben. Es ist geschichtlich und sinnlich affizierbar. Von diesen Voraussetzungen her kann nun das Personkonzept Diltheys in Anschluss an Locke und Kant vorgestellt werden.

3 Das Person- und Identitätsverständnis Diltheys im Anschluss an Locke und Kant

Kennzeichnend für die vorneuzeitliche Tradition war ein an Boethius orientiertes substantialistisches Personkonzept. Dieses wurde auch noch von Descartes geteilt, wenn dieser auch bereits das denkende Ich von seinem empirischen Personsein unterschied. Diese in der Tradition dominante Linie des Personverständnisses von Boethius zu Thomas in der Bestimmung der Person als rationaler Substanz musste letztlich im Personverständnis Descartes münden, das Substanz und Reflexionsfähigkeit zum Subjekt zusammenbindet unter Absehung der natürlichen Grundlage der *res extensa*.[21] Indem Descartes *res extensa* und *res cogitans* unterschied und das Personverständnis allein an die Vernunftsubstanz band, lief dieses Konzept Gefahr, einem noch heute dominanten, eng gefasst rationalen Personkonzept Vorschub zu leisten, das die Vorstellung einer leibseelische Einheit vollständig in den Hintergrund drängte. Eine reflexivitätsbestimmte Betrachtungsweise von Natur und Geist oder Natur und Freiheit ist dann nicht im Blick.[22]

---

[20] Diese Bestimmung der Objektivationen bietet eine Veranschaulichung dessen, was die Hermeneutik Diltheys erkenntnistheoretisch leisten will: nämlich die Objekte selbst in den Prozess des Verstehens ihrer Geltung hinein zu nehmen. Genau das setzt die Wahrnehmung ihrer Objektbedingungen voraus.

[21] Vgl. zu diesen Ausführungen im Folgenden auch: *U. Thiel*, Individuum und Identität, in: Ders. (Hg.), John Locke. Essay über den menschlichen Verstand (Klassiker auslegen 6), 2. bearb. Aufl., Berlin 2008, 149–168; *T. Kobusch*, Person und Freiheit. Von der Rezeption einer vergessenen Tradition, in: ZEE 50 (2006) 1, 7–20.

[22] Das hat sich jedoch insbesondere in den empirisch orientierten Wissenschaften nicht durchgesetzt. Dort kommt es vielmehr in Tradition der Weichenstellung Descartes zur Tradierung der Unterscheidungen. Man stellt sich den Geist quasi dinghaft über der Materie schwebend oder als im Gehirn sitzend vor. Eine natürliche Konstitution des Menschen erfordert zwar, diese natürlich zu erklären, das heißt aber nicht, dass man auch seinen Geist und seine Funktionsmechanismen biologisch ohne Rest erklären kann.

3.1 Zum Personverständnis Diltheys im Anschluss an Locke

Locke hat als Erster ein radikales Verständnis eines neuzeitlichen Personkonzepts befördert. Sein Ansatz ist auch neben dem Kants der Bezugspunkt von Diltheys *Kritik der historischen Vernunft* und bildet eine Voraussetzung für die Weiterführung des Diltheyschen Konzeptes von Identität.[23] Locke sieht den Aufbau der Person als eine Leistung des Bewusstseins. Im Unterschied zu Boethius und auch noch zu Descartes vollzieht er damit die endgültige Verabschiedung eines substantialen Personverständnisses. Locke ist es gelungen,[24] eine substanzontologische Orientierung konstruktiv zu überwinden.[25] Während Descartes zwar auch den personalen Kern ganz in die Denkoperationen legte, hält Locke doch an eben einer ‚Geist*substanz*' der *res cogitans*, im Unterschied zur materiellen *res extensa* fest. Für Locke ist, anders als für Descartes, Personalität nicht an die denkende Substanz des Menschen gebunden, sondern an die *Leistungen* des Bewusstseins, nämlich an die Leistungen, sich auf sich selbst beziehen zu können. Diese Reflexionsbestimmung der Person führt in Folge zu einer Ablösung ihrer substanzontologischen Begründung.[26] Er betrachtet Personalität nicht als an eine Substanz zurückgebunden, sondern als eine sich in den Denkoperationen allererst konstituierende. Das Problem bei dieser Verflüssigung der Person ist bekanntlich – worauf dann Hume hingewiesen hat – eine Dissoziation der Person, wobei die Person sich in die je und je sich konstituierenden personalen Momente auflöst. Dies fordert verstärkt die Frage nach der Identität heraus. Doch zunächst ist bedeutsam, dass Locke Personsein nicht an eine *Substanz*, sondern offensichtlich an eine *Tätigkeit*, einen *Vollzug* bindet, der sich in den relationalen Denkoperationen Ausdruck verschafft. Das Ich, dem wir die Einheit von Gedanken und

---

Darauf verweist spätestens die Unterscheidung von Geist und Leib. Als leibliches Wesen ist der Mensch ein durch und durch relational verfasstes Wesen und nur im Vollzug dieser Relationalität kann er letztlich einen Anspruch auf Personalität erheben. Person ist der Mensch weder durch seine *res cogitans* noch durch seine *res extensa*, sondern in seinem kommunikativen Miteinander.

[23] Der Personbegriff bzw. Identität und Personalität werden bei Dilthey zunächst nämlich ganz ähnlich wie bei Locke bestimmt. Der Bezug zu Locke ist explizit bei Dilthey gegeben, wenn auch meist in kritischer Intention: „In den Adern des erkennenden Subjekts, das Locke, Hume und Kant konstruierten, rinnt nicht wirkliches Blut, sondern der verdünnte Saft von Vernunft als bloßer Denktätigkeit." *W. Dilthey*, GS I, XVIII.

[24] Vgl. *J. Locke*, Versuch über den menschlichen Verstand (s. Anm. 6).

[25] In anderer Weise ist dies auch Pufendorf gelungen. Pufendorfs Konzept kann als Überwindung des dinglichen Personverständnisses gesehen werden, das bereits die praktische Bestimmung des Personseins bei Kant vorbereitet. Die Bedeutung Pufendorfs für ein qualifiziert-neuzeitliches Personkonzept kann insofern gar nicht hoch genug veranschlagt werden. Pufendorf durchbricht den substanzontologischen Zusammenhang durch die Bindung des Menschseins an seine Moralität, an den Willen, an die Freiheit, und führt damit ein relationales und entdinglichtes Verständnis der Person auf dem Boden der Freiheit herbei. Vgl. *S. Pufendorf*, De iure naturae et gentium, hg. v. F. Böhling (*S. Pufendorf*, Gesammelte Werke 4,1/2), Berlin 1998.

[26] Dennoch wird man ‚Person' auch bei Locke weiterhin in gewisser Weise als ‚etwas' verstehen müssen, da er das Bewusstsein empirisch, an Kognitionen gebunden, bestimmt. Er arbeitet mithin mit einem doppelten Substanzbegriff. Dieses dingliche Verstehen von Person war bereits vorneuzeitlich überwunden worden, im Mittelalter bei P. Olivi. Neuzeitlich wurde diese Überwindung erst wieder gewonnen bei Pufendorf durch Einbindung des Personverständnisses – ebenso wie übrigens des Naturrechts – in die freiheitlich-reflexiven Bezüge des Menschseins. Vgl. dazu *T. Kobusch*, Person und Freiheit (s. Anm. 21), 9 f.

Handlungen zuschreiben, ist zu unterscheiden von bloßem Menschsein und auch von einer Seelensubstanz, aber es ist das, was wir als Person bezeichnen können. Person ist diese sich im Bewusstsein konstituierende *Einheit*.[27] Die Identität ist demnach *nicht vorgegeben*, sondern besteht nur vermittels des Vollzugs durch das Bewusstsein.[28] Mit anderen Worten: Personale Identität wird konstituiert je und je durch Bezüge, die das Bewusstsein *in der Gegenwart* herstellt. „Wenn es [...] für denselben Menschen möglich wäre, zu verschiedenen Zeiten je ein besonderes unübertragbares Bewußtsein zu haben, dann würde zweifellos derselbe Mensch zu verschiedenen Zeiten verschiedene Personen darstellen."[29] Insofern lässt sich Lockes personale Identität durchaus als relationale Identität behaupten. Der Gedanke des Vollzugs von Personalität in seinen Relationen ist bei Locke kognitiv-empirisch ausgerichtet. Nun ist genau diese kognitiv-bewusstseinstheoretische Ausrichtung von Personalität in Relationalität auch bei Dilthey anzutreffen. Bei ihm wird sie aber dezidiert in die dialogischen Bezüge von Natur und Geist beziehungsweise Freiheit eingebunden durch die Rückbindung an die Lebendigkeit. Man kann insofern bei Dilthey eine Weiterführung Lockes sehen. Darüber hinaus geschieht dies im Bewusstsein der durch Kant markierten Unterscheidung von theoretischer empiriegeleiteter und praktischer Erkenntnis. Dies soll im Folgenden näher betrachtet werden.

Eine Figur der Relationaliät im Aufbau der Personidentität findet sich bei Dilthey, wenn er sein Identitätskonzept gegen dasjenige von Kants transzendentalem Ich abgrenzt, dem man eine quasi metaphysische Funktion zuschreiben könnte. So denkt Dilthey das ‚Ich denke' nicht mehr als transzendentales Subjekt, sondern selbst in *Relationen von Willen*.[30] Wie aber kommt in diesen ja offenen Relationsbezügen die Einheit der Person, wie kommt Identität zustande? Dilthey sagt, dass die Einheit einer Lebenseinheit nicht als Substantialität, sondern als Selbigkeit gedacht werden muss – und zwar dezidiert in Abgrenzung gegen Identität.[31] Genau diesen Gedanken finden wir auch bei Locke. Aber was heißt Selbigkeit, wenn sie weder als Substanz noch als transzendentales Ich gedacht ist? Wie bereits für die Erkenntnis, so gilt nun auch für die Person: Die transzendentale Einheit soll nicht aufgegeben, aber auch nicht gesetzt werden. Man könnte sagen, dass sie *geerdet* werden muss hin auf ihre leiblich-lebendige Verfasstheit. Sie ist nicht im ‚Ich denke', nicht nur kognitiv im Bewusstsein, sondern „in der Lebendigkeit gegeben"[32]. Damit wird die Bestimmung der Person über die Vernunft überschritten, und zwar hin zur Lebenseinheit im Ganzen. Auf dieser Lebenseinheit als Lebendigkeit beruht nach Dilthey nämlich, dass wir uns als Person *fühlen*. Dabei ist dieses Gefühl –

---

[27] Vgl. *J. Locke*, Versuch über den menschlichen Verstand. Bd. II (s. Anm. 6), 82, (III, vi, 37).

[28] Vgl. *J. Locke*, Versuch über den menschlichen Verstand. Bd. I (s. Anm. 6), 420 f., (II, xxvii, 10).

[29] AaO., 430 (II, xxvii, 20).

[30] Alle Kategorien lehnt er an Kants Kategorie der Relation an (Inhärenz und Subsistenz, Kausalität und Dependenz, Gemeinschaft). Die erste Kategorie nennt er die der Selbigkeit (des Ganzen, der Einheit, der Substanz), die zweite die Kategorie des Wirkens und Leidens (der Kausalität), unter der dritten versteht er die Kategorien der Essentialität oder des Wesenswerts, des Wesenssinns, der Wesensbedeutung. Vgl. *W. Dilthey*, GS XIX, 362, 368 u. 374.

[31] Vgl. *W. Dilthey*, GS IX, 368.

[32] *W. Dilthey*, GS XIX, 362.

ganz im Sinne Schleiermachers – dafür verantwortlich, dass wir Charakter haben, und dass wir folgerichtig denken und handeln können.

Überraschenderweise konstatiert Dilthey aber dennoch: „Darin" – also in der Lebenseinheit – „ist nun aber gar nicht enthalten, dass in allen Veränderungen irgendein sich selbst gleiches verharrte"[33], also Identität. Wie ist das zu verstehen? Damit affirmiert er augenscheinlich die bei Locke herrschende dissoziative Situation für die Identität: Offensichtlich resultiert Diltheys Abwehr gegen den Begriff der Identität daraus, dass er Identität mit Substanz in Verbindung bringt. Gerade den Begriff der Substanz möchte er jedoch für die Bestimmung von Personalität meiden. Eine solche Kategorie der Substanz wäre nur als Abstraktion aus den Lebenszusammenhängen verständlich, als „Verdünnung und Mechanisierung" der lebendigen Selbigkeit. Selbigkeit wird mithin bei ihm gegen Identität gerade dadurch abgegrenzt, dass diese substantiell, jene relational zu verstehen ist. Dilthey erklärt seinen Widerstand gegen den Begriff der Identität damit, dass dieser herrschend wurde, weil die „phänomenale Naturerkenntnis" an sie „unabweichlich gebunden" ist, aber es wäre eine „Lächerlichkeit", aus ihr das *Lebendige* als solches verstehen zu wollen.[34] Dieses sieht er vielmehr durch den Begriff der Selbigkeit in dezidierter Abgrenzung gegen Identität festgehalten.[35] Selbigkeit erfordert nicht „irgendeine ganze oder teilweise Identität".[36] Selbigkeit kann sich auf eine Identität festlegen, aber sie kann sich von Fall zu Fall eine andere geben. Sie lässt im „Fluss unseres inneren Lebens" einen Wandel und Wechsel der Identitäten zu.[37]

Nun sind das alles Bestimmungen, die wir bereits bei Locke finden. Und dementsprechend gälte auch für Diltheys Personkonzept wie schon für dasjenige Lockes: Es ist zwar nicht substantialistisch zu verstehen, aber es scheint sich ebenso dissoziativ zu verflüchtigen. Wenn sich die Bedeutung der Lebendigkeit für das Personkonzept bei Dilthey in dieser Verflüchtigung erschöpft, dann führt es nicht über die dissoziativen Bestimmungen Lockes hinaus. Die Person konstituiert sich je und je aus Bestimmtheitszuschreibungen des Lebenszusammenhangs und macht sich an *jeweiligen* Identifikationen fest. Zur genaueren Bestimmung des Einflusses der Lebendigkeit auf das Konzept von Person und Identität muss deren Funktion also noch differenzierter in den Blick genommen werden.

Lockes Bestimmungen des Bewusstseins haben Dilthey fasziniert. Dabei konzentriert er sein erkenntnistheoretisches Interesse vornehmlich auf die Schließung der Lücke zwischen Sensation und Reflexion. Dies erforderte jedoch den Bezug auf eine dritte Ebene. Locke selbst verlegte die Einheitsfunktion, die jedes Denken beansprucht, wenn es systematisch vorgeht, in die Operation des Bewusstseins. Damit führt er Personidentität

---

[33] *W. Dilthey*, GS XIX, 362 f.

[34] AaO., 368.

[35] Hier nimmt Dilthey bereits die Unterscheidung Ricœurs von Ipse-Identität und Idem-Identität voraus. Vgl. *P. Ricœur*, Das Selbst als ein Anderer, aus dem Französischen v. J. Greisch (Übergänge 26), München 1996.

[36] *W. Dilthey*, GS XIX, 362 f.

[37] AaO., 368.

jedoch auf die Ebene der Kognition zurück und belässt damit auch die Bestimmungen und Gestaltungen des Lebens nur auf dieser Ebene. Volitionen und Empfindungen, die in einer tieferen leiblichen Schicht liegen, können damit für diese Bestimmungen nicht berücksichtigt werden.[38] Mit der Berücksichtigung der Volitionen und Sensationen scheint Dilthey aber die Konstruktion von Personalität aus Bewusstseinsakten ausweiten zu wollen. Dilthey hält weiterhin an der relationalen Bestimmung von Personalität fest. Er weitet aber die Relationen über die Kognitionen hinaus auf das Innewerden der Lebensäußerungen aus. Und dieses Innewerden beschränkt sich nicht auf die kognitive Ebene, sondern greift aus auf die Sensationen und Volitionen. Damit verlegt Dilthey die Konstitution von Selbigkeit gerade nicht ins Bewusstsein, sondern mit den Volitionen in den dieses ermöglichenden Willen und mit den Sensationen in eine leibliche Dimension.

Dilthey verortet also die Selbigkeit nicht in den Kognitionen, sondern in der Lebendigkeit der im Leib präsenten Lebenseinheit. Darüber hinaus ist aber auch noch eine weitere Ausweitung möglich, die mit dem Begriff der Volitionen ausgedrückt ist. Denn während die Lebendigkeit eher die Sensationen und mithin die Leiblichkeit berücksichtigt, wird darüber hinaus im Begriff der Volitionen Bezug genommen auf die auch den Tätigkeiten des Bewusstseins vorausgehenden Impulse des Willens, auf eine Tätigkeit also, die – wie die Sensationen – nicht auf der Ebene des Bewusstseins, sondern in einer tieferen Schicht liegen. Gerade diese tiefere Schicht der leiblichen Momente und ihrer Impulse dient Dilthey zur Einführung der Geist- und Freiheitsmomente, die wiederum die bloß empirischen Bestimmungen überschreiten können. Denn indem diese Schicht für die Konstitution des Bewusstseins verantwortlich zeichnet, können die Leistungen des Bewusstseins nicht als kausale Determinanten bestimmt werden. Indem sie den Sensationen und Volitionen entspringen, sind sie kontingent. Ihre Möglichkeit besteht. Mit ihr kommt das freiheitliche Moment in den Blick und dies besteht etwa gerade durch den Bezug auf die Dimension der leiblichen Empfindungen. Mit der freiheits- und geistbestimmten Leiblichkeit des Menschen als Grundlage des Personseins kommt nun von vornherein eine Qualität des Menschen, die sich weder auf ein natürliches oder gar biologisches Substrat richten kann, noch aber die Person in den Leistungen des Bewusstseins aufgehen lässt, in den Blick. Sie hat als diese Grundlage einen anderen kategorialen Status als das empirische Subjektsein. Sie rückt ein in den Status der transzendentalen Bedingung, gehört jedenfalls nicht derselben Geltungsebene wie die Empirie bzw. Natur an. Dennoch ist sie auf diese angewiesen.

Es ist auf die Spannung dieser beiden Pole von Freiheit und Natur zurückzuführen, dass Personalität relational verfasst ist und nur im Vollzug besteht. Ihre relationale Verfasstheit korrespondiert der Relationalität von Natur und Freiheit. Hierdurch ist eine Bindung der Person an Eigenschaften ebenso wie an statisch-substanzielle Seinsbestim-

---

[38] Genau dieser Zug ist es, der es dann auch zu erzwingen scheint, Locke selbst einseitig zu verstehen und ihn unter diejenigen zu rechnen, die Personalität an die Leistungen des Bewusstseins binden. Mit Berücksichtigung des Aspekts der Empfindungen und Volitionen könnte aber die Unverfügbarkeit der Selbstbestimmung ebenso wie die passiven Anteile des sich Bestimmenlassens auch für Locke im Blick bleiben.

mungen ausgeschlossen. Der Mensch ist vielmehr Person im Vollzug der Kommunikation seiner Freiheit mit seinen natürlichen Bedingungen. Mit dieser kommunikativen Verbindung von Freiheit und Natur sind jedenfalls die Weichen gestellt für eine einschneidende Weiterführung des Personkonzepts, das Dilthey in der Auseinandersetzung mit Kants Kritik entwickelt. Diese Weiterführung liegt neben der Weichenstellung für ein leibliches Personverständnis in der Weiterentwicklung der Berücksichtigung der Geschichtlichkeit der Vernunft, die ihrerseits die traditionelle Fragestellung weiter zu führen erlaubt.

3.2 Diltheys Weiterführung von Lockes Personkonzept in Anschluss an Kant

Dilthey möchte Kants transzendentale Apperzeption präzisieren bzw. erden. Es stellt sich allerdings die Frage, ob er tatsächlich bis zu jener Ebene vordringt, die eine solche ‚Erdung' ermöglicht, die der Subjekt-Objekt-Ebene vorhergeht. Mit Blick auf die Tradition Lockes und Kants stellt sich Dilthey die Frage: Wie kann Identität der Person gewährleistet werden, ohne sie nur in einer empirischen Ebene der Kognition oder Sensation auf der einen oder nur in einer transzendenten Sphäre der Volition oder Freiheit auf der anderen Seite gegründet sein zu lassen? Der Rekurs auf das Erleben vermeidet zwar Vereinseitigungen von Rationalismus und Empirismus und deren Reduktionismen, kann aber kaum zur Bestimmung von Identität beitragen. Diltheys Nähe zu Locke und die Wahl des Begriffs der ‚Selbigkeit' deuten bereits darauf hin, dass auch mittels der Konzentration auf das Erleben,[39] auf den Begriff der ‚Lebendigkeit', über ein dissoziatives Verhältnis nicht hinauszukommen ist, wenn nicht der Sprung in die transzendentale Ebene gemacht wird und dann wiederum diese selbst auf einen Grund hin, das heißt transzendent, gedacht wird. Gerade das möchte Dilthey aber vermeiden. Dabei gilt es zu bedenken: Dilthey möchte nicht das Transzendentale verabschieden,[40] wohl aber dessen Ermöglichungsbedingungen in Relation zu den Affektionen und Volitionen sehen.

Zunächst ist man versucht, in der Einbettung in einen Lebenszusammenhang, der aus Konkretionen des Lebensstroms herausgebildet ist, den gesuchten qualitativen Sprung in eine transzendentale Ebene zu erwarten. Dies wäre aber nur möglich, wenn die Volitionen und die Vollzüge des Bewusstseins selbst auf ihre Ermöglichungsbedingungen bezogen werden, also wieder nur durch die transzendentale Ebene, die hinter die Volitionen zurückfragt. Wie sieht die Lösung Diltheys aber aus? Diltheys Lösungsversuch besteht in einer Vergeschichtlichung des Kantischen Apriori. Zur Erläuterung dieses Sachverhalts müssen wir auf die Objektivationen zurückkommen.[41] Die Objektivationen verstehen sich ihrerseits immer schon als Resultate der Erkenntnistätigkeit des erkennenden Subjekts. Das scheint sie noch nicht von den Objekten Kants zu unterscheiden. Der Unterschied zu Kants transzendentalen Bestimmungen der Erkenntnis kommt vielmehr

---

[39] Vgl. *W. Dilthey*, GS XIX, 362 f.
[40] Vgl. aaO., 359 f.
[41] Vgl. *W. Dilthey*, GS XI, 44 f.

dadurch zustande, dass bei Dilthey das Apriori zwar Apriori bleibt im strikten Sinne der geltungsbestimmten Voraussetzung der Erkenntnisbildung, aber als eines, das selbst in seiner verknüpfenden Tätigkeit historisch geprägt und geformt ist. Die Frage ist daher, ob nicht das Verbindenkönnen des Verstandes selbst in einen Kontext zurückversetzt werden muss, der die Art des Verbindens bestimmt. Wir können dahinter zwar nicht zurück, aber wir werden in unserem geistigen Leben unter Umständen auch solchen Strukturen des Verbindens, die die Tätigkeit des Selbstbewusstseins ausmachen, ansichtig. Dies kann uns Aufschluss über die Erkenntnisfunktionen geben. Mit anderen Worten: Nicht das Selbstbewusstsein, wohl aber die aus diesem resultierenden Objektivationen können auf die Struktur der Erkenntnis bildenden Tätigkeiten zurückweisen. Diese Tätigkeiten sind jenen gegenüber abkünftig. Alles aber, was abkünftig ist, erhält Aufschluss über sich selbst durch die Objektivationen. Mit der Reifizierung eines genetischen Gewordenseins der Bestimmtheit der Struktur des Verbindens der Verstandestätigkeit versucht Dilthey, den Hiat der Erkenntnisarten bei Kant zu versöhnen. Unter Berücksichtigung der in der Lebenseinheit verwurzelten Sensationen und Volitionen, die in das genetische Werden auch der Erkenntnistätigkeit eingebunden sind, werden die Geltungsbedingungen selbst historisiert, jedoch ohne ihren Geltungsanspruch in starkem Sinne aufgeben zu müssen.[42] Es kommt sozusagen zu einer Vergeschichtlichung der Vernunft, die ein verschränktes Ineinander von Geltung und Funktionalität widerspiegelt, das selbst in die Objektivationen eingegangen ist und dort erscheint.

Ein Gewinn dieses Ansatzes wäre jedenfalls: In einem hermeneutischen Zirkel könnte das Erkenntnissubjekt so gewissermaßen sich selbst zum Gegenstand werden.[43] Aber durch diese reflexiven Bezüge des Erkenntnissubjekts ist zwar die Selbstvergegenständlichung ermöglicht, es klärt aber noch nicht die Identitätsfrage, die ja diesen reflexiven Bezügen immer schon vorhergehen muss, um das Erkenntnissubjekt als solches zu identifizieren. Ist Dilthey der Antwort dieser Frage nahe gekommen? Deutlich ist: Durch die Vergeschichtlichung, wie Dilthey sie entwickelt, wird gerade die Frage nach der Einheit der Selbigkeit und der Identität wieder und noch einmal virulent. Die transzendentalen Bedingungen der Erkenntnis – genau das macht die Ich-Identität deutlich – weisen damit weiterhin auf einen *bleibenden Hiat* zwischen Genesis und Geltung.[44] Alle Klärungsversuche sind nur eine präzisere Umschreibung dieser Frage, in keiner Weise aber eine Erklärung oder gar Überwindung der unterschiedlichen Erkenntnisebenen von Genesis und Geltung! Gleichwohl ist mit der Präzisierung ein Gewinn bezüglich der Bedeutung der Unterscheidung von Genesis und Geltung gewonnen. Sie ist markiert und in ihr Recht

---

[42] Vgl. *W. Dilthey*, GS XIX, 264.

[43] Damit wäre zunächst die Schwierigkeit, wie sie in den nachkantischen Bemühungen von Idealismus nun über den Neukantianismus bis hin zu Plessners philosophischer Anthropologie thematisiert wurde, dass das Erkenntnissubjekt sich nicht selbst Gegenstand werden und damit eben auch nicht Gegenstand der Naturwissenschaft werden kann, zu einem gewissen Grad überwunden. Man müsste auf dieser Linie nicht mehr mit Abschottungsmechanismen den Naturwissenschaften gegenüber arbeiten.

[44] Das kommt etwa auch in den gegenwärtigen Bemühungen der Umschreibung von erster und dritter Person-Perspektive der ‚Philosophie des Geistes‘ zum Vorschein, ebenso wie übrigens bei dem Begriff der Emergenz.

gesetzt. Die Lücke zwischen beiden ist zwar der bleibende wunde Punkt. Zugleich wird nun aber deutlich: Die Lücke kann und soll nicht begrifflich geschlossen werden. Denn es gilt jetzt: Es ist der Begriff der Freiheit, der mittels Vollzugsbestimmungen die Lücke zwischen Genesis und Geltung zwischen Sensation und Reflexion zwar nicht füllt, er markiert sie jedoch als für Genesis- und Geltungsbestimmungen unverzichtbar.

Trotz Historisierung des Apriori bleiben bei Dilthey also der Hiat, die Lücke zwischen Sensation und Reflexion und damit die Frage nach der Identität offen. Gleichwohl leistet seine Historisierung Entscheidendes für die Bestimmung personaler Identität, die uns auf die Bedeutung der Leiblichkeit verweist. Seine Differenzierungen und Präzisierungen machen sich bemerkbar in der Ausweitung eines geschichtstheoretischen Begründungs-rahmens des Personseins. Über die Objektivationen gehören Person und Geschichte begrifflich insofern zusammen, als der Begriff der Person das Vollzugsmoment freiheitli-cher Bestimmungen auf dem Boden vorgegebener Möglichkeiten anzeigt, die in der vor-gefundenen leiblichen und geschichtlichen Wirklichkeit ihr Fundament haben. Geschich-te ist Wirklichkeit, weil und insofern Wirklichkeit an Gestaltung gebunden ist. Das ver-weist auf die Etablierung eines geschichtlichen Wirklichkeitsverständnisses und auf den Ausweis von Wirklichkeit über die Geschichtlichkeit.

4 Diltheys Leistung für eine Bestimmung des Personkonzepts

Was die Historisierung Diltheys für die Bestimmung von Personalität ermöglicht, ist eine zweifache Plausibilisierung: erstens die Plausibilisierung der Unverzichtbarkeit der transzendentalen Ebene als solcher zur Bestimmung der Person und zweitens eine Plau-sibilisierung der Loslösung der personalen Bestimmung von ihrem Vernunftkern.

Zu beidem wird man geführt durch seine Konzeption der Objektivationen, die eigent-lich neue Leistung Diltheys auf dem Gebiet der Erkenntnistheorie. Unsere Fähigkeit zur Reflexivität wird uns in den Objektivationen deutlich. Sie erschließen uns das hermeneu-tische ,als'. Und im Zuge dieser Erschließung wird deutlich: Reflexivität als Kennzeichen von Identität bzw. Selbigkeit verweist nicht – wie bei Locke – auf die Ratio, sondern auf die auch dieser zugrunde liegenden Volitionen und Sensationen. Das zeigt der Verweis Diltheys auf Tätigkeit, auf Vollzug als Grund von Reflexion. Über die Plausibilisierung der transzendentalen Ebene kann Dilthey nun aber durch seinen Rückgang in den Grund dieser Tätigkeitsvollzüge auf eine sowohl der Ratio als auch der Volitionen vor-hergehende Ebene verweisen, die diese initiiert. Damit ist nun eine Linie im Personkon-zept zu verfolgen, die ihre passive Konstitution befürworten könnte, und zwar auch für die Identitätszuschreibung. Diese wäre nicht an den Vernunftkern gebunden. Denn sie meldete sich in dem – in den Volitionen erlebten und Sensationen gefühlten – lebendi-gen Einheitsgrund, der in den Objektivationen repräsentiert ist, vergegenwärtigt und zurückverfolgt werden kann. Durch den Bezug auf die Lebendigkeit des Einheitsgrundes bekommt das Transzendentale dann tatsächlich einen anderen, nämlich aus passiven Bezügen gewordenen Charakter!

Kritisch würdigend ist festzuhalten, dass Dilthey zwar keine Lösung auf der Ebene von Kants transzendentalem Ich anbietet, wohl aber eine Plausibilisierung versucht, diese Ebene als Voraussetzung anzuerkennen, und ihr eine entscheidende Wende in Richtung auf die Betonung ihres vorgegebenen und nicht begrifflich einholbaren Charakters verleiht. Damit wäre die transzendentale Apperzeption in Bezüge der Vernunft eingebunden vorzustellen,[45] die sowohl empirisch-leibliche als auch transzendente Vorgegebenheiten markieren. Damit verweist Dilthey auf einen Urgrund, der im Erleben, im Leben, in der Lebendigkeit zum Ausdruck kommt, der selbst nicht einholbar ist und transzendent bleibt, dabei aber bleibende transzendentale Funktion hat. Im Unterschied zu Kant allerdings, und das bleibt gegenüber Dilthey kritisch zu vermerken, reflektiert er nicht die transzendentalen Bedingungen in ihrer Eigenstruktur, wohl aber weist er auf diese als unverzichtbar hin. Indem er das Empirische über die Objektivationen in seinen Urgrund verfolgt, kann er gleichsam am empirischen Material aufzeigen, dass wir dieses nur angemessen wahrnehmen, wenn wir es auf eine transzendentale Ebene hin beleuchten. Genau das wäre ein wichtiger Anknüpfungspunkt für die Debatten etwa mit den empirischen Wissenschaften, aber auch für eine leiblich-seelische Bestimmung des Verständnisses von Person.

5 Diltheys Personkonzept im Lichte des reformatorischen Personverständnisses

Im doppelten Bezug des relationalen Personverständnisses, nämlich in Bezug auf die Kognition und die diese ermöglichenden Vollzüge, können sowohl das passive Konstituiertsein als auch die die Personalität bestimmenden aktiven Momente festgehalten werden. Diese Momente in ihrer Binarität haben Bedeutung für die Theologie.

Das reformatorische Personverständnis kommt in Luthers Satz „fides facit personam"[46] zum Ausdruck. Das heißt: Personale Identität ist extern konstituiert. Diese externe Konstitution des Personseins, das heißt die passive Linie des Freiheitsgedankens – also das Vorausgesetztsein der Freiheit – kann im Unterschied zu Kants Autonomiegedanken durch Dilthey im Anschluss an Lockes kommunikative Personbestimmung unterstützt werden. Kenntlich werden muss dann allerdings gegen Locke: Personsein ist nicht Leistung, sondern Gabe, das heißt die Voraussetzungen des Personseins müssen als gegeben erkannt werden. Genau dies wird durch eine passive Konstitution der Freiheit festgehalten.[47] Das heißt, Personsein darf sich auch nicht in den Leistungen des Bewusstseins erschöpfen, sondern es gründet vielmehr im Gegebensein dieser.

---

[45] Vgl. *W. Dilthey*, GS XVIII, 3. Über die Verbindung von Identität und Freiheit ließen sich vielleicht auch die Aporien Kants in Bezug auf den ‚Vernunftkern' der Person lösen, denn durch den Freiheitsbezug ist die ‚Achtung' vor dem Sittengesetz im Spiel, die als transpersonale Größe nicht an die Leistungen der Vernunft des Individuums gebunden ist, sondern sich in Anerkennungsverhältnissen Ausdruck verschafft.

[46] WA 39 I, 283,1. In WA 39 I, 282,16–283,1 heißt es: „Lex mandat et extorquet opera, fides autem facit personam, et hanc condit, parat ad opera bona. Sed lex et fides sunt inter se realiter distincter. Fides facit personam, lex erudit et monstrat opera."

[47] Vgl. *T. Kobusch*, Person und Freiheit (s. Anm. 21), 9 f.

Dilthey hat darauf hingewiesen, dass Personen ein Wissen von der Bedeutung des Lebenszusammenhangs im Ganzen haben. Er stößt im Rekurs auf das Erleben eben auf diese vortheoretische und vorpraktische Ebene, die auf die extern inaugurierte Konstitution transzendenter, aber auch empirisch-leiblicher Dimension verweist. Personsein zeigt sich in der Kontextbestimmtheit und deren tätiger Übernahme. Gegenüber einem Verständnis, das Person durch die Leistungen des Bewusstseins allein bestimmt sieht, muss auf das Gegründetsein in einem in der Relationalität vorausgesetzten und diese begründenden Ermöglichungsgrund hingewiesen werden. Person *subsistiert* nicht für sich. Sie *konstituiert* sich aber auch nicht durch Relation. Sie wird vermittelt in den Relationen, und sie wird identisch durch Bezug zur Vermittlung der Relationen als einer Reflexivität, die sich nicht sich selbst verdankt, sondern selbst hervorgerufen wurde. Person ist Vollzugsgeschehen, aber ein Vollzugsgeschehen, das seinerseits sich vorgegebenen Impulsen verdankt. Person ist der Mensch mithin, indem er die Relationen, in denen er sich konstituiert findet, identifiziert. Dies ist zwar seine kognitive Leistung, diese wird aber ermöglicht durch ein Eröffnungsgeschehen, das diese Identifizierung selbst erst möglich macht. Die Person konstituiert sich nur in Beziehung zu diesem, die Relationen identifizierenden Ermöglichungsgeschehen. In diesem Geschehen hat der Begriff ‚Selbigkeit' sein Recht, den Dilthey gegenüber dem der Identität abhebt. Gegenüber dem der abstrakteren Identität leistet dieser Begriff, die passiven Bezüge der Konstitution und damit ihr externes Gegründetsein hervorzuheben. Für die externe Konstitution der Person, wie es in Luthers *fides facit personam* zum Ausdruck kommt, wäre damit eine Öffnung vorbereitet. Hierauf soll abschließend hingewiesen werden. Durch seine Historisierung des Apriori und durch das im Horizont des Affiziertseins sich bewegende Transzendentale hätte Dilthey damit das ‚Leistungsdenken' personaler Identität verabschiedet. Personsein ist damit nicht Leistung, sondern Voraussetzung jeglicher Leistung. In dieser ist die Selbigkeit zu verorten. Die Identität kann so auf den Verweis ihres transzendenten Gegründetseins nicht verzichten. Nicht zuletzt die Leiblichkeit, die Fleischwerdung der Person, gemahnt uns, an diese Zusammenhänge zu erinnern. In dieser Selbigkeit scheint auch die leibliche Dimension des Personseins auf.

6 Leibliches Personsein: Zur möglichen Weiterführung des Diltheyschen Personkonzepts

Wir können festhalten: Diltheys vernunftkritisches Konzept ist als Alternative zu jenen Erkenntnistheorien zu lesen, die ein Nachdenken über metaphysisch relevante Sachverhalte und eine Wirklichkeitserkenntnis verabschieden. Dass er damit gleichwohl einen Gewinn an Rationalität verbuchen kann, lässt sich an dem respektablen Versuch ablesen, die dichotomische Gegenüberstellung von Natur und Geist, Subjekt und Objekt, Innen- und Außenwelt zu überwinden. Indem Dilthey diese Dichotomie bereits als theoretische Abstraktion darlegt, macht er deutlich, dass sich die Außenwelt weder nur auf die Natur bezieht, noch dass die Innenwelt irrelevant für unser Naturerkennen ist und dass darüber hinaus die Beziehung beider begründet werden muss. Auch Dilthey weiß um die Bedeutung der Geltungsebene. Seine entscheidende Wegmarke ist, die Entdeckung der Unterscheidung von Genesis und Geltung des menschlichen Erkennens *als im Leben selbst verwurzelt* zu entdecken. Damit setzt er sich allerdings auch der Gefahr der Vermischung der beiden Ebenen von Genesis und Geltung aus, indem er so die transzendentale Einheit in die Ebene der Genesis hineinzieht. Er intendiert mit diesem Verfahren, eine vortheoretische Einheit des Wirklichkeitsbezuges zu gewinnen. Diese legitimiert jedoch dann nicht eine Gleichsetzung, sondern eine Sonderung der Geisteswissenschaften und der Naturwissenschaften als unterschiedlicher Perspektiven des Bezugs auf Wirklichkeit – eben denen der Genesis und Geltung – und macht diese füreinander notwendig. Mit diesem methodischen Verfahren reagiert Dilthey auf die erkenntnistheoretische Lücke der Letztbegründbarkeit ontologisch-metaphysischer Ansprüche. Er versteht sein Unternehmen insofern als eine Weiterführung des Kritizismus. Dabei wird die Lücke nicht geschlossen, vielmehr möchte er die Lücke als das Offen-zu-Lassende bestimmen und thematisieren. Ob ihm das mittels Rekurs auf das Erleben und die Lebendigkeit allein in den geschichtlichen Objektivationen gelingt, ist dann eine andere Frage.

Eine Konsequenz seiner *Kritik der historischen Vernunft* ist jedenfalls eine Aufwertung und eine Erweiterung des Erfahrungsbegriffs in Richtung auf seine Vergeschichtlichung als kritische Instanz gegen Dogmatisierungen auf der einen Seite, und eine Erweiterung gegenüber einer Reduktion von Erkenntnis auf bloß sinnliche Erfahrung auf der anderen Seite. Im Rekurs auf leibliches Erleben gewönne dieser Erfahrungsbezug jedoch an argumentativer Kraft und Plausibilität. In der leiblichen Verschränkung von Denken und Fühlen erwiesen sich sofort sowohl naturalistische als auch idealistische Wissenskonzepte als reduktionistisch. Weder die Ebene des Objektverstehens, noch eine Setzung der Einheit des Bewusstseins, kann die geschichtlich bestimmten Forderungen einer angemessenen Wissens- und Erkenntnistheorie erfüllen. Der erweiterte Erfahrungsbezug, der sich auf den Begriff des geschichtlichen Erlebens stützt,[48] führt vielmehr zu einem erweiterten Wissenschaftsverständnis, das den Praxisbezug des Wissens betont, der den Vollzugscharakter des Wissens impliziert. Dabei bleibt sich Dilthey dessen bewusst, dass eine angemessene Wissenstheorie zwar nicht ohne Rekurs auf Einheit auskommt, diese ist aber nach Dilthey als vergeschichtlichte zu denken. Die Pointe Diltheys liegt darin, dass diese Vergeschichtlichung sich in Objektivationen ausdrückt, und es sind diese Objektivationen, die in den Geisteswissenschaften das Pendant zu den empirischen Fakten bilden, ohne jedoch auf Geltungsbestimmungen des Allgemeinen zu verzichten, zu denen jetzt auch Objektivationen dazugehören. Denn in den Objektivationen, die aber gerade durch eine vergeschichtlichte Intentionalität des Vernunftlebens entstehen, sind auch die naturwissenschaftlich erhobenen Fakten in diesen Geschichtsprozess des Wissens eingebunden. Diese stehen von daher in gemeinsamem Bezug zu den Geisteswissenschaften und zu deren hermeneutischer Methode. Beide – sowohl die Geisteswissenschaften wie

---

[48] Vgl. *K. Cramer*, „Erlebnis". Thesen zu Hegels Theorie des Selbstbewußtseins mit Rücksicht auf die Aporien eines Grundbegriffs nachhegelscher Philosophie, in: H.-G. Gadamer (Hg.), Stuttgarter Hegel-Tage 1970. Vorträge und Kolloquien des Internationalen Hegel-Jubiläumskongresses (Hegel-Studien. Beih. 11), Bonn 1974, 537–603.

die Naturwissenschaften – beziehen sich damit auf allgemeine Gegenstände. So sind es gerade die Objektivationen, die eine gemeinsame Grundlage bilden.

Auf dem Boden der Gemeinsamkeit vergeschichtlichter Objektivationen beziehen sich die Naturwissenschaften auf die Gesetzesbeziehung der gegenständlichen Welt und die Geisteswissenschaften auf das Erleben dieser Gesetzmäßigkeiten und der möglichen Beeinflussung durch diese. Beide Welten gibt es also nicht als solche, sondern sie werden durch die Verhaltensweise des erkennenden Subjekts, das in den Widerständen des geschichtlichen Erlebens sich aufbaut, konzipiert. Aber gerade hier scheint ein Zwischenglied zu fehlen, das sich in den leiblichen Bezügen des Erlebnisses ausdrückt. Der Leib als der Ort, in dem Natur und Geist, Vernunft und Freiheit, Zeitlichkeit und Ewigkeit eine Verbindung eingehen, könnte dieses Muster der Abbildung von Objektivationen zur Sicherung von Erkenntnis durchbrechen helfen und in Rekurs auf eine vergegenständlichte Einheit, die alle Vergegenständlichung begleitet, deren Rückbildung an einen geistigen Grund ermöglichen. Denn die in den Widerständen des Erlebens sich aufbauenden Objektivationen weisen bei Dilthey schließlich selbst auf das Eingebundensein all unserer Operationen in einen Zusammenhang hin, der sich vollkommen rationaler Einholung zwar entzieht, aber ein Bezogensein auf Einheit voraussetzt. Gerade dies ist in der Leibbeziehung repräsentiert. Denn diese Einheit stellt sich letztlich immer nur in Kommunikation mit den Widerständen der Empirie ein. Als solches in leiblicher Bezogenheit gegründetes Kommunikationsgeschehen verweist Erkenntnis auf das Offenbleiben eines Einheitsvollzugs, der nicht fixiert, sondern nur im Prozess hergestellt werden kann. Leiblichkeit verweist qua Erleben und Erkennen selbst auf eine Prozessualität, die ihre unvorgreifliche Einheit zur Voraussetzung hat.

Mit seinen erkenntnistheoretischen Weichenstellungen leistete Dilthey einen Beitrag zu einem modernen Personverständnis, das gerade in seiner Einbindung in naturalistische Zusammenhänge in der Lage ist, sowohl metaphysische Bedürfnisse als auch naturwissenschaftliche Ergebnisse, etwa in evolutions- und neurobiologischer Hinsicht, aufzunehmen und gleichzeitig diese aus ihren Reduktionismen zu befreien. Indem sein Konzept alle Dinghaftigkeit auf Abstraktionen des Bewusstseins zurückzuführen vermag, die selbst rückgebunden werden müssen an die Lebendigkeit des Lebensstroms, der sich im Leib manifestiert, wird solche Erfassung in Zweck und Sinn setzender Absicht Zeichen unserer Freiheit. Dieser werden wir uns im Innewerden des Erlebens gegenwärtig, das uns zugleich das Bewusstsein unserer Identität vergegenwärtigt. Freiheit und Personalität entspringen mithin gleichursprünglich der Bestimmtheit unseres leiblichen Erlebens.

Das neue Paradigma Diltheys zeigt sich somit offen für eine *Vergeschichtlichung* des Transzendentalen, die sich im leiblichen Erleben manifestiert. Es ist damit nicht nur anschlussfähig an eine Leibphänomenologie, sondern könnte durch diese ihre Bestätigung und Bekräftigung erhalten. Durch Beibehaltung der nicht objektivierbaren Leistungen des Bewusstseins, jedoch unter Einschluss der unhintergehbaren Objektivierungen durch die Erkenntnistätigkeiten auf beiden Seiten, der Geisteswissenschaften ebenso wie der Naturwissenschaften, ermöglicht dieses eine Gemeinsamkeit festzuhalten im Blick auf erkenntnistheoretische Voraussetzungen unter Berücksichtigung der unterschiedlichen Fragestellungen beider Wissensgebiete. Diese Leistung würde an Konkretion und Präzision gewinnen in einer leibphänomenologischen Fortsetzung seines Ansatzes, wofür Dilthey sowohl mit der Figur des Erlebens als auch der Geschichtlichkeit der Vernunft reichlich Anlass bietet. Ein Bezug auf die leibliche Dimension des Erlebens, wie sie dann in der Leibphänomenologie eines Merleau-Ponty[49] oder gegenwärtig in der Einbeziehung des Leibes zur Bestimmung der geschichtlichen Personalität bei T. Fuchs[50] zum Tragen kommt, könnte hier eine Fortführung bieten. Dies betrifft dann sowohl die Überwindung der Kluft der verschiedenen Wissensbereiche unter Beibehaltung ihrer Eigenständigkeit, als auch die gleichursprüngliche Bezogenheit von Körper und Geist für die Bestimmung der Person.[51]

---

[49] Vgl. *M. Merleau-Ponty*, Phänomenologie der Wahrnehmung (s. Anm. 3).

[50] Vgl. *T. Fuchs*, Leib – Raum – Person. Entwurf einer phänomenologischen Anthropologie, Stuttgart 2000.

[51] Vgl hierzu *E. Gräb-Schmidt*, Leiblichkeit ist das Ende der Werke Gottes, in: B. Janowski/C. Schwöbel (Hg.), Dimensionen der Leiblichkeit. Beiträge aus Theologie und Psychosomatischer Medizin (Theologie interdisziplinär 16), Neukirchen-Vluyn 2015, 98–117.

Christoph Seibert

THEORIE UND PRAXIS

Eine fundamentalethische Skizze

1 Vorbemerkungen

Theorie für die Praxis – so heißt der Titel eines Aufsatzbandes mit Texten aus der Kieler Zeit des Jubilars.[1] Es handelt sich dabei um frühe Arbeiten zu verschiedenen Themen der wissenschaftlichen und kirchlichen Selbstreflexion evangelischer Theologie. Diese bibliographische Angabe ist an den Anfang gestellt, weil sich an sie eine Pointe knüpft, die für meinen Beitrag zum Thema nicht unwichtig ist. Ich erinnere mich noch sehr gut daran, dass E. Herms in Seminaren und Forschungskolloquien immer wieder auf eine für seine Arbeit zentrale methodische Maxime hingewiesen hat: Um einen Autor oder eine Autorin zu verstehen, solle man nicht bei den späten Schriften einsetzen, sondern bei den frühen. In der Regel fänden sich dort die bleibenden Grundeinsichten, die in späteren Texten variiert, ausdifferenziert und modifiziert würden. Dass Herms diese Maxime selbst beherzigt, kommt nicht nur in seinen Arbeiten zu Schleiermacher und James deutlich zum Ausdruck, es zeigt sich auch darin, dass er Systematische Theologie bis in die jüngsten Texte hinein unter dem frühen programmatischen Motto *Theorie für die Praxis* versteht: Als *Theorie* solle sie nicht um ihrer selbst willen betrieben werden, sondern einen Beitrag für die *Praxis* des christlichen Lebens erbringen. Und dieser bestehe vorrangig darin, dass sie im Zuge einer Klärung des kategorialen Begriffs der „*Praxissituation endlicher Freiheit*"[2] das christliche Leben, das seinerseits als eine besondere Gestalt endlicher Freiheit verstanden werde, orientiere. Es gehe ihr somit um die Produktion von Orientierungsgewissheiten. Dieser frühen Einsicht ist der Jubilar mit einem unerschütterlichen Engagement bis heute treu geblieben.

An sie möchte ich affirmativ anknüpfen, um ausgewählte Aspekte des Theorie-Praxis-Problems[3] zu entfalten. Zu diesem Zweck muss zunächst der Gesichtspunkt gewonnen werden, der die Auswahl und das Vorgehen leitet. Das soll in einer orientierenden Problemskizze erfolgen (Abschnitt 2). Im Anschluss daran geht es um die konstruktive Entfaltung des Themas (Abschnitt 3), um schließlich nach seiner theologischen Dimension zu fragen (Abschnitt 4).

---

[1] Vgl. *E. Herms*, Theorie für die Praxis. Beiträge zur Theologie, München 1982.

[2] *Ders.*, Einleitung, in: aaO., 7–30, 15.

[3] Vgl. *N. Lobkowicz*, Theory and Practice. History of a Concept from Aristotle to Marx (International Studies of the Committee on International Relations, University of Notre Dame), Notre Dame u.a. 1967.

2 Problemskizze

Überblickt man das semantische Feld, in dem das Begriffspaar *Theorie* und *Praxis* üblicherweise vorkommt, so steht es in Beziehung zu näher oder entfernt verwandten Begriffspaaren, die es in unterschiedlichen Hinsichten näher explizieren oder sogar an dessen Stelle treten können. Darunter fallen etwa ‚Erkennen und Handeln‘, ‚Semantik und Pragmatik‘, ‚Darstellen und Gestalten‘, ‚Wissenschaft und Lebenswelt‘ oder ‚Theologie und Religion‘. Diese Reihung lässt sich noch weiterführen. Doch das ist hier nicht von Belang. Wichtig ist nur zu sehen, dass der erste Begriff die Stelle von *Theorie* besetzt und deren Bedeutung perspektivisch spezifiziert, während der zweite die Stelle von *Praxis* mit entsprechenden Näherbestimmungen einnimmt. Dabei zeigen die verschiedenen terminologischen Optionen einer solchen Bestimmung bereits die Schwierigkeit an, das Begriffspaar *Theorie* und *Praxis* gleichermaßen umfassend klar und eindeutig zu definieren. Diese Schwierigkeit liegt vor allem daran, dass jeder derartige Versuch seinerseits inhaltliche Voraussetzungen mit ins Spiel bringt, von denen nicht *per se* behauptet werden kann, dass sie allseits akzeptiert werden. Eine voraussetzungslose Bestimmung der Begriffe *Theorie* und *Praxis* ist folglich ebenso wenig möglich wie eine voraussetzungslose Wissenschaft. Sie erfolgt vor dem Hintergrund von Axiomen, die zwar in einem bestimmten Anwendungsbereich gelten, deshalb aber nicht schon in anderen Bereichen gelten müssen. Diesen Gedanken weiter gedacht, liegt es nahe, ihre nähere Bestimmung letztlich als Teil derjenigen umfassenden Bemühungen zu verstehen, vermittels derer der menschliche Realitätsbezug selbst zur Klärung gebracht werden soll. Sie ist somit Bestandteil eines sehr viel umfassenderen Projektes, kann also nicht vorweg und schon gar nicht definitorisch erfolgen.

Es lassen sich aber immerhin Anhaltspunkte ausmachen, bei denen eine solche Bestimmung ansetzen kann. Einen der prominentesten Anhaltspunkte bildet immer noch das aristotelische Modell,[4] und zwar sowohl in einem historischen als auch systematischen Sinn. Historisch gesehen beginnt mit Aristoteles bekanntlich die wissenschaftliche Arbeit am markierten Problem; systematisch betrachtet bleibt der dabei erreichte Klärungsstand nicht auf eine historische Situation beschränkt, sondern begründet ein Muster, dessen Variationen bis in die Gegenwart hinein wirksam sind. Vor allem auf diesen letzten Punkt kommt es mir an. Grundlegend dafür ist die wissenschaftssystematische Unterscheidung zwischen den Einstellungen der theoretischen und praktischen Wissenschaften. Beide liefern einerseits das, worauf es der Theorie ankommen soll, nämlich Erkenntnis; andererseits tun sie das in Bezug auf verschiedene Gegenstandsbereiche und in verschiedener Form. Die theoretischen Wissenschaften richten sich auf das, was unwandelbar und notwendig ist und daher eine exakte und apodiktische Erkenntnis erlaubt. Sie liefern ein Wissen des Allgemeinen. Die praktischen Wissenschaften mit ihrem Bezug auf menschliche Handlungskontexte richten sich hingegen auf das, was sich im Zeitfluss ändert und nicht notwendig, sondern kontingent ist. Dabei fragen sie nicht nur nach der

---

[4] Vgl. *G. Bien*, Art. Praxis, praktisch I. Antike, in: HWPh 7 (1989) 1277–1287, v.a. 1278–1286.

Praxis als solcher, sondern sind darüber hinaus an dem interessiert, was eine gute Praxis ausmacht. Sie fragen also nach dem guten und das heißt nach dem tugendhaften Handeln. Auch hier ist Erkenntnis möglich, allerdings keine, die nach Maßgabe des Exaktheits- und Apodiktizitätsstandards theoretischer Erkenntnis verstanden werden darf. Sie bildet daher auch kein allgemeines theoretisches Wissen, sondern vollzieht sich im Medium der praktischen Klugheit (φρόνησις), die allgemeine Regelstrukturen und die Besonderheit der Handlungskontexte miteinander zu vermitteln sucht.

Von entscheidender Bedeutung ist nun, dass in dem so abgesteckten Bereich der praktischen Wissenschaften die Differenz zwischen Theorie und Praxis wiederkehrt, dieses Mal allerdings als Ausdrucksform des tugendhaften Handelns selbst. Am Begriff des guten Handelns wird nämlich erneut zwischen denjenigen Tätigkeitsformen unterschieden, die um ihrer selbst willen erfolgen, und denjenigen, die um eines anderen willen erfolgen. Während sich die zweiten im Modus konkreter Handlungen auf Menschen und soziale Güter richten, um deren Wohl und Verteilung sie bemüht sind, zielen die ersten im Modus des Denkens auf etwas, das dem Denken selbst nicht äußerlich ist, sondern dessen inhärenten Selbstzweck bildet. Er erfüllt sich in der Erkenntnis des Unwandelbaren und Göttlichen. Diese Unterscheidung ist nicht nur deskriptiv zu verstehen; sie transportiert zugleich eine Wertdifferenz. Denn im Verhältnis zur im politischen Bereich engagierten Lebensform des βίος πολιτικός ist das Leben im Modus des betrachtenden Denkens (βίος θεωρητικός) für vollkommener zu erachten. Das liegt daran, dass Vollkommenheit mit Selbstzweckhaftigkeit und Selbstgenügsamkeit gleichgesetzt wird. Und da die Erkenntnis des Unwandelbaren, des Göttlichen, ihren Zweck in sich selbst trägt, sich also selbst genügt, ist sie als vollkommener einzustufen als Existenzvollzüge, die von anderen Menschen und sozialen Gütern abhängig sind. Zwar sieht Aristoteles, dass die reine θεωρία angesichts der endlichen Lebensbedingungen als kontrafaktische Idealbestimmung gilt, das ändert aber nichts daran, dass sie als Ideal erstrebt werden soll. Denn nur so erfüllt sich, was das menschliche Leben im Tiefsten auszeichnet.[5] Die Pointe ist deutlich: Die Theorie zeigt sich am Ende als die höherwertige Gestalt der Praxis.

Ein für diese Einteilung maßgebliches Organisationsprinzip bildet die klare Unterscheidung zwischen denjenigen Tugenden, die die höherstufige Praxis des betrachtenden Denkens begründen, den Verstandestugenden, und denjenigen, die das gute Handeln zwischen Menschen begründen, den ethischen Tugenden.[6] Die Plausibilität dieser Unterscheidung hängt von einer weiteren ab. Sie betrifft das Verständnis der für die Tugendbildung konstitutiven Faktoren. Das sind zum einen die Operationen der Vernunft, zum anderen die Dynamiken des Affekt- und Gefühlslebens.[7] An dieser Differenzierung ist zunächst nichts Erstaunliches. Sie hält fest, worum es ganz generell bei der Tugendbildung geht, nämlich um die Organisation beider Seiten füreinander. Sie büßt jedoch dort

---

[5] Vgl. *Aristoteles*, Nikomachische Ethik, nach der Übers. v. E. Rolfes bearb. v. G. Bien (*Aristoteles*, Philosophische Schriften 3), Hamburg 1995, Buch X, 7 (1177a–1178a).

[6] Vgl. aaO., Buch I, 13 (1102a–1103a).

[7] Zur Problematisierung vgl. *L. T. Zagzebski*, Virtues of the Mind: An Inquiry into the Nature of Virtue and the Ethical Foundations of Knowledge, Cambridge 1996, 137–158.

an Plausibilität ein, wo es darum geht, die Verhältnisse zwischen beiden Faktoren genauer zu bestimmen. So wird an den Vernunftoperationen, die für die Formierung der guten Praxis unabdingbar sind, zwischen solchen unterschieden, die in einem direkten Bezug zu den Affekten und Gefühlen stehen, und solchen, die dieses Bezugs strukturell entbehren: Während die zuerst Genannten auf die Formung des Gefühlslebens mit dem Ziel ausgerichtet sind, den Existenzvollzug so zu prägen, dass das Gute nicht widerwillig, sondern gerne getan wird,[8] beziehen sich die Letzteren auf das Denken an und für sich.[9] Im Ganzen gesehen sind hier also nicht nur Vernunftoperationen und Gefühle voneinander unterschieden; darüber hinaus differenziert sich das Tun der Vernunft in solche Operationen, die sich aktiv formend auf das Gefühlsleben beziehen, und solchen, die ohne diesen Bezug an und für sich selbst verlaufen. Diese Einteilung setzt freilich voraus, dass zwischen Denken und Fühlen tatsächlich immer so trennscharf unterschieden werden kann, wie es hier offenbar der Fall ist. Das kann jedoch zumindest mit Blick auf solche Phänomene in Zweifel gezogen werden, bei denen es sich um Mischformen handelt, so etwa bei Neugier, Ehrfurcht oder beim Staunen.[10]

Ich erwähne das alles aus drei Gründen. Erstens lässt sich hier schon ansatzweise sehen, was in der Ausgangsthese behauptet wurde: Dass die Arbeit am Theorie-Praxis-Verhältnis nicht isoliert betrachtet werden kann; sie ist vielmehr Teil des umfassenderen Bemühens um eine Klärung des menschlichen Realitätsbezugs. Das zeigt sich nicht nur hier, sondern auch in den verschiedenen Variationen, die dieses Modell wirkungsgeschichtlich durchläuft, beispielsweise bei Thomas und Hegel, und trotz aller Kritik auch bei Marx oder Arendt. Zweitens kommt darin eine Tendenz zum Vorschein, die einerseits zwar zu den notwendigen Bedingungen der abendländischen Wissenschaftskultur zählt, andererseits aber auch schnell in einer übertriebenen Weise ausgelegt werden kann. Ich meine die Suche nach klaren und eindeutigen Distinktionen. Sie bildet die unverzichtbare Determinante eines wissenschaftlichen Ethos, dem es u.a. daran liegt, gattungs- und artspezifische Differenzen zu bestimmen. Dazu sehe ich keine Alternative. Ohne Aristoteles als Gewährsmann dafür anführen zu wollen, kann sie jedoch auch schnell in das Bestreben umschlagen, Distinktionen abstrakt zu verstehen und sie in strukturelle oder operationale Trennungen zu verwandeln. Wirkungsgeschichtlich ist nicht nur unsere Thematik ein sehr gutes Beispiel, um sich zu vergegenwärtigen, wie aus einer sinnvollen Unterscheidung eine Bereichstrennung werden kann. Drittens kommt sowohl in der aristotelischen Einordnung der Theologie unter die drei theoretischen Wissenschaften[11] als auch in der Auszeichnung der Theorie als höchster Form der Praxis eine Grundentscheidung zum Ausdruck, die in ihrer Rezeption das Selbstverständnis der christlichen Theologie zutiefst prägt. Die Theorie-Praxis-Problematik wird auf diesem Weg zu einem zentralen Bezugspunkt innertheologischer Selbstverständigung. Das zeigt sich nicht nur

---

[8] Vgl. *Aristoteles*, Nikomachische Ethik (s. Anm. 5), Buch X, 1 (1172a).

[9] Vgl. aaO., Buch I, 13 (1103a).

[10] Vgl. *L. T. Zagzebski*, Virtues of the Mind (s. Anm. 7), 148 f.

[11] Vgl. *Aristoteles*, Metaphysik, nach der Übers. v. H. Bonitz bearb. v. H. Seidl (*Aristoteles*, Philosophische Schriften 5), Hamburg 1995, Buch XI, 7 (1064b).

in dem formbildenden mittelalterlichen Konflikt, ob Theologie primär eine *scientia speculativa*[12] oder eine *scientia practica*[13] sei, es zeigt sich auch in Variationen dieser Debatte, die mit Blick auf die Frage der Begründung der Theologie als spekulative Wissenschaft bei Hegel oder als positive Wissenschaft bei Schleiermacher bis in die Gegenwart hinein wirksam sind.[14] Soviel sei zu einer ersten Problemorientierung im Anschluss an das aristotelische Modell gesagt.

Im Folgenden werde ich sie unter einem *fundamentalethischen Gesichtspunkt* aufnehmen und konstruktiv weiter entwickeln. Dieser Ansatz hat freilich Konsequenzen für die thematische Entfaltung. Er führt dazu, dass der pragmatischen Dimension des menschlichen Realitätsbezugs ein gewisser Vorrang eingeräumt wird. In seinem Licht meldet sich die Vermittlungsproblematik von Theorie und Praxis dann als ein Sekundärproblem, das zweifelsohne wichtig und bisweilen auch schwierig zu lösen ist, allerdings im Rahmen eines einheitlichen Bezugshorizontes auftritt. Um diese These zu entwickeln, gehe ich zunächst von der klaren Differenz zwischen beiden aus, um das voneinander Unterschiedene immer mehr ineinander zu überführen. Im Zuge dessen erweisen sich beide schließlich als zwei Ausdrucksformen eines weitaus umfassenderen ethischen Projektes. Indem ich so verfahre, ziele ich letztlich darauf ab, Theologie im reformatorischen Sinn als *scientia practica* zu begreifen, die Teilaspekte einer *scientia speculativa* integrieren kann, ihnen gegenüber aber relativ eigenständig ist.

3 Entfaltung

3.1 Unterscheidung

Im Hintergrund der vorab skizzierten wissenschaftsstrategischen Unterscheidung des aristotelischen Modells steht eine systematisch zentrale Fragestellung. Sie lässt sich wie folgt formulieren: Wie ist es überhaupt möglich, dass Praxis als Gegenstand der Theorie fungieren kann? Beide Termini scheinen ja gerade dadurch ausgezeichnet zu sein, dass sie jeweils das ausschließen, für was der andere steht. Demzufolge ist *Praxis* gerade dadurch sie selbst, dass sie eben nicht Theorie ist; umgekehrt ist *Theorie* als Theorie durch ihr Nicht-Praxis-Sein bestimmt. Auf den ersten Blick scheinen beide Begriffe also nur in einem wechselseitigen Ausschließungsverhältnis bestimmbar zu sein. Was dabei als das jeweils Ausgeschlossene fungiert, lässt sich in einer ersten Annäherung wie folgt bestimmen:[15] Als Theorie bezeichnen wir in der Regel ein widerspruchsfreies System von

---

[12] Vgl. *Thomas von Aquin*, S.th., I q. 1, 4.

[13] Vgl. *Johannes Duns Scotus*, Lectura prologus (*J. D. Scotus*, Opera Omnia XVI), Civitas Vaticana 1960, 45–62 (pars 4 q. 1–2 n. 122–186).

[14] So etwa in den unterschiedlichen Verhältnisbestimmungen von Pannenberg und Fischer. Vgl. *W. Pannenberg*, Wissenschaftstheorie und Theologie, Frankfurt a. M. 1973, 299–348; *J. Fischer*, Gott im Spannungsfeld zwischen Glaube und Wissen, in: I. U. Dalferth u.a. (Hg.), Denkwürdiges Geheimnis. Beiträge zur Gotteslehre. FS für E. Jüngel zum 70. Geburtstag, Tübingen 2004, 93–112.

[15] Vgl. *A. G. Wildfeuer*, Art. Praxis, in: Neues Handbuch philosophischer Grundbegriffe 2 (2011) 1774–1804, 1785 f.

Aussagen über einen Gegenstandsbereich, die einen gewissen Allgemeinheitsgrad beanspruchen. Theorie hat es also nicht mit einzelnen Sachverhalten *als solchen* zu tun. Sie abstrahiert vielmehr davon, indem sie auf die internen Beziehungen zwischen den Elementen des Sachverhaltes, um den es geht, achtet, oder indem sie die Beziehungen zwischen verschiedenen Sachverhalten zu erfassen sucht. Naturwissenschaftlich schlägt sich das etwa in der Formulierung von Gesetzesaussagen nieder, philosophisch und theologisch in der Klärung von grundlegenden Kategorien und Prinzipien. Beiden Strategien ist gemeinsam, dass sie sich als Theorieprojekte im Medium eines Allgemeinen bewegen. Sie zielen auf die Erkenntnis von übergreifenden Ordnungsmustern unterschiedlicher Art und können den Einzelfall als solchen nicht berücksichtigen. Versteht man Praxis im Anschluss an Aristoteles als menschliche Handlungspraxis, hat sie es hingegen nicht vorrangig mit dem Allgemeinen zu tun, sondern vollzieht sich vermittels einzelner Handlungen, die in je spezifischen Kontexten stehen. Handlungen lassen sich deshalb auch als situativ-individuelle Sachverhalte charakterisieren. Ihnen geht es um die konkrete Entwicklung und Gestaltung von Situationen im Modus der Wahl zwischen verschiedenen Möglichkeiten. Das vorrangige Medium der Praxis ist in dieser Perspektive somit nicht das Allgemeine, sondern das Besondere; sie zielt dabei auf spürbare Unterschiede in der Genese von partikularen Situationen. Aus diesem Grund kann es die Ethik als Theorieunternehmen auch nicht mit einzelnen Handlungen zu tun haben, sondern lediglich mit Begriffen von Handlungsarten. Wenn es sich in Umrissen so verhält, kann die Frage, wie das eine Gegenstand des anderen sein kann, also durchaus Sinn machen.

3.2 Vermittlung

Ohne jener Frage ihren Ernst oder der im Hintergrund stehenden Unterscheidung ihre Wahrheitsmomente zu nehmen, erweist sich die *formale* Einteilung in *Theorie-Allgemeinheit-Erkenntnis* und *Praxis-Besonderheit-Handlung* auf den zweiten Blick jedoch als außerordentlich abstrakt. Diese Abstraktheit betrifft nicht nur einen der beiden Pole, sondern beide gleichermaßen. Das liegt daran, dass diejenigen Faktoren, deren formaler Ausschluss dazu beitragen sollte, das zu bestimmen, wofür *Theorie* und *Praxis* jeweils stehen, unter *inhaltlichen* Gesichtspunkten als konstitutive Momente des Differenzbegriffs wiederkehren. Theorie, so die Pointe, lässt sich dann nur im Horizont dessen verstehen, was Praxis auszeichnet, und Praxis gewinnt ihre Bedeutung im Lichte dessen, wofür Theorie steht. Im Folgenden rede ich deshalb vom *praktischen Element der Theorie* und *theoretischen Element der Praxis*. Damit sollen sowohl der Eigensinn beider als auch deren wechselseitiges Implikationsverhältnis festgehalten werden. Der Eigensinn bleibt erhalten, da das Theoretische weder identisch ist mit Theorie noch das Praktische gleichbedeutend mit Praxis im oben skizzierten Sinn. Der zweite Begriff steht vielmehr für eine besondere und bereits geordnete Auswahl aus dem Möglichkeitsspektrum, das durch den ersten Begriff angezeigt ist. Wie sich davon ausgehend dann das angezeigte Implikationsverhältnis gestaltet, ist im Folgenden von besonderem Interesse.

(1) Von der Seite des Praxispols ausgehend dürfte es nicht besonders schwerfallen, das Ausgeschlossene als konstitutives Strukturmoment des eigenen Bedeutungsspektrums zu begreifen. Das kann bereits eine Besinnung auf die alltägliche Verwendung des Wortes zeigen. Wir reden etwa von ‚Lebenspraxis‘, ‚Fahrpraxis‘, ‚Berufspraxis‘ oder verwenden adjektivische Formen wie ‚politische Praxis‘, ‚medizinische Praxis‘ oder ‚pastorale Praxis‘. Die Reihung ließe sich beliebig fortführen. Doch das ist nicht nötig. Es kommt allein darauf an zu sehen, dass in diesen Verwendungsweisen überall ein Ordnungs- bzw. Regelmotiv mitschwingt. Darunter soll die Annahme eines regelhaften Zusammenhangs zwischen mehreren Elementen verstanden werden, mithin etwas, das im Medium übergreifender – verallgemeinerter – Bestimmungen verläuft. Ein derartiges Motiv geht über den situativ-individuellen Charakter von Handlungsvollzügen hinaus, und zwar sowohl in sozialer als auch individueller Perspektive: Im Falle der Berufspraxis ist das geradezu offensichtlich. Sie liegt nämlich nur dann vor, wenn ein Zusammenhang von Handlungen identifiziert werden kann, der im sozialen Kontext des jeweiligen Berufsbildes Sinn macht. Das ist aber nur möglich, wenn die verschiedenen Handlungen und Handlungsarten, die ein Berufsfeld auszeichnen, nicht auseinanderdriften, sondern unter Einschluss von einheitlichen Bezugsmustern miteinander zu einem Ganzen verbunden werden. Nur unter dieser Voraussetzung lassen sich einzelne Tätigkeiten, die sich in ihrem jeweiligen Profil bisweilen stark unterscheiden,[16] zusammengenommen etwa als eine medizinische oder pastorale Praxis identifizieren. Für sich genommen können einzelne Handlungen dafür jedenfalls nicht in Anspruch genommen werden. Ähnliches gilt auf der Ebene individueller Lebensführung. Auch hier verhält es sich so, dass eine Vielzahl von unterschiedlichen und möglicherweise sogar inkommensurablen Faktoren zu einem Ganzen vermittelt wird, das seinerseits dann als Lebenspraxis eines Menschen angesprochen werden kann. Würden solche einheitsstiftenden Mechanismen fehlen, wäre es nicht möglich, einen mehr oder weniger kohärenten Lebensentwurf auszubilden; zu vielfältig sind die Motive und Interessenslagen sowie die ihnen korrespondierenden Güter und Rollenbilder, die in der individuellen Biographie wirksam sind.[17] Damit ist exemplarisch deutlich, dass nicht „jede Hantierung" Praxis genannt zu werden verdient, „sondern nur diejenige Befolgung eines Zwecks […], welche als Befolgung gewisser im allgemeinen vorgestellten Prinzipien des Verfahrens gedacht wird"[18]. Eine Praxis schließt theoretische Elemente insofern mit ein, als sie zur Etablierung von allgemeinen Ordnungsmustern tendiert, mithin auf die Ausbildung von Regelmäßigkeit und relativer Erwartungssicher-

---

[16] Zum Gesamtfeld der medizinischen Praxis gehören neben den direkt auf den Patienten bezogenen therapeutischen Tätigkeiten auch Tätigkeiten, die als solche ebenso anderen Praxisbereichen zugeordnet werden können, etwa administrative oder ökonomische Handlungen. Entsprechendes gilt auch für das Feld der pastoralen Praxis, das sich längst nicht mehr nur in der Wahrnehmung von seelsorglichen oder liturgischen Aufgaben erschöpft.

[17] Vgl. *J. Royce*, Loyalty and Insight, in: *Ders.*, William James and other Essays on the Philosophy of Life, New York 1911, 49–94, 56 f.

[18] *I. Kant*, Über den Gemeinspruch: Das mag in der Theorie richtig sein, taugt aber nicht für die Praxis, in: *Ders.*, Schriften zur Anthropologie, Geschichtsphilosophie, Politik und Pädagogik 1, hg. v. W. Weischedel (*I. Kant*, Werkausgabe XI/stw 192), Frankfurt a. M. 1982⁴, 125–172, 127 (A 201).

heit ausgerichtet ist. Ohne diese Eigenschaft könnten wir nicht von Praxis reden, sondern könnten allenfalls singuläre, miteinander unverbundene Handlungen erfassen, was einem sozialtheoretischen Atomismus gleich käme. Dass ich diesen für keine weiterführende Position erachte, bedarf in diesem Zusammenhang keiner eigenen Erklärung.[19]

(2) Von der Seite des Theoriepols aus lässt sich ein vergleichbarer Befund aufzeigen. Denn hier begegnet das Ausgeschlossene ebenfalls als ein konstitutiver Faktor der eigenen Begriffsbestimmung. Das wird deutlich, wenn eine wesentliche Aufgabe der wissenschaftlichen Theoriebildung in den Blick gerät: die Produktion von verlässlichem Wissen. Um dafür ein Kriterium zu gewinnen, wurde seit dem rasanten Aufstieg der empirischen Wissenschaften im neunzehnten Jahrhundert bisweilen ein Verständnis von Objektivität in Anspruch genommen, das sich durch die Ausgrenzung eines vermeintlich Subjektiven zu definieren suchte und in manchen wissenschaftlichen Milieus bis heute immer noch sucht. Dem liegt die Überzeugung zugrunde, dass Aussagen über das, was der Fall ist, umso valider seien, je mehr sie von den individuellen Merkmalen derjenigen Akteure absehen würden, die sie entwickeln und verwenden. Von hier aus ist es daher auch nur ein kleiner Schritt, die Vorstellung einer „aperspektivischen Objektivität" als anzustrebendes Ideal aller ernstgemeinten Theoriebildung anzusehen.[20] Das ist freilich eine sehr verkürzte Skizze, ihre Pointe kann aber auf die interne Problematik dieses geschichtlich durchaus einflussreichen Rationalitätstyps aufmerksam machen. Wenn es nämlich stimmt, dass eine wichtige Aufgabe der Theorieentwicklung in der Produktion von verlässlichem Wissen besteht, zeigt bereits das Adjektiv ‚verlässlich' die Abstraktheit der inszenierten Entgegensetzung an. Denn es verweist auf die pragmatischen Dimensionen der Theorieproduktion und Theorieverwendung, d.h. auf die jeweils agierenden Akteure und die Kontexte, in denen beide stehen.[21] Dies im Blick lässt sich ganz allgemein sagen, dass etwas – sei es ein Sachverhalt oder eine Person – als verlässlich gelten kann, wenn es im Hinblick auf ein bestimmtes Bezugsfeld und im Verhältnis zu einem spezifischen Subjekt als verlässlich verstanden wird. Es handelt sich hier also um eine mindestens vierstellige Relation, in welcher der Sachverhalt, der Kontext, das darauf bezogene Subjekt sowie dessen Interpretationsleistung von Bedeutung sind. Von einem annähernd verlässlichen Wissen bzw. von verlässlichen Hypothesen zu reden, macht dementsprechend nur Sinn, wenn sich dessen bzw. deren Verlässlichkeit im Verhältnis zu einem Akteur mit seinen jeweiligen Passionen, Interessen und Präferenzen mit Hinblick auf einen spezifischen Bezugskontext definieren lässt. Dabei zeigt sich in umgekehrter Perspektive, dass das Verhalten des jeweiligen Akteurs selbst schon von einem eigentümlichen Zutrauen in die Tragfähigkeit dessen charakterisiert ist, was er zu wissen

---

[19] Vgl. hierzu *C. Taylor*, Atomism, in: *Ders.*, Philosophy and the Human Sciences (Philosophical Papers 2), Cambridge 1985, 187–210.

[20] *L. Daston*, Objektivität und die Flucht aus der Perspektive, in: *Dies.*, Wunder, Beweise und Tatsachen. Zur Geschichte der Rationalität, aus dem Englischen v. G. Herrgott u.a. (Fischer-Taschenbücher 14763/Forum Wissenschaft), Frankfurt a. M. 2001, 127–155, 130.

[21] Vgl. hierzu bereits *L. Fleck*, Entstehung und Entwicklung einer wissenschaftlichen Tatsache. Einführung in die Lehre vom Denkstil und Denkkollektiv, mit einer Einl. hg. v. L. Schäfer u. T. Schnelle (stw 312), Frankfurt a. M. 1980.

glaubt. Handelt es sich hier um eine einzelne Person, verlässt sich diese sowohl in organischer als auch in psychischer Hinsicht sowohl auf ihr Objekt als auch auf sich selbst:
In organischer Hinsicht tut sie es, da der Leib als schlechthin unhintergehbares Voll-
zugsmedium des Realitätskontaktes fungiert; davon ist auch die Theorieorientierung
nicht ausgenommen. In ihrem Fall vollzieht sich eine in sich differenzierte Bewegung:
Während die Person den von ihr ausgewählten theoretischen Einsichten mehr oder weniger explizit zutraut, als Instrumente der Verhaltenssteuerung zu dienen, verlässt sie sich
zugleich auf ihre leiblichen Funktionen, allerdings eher implizit im Modus indirekter
Achtsamkeit.[22] Unter einem psychischen Gesichtspunkt tut sie es, weil im Akt des Zu-
trauens affektive, kognitive sowie emotional-wertgebundene Faktoren gleichermaßen
wirksam sind, ohne im Vollzug des Verhaltens immer trennscharf unterschieden werden
zu können. Sie führen dazu, etwas überhaupt erst als Sachverhalt zu erachten, im Verhältnis zu dem das Prädikat ,verlässlich' einen Sinn machen würde. Man könnte dieses
Netzwerk an physisch-psychischen Operationen im weitesten Sinn als die *moralische Ökonomie*[23] der Theoriekultur bezeichnen. Welche Nomenklatur man auch wählen will: Offensichtlich ist jedenfalls, dass zumindest unter dem skizzierten Gesichtspunkt weder die
Theoriebildung noch -verwendung des praktischen Faktors entbehren können. Damit
wird natürlich nicht in Abrede gestellt, dass sich Theorievorhaben und ihre Ergebnisse
nicht auch unter Absehung der erwähnten Einflussgrößen auf bisweilen höchst abstrak-
tem Niveau darstellen, erheben oder archivieren lassen; und es wird auch nicht bestritten, dass solche Leistungen sich mit dem, was aus der Perspektive des situationsgestaltenden Handelns als relevant erscheint, nicht immer decken müssen. Wenn es allerdings
auf den Entstehungs- und Verwendungszusammenhang, mithin auf die pragmatische
Dimension von Theoriekulturen, ankommt, lassen sich praktisch-personale Faktoren
nicht erfolgreich ausblenden, ohne einen performativen Selbstwiderspruch zu begehen.

3.3 Einheitspunkt

Die vorangehenden Überlegungen sind durchweg exemplarisch gehalten, sollten aber
ausreichend deutlich gemacht haben, inwiefern die Leistung der Theorie das praktische
Element und die Leistung der Praxis das theoretische Element als notwendige Konstitu-
tions- und Wirkfaktoren mit einschließen. Ihnen zufolge begegnet das Besondere der
Praxis stets im Horizont allgemeiner Ordnungsmuster, während die auf Allgemeinheit
des Wissens zielenden Ansprüche der Theorie unter Einschluss spezifischer Subjektper-
spektiven entwickelt und erhalten werden. Offen geblieben ist jedoch die Frage, inwiefern ein wechselseitiger Einschluss dieses relativ Verschiedenen überhaupt möglich ist.
Wenn er möglich sein soll, ist offenbar ein dritter Faktor erforderlich, und zwar ein sol-

---

[22] Ich beziehe mich hier auf die für Polanyis Wissenstheorie zentrale Unterscheidung zwischen „subsi-
diary awareness" und „focal awareness": *M. Polanyi*, Personal Knowledge. Towards a Post-Critical Philosophy, London 1958, 55–57.

[23] Vgl. *L. Daston*, Die moralischen Ökonomien der Wissenschaft, in: *Dies.*, Wunder, Beweise und Tatsachen (s. Anm. 20), 157–184.

cher, der die angezeigte Verschiedenheit miteinander vermitteln kann und deshalb in einer bestimmten Hinsicht deren Einheitspunkt bildet. Mehrere Optionen sind an dieser Stelle denkbar: Zum einen könnte man die Einheit, um die es geht, in einem statischen Sinn auffassen, etwa als Uniformität. Ein solches Vorgehen scheint mir deshalb abwegig zu sein, weil dadurch der Vermittlungscharakter des gesuchten Dritten, der ja als eine Bewegung, mithin dynamisch gedacht werden muss, nicht angemessen berücksichtigt wird. Zum anderen kann das gesuchte Dritte so gedacht werden, als sei es von anderer Art als dasjenige, dessen Einheitsgesichtspunkt es bildet. Auch dieser Gedanke erscheint mir als abwegig, da er das Problem insofern verschiebt, als jetzt genauer geklärt werden müsste, wie eine Vermittlung solcher Artunterschiede möglich ist. Ohne sagen zu wollen, dass dies nicht gelingen kann, folge ich dem näherliegenden Gedanken, demzufolge das gesuchte Dritte von derselben Art ist wie dasjenige, als dessen Einheitsgesichtspunkt es fungiert. Das heißt: Da Theorie und Praxis Leistungen sind, die von bestimmten Akteuren erbracht werden, handelt es sich bei ihnen um zwei Tätigkeitsformen. Folglich muss auch der Faktor, vermöge dessen beide aufeinander bezogen sind, ebenfalls von der Art eines tätigen Verhaltens sein. Lässt sich dafür ein geeigneter Begriff finden?

Ich nehme dafür den *Orientierungsbegriff* in Anspruch.[24] Er bezeichnet den gesuchten Einheitspunkt ganz treffend, weil die Operationen der Theoriebildung und situationsgestaltenden Praxis zweifellos Modalitäten der Weltorientierung sind. In ihnen sind wir in der einen oder anderen Weise immer schon orientiert oder suchen zumindest nach einer weiterführenden Orientierung. Es mag hier vielleicht verwundern, dass ausgerechnet eine ethisch qualifizierte Kategorie das vermittelnde Dritte sein soll. Dadurch scheint nämlich eine gewisse Schieflage in die bisherige Struktursskizze eingezeichnet, durch die der Praxisbegriff nunmehr eine erhebliche Dominanz gewinnt. Und tatsächlich könnte man das unweigerlich aufgenötigte Grundfaktum des Orientierungsverhaltens als Praxis im weitesten Sinn verstehen. So gesehen ließe sich ohne Umschweife von einem Primat der Praxis reden und Theorie als eine Form von Praxis verstehen;[25] oder man könnte von einer radikalen *Praktizität*[26] des menschlichen Weltbezugs reden. Sachlich kann ich diesen zwei Thesen sehr viel abgewinnen, allerdings müsste vor allem mit Blick auf die erste These zugestanden werden, dass nicht alle Formen der situativen Orientierung einen Handlungscharakter im oben angezeigten Sinn haben. Wir sind beispielsweise orientiert, indem wir ganz unwillkürlich das Auge neuen Lichtverhältnissen anpassen oder unsere Aufmerksamkeit auf ein bestimmtes Objekt richten, ohne dass wir dabei eine bewusste Wahl getroffen und eine Handlung vollzogen hätten. Um in solchen Fällen von einem Handeln sprechen zu können, müsste man den Handlungsbegriff erheblich erweitern.

---

[24] Vgl. *E. Herms*, Vorwort, in: *Ders.*, Gesellschaft gestalten. Beiträge zur evangelischen Sozialethik, Tübingen 1991, VII–XXXI. Zum Begriff vgl. W. Stegmaier (Hg.), Orientierung. Philosophische Perspektiven (stw 1767), Frankfurt a. M. 2005; *Ders.*, Art. Orientierung, in: Neues Handbuch philosophischer Grundbegriffe 2 (2011) 1702–1713.

[25] So etwa bei *J. Dewey*, Human Nature and Conduct. An Introduction to Social Psychology, New York 1922, 69.

[26] Vgl. *G. Prauss*, Kant über Freiheit als Autonomie (PhA 51), Frankfurt a. M. 1983, 204–223.

Will man das vermeiden, spricht einiges dafür, die praktische Handlungsorientierung ihrerseits als einen speziell ausgewiesenen Modus im Gesamtbereich des Orientierungsverhaltens zu verstehen. Vor allem aus diesem terminologischen Grund wähle ich nicht *Praxis* im weitesten Sinn, sondern *Orientierung* als Oberbegriff. Was damit gemeint ist, gilt es im Folgenden etwas näher zu fassen.

(1) Ohne auf die etymologische Herkunft des Begriffs näher einzugehen, genügt es, eine *nichtreflexive* und eine *reflexive* Gebrauchsweise zu unterscheiden. In der nichtreflexiven Form reden wir davon, dass etwas an einem anderen dadurch orientiert wird, dass es eine Ausrichtung in dessen Richtung erfährt. In diesem Sinn wird beispielsweise ein Kompass orientiert. Interessanter für unsere Zwecke ist der reflexive Gebrauch. Der Ausrichtungscharakter wird in ihm zwar beibehalten, allerdings tritt mit dem Reflexivpronomen eine entscheidende Wendung ein. Die Ausrichtung erfolgt jetzt nämlich über ein selbstbezügliches Moment, etwa wenn eine Person sich an ihrem Kalender orientiert, um einen neuen Termin zu machen. Zwei Punkte sind hier eigens hervorzuheben: Erstens geht es um Selbstorientierung,[27] also um ein Verhalten, das eine spezifische *Orientierungsabsicht* zum Ausdruck bringt. Orientierung ist somit ein intentionaler Prozess. Zweitens findet diese Absicht ihre eigene Erfüllung nicht allein in sich selbst, sondern immer in *Bezug zu einem Anderen*, an dem oder auf den hin sie sich orientiert. Dazu unten mehr. Ganz allgemein kann schon hier gesagt werden, dass die spezifische Leistung des orientierenden Verhaltens darin besteht, „sich in einer Situation zurechtzufinden"[28]. Darin besteht offenbar ein tief sitzendes menschliches Grundbedürfnis. Was ist zu seiner Erfüllung erfordert?

(2) Eine der elementarsten Operationen, die zu seiner Erfüllung notwendig sind, besteht darin, Unterscheidungen zu treffen. Ich nenne dies die *analytische Funktion* der Orientierung. Ohne Unterscheidungen gäbe es keine Anhaltspunkte, auf die hin das Verhalten sich ausrichten könnte. Die Situation bliebe dann eine in sich diffuse Masse an Wahrnehmungsmaterial, in dem sich das Verhalten verlieren würde. Das ist allerdings ein Befund, der sich, wenn überhaupt, phänomenologisch nur in pathologischen Fällen oder extremen Rauschzuständen erheben lässt. Primär ist vielmehr die Erfahrung, dass in unserem Bezug zu den Dingen immer schon Unterscheidungen wirksam sind. Das zeigt sich bereits an dem frühen Erlernen der räumlichen Orientierung, die ohne die Distinktionen ,rechts/links', ,vorne/hinten' und ,oben/unten' gar nicht möglich ist. Indem diese Unterscheidungen zum Zuge kommen, finden wir uns im Raum zurecht; würden sie verloren gehen, käme es bereits auf der elementarsten Ebene des Körperschemas zu einem Kontrollverlust. Ähnlich verhält es sich nun auch mit der Differenzierung von Theorie und Praxis. Sie ermöglicht es, dass wir uns im kulturellen Raum zurechtfinden, und dazu gehört es, die Orientierung im Denken nicht geradewegs mit derjenigen zu verwechseln, die die konkrete Lebensgestaltung unmittelbar betrifft. Das ist deshalb un-

---

[27] Vgl. *A. Luckner*, Fremdheit und Selbstorientierung, in: P. Thomas/A. Benk (Hg.), Negativität und Orientierung, Würzburg 2008, 15–23.

[28] *W. Stegmaier*, Art. Orientierung (s. Anm. 24), 1702.

verzichtbar, weil es einen relativen Mehrwert beider Seiten gibt, der nicht restlos von der einen auf die andere Seite übertragbar ist. Nicht nur für die konkrete Lebensführung hätte es fatale Konsequenzen, wenn sie im Sog des theoretisch Allgemeinen verschwände; umgekehrt wäre es ebenso verhängnisvoll, wenn der denkerische Impuls schon im Vorhinein für den Erhalt ganz spezifischer Interessen instrumentalisiert würde. Vor dem Hintergrund des letzten Abschnittes zeigt sich allerdings auch, dass die analytische Funktion für sich allein genommen längst nicht hinreicht, um Verhaltensverläufe zu steuern. Darüber hinaus ist es nötig, das voneinander Unterschiedene miteinander zu vermitteln; präziser: Der analytische Aspekt ist bereits Teil eines solchen Vorgangs oder zumindest Teil der Suche nach immer neuen Verknüpfungen. Ich nenne das die *synthetische Funktion* der Orientierung. Im Falle der Theorie-Praxis-Thematik ist bereits deutlich geworden, was es damit auf sich hat. Aber auch hinsichtlich der elementaren Leistung, sich räumlich zurechtzufinden, ist offensichtlich, dass voneinander unterschiedene Größen nie für sich stehen, sondern im Kontinuum des Verhaltens immer schon aufeinander bezogen sind. Ebenso wenig wie die Theorie das praktische Element ausschließen kann, geht es der räumlichen Orientierung folglich nie bloß um ‚rechts‘, ‚vorne‘ oder ‚oben‘, es geht vielmehr um das Verhältnis der Differenzbegriffe. Damit bestätigt sich die Ausgangsthese, dass die Kunst, möglichst klare Unterscheidungen zu treffen, stets im Rahmen von mehr oder weniger gelungenen Syntheseleistungen auftritt.

(3) Dass das Bedürfnis, sich in einer Situation zurechtzufinden, unter den genannten formalen Bedingungen auf seine Erfüllung aus ist, deutet auf die *Erfolgs- und Nutzenbezogenheit* des Orientierungsverhaltens hin. Man könnte geradezu von einer tiefgründigen „Erfolgsbesessenheit"[29] dieses Projektes ausgehen, sollte dann aber ‚Erfolg‘ oder ‚Nutzen‘ nicht ökonomisch deuten. Im vorliegenden Zusammenhang geht es um ein sehr viel schlichteres, zugleich aber radikaleres Verständnis, das die ökonomische Perspektive durchaus in sich integrieren kann. Radikal ist es deshalb zu nennen, weil der menschliche Weltbezug ganz grundlegend von seinem Orientierungswillen her verstanden wird, für den wiederum die Erfolgsbezogenheit konstitutiv ist. Erfolgreich ist man dann, wenn die jeweils wirksame Orientierungsabsicht erfüllt wird, erfolglos dann, wenn sie nicht erfüllt wird. Das Kriterium des Erfolgs oder Misserfolgs ist somit das Gelingen oder Scheitern der Absicht, sich in einer Situation in einer bestimmten Hinsicht zurechtzufinden. Die Hinsicht gibt dabei an, worauf die intentionale Ausrichtung des Verhaltens jeweils aus ist, und definiert dadurch den Gesichtspunkt, unter dem sich ein Erfolg oder Misserfolg überhaupt erst ausmachen lässt. Die ökonomische Perspektive bildet dann nur eine unter vielen möglichen Perspektiven und sollte daher auch niemals absolut gesetzt werden. In diesem radikalen Verständnis kommt das genannte Erfolgskriterium dem menschlichen Orientierungsbedürfnis folglich nicht äußerlich zu, es ist ihm vielmehr inhärent: Es ist die Orientierungsabsicht selbst, die ganz grundlegend auf ihren Erfolg aus ist. Und dass die Erfahrung, sich in einer Situation erfolgreich zurechtzufinden, eminent nützlich ist, dürfte nicht ernsthaft bestritten werden können.

---

[29] *G. Prauss*, Kant über Freiheit (s. Anm. 26), 175.

Um was es dabei jeweils geht, kommt in den Tätigkeiten des theoretischen Erkennens und praktischen Handelns in verschiedener Weise zum Ausdruck: Während das theoretische Erkennen darauf aus ist, dass sich der Entwurf eines *Gegenstandsbegriffs* im gemeinten Objekt erfüllt, geht es dem praktischen Handeln darum, dass sich der Entwurf eines *Zweckbegriffs* im Zuge des Handlungsvorgangs realisiert. Dabei unterstellen wir im Fall des Erkennens einen in ihm wirksamen *Wahrheitsbezug*, wobei unter Wahrheit hier eine Eigenschaft derjenigen Überzeugungen, Aussagen oder Aussagensysteme gemeint ist, in denen sich unsere Erkenntnis von Sachverhalten als ‚soundso‘ bestimmt. Überzeugungen, Aussagen und Aussagensysteme bilden gewissermaßen die Form, die sich der Denkvollzug gibt, um sich in seinem Objektbezug zu spezifizieren. Ob sie als ‚wahr‘ oder ‚falsch‘ angesehen werden, entscheidet sich dann daran, ob sie die Denk- und Erkenntnistätigkeit in einer stimmigen Weise zu führen vermögen. Dazu gehört, dass sie in der Lage sind, einzelne Aspekte der Situation oder die Situation im Ganzen immer besser zu erklären und zu verstehen, d.h. ihre kausalen Zusammenhänge und Sinnstrukturen sukzessiv zu erschließen. So gesehen zeigt sich der Orientierungserfolg des Erkennens daran, dass das ihm eigene Wahrheitsinteresse vermittels seiner propositionalen Ausdrucksformen immer mehr eingelöst wird. Im Fall der im Handeln wirksamen Zweckbegriffe verhält es sich etwas anders. Hier reden wir *vom Bezug auf das, was als das Gute und das Richtige aufgefasst wird*. Die propositionale Struktur fällt hier natürlich nicht weg, es geht aber weniger darum zu bestimmen, was ist, als vielmehr darum, unter Berücksichtigung dessen, was ist, das zu realisieren, was werden soll. In dieser Perspektive ist das Handeln zum einen dann erfolgreich zu nennen, wenn es gelingt, in den sich permanent verändernden vielfältigen Situationen eine in sich stimmige Lebensform[30] auszubilden, mithin situative Vielfalt verbindlich zu gestalten und nach einem Muster zu integrieren. Darin realisiert sich das jeweils gegebene Verständnis des Guten. Zum anderen hat das dabei in Anspruch genommene Gestaltungs- und Integrationsmuster von einer bestimmten Qualität zu sein, um gleichermaßen den Bezug zum Richtigen in sich aufzunehmen. Das ist nämlich nur möglich, wenn es gelingt, die eigene Bindung an das Gute nicht unter Ausschluss anderer Perspektiven zu sehen, sondern umgekehrt den Punkt zu suchen, von dem aus sich eine annähernde Wechselseitigkeit der Perspektiven als ein notwendiger Gesichtspunkt der Handlungsorientierung einstellen kann. Ein Akteur muss in seinen Handlungen also das intellektuelle Wagnis eingehen, sich selbst probeweise an der Stelle eines anderen zu sehen. Nur unter dieser Bedingung lässt sich jedenfalls von einem moralisch aufgeklärten Verständnis des Guten reden. Keines von beiden wird jedoch erreicht, wenn im Handeln nur Objektbeziehungen für relevant erachtet werden, die sich in der nächsten Umwelt einstellen. Zu denken ist beispielsweise an Beziehungen, die auf den direkten Konsum von distinkten Umweltobjekten abstellen, um dadurch Bedürfnisse wie Hunger, Durst oder das Begehren nach materiellen Gütern zu stillen. Solche Objektrelationen sind in der Entwicklung und für den Erhalt von Lebensformen zwar unverzichtbar, bekanntlich aber noch nicht hinreichend, um zur umrissenen Zweckbe-

[30] Vgl. R. *Jaeggi*, Kritik von Lebensformen (stw 1987), Berlin 2014, 67–141 (Erster Teil).

stimmung der Praxis vorzudringen. Von ihnen her lässt sich nämlich kein direkter Gesichtspunkt herleiten, der als integrales Prinzip des praktischen Tuns fungieren kann. Das ist deshalb nicht möglich, weil die Konzentration auf einzelne Objekte für sich selbst genommen noch keine Regeln für die prozessuale Vermittlung der verschiedenen Objektbeziehungen an die Hand gibt. Dazu bedarf es vielmehr jenes im Handeln selbst wirksamen Bezugs zu dem, was nicht nur als Gutes und Richtiges *erkannt* wird, sondern gleichermaßen auch im Wandel der Umwelten als annähernd konstante Richtungsanzeige des Tuns *lebendig* erhalten werden kann.

Im Rückblick zeigt sich, dass die Wahrheitsorientierung und die Orientierung an einem praktisch wirksamen Verständnis des Guten und Richtigen nicht im Sinne von zwei alternativen Projekten zu deuten sind, sondern ihre jeweilige Erfüllung nur zusammen finden. Das kann auch nicht anders sein, wenn die Ausgangsthese stimmt, dass die Theorie praktische und die Praxis theoretische Elemente umfasst. Beziehen wir diese These auf den aktuellen Zusammenhang, so bedeutet das, dass der Wahrheitsbezug des Erkennens ebenso ein ethisches Gut darstellt wie umgekehrt der ethische Bezug zum Guten und Richtigen ein genuines Wahrheitsinteresse in sich aufnimmt. Was damit im Einzelnen verbunden ist, kann ich hier nicht weiter ausführen. Erwähnen möchte ich nur zwei kritische Standards, die sich daraus ergeben: Wenn sich beide Perspektiven ergänzen, dann greifen zum einen theoretische Modelle zu kurz, die die Stellung des Menschen im Kosmos ohne Rücksicht auf dessen Selbstverständnis als orientierungsbedürftiges Wesen deuten. Da sie faktisch einen Beitrag zur theoretischen Orientierung liefern, übersehen sie ihre eigenen praktischen Operationsbedingungen, wenn sie eine solche Ausblendungsstrategie wählen. Zum anderen greifen aber auch Auffassungen der Praxis zu kurz, die den dort wirksamen Leitperspektiven ihre Wahrheitsfähigkeit absprechen, indem sie diese auf bloße Geschmacksurteile oder Empfindungskomplexe reduzieren. Derartige ästhetizistische und intuitionistische Sichtweisen übersehen, dass es der praktischen Orientierung um etwas durchaus Entscheidendes geht, das gerade deshalb auch mit kognitiven Gründen verantwortet werden will. Verstehen wir den Menschen als ein sich immer schon orientierendes und auf neuen Orientierungsgewinn ausgerichtetes Lebewesen, so gilt vielmehr, dass beide Weisen des Realitätsbezugs *in the long run* nur in Kooperation erfolgreich sein können. Die bisweilen zu Recht beschworenen Konflikte zwischen Theorie und Praxis resultieren dann ebenso aus defizitären Modi der Kooperation wie Verhaltensformen, die vorgeben, nur auf einer Seite der Unterscheidung zu stehen. Vor dem Hintergrund des Gesagten tendieren Letztere zur Ausbildung von schwerwiegenden, wenngleich auch in Einzelfällen sehr beeindruckenden Pathologien des Weltverhältnisses. Im Ganzen gesehen lässt sich dieses Ergebnis schematisch wie folgt darstellen:

Orientierungsverhalten			
in verschiedenen Hinsichten auf Erfolg aus			
Allgemeines	Besonderes	Allgemeines	Besonderes
Theorie	praktische Elemente	theoretische Elemente	Praxis
Gegenstandsentwurf	Zweckbezug	Gegenstandsbezug	Zweckentwurf
Wahrheit	Gutes und Richtiges	Wahrheit	Gutes und Richtiges

4 Ausblick

Die vorausliegenden Überlegungen haben kein explizit theologisches Argument entwickelt. Das sollten sie auch nicht. Sie deshalb als theologisch irrelevant zu bezeichnen,
geht allerdings an einer ihrer Intentionen vorbei. Sie sind nämlich von dem Interesse
geleitet, einen Referenzrahmen zu entwerfen, um das Theorieunternehmen der evangelischen Theologie in einem ganz bestimmten Sinn zu profilieren, nämlich als *scientia practica*.[31] Bedient man sich einer zentralen reformatorischen Einsicht, ist das nicht besonders
erstaunlich. Ihr zufolge soll man von den *res divinae* nämlich keinen primär spekulativen
Gebrauch (*usus*) machen, sondern einen solchen, der sie stets in Beziehung zu dem existentiellen Anliegen des Menschen begreift, sich mit Blick auf das eigene Heil in der richtigen Weise zu orientieren.[32] Der Umgang mit ihnen zielt also nicht vorrangig auf die
Ausbildung von spekulativer Erkenntnis, sondern auf eine durchaus praktisch zu nen-
nende Selbstklärung. Unter dieser Voraussetzung ist die Frage danach, welche theologische Bedeutung die voranstehenden Überlegungen haben können, also nicht ganz abwegig. Ich möchte deshalb zum Schluss zumindest eine Richtung andeuten, in der diese
Bedeutung gewonnen werden kann.

Folgt man dem skizzierten fundamentalethischen Ansatz, besteht eine zentrale Aufgabe der Theologie darin, an der Erfüllung des Bedürfnisses nach Orientierung mitzuarbeiten, allerdings nicht im Allgemeinen – von einer Orientierung im Allgemeinen zu reden,
macht ohnehin wenig Sinn –, sondern in einer ganz bestimmten Hinsicht. Diese Hinsicht ergibt sich daraus, dass jenes Bedürfnis im Kontext der christlichen Religion nicht
etwa verloren geht. Es tritt vielmehr in einen neuen Bezugsrahmen ein und erfährt darin
zugleich eine neue Bestimmung. Wie immer diese im Detail ausgestaltet sein mag – eines
ihrer Merkmale besteht darin, das situative Orientierungsverhalten in seiner Ganzheit in
den Blick zu nehmen und vor dem Hintergrund einer spezifischen Fassung der Leitunterscheidung ‚immanent/transzendent‘ zu verstehen.[33] Dabei sollte hier nicht aus den
Augen verloren werden, was bereits an früherer Stelle gesagt ist: Es geht stets um das
Verhältnis zwischen den Differenzbegriffen, nicht um diese für sich selbst genommen.
Was nämlich ‚immanent‘ heißen soll, stellt sich erst in Beziehung zu dem ein, was mit
‚transzendent‘ gemeint ist. Entsprechend verhält es sich im umgekehrten Fall. Orientierung erfährt der religiöse Lebensvollzug also immer nur in dem Verhältnis, in dem die
voneinander unterschiedenen Größen zueinander stehen. Dass dieses Verhältnis unterschiedlich bestimmt werden kann, ist dadurch natürlich nicht ausgeschlossen; ausgeschlossen ist nur, sich allein mit Blick auf einen Pol der Unterscheidung orientieren zu
wollen. Das wäre ebenso unsinnig, wie bei der Ausrichtung im Raum nur auf eine Seite

---

[31] S.o. Abschnitt 2.

[32] Vgl. *P. Melanchthon*, Loci Communes 1521. Lateinisch–Deutsch, übers. u. mit kommentierenden Anm.
versehen v. H. G. Pöhlmann, hg. v. Lutherischen Kirchenamt der VELKD, 2. durchgesehene u. korrigierte Aufl., Gütersloh 1997, 22 f. (0,12–16).

[33] Vgl. *I. U. Dalferth*, Leben angesichts des Unverfügbaren. Die duale Struktur religiöser Lebensorientie-
rung, in: W. Stegmaier (Hg.), Orientierung (s. Anm. 24), 245–266.

der Unterscheidung ‚rechts/links‘ und nicht auf ihre Einheit zu setzen. Wenn es sich so verhält, ist damit zugleich ein Anhaltspunkt gefunden, um die internen Spannungen des christlichen Lebens und seine tief sitzende Skepsis gegenüber vorschnell festgesetzten Eindeutigkeiten in der Differenzstruktur der Verhaltenssteuerung selbst zu finden. Die Leitunterscheidung ‚immanent/transzendent‘ ist jedenfalls immer an einer doppelten Bestimmung ausgerichtet.

Dass Theologie sich vor diesem Hintergrund nicht nur irgendwie einstellt, sondern als Medium des religiösen Orientierungsverhaltens möglich ist, hat dieser Gedankengang freilich noch nicht erwiesen. Ihre Möglichkeit wird aber erkennbar, wenn eine besondere Eigenart der christlichen Religionspraxis in den Blick gerät, d.i. die Tatsache, dass sie sich seit jeher als „denkender Glaube“[34] versteht. Diese Eigenart bildet somit eine zentrale Voraussetzung für die Ausbildung einer wissenschaftlichen Theologie. Denn wäre der Glaube nicht auf die reflexive Erfassung seiner selbst im Medium des Denkens aus, gäbe es überhaupt keinen Anlass, um zu einer Theoriespezialisierung fortzuschreiten. Im idealen Fall folgt die theologische Reflexion also dem Impuls des ihr vorausliegenden Bedürfnisses, sich nicht nur im Vollzug des konkreten Handelns, sondern auch im Vollzug des Denkens auszukennen. Sie folgt ihm aber nicht aufs Geratewohl, sie tut es vielmehr in einer methodisch kontrollierten und systematisch organisierten Weise, mit Bedacht darauf, *allgemeine Kategorien* eines christlich qualifizierten Wirklichkeitsbezugs zu entwickeln. Dass sie dabei an den Bedingungen der Praxis weiterhin partizipiert und *besondere personale Wirkfaktoren* wie „Willen“[35], „Interesse“[36] und „inneren Beruf“[37] notwendig in sich aufnimmt, dürfte vor dem Hintergrund der voranstehenden Skizze nicht weiter verwundern. Im Ganzen gesehen trägt sie also dazu bei, unter Einschluss von solchen nicht restlos theoretisierbaren Faktoren sich methodisch und systematisch denkend in der Welt, wie sie der Glaube sieht, zurechtzufinden.

Das sollte alles nicht sonderlich umstritten sein. Kontroverser dürfte es vielleicht werden, wenn es darum geht, die religiöse Orientierung im Handeln und Denken unter dem Gesichtspunkt der radikalen *Erfolgsbezogenheit* des Weltbezugs zu begreifen. Dann müsste zumindest angenommen werden, dass der religiöse Lebensvollzug sowohl in seiner Praxis- als auch in seiner Theorieorientierung in einem eminenten Sinn auf das Gelingen seiner Absichten ausgerichtet ist. Sein Wahrheitsinteresse gälte dann ebenso als Ausdruck dieser Perspektive wie sein Interesse, an der Realisierung des Guten und Richtigen mitzuwirken. Dem Ausblick auf den Erfolg des Tuns und dessen Erfüllungsbedingungen, nicht dem eigenen Angefochtensein oder der Antizipation des Scheiterns käme dann der logische Primat zu. Es mag leicht fallen, eine solche Sicht der Dinge als realitätsvergessenen Optimismus zu kritisieren oder gar als Variation einer *theologia gloriae* ins

---

[34] *C.-H. Ratschow*, Die Religionen (HST 16), Gütersloh 1979, 121.

[35] *F. D. E. Schleiermacher*, Kurze Darstellung des theologischen Studiums zum Behuf einleitender Vorlesungen. Kritische Ausg. hg. v. H. Scholz, berechtigter unv. reprographischer Nachdruck der 3. kritischen Ausg. Leipzig 1910 (Quellenschriften zur Geschichte des Protestantismus 10), Darmstadt 1993, 3 (§ 7).

[36] AaO., 3 (§ 8).

[37] AaO., 5 (§ 13).

theologische Feindesland abzustoßen. Solche Reaktionen übersehen jedoch, um was es geht. Denn die Erfolgsbezogenheit, von der hier durchweg die Rede ist, lässt sich weder mit dem Begriff des Optimismus noch mit einem inszenierten theologischen Feindbild erfassen. Es geht in erster Linie darum, die Bedingung der Möglichkeit zu markieren, um überhaupt zielführend von dem Projekt der Orientierung auch in einem theologischen Sinn reden zu können. Denn dass wir im Verständnis der Differenz ‚immanent/transzendent' ebenso wenig darauf aus sind, fehlgeleitet zu werden, wie in unseren Entwürfen des Guten und Richtigen, ist nicht zu verleugnen. In ähnlicher Weise gilt, dass die immer wieder anzutreffende Unzufriedenheit mit einer mangelnden Vermittlung zwischen theologischer Wissenschaft und pastoraler Berufspraxis[38] nur möglich ist, weil die Hoffnung auf gelungene Vermittlungsleistungen bereits im Vorfeld einen positiv qualifizierten Erwartungshorizont eröffnet hat. Und schließlich wäre zu überlegen, ob nicht auch dann, wenn Menschen sich im persönlichen oder liturgischen Gebet auf Gott beziehen, notwendig unterstellt wird, dass das, was getan wird, nicht nur nicht umsonst ist, sondern geradezu seine positive Erfüllung intendiert. Alle diese Fälle zeigen, dass ‚Erfolg' auch in theologischer Hinsicht eine fundamentale Kategorie des Realitätsbezugs bildet, obgleich ihre ernsthafte theologische Rehabilitierung noch aussteht. Wie immer ein solches Projekt im Einzelnen aussehen mag, es wird neben der Kritik an enggeführten Begriffsbestimmungen und einer damit einhergehenden Ausweitung der Semantik des Erfolgskonzeptes immer auch darauf aufmerksam machen, dass sowohl in theoretischer als auch in praktischer Verhaltensorientierung die Erfüllung der Erfolgsabsicht nicht notwendig aus dieser selbst abgeleitet werden kann. Die Situation, in der das Verhalten sich abspielt, ist zu komplex, um auf eine solche lineare Folge zu setzen.

Diese Lage vor Augen, hat E. Herms immer wieder zweierlei gefordert: Die „Genauigkeit" der ethischen Beschreibungsleistung „verbunden mit [einer] Gelassenheit […], die bereit ist, die Folgen der eigenen Tat dem Lauf der Dinge zu überlassen; aber auch darauf gefaßt, von ihm nicht unbedingt bestätigt, sondern möglicherweise auch korrigiert zu werden"[39]. Daran hat sich auch bis heute nichts geändert.

---

[38] Vgl. etwa R. *Anselm*, Im Niemandsland zwischen Theorie und Praxis. Krisendiagnostiken zum Verhältnis der Praktischen Theologie zu den anderen theologischen Disziplinen, in: PrTh 50 (2015) 1, 27–33.
[39] E. *Herms*, Vorwort (s. Anm. 24), XXIX. Vgl. *Ders.*, Erfolg. Der theologische Sinn einer Lebensperspektive, in: *Ders.*, Gesellschaft gestalten (s. Anm. 24), 380–398.

Friedrich Hermanni

DAS WESEN DER MENSCHLICHEN FREIHEIT

Philosophisch-theologische Überlegungen

Die Frage, was es mit der Freiheit auf sich hat, ist ein theologischer und philosophischer Dauerbrenner. Der Verdacht, es könnte sich damit ganz anders verhalten, als es uns alltäglich vorkommt, hat sich immer wieder eingestellt. In seinem Science-Fiction-Klassiker *Welt am Draht* von 1973 entwickelt R. W. Fassbinder den Alptraum von einer Zukunft, in der ein Computer gebaut wird, der eine ganze Gesellschaft simuliert. Tausende von Computermenschen bevölkern einen virtuellen Raum, der unserer Welt gleicht. Im Verlauf des Films entdeckt der Protagonist, ein Informatiker, dass er selbst und die ganze ihn umgebende Welt ebenfalls nur eine elektronische Simulation ist, die von einer höheren Ebene aus gesteuert wird.

Dass wir nicht Herr im eigenen Haus sein sollen, dass jemand oder etwas anderes hinter den Kulissen die Fäden zieht, sei es ein prädestinierender Gott, ein Laplacescher Dämon oder ein Programmierer höherer Ebene, seien es unsere Gene, die Gesellschaft, das Unbewusste, der Zufall oder die Verschaltungen unseres Gehirns, ist für viele eine ungemütliche Vorstellung. Der Alltagsverstand protestiert dagegen mit zwei richtig schlechten Argumenten. Das erste lautet: ‚Das wäre ja schrecklich'. Das zweite wendet ein: ‚Aber ich fühle doch, dass ich frei bin'.

Nun hängt an der Idee der Freiheit offenbar mehr als bloß die menschliche Eitelkeit. Wem wollte man beispielsweise sein Tun übelnehmen, wenn er gar nicht in der Lage wäre, es zu unterlassen. Unser gesamtes System von Verantwortung, Schuld, Dankbarkeit usf. beruht auf der Zuschreibung von Freiheit. Wie müsste diese Freiheit beschaffen sein, damit solche Reaktionen als berechtigt gelten dürften?

Andere, spezifisch religionsphilosophische und theologische Aspekte des Problems kommen hinzu. In der Einleitung seiner *Freiheitsschrift* von 1809 bemerkt Schelling, philosophische Untersuchungen über menschliche Freiheit könnten „theils den richtigen Begriff derselben angehen", „theils können sie den Zusammenhang dieses Begriffs mit dem Ganzen einer wissenschaftlichen Weltsicht betreffen"[1]. Mit dem letzteren Aspekt zielt Schelling insbesondere auf das Verhältnis menschlicher Freiheit zum Gottesgedanken. In der abendländischen Tradition diente der Hinweis auf den Missbrauch der menschlichen Freiheit häufig dem Zweck, den Schöpfergott von der Verantwortung für das Böse und

---

[1] F. W. J. Schelling, Philosophische Untersuchungen über das Wesen der menschlichen Freiheit und die damit zusammenhängenden Gegenstände, hg. v. K. F. A. Schelling (F. W. J. Schelling, Sämmtliche Werke 1. Abt./7. Bd.), Stuttgart/Augsburg 1860, 331–416, 336.

die Übel in der Welt zu entlasten. Diese freiheitstheoretische Rechtfertigung Gottes durch den Menschen scheint freilich mit der Rechtfertigung des Menschen durch Gott in Konflikt zu stehen, an der insbesondere der protestantischen Theologie viel mehr gelegen war als an einer Freiheitstheodizee. Diejenige Freiheit, die man zu brauchen scheint, um Gott angesichts des Bösen und der Übel zu rechtfertigen, ist gar nicht zu gebrauchen, wenn die Rechtfertigung des Menschen und seine Verwandlung ins Gute allein der göttlichen Gnade zugeschrieben werden soll.

Kurzum: Das Problem der menschlichen Freiheit ist eines der großen Themen der abendländischen Philosophie und Theologie. Sich in diesem Irrgarten halbwegs zu orientieren, ist das Ziel der folgenden Überlegungen. Dabei gehe ich in vier Schritten vor: Zunächst werde ich mich gegen den Inkompatibilismus wenden, der glaubt, Freiheit und Determinismus seien unvereinbar. Im zweiten Schritt werde ich einen kompatibilistischen Gegenvorschlag unterbreiten, der allerdings, wie sich im dritten Schritt zeigen wird, mit einer ernsten Schwierigkeit belastet zu sein scheint. Diese Schwierigkeit auszuräumen, ist die Aufgabe des vierten Schritts.

1 Freiheit und Zufall

Eine zentrale Frage der heutigen Freiheitsdebatte besteht darin, in welchem Sinne es zur Freiheit gehört, dass wir auch anders handeln können. Gewiss, zur Freiheit einer Handlung gehört, dass wir Alternativen haben. Aber was genau bedeutet das? Müssen wir in der Lage sein, unter exakt *denselben Umständen* auch anders zu handeln, damit eine Handlung frei ist?

Um diese Frage zu beantworten, gehe ich von einem Vorverständnis von Freiheit aus, das mit allgemeiner Zustimmung rechnen kann. Trotz der Komplexität der Freiheitsdebatte ist unstrittig, dass freies Handeln von zwei anderen Weisen des Handelns unterschieden werden muss. Einerseits ist es offenbar von fremdbestimmtem Handeln abzugrenzen, einem Verhalten beispielsweise, zu dem man gezwungen wird. Andererseits sind freie Handlungen nicht mit zufälligen zu verwechseln, also solchen, die ohne Grund, gleichsam aus heiterem Himmel geschehen und daher unverständlich sind. Wenn sich Freiheit aber sowohl von Fremdbestimmung als auch von Zufall unterscheidet, kann sie nur als Selbstbestimmung aufgefasst werden. Wie ist auf dem Hintergrund dieses Freiheitsverständnisses das umstrittene Prinzip alternativer Möglichkeiten zu deuten?

Viele Freiheitstheoretiker gehen von einer engen Lesart aus. Sie glauben, eine Handlung sei nur dann selbstbestimmt, wenn der Akteur unter denselben äußeren und inneren Umständen auch anders hätte handeln können. Denn wer unter identischen Umständen nicht anders handeln kann, der handelt nach ihrer Ansicht fremdbestimmt und daher nicht frei. Hätten sie Recht, dann wären Freiheit und Determinismus in der Tat nicht vereinbar. Denn alternative Möglichkeiten in diesem Sinne können innerhalb einer deterministisch verfassten Welt nicht bestehen. Inkompatibilisten, die von der Wirklichkeit menschlicher Freiheit ausgehen, die sogenannten Libertarier, müssen deshalb zeigen, dass der Determinismus falsch ist.[2] Aber nicht nur das. Sie müssen außerdem plausibel machen, dass indeterminierte Handlungen, weil sie indeterminiert sind, selbstbestimmt sein können. Auf den ersten Blick leuchtet das allerdings nicht ein. Denn wenn eine Handlung nicht determiniert ist, kann sie unter denselben äußeren und inneren Bedingungen, also auch bei identischen Wünschen und Überzeugungen des Akteurs, geschehen oder nicht geschehen. Ob sie geschieht, scheint deshalb eine Sache des Zufalls zu sein. Nun sind aber Handlungen, die zufällig geschehen, nicht vom Akteur selbst bestimmt und folglich nicht frei. Libertarier haben deshalb ein ernstes Problem. Sie müssen die wenig plausible Annahme begründen, dass die Freiheit einer Handlung durch ihren indeterminierten Charakter nicht ausgeschlossen, sondern in bestimmten Fällen ermöglicht wird. Zu diesem Zweck haben sie zwei Strategien entwickelt.

Die erste Strategie ist das Konzept der sogenannten Akteurskausalität, das von R. Chisholm und anderen vertreten wird. Nach Chisholm sind freie und moralisch zurechenbare Handlungen weder unverursacht und zufällig, noch durch äußere oder innere Ereignisse determiniert. Statt durch Ereignisse werden sie vielmehr durch den Handelnden selbst verursacht. Sie sind mithin Fälle eines besonderen, von Ereigniskausalität unterschiedenen Typs von Verursachung, eben der Akteurskausalität. Wenn jemand frei handelt, verursacht er die Handlung, ohne in diesem Verursachen wiederum verursacht zu sein, und ist deshalb, wie Chisholm schreibt, ein „erster, seinerseits unbewegter Beweger"[3]. Bei der Verursachung einer freien Handlung können die Wünsche und Überzeugungen des Handelnden zwar insofern eine Rolle spielen, als sie ihn geneigt machen, aber solche Gründe sind nach Chisholm nie hinreichend, um die Verwirklichung alternativer Möglichkeiten auszuschließen. Vielmehr hätte der Akteur unter denselben äußeren und inneren Bedingungen auch anders handeln können.

Durch diese Deutung des Prinzips alternativer Möglichkeiten gerät das Konzept der Akteurskausalität allerdings mit dem Freiheitsbegriff in Konflikt. Offenkundig ist eine Handlung nur dann vom Handelnden selbst bestimmt, wenn die Gründe des Handelnden, also seine Wünsche und Überzeugungen, den Ausschlag geben, welche Handlungsmöglichkeit er ergreift. Nun ist aber ein freier Akteur im Sinne Chisholms an diese Gründe nicht gebunden. Er kann sich ebenso über sie hinwegsetzen, ohne dazu durch Gründe höherer Ordnung bestimmt zu sein. Zwar handelt er gelegentlich in Übereinstimmung mit seinen Gründen, aber nie aus ihnen. Wenn aber die Gründe des Akteurs nicht erklären, warum er so und nicht anders handelt, ist nicht einzusehen, wieso er sein Handeln selbst bestimmt. Der Hinweis auf einen geheimnisvollen, an Gründe nicht gebundenen Akteur gibt darüber nicht den geringsten Aufschluss. Das Konzept der Ak-

---

[2] Zu diesem Zwecke genügt es nicht, auf die Quantenmechanik zu verweisen. Denn erstens ist die orthodoxe, indeterministische Deutung der Quantenmechanik strittig. Zweitens ist unklar, ob sich die Indeterminiertheit von der mikrophysikalischen Ebene auf die Makro-Ebene des Handelns übertragen würde. Vgl. dazu z.B. *T. Honderich*, Determinism as True, Compatibilism and Incompatibilism as False, and the Real Problem, in: R. Kane (Hg.), The Oxford Handbook of Free Will, Oxford/New York 2002, 461–476.

[3] *R. Chisholm*, Human Freedom and the Self, in: G. Watson (Hg.), Free Will, Oxford 1982, 24–35, 32.

teurskausalität ist also erfolglos, weil es ihm nicht gelingt, selbstbestimmte Handlungen von zufälligen zu unterscheiden.

Diese Schwierigkeit hat zur Entwicklung von libertarischen Freiheitstheorien anderer Art geführt, die keinen besonderen, von Ereigniskausalität unterschiedenen Kausalitätstyp voraussetzen. Auch sie gehen davon aus, dass Handlungen nur dann frei sein können, wenn sie unter denselben Umständen anders hätten ausfallen können. Denn ansonsten wären sie, so wird behauptet, fremdbestimmt und daher nicht frei. Libertarische Theorien der zweiten Art fordern außerdem, dass freie Handlungen aus Motiven des Handelnden erfolgen müssen, denen keine stärkeren Motive entgegenstehen. Denn andernfalls wären sie unverständlich, daher nicht von zufälligen Begebenheiten zu unterscheiden und mithin ebenfalls nicht frei. Libertarische Konzepte, die auch die zweite Anforderung stellen, werden als Theorien *teleologischer Intelligibilität*[4] bezeichnet.

Um nachzuweisen, dass indeterminierte Handlungen zugleich aus Motiven verständlich und daher frei sein können, wurden von Libertariern der zweiten Art mehrere Szenarien vorgeschlagen, die ich an einem fiktiven Beispiel illustriere. Angenommen, Hugo ist der pflichtbewusste Kanzler einer Universität. Er hat zu entscheiden, ob Haushaltsmittel für die frühzeitige Beheizung von Büros oder für den Ausbau der Presseabteilung eingesetzt werden, und er entscheidet zugunsten der Presseabteilung. Libertarier der zweiten Art haben behauptet, Hugos Entscheidung sei dann frei, wenn sie auf eine der folgenden Weisen zustande kommt: Im *ersten* Szenario[5] sprechen die entscheidungsrelevanten Gründe, die Hugo bewusst sind, eindeutig für den Ausbau der Presseabteilung und determinieren deshalb die Entscheidung unseres pflichtbewussten Hugo. Zugleich gibt es Gründe, die ihn bestimmt hätten, anders zu entscheiden, wenn sie ihm bewusst geworden wären, etwa der Umstand, dass die Temperaturen in einigen Büros seiner Universität schon Anfang September unter 15 Grad fielen. Aber diese Gründe wurden ihm *zufälligerweise* nicht bewusst. Es hätte demnach unter denselben Umständen geschehen können, dass sich Hugo für die Beheizung entscheidet. Gleichwohl ist seine faktische Entscheidung aus den ihm bewussten Gründen erklärbar und insofern nicht zufällig.

Durch dieses erste Szenario wird deutlich, dass auch indeterminierte Handlungen selbstbestimmt sein könnten. Dennoch liefert der Fall kein Argument für die weitergehende, libertarische Annahme, nur indeterminierte Handlungen kämen als selbstbestimmte in Frage. Der selbstbestimmte Charakter von Hugos Entscheidung kann nicht davon abhängen, dass das Bewusstwerden von Gründen, die zu einer anderen Entscheidung geführt hätten, indeterminiert ist. Denn indeterminierte Ereignisse werden von Hugo nicht kontrolliert.

Im Unterschied zum ersten Szenario befindet sich Hugo im *zweiten*[6] in einer Konfliktsituation, weil ihm gute und gleich starke Gründe für beide Alternativen bewusst sind.

---

[4] Vgl. die Einleitung G. Watsons, aaO., 11.

[5] Vgl. *D. C. Dennett*, Brainstorms. Philosophical Essays on Mind and Psychology, Montgomery (VT) 1978, 286–299.

[6] Vgl. *D. Wiggins*, Towards a Reasonable Libertarianism, in: T. Honderich (Hg.), Essays on Freedom of Action, London u.a. 1973, 33–61.

Indeterminiert ist nun, welches Set von Gründen entscheidungs- und handlungswirksam wird. Wiederum hätte Hugos Entscheidung unter denselben Umständen auch anders ausfallen können, und wiederum ist seine faktische Entscheidung nicht völlig willkürlich, weil sie Gründen entspricht, denen keine stärker gewichteten entgegenstehen. Anders als das erste Szenario liefert das zweite aber nicht einmal einen Fall von indeterminiertem Handeln, das womöglich selbstbestimmt ist. Denn zwar ist es nicht zufällig, dass sich Hugo entweder für die Bürobeheizung oder den Ausbau der Presseabteilung entscheidet, statt die Haushaltsmittel etwa im Casino von Baden-Baden zu verspielen. Es liegt ihm aber nicht näher, die eine *anstelle* der anderen Entscheidung zu fällen. Daher ist seine Entscheidung *zwischen* den Alternativen rein zufällig und daher nicht selbstbestimmt.

Libertarische Freiheitstheorien sind demnach zum Scheitern verurteilt. Entweder sind sie gänzlich außerstande, indeterminierte Handlungen von zufälligen Begebenheiten zu unterscheiden, oder sie bleiben wie im ersten Szenario zumindest den Nachweis schuldig, dass Handlungen indeterminiert sein müssen, um womöglich selbstbestimmt zu sein. Damit ist die Ausgangsfrage dieses Abschnitts beantwortet: Für selbstbestimmte und mithin freie Handlungen ist es nicht notwendig, dass sie unter *denselben* Umständen auch anders ausfallen können.

2 Ein kompatibilistischer Vorschlag

Sind demnach kompatibilistische Freiheitstheorien im Recht, die Freiheit und Determinismus für vereinbar halten? Dieser Schluss wäre voreilig. Denn der Verdacht, dass in einer deterministisch verfassten Welt alle Handlungen fremdbestimmt wären, ist noch nicht definitiv ausgeräumt. Zwar ist es keine notwendige Bedingung von Freiheit, *unter denselben Umständen* anders handeln zu können, aber dennoch gehören alternative Möglichkeiten konstitutiv zur Freiheit. Falls diese Möglichkeiten im Rahmen des Determinismus nicht gegeben sein könnten, folgt aus den bisherigen Überlegungen, dass Freiheit unmöglich ist. Denn wenn sie durch den Indeterminismus nicht ermöglicht und durch den Determinismus unmöglich wird, dann kann sie, egal wie die Welt beschaffen sein mag, nicht bestehen.

Ein kompatibilistisches Freiheitskonzept, wie ich es vertrete, hat offenbar nur dann Aussicht auf Erfolg, wenn nachgewiesen wird, dass innerhalb einer deterministisch verfassten Welt nicht alle Handlungen fremdbestimmt sein müssen und alternative Möglichkeiten im freiheitsrelevanten Sinn bestehen können. Der folgende Vorschlag erfüllt meines Erachtens diese Bedingungen. Er besagt, dass Freiheit mit genau drei Formen von Fremdbestimmung unverträglich ist und dass unter deterministischen Voraussetzungen durchaus die Möglichkeit von Handlungen besteht, die auf keine der drei Weisen fremdbestimmt sind.

Die *erste* Form von Fremdbestimmung, durch die Freiheit ausgeschlossen wird, ist äußerer Zwang. Unter äußerem Zwang steht jemand, wenn er nicht tut, was er will, oder tut, was er nicht will, weil ihm die Verwirklichung alternativer Möglichkeiten von anderen verwehrt wird. Ein typisches Beispiel ist der Pilot, der mit vorgehaltener Pistole dazu gebracht wird, die Flugroute zu ändern.

Die *zweite* mit Freiheit unverträgliche Form von Fremdbestimmung ist der innere Zwang. Innerlich gezwungen handelt jemand, wenn sein Handeln durch die Macht einer Neigung oder Abneigung bestimmt wird, die ihm nicht erlaubt, anders zu handeln, und von der er nicht möchte, dass sie handlungswirksam ist. Einen besonders drastischen Fall dieser Art von Unfreiheit hat Paulus in Röm 7,18–20 vor Augen:

> „Denn ich weiß, dass in mir, das heißt in meinem Fleisch, nichts Gutes wohnt. Wollen habe ich wohl, aber das Gute vollbringen kann ich nicht. Denn das Gute, das ich will, das tue ich nicht, sondern das Böse, das ich nicht will, das tue ich. Wenn ich aber tue, was ich nicht will, so tue nicht ich es, sondern die Sünde, die in mir wohnt."

Nach Maßstäben des klassischen Kompatibilismus müsste ‚sein' Tun als frei gelten, weil es nicht äußerlich erzwungen ist. Diese Einschätzung ist jedoch abwegig. Denn der Sünder wider Willen ist ebenso einer fremden Macht ausgeliefert wie der von Terroristen bedrohte Pilot. Moderne Kompatibilisten wie etwa H. Frankfurt haben den inneren Zwang daher zu Recht als eine weitere Form von Fremdbestimmung anerkannt, die mit Freiheit unverträglich ist.[7]

Sie irren allerdings, wenn sie glauben, damit sei Freiheit schon hinreichend charakterisiert. Um frei zu sein, genügt es nicht, aus Gründen zu handeln, von denen man möchte, dass sie handlungswirksam sind. Denn Handlungen können auch dann fremdbestimmt sein, wenn sich der Handelnde mit den Gründen, aus denen er handelt, in Übereinstimmung befindet. Die *dritte* Form der Fremdbestimmung ist eine verdeckte, weil sie im Unterschied zum äußeren und inneren Zwang vom Handelnden nicht registriert wird. Auf verdeckte Weise wird jemand fremdbestimmt, wenn ‚seine' Identifikation mit den handlungswirksamen Gründen durch Manipulation zustande kommt und daher Merkmalen widerspricht, die für ihn charakteristisch sind. Typische Beispiele sind Fälle von ‚Gehirnwäsche' oder Hypnose, in denen jemand aus den Gründen, aus denen er handelt, auch handeln möchte, obgleich er sie verabscheuen würde, wenn er nicht manipuliert wäre. Kompatibilistische Konzepte, die ausschließlich die subjektive Perspektive berücksichtigen und Freiheit als Harmonie des Handlungssubjekts mit seinen handlungswirksamen Gründen verstehen, greifen deshalb zu kurz.[8]

Halten wir folgendes Zwischenergebnis fest: Eine Handlung ist dann und nur dann frei, wenn sie weder zufällig erfolgt noch auf eine der drei Weisen fremdbestimmt ist. Positiv ausgedrückt: Freie Handlungen sind von Überzeugungen und Wünschen bestimmt, die zum individuellen Charakter einer Person, ihrem ‚Selbst' gehören. Das ‚Selbst', von dem hier die Rede ist, verstehe ich als Inbegriff derjenigen Merkmale, die für den individuellen Charakter einer Person konstitutiv sind. Welche Anforderungen

---

[7] Vgl. *H. G. Frankfurt*, Willensfreiheit und der Begriff der Person, in: *Ders.*, Freiheit und Selbstbestimmung. Ausgewählte Texte, hg. v. M. Betzler u. B. Guckes (Polis 3), Berlin 2001, 65–83, v.a. 73–75.

[8] Ebenso argumentiert auch *B. Guckes*, Ist Freiheit eine Illusion? Eine metaphysische Untersuchung (Ethica 6), Paderborn 2003, 112 f. u. 120–122.

diese personalen Merkmale erfüllen müssen und welche nicht, soll in den nächsten Abschnitten geklärt werden.

Zuvor aber sind die beiden Fragen zu beantworten, in welchem Sinne alternative Möglichkeiten konstitutiv zur Freiheit gehören und ob das skizzierte Freiheitskonzept alternative Möglichkeiten in diesem Sinne zulässt. Gewiss muss jemand in irgendeinem Sinne anders handeln können, damit die Handlung eine freie ist. Wie aber ist dieses Andershandelnkönnen zu interpretieren? Offenbar nicht in dem Sinn, dass man unter exakt *denselben äußeren und inneren Umständen* fähig gewesen sein muss, das eine oder das andere zu tun. Denn dann wäre es bloßer Zufall und nicht durch die personalen Merkmale bestimmt, welche Möglichkeit man ergreift. Die für Freiheit konstitutive Fähigkeit eines Akteurs, auch anders handeln zu können, ist vielmehr in einem konditionalen Sinne zu verstehen. Sie besteht darin, dass man anders gehandelt hätte, wenn man etwas anderes gewollt hätte. Nun wird ein Anderskönnen in diesem konditionalen Sinn aber offenkundig nicht dadurch ausgeschlossen, dass die Handlung durch die personalen Merkmale des Akteurs determiniert ist. Folglich lässt das skizzierte Verständnis von Freiheit diejenigen alternativen Möglichkeiten zu, die für Freiheit konstitutiv sind.

3 Eine Komplikation

Gegen das vorgeschlagene Verständnis von Freiheit lässt sich folgendes einwenden: Auch wenn jemand durch seine personalen Merkmale zu einer Handlung bestimmt wird und die Handlung im Fall anderer personaler Merkmale anders ausgefallen wäre, kann er dennoch fremdbestimmt sein. Denn es ist eine weitere, vierte Form von Fremdbestimmung denkbar, behauptet der Einwand, die im vorgeschlagenen Freiheitsverständnis unberücksichtigt blieb: Fremdbestimmt ist ein Akteur nämlich auch dann, wenn er die personalen Merkmale, die sein Handeln bestimmen, weder selbst hervorgebracht hat noch beliebig verändern konnte.

Nehmen wir *Luthers* Auftritt beim Wormser Reichstag als Beispiel. Auf die Frage, ob er seine Irrtümer widerrufen wolle, antwortete Luther bekanntlich:

„Wenn ich nicht durch Zeugnisse der Schrift oder einsichtige Vernunftgründe widerlegt werde […], bin ich durch die von mir angeführten Schriftworte bezwungen. Und so lange mein Gewissen in Gottes Wort gefangen ist, kann und will ich nichts widerrufen, weil es unsicher ist und die Seligkeit bedroht, etwas gegen das Gewissen zu tun."[9]

Wenn das entwickelte Verständnis von Freiheit zutrifft, war Luthers Verhalten frei und moralisch zurechenbar. Denn seine Verweigerung des Widerrufs war durch sein Gewissen determiniert, und zudem hätte er widerrufen, falls er durch Schriftworte oder Vernunftgründe widerlegt worden wäre. Inkompatibilisten fordern allerdings mehr. Für R. Kane etwa ist Luthers Weigerung nur dann frei und moralisch zurechenbar, wenn er

---

[9] WA 7, 838. Die Übersetzung folgt hier *M. Brecht*, Martin Luther. Sein Weg zur Reformation, 1483–1521, Stuttgart 1983², 438 f.

diejenige Art von Person, die sein Handeln in Worms bestimmte, durch frühere selbstbestimmte Entscheidungen und Handlungen geworden ist.[10] Damit wird menschliche Freiheit und Verantwortung an eine Bedingung geknüpft, die Luther selbst für unerfüllbar hielt. Um frei und für Handlungen verantwortlich zu sein, müsste der Handelnde, so glauben Inkompatibilisten, alternative Möglichkeiten in Bezug auf seine handlungsbestimmenden Charakterzüge besitzen.[11] Dies wiederum scheint nur auf zwei Weisen denkbar zu sein. Entweder hat es irgendwann in seiner Macht gestanden, die handlungsbestimmenden Züge seines Charakters zu erwerben oder nicht zu erwerben, oder er fand diese Charakterzüge zwar vor, hat sie aber akzeptiert, obgleich er sie hätte ändern können.

Damit jemand für sein Handeln verantwortlich ist, scheint es also von ihm selbst abhängen zu müssen, welchen handlungsbestimmenden Charakter er besitzt. Dieser Charakter müsste deshalb seinerseits durch selbstbestimmtes Handeln entweder hervorgebracht oder zumindest in beliebigem Grade veränderbar sein. Wie leicht einzusehen ist, liegt aber weder das eine noch das andere im Bereich des Möglichen. Im *ersten* Fall wird unterstellt, der Akteur habe seinen handlungsbestimmenden Charakter durch selbstbestimmtes Handeln erworben. Dieses charakterbestimmende Handeln kann aber nur dann selbstbestimmt sein, wenn der Handelnde einen Charakter zweiter Ordnung besitzt, durch den es bestimmt wird. Denn andernfalls wäre es entweder fremdbestimmt oder zufällig. Nun muss der Charakter zweiter Ordnung seinerseits durch selbstbestimmtes Handeln zustande kommen, wenn sich das Ausgangsproblem nicht erneut einstellen soll. Daher ist ein Charakter dritter Ordnung erforderlich, der dem Handelnden ebenfalls nicht vorgegeben sein darf. Kurzum: Die Annahme, der Handelnde habe seinen handlungsbestimmenden Charakter selbstbestimmt hervorgebracht, führt in einen Regress. Dasselbe gilt im *zweiten* Fall, in dem der Akteur diesen Charakter zwar vorfindet, ihn aber in selbstbestimmter Weise entweder bestätigt oder in beliebigem Maß verändert. Nun kann diese Bestätigung oder Veränderung des Charakters aber nur dann selbstbestimmt sein, wenn der Akteur wiederum einen Charakter höherer Ordnung besitzt, durch den er bestimmt wird. Daher führt auch der zweite Fall in einen Regress. Dieser Regress ließe sich nur dann vermeiden, wenn der Mensch wäre, was er nicht sein kann: eine *causa sui*. In *Jenseits von Gut und Böse* bemerkt Nietzsche:

> „Die causa sui ist der beste Selbst-Widerspruch, der bisher ausgedacht worden ist, eine Art logische Nothzucht und Unnatur: aber der ausschweifende Stolz des Menschen hat es dahin gebracht, sich tief und schrecklich gerade mit diesem Unsinn zu verstricken. Das Verlangen nach ‚Freiheit des Willens' in jenem metaphysischen Superlativ-Verstande, wie er leider noch immer in den Köpfen der Halb-Unterrichteten herrscht, das Verlangen, die ganze und letzte Verantwortung für seine Handlungen selbst zu tragen und

---

[10] Vgl. R. *Kane*, The Significance of Free Will, New York u.a. 1996, 77 f., sowie *Ders.*, A Contemporary Introduction to Free Will (Fundamentals of Philosophy Series), New York u.a. 2005, 82.

[11] Vgl. z.B. R. *Chisholm*, Human Freedom and the Self (s. Anm. 3), 25; T. *Nagel*, The View from Nowhere, New York u.a. 1986, 118 f., 123 u. 126; G. *Strawson*, Consciousness, Free Will and the Unimportance of Determinism, in: Inquiry 32 (1989) 3–27, 10; G. *Strawson*, The Bounds of Freedom, in: R. Kane (Hg.), The Oxford Handbook of Free Will, 441–460, 453–458.

Gott, Welt, Vorfahren, Zufall, Gesellschaft davon zu entlasten, ist nämlich nichts Geringeres, als eben jene causa sui zu sein"[12].

Halten wir zweierlei fest: Erstens kann der Mensch seinen handlungsbestimmenden Charakter weder selbstbestimmt hervorbringen noch in selbstbestimmter Weise bestätigen oder beliebig umwandeln. Folglich könnte er zweitens keine Freiheit besitzen, falls Freiheit an eine der beiden Möglichkeiten gebunden wäre. Für Theoretiker, die diese Verbindung herstellen und Selbstverursachung allenfalls Gott zuschreiben, ist menschliche Freiheit und Verantwortung deshalb unmöglich. Das klassische Beispiel eines freiheitstheoretischen Impossibilismus, den gegenwärtig z.B. T. Nagel und G. Strawson vertreten,[13] ist Spinoza. Nach Spinoza wird dasjenige frei genannt, „das nur aus der Notwendigkeit seiner eigenen Natur heraus existiert und nur durch sich selbst zum Handeln bestimmt wird"[14]. Frei in diesem Sinne ist aber nach Spinoza ausschließlich die göttliche Substanz.[15]

4 Die Unhintergehbarkeit des Selbst

In seinem berühmten Gespräch mit Jacobi hat sich Lessing zur Position Spinozas bekannt und sie mit der lutherischen verknüpft. Auf Jacobis emphatische Verteidigung der Willensfreiheit antwortet er ironisch:

> „Sie drücken sich beinah so herzhaft aus, wie der Reichstagsschluß zu Augsburg; aber ich bleibe ein ehrlicher Lutheraner, und behalte ‚den mehr viehischen als menschlichen Irrtum und Gotteslästerung, daß kein freier Will sei', worein der *helle reine* Kopf Ihres Spinoza sich doch auch zu finden wußte."[16]

Müssen Lutheraner, wenn sie konsequent sind, demnach einen Impossibilismus vertreten und die Möglichkeit menschlicher Freiheit und Verantwortung bestreiten?

Zur Beantwortung dieser Frage orientiere ich mich an Luthers *De servo arbitrio*. Nach Luther besitzt allein Gott einen freien Willen im strikten Sinn. Denn nur er ist in jeder Hinsicht durch sich selbst bestimmt und weder in seinem Sein durch andere Mächte bedingt noch in seinem Wollen und Handeln durch sie beschränkt.[17] Dem Menschen diesen freien Willen zuzuschreiben, hieße deshalb nach Luther, ihm „die Gottheit selbst beizulegen, eine Gotteslästerung, wie sie größer nicht sein kann."[18] Damit will Luther keineswegs die Fähigkeit des Menschen bestreiten, in dem Bereich, der ihm unterstellt

---

[12] *F. Nietzsche*, Jenseits von Gut und Böse. Vorspiel einer Philosophie der Zukunft (F. Nietzsche. KSA V), Berlin/New York 1999, 9–244, 35.

[13] Vgl. *T. Nagel*, The View from Nowhere (s. Anm. 11), 113–124; *G. Strawson*, The Bounds of Freedom (s. Anm. 11), 441–460.

[14] *B. de Spinoza*, Die Ethik. Lateinisch/Deutsch, revidierte Übers. v. J. Stern, Nachwort v. B. Lakebrink (RUB 851), Stuttgart 1977, 5 u. 7, Teil I/Definition 7.

[15] Vgl. AaO., 49, Teil I/Lehrsatz 17/Zusatz 2

[16] *F. H. Jacobi*, Über die Lehre des Spinoza in Briefen an den Herrn Moses Mendelssohn, auf der Grundlage der Ausg. v. K. Hammacher u. I.-M. Piske bearb. v. M. Lauschke (PhB 517), Hamburg 2000, 34.

[17] Vgl. WA 18, 617, 636 f., 662, 664, 712.

[18] AaO., 636.

ist,[19] Alternativen zu unterscheiden und zwischen ihnen zu wählen.[20] Freiheit in diesem begrenzten Sinne erhebt ihn nach Luthers Meinung vielmehr über das Tier und begründet seine geschöpfliche Sonderstellung.[21] Diese begrenzte Freiheit besteht allerdings nicht in dem Vermögen des Menschen, grundlose und unverständliche Entscheidungen zu treffen, das ihn nicht eben auf günstige Weise vom Esel Buridans unterschiede. Denn freie Entscheidungen sind nach Luther durch den Charakter und die Motive des Handelnden determiniert.[22] Bezogen auf die Entscheidungs- und Handlungsfreiheit, die der Mensch besitzt, vertritt Luther also eine kompatibilistische Position.

Damit ist die Frage, ob ehrliche Lutheraner und vernünftige Leute wie Lessing dem Menschen Verantwortung zuschreiben können, allerdings nicht beantwortet. Denn in entscheidender Hinsicht besitzt der Mensch nach Luther eben keinen freien Willen. Zwar werden seine Handlungen oft durch seinen Willen bestimmt, aber dieser Wille ist in zweifacher Weise seiner selbst nicht mächtig. Erstens ist sein sittlicher Charakter kein Resultat seiner freien Wahl, sondern immer schon entschieden. Zweitens fehlt dem menschlichen Willen die Macht, den sittlichen Charakter zu verändern, in dem er sich vorfindet und der allen einzelnen Willensakten zugrunde liegt. Kurzum: Nach Luther kann der Mensch seinen sittlichen Charakter weder wählen noch zum Guten umwenden. Genau das war auch das Ergebnis, zu dem wir unabhängig von theologischen Erwägungen gelangt waren.

Nun scheint diese Position aber Konsequenzen zu haben, die schwer annehmbar sind: Wie kann der Mensch, wenn er in Bezug auf seinen Charakter keine alternativen Möglichkeiten besitzt, für Handlungen verantwortlich sein, die durch diesen Charakter bestimmt sind? Fragen wie diese gehören nach Luther zu den undurchdringlichen Rätseln, die sich erst im Lichte der Herrlichkeit auflösen.[23] So lange wollten die meisten evangelischen Theologen freilich nicht warten. Um die Verantwortung des Menschen zu begreifen, meinten sie, mit Luthers Lehre vom unfreien Willen brechen zu müssen.[24] Muss ein ehrlicher Lutheraner demnach umgekehrt die Denkbarkeit menschlicher Verantwortung preisgeben und sich wie Lessing zum Spinozismus bekennen?

Dazu wäre er verpflichtet, wenn die Verantwortung für Handlungen voraussetzen würde, dass der Handelnde seinen handlungsbestimmenden Charakter wählen oder über dessen Umwandlung entscheiden könnte. Wer diese unerfüllbare Bedingung aufstellt, übersieht indes die subjektive und möglicherweise auch objektive *Unhintergehbarkeit des Selbst.* Mit subjektiver Unhintergehbarkeit ist folgendes gemeint: Ich kann den Kernbe-

---

[19] Vgl. aaO., 638, 672, 781.

[20] Vgl. aaO., 664 f., 776, 780.

[21] Vgl. aaO., 636, 780.

[22] Vgl. Luthers Deutung der Weigerung Pharaos, das Volk Israels ziehen zu lassen. AaO., 710–714.

[23] Vgl. aaO., 784 f.

[24] Schon Melanchthon hat dem Menschen die Freiheit zugeschrieben, das allgemeine Gnadenangebot Gottes annehmen oder ablehnen zu können. Vgl. *P. Melanchthon*, Loci praecipui theologici von 1559 (1. Teil), bearb. v. H. Engelland, fortgeführt v. R. Stupperich (MW II/1), Gütersloh 1978², 263–280 (*De humanis viribus seu de libero arbitrio*); *Ders.*, Loci praecipui theologici von 1559 (2. Teil), hg. v. H. Engelland (MW II/2), Gütersloh 1953, 592–602 (*De praedestinatione*).

stand meines eigenen Selbst nicht als etwas von mir Unterscheidbares betrachten, das auch ganz anders sein könnte und auf das mich eine fremde Macht festgelegt hätte. Denn diese Betrachtung beruht auf der selbstwidersprüchlichen Vorstellung, ich könnte ein anderer sein und im Kern dennoch ich selbst bleiben. Gewiss kann ich bestimmte Züge an mir selbst als äußerlich und fremd erfahren. Aber diese Erfahrung ist nur auf dem Hintergrund anderer Züge möglich, die mir unmittelbar vertraut sind und in unveräußerlicher Weise zu mir selbst gehören. Auch wenn das, was mich ausmacht, durch vorausliegende Faktoren bestimmt wäre, könnte ich es nicht sinnvollerweise als etwas mir Aufgezwungenes verstehen. Denn es gibt nichts, dem es aufgenötigt sein könnte. Genau deshalb rechnen sich Menschen ihre charakterbestimmten Handlungen zu, obgleich sie ihren handlungsbestimmenden Charakter weder wählen noch umwandeln können.

Aber das tun sie, mag man einwenden, zu Unrecht. Denn in objektiver Hinsicht sei der Charakter sehr wohl hintergehbar, wenn er durch die Vergangenheit der Welt und die Naturgesetze determiniert ist. Innerhalb einer deterministisch verfassten Welt können Menschen folglich selbst für ihre charakterbestimmten Handlungen unmöglich verantwortlich sein.

Dieser Schluss ist indes vorschnell, und zwar aus folgendem Grund: Angenommen, zwischen einem früheren Zustand der Welt und einem späteren Weltzustand, der Personen einschließt, besteht wirklich ein Determinationszusammenhang. Was genau heißt das? Es heißt lediglich, dass beide Weltzustände in einer Weise aufeinander abgestimmt sind, die es erlaubt, von jedem der beiden auf den jeweils anderen zu schließen. Damit bleibt offen, welcher der beiden sich gegebenenfalls am andern ausrichtet. Denn Determinationsverhältnisse sind wechselseitige Ableitungsbeziehungen zwischen Begriffen und deshalb nicht mit asymmetrischen Kausalverhältnissen zu verwechseln.[25] Der Determinismus bezieht sich also auf die Beschreibungsebene und ist von Ursache-Wirkungs-Zusammenhängen auf der Ebene der Gegenstände genau zu unterscheiden. Nun ist es denkbar, dass Gott im Entwurf der möglichen Welt, zu der wir gehören, den früheren Weltzustand an den späteren und speziell an den Charakter der Personen angepasst hat, die im späteren eingeschlossen sind. Der Determinationszusammenhang zwischen beiden hätte dann, wie der christliche Schöpfungsglaube annimmt, eine teleologische Ausrichtung. So gesehen würde die Vergangenheit nicht unseren Charakter, sondern unser Charakter vielmehr die Vergangenheit bestimmen. In diesem Fall aber wären wir berechtigt, uns als verantwortliche Akteure zu verstehen, obgleich sich im Prinzip zeigen ließe, dass wir unter der Voraussetzung des früheren Weltzustandes und der Naturgesetze genau die Personen werden mussten, die wir geworden sind. Denn in der möglichen Welt, die Gott verwirklicht hat, wären wir es immer schon gewesen, und zwar in einer nun auch objektiv unhintergehbaren Weise. Dieses Konzept, das man als ‚Retro-

---

[25] Im Kontext der Freiheitsdebatte haben T. Buchheim und A. F. Koch auf diesen Unterschied hingewiesen. Vgl. *T. Buchheim*, Unser Verlangen nach Freiheit. Kein Traum, sondern Drama mit Zukunft, Hamburg 2006, 75 f.; *A. F. Koch*, Wahrheit, Zeit und Freiheit. Einführung in eine philosophische Theorie, Paderborn 2006, 155.

determinismus' bezeichnen kann, scheint mir die einzig denkbare Möglichkeit zu sein, um die Rede von menschlicher Freiheit und Verantwortung aufrechtzuerhalten und damit das gesamte System von sozialen Interaktionen, die unser alltägliches Leben bestimmen.

Martin Ohst

GLAUBE UND WUNDER[1]

Seit Jahrhunderten durchlebt die christliche Religion, zumal in den Ländern des alten Lateineuropa und in dessen außereuropäischen Expansionsräumen, ihre neuzeitliche Umformungskrise: Gesellschaftlich-politische, weltanschauliche und mentale Selbstverständlichkeiten, in welche die konfessionellen Gestalten christlichen Glaubens, Lebens und Denkens in ihren frühneuzeitlichen Formations- und Blütephasen eingelassen waren, sind geschwunden und schwinden weiter, und dadurch befindet sich die christliche Religion selbst ihrerseits in einem Prozess schrankenloser Transformation mit völlig ungewissem Ausgang.

Vielfach wird hieraus der Schluss gezogen, angesichts gemeinsamer Herausforderungen müssten evangelisches und katholisches Christentum Differenzen bereinigen, Gemeinsamkeiten betonen und näher zusammenrücken. Konfessionelles Profil sei ein Luxusartikel, den man sich in schwerer Zeit nicht mehr leisten könne. Gebündelt wird das alles in der unermüdlich wiederholten Behauptung, es gebe, zumal angesichts der Moderne bzw. Postmoderne, zur Ökumene keine Alternative – wobei die römisch-katholische Kirche mit und seit *Unitatis redintegratio*[2] das Deutungsmonopol über diesen schillernden Begriff beharrlich für sich reklamiert. Unbeirrbar arbeitet sie auf eine Wiedereingliederung getrennter Kirchentümer hin, bei der diese ihren Erwerb an Eigenheiten dann einbringen mögen, sofern sie dem Normengefüge der Papstkirche anpassbar sind.

In allen diesen Überlegungen zur Überwindung der Umformungskrise durch die Nivellierung konfessioneller Eigentümlichkeiten waltet eine stillschweigende Voraussetzung: Die Umformungskrise werde in beiden Konfessionskulturen auf die gleiche oder

[1] Die im Folgenden entfalteten Beobachtungen und Mutmaßungen haben sich mir im Zuge der Arbeit am kirchengeschichtlichen Beitrag zu dem von F. W. Horn herauszugebenden Band „Glaube" (Themen der Theologie) ergeben. Ich beschränke mich hier auf die Form eines Essays und gebe nur die nötigsten Belege.

[2] Vgl. dazu die mustergültig luzide, präzise und nüchterne Analyse von *E. Herms*, Das Ökumenismusdekret. Sein Ort in der Lehre des Zweiten Vatikanums und seine heutige Bedeutung, in: BThZ 31 (2014) 2, 283–305. Vielleicht könnte man noch etwas deutlicher darauf hinweisen, mit welcher Selbstverständlichkeit das durch den Papst autorisierte Konzil die alleinige normative Deutungshoheit über alle Kirchen und kirchlichen Gemeinschaften beansprucht und betätigt. Es wird ja nicht einmal als Faktum zur Kenntnis genommen, dass diese jeweils auch ganz eigene reflektierte theologische Selbstdeutungen haben. Es ist genau dieses durch keine Spur des Relativismus oder Historismus getrübte und deshalb dem außenstehenden Betrachter völlig hypertroph erscheinende Selbstbewusstsein, das ernsthafte theologische Gespräche mit Vertretern der Papstkirche so unerquicklich und so unergiebig macht. Und hier dürfte auch die Ursache dafür liegen, dass die katholische Theologie – auch und gerade in der Nachfolge des zumindest in dieser Hinsicht maßlos überschätzten J. A. Möhler – augenscheinlich keine wirklich überzeugenden konfessionskundlichen Leistungen hervorzubringen vermag.

doch vergleichbare Weise erfahren, und deswegen könnten und sollten sie Strategien zu ihrer Bewältigung von einander übernehmen.

Dieses Wahrnehmungsschema wäre allerdings einer unbefangenen kirchengeschichtlichen Prüfung erst noch auszusetzen: Gibt es nicht eine lange Reihe gewichtiger Indizien dafür, dass sich gerade unter dem Druck der neuzeitlichen Umformungskrise die konfessionellen Profile nur desto schärfer auch wider einander ausgeprägt haben? Wäre also die Umformungskrise der Neuzeit nicht vielmehr als Faktor anzusprechen, der die in der Reformationsepoche begonnene Herausbildung neuartiger, zutiefst wesensdifferenter Gestalten abendländischen Christentums nur umso stärker vorangetrieben hat und auch weiter vorantreiben wird? Das legte dann eine gänzlich andere Schlussfolgerung nahe: Die wirklich lebensmächtigen und zukunftsfähigen Gestalten westlichen Christentums sind die deutlich konfessionell individualisierten. Und wenn sich das so verhielte, dann wäre gerade die Nivellierung konfessionell-individuell gewachsener Eigenarten im Leben, Glauben und Denken der unterschiedlichen Spielarten westlichen Christentums nichts weiter als ein freundlicher, aber unmissverständlicher Vorbote des religionsgeschichtlichen Todes.

Mit diesen weit ausgreifenden Gedanken ist die Leitperspektive formuliert, welche einer Gesamtdarstellung neuzeitlicher Kirchengeschichte Zusammenhang und Profil verleihen könnte. Und es ist letztlich genau diese Leitfrage, die ein mehr als nur anekdotisches Interesse für das scheinbar etwas abseitige Thema ‚Glaube und Wunder' erwecken kann. An der Wunderthematik sind ja protestantisches und katholisches Christentum schon früh auseinandergeschert. Am Anfang stand der evangelische Widerspruch gegen die katholische Behauptung, die ununterbrochene Kette der unzweifelhaft beglaubigten Wunder sei eine manifeste göttliche Beglaubigung für den Vollmachtsanspruch der Papstkirche.[3] Und abgesehen von volksreligiösem Mirakel- und Prodigienglauben hat sich im evangelischen Christentum der Glaube an Wunder und deren Erwartung spätestens seit der Frühaufklärung mit zunehmender Konsequenz auf das Sondergebiet der biblischen Wundererzählungen zurückgezogen.[4] Das Thema ‚Wunder' ist so zum internen Problem der Schultheologie geworden: Generation für Generation wird der Streit um die biblischen Wunder mit leicht variierenden Argumentationsmustern aufs Neue repetiert, und redliche Theologie als kritische Geschichtswissenschaft sagt zu ihnen allen einschließlich der Osterlegenden das, was eben zu sagen ist.

Ganz anders im katholischen Bereich. Dort wurden und werden die neutestamentlichen Wunder nicht auf diese Weise isoliert. Sie stehen vielmehr als erste Glieder in einer Kette von Wundern, die sich, den Glauben herausfordernd, ermutigend und stärkend, durch die ganze Kirchengeschichte zieht. Das gilt bis heute, wie jeder Blick in die *Acta Apostolicae Sedis* zeigt: In Rom werden im Zuge von Selig- und Heiligsprechungen, also Akkreditierungs- bzw. Zertifizierungsverfahren für längst bestehende Praktiken der Anbetung, Wunder mit dem Anspruch auf wissenschaftliche Geltung konstatiert. Der im-

---

[3] Vgl. *M. Ohst*, Art. Wunder V. Kirchengeschichtlich, in: TRE 36 (2004) 397–409, 405 f.
[4] Vgl. aaO., 407.

mer schon vorausgesetzte, ja überhaupt das kirchliche Verfahren immer erst in Gang setzende Glaube an gegenwärtig durch die Fürbitte von Heiligen bewirkte Wunder wird kirchenamtlich legitimiert, gestützt und ermutigt: Demjenigen, der sich mit derartigen Bitten an kirchlich approbierte Selige/Heilige wendet, wird mit kirchlicher Vollmacht zugesichert, dass er seine Glaubenszuversicht und seine Gebetsmühe nicht an unwürdige bzw. nicht existente Adressaten vergeudet.[5]

Evangelische berührt das peinlich – als bizarr, irgendwie aus der Zeit gefallen. Wie kommt das? Nun, primär waltet dabei so etwas wie ein diffuses Wissen um eine Zeitenwende: ‚Früher‘ habe man bestimmte Dinge ja noch glauben können, aber heute, in der ‚modernen Welt‘, gehe das doch nicht mehr. Soviel daran zutrifft: Erschöpfend ist diese Auskunft nicht. Denn Begebenheiten, welche allen bekannten Gesetzmäßigkeiten innerweltlicher Geschehensabläufe widersprechen, waren, objektiv betrachtet, im Frühmittelalter oder um die Zeitenwende genauso häufig bzw. genauso selten wie heutigentags. Geändert hat sich jedoch im evangelischen Christentum der Begriff des Glaubens, und je mehr dieser neuartig gefasste und gefüllte Begriff des Glaubens sich entfaltet und durchgesetzt hat, desto weiter hat sich der ‚Glaube‘ entfernt von der Bereitschaft zum Fürwahrhalten von Ereignisberichten, die jeder Wahrscheinlichkeit Hohn sprechen.

Im unausgeglichenen Widerspruch zur aktivischen Primärbedeutung des Verbs ‚glauben‘ impliziert der evangelische Glaubensbegriff ja keine Anstrengung, die erbracht wird, um mittels ihrer einen Zweck zu erreichen oder einen Vorteil zu erlangen. Glaube ist kein willentliches, zielgerichtetes Sichabmühen seitens des Subjekts, das etwas für wahr halten zu sollen meint, das dem eigenen Wahrscheinlichkeitsurteil und Wahrheitsbewusstsein nicht einzugehen vermag. Nein, evangelisch bezeichnet Glaube vielmehr ein dem Subjekt widerfahrendes Angeredet- und Ergriffenwerden von einem sich ihm worthaft, vernünftig mitteilenden Gegenüber, und in diesem Ergriffenwerden widerfährt dem Subjekt eine Transformation seines Selbst-, Gottes- und Weltverhältnisses durch eine neuartig sich erschließende Evidenz: „Aber glawb ist eyn gotlich werck ynn uns, das uns wandelt und new gepirt aus Gott, Johan. 1. und todtet den allten Adam, macht uns gantz ander menschen von hertz, mut, synn, und allen krefften, und bringet den heyligen geyst mit sich, O es ist eyn lebendig, schefftig, thettig, mechtig ding um den glawben, das unmuglich ist, das er nicht on unterlas solt gutts wircken, Er fraget auch nicht, ob gutte werck zu thun sind, sondern ehe man fragt, hat er sie than, und ist ymer im thun"[6].

Diese klassisch-reformatorische Fassung des Glaubensbegriffs ist ein scharf profiliertes Spezifikum evangelischen Christentumsverständnisses, unlöslich verankert in einer ihm entsprechenden Anschauung Gottes und seines Handelns an Mensch und Welt, und all das markiert in der Geschichte des westlichen Christentums einen epochalen Einschnitt. Es greift zwar auf bestimmte Motive des Paulinismus zurück und bedient sich zu seiner Selbstexplikation augustinischer Denkschemata und -modelle, aber es ist sehr viel

---

[5] Vgl. die von Johannes Paul II. zur Durchführung von Kanonisationsverfahren verfasste Apostolische Konstitution *Divinus Perfectionis Magister*, 25.1.1983, online unter: http://tinyurl.com/divinus-perfectionis-magister (Stand: 31.7.2015).

[6] So Luther in seiner *Vorrede zum Römerbrief* (1522): WA DB 7, 10.

mehr und sehr viel anderes als künstlich reanimierter Paulinismus oder gar bloß eine der vielen Spielarten des mittelalterlichen Rückgriffs auf Augustin.

Das alles nun kommt besonders deutlich zum Ausdruck, wenn man sich die Eigenart des vor- und außerreformatorischen Glaubensbegriffs verdeutlicht, und dessen spezifische Konturen treten besonders charakteristisch in und an seiner Beziehung zum Wunder, zum Mirakel hervor, wie die folgenden drei Fallstudien zeigen werden.

1

An den Anfang gehört selbstverständlich Augustin – allerdings unter der Voraussetzung, dass Augustin, gerade was den Glaubensbegriff angeht, allenthalben mit, auf und an den Grundlagen arbeitet, welche in der Geschichte der christlichen Frömmigkeit und Theologie längst bereit lagen.

H. Scholz hat seine schöne Monographie über Augustins 22 Bücher *De Civitate Dei* unter den Titel *Glaube und Unglaube in der Weltgeschichte*[7] gestellt. Man muss gar nicht mehr lesen, als die Zitate, die er selber abdruckt, um zu merken: Diese Titelformulierung ist zwar eingängig, aber doch zumindest im selben Maße unglücklich. Augustin würde für den Gegensatz der beiden Artungen menschlichen Bewusstseins, welchen er als dynamisches Zentrum die Dramatik der Weltgeschichte antreiben sieht, wohl kaum das Begriffspaar verwenden, das Scholz' Buchtitel ziert, sondern vielmehr ‚Demut und Hochmut' bzw. ‚Gottesliebe und Selbstliebe'. Der Glaubensbegriff hat eben bei Augustin ganz andere Funktionen und Konnotationen. Die sichern ihm zwar auch seinen wichtigen Rang in der Selbstverständigung der christlichen Religion, aber eben doch einen ganz andersartigen als denjenigen, welchen er dann im Strahlungsbereich der Reformation erlangen sollte.

Glaube – das ist für Augustin die vom Willen geforderte und vom Verstand zu erbringende Zustimmung zu bestimmten Sätzen, welche ein von Gott gesetztes Gefüge von Bedingungen bezeichnen, unter denen Menschen zur ewigen Seligkeit zu gelangen vermögen. Glaube ist damit für Augustin die unentbehrliche Basis, auf welcher alles christliche Leben sich erhebt, und damit steht Augustin in einer Traditionslinie, welche bis ins vorpaulinische Heidenchristentum zurückreicht (Röm 10,9) und ihre für alle Folgezeit klassische Formulierung in Hebr 11,6[8] gefunden hat.

Aber der hier angesprochene Glaube ist eben nur die Basis christlicher Existenz, mitnichten das Ganze, und das gilt in zwei Hinsichten: (1) Die propositionalen Gehalte,

---

[7] *H. Scholz*, Glaube und Unglaube in der Weltgeschichte. Ein Kommentar zu Augustins De civitate Dei. Mit einem Exkurs: Fruitio Dei, ein Beitrag zur Geschichte der Theologie und der Mystik, Leipzig 1911. – Scholz' Lehrer hat hier sehr viel klarer differenziert: vgl. *A. Harnack*, Geschichte der Lehre von der Seligkeit allein durch den Glauben in der alten Kirche, in: ZThK 1 (1891) 82–178, v.a. 162–176, sowie *Ders.*, Lehrbuch der Dogmengeschichte. Bd. 3: Die Entwicklung des kirchlichen Dogmas, unv. reprografischer Nachdruck der 4. neu durchgearb. u. vermehrten Aufl. Tübingen 1909, Darmstadt 1983, 202–209, v.a. 206 f. mit Anm. 5.

[8] Vgl. *Concilium Tridentinum* Sess. VI (Dekret über die Rechtfertigung), Cap. 8: DH 2001[39], 1532.

welche der Glaube in Akten des wohlerwogenen Gehorsams gegen eine zwar Vertrauen erweckende, ihm aber doch trotzdem immer äußerlich bleibende Autorität akzeptiert, sind so beschaffen, dass sie in einem – freilich unter den Bedingungen irdisch-endlichen Lebens unabschließbaren – Prozess in Erkenntnis verwandelt werden können und müssen. Das *credere* weist über sich selbst hinaus, denn es ist dazu bestimmt, ins *intelligere* überzugehen. (2) Der Glaube selbst lässt, für sich genommen, sein Subjekt bestimmte Behauptungen über ein von Gott gesetztes und gewährleistetes Gefüge von Bedingungen erkennen und anerkennen. Damit ist er eine Leistung, welche die Struktur dieses Bedingungsgefüges von demjenigen erwartet und fordert, der sein Nutznießer sein bzw. werden will. Aber als Teilleistung ist der Glaube doch nur ganz anfangshaft und unvollständig: Der erkennende und anerkennende Glaube bedarf der Ergänzung durch die Hoffnung und durch die Liebe, damit der Mensch sich für die ewige Seligkeit qualifizieren kann.

Jenes gesamte Bedingungsgefüge, das der Glaube erkennt, anerkennt und anfangsweise erfüllt, geht aus Gottes unergründlicher Güte und Barmherzigkeit hervor – insofern ist es ganz und gar Gnade. Aber mehr noch: Ob ein bestimmter Mensch dieses Bedingungsgefüge nicht nur erkennt, sondern es auch so anerkennt, dass er in ihm die Seligkeit erlangt – das hängt, so Augustin seit seinem Antwortschreiben auf die Fragen des alten Mailänder Bekannten Simplician,[9] allein am unergründlichen Geheimnis der göttlichen Erwählung, welche gnädig den Wenigen den Glauben schenkt und ihn gerechterweise den Vielen verweigert.

Diejenigen jedoch, die den Willen zum Glauben und den Glauben selbst erschwingen, tun dies als Subjekte ihrer von Gott just zu diesem Behufe von der erbsündlichen Lähmung befreiten Freiheit. Und als Akt der gnadenhaft aktivierten Freiheit ist der Glaube deshalb auch als göttliches Gnadengeschenk an die Erwählten ein verdienstliches Werk. Glaube ist also geschenkhaft von Gott ermöglicht und gerade so ein Akt der menschlichen Freiheit. Und darum ist er das Musterbeispiel schlechthin dafür, dass nach Augustin die verdienstlichen guten Werke des Menschen Gottes Geschenke sind: „Was ist das Verdienst des Menschen vor der Gnade? Durch welches Verdienst erlangt er die Gnade, da doch allein die Gnade jedes gute Verdienst in uns bewirkt? Und wenn Gott unsere Verdienste krönt, krönt er dann nicht etwa nur seine eigenen Werke?"[10]

Glaube ist also von Gott gewährt: *Einmal äußerlich*, weil und sofern Gott dem Menschen den Gegenstand des Glaubens vor Augen stellt, *sodann innerlich*, weil er, wie sich der nachgängigen Reflexion erschließt, das Glaubenwollen und Glaubenkönnen dem einzelnen Menschen geschenkhaft gewährt, indem er die durch die Adamssünde verhängte Sperrung der Willensfreiheit löst. Nichtsdestoweniger: Auf Seiten des Menschen ist der Glaube nicht etwa ein Überwältigtwerden durch eine neuartige, bisherige Einsicht

---

[9] Ungeachtet einiger eklatant verzerrender Wertungen bleibt außergewöhnlich aufschlussreich K. Flasch (Hg.): Logik des Schreckens. Augustinus von Hippo: Die Gnadenlehre von 397. Lateinisch – Deutsch, erkl. v. K. Flasch, deutsche Erstübers. v. W. Schäfer (Excerpta classica 8), 2. verb. Aufl. mit Nachwort, Mainz 1995.

[10] *Augustin*, Epist. 194, cap. 5 n. 19: MPL 33, Sp. 880.

aufhebende, höhere Evidenz, sondern eine von Verstand und Willen zu erbringende Leistung, die eben gerade darin besteht, dass der vom Willen geleitete Verstand unter der helfenden Leitung der Autorität sein durch ein Evidenzdefizit hervorgerufenes Widerstreben gegen die Glaubensanmutung aufgibt: „Ich glaubte dem Evangelium nicht, wenn mich nicht die Autorität der Katholischen Kirche dazu bewegt hätte"[11]. Liest man diese unendlich häufig zitierte Stelle aus Augustins antimanichäischer Schrift *Contra epistolam Manichaei quam vocant Fundamenti* im Zusammenhang, dann wird klar, dass es Augustin hier ganz vordergründig um das Fürwahrhalten der evangelischen Geschichte mitsamt allen ihren Unwahrscheinlichkeiten geht. Es ist dieser wider die Verstandeseinreden erbrachte Glaube, der die Kenntnis des von Gott gesetzten Bedingungsgefüges in dessen Anerkennung überführt, und gerade die Anstrengung, die Selbstüberwindung, die darin liegt, verleiht diesem Akt der Anerkennung seinen religiösen Wert, also seine Geltung als Verdienst.

Diese Facette des Glaubensbegriffs hat dann später Gregor d. Gr. mit einer wieder und wieder zitierten Sentenz[12] auf den Begriff gebracht: „Ein Glaube, dem die menschliche Vernunft Erfahrungsgewißheit zuschreibt, trägt kein Verdienst in sich"[13]. Die willentlich gegen innere Widerstände erbrachte Anerkennung ist so zugleich der Schritt in das Beziehungsgefüge hinein und ein erster Akt innerhalb seiner. Und damit stehen wir an der Stelle, wo deutlich wird, was der so verstandene Glaube mit dem Wunder, dem Mirakel zu tun hat. Das zeigt ein exemplarischer Blick in Augustins Wunderarchiv[14]. Dort berichtet er auch von einer reichen, allbekannten katholischen Dame namens Petronia.[15] Die litt unter einer schweren Krankheit, welche aller ärztlichen Kunst spottete. Von einem alexandrinischen Juden hatte die Frau ein heilendes Amulett bekommen: Es bestand aus einem Ring, in welchen unter einer Gemme der Nierenstein eines Ochsen eingelassen war. Diesen Ring nun trug sie an einem härenen Gürtel direkt auf der Haut an ihrem Leibe. Viel scheint er nicht geholfen zu habe, denn Petronia entschloss sich,

---

[11] „Ego vero Evangelio non crederem nisi me catholicae ecclesiae auctoritas commovisset". MPL 42, Sp. 176.

[12] Vgl. *M. Grabmann*, Die Geschichte der scholastischen Methode. Bd. 1: Die scholastische Methode von ihren ersten Anfängen in der Väterliteratur bis zum Beginn des 12. Jahrhunderts, unv. Nachdruck der Ausg. Freiburg i. Br. 1909, Berlin 1988, 144. *Ders.*, Die Geschichte der scholastischen Methode. Bd. 2: Die scholastische Methode im 12. und beginnenden 13. Jahrhundert, unv. Nachdruck der Ausg. Freiburg i. Br. 1911, Berlin 1988, 189. *E. Gößmann*, Glaube und Gotteserkenntnis im Mittelalter (Handbuch der Dogmengeschichte 1,2b), Freiburg i. Br. u.a. 1971, 19 mit Anm. 26.

[13] *Gregor d. Gr.*, XL Homiliarum in Evangelia Libri II, Hom. 26, 1: MPL 30, Sp. 1197 („nec fides habet meritum, cui humana ratio praebet experimentum").

[14] Der Ausdruck stammt von *F. van der Meer*, Augustinus der Seelsorger. Leben und Wirken eines Kirchenvaters, ins Deutsche übers. v. N. Greitemann, 3. verb. u. erg. Aufl. Köln 1958, 563–568.

[15] Das Folgende nach MPL 41, Sp. 768 f. (*De civitate Dei*, 22, 8). Wertvoll sind auch die Anmerkungen C. Andresens zur deutschen Übersetzung von W. Thimme: *Augustinus*, Vom Gottesstaat (dtv 34393), aus dem Lateinischen übers. v. W. Thimme, eingel. u. kommentiert v. C. Andresen, vollst. Ausg. in einem Bd., München 2007, 1005–1010. Vgl. zu dieser Episode auch schon *A. Harnack*, Das ursprüngliche Motiv der Abfassung von Märtyrer- und Heilungsakten in der Kirche (1910), in: *Ders.*, Kleine Schriften zur Alten Kirche. Bd. 2: Berliner Akademieschriften 1908–1930, hg. v. J. Dummer (Opuscula 9,2), Leipzig 1980, 78–97.

noch ein anderes Heilmittel zu erproben: Paulus Orosius, den Augustin als Vertrauens-
mann des nordafrikanischen Episkopats dem nach Palästina ausgewichenen Pelagius
hinterhergesandt hatte,[16] war von dort mit Partikeln der 415 in Jerusalem aufgefundenen
Stephanus-Reliquien nach Nordafrika zurückgekehrt.[17] Die waren an mehrere Kirchen
verteilt worden, und dort wirkte der Mode-Heilige nun jeweils fleißig Wunder. Und so
machte sich eben auch Petronia auf den Weg zur Kirche nach Uzali, wo der Bischof und
Augustin-Schüler Euodius solche Partikel verwahrte. Auf dem Wege dorthin widerfuhr
ihr ein Mirakel: Als sie nach einer Rast ihre Reise fortsetzen wollte, da lag ihr der Zau-
berring mit einmal vor den Füßen. Sie vermutete die nächstliegende Ursache – der Gürtel sei zerrissen. Aber der war völlig heil. Darauf dachte sie, der Ring sei gebrochen und
deshalb abgefallen. Aber auch diese Vermutung erwies der Augenschein als falsch. So
nahm Petronia das ihr unerklärliche Phänomen als Omen, als göttlichen Fingerzeig, der
ihr deutlich machte, wo sie Hilfe finden werde und wo nicht, anders gewendet: Ihr wurde vor Augen geführt, wo religiöse Anstrengung ihren Lohn findet, und wo nicht. Und
sie begriff ihre Lektion rasch: Im Vertrauen darauf, dass der Heilige, zu dessen Reliquien
sie unterwegs war, ihr gewähren werde, was ihr das Zauberamulett versagt hatte, warf sie
Ring und Gürtel ins Wasser, setzte ihre Reise von Karthago nach Uzali fort und fand
dort Heilung.

Soweit die alberne und abgeschmackte Geschichte – scheinbar nur von Interesse als
Dokument einer zeitlos vitalen synkretistischen Wellness-Frömmigkeit. Augustin wäre
allerdings nicht Augustin gewesen, wenn er nicht auch hieraus theologisch etwas zu machen in der Lage gewesen wäre. Sehen wir hin: Er spielt alles auf den Glauben herüber.
Wer wird diesem Mirakel Unglauben entgegenbringen? So fragt er rhetorisch. Die Antwort liegt auf der Hand – sie verläuft *a maiori ad minus*: diejenigen, die weder glauben,
dass Jesus Christus aus dem unverletzt jungfräulichen Leibe seiner Mutter hervorgegangen ist, noch, dass er als Auferstandener den Weg zu seinen Jüngern durch verschlossene
Türen hindurch gefunden hat. Das gegenwärtige Mirakel steht also als Glied in einer mit
den Höhepunkten der evangelischen Geschichte beginnenden Reihe von Berichten und
Behauptungen, welche zugleich die Möglichkeit zum Glauben bieten und die Forderung
des Glaubens stellen. Und so ist es deutlich: Wer den großen Wundern der Heilsgeschichte den Glauben verweigert, der wird auch dem Bericht von dem, was Petronia
widerfahren ist, keinen Glauben schenken.

Aber das ist noch nicht alles, denn man kann ja auch umgekehrt, *a minori ad maius*,
vorgehen: Wenn Menschen, welche den Wundern der Heilsgeschichte den ‚Glauben‘
verweigern, das hier und jetzt, in ihrer Lebenswelt vorgefallene Mirakel untersuchen,
dann werden sie zweifelsohne herausfinden, dass es wirklich geschehen ist, und so wird
ihnen das Mirakel des heilen Ringes, der vom heilen Gürtel abgefallen ist, zum Anlass,
den Unglauben an den von der Jungfrau geborenen und nach seiner Auferstehung ge-

---

[16] Vgl. zu diesen Zusammenhängen in aller Kürze *W. Löhr*, Der Streit um die Rechtgläubigkeit des
Pelagius 414–418, in: V. H. Drecoll (Hg.), Augustin Handbuch (Theologen-Handbücher), Tübingen 2007,
183–197.

[17] Vgl. dazu *F. van der Meer*, Augustinus der Seelsorger (s. Anm. 14), 493 f.

schlossene Türen durchdringenden Gottmenschen Jesus Christus fahren zu lassen. Und der gelernte Rhetor Augustin schiebt noch ein Hilfsargument nach: Das Mirakel mit dem Ring ist ja nicht im Winkel geschehen, sondern an einer reichen, bekannten Frau aus einer großen, volkreichen Stadt!

Aber damit noch nicht genug, es folgt noch eine weitere theologische Vertiefung: Das banale Mirakel mit dem Ring und die Heilung der Frau ebnen den Weg zum Glauben an die Dreieinigkeit und Menschwerdung Gottes, erleichtern den Zugang in das Gefüge der göttlichen Heilsordnung mit ihren Bedingungen und Hilfen. Wie das? Nun, die Frau hat Heilung gefunden, so argumentiert Augustin weiter, weil der Erzmärtyrer Stephanus für sie, seine Verehrerin, bei Gott wirkmächtige Fürbitte eingelegt hat. Warum konnte er das? Die Antwort: Er hat geglaubt! Er, Stephanus, hat an denjenigen geglaubt, dessen Mutter *in partu und post partum* Jungfrau geblieben ist, der durch verschlossene Türen zu gehen vermochte und der leiblich in den Himmel aufgefahren ist. Er hat den Glauben sogar noch in seiner höchsten Steigerungsform erschwungen, sofern er um seinetwillen sein irdisches Leben in die Schanze geschlagen hat. Und genau darum, weil er das getan hat, geschehen nun durch ihn solche wundersamen Dinge, die den Horizont der Erwartungen ausweiten bzw. sprengen. Gott ist der Urheber des Mirakels und der Heilung, aber seine latent-virtuelle Bereitschaft, hier helfend einzugreifen, ist aktualisiert worden durch Stephanus: Der hat die ihm ganz unverdient, aus reiner Gnade eröffnete Möglichkeit des Glaubens an den Gottmenschen ergriffen. Auch die ihm genauso aus reiner Gnade gewährte Möglichkeit, seinem Glauben das letzte Siegel des Ernstes aufzudrücken, indem er ihn im gewaltsamen Todesgeschick bewährte, hat er beherzt ergriffen. Was Glaube eigentlich ist, lässt sich an ihm ablesen: Das willentliche Sich-einlassen auf die Botschaft von den Bedingungen des Heils und den Hilfsmitteln zu ihrer Erfüllung. Und es ist ein konstitutives Strukturprinzip des so verstandenen Glaubens, dass er wider den Verstand geht, ja, in seiner höchsten Vollendung impliziert er sogar die Hintansetzung des kreatürlichen Lebenswillens. Der Glaube ist ein mit Anstrengung, mit Willensanspannung erbrachtes Fürwahrhalten. Das, was dem Märtyrer widerfährt und was er erduldet, ist die quantitative Höchststeigerung eines Momentes, welches dem Glauben immerdar konstitutiv ist, ja, das seine eigentümliche Bedeutung ausmacht. Weil der Märtyrer den Glauben, verstanden als willentlicher Eintritt in das von Gott bereitgestellte Gefüge von Möglichkeitsbedingungen für die Seligkeit, in seiner höchstmöglichen Steigerungsform erbringt, verwirklichen sich an ihm im Gegenzug die dem konsequent ergriffenen und realisierten Glauben zugesagten Heilsverheißungen sichtbar und greifbar. Und der Märtyrer, der in exemplarischer Weise das gnädige göttliche Heilsangebot ergriffen und verwirklicht hat, wird auf diese Weise wiederum zur göttlichen Gnadenhilfe für den Glauben: Der Glaube kann an ihm *einmal* ablesen, dass er selber seinem Wesen nach Anstrengung ist, dass diese Anstrengung *sodann* jedoch nicht ohne Lohn bleiben wird.

Das Mirakel/Heilungswunder setzt gleichsam auf einer etwas tiefer gelagerten Ebene ein analoges Wechselspiel in Gang, welches Glaubensförderung durch Glaubensforderung betreibt und insgesamt die Mit- bzw. Nacherlebenden zum Ergreifen der einen, übergeordneten, in Wahrheit entscheidenden Heils- und Glaubensmöglichkeit einlädt, sie sozusagen ins Glauben einübt: Glaube erfordert Anstrengung und Überwindung, aber diese werden ihren Lohn erhalten – sicher nicht hier und sofort, aber es gibt doch unterschiedliche Arten des Vorgeschmacks auf den Lohn, die allerdings immer unvollständig bleiben müssen: Wären sie die Erfüllung, dann würden sie ja den Glauben seiner eigenen inneren Spannung berauben, in der und von der er lebt. Soweit dieses willkürlich herausgegriffene Exempel aus Augustins geschichtstheologischem *opus magnum* und einige daran anknüpfende Überlegungen. Augustin entwickelt dort den Zusammenhang von Wunder und Glaube am Typus des Märtyrers. Die Zukunft gehörte jedoch in erster Linie einem anderen Typus des mustergültigen Christen, nämlich dem des Asketen.

2

Sehr schön lässt sich das ablesen an einer Perle der Hagiographie aus der Zeit des Übergangs von der Spätantike ins Frühmittelalter, nämlich an der *Vita Severini* des Eugippius.[18] Sie strotzt – gattungstypisch – nur so von Mirakeln aller Art. Aber sie ist daneben und darüber hinaus gekennzeichnet durch die Tendenz, den von ihr als höchst lebendig und volkstümlich vorausgesetzten Glauben an den wunderkräftigen Gottesmann religiös und ethisch zu vertiefen.[19]

Schauplatz sind die Ufer der Donau etwa dort, wo heute Passau und Linz liegen. Dort erleben und erleiden die römisch denkenden und lebenden, katholisch glaubenden Menschen im letzten Drittel des 5. Jahrhunderts, wie ihr Kulturraum rettungslos seinen Eigenstand und seine Eigenart verliert. In allen Nöten wenden sie sich um Hilfe an Severin, einen gebildeten, politisch versierten Zuwanderer mit geheimnisumwitterter Vergangenheit, der als Einsiedler in strengster Askese am Rande der Gesellschaft lebt – ihm, dem *vir Dei*, trauen die Verängstigten und Verunsicherten schlechthin alles zu. Er selbst allerdings, so jedenfalls das Bild, das Eugippius ein halbes Jahrhundert später von ihm zeichnet, als die Römer längst unter Mitnahme der Reliquien des Heiligen von den Ufern der Donau nach Süditalien emigriert sind, denkt von seinen eigenen Fähigkeiten deutlich geringer. Eigentlich vermag er ja gar nichts, was nicht jeder andere Christenmensch auch kann – nämlich glauben: Wider die Einreden des Augenscheins und des Alltagsverstandes für wahr halten, dass Gott jede ehrlichen Herzens erbrachte fromme Leistung unfehlbar belohnen wird. Und so ist Severins erste Reaktion auf Hilfsbitten immer die, dass er seine eigenen asketischen Leistungen weiter steigert und im Verein damit die Bittenden ihrerseits zu solchen Leistungen motiviert. Ein Beispiel:[20] Als in einem besonders

---

[18] Ich benutze die Ausgabe *Eugippius*, Vita Sancti Severini. Das Leben des heiligen Severin, Lateinisch/Deutsch, übers. u. hg. v. T. Nüsslein, bibliographisch erg. Ausg. (RUB 8285), Stuttgart 1999.

[19] Vgl. dazu auch *H. C. Brennecke*, Die Wunder und ihre theologische Reflexion im „Commemoratorium vitae S. Severini" des Eugipp von Lucullanum mit einem Seitenblick auf die „Vita sancti Martini" des Sulpicius Severus, in: M. Heinzelmann u.a. (Hg.), Mirakel im Mittelalter. Konzeptionen, Erscheinungsformen, Deutungen (Beiträge zur Hagiographie 3), Stuttgart 2002, 62–76.

[20] Das Folgende nach *Eugippius*, Vita Sancti Severini (s. Anm. 18), 34–36.

strengen Winter eine Hungersnot herrscht und die Menschen ihn um Hilfe anflehen, wird ihm nach gemeinsamen Bußübungen in einer Vision kund, dass eine reiche Witwe in großem Stil Lebensmittel gehortet hat. Diese Frau bringt Severin zunächst vor einer Art Volkstribunal dazu, dass sie ihre Vorräte der Allgemeinheit zur Verfügung stellt, und so geht eine förmliche Welle der Hilfsbereitschaft und der Mitmenschlichkeit über die gebeutelte Stadt. Aber mehr noch: Weit vor der üblichen Zeit kommt Tauwetter auf, das Eis auf der Donau bricht, und Versorgungsschiffe, die festgelegen hatten, treffen ein.

Das gedankliche Gerüst in den dramatischen, pointierten Erzählungen zeichnet sich in den Bedeutungsvarianten des Substantivs *virtus* ab: Der die *virtus* des Glaubens in höchster quantitativer Steigerungsform erschwingende Asket empfängt im Gegenzug gesteigerte Kräfte (*virtutes*), und so vollbringt er Machttaten (*virtutes*), die wiederum ihren eigentlichen Zweck darin haben, seine Glaubens-*virtus* sowie die seiner Leser und Hörer zu wecken und zu stärken. Gottes Heilshandeln ist verstanden als Setzung einer zuverlässigen Ordnung von Bedingungen, deren Erfüllung die ewige Seligkeit verheißen ist. Glaube ist das Primär- und Elementarerfordernis dieser Bedingungsordnung, nämlich deren Anerkennung seitens des Subjekts. Der erbrachte Glaube ist also einerseits ein erster Schritt in der Erfüllung der Bedingungsordnung, andererseits ein bloßer Anfang, welcher über sich hinausweist: Ohne den Glauben ist alles nichts, aber er selbst ist eben noch längst nicht alles. All das fließt zusammen in der konstitutiven Bestimmung, dass Glaube Verdienst ist, also, wie alles Verdienst, in unscheidbarer Widerspruchseinheit mit- und ineinander Geschenk und Leistung. Er ist eine Gabe, die demjenigen, dem sie angeboten wird, die Aufgabe der Annahme stellt, und dem, der sie angenommen hat, weitere Pflichten auferlegt. Er ist eine Aufgabe, die der Auftraggeber nicht stellt, weil sie auf seiner Seite irgendein Bedürfnis befriedigen könnte, sondern die letztlich allein den Zweck hat, dem Beauftragten zur Verwirklichung seines wahren Selbstzwecks zu verhelfen.

Wie die göttliche Heilsordnung nicht nur ein nacktes Gefüge von Bedingungen ist, sondern zugleich reich ist an wiederum in eigene Bedingungsgefüge eingelassenen Hilfsmöglichkeiten, so hilft Gott auch beim Glauben: durch Wunder/Mirakel, welche die eigentlichen Primärgegenstände/-inhalte des Glaubens gleichsam in alltagstaugliche kleine Münze ausprägen. Am Augustin-Beispiel haben wir gesehen, wie das Histörchen vom lückenlos geschlossenen Ring, der vom heilen, geschlossenen Gürtel abfiel, zum Hinweis auf die raumzeitliche Schranken überschreitende Selbstvergegenwärtigung des menschgewordenen Logos diente.

3

Von der Mirakelproduktion des Mittelalters gewinnt man am leichtesten einen Eindruck durch Sammelwerke, Kompilationen.[21] Am Anfang stehen stilbildend die Wunder-

---

[21] Vgl. zu Begriff und Forschungsstand *C. Gebauer*, Visionskompilationen. Eine bislang unbekannte Textsorte des Hoch- und Spätmittelalters (AHST 19), Münster 2013, 13–28.

legenden der Asketen Italiens, die Gregor d. Gr. gesammelt hat.[22] Petrus der Ehrwürdige von Cluny webt in seine Sammlung der Wunderlegenden Geschichtserzählungen ein, um noch einmal die exzeptionelle Heilsvollmacht der in die Jahre gekommenen *Ecclesia Cluniacensis* zum Leuchten zu bringen.[23] Routiniert arrangiert und präsentiert der rheinische Novizenmeister Caesarius von Heisterbach aus dem Zisterzienserorden seine fast schon serienmäßig produzierten Wundergeschichten für alle Zwecke des Unterrichts und der Predigt.[24] Das eigentliche Thema ist allenthalben der Glaube, und zwar strukturell im eben genannten Sinne.

Aber es findet eine Verschiebung des Schwerpunkts statt – auf die beiden symbolischen Interaktionsformen, in denen sich christlicher Glaube als Gabe und Aufgabe den Menschen der Papstkirche des Mittelalters am deutlichsten und eindrücklichsten darbietet: erstens und bleibend wichtigstens die Eucharistie/Messe[25] und zunehmend dann neben ihr die Beichtbuße.

Die Verschiebung gegenüber der Spätantike ist deutlich, aber sie ist doch alles andere als ein Bruch. Die Kontinuität liegt in der Instanz, die letztlich den Glaubensinhalt vorlegt, den Glauben fordert und normiert, nämlich in der Kirche. Augustin, so bezeugt er, hätte dem Evangelium ohne die Autorität der Kirche nicht geglaubt. Und die Kirche ist es dann, die als Selbstvergegenwärtigung des göttlichen Heilswillens auf Erden in der Messe/Eucharistie und dann zunehmend auch in der Beichtbuße in der Lebenswelt des Mittelalters in den Gesichtskreis des einzelnen Menschen tritt bzw. nach ihm greift: Die Kirche steht mit ihrer Autorität dafür ein, dass sich in jeder Messe die Fleischwerdung des Logos als Brotwerdung sowie das unendlich verdienstliche Kreuzesopfer des Gottmenschen vergegenwärtigt, dass in der Beichtbuße wahrhaftig das richtende und rettende Gericht Gottes sich schon vorgreifend hier auf Erden vollzieht. Das sind die ungegenständlichen Gegenstände des Glaubens, das sind die Aufgaben, die Gott in der Kirche und durch sie dem Glauben schenkt und aufgibt. Aus dieser inneren Widerspannung, dass er nämlich geschenkte Aufgabe und aufgegebenes Geschenk ist, empfängt der Glaube seine bewegte Lebendigkeit, und aus ihr erwächst sein religiöser Eigenwert, nämlich seine Verdienstlichkeit als Tugendleistung. Und dass immer, mal ausdrücklich und mal stillschweigend, diejenige Instanz mit im Spiel ist, die dem einzelnen Menschen die Gegenstände des Glaubens nahebringt und ihm die Glaubensforderung ausrichtet: Das lässt sich alles nirgends präziser ablesen als an den immer und immer wiederholten und immer weiter verfeinerten Distinktionen scholastischer Theologie zwischen der *fides im-*

---

[22] *Gregor d. Gr.*, Dialogues. 3 Bde., hg. u. übers. v. A. de Vogüé u. P. Antin (SChr 251, 260, 265), Paris 1978–80.

[23] Vgl. *Petrus Venerabilis*, De miraculis libri duo, hg. v. D. Bouthillier (CChr CM 83), Turnhout 1988.

[24] Die recht seltene alte Ausgabe von J. Strange ist jetzt mit einer deutschen Übersetzung versehen und leicht greifbar: *Caesarius von Heisterbach*, Dialogus Miraculorum. Dialog über Wunder. 5 Bde., übers. u. kommentiert v. N. Nösges u. H. Schneider (Fontes Christiani 86), Turnhout 2009.

[25] Grundlegend hierzu bleibt P. *Browe*, Die eucharistischen Wunder des Mittelalters (Breslauer Studien zur historischen Theologie NF 4), Breslau 1938.

plicita und der *fides explicita*.[26] Dieses Unterscheidungssystem beruht ja auf der Grundlage des allgemein verpflichtenden Glaubens daran, dass die verfasste Kirche als Heils-, Lehr- und Rechtsanstalt gleichsam als Treuhänderin einen Schatz von unablässig im Prozess ihrer Explikation sich befindenden Glaubenswahrheiten verwalte (*depositum fidei*)[27]. Was und wieviel der einzelne Christ daraus noch im Einzelnen ausdrücklich kennen und anerkennen muss, richtet sich nach seinen individuellen Lebens- und Bildungsumständen. Jedenfalls ist und bleibt auch die in letzte Weiten und Tiefen sich erstreckende *fides explicita* doch immer organisch verwurzelt und zentriert in der *fides implicita*, die in ihrem Kern das Ja zur Kirche als Glaubensautorität ist.

Mirakelgeschichten sind in der Literatur des Mittelalters aber nicht allein in Kompilationen präsent. Sie finden auch dort Verwendung, wo auf hohem intellektuellen Niveau klassisch theologische Themen traktiert werden. Beispielhaft sei das an einem der wohl wirkungsgeschichtlich wichtigsten Dokumente frühmittelalterlicher Theologie dargestellt, und zwar an der Abhandlung über Leib und Blut Christi des Paschasius Radbertus von Corbie,[28] also derjenigen Schrift, welche in der Mitte des 9. Jahrhunderts den sog. ersten Abendmahlsstreit auslöste und, rückschauend betrachtet, am Anfang eines Weges steht, an dessen Ende die Papstkirche im einzigen neuen Dogma des Mittelalters, dem *Innocentianum* von 1215,[29] ihr Selbstverständnis als Heilsanstalt und in diesem Zusammenhang das Verständnis ihres Zentralsakraments für alle Zukunft rechtsgültig fixierte.

Wenn dieses Werk einen bestimmenden theologischen Leitgedanken hat, dann ist es der der schlechthin schrankenlosen Allmacht, mit der Gott der Herr in und über seiner Schöpfung waltet. Diese Allmacht erleidet auch durch ontologische Strukturen und Kategorien keine Einschränkung. Und das ist keine bloße theoretische Aussage, denn an ihr hängt, richtig verstanden, die Heilsverheißung des christlichen Glaubens: „Ist unser Fleisch und das der Tiere etwa nicht Erde? Doch, es ist Erde, weil ja geschrieben steht: Du bist Erde und sollst zu Erde werden (Gen 3,19). Obgleich also das Fleisch Erde ist, und zwar vergängliche Erde: Wenn es die Rechtssatzungen und die Weisungen von Gottes Geboten befolgt, soll es mit Unsterblichkeit bekleidet werden" (MPL 120, Sp. 1270B). Das ist die unanschauliche und deshalb eben Glauben fordernde Heilsverheißung der christlichen Religion. Und deren Inhalte liegen allesamt nicht sichtbar vor Augen, sondern sie sind Geheimnisse, Mysterien. In der Welt des sinnlichen Wahrnehmens und des verständigen Verstehens sind sie lediglich in Unkenntlichkeit, in Verhüllung,

---

[26] Eine klare knappe Zusammenfassung bietet *J. Altenstaig*, Vocabularius Theologiae, Hagenau (Heinrich Gran) 1517, Bl. 87v–90r. Umfassend informiert sodann *G. Hoffmann*, Die Lehre von der fides implicita. 3 Bde., Leipzig 1903–1909.

[27] Vgl. die Apostolische Konstitution *Fidei Depositum*, die von Johannes Paul II. anlässlich der Veröffentlichung des Katechismus der Katholischen Kirche im Anschluss an das II. Vatikanum verfasst wurde (11.10.1992), online unter: http://tinyurl.com/fidei-depositum (Stand: 31.7.2015).

[28] Im Folgenden zitiert nach der Ausgabe MPL 120, Sp. 1259–1350 in eigener Übersetzung unter Angabe der Spaltenzahlen im Text. Auf die Idee, hier dem Zusammenhang Glaube-Wunder nachzuspüren, hat mich ein Jugendwerk, eine gekrönte Preisschrift, eines der nachmals wichtigsten deutschen Kirchenhistoriker des 19. Jahrhunderts gebracht: *H. Reuter*, De Erroribus qui Aetate Media Doctrinam Christianam de S. Eucharistia turpaverunt, Berlin 1841, 26–32.

[29] DH 2001[39], 800–802.

gegenwärtig, fasslich allein für den Glauben, der, belehrt durch das gehorsame Vertrauen auf die Zuverlässigkeit der Schrift, durch die Verhüllungen hindurch stößt und hinter ihnen der Wahrheit ahnend innewird: Nur der Glaube sieht in Christus, der am Kreuze hängt, Gott und im Brote dessen Fleisch (vgl. MPL 120, Sp. 1269C): „Aus diesem Grunde überragt dieses Mysterium bei weitem alle Mirakel, die seit Anbeginn der Zeit geschehen sind, denn sie alle sind nur geschehen, damit dieses eine geglaubt werde: Dass Christus nämlich die Wahrheit ist! Die Wahrheit aber ist Gott, und wenn Gott die Wahrheit ist, dann ist auch alles wahr, was Christus in diesem Mysterium verspricht"(MPL 120, Sp. 1271B/C).

Die Eucharistie, für Radbertus das Mysterium des Glaubens schlechthin, ist den vielen Mirakeln also einerseits überlegen, anderseits strukturanalog: Sie ermöglicht und fordert den Glauben ebenso wie jene. Das Mysterium Christi und seines Altarsakraments stehen als *membra praecipua* an der Spitze einer langen, sich gleichsam bis ins Unendliche nach ‚unten' fortsetzenden Reihe kleinerer Mirakel, die alle ihren Wert darin haben, dass sie über sich hinaus auf die großen Mysterien verweisen und den Glauben an sie heranbilden.

Es ist vollkommen unsinnig, hier so etwas wie den Anfangspunkt einer dogmengeschichtlichen Entwicklungsreihe zu lokalisieren, die dann auf Luthers ausgereifte Abendmahlstheorie hinführt. Hier geht es um etwas kategorial anderes als um das reformatorisch verstandene Abendmahl: Es geht um die Messe/Eucharistie als Gegenstand des verdienstlichen Autoritätsglaubens, und das macht die Fortsetzung des vorigen Zitats noch einmal deutlicher: „Deshalb handelt es sich um das wahre Fleisch und Blut Christi, und wer das ißt und trinkt, der hat das ewige Leben bleibend in sich. Aber für das körperliche Sehen und Schmecken werden sie nicht verändert, damit nämlich der Glaube sich an ihnen zur Gerechtigkeit übt und den Lohn der Gerechtigkeit um des Glaubensverdienstes willen erlangt"(MPL 120, Sp. 1271C).[30] Sicher, hier geht es um Glauben und Sakramentsempfang. Aber es geht nicht um den Glauben, der die Zusage der Sündenvergebung aneignet und in ihr die Befreiung zu einem neuen Gottes- und Selbstverständnis gewinnt, sondern um den Glauben, der wider den Augenschein willentlich autoritativer Belehrung Folge leistet und damit eine verdienstliche Leistung erbringt.

Und hieran schließt sich der nächste hier zu referierende Gedankengang des Radbertus an. Er betrifft die innere Rationalität der göttlichen Setzung, kraft derer Leib und Blut des Gottmenschen eben nur in verborgen-symbolischer Gestalt und nicht in hand-

---

[30] Die Fortsetzung lautet: „Und deshalb bekennen wir mit höchster Wahrhaftigkeit: Die anderen Wunder Christi bestätigen das eine sacramentum des Leidens, und deshalb ändern sie um dessentwillen nicht die äußerliche Gestalt, sondern nur nach innen, so dass der Glaube im Geiste erprobt/geprüft wird: Damit der Gerechte, der aus Glauben lebt, die Glaubensgerechtigkeit im Mysterium besitze und durch den Glauben das Leben als in sich bleibend empfange, wodurch er, zwar noch sterblich aber doch schon durch die Unsterblichkeit gespeist, umso mehr dem Unsterblichen zuteilt, wohin man ja nicht mit den Füßen, sondern durch den Glauben mit guten Werken gelangt" (MPL 120, 1271C–1272A). Weitere prononcierte Ausführungen über die Verdienstlichkeit des Wunder- und Sakramentsglaubens: MPL 120, 1287A u. 1315C.

hafter Realität zur Nießung dargereicht werden. Einmal waltet hier, so Radbertus, schonende Rücksichtnahme auf die Außenstehenden: Es gäbe die Christen der Verachtung preis, äßen sie wirklich Fleisch und tränken sie Blut. Aber das ist nur ein erstes, nachgeordnetes Argument. Wichtiger ist das folgende. Es schließt an ein tragendes biblisches Leitmotiv des ganzen Traktats an, nämlich 2 Kor 5,7: „Wir wandeln nämlich im Glauben und nicht im Schauen. Wenn in den Elementen die sichtbare Gestalt des Fleisches erschiene, dann ginge es nicht mehr um ein Mysterium und um den Glauben, sondern es geschähe ein Mirakel. Und dadurch würde entweder uns der Glaube erlassen [daretur], oder bei den ungläubigen/treulosen Kommunikanten würde der Abscheu nur noch frecher" (MPL 120, Sp. 1316A).

Eigentlich also gehört die symbolische Verborgenheit zur Eigenart des Sakraments selbst, und zwar aus psychologisch einsichtigen Gründen: „Begieriger wird gesucht, was verborgen ist, und in der Wertschätzung steigt, was mit Glauben gesucht wird. Darum mußte dieses Mysterium so eingerichtet werden, dass die inneren Geheimnisse den Ungläubigen verborgen blieben und dass der Glaubenstugend ihr Verdienst erwüchse, damit nichts denjenigen abginge, die der versprochenen Wahrheit Glauben schenkten" (MPL 120, Sp. 1315C).

Aber Radbertus ist im vorausgesetzten Konsens mit seinen Lesern trotzdem fest davon überzeugt, dass diese prinzipielle Unanschaulichkeit der Wahrheit des Altarsakraments doch auch immer wieder durchbrochen worden ist: „Jeder, der die Lebens- und Beispielgeschichten der Heiligen gelesen hat, weiß, dass die geheimnisvollen Sakramente des Leibes und Blutes sich in der sichtbaren Gestalt des Lammes oder in der Farbe des Fleisches und des Blutes gezeigt haben – entweder um der Zweifler willen, oder für solche, die Christus besonders brennend liebten" (MPL 120, Sp. 1316B–C). Das nötigt ihn nun zu beachtlichen argumentativen Anstrengungen. Deren Ergebnisse fallen nicht wirklich konsistent aus, aber gerade deswegen sind sie besonders interessant. Sicher, es gilt die eherne Regel: „Was die Wahrheit verspricht, das muss ohne den Augenschein geglaubt werden" (MPL 120, Sp. 1317A). Aber nun entwickelt Radbertus ein Differenzierungssystem. Die eucharistischen Wunder, so Radbertus, werden einmal den besonders konsequent Gläubigen zuteil, dann aber eben solchen, die zwar immer strebend sich um den Glauben bemühen, aber, aus welchen Gründen auch immer, nicht zum Erfolg kommen.

Unter den Beispielen, die Radbertus folgen lässt, kombiniert eines die beiden Motive sehr schön. Hauptperson ist der Abt Arsenius, ein Mann mit allen Attributen des erfolgreichen Hochleistungsasketen. Der nun, so Radbertus, pflegte gern von einem Mönch zu erzählen, der einst in der Welt ein großer Mann gewesen war, sich dann ins Kloster zurückgezogen hatte, dort aber in Sachen des Glaubens doch auf einem vergleichsweise niedrigen Stande sich eingerichtet hatte: Er hielt trotz eindringlicher Belehrungen seiner Brüder an einer symbolischen Messtheorie fest, denn er vermochte seine Zweifel an der Wahrheit der realistischen nicht zu überwinden. So verbanden sich alle miteinander im Gebet – der Gutwillige mit dem Glaubensdefizit selbst und zwei seiner glaubensstärkeren Mitbrüder. Diese beteten mit den folgenden Worten: „Herr Jesus Christus, enthülle dem Greis dieses Geheimnis, damit er glaubt und seine Anstrengung nicht verloren ist [et non perdat laborem suum]" (MPL 120, Sp. 1319B). Man muss es eigentlich gar nicht sagen: Am folgenden Sonntag sahen diese drei miteinander auf dem Altar statt des Brotes den Leib eines Säuglings liegen, und der wurde von einem Engel geschlachtet. Damit war dann die religiöse Vorstellungswelt des Greises aufs schönste geordnet. Bezeichnend ist die eben lateinisch zitierte Redewendung: Das ‚Wunder' wurde gewährt, damit die Mühen des Greises nicht umsonst seien – *ne perdat laborem suum.* Die Formel ist im paulinischen Sprachgebrauch verwurzelt.[31] Da sie in entsprechenden Erzählungen immer wieder auftaucht, ist sie einen etwas genaueren Blick durchaus wert. Sie bezeichnet das Christenleben, insbesondere das Mönchsleben, als eine willensbestimmte Bemühung. Diese Bemühung ist zweckhaft orientiert. Damit der Zweck erreicht werden kann, müssen die Grundlagen in Ordnung sein, und die wesentliche Grundlage ist der Glaube. Wenn da etwas nicht stimmt, dann besteht die Gefahr, dass das Christen- bzw. Mönchsleben sich am Ende als verlorene Glaubensmühe erweist. Aber wie ja das gesamte christliche Leben mit all seinen Verdienstmöglichkeiten als Aufgabe zuerst und zuletzt gnadenhafte Gabe ist, so hilft eben auch hier die göttliche Gnade wieder aus. Unbeschadet der Forderung des reinen, seinem Wesen nach ja kontrafaktischen Glaubens gilt doch auch insbesondere bezüglich der eucharistischen Wandlung, dass bisweilen, „während die Oblate gebrochen oder das Opfer dargebracht wird, das Lamm in den Händen [des Priesters] erscheint und das Blut wie bei der Schlachtung in den Kelch hineinfließt, so dass für die noch Zweifelnden offen vor Augen liegt, was im Geheimnis verborgen lag. Das hat die göttliche Treue für einige getan, die zwar schon glaubten, trotzdem aber noch zweifelten, damit auch sie den Glauben hinsichtlich der Wahrheit erlangten und andere durch das Wunder zum Glauben gestärkt würden und wir endlich durch denselben Glauben selbst reichlicher Anteil an der Gnade Christi erlangten" (1316C–1317A): Das Wunder, also in diesem Falle das eucharistische Mirakel, kommt nicht nur denen als Glaubenshilfe zugute, die es mit eigenen Augen erleben, sondern es ist von Anfang an darauf angelegt, verbreitet zu werden – eben als Glaubenshilfe, besser und präziser gesagt: als Hilfe zur Erbringung der Glaubensleistung.

4

Wir haben hier ein Glaubensverständnis vor uns, in welches die Überwindung des Widerspruchs des Augenscheins und des Verstandeszweifels als konstitutives Strukturmoment mit hineingehört – mitsamt der Erwartung, dass auch hier Gott hilft, indem er, modisch gesprochen, fordert und fördert, Hilfe zur Selbsthilfe gibt. Und es ist deutlich: Ein so verstandener Glaube geht mit den Herausforderungen der neuzeitlichen Umformungskrise selbstverständlich völlig anders um als der Glaube nach reformatorischem Verstande. Dass mit der Vokabel ‚Glaube' katholisch und evangelisch gänzlich

---

[31] Vgl. Phil 2,16; Gal 2,2; 4,11.

unterschiedliche Bewusstseinsakte gemeint sind, erschließt sich besonders deutlich beim Blick auf das scheinbar abseitige Thema ‚Glaube und Wunder': Vor- und außerreformatorisches Christentumsverständnis, das dort, wo es mit der Reformation und ihren Folgen konfrontiert wird, notwendig gegenreformatorisch wird, trägt eine religiöse Eigenlogik in sich, welche dem Fürwahrhalten autoritativer Propositionen, das willentlich gegen Verstandeseinreden erschwungen wird, spezifischen Eigenwert zuspricht.

Das evangelische Christentumsverständnis weiß hingegen allein von dem „groß wunder / das ein mensch durch die gottlich gnade / gleich gottis mechtig wurd / alßo das got thut was der mensch wil / wie wir sehenn / das durch Christum die Christenheit mit got also voreyniget ist / wie ein braut mit yhrem breudgam / das die braut recht und macht hat zu des breudgamß leyb / und allis was er hat. wilchs geschicht alles durch den glauben / da thut der mensch was got wil / und widderumb got was der mensch wil".[32]

---

[32] So Luther in seiner Auslegung des *Magnificat* (1520/21): WA 7, 597.

Hartmut Rosenau

DIE BIBEL – KRITIK, AUTORITÄT UND WAHRHEIT[1]

1 Vorbemerkungen

Wenn man heute innerhalb oder außerhalb der akademischen Theologie gefragt wird, wie es gegenwärtig um die Bibel und das Verhältnis von Kritik, Autorität und Wahrheit steht, dann könnte man mit E. Troeltsch antworten: „es wackelt alles"[2] – oder mit Heraklit: „alles fließt"[3]. Das mag im persönlichen Glaubensleben und in der kirchlichen Praxis anders sein, und das Wackeln und Fließen wäre dann auch nicht weiter schlimm, solange Theologie und Glaube im Prinzip unabhängig voneinander sind – wie z.B. Schriftstellerei und Literaturwissenschaft. Gehören sie aber wesentlich zusammen, ist Theologie im Grunde eine Implikation des Glaubens, den sie dann in der Auseinandersetzung mit dem Wahrheitsbewusstsein der jeweiligen Gegenwart entfaltet (so, wie N. v. Kues ‚Theologie' versteht, nämlich als *implicatio, explicatio* und *complicatio* des Glaubens)[4], dann wackeln jetzt nicht nur die Fundamente der Theologie als Wissenschaft, sondern mit ihnen auch die Fundamente des persönlichen Glaubens und der kirchlichen Praxis. Die „fröhliche Unbekümmertheit", die noch G. Bergmann im „Streit um die Bibel" mit der wissenschaftlichen Exegese des Alten und Neuen Testaments den frommen Gemeindegliedern und Bibellesern empfohlen hat, wäre dann vorbei.[5]

Wenn im Blick auf Kritik, Autorität und Wahrheit der Bibel alles wackelt oder alles fließt, dann kann das der Theologie wiederum dann gleichgültig bleiben, wenn sie sich als *natürliche Theologie* versteht (Theologie als λόγος τοῦ Θεοῦ im Sinne eines *genitivus objec-*

[1] Diesem Text liegt ein Vortrag zugrunde, den ich auf der Jahrestagung der Internationalen Bonhoeffer-Gesellschaft (ibg) am 6.9.2014 in Eisenach gehalten habe. Gerne möchte ich die hier entwickelten Überlegungen in dankbarer Verbundenheit und mit großem Respekt dem Jubilar E. Herms widmen. Denn die Anregungen dazu hat er mir schon mit seinem Beitrag zum ersten Graduiertenkolleg des Theologischen Arbeitskreises Pfullingen (TAP) gegeben, das 1986 in Neuendettelsau zum Thema der Pneumatologie und der Erkenntnistheorie stattgefunden hat. Mit dem gleichnamigen Titel von damals ist dieser Beitrag später auch als Buch erschienen: E. *Herms*, Luthers Auslegung des Dritten Artikels, Tübingen 1987. Die hier minutiös rekonstruierte und interpretierte Unterscheidung Luthers zwischen äußerer und innerer Klarheit des Wortes (58–65) hat mich dazu gebracht, über das *sola scriptura*-Prinzip der reformatorischen Theologie angesichts der Autoritätskrise der Bibel und der Infragestellung ihrer Wahrheit angesichts des Historismus und ihre mögliche Überwindung nachzudenken, auch wenn ich dann schließlich doch einen anderen Weg als den pneumatologischen gehen möchte, den der Jubilar im Anschluss an Luther beschrieben hat.

[2] F. Voigt (Hg.), Ernst-Troeltsch-Lesebuch. Ausgewählte Texte (UTB 2452), Tübingen 2003, XIV.

[3] W. Capelle (Hg.), Die Vorsokratiker. Die Fragmente und Quellenberichte, übers. u. eingel. v. W. Capelle (Kröners Taschenausgabe 119), Stuttgart 1968, 127.

[4] Vgl. H. *Rosenau*, Vom Sinn des Systematischen in der Theologie, in: U. Andrée u.a. (Hg.), Leben und Kirche, FS für W. Härle zum 60. Geburtstag (MThSt 70), Marburg 2001, 67–77, v.a. 76.

[5] G. *Bergmann*, Alarm um die Bibel. Warum die Bibelkritik der modernen Theologie falsch ist, Gladbeck 1963, 90; als Antwort darauf W. *Marxsen*, Der Streit um die Bibel, Gladbeck 1971, 41.

tivus) und sie auf Vernunft und Erfahrung setzt. Denn dann braucht sie Bibeltexte nicht als notwendige Begründung, sondern höchstens zur beiläufigen Illustration ihrer Überlegungen. Aber wenn sich die Theologie als *Offenbarungstheologie* versteht (λόγος τοῦ Θεοῦ im Sinne eines *genitivus subjectivus*), dann gibt es jetzt ein Problem. Denn woher wissen wir, dass sich Gott offenbart hat – und wie und als was und wem? Durch die Bibel – sie ist für uns das *Wort Gottes* (nach K. Barth in dreifacher Gestalt)[6], sie ist *Heilige Schrift* und alleiniges, maßgebliches Zeugnis von der Selbsterschließung Gottes in Jesus Christus.

Wohlgemerkt: Sie ist das Zeugnis der Offenbarung – und nicht diese selbst (im Unterschied z.B. zum muslimischen Verständnis des Korans)[7]. Offenbarung im christlichen Verständnis ist eine personale und keine literarische Kategorie: Gott offenbart sich in Jesus Christus, er ist das Wort Gottes gleichsam erster Ordnung (Joh 1,1–14). Von ihm legt die Bibel Zeugnis ab als Wort Gottes zweiter Ordnung, wie es in der je aktuellen Verkündigung zur Sprache kommt als Wort Gottes dritter Ordnung, um nochmals kurz auf K. Barths Unterscheidung einzugehen. Diese Abstufung mindert schon von vornherein und prinzipiell die Autorität der Bibel. Sie ist eben kein ‚papierener Papst‘ (Luther)[8], und das ‚Wort‘ ist auch nicht Buch oder Schrift geworden, sondern Mensch bzw. „Fleisch" (Joh 1,14). Nur Jesus Christus ist *die* absolute Offenbarung Gottes – die Bibel und die sie auslegende Verkündigung sind nur das relative und abständige Zeugnis davon. Darum ist die Bibel auch nicht Inhalt unserer Glaubensbekenntnisse. Wir glauben zwar *an* Gott, *an* Jesus Christus und *an* den Heiligen Geist, aber nicht *an* die Bibel (weder im starken Sinn eines *credere in bibliam* noch in dem schwächeren Sinn eines bloßen *credere bibliam*).[9] Daher könnte das *sola scriptura*-Prinzip durchaus auch in seiner gegenwärtigen Problematik verbleiben, denn die wackeligen oder fließenden Resultate des bisherigen Nachdenkens über Kritik, Autorität und Wahrheit der Bibel sind lediglich ‚vorletzte Dinge‘ (D. Bonhoeffer).

Aber dennoch: Wir können zwar theoretisch und prinzipiell zwischen der Offenbarung Gottes in Jesus Christus (dem Wort Gottes erster Ordnung) und dem Zeugnis von dieser Offenbarung (Bibel als Wort Gottes zweiter Ordnung) unterscheiden – aber faktisch eben doch nicht. Für uns fällt beides in eins zusammen, denn wir haben die Offenbarung (erster Ordnung) gar nicht anders als vermittelt durch das Zeugnis (zweiter und dritter Ordnung). Und so betrifft das faktische Wackeln und Fließen der Bibel im Blick auf ihre Kritik, Autorität und Wahrheit auch unsere prinzipielle Rede von der Offenbarung Gottes in Jesus Christus.

---

[6] Vgl. *K. Barth*, Die Lehre vom Wort Gottes: Prolegomena zur kirchlichen Dogmatik (KD I/2), Zürich 1975[6], 505–598 (§ 19).

[7] Zu diesen und anderen Unterschieden vgl. *H.-M. Barth*, Dogmatik: Evangelischer Glaube im Kontext der Weltreligionen. Ein Lehrbuch, Gütersloh 2001, 187–198.

[8] Zu Luthers Schriftverständnis vgl. *C. Danz*, Einführung in die evangelische Dogmatik (Einführung Theologie), Darmstadt 2010, 66–69.

[9] „Dieser christliche Glaube ist nicht Glaube an die Schrift, sondern schriftgemäßer Glaube." *E. Herms*, Die Heilige Schrift als Kanon im „kanon tes paradoseos", in: *Ders.*, Kirche – Geschöpf und Werkzeug des Evangeliums, Tübingen 2010, 162–193, 193.

Anders gesagt: Das *sola scriptura* mag als Prinzip mit seinem Anspruch auf Autorität und Wahrheit bleiben und in Geltung stehen, aber faktisch kann es angesichts der Kritik nicht mehr aufrechterhalten werden. Und irgendwann wird die Spannung zwischen prinzipiellem Anspruch und faktischer Problematik so groß (und gegenwärtig scheint mir das der Fall zu sein)[10], dass dann das Prinzip neu überdacht, ggf. modifiziert oder aufgegeben werden muss – so, wie ein Gesetz solange gilt und Autorität hat, bis es von der sich verändernden Lebenswirklichkeit überholt ist, diese nicht mehr abbilden und regeln kann und dann überprüft, modifiziert oder aufgegeben wird.

Hinsichtlich des *sola scriptura*-Prinzips plädiere ich persönlich nicht für seine Aufgabe (mit der extremen Konsequenz, sich vom dann vermeintlich haltlos gewordenen christlichen Glauben zu verabschieden, wie es z.B. kürzlich K. Flasch beschrieben hat)[11]. Aber ich plädiere für ein Überdenken (im Sinne der μετάνοια) und für ein Modifizieren. Und diese Modifikation nenne ich im Anschluss an gegenwärtige rezeptionsästhetische Überlegungen zu diesem Thema *sapiential* (in Anknüpfung an Einsichten alttestamentlicher Weisheitstheologie)[12]. Ich versuche, das *sola scriptura*-Prinzip sapiential zu erhalten bzw. mit seiner Problematik sapiential umzugehen (was nicht heißt, diese Problematik zu lösen). Das *sola scriptura*-Prinzip ist dann allerdings kein absolut gültiges Prinzip *an sich* mehr – das ist es m.E. auch faktisch nie gewesen –, sondern nur ein relatives, aber mit einer eigentümlichen Art von Relevanz *für uns* – wie ein ‚regulatives Prinzip‘ im Denken Kants.[13] Kritik, Autorität und Wahrheit der Bibel kommen dann zusammen im Begriff ‚Verbindlichkeit‘, und zwar einer solchen, wie sie Kant einem ‚ästhetischen Urteil‘ zuschreibt[14] – oder, mit Blick auf die Weisheitstraditionen des Alten Testaments, insbesondere des Predigers Salomo (Kohelet), einer Verbindlichkeit des ‚Wartens‘.[15] Die Bibel wäre dann keine *norma normans* mehr, wie sie traditioneller Weise in der reformatorischen Theologie im Unterschied zum Glaubensbekenntnis als *norma normata* verstanden wird,[16] sondern sie wäre, wortspielerisch gesagt, eine *norma normanda*.

Selbstverständlich hängt dabei – wie sonst auch immer – alles davon ab, was unter den hier verwendeten Leitbegriffen verstanden werden soll: Was verstehen wir unter Theologie, Bibel, Krise, Prinzip, Weisheit etc.? Und was verstehen wir unter Kritik, Autorität und Wahrheit? Das alles ist nicht von vornherein alternativlos klar, einfach und eindeutig, sondern kompliziert, vieldeutig und vielleicht letztlich auch aporetisch. Hier kann nur wenigen Aspekten skizzenhaft nachgegangen werden.

[10] Vgl. *C. Danz*, Einführung in die evangelische Dogmatik (s. Anm. 8), 76–79.

[11] Vgl. *K. Flasch*, Warum ich kein Christ bin. Bericht und Argumentation, München 2013, 11 u. 48.

[12] Vgl. dazu grundsätzlich *H. Rosenau*, Vom Warten – Grundriss einer sapientialen Dogmatik. Neue Zugänge zur Gotteslehre, Christologie und Eschatologie (Lehr- und Studienbücher zur Theologie 8), Berlin u.a. 2012, 15–38.

[13] Vgl. *I. Kant*, Kritik der reinen Vernunft 2, hg. v. W. Weischedel (*I. Kant*, Werkausgabe IV/stw 55), Frankfurt a. M. 1977³, 477 f. (B 544/A 516).

[14] Vgl. *I. Kant*, Kritik der Urteilskraft, hg. v. W. Weischedel (*I. Kant*, Werkausgabe X/stw 57), Frankfurt a. M. 1972², 124–134 (§§ 6–9).

[15] Vgl. *C. Danz*, Einführung in die evangelische Dogmatik (s. Anm. 8), 76–79.

[16] Vgl. zu diesen und anderen dogmatischen Bestimmungen *H.-G. Pöhlmann*, Abriss der Dogmatik, 2. verb. u. erw. Aufl., Gütersloh 1975, 43–48.

2 Zur Genese des Schrift-Prinzips:
Autorität und Freiheit

Im Verlauf der dramatischen Entwicklung reformatorischer Theologie in der Auseinandersetzung mit den ‚Römern', den Schwärmern und mit dem Humanismus, angestoßen durch Luthers existentielle Suche nach dem gnädigen Gott, nach Wahrheit und Heilsgewissheit, haben sich vier Prinzipien herausgebildet:

(1) *solus Christus* – allein Jesus Christus und keine andere himmlische oder irdische Instanz vermittelt das Heil.

(2) *sola gratia* – allein die Gnade Gottes rettet uns vor der Verdammnis, ohne Ansprüche nach den menschlichen Maßstäben von Gerechtigkeit und Verdienst.

(3) *sola fide* – allein im Glauben wird uns dieses gnädig durch Christus erworbene Heil zuteil, und nicht aufgrund von (noch so frommen) Werken.

(4) *sola scriptura* – allein die Heilige Schrift (Bibel, bestehend aus dem Alten wie dem Neuen Testament) ist Grundlage und Norm des Glaubens wie auch der Theologie, und keine noch so ehrwürdige menschliche Tradition innerhalb oder außerhalb der Kirche.[17]

Diese Prinzipien mit ihren *particula exclusiva* sind Bestimmungen und Inhalte der christlichen Freiheit. Sie gewinnen ihren Sinn und ihr Profil durch polemische Abgrenzung gegenüber ‚irrigen' Alternativen. Sie sind insofern antithetische ‚identity markers': Nur Christus, nur Gott, nur der Glaube und nur die Bibel haben für uns Autorität im Sinne dessen, worauf wir hören sollen, was uns – *extra nos* – etwas bzw. das Entscheidende zu sagen hat – und sonst gar nichts.

Unter ‚Schrift' versteht Luther den Kanon der hebräischen alt- und der griechischen neutestamentlichen Schriften (ohne die in der lateinischen Bibel, der *Vulgata*, mit gesammelten Apokryphen). Diese sollen alle Christen zur Verwirklichung ihrer Freiheit von allen weltlichen und geistlichen Autoritäten und ihrer Freiheit zu einem lebendigen und heilsgewissen Glaubensleben lesen und verstehen können. Aber der Umstand, dass hier etwas von Fachleuten übersetzt und kommentiert werden muss, damit es gelesen und verstanden werden kann (Luthers Bibelübersetzung ins Deutsche, die Katechismen etc.), zeigt, dass die mit dem *sola scriptura*-Prinzip intendierte christliche Freiheit keine absolute, sondern eine gelenkte ist. Allerdings kann durch eine solche Lenkung nur die ‚äußere Klarheit' des Wortes Gottes im Literalsinn als notwendige Bedingung der Möglichkeit des Verstehens hergestellt werden (*notitia*) – aber nicht die ‚innere Klarheit' als seine notwendige und hinreichende Bedingung. Diese ist als persönliche Zustimmung und Glaubensgewissheit (*assensus*, *fiducia*) vielmehr geistgewirkt und damit frei gegenüber menschlicher Macht und Möglichkeit, wenn auch gebunden an das Wort.

Um nun aber den richtigen vom falschen Geist und damit das richtige vom falschen Bibelverständnis zu unterscheiden, braucht man ein sicheres Kriterium, und dieses ist der Christus, wie er in der Schrift bezeugt ist. Daher formuliert Luther sein hermeneuti-

---

[17] Vgl. zur Genese des reformatorischen *sola scriptura*-Prinzips C. *Axt-Piscalar*, Was ist Theologie? Klassische Entwürfe von Paulus bis zur Gegenwart (UTB 3579), Tübingen 2013, 119–131.

sches Prinzip zum angemessenen Verständnis der Schrift: *was Christum treibet.* Und das, was Christum treibet, macht der Geist selbst vermittels des Wortes der Bibel deutlich – ohne menschliche Autorität und Interpretationshilfen. Insofern gilt: *sacra scriptura sui ipsius interpres* (die Heilige Schrift legt sich selbst aus) als Ausdruck sowohl der Freiheit Gottes und seines Wortes als auch der Glaubenden im Umgang mit der Bibel als Gottes Wort.

Aber faktisch, wenn es um konkrete Fragen z.B. nach der Willensfreiheit der Menschen vor Gott geht, wie in der Auseinandersetzung zwischen Luther und Erasmus, ist es nicht so, dass die Schrift sich selbst auslegt. Denn sie ist oft vieldeutig und ein Irrgarten von Meinungen (Erasmus).[18] Und aus diesem kommt man auch nicht durch das Vertrauen darauf heraus, dass die klareren Stellen die unklareren erhellen können, wie Luther meint – außer, dass im Vorhinein schon entschieden wäre, was ,klar' ist. Bei Luther ist dies die christologisch begründete Lehre von der Rechtfertigung, von der aus dann die zulässigen Ergebnisse der Exegese autoritativ abgeleitet werden, verbunden mit dem Anspruch, dass dies die Bibel selbst so interpretiert. Doch die Bibel interpretiert nichts, sondern Menschen sind es, die sie nach bestimmten Vor-Urteilen interpretieren.[19] Daher folgt Erasmus, der Humanist, in strittigen Auslegungsfragen dann doch lieber dem Urteil der Kirche und klammert die mehrdeutigen biblischen Aussagen skeptisch ein. Gegen diese Haltung wettert Luther: *spiritus sanctus non est scepticus* (der Heilige Geist ist kein Skeptiker).[20] Aber diese Überzeugung kann Luther angesichts divergierender Aussagen der Bibel z.B. hinsichtlich der Willensfreiheit nur aufrechterhalten, indem er den Geist an Christus bindet, den Christus an die Schrift, die Schrift an die (seine) Rechtfertigungslehre – und diese zum Kriterium einer sachkritischen Differenzierung der gestuften Autorität biblischer Schriften erhebt (,Kanon im Kanon'). So steht z.B. für Luther die Autorität des Jakobusbriefes oder der Johannesapokalypse nicht zuletzt aufgrund seiner Unterscheidung des einen Wortes Gottes in Gesetz und Evangelium weit hinter der des Römerbriefes oder des Johannesevangeliums zurück. Diese sind aber nun wiederum keine objektiven Bestimmungen des Bibelwortes, sondern unterschiedliche subjektive Wirkweisen des Wortes Gottes bei uns, das die einen als Gesetz, die anderen als Evangelium treffen kann.

---

[18] Vgl. *E. v. Rotterdam*, De libero arbitrio ΔΙΑΤΡΙΒΗ sive collatio. Gespräch oder Unterredung über den freien Willen, übers., eingel. u. mit Anm. versehen v. W. Lesowsky (*E. v. Rotterdam*, Ausgewählte Werke 4), Darmstadt 1969, 1–195, 37.

[19] Insofern ist jede hypostasierende Redeweise von der Bibel als Subjekt erkenntnistheoretischer Prozesse problematisch. So wenig wie die Bibel sich selbst interpretiert, so wenig – und hier weiche ich von den wenn auch eindrücklich formulierten und immer bedenkenswerten Überlegungen des Jubilars ab – „bezeugt sie auch ihren Ursprung und ihre Autorität". E. Herms, Die Schrift als Kanon, in: *Ders.,* Phänomene des Glaubens. Beiträge zur Fundamentaltheologie, Tübingen 2006, 390–401, 401. Menschen sind es, die dies – mittels der Schrift – so interpretieren oder bezeugen und das „Evidentwerden der Wahrheit" (Herms) dann im Nachhinein pneumatologisch deuten. E. Herms, Die Heilige Schrift als Kanon im „kanon tes paradoseos" (s. Anm. 9), 183.

[20] Vgl. dazu *H. Rosenau*, Ich glaube – hilf meinem Unglauben. Zur theologischen Auseinandersetzung mit der Skepsis (Kieler Theologische Reihe 2), Münster 2005, 40–53.

So aber begibt sich Luther – anders als Erasmus – in einen Zirkel der Argumentation, wobei hier offen bleiben kann, ob es ein akzeptabler hermeneutischer Zirkel oder der inakzeptable logische Fehler eines *circulus vitiosus*, einer *petitio principii* ist. Wenn dann noch zu guter Letzt deutlich wird, dass der Kanon der biblischen Schriften seinerseits ein Produkt kirchlicher Traditionsprozesse und Entscheidungen ist und diesen nicht prinzipiell alternativ gegenüber steht, und dass die Kriterien für die Kanonizität der kanonischen Schriften nahezu dieselben sind wie die klassischen Kennzeichen der Kirche (nämlich Einheit, Heiligkeit, Katholizität und Apostolizität), dann fehlt im Grunde das antithetische Gegenüber, von dem sich das *sola scriptura*-Prinzip der reformatorischen Theologie zur eigenen Profilierung und Stärkung absetzen kann. Dann aber relativiert sich faktisch und ungewollt auch die absolute Autorität und der Wahrheitsanspruch der Schrift sowie die auf sie gegründete Freiheit der Christenmenschen.

Allein die Heilige Schrift ist Grundlage und Norm des Glaubens und seiner Theologie? Ja, aber nur in einer bestimmten (perspektivischen) Übersetzung bzw. Auslegung und theologischen Interpretation im Kontext bestimmter kirchlicher Traditionen, denen wir (geistgewirkt?) zustimmen können.

3 Die Krise des Schriftprinzips im Historismus: Freiheit und Relativismus

Trotz der genannten Probleme bleibt das *sola scriptura*-Prinzip auch nach der Reformationszeit erhalten. Sachkritische Relativierungen und hermeneutische Subjektivierungen werden zwar gesehen, aber zur Wahrung der Einheitlichkeit und Widerspruchsfreiheit der Bibel aufgehoben – vor allem durch die Inspirationslehre der altprotestantischen Orthodoxie. Auch die von D. Bonhoeffer später aufgegriffene Unterscheidung zwischen einer *historischen* und einer *pneumatischen* Exegese bei bleibender Anerkennung, dass die Schrift alleinige Grundlage des Glaubens, der Kirche und der Theologie ist, kann hier genannt werden.[21] Die Frage ist nur, wie sie als solche der jeweiligen Gegenwart vermittelt und zur Geltung gebracht werden kann: vielleicht durch Allegorese wie zur Zeit der Alten Kirche? Oder durch existentiale Interpretation wie bei R. Bultmann? Oder durch nicht-religiöse Interpretation wie bei D. Bonhoeffer?

Der Historismus des ausgehenden 19. und beginnenden 20. Jahrhunderts als Frucht der historisch-kritischen Forschung seit der europäischen Aufklärung stellt uns aber nicht bloß vor die Vermittlungsfrage. Sondern er zeigt uns, dass nicht nur das *wie* problematisch ist, sondern vor allem das *was*: *was* denn als biblisches Wort, als Wort Gottes, als Heilige Schrift in zweifelsfreier Eindeutigkeit vermittelt werden soll, und zwar in kategorialer Differenz zu allen sonstigen menschlichen Traditionen, ihrer Autorität und ihren Wahrheitsansprüchen. Beispielhaft kann hier auf die ‚Religionsgeschichtliche Schu-

---

[21] Vgl. *D. Bonhoeffer*, Referat über historische und pneumatische Schriftauslegung (1925), in: *Ders.*, Jugend und Studium 1918–1927, hg. v. Hans Pfeifer (DBW 9), München 1986, 305–323.

le' um E. Troeltsch verwiesen werden, der mit seinen drei Kriterien der historischen Forschung (Kritik, Analogie, Wechselwirkung) zur Relativierung der Einzigartigkeit der Bibel und damit auch ihres Autoritäts- und Wahrheitsanspruches geführt hat.[22]

Durch den altprotestantischen formalen Hinweis auf die Inspiriertheit der Bibel ist nun dieser Relativismus nicht mehr aufzuhalten. Der Hinweis auf 1 Tim 3,16 zur Begründung der Inspirationslehre ist natürlich eine *petitio principii*, die schon von vornherein die göttliche Autorität der Bibel in Anspruch nimmt, die doch erst legitimiert werden soll, und kann sich – wenn überhaupt – historisch betrachtet nur auf die Schriften des Alten Testaments beziehen. Die Theorie von der Verbalinspiration wirkt angesichts der Tatsache, dass Autographen fehlen und komplizierte Textkritik zur mutmaßlichen Herstellung eines ursprünglichen Textbestandes nötig ist, unglaubwürdig. Die schwächere Lehre von der Realinspiration ist angesichts der vielen historischen und sachlichen Irrtümer der Bibel, mehr aber noch aufgrund der pluralen Theologien der biblischen Bücher selbst (die nahezu alle dogmatischen Topoi von der Schöpfungslehre bis zur Eschatologie betreffen), wenig hilfreich zur Legitimierung ihrer Autorität. Und auch die noch weiter abgeschwächte Lehre von der Personalinspiration ist problematisch, weil wir nicht wissen, welche Personen es gewesen sind, die die biblischen Schriften verfasst haben, nur dass sie in unterschiedlichen kulturellen Kontexten sehr Unterschiedliches geschrieben haben.

Historismus führt zu Relativismus. Es gibt nicht mehr *die* Bibel als *das* Buch der Bücher schlechthin (*biblia*: das Buch), sondern die Bibel erweist sich durch historische Forschung als ein plurales Gebilde, als eine ganze Bibliothek mit z.T. sehr unterschiedlichen, ja widersprüchlichen ,Theologien' im Plural, gebunden an bestimmte Zeiten und Kulturen von nur je relativer Geltung. Die Bibel ist entzaubertes Gotteswort in Menschenwort, und zwar so, dass wir nicht mit Sicherheit sagen können, was in diesen Schriften autoritatives und verbindliches Gottes-, und was irrtumsgefährdetes und nur relativ gültiges Menschenwort sein soll. Faktisch haben wir es immer nur mit pluralen und sehr unterschiedlichen Menschenworten zu tun. Dass es in, mit und unter diesen Menschenworten auch Gottes Wort gibt, ist ein unausweisbares, zumindest nicht eindeutig ausweisbares Postulat des Glaubens. So gesehen hat Schleiermacher Recht, wenn er sagt: Die Bibel begründet nicht den christlichen Glauben, vielmehr geht dieser der Anerkennung der Bibel als Wort Gottes voraus.[23] So aber löst sich die für den christlichen Glauben zentrale Überzeugung von der Offenbarung, der evidenten Zugänglichkeit und Nähe Gottes in Jesus Christus, von der wir nur durch das biblische Zeugnis wissen können, zunehmend auf. Die Erfahrung von eindeutig gewisser Gottesnähe mutiert durch den Historismus zur Erfahrung zunehmender Gottesferne im Sinne eines vieldeutigen Relativismus.

---

[22] Vgl. *E. Troeltsch*, Ueber historische und dogmatische Methode der Theologie (1900), in: F. Voigt (Hg.), Ernst-Troeltsch-Lesebuch (s. Anm. 2), 2–25.

[23] Vgl. *F. D. E. Schleiermacher*, Der christliche Glaube nach den Grundsätzen der evangelischen Kirche im Zusammenhange dargestellt. 2. Aufl. (1830/31). Bd. 1, hg. v. R. Schäfer (de Gruyter Texte), Berlin 2008, 316 f. (§ 128).

4 Die Krise des Schriftprinzips und ihre Überwindungsversuche:
Relativismus und Verbindlichkeit

Zur Überwindung der Krise des Schriftprinzips gibt es gegenwärtig drei repräsentative Versuche. Zum einen (1) handelt es sich um den Versuch einer universalgeschichtlichen Lösung des Problems (W. Pannenberg), zum anderen (2) um den einer ‚Biblischen Theologie' bzw. eines ‚canonical approach' (H. Spieckermann; B. S. Childs) und drittens (3) um den Versuch einer rezeptionsästhetischen Lösung (U. H. J. Körtner; J. Lauster). Alle diese Versuche haben berechtigte Anliegen und Stärken, aber schließlich überwiegen doch ihre Schwächen, die zu weiterem Nachdenken motivieren.[24]

ad (1): W. Pannenberg diagnostiziert *Die Krise des Schriftprinzips*[25] aufgrund eines zu kurz greifenden Theologieverständnisses. Beschränkt sich die Theologie als Offenbarungspositivismus darauf, lediglich die Bibel als Zeugnis der Offenbarung Gottes in Jesus Christus in den Blick zu nehmen, ohne diese mit dem Wahrheitsbewusstsein der jeweiligen Zeit in Beziehung zu setzen und damit den eigenen Glauben an den einen Gott als alles bestimmender Wirklichkeit universal zur Geltung zu bringen, dann gerät die Bibel insbesondere durch den Siegeszug des historischen und naturwissenschaftlichen Weltbildes seit der Neuzeit ins Hintertreffen. Ihre Autorität löst sich zunehmend auf – sei es durch Konfrontation mit Erkenntnissen empirischer Wissenschaften, sei es durch den Nachweis unterschiedlichster Traditionen in der Genese der biblischen Schriften. Wenn aber Wahrheit einerseits Richtigkeit und Einheitlichkeit im Sinne von innerer Widerspruchsfreiheit heißt und die Bibel deswegen Autorität haben soll, aber andererseits eine Einheitlichkeit angesichts der pluralen, divergenten Theologien des Alten wie des Neuen Testaments in den Texten nicht ausgemacht werden kann, dann muss die Einheit und Richtigkeit in einem gemeinsamen Bezugspunkt gleichsam hinter den Texten, in der von ihnen bezeugten Realität gefunden werden, auf die sich diese Texte je unterschiedlich beziehen. Alle Texte der Bibel in ihrem wirkungsgeschichtlichen Zusammenhang verweisen Pannenberg zufolge auf Jesus Christus. Er ist das Wort Gottes seit und aufgrund seiner Auferstehung von den Toten – damit beginnt nach Pannenberg der christliche Glaube (Röm 1,4). Hier findet Pannenberg den einheitlichen Bezugspunkt der unterschiedlichsten biblischen Traditionen in der Realität ‚hinter' den Texten, ihnen zuvor und zugrunde liegend.

Die Auferstehung Jesu von den Toten als Vorwegnahme (Prolepse) des Gesamtsinns von Geschichte ist es auch, die uns heute mit den Ereignissen von damals zusammenschließt und den ‚garstigen breiten Graben' (Lessing) zwischen einst und jetzt überbrückt. Sie muss und kann dann allerdings nach Pannenberg als historisches Faktum nachgewiesen werden – gerade durch eine historisch-kritische Interpretation der entsprechenden Bibeltexte, z.B. im Blick auf die Überlieferungen vom leeren Grab Jesu

---

[24] Vgl. dazu *C. Danz*, Einführung in die evangelische Dogmatik (s. Anm. 8), 79–88; *J. Lauster*, Zwischen Entzauberung und Remythisierung. Zum Verhältnis von Bibel und Dogma (ThLZ.F 21), Leipzig 2008.

[25] *W. Pannenberg*, Die Krise des Schriftprinzips (1962), in: *Ders.*, Grundfragen systematischer Theologie. Gesammelte Aufsätze. [Bd. 1], Göttingen 1967, 11–21.

sowie von den Erscheinungen des Auferstandenen vor seinen Jüngern. Insofern versucht Pannenberg entsprechend dem Motto von Troeltsch ('Geschichte durch Geschichte überwinden'), den autoritäts- und wahrheitsrelativierenden Effekt des Historismus durch akribische historische Quellenforschung im Kontext eines universalgeschichtlichen Wirklichkeitsverständnisses aufzuheben.

Allerdings ist dieser Versuch sehr voraussetzungsreich und insofern problematisch. Diese Problematik betrifft zum einen die in unserer 'Postmoderne' so nicht mehr überzeugende metaphysische Annahme oder Forderung des einen Gesamtsinns der Universalgeschichte, zum anderen die philosophisch unkritische Suche nach der einen an und für sich bestehenden Realität 'hinter' den Texten unabhängig von ihrer sprachlichen Deutung, und schließlich auch das theologisch-exegetische Bedenken, dass es im Neuen Testament durchaus unterschiedliche Christologien mit unterschiedlichen Antworten auf die Frage gibt, woran man erkennen kann, dass Jesus von Nazareth der Christus ist und worauf sich die unterschiedlichen biblischen Zeugnisse gemeinsam beziehen. 'Auferstehung' ist eine unter mehreren möglichen Antworten und nicht von vornherein privilegiert. Und selbst wenn, dann ist die Auferstehung Jesu von den Toten als historisches Faktum nicht greifbar, sondern höchstens nur als ein geglaubtes Ereignis mit einem historischen Rand.[26] Das aber wäre zu wenig, um die kategoriale, absolute, unvergleichliche Autorität und Wahrheit der Bibel über alle relativierende Kritik hinweg behaupten zu können. Pannenberg selbst spricht daher zunehmend vorsichtiger von einer möglichen 'eschatologischen Verifikation' bzw. von einer Antizipation dieser 'Wahrheit' bis zum Beweis des Gegenteils.[27] Aber das ist ein wenngleich sympathischer, aber doch logisch unbegründeter Optimismus, der die Krise des Schriftprinzips im Sinne einer zum Relativismus führenden interpretationsbedürftigen Pluralität von theologischen (und auch christologischen) Perspektiven in den biblischen Schriften einerseits und ihrem Autoritätsverlust durch Konfrontation mit dem gegenwärtig vorherrschenden historisch wie naturwissenschaftlich geprägten Weltbild andererseits nicht wirklich überwinden kann.

ad (2): Hat die historisch-kritische Forschung die Einheit der Bibel als Kanon minutiös zerlegt und damit ihre Autorität und ihren Wahrheitsanspruch relativiert, so versuchen nun die 'Biblische Theologie' und der 'canonical approach' wieder eine Einheitlichkeit insbesondere im Blick auf eine Harmonisierung alt- und neutestamentlicher Traditionen und insofern ihre normative Autorität und Glaubwürdigkeit herzustellen.[28] Dabei wird nicht auf einen außer- und vortextlichen Ursprung in diachroner Ausdifferenzierung rekurriert, sondern vielmehr auf die synchrone Endgestalt des biblischen Kanons und seines Geltungsanspruchs, wie er sich im geschichtlichen Prozess der Kanonisierung durchgesetzt und als Zeugnis des *einen* Willens Gottes im gemeindlichen Gebrauch bewährt hat[29] – kraft des Heiligen Geistes.[30] So wird die Reichweite der rückwärtsgewand-

[26] Vgl. B. Klappert (Hg.), Diskussion um Kreuz und Auferstehung. Zur gegenwärtigen Auseinandersetzung in Theologie und Gemeinde, Wuppertal 1967, 10–26.
[27] Vgl. *W. Pannenberg*, Systematische Theologie. Bd. 2, Göttingen 1991, 385–405, v.a. 404.
[28] Vgl. *B. S. Childs*, Biblische Theologie und christlicher Kanon, in: JBTh 3 (1988) 13–27.
[29] Vgl. aaO., 22.

ten historisch-kritischen Forschung und ihres Wahrheitsansprüche relativierenden Effekts begrenzt und der Blick nach vorne gerichtet in Erwartung „einer Bibelauslegung, die wahrhaftig und glaubensstark zugleich ist.“[31]

Allerdings ist es – obwohl logisch nicht auszuschließen – faktisch kaum zu verifizieren, ob und inwiefern hier der Geist das sich selbst zur Geltung bringende Medium ist. Die bloße gemeindliche Bewährung, das Wecken und Stärken von Glauben ist noch kein hinreichendes Kriterium. Denn die Wirkungsgeschichten biblischer Texte schließen in der Generierung unterschiedlicher Konfessionen und Kirchen auch z.B. Konversion, Apostasie, Skepsis und Unglaube ein, und auch andere als die biblischen Texte (z.B. Schriften von Philosophen oder heilige Texte anderer Religionen) ‚bewähren‘ sich bis heute, indem sie Zustimmung und überzeugte Anhänger finden. Die Unterschiede sind nur gradueller, nicht aber prinzipieller Natur. Lässt man daher das problematische ‚Subjekt‘ des Geistes in der skeptischen Klammer und schaut man nur auf die kanonischen Texte selbst, so muss man sehen, dass ein Text keine Wahrheits- oder Geltungsansprüche stellt und insofern nicht zu einem Handlungssubjekt hypostasiert werden kann. Solche Ansprüche stellen nur Autoren, Leser oder Hörer, bzw. solche Ansprüche werden von Menschen anerkannt oder nicht. Sie sind die entscheidenden und alleinigen Subjekte des Verstehens oder Missverstehens in einer normativ nicht zu fassenden Bandbreite von Möglichkeiten.

Die kanonischen Texte selbst weisen von sich her auch keine zentrale Mitte auf (wie z.B. die Rede vom ‚Bund‘ oder von der ‚Gerechtigkeit‘ oder der ‚Gnade‘ oder dem ‚Willen‘ Gottes), von der aus sich die disparaten Traditionen der biblischen Bücher zur Einheit fügen könnten. Das hat die kurze Geschichte der Biblischen Theologie mit ihren sich wandelnden ‚Mitten‘ schon deutlich gezeigt. Es bleibt bei der historisch gewordenen Pluralität und damit Relativität der Wahrheitsansprüche der Autoren wie der Leserschaft. Das bestätigt gerade auch die Erforschung des Prozesses der Kanonbildung selbst sowie die neuere Aufmerksamkeit auf nicht-, außer- und zwischenkanonische Schriften. Insofern ist auch im Blick auf die ‚Biblische Theologie‘ und den ‚canonical approach‘ die dogmatisch behauptete, aber faktisch nicht belegbare Einheitlichkeit – auch und gerade im Blick auf das Verhältnis von Altem und Neuem Testament – zu wenig, um die unvergleichliche Autorität und Wahrheit der Schrift kategorial von anderen nicht-kanonischen literarischen Zeugnissen begründet zu unterscheiden. Der (offene) Kanon der biblischen Bücher kann daher nur eine relative Geltung beanspruchen.

ad (3): Die Rezeptionsästhetik begründet die Autorität und den Wahrheitsanspruch der Bibel vor dem Hintergrund der historischen Kritik auch und gerade der Kanonbildung nicht ‚objektiv‘ im Blick auf die vermeintlich einzigartig-einheitliche Form (übernatürlich inspiriertes Wort Gottes) und/oder den vermeintlich einzigartig-einheitlichen Inhalt (Rechtfertigungslehre, Christologie) der Texte, sondern im Blick auf die Wirkung der Bibeltexte bei den Lesern, den Rezipienten. „Leseorientierte Texttheorien stimmen

---

[30] Vgl. aaO., 26.
[31] AaO., 27.

darin überein, dass Texte keine feststehende Bedeutung haben, sondern dass der Sinn eines Textes im Akt des Lesens, d.h. im Vollzug seiner Rezeption, je und je neu entsteht."[32] Im Zuge der Rezeption geschieht es, dass Menschen im Umgang mit den biblischen Traditionen und Texten entscheidend aufmerksam werden auf das, was wirklich und wesentlich im Leben zählt (,Essentifikation'). Von daher spricht man z.B. nicht mehr vom inspirierten Text, sondern vom inspirierten Leser.[33] Die Wirkungsgeschichte wird – im Anschluss an H. G. Gadamer – zum entscheidenden hermeneutischen Prinzip. Inspiriert lesende Menschen finden den Sinn der Bibel als Wort Gottes und Heilige Schrift nicht als etwas an sich Gegebenes vor, sondern konstituieren diesen Sinn erst (wie schon Schleiermacher gesagt hat) im Kontext einer sich plural ausdifferenzierenden Interpretationsgemeinschaft. Die Texte selbst bleiben demnach für sich in produktiver Unbestimmtheit. Damit ist die Wende zum Subjekt und seiner Freiheit auch in der Exegese angekommen und vollzogen, wie sie schon bei Kant in seiner Analyse des ästhetischen Urteils (z.B. ,diese Blume ist schön') zur Begründung einer Rezeptionsästhetik und dann von Nietzsche in seinem Perspektivismus vorbereitet und in unserer Postmoderne aufgenommen worden ist – allerdings nun mit der zusätzlichen Attitüde des Spiels und der subjektiven Beliebigkeit bzw. Gleich-Gültigkeit, wodurch die Ergebnisse der historisch-kritischen Forschung allzu leichtfertig übergangen und kritische Wahrheitsfragen suspendiert bzw. an das jeweils rezipierende Subjekt und seine Befindlichkeiten gebunden werden. So auch tendenziell, wenn auch nicht beabsichtigt, im gegenwärtig immer attraktiver werdenden ,Bibliolog' und im ,Bibliodrama'.[34]

Nun ist es unbestritten, dass sich vielen Menschen die Bibel rezeptionsästhetisch als Wort Gottes erschließt, ihren Glauben stärkt und vielleicht auch (wie schon in der altprotestantischen Orthodoxie: *auctoritas causativa*) hervorbringt – nicht deswegen, weil sie Wahrheit als Richtigkeit verbürgt, sondern vielmehr im existenzialen Sinn Wahrheit als ,Unverborgenheit' wesentlicher Daseinsbestimmungen eröffnet.[35] Aber dieses Kriterium reicht nicht aus, um den Anspruch zu legitimieren, in kategorialer Differenz zu allen anderen Texten und Überlieferungen der Geistesgeschichte ,Wort Gottes' mit absoluter Autorität und unfehlbarer Wahrheit zu verbürgen. Denn auch das gibt es: Viele Menschen verlieren über dem Studium der Bibel ihren Glauben (z.B. K. Flasch), anderen bleibt sie gleichgültig, und wiederum anderen sind andere Texte (z.B. von Platon oder Hölderlin) viel aufschlussreicher und ,wahrer' als biblische Texte, wenn es um das Verstehen des menschlichen Daseins und seiner Welt geht. Diese ganz ambivalente Wirkungsgeschichte in rezeptionsästhetischer Einstellung reicht nicht aus, um Autorität und Wahrheitsanspruch der Bibel angesichts der historisch-kritischen Relativierung klar und deutlich zu begründen, auch wenn dieser Versuch gegenüber den beiden zuvor skizzier-

---

[32] *U. Körtner*, Rezeption und Inspiration. Über die Schriftwerdung des Wortes und die Wortwerdung der Schrift im Akt des Lesens, in: NZSTh 51 (2009) 1, 27–49, 32.

[33] Vgl. aaO., 41.

[34] Vgl. *U. Pohl-Patalong*, Religionspädagogik. Ansätze für die Praxis, Göttingen 2013, 47–72.

[35] Im Anschluss an *M. Heidegger*, Vom Wesen der Wahrheit (1930), in: *Ders.*, Wegmarken, 2. erw. u. durchgesehene Aufl., Frankfurt a. M. 1978, 175–199.

ten Versuchen noch der am weitesten tragende ist. Aber auch hier werden Erfahrungen von Skepsis, Anfechtung, Konversion und Apostasie im Umgang mit der Bibel unzulässig abgeblendet, und die in Anspruch genommenen Kriterien z.B. zwischen einer gläubigen und einer ungläubigen Rezeption biblischer Texte oder zwischen einem alten und einem durch Bibellektüre ermöglichten ‚neuen‘ Selbstverständnis der Lesenden bleiben unausgewiesen.[36] Daher muss und kann der rezeptionsästhetische Versuch zu einem sapientialen Umgang mit der Krise des Schriftprinzips erweitert werden.

5 Der sapientiale Umgang mit der Krise des Schriftprinzips: Verbindlichkeit und Wahrheit

Der sapientiale Ansatz nimmt in Anlehnung an Motive alttestamentlicher Weisheits theologie (insbesondere des ‚Predigers‘ Kohelet) die Ambivalenzen der Wirkungsgeschichte in der Rezeption der Bibel als Wort Gottes auf und ernst. Er sieht die historisch gewordene Pluralität und Heterogenität der biblischen Traditionen und akzeptiert ihre damit verbundene Relativität der Wahrheits- und Autoritätsansprüche: „Alles hat seine Zeit" (Koh 3,1–8). Damit geht eine Wende zum skeptisch-prüfenden Subjekt und seiner natürlich ebenfalls geschichtlich-kulturell bedingten Eigenerfahrung einher: „Ich sah alles an" (Koh 1,14) – ohne diese deswegen gegenüber der religiösen, möglicherweise jetzt nicht mehr ansprechenden Tradition absolut zu setzen. Gegenüber beidem ist das deutende Subjekt frei und treu. Daher wird im Blick auf beides auf eine Letztbegründung verzichtet, auch im Blick auf die Autorität und Wahrheit der Bibel als Wort Gottes und Heilige Schrift. Diese wird nicht in Bausch und Bogen verworfen, aber doch vor dem Hintergrund zunehmender Erfahrung von Gottesferne suspendiert bzw. im Blick auf zukünftige Deutungspotentiale offen gehalten und zumindest im Zitat vergegenwärtigt. Insofern erhält die Bibel als „Ausdrucksuniversum religiöser Erfahrung"[37] nicht ihre (vorläufige) Autorität dadurch, dass ihr der Primat des ‚Ursprungs‘ dieser religiösen Erfahrung in der Erinnerung zugesprochen wird, sondern dadurch, dass sie die eigene gegenwärtige Lebenserfahrung deuten hilft und immer wieder neu verstehbar macht.

In der Haltung auch und gerade selbstkritischer Weisheit ‚wartet‘ der sapientiale Ansatz das *sola scriptura*-Prinzip (im doppelten Sinne des Wortes: pflegen und erwarten), und lässt es pragmatisch in Ermangelung einer besseren Alternative als ‚identity marker‘ gelten. Die Wahrheitsansprüche der Bibel und ihrer Interpreten werden rezeptionsästhetisch an der evtl. gegenläufigen Eigenerfahrung geprüft – und umgekehrt. Zu dieser wechselseitigen skeptischen Prüfung können – wie schon in der alttestamentlichen Spruchweisheit – durchaus auch philosophische oder religiöse Traditionen anderer Kulturen außerhalb der eigenen Traditionen herangezogen werden. Daher könnte man das Schriftprinzip reformatorischer Theologie nun folgendermaßen in der geschichtlich of-

---

[36] Vgl. U. *Körtner*, Rezeption und Inspiration (s. Anm. 32), 44 u. 48.
[37] J. *Lauster*, Zwischen Entzauberung und Remythisierung (s. Anm. 24), 43.

fenen Verbindung von Eigenerfahrung und Schriftbezug sapiential transformieren: *sola scriptura – numquam sola.*

So erhält das *sola scriptura*-Prinzip den Status eines ‚regulativen Prinzips' mit der Verbindlichkeit und Wahrheit eines ästhetischen Urteils im Sinne von Kants *Kritik der Urteilskraft.* D.h.: Es begründet, beansprucht und vermittelt im Blick auf die Wahrheitsansprüche der Bibel keine objektive Erkenntnis und Richtigkeit im Sinne eines theoretischen Urteils (‚Die Bibel hat doch Recht'), formuliert aber auch keine moralische Pflicht im Blick auf ihre unterstellte göttliche Autorität (‚du sollst glauben!'). Vielmehr gibt es etwas wahrzunehmen (αἴσθησις) und reflektiert insofern auf die subjektive Befindlichkeit von Zustimmung und Kritik. Autorität und Wahrheit der Bibel sind – ästhetisch betrachtet – eine Zumutung von verbindlicher Denkmöglichkeit, die sich an selbstkritisch deutende Subjekte in ihrer geschichtlich-kulturell gelenkten und damit ambivalenten hermeneutischen Freiheit richtet. Der sapientiale Umgang mit der Bibel als Prinzip des Glaubens und der Theologie verbindet unter dem Vorzeichen von ästhetischen Urteilen λόγος (historische Kritik), μῦθος (Autorität) und ποίησις (existenziale Wahrheit) zur Verbindlichkeit einer oft bewährten, wenn auch nicht unangefochtenen und alternativlosen Deutung des menschlichen Daseins[38] in der dreifachen ambivalenten Relation zu sich selbst, zur Welt und zu Gott als beider Grund.

Vielleicht tun wir der Bibel, ihrer Autorität und ihrem Wahrheitsanspruch gar keinen Gefallen, wenn wir sie gegen alle selbst gemachte relativierende Kritik mittels aufwändiger geschichtstheologischer, hermeneutischer oder rezeptionsästhetischer Theorien immer noch als *das* ‚Buch der Bücher' legitimieren wollen. Gerade dieser uneinholbare hohe Anspruch fordert gegenwärtig bei vielen Kritik, Ablehnung oder Gleichgültigkeit heraus. Warum nicht bescheidener ansetzen? Die Bibel ist und bleibt vorerst *ein* gutes Buch, das vielen – wenn auch nicht allen Menschen – in jeweiligen historischen und biografischen Kontexten Wesentliches zu sagen hat. Ist das zu wenig? Erinnern wir uns daran: Christen glauben nicht *an* die Bibel, sondern sie glauben *an* Gott, *an* Jesus Christus und *an* den Heiligen Geist. Hier stehen ganz andere Wahrheitsansprüche auf dem Spiel.

---

[38] Im Anschluss an *W. Janke*, Die Sinnkrise des gegenwärtigen Zeitalters. Weg und Wahrheit, Welt und Gott, Würzburg 2011, 246–249.

III.
DOGMATISCHE PERSPEKTIVEN

Hermann Deuser

SCHÖPFUNG UND NATUR:
EX NIHILO, CONTINUATA ATQUE CONTINUA

1 Missverständnisse

Was das Selbstverständlichste von der Welt war, zu wissen und zu glauben, dass Himmel und Erde sich in ihrer erfahrbaren Konstitution einem Schöpfungsakt verdanken, ist in der europäischen Neuzeit und Moderne im Streit der Wissenschaften und Weltbilder unter die Räder gekommen. Im Bewusstsein der Öffentlichkeit spiegelt sich in Sachen Schöpfungsglaube nach wie vor „die Akkumulation exorbitanter Missverständnisse auf allen Seiten", bedingt auch durch die „neuzeitlichen Entgleisungen des Christentums" auf diesem Feld.[1] Dies war möglich, weil sich die weltbildlichen Perspektiven immer mehr desintegrierten und sich zunehmend auf den scharfen Gegensatz von Faktum und Fiktion/Illusion hin entwickelten – also auf einen Streit um die wahre Wirklichkeit. Das (wirkliche, d.h. nicht-empirische) menschliche Geist- und Personsein ließ sich schließlich nicht mehr mit dem naturwissenschaftlichen Begriff der (wirklichen, d.h. der empirischen) Natur in einem gemeinsamen Denk- und Erfahrungsrahmen halten.

Doch ist diese Sicht der Dinge noch zu schematisch. Sie verdankt sich vor allem den weltanschaulich zugespitzten Auseinandersetzungen um die Religions- und Kirchenkritik des 19. Jahrhunderts. Die Bewegungen im System der neuzeitlichen Wissenschaften dagegen zeigen, wie neue Entdeckungen in der Ordnung der Natur gerade auf theologische Impulse zurückgehen oder zumindest mit diesen korrespondieren. Unter dem Lehrtopos *De providentia*, im rationalen, auf natürliche Theologie angewiesenen Gottesbegriff des Deismus sowie in den mystisch-spekulativen Naturlehren von der Alchemie bis zum amerikanischen Transzendentalismus ist das neue Wissen geradezu die Bestätigung für Gottes Handeln in der Welt.[2] Eine vollständige natur-empirische Erklärung dieser Welt kommt solange nicht in Frage, wie der letzte schöpferische Grund von allem in seiner weltbildlich stabilisierenden Funktion mit im Spiel bleibt. In dem Augenblick aber, als der Sinn dieser Rahmenbedingung fraglich bzw. deren Funktion für das empirisch-

---

[1] E. *Herms,* Kosmologische Aspekte des Gesetzesbegriffs, in: *Ders.,* Offenbarung und Glaube. Zur Bildung des christlichen Lebens, Tübingen 1992, 408–430, 411 u. 430.

[2] Vgl. *D. Groh,* Göttliche Weltökonomie. Perspektiven der Wissenschaftlichen Revolution vom 15. bis zum 17. Jahrhundert (stw 1945), Berlin 2010; *H. Deuser,* Art. Vorsehung I. Systematisch-theologisch, in: TRE 35 (2003) 302–323, 309–311. – Zu den wissenschaftshistorischen Schwierigkeiten, Religion und Wissenschaft vor dem 19. Jahrhundert überhaupt begrifflich klar abzugrenzen, vgl. *P. Harrison,* „Wissenschaft" und „Religion": Das Konstruieren der Grenzen, in: C. Trapp/C. Breitsameter (Hg.), Theologie und Naturwissenschaften, Berlin/New York 2014, 39–68.

mathematische Erkennen nicht mehr gebraucht wird, beginnt die „Akkumulation" der „Missverständnisse". Folgende Eckpunkte lassen sich feststellen:

(1) Die Vorstellung vom *Naturgesetz* verschiebt sich von der kosmologischen Rahmenautorität des göttlichen Schöpfers zu einer (physikalisch-mathematischen) Repräsentation objektiver Naturprozesse, die notwendig, immer und unabhängig von ihrer Anerkennung gültig sind.[3]

(2) Diese Entwicklung ist motiviert durch die Entdeckung des Vorrangs der Einzeldinge vor der Verallgemeinerungsinstanz des Begriffs, d.h. das zur Beobachtung und Überprüfung dienende *Experiment* samt Induktionslogik,[4] die vom Einzelnen erst auf ein Ganzes schließt, relativiert die Bedeutung metaphysischer Vorstellungen und setzt sie tendenziell der Kritik aus.

(3) Entscheidend sind auch Fortschritte in der *Mathematik*, z.B. die Infinitesimalrechnung, die garantieren, dass die experimentell entdeckten Naturgesetze auch verallgemeinert dargestellt werden können. Dabei geht es nicht nur um die Perfektion der Quantifizierung, sondern auch um die vorbildliche logische Konsequenz, allein aus abstrakten Annahmen vollständige Begriffe bilden zu können, was die mathematischen Begriffe von denen der Philosophie abhebt, die auf Empirisches angewiesen bleiben.[5] Diese ideale Begriffsbildung der Mathematik kann folglich von der Metaphysik oder Theologie gar nicht erreicht werden.

(4) Hinzu kommt in der neuen *Physik* seit Galilei und Newton die Ablösung vom aristotelisch-christlichen Weltbild. Die Gesetze der Mechanik stützen nicht mehr die Vorstellung einer von Ewigkeit her zielgerichteten Bewegung, Kausalität ersetzt Teleologie, raumzeitlich beschreibbare Prozesse des *Werdens* erübrigen die metaphysische Orientierung an einer vorgegebenen Idealität von *Wesen* oder *Sein*.

(5) Die Unterscheidung einer *naturalen* von der *supranaturalen* Welt, die einmal der Stabilisierung gerade der kosmischen und menschlichen Natur diente, verändert sich zu einer Abtrennung des Übersinnlichen/Transzendenten vom Natürlichen/Immanenten, und nur Letzteres gilt dann als im eigentlichen Sinn wissenschaftlich darstellbar.

(6) Parallel verläuft die Durchsetzung der *historisch-textkritischen Methode* und damit die Prüfung nach dem Standard empirisch gesicherter Fakten sowie die Relativierung heiliger Texte aufgrund der Unterscheidung von (literarischer) Fiktion und wirklichen Nachweisen (religions-)historischer Ereignisse der Vergangenheit.

(7) Im Ganzen gesehen vollzieht sich eine methodisch gebotene Trennung von *Subjektivität* und *Objektivität* – mit der Tendenz, nicht mehr die Einbettung des Einen im Anderen denken und erfahren zu können. In der Konsequenz für ein wissenschaftliches Zeit-

---

[3] Vgl. *E. Herms*, Kosmologische Aspekte (s. Anm. 1), 412; *M. Hampe,* Eine kleine Geschichte des Naturgesetzbegriffs (stw 1864), Frankfurt a. M. 2007, 64–130.

[4] Beispielhaft bei F. Bacon. Vgl. dazu *H. Deuser,* Religionsphilosophie (de Gruyter Lehrbuch), Berlin/New York 2009, 189.

[5] Vgl. *C. S. Peirce,* Die Idee eines Naturgesetzes bei den Zeitgenossen von David Hume und bei den fortgeschrittenen Denkern der Gegenwart, in: *Ders.,* Religionsphilosophische Schriften, eingel., kommentiert u. hg. v. H. Deuser (PhB 478), Hamburg 1995, 266–281.

alter heißt das: Was nicht empirisch (direkt oder indirekt) objektiviert werden kann, gilt als bloß subjektiv, d.h. als wissenschaftlich noch nicht voll erfasste Zufalls-, Ausgangs- oder Randbedingung, die sich in Fiktionen widerspiegeln, zum Reich der Feststellungen über Fakten aber nicht zugelassen werden können.

Woraus und wie ergeben sich nun die zu Beginn angesprochenen Missverständnisse bzw. worin bestehen mögliche Entgleisungen der Schöpfungstheologie im Verhältnis zu den Wissenschaften?

(1ʿ) Das *Naturgesetz* wird fälschlich zu einem Exklusivbegriff, wenn es deterministisch alles erklärend und allein aus sich selbst verstanden wird. Die Theologie konnte darauf, ebenso verkehrt, mit der Gegenexklusion antworten und versuchen, in den Lücken des Determinismus Gott nachzuweisen und natürliche Selbsterklärungen möglichst zu verbieten.

(2ʿ) Die *experimentelle Methode* wird überlastet, wenn sie als letzte und einzige Wahrheitsinstanz etabliert werden soll, worauf die Theologie bisweilen kurzschlüssig mit einem Erfahrungsbegriff gänzlich eigener Art gemeint hat reagieren zu müssen.

(3ʿ) Entsprechendes gilt, wenn von *mathematischen Verfahren* die erklärende Darstellung von tatsächlich allem erwartet wird, was umgekehrt zu Ignoranz gegenüber den Entwicklungen der Mathematik auf Seiten der Theologie führen kann.

(4ʿ) Der Streit um die Wirklichkeit wird besonders drastisch durch die neuzeitlich-moderne *Physik* deutlich, weil verschiedene Kosmologien einander auszuschließen scheinen. Wird die begrenzte Reichweite der jeweiligen Wissenschaftsbedingungen missachtet, kommt es unweigerlich zu Missdeutungen der Kompetenz und Eigenart der jeweiligen kosmologischen Narrative.

(5ʿ) Während sich die Erklärungen durch naturwissenschaftliche Modelle zu einem *Naturalismus* verfestigen können, der nichts mehr außer sich kennt, wird die supranaturale Welt der theologischen Tradition zu einer bloßen Behauptung, der – quasi empirisch missverstanden – keine realistische Vorstellung mehr entsprechen kann.

(6ʿ) Dort, wo die *historisch-textkritische Methode* in der Theologie nicht akzeptiert wird, kommt es zu dem Missverständnis, eine Sonderwirklichkeit für Wunder etc. verteidigen zu müssen – dann erst hat der atheistische Naturalismus den erwünschten Gegner.

(7ʿ) Verlässt sich natürliches Erklären allein auf seine *Objektivität*, muss es die humane, selbsterfahrene Realität als akzidentiell missverstehen; und umgekehrt: Verlässt sich die Theologie allein auf die geisteswissenschaftlich legitimierte *Subjektivität*, verliert sie mit der Kosmologie ihre schöpfungstheologische Basis und religiöse Selbstverständlichkeit.

2 Reaktionen der theologischen Dogmatik

Solche Missverstände können heute vermieden werden, wenn unterschiedliche Perspektiven zur gemeinsamen Wirklichkeitsbestimmung anerkannt werden – die allerdings auch lernfähig und kritisch aufeinander bezogen werden müssen.[6] Ich möchte im Folgenden diesen möglichen und tatsächlichen Dialog der Wissenschaften als gegeben voraussetzen und nur an einem, allerdings entscheidenden Punkt zeigen, wie die theologische Dogmatik aus dem Geist der Naturwissenschaften bzw. der Mathematik die Lehrgegenstände der Schöpfung und Eschatologie neu zur Darstellung bringen kann.

Wie sollen wir uns ‚Schöpfer Himmels und der Erden', ‚auferstanden von den Toten' und ‚ewiges Leben' heute überhaupt vorstellen? Dogmatische Lehrbücher helfen sich in der Regel mit historischen Vergewisserungen einerseits und vorsichtigen Angeboten zur Aktualisierung andererseits – sozusagen auf einer ersten Stufe der Kenntnisnahme und gesuchten Verständigung. So z.B. im Schöpfungstraktat des *Handbuchs der Dogmatik:*[7] Auf die ausführliche Darstellung der biblischen („jüdisch-christlichen") Tradition und der Dogmengeschichte von der Antike bis zur Neuzeit folgt das Kapitel „Systematische Reflexion", das sich nach den klassischen Gegenständen gliedert, von der *creatio ex nihilo* und Providenz Gottes über Anthropologie und Sündenlehre zum Weltende als „Vollendung der Schöpfung". Dabei sind der neuzeitlichen Entwicklung entsprechend die naturwissenschaftlichen Weltbildveränderungen mitlaufend im Gespräch und zwar immer so, dass die Schwierigkeiten und die Relativierung der traditionellen Vorstellungen offen eingeräumt werden, die christlichen Lehrauffassungen aber gleichwohl als vertretbar erscheinen sollen: Die *creatio ex nihilo* wird mit den kosmologischen Modellen von „Urknall", Expansion des Universums etc. verglichen, die *creatio continua* mit dem Evolutionsmodell, die „Vollendung der Schöpfung" mit den Zukunftsmodellen von Physik und Astronomie[8] – mit dem Ergebnis, dass diesem naturwissenschaftlichen Anschauungsmaterial doch schöpfungstheologisch entgegengehalten werden kann, es handle sich um „unterschiedliche Aussageebenen"[9]: Die Schöpfung „aus nichts" muss letztlich aus der „Seinsfülle Gottes", d.h. traditionell metaphysisch erklärt werden, die Erhaltung der Schöpfung, d.h. ihre Aufrechterhaltung trotz der Kontingenz alles Geschaffenen und der Entstehung von Neuem (Evolution), durch den „transzendenten Grund"[10] als Möglichkeitsbedingung, und das Weltende als „Verwandlung der Welt" im Rückgriff auf den „gläubigen Standort"[11]. – Wie aber soll dieser vergleichende Anschluss des christlichen Glaubens an das Weltbild der Naturwissenschaften haltbar sein, wenn die Kosmologie und das Evolutionsmodell der wirklichen Welt nicht mehr das Anschauungsmaterial der Metaphysik sein können, wie es im alten, aristotelisch-christlichen Weltbild noch der Fall

---

[6] Wie solche Perspektiven subtil unterschieden und kundig aufeinander bezogen werden können, zeigt *H. Kessler,* Im Streit um die Wirklichkeit. Mit Naturwissenschaften begründeter Atheismus und die Frage nach Gott, in: C. Trapp/C. Breitsameter (Hg.), Theologie und Naturwissenschaften (s. Anm. 2), 255–293. – Vgl. auch *H. Deuser,* Religion: Kosmologie und Evolution. Sieben religionsphilosophische Essays, Tübingen 2014.

[7] Vgl. *D. Sattler/T. Schneider,* Schöpfungslehre, in: T. Schneider (Hg.), Handbuch der Dogmatik. Bd. 1: Prolegomena, Gotteslehre, Schöpfungslehre, Christologie, Pneumatologie, 2. erg. u. korrigierte Aufl., Düsseldorf 2002, 120–238.

[8] AaO., 212–214, 235 f.

[9] AaO., 236.

[10] AaO., 221.

[11] AaO., 236.

war? Über diesen Graben muss entweder gesprungen werden, dann drohen die genannten Missverständnisse (hier v. a. 5' u. 7'), oder es müsste eine Brücke gefunden werden, die diese Zusammenhänge konstruktiv und nicht nur abgrenzend denken ließe. Die Bekundung gegenseitiger Offenheit[12] ist ein wichtiger, aber noch nicht ausreichender Schritt zu dieser gesuchten wissenschaftstheoretischen Brückenfunktion. Dass in diesem Punkt die Kollision zwischen Glaube und Wissen jedenfalls vermieden werden muss, hatte schon Schleiermacher festgehalten: Das „fromme Selbstbewußtsein" darf nicht so „gefaßt werde[n], daß der Wißbegierige dadurch in Widerspruch gerathe mit den Principien seines Forschens auf dem Gebiet der Natur oder der Geschichte"[13].

Die Diskussionslage verschiebt sich dann auf zweiter Stufe dahin, die naturwissenschaftlichen Weltbilder als zeitgemäßen Ausdruck unserer Wirklichkeit als verbindlich anzuerkennen und konstruktive Verbindungen zu den Lehrtopoi der Schöpfungstheologie zu erkunden. So erarbeitet R. Anselm in seinem Traktat *Schöpfung als Deutung der Lebenswirklichkeit*[14] am Vergleichspotential von Prozessphilosophie und Evolutionslehre Grundzüge eines damit verträglichen, wenn auch anders begründeten Lebensverständnisses. A. N. Whiteheads spekulative Metaphysik stellt dazu von sich aus schon einen Zusammenhang zwischen naturwissenschaftlichem Denken und Religionsbegriff bzw. Theologie her, und es ist eben der *Prozess*begriff, der dies ermöglicht: Die der menschlichen Erfahrung zugängliche *Realität* wird nicht mehr in einer (aristotelisch-christlichen) Substanzvorstellung begründet gesehen, sondern in der Dynamik von kreativen Prozessen, die sich aus kleinsten Einheiten aufbauen.[15] Diese „wirklichen Einzelwesen" sind in sich schon zeitlich und werthaft aufgebaut und liegen *vor* unseren bewussten Unterscheidungen von Subjekt und Objekt, Natur und Geist – ein schöpferischer Grund, so dass sich hier „eine klare Parallele zwischen der traditionellen Ausformung der *creatio continua* und ihrer prozesstheologischen Transformationsgestalt feststellen" lässt.[16] Das heißt

---

[12] Vgl. für die naturwissenschaftliche Seite z.B. den Beitrag von M. *Aspelmeyer,* Quantenphysik und die Offenheit naturwissenschaftlicher Beschreibung. Eine Einladung zum Dialog, in: C. Trapp/C. Breitsameter (Hg.), Theologie und Naturwissenschaften (s. Anm. 2), 131–141; für die theologische Seite z.B. *K. Stock,* Einleitung in die systematische Theologie (de Gruyter Studium), Berlin/New York 2011, 104 (Anm. 28): Der Schöpfungsglaube hat seine eigene Begründung und ist deshalb offen für die Selbstständigkeit der Erfahrungswissenschaften, er stützt sich nicht auf das naturwissenschaftliche „Erfahrungswissen", und das gilt dann auch für das entsprechende, zeitbedingte „Erfahrungswissen" der Bibel.

[13] *F. D. E. Schleiermacher,* Der christliche Glaube nach den Grundsätzen der evangelischen Kirche im Zusammenhange dargestellt. 2. Aufl. (1830/31). Bd. 1, hg. v. R. Schäfer (de Gruyter Texte), Berlin 2008, 229 f. (§ 39.2).

[14] *R. Anselm,* Schöpfung als Deutung der Lebenswirklichkeit, in: K. Schmid (Hg.), Schöpfung (Themen der Theologie 4), Tübingen 2012, 225–294.

[15] Zur Stellung von Whiteheads Wissenschaftsphilosophie und Kosmologie vgl. *T. Müller,* Zeit und Prozess. Zur fundamentalen Zeitstruktur von Natur und Bewusstsein, in: G. Hartung (Hg.), Mensch und Zeit (Studien zur Interdisziplinären Anthropologie), Wiesbaden 2015, 57–81, 72. – Für das Verständnis der Basisprozesse „wirklicher Einzelwesen" ist die „Theorie des Erfassens" entscheidend. Vgl. dazu die einführende Übersicht von *R. Charbonnier,* Grundzüge der Kosmologie A. N. Whiteheads. Ein Beitrag zu einer dynamischen, relationalen Erkenntnistheorie und Ontologie, in: W. Härle (Hg.), Im Kontinuum. Annäherungen an eine relationale Erkenntnistheorie und Ontologie (MThSt 54), Marburg 1999, 297–308.

[16] *R. Anselm,* Schöpfung (s. Anm. 14), 234. – Damit sind Missverständnisse in diesem Punkt (s.o. Nr. 4 u. 4') vermeidbar.

nicht, dass damit Whiteheads Gottesvorstellung, die selbst in Abhängigkeit vom Kreativitätsprozess konzipiert ist, unkritisch übernommen werden müsste,[17] aber es ist doch ein Zusammenhang nachgewiesen, der das leistet, was Schleiermacher von einer Schöpfungslehre im Sinne der „Erhaltung" gefordert hatte: Dass „alles", was in die „schlechthinige Abhängigkeit" Gottes des Schöpfers gestellt ist, „daß eben dieses alles durch den Naturzusammenhang bedingt und bestimmt ist"[18].

Entsprechend kann die moderne Vorstellung einer *Evolution*, dass die Natur in ihrer Differenzierung und ihrem Wachstum, vom Urknall bis zur menschlichen Kultur, eine Geschichte hat, als gültiger Ausdruck eines zeitgemäßen Weltbildes gelten. Diesem korrespondieren zugleich die überwiegend geschichtlich orientierte biblische Weltsicht und das geschichtlich wirksame Handeln Gottes.[19] Doch auch hier ist kritisch festzuhalten, dass damit keine vollständige Abbildung der theologischen Schöpfungsvorstellung gegeben ist. Denn die nachweisbaren Mechanismen der (biologischen) Evolution erklären nur die Durchsetzungsfähigkeit von Populationen, sagen nichts über die Stellung des einzelnen Menschen. Dessen Selbst- und Weltbeziehung, was Anselm „Deutung"[20] nennt, bedarf offenbar noch anderer, umfassenderer Zugänge, wie sie allein über die naturwissenschaftlichen Methoden der empirischen Objektivierung als unerreichbar erscheinen müssen.

3 Der notwendige Zusammenhang von Natur und Geist

Die dritte Stufe im Verhältnis zwischen der Natur der Naturwissenschaften und der Selbsterfahrung geistiger Aktivitäten von Menschen ist dann erreicht, wenn deren gegenseitige Bedingtheit eingesehen und in einem verbindenden Denk- und Erfahrungsmodell gehalten werden kann. Dann müssten die genannten Missverständnisse (s.o. Nr. 1–3 u. 1'–3') aufklärbar und schließlich vermeidbar werden. Es müsste der Ursprung von Allem aus Menschen nicht greifbaren Voraussetzungen, das punktuelle Wiedereintreten von solchen kreativen Ereignissen und schließlich deren gestalt- und dauerhafter Zusammenhang gedacht werden können – so wie die traditionellen Grundunterscheidungen der Schöpfungstheologie in *creatio ex nihilo*, *creatio continuata* und *creatio continua* es bereits nahelegen.[21]

E. Herms hat am Beispiel des Evolutionsmodells, wie es F. Cramer in seinem Buch *Der Zeitbaum* (1993) vertreten hat, in einer detaillierten Analyse gezeigt, wie ein solcher Zusammenhang aussehen könnte. Für unser Bild der Evolution drängt sich die Unterscheidung von zwei Prozessformen auf: „Iterative" und solche, in denen „Einmaliges"

---

[17] Vgl. aaO., 231 u. 235.
[18] *F. D. E. Schleiermacher*, Der christliche Glaube (s. Anm. 13), 264 (§ 46).
[19] Vgl. *R. Anselm*, Schöpfung (s. Anm. 14), 255 f.
[20] AaO., 256.
[21] Zur gegenseitigen Abhängigkeit dieser Begriffsbildungen vgl. *W. Pannenberg*, Systematische Theologie. Bd. 2, Göttingen 1991, 31 f.

und Neues geschieht.[22] Wird nun das Werden von solchen Prozessen, so Herms, als Selektionsleistung von Möglichkeiten zugunsten einer bestimmten Wirklichkeit verstanden, dann ist in Betracht zu ziehen, unter welchen Bedingungen diese Wahlentscheidung erfolgen kann, u.a. kann sie „apersonalen" (wie in den exklusiv empirischen Wissenschaften) oder „personalen" (handlungsbewussten) Charakter haben. Darüber hinaus wird deutlich, dass die faktische Verbindung der beiden Prozessformen innerhalb der Evolution nicht darüber hinwegtäuschen darf, dass das „Ursprungsereignis des Prozeßbaums"[23] der Evolution im Ganzen von eigener Art sein muss. Aus beiden Beobachtungen ergibt sich die Doppelfrage, ob und wie apersonale Prozesse, die in der Evolution früher auftreten als personale, für das Entstehen von personalen Prozessen verantwortlich gemacht werden können, wie naturwissenschaftlich im Evolutionsmodell in der Regel unterstellt wird; und ob der „Ursprungsprozess", der für die Folgeentwicklung offensichtlich die Bedingungen gibt, nicht doch eigenständig bewertet werden muss.[24] Die Plausibilität einer höheren, weil alles andere erst begründenden personalen Instanz würde die offenen Fragen beantworten können; und die Entscheidung für ein „evolutionäres Kontinuum" unterschiedlichster Prozesse ist aus dem „absoluten Inbegriff alles überhaupt Möglichen"[25] leichter verständlich zu machen als die Vorgängigkeit der apersonalen Prozesse für die erfahrungsintensiven personalen Prozesse. Das spricht auch gegen die Nivellierung der bedingungsetzenden ursprünglichen Ermöglichung des ganzen Geschehens der Evolution als eine Neuerung wie jede andere. – Angewandt auf den dreigliedrigen Schöpfungsbegriff heißt das: *creatio ex nihilo* steht für den „Ursprungsprozess", *creatio continuata* für die weiteren evolutionären Prozesse, die immer wieder Neues hervorbringen, *creatio continua* für den kontinuierlichen Prozess im Ganzen.

Vom Kontinuum bzw. dem jetzt behaupteten Zusammenhang von human-personalen und empirisch-apersonalen Prozessen zu sprechen, weil diese sich gegenseitig bedingen, setzt voraus, dass Natur und Geist nicht isoliert gegeneinander stehen können. Der Prozessgedanke der Evolution muss nur so gefasst werden, dass vom Ursprung allen Geschehens an ‚Geistiges' im ‚Natürlichen' und umgekehrt angenommen werden muss. Die ungeheuerliche Größe dessen, was damit als Prozess gedacht werden soll, geht ihrer kosmologischen Eindrücklichkeit schon voraus, wenn sie in religiösen Symbolen und biblischen Narrativen als *Schöpfung* zum Ausdruck gebracht wird. Wissenschaftlich gesehen muss entsprechend ein tragfähiger Begriff gefunden werden, der dieselbe ungeheuerliche Größe im Zusammenhang von Natur und Geist so vorstellen lässt, dass sowohl das Gesamt aller Prozessmöglichkeiten als auch der Rang des kontingenten Einzelereignisses je zu ihrem Recht kommen.

---

[22] E. *Herms*, Prozeß und Zeit. Überlegungen eines Theologen zu Friedrich Cramers „Der Zeitbaum", in: *Ders.*, Phänomene des Glaubens. Beiträge zur Fundamentaltheologie, Tübingen 2006, 262–285, 264 u. 273.

[23] AaO., 275.

[24] Vgl. aaO., 281 f.

[25] AaO., 283.

4 Kreatives Kontinuum

In einem mutigen Schritt hat L. Ohly in seinem christologischen Entwurf[26] die Realitätsbestimmung des kreativen Kontinuums (Peirce) verbunden mit seiner Darstellbarkeit in Zeichenuniversen, und zugleich die Kosmologie des Empfindens (Whitehead) dazu genutzt, die bekannte Vorstellungssperre einer ‚Auferstehung Jesu von den Toten' unter den Bedingungen der Moderne wirklich ernst zu nehmen und möglichst aufzulösen: Wie soll hier überhaupt ein Zugang wieder möglich werden, wenn nicht von vornherein alle Symbole der theologischen Tradition ohnedies als Illusionen ohne realen Wert oder nur als beliebige subjektive Deutungen eingestuft werden sollen? Diese Frage stellt sich für die Eschatologie genauso wie für die Schöpfungstheologie, und wenn Missverständnisse vermieden werden sollen (s.o. Nr. 6 u. 6'), müssen unsere Erfahrungswelten in dieser Sache neu begriffen werden.[27] Ohlys Entwurf lässt sich dazu – vereinfacht – in fünf Aspekten nachvollziehen.

4.1 Kommunikation kontinuierlich

Im Kontext der Eschatologie stellt sich die Frage nach einer anderen als der bloß empirischen Welt als Frage nach der Differenz und dem Zusammenhang von Leben und Tod. Zwar lassen sich medizinisch gesehen Lebendig- und Totsein an bestimmten Indikatoren klar unterscheiden, aber es ist doch nicht so, als würden den Toten gar keine Eigenschaften mehr auszeichnen. Ohly kann an Beispielen zeigen, wie etwa vom Antlitz eines Toten Wirkungen ausgehen, mit denen offensichtlich kommuniziert wird. In gewissem Sinn liegt hier eine Gegenseitigkeit vor, die das gängige Urteil, der Tod sei das Ende von allem, korrigiert: „der Unterschied zwischen Leben und Tod" kann „nicht mehr absolut sein"[28]. Auferstehung kann also von einem solchen Zusammenhang her vorgestellt werden, und das gilt dann bezüglich der Grenzwerte alles Wirklichen auch vom ursprünglichen Anfang von allem: Mit der Schöpfung kann kommuniziert werden, weil es Geschaffenes gibt, das in gewissem Sinne kontinuierlich mit seinem Gewordensein gedacht werden muss. Die Kommunikationsmöglichkeiten solcher *creatio ex nihilo* aber bleiben durch die Asymmetrie gekennzeichnet, dass Menschen nicht sozusagen *vor* den Schöpfungsakt gelangen können, sondern diesen allein aus seinen Wirkungen zum Ausdruck bringen.[29] Der gleichwohl vorliegende Zusammenhang lässt sich denken in einem Kontinuum, das unendliche – schöpferische – Möglichkeiten enthält.

---

[26] Vgl. L. Ohly, Was Jesus mit uns verbindet. Eine Christologie, Leipzig 2013.

[27] F. D. E. *Schleiermacher,* Der christliche Glaube (s. Anm. 13), 223 (§ 37.2): „ob nicht vielleicht die weitere Entwicklung des evangelischen Geistes und die mancherlei Umwälzungen im Gebiet der Philosophie sowol als der realen Wissenschaften andere Bestimmungen erfordern".

[28] L. *Ohly,* Was Jesus mit uns verbindet (s. Anm. 26), 164.

[29] Auf diesen Punkt im Konzept einer Kreativität *ex nihilo* hat besonders R. C. Neville aufmerksam gemacht. Vgl. *Ders.,* Philosophical Theology. Vol. 1: Ultimates, Albany (NY) 2013; vgl. dazu auch meine Rezension in: ThLZ 139 (2014) 7/8, Sp. 921–923.

4.2 Unbestimmtheit kategorial-semiotisch

Gegen das bisher Gesagte könnte der Einwand erhoben werden, hier werde in unzulässiger Weise die Grenze des empirisch Zugänglichen überschritten und jenseits dieser Grenze trotzdem etwas als wirklich und wirksam unterstellt. Das Problem löst sich auf, wenn mit Peirce' dreistelliger Semiotik zugelassen bzw. entdeckt wird, dass Zeichen auch Unbestimmtes zur Geltung bringen können, genauer: Dass es ein „Gefühl der Unbestimmtheit" gibt, das zur – (noch) unentschiedenen – wirklichen Welt der Möglichkeitserfahrungen gehört und sich zunächst als „Ahnung" präsentiert.[30] Es geht hier um den Bereich, den Peirce' Kategorienlehre als *Erstheit* bezeichnet hat und der auch als „einwertige" Logik ausgewiesen werden kann.[31] Entscheidend ist nun, dass die an dieser Stelle sich einprägende Gefühlsqualität realistisch aufgefasst wird, d.h. selbst zwar nicht empirisch zu verifizieren, für solche Verifikationen aber schon vorauszusetzen ist. Der „Widerfahrenscharakter"[32] von Erstheiten steht also für die reale Möglichkeitsfülle von Ereignissen, die für die Schöpfung im Anfang aller Dinge als unbedingt, d.h. als unausschöpfbar angesehen werden muss – und genau so hat Peirce, gestützt auf den mengentheoretischen Begriff infinitesimaler Teilbarkeit, das Kontinuum definiert.[33]

4.3 Prozesse empfinden

Im Unterschied zu Peirce' genereller (kategorialer) Vorstellung der kreativen Möglichkeitsfülle, aus der Neues wirklich wird, was wiederum zum – wachsenden – Kontinuum gehört, hat Whiteheads Prozessbegriff das Wirklichwerden am Einzelereignis selbst analysiert.[34] Ohne dass prinzipielle Schnitte zwischen Natur und Geist bemüht werden müssten, sind dabei physische ebenso wie begriffliche Prozesseinheiten durch interne und externe Beziehungen gekennzeichnet, deren gegenseitiges prozessuales „Erfassen" („prehension") als „Empfinden" bzw. „Gefühl" namhaft gemacht werden kann.[35] In

---

[30] *L. Ohly*, Was Jesus mit uns verbindet (s. Anm. 26), 167.

[31] Vgl. *G. Linde*, Zeichen und Gewissheit. Semiotische Entfaltung eines protestantisch-theologischen Begriffs (RPT 69), Tübingen 2013, 972–976. – Zum Problem der Anwendung kategorial-semiotischer Strukturen in der Begründung der Naturphilosophie vgl. *M. Schmuck*, Peirces ‚Religion of Science'. Studien zu den Grundlagen einer naturalistischen Theologie (RPT 79), Tübingen 2015.

[32] *L. Ohly*, Was Jesus mit uns verbindet (s. Anm. 26), 171 (unter Bezug auf B. Waldenfels).

[33] Vgl. *T. Latzel*, „Kontinuität" bzw. „Kontinuum" als Eröffnung von Möglichkeit: Versuch einer Annäherung an einen Kernbegriff relationaler Erkenntnistheorie und Ontologie mit Hilfe von C. S. Peirce, in: W. Härle (Hg.), Im Kontinuum (s. Anm. 15), 241–257; auch *H. Deuser*, Religionsphilosophie (s. Anm. 4), 474; *H. Deuser*, Religion (s. Anm. 6), 47 f.

[34] *L. Ohly*, Was Jesus mit uns verbindet (s. Anm. 26), 173.

[35] Vgl. *A. N. Whitehead*, Process and Reality. An Essay in Cosmology, Gifford Lectures delivered in the University of Edinburgh during the Session 1927–28, hg. v. D. R. Griffin, New York 1978; in deutscher Übersetzung: *Ders.*, Prozess und Realität. Entwurf einer Kosmologie, übers. u. mit einem Nachwort versehen v. H.-G. Holl, Frankfurt a. M. 1979, v.a. Teil III: „Die Theorie des Erfassens", 401–510. – Die deutsche Ausgabe übersetzt generell „feeling" mit „Empfindung". – Auf diese Gemeinsamkeit der Konzeptionen bei Peirce, Whitehead und dem physikalischen Modell von Einzelereignissen (z.B. Quarks) als relational und nicht mehr substanzial gedacht, macht ausdrücklich aufmerksam *W. Härle*, Dogmatik (de Gruyter Lehrbuch), Berlin/New York 1995, 287 (Anm. 75).

diesem Sinne ist es nicht mehr erstaunlich, dass von Kommunikation zwischen ‚Subjekten' und ‚Objekten' gesprochen werden kann, die beide selbst die Prozessstruktur relationalen Empfindens (Fühlens) aufweisen und für die der prinzipielle Unterschied zwischen Natur und Geist aufgehoben ist. Wird diese kosmologische Sicht der Dinge mit der semiotisch abgeleiteten Kommunikationsfähigkeit durch die „Unbestimmtheit von Zeichen"[36] verbunden, dann ist eine neue Weltvorstellung einschließlich ihres Grundbezuges in einem qualitativ Ersten (Akt der Kreativität) erreicht, die die Schöpfungstheologie (und die Naturwissenschaften) aus ihrer Isolation herausführt.

4.4 Schöpfung trinitarisch

Das Neue an dieser Konstellation von Zeichen als möglichen Ahnungen bzgl. kreativer Unbestimmtheit in einem die evolutionäre Realität darstellbar machenden Zusammenhang (Kontinuum) wird noch deutlicher, wenn deren trinitarische Relationalität sichtbar gemacht wird: Vater, Sohn und Geist entsprechen dann an erster Stelle der „Widerfahrenscharakter" von primären Gefühlsqualitäten, an zweiter Stelle die „Empfindungsintensität" bestimmter Darstellungen und an dritter Stelle die kontinuierliche „Empfindungsbildung"[37]. Anders gesagt: Gott der Vater bezeichnet den uns entzogenen, gleichwohl kreativen Grund von allem (*creatio ex nihilo*), Gott der Sohn das kontinuierte Wiederauftreten der neuschöpferischen Kraft in bestimmten Ereigniszusammenhängen (*creatio continuata*)[38] und Gott der Heilige Geist den kontinuierlichen Prozess und seine Darstellung selbst (*creatio continua*).[39]

4.5 Kontinuum zeichenuniversal

Die Realität lässt sich somit als Kontinuum denken, das durch universale, öffentliche[40] Zeichenprozesse erschlossen werden kann, die selbst derart dreigliedrig strukturiert sind wie der Prozess des Universums selbst. Dieser Prozess wiederum kann dann in seinem Grund als primäre Ermöglichung durch einen kreativen Akt verstanden werden, der in seiner Entzogenheit in der für Menschen allein sichtbaren Seite des Geschaffenen zugänglich ist; zugleich aber, was seine Kreativität als solche betrifft, in der spezifisch passiven Aktivität religiöser Symbolik, die den Spuren der produktiven Unbestimmtheit (*ex nihilo*) folgt, vergegenwärtigt wird. Beide Realisierungs- bzw. Darstellungsformen sind auf

---

[36] *L. Ohly*, Was Jesus mit uns verbindet (s. Anm. 26), 176 f.

[37] AaO., 185.

[38] Es ist Aufgabe der Christologie, den besonderen Ereigniszusammenhang der Vaterschaft Gottes im Verhältnis zu Jesus Christus (*Symbolum Nicaenum*: „geboren nicht geschaffen") verständlich zu machen, und das wird über eine trinitarische Gottes- bzw. Schöpfungslehre am ehesten möglich sein: Exemplarisches neues Leben im existentiellen Konflikt mit dem alten steht gleichwohl in Kontinuität mit dem ursprünglich Geschaffenen. Insofern ist der Sohn „Bild des unsichtbaren Gottes" (Kol 1,15).

[39] S.o. Abschnitt 3 zum „personalen" und dreigliedrigen Schöpfungsbegriff; vgl. auch *W. Härle*, Dogmatik (s. Anm. 35), 423 f.

[40] Vgl. *L. Ohly*, Was Jesus mit uns verbindet (s. Anm. 26), 188.

Zeichenvermittlungen angewiesen, deren triadische Struktur in ihrer religiösen (christlichen) Fassung in der trinitarisch ausgelegten Schöpfungserfahrung zum Ausdruck kommt. Das Kontinuum garantiert dazu den vorstellbaren Umgang mit Unendlichkeit im Sinne unausschöpfbarer Möglichkeiten, die einzelnes Neues wirklich werden lassen, auszeichnen und wieder in den Prozesszusammenhang integrieren. Was erkenntnistheoretisch als triadische Realität erfassbar und kosmologisch als Prozessuniversum sichtbar wird, ist zusammen vorstellbar im Kontinuum, dessen Lebendigkeit sich in Zeichenrelationen erschließt. Gott lebt in seinen schöpferischen Realisierungen, und diese wiederum stellen sich dar: *ex nihilo*, kontinuiert und kontinuierlich.

Jan Rohls

CHRISTOLOGIE BEIM FRÜHEN GERHART HAUPTMANN

In seiner Autobiographie *Das Abenteuer meiner Jugend* geht Gerhart Hauptmann auch auf seine frühe religiöse Entwicklung ein. Er stellt die Frage: „Wie ist die religiöse Welt überhaupt in meine Träume und Meditationen eingedrungen?"[1] Da sind zum einen die Schwestern seiner Mutter mit ihrem pietistischen, weltverneinenden Christentum. Tholuck, Zinzendorf und Thomas von Kempen verbreiteten hier eine Aura, in der Hauptmann nicht atmen konnte. Daheim im Gasthof ‚Zur Krone‘ im schlesischen Salzbrunn war hingegen trotz der tiefen Frömmigkeit der Eltern von einer Verstoßung aus dem Paradies ebenso wenig die Rede wie von Sünde und Hölle. Nur Hauptmanns Schwester Johanna belastet ihn zuhause mit den Gedanken von Sünde und Sündenschuld, wobei sie allerdings in Aussicht stellt, „daß Jesus Christus, Gottes Sohn, sofern man bereue, alle Sünden auf einmal vergebe, am Konfirmationstage im Genuß des Abendmahls"[2]. Später löst Hauptmanns älterer Bruder Georg als Primaner heftige Reaktionen aus, als er im Familienkreis erklärt, dass Jesus zwar der edelste Mensch, der je gelebt habe, aber eben nur ein Mensch gewesen sei. „Wäre Jesus ein Gott gewesen und hätte er sich als eingeborener einziger Sohn Gottes gefühlt, so wäre sein Opfer kein Opfer gewesen. Wie solle auch ein Mensch den Tod erleiden, der selber von sich wisse, daß er ein Gott und daß er unsterblich sei."[3] Die Bestreitung der Göttlichkeit Jesu führt bei dem dreizehnjährigen Bruder Carl zu einem Wutanfall, in dem er unter dem Beifall von Johanna den Älteren der Blasphemie und des verbrecherischen Unglaubens bezichtigt. Er „schloß, sich in weinender Heftigkeit überschlagend, indem er vor Georg aufstampfte, in einer Wiederholung, die nicht seine Überzeugung, sondern sein heiligstes Wissen verriet: ‚Ich sage dir, Jesus *ist* Gottes Sohn!‘"[4] Hauptmann erinnert sich, dass ihn damals zwar alles, was mit Kirche und Religion zusammenhing, gleichgültig ließ, dass er aber zuweilen von einer abergläubischen Furcht vor irdischer Strafe und der Hölle gequält wurde, verbunden mit der Hoffnung, dass sie am Tag der Konfirmation mit dem Abendmahlsgenuss verschwinden würde. Von den biblischen Geschichten interessierte ihn die Leidensgeschichte Jesu ebenso wenig wie die Auferstehungsgeschichte, sondern im Zentrum stand das Evangelium, das Jesus den Kindern predigt. „Ich bin gewiß, von seinem kommenden Kreuz und Leiden erfuhren sie nichts. Er hätte ihr Himmelreich nie damit verdüs-

---

[1] *G. Hauptmann*, Das Abenteuer meiner Jugend (*G. Hauptmann*, Sämtliche Werke VII), Frankfurt a. M./Berlin 1962, 451–1082, 499.
[2] AaO., 500.
[3] AaO., 599.
[4] Ebd.

tert."[5] Hauptmann erschien Jesus damals als der gute Hirte mit all seiner sanften Schön-heit. Die Konfirmation in der Breslauer Kirche von St. Magdalenen bedeutet für ihn den ersten und letzten Abendmahlsbesuch.[6] Doch nach wie vor quälen ihn abergläubische Vorstellungen von Gespenstern, Geistern, Teufeln und den Schrecken der Apokalypse. Verstärkt wird dies noch durch die Begegnung mit der pietistischen Frömmigkeit der Familie seines Onkels Gustav Schubert, bei dem er als Sechzehnjähriger eine Landwirt-schaftslehre beginnt. „Wanderprediger, innere Missionare Zinzendorfscher Observanz tauchten auf, die mit mir leichtes Spiel hatten. Sie machten uns allen die Hölle heiß."[7] Man liest die Traktate der Schweizer Wunderheilerin Dorothea Trudel vom Zürichsee, und rückblickend hat Hauptmann den Eindruck, dass er damals dem religiösen Wahn-sinn nahe war. Er beginnt an einem Gott zu zweifeln, der einen Versuchungen aussetzen kann. „Warum sage ich diese Worte: ‚Herr, führe uns nicht in Versuchung!' zu Gott? Wenn er das tut, so kann man nicht anders als meinen, er unternehme zuweilen etwas, was sonst nur des Teufels Sache ist."[8]

Hauptmanns schriftstellerische Laufbahn beginnt 1885/86 mit Jesus-Studien im Geis-te der Leben-Jesu-Forschung, die ihm als Vorarbeit für ein Christus-Drama dienen soll-ten, das dann allerdings niemals realisiert wurde. Doch die verschiedenen überlieferten Fassungen des Nachlasses zeigen, dass es Hauptmann durchaus ernst mit ihnen war. In einem Brief vom 4. März 1890 teilt er Otto Brahm, dem Mitbegründer der ‚Freien Büh-ne' in Berlin, dem Forum des deutschen Naturalismus, den endgültigen Abbruch seiner Jesus-Studien mit. Die erste überlieferte Fassung war vermutlich ein Jahr zuvor abge-schlossen worden, da Hauptmann in seinen Kalender notiert: „Bölsche und Wille meine Jesusabhandlung vorgelesen."[9] Die Fassung beginnt mit den Worten: „Jesus von Naza-reth, der Mann, welcher keine größere Liebe kannte als die, daß man sein Leben läßt für seine Feinde, war selbst dieser Liebe fähig und gab sein Leben hin."[10] Die Feinde Jesu, das sind für Hauptmann nicht nur die Pharisäer und das Volk, sondern gerade auch seine Jünger, die er als Feinde im Geiste bezeichnet. Während nämlich in Jesus die Selbstlosig-keit herrschte, waren sie durch Selbstsucht bestimmt. Hauptmann meint, das durch Aus-sagen des Neuen Testaments beweisen zu können, und er beginnt mit dem Vaterunser. Wenn die Jünger Jesus bitten, sie das Beten zu lehren, akkommodiert Jesus sich ihnen, die noch dem alten Glauben verhaftet sind, indem er das Beten nicht schlechtweg für sinnlos erklärt, sondern mit dem Vaterunser einen „Ausschaltungsversuch unter schein-barer Anerkennung des Alten"[11] unternimmt. Logisch hebt er das Gebet bereits auf, wenn er den Jüngern sagt, dass Gott, ehe sie bitten, schon wisse, was sie bedürfen. Aber auch das Vaterunser „enthält bittweise alles, was den Menschen nottut, um ohne Jehova

---

[5] AaO., 607.

[6] Vgl. aaO., 694.

[7] AaO., 757.

[8] AaO., 769.

[9] *G. Hauptmann*, Nachlese zur theoretischen Prosa (*G. Hauptmann*, Sämtliche Werke XI), Frankfurt a. M./Berlin 1974, 751–1280, 1213.

[10] AaO., 1215.

[11] AaO., 1216.

auszukommen"[12]. Denn würde Gott die einzelnen Bitten tatsächlich erhören, dann würde er sich aller seiner Macht entäußern. Sein Reich würde unter den Menschen anbrechen, die Schuld wäre ihnen vergeben, sie würden nicht in Versuchung geführt und wären vom Übel erlöst. Die Menschen bräuchten Gott also nicht länger. Für Hauptmann ist das Vaterunser „nichts anderes als eine Zusammenfassung der Idealziele Jesu, wie sie das Jesajasreich umschließt, gleichsam für den Gebrauch der Unmündigen"[13]. Mit dem Jesajasreich ist das von Deuterojesaja verheißene Reich des Friedens und der Gerechtigkeit gemeint. Hauptmann glaubt auch, eine Urfassung des Vaterunsers rekonstruieren zu können. Das Reich, dessen Kommen erbeten wird, wird von ihm als innere Größe in der Menschenbrust gedeutet. Dass der Wille des Vaters auf Erden geschehe – das „im Himmel" wird als Zusatz eliminiert –, ist nur ein bildlicher Ausdruck dafür, dass die Selbstlosigkeit, die Jesus den Jüngern als vom Vater gewollt darstellt, durch die eigene Tat bekannt sein will. Da Jesus den Jüngern zudem erklärt, dass der Vater ihnen nur vergeben werde, wenn sie den Menschen vergeben, schafft er den transzendenten Gott im Grunde ab. „Jehova wird damit zur Puppe, und die Vergebung ist nicht mehr von ihm, sondern vom Menschen selbst abhängig. Allüberall betreibt Jesus die Erlösung von dem Drucke Jehovas, dessen Ansehen er, wo es nur geht, schädigt."[14] Der „alte, zornige Judengott" wird verabschiedet, und an seine Stelle setzt Jesus als pädagogische Maßnahme einen Gott, der sich durch Vollkommenheit auszeichnet.[15] Das Ziel, das er damit verfolgt, ist aber die Abschaffung des transzendenten Gottes überhaupt. „Indem die Jünger sich gewöhnten, Gott als durchaus liebevoll gütig, nur gleichsam als eine Zusammenfassung edler, moralischer Eigenschaften […] zu fassen, um so leichter musste es werden, es zu begreifen, wenn ihnen gesagt wurde: Dieser Gott ist nicht außer dir, sondern in deiner Brust; oder besser: du hast ihn dann in deiner Brust, wenn du vollkommen, das heißt wie er ohne Zorn, Rachsucht und Haß, überhaupt ohne Selbstsucht bist, statt dessen aber voll Selbstlosigkeit – dann verkörperst du in dir das von mir erstrebte Ideal des Gottmenschen."[16] An die Stelle des transzendenten persönlichen Gottes des Judentums tritt so Gott als Heiliger Geist in der Menschenbrust, der immanente Gott.

Hauptmann teilt mit Tolstoj die Überzeugung, dass Jesus befahl, dem Übel nicht zu widerstreben. Jesus verurteilte die Rachsucht und verwarf daher auch das Gericht. Erst wenn die Menschen auf Rache verzichten und stattdessen Vergebung üben, werden sie zu Kindern Gottes als des Heiligen Geistes, der an die Stelle Jehovas tritt. Die Jünger, gekennzeichnet durch Selbst- und Rachsucht, vermögen das aber alles nicht zu fassen. Sie machen Jesus selbst zum erbarmungslosen Richter und Kerkermeister, und sie erfinden die Hölle mit ihren ewigen Qualen. Das ist aber nur der Anfang der Entstellung Jesu und seiner Lehre durch die begriffsstutzigen Jünger. Besonders krasse Züge nimmt diese Entstellung bei der Deutung der Gleichnisse an. Während Jesus sich der gleichnishaften

---

[12] Ebd.
[13] Ebd.
[14] AaO., 1216 f.
[15] AaO., 1217.
[16] Ebd.

Rede bediente, um sich verständlich zu machen, heißt es bei Matthäus, dass er sich nur denen gegenüber der Gleichnisse bedient habe, von denen er nicht verstanden werden wollte. Dabei versucht Jesus in Gleichnissen, den Jüngern die Selbstlosigkeit nahezubringen, und zwar so, dass er sich ihrem Gottesglauben anpasst. So sind der Schatz im Acker oder die Perle die Selbstlosigkeit, die dann den Jüngern gegenüber als „Gott Heiliger Geist" bezeichnet werden kann. Hauptmann teilt das Auftreten Jesu in zwei Abschnitte. In der ersten Periode tritt er als Prediger, als Mann der Worte auf. Doch muss er feststellen, dass die Worte allein ihre Wirkung verfehlen. „Er sieht, daß es nicht nur nicht leicht, sondern im Gegenteil übermäßig schwer ist, diese toten Selbstsüchtlinge zu erwecken, denn es ist ihm nicht gelungen, einen einzigen lebendig zu machen, nicht ein einziger seiner Jünger ist wiedergeboren."[17] Er revidiert daher seine Lehre, und statt die Selbstlosigkeit nur mit Worten zu predigen, beginnt er damit, sie selbst vorzuleben. Er predigt jetzt mit der Tat, indem er sich nach Jerusalem begibt, in die Höhle des Löwen, und den schon zuvor seinen Jüngern angekündigten Tod durch sein Handeln provoziert. Hauptmann hält es nicht einmal für „unmöglich, daß er mit Judas den Verrat besprochen hat"[18]. Die Fußwaschung lässt am besten die neue Lehrart Jesu erkennen. „Jesus, der bis dahin von den Jüngern als wirklicher Gottessohn angestaunt, ja fast angebetet wird, nimmt einen Schurz vor und wäscht allen seinen Jüngern – Leuten, die so tief unter ihm stehen – die Füße."[19] Dadurch macht er das Wort wahr, dass der Herr nicht größer ist als sein Knecht. Die Selbstlosigkeit, das heißt aber die Liebe Jesu kulminiert schließlich in seinem Tod, in dem er sein Leben freiwillig für seine Feinde dahingibt. An ein Fortleben nach dem Tod glaubte Jesus, will man Hauptmann folgen, nicht. Denn sein Himmelreich war nicht transzendenter, sondern irdischer Natur. Es liegt nicht über den Wolken, sondern gemäß Lk 17,20 f. inwendig in den Menschen. Erst mit seinem freiwilligen Tod erweist Jesus seine Selbstlosigkeit, damit aber das Himmelreich und die Existenz des Gott Geistes, als dessen Sohn sich Jesus ausgibt und dessen Erkenntnis er seinen Jüngern nach seinem Tod in Aussicht stellt. Dieses Verständnis des Todes Jesu wurde allerdings durch die Selbstsucht der Jünger und Evangelisten völlig verfälscht. Danach gibt Jesus sein Leben nicht freiwillig preis, sondern Gott nimmt es von ihm, und der Tod Jesu wird nur als Durchgang zur ewigen Herrlichkeit verstanden. Für Hauptmann ist es ausgemacht: „der größte Egoist würde ihn unter gleichen Garantien, wie sie die Evangelisten Jesu werden lassen, ohne einen Augenblick Bedenkens über sich nehmen"[20].

Die Tragik Jesu besteht für Hauptmann gerade darin, dass seine dem alten Glauben radikal zuwiderlaufende Vernunftlehre dem alten Glauben unterlag und die Selbstsucht und Dummheit über seine Selbstlosigkeit triumphierten. Das lag nicht zuletzt daran, dass seine Jünger seine gleichnishafte Sprache nicht wirklich verstanden und nicht nur seine Lehre verfälschten, sondern ihn auch zum Gegenstand eines groben Personenkults machten, von dem Jesus sie abbringen will. „Da die Jünger keine Fähigkeit, Jesus zu be-

[17] AaO., 1224.
[18] AaO., 1225.
[19] Ebd.
[20] AaO., 1229.

greifen, besaßen, so hatten sie sich unabhängig von dem, was sie hörten, ein Bild von ihm und seiner Lehre gemacht, wie es ihren Fähigkeiten und ihren Wünschen entsprach. Die Offenbarung war ihnen eine Offenbarung seiner Herrlichkeit, seiner überirdischen natürlich, und diese erwarteten sie."[21] Jesus musste schließlich erkennen, dass zwischen seinem Geist und dem der Jünger ebenso wenig eine Verbindung bestand wie zwischen seiner Selbstlosigkeit und der Selbstsucht seiner Jünger. Hauptmann wird nicht müde, das Unvermögen der Jünger herauszustreichen, nach dem Tode Jesu dessen rätselhafte Aussprüche und Handlungen richtig zu deuten. Wenn Jesus ihnen deutlich machen will, dass er mit dem Vater nicht Jehova meint, sondern den Geist, aus dem heraus er handelt, konstruieren seine Anhänger daraus den dreieinigen Gott, die Einheit von Vater, Sohn und Geist. Wenn er alle für tot erklärt, die nicht durch den Geist wiedergeboren und auferweckt werden, so ist das für seine Jünger der Anlass, wunderhafte Totenauferweckungen und überhaupt Wunder zu erfinden. Der Geist, der in Jesus wohnt, erhält die Gestalt einer Taube und kann durch Handauflegung mitgeteilt werden. „Die Absurdität aller dieser Dinge leuchtet ein und ist doch dabei so überaus typisch für die Jünger."[22] Es ist Hauptmann zufolge die Dreieinigkeit von Aberglaube, Selbstsucht und Unbildung, die die Jünger beherrscht. Angesichts dieser negativen Charakterisierung der Jünger bildet Judas für ihn eine Ausnahme. Er zeichne sich durch einen sozialen Sinn und eine über das Geistesniveau der Jünger hinausgehende Intelligenz aus. Als Kassenwart der Jüngergemeinde trat er Hauptmann zufolge als einziger Jünger Jesus öffentlich entgegen, als er ihm bei der Salbung durch Maria Verschwendung vorwarf. „Demnach ist es vielleicht nicht zu kühn, in dem Verrat, wenn nicht eine zwischen Jesus und Judas abgekartete Sache, so doch eine Art Brutustat Judae zu vermuten, was bedingen würde, daß Judas Jesum trotz seiner Liebe zu ihm seiner Überzeugung hingeopfert hat."[23] Hauptmann erfindet sogar ein Fragment gebliebenes „Evangelium Judae".

Aus der letzten Fassung der Jesus-Studien geht nun auch hervor, wie sich Hauptmann deren romanhafte Gestaltung dachte. Der geplante Titel lautet: „Der echte Christus und seine Lehre, wiederaufgefunden in einer alten, seit 1800 Jahren ungenützten Quelle: der Offenbarung sanctae (Rationis) Mentis, von Lorenz Engel. Herausgegeben durch Gerhart Hauptmann."[24] So wie zuvor das Judasevangelium fingiert Hauptmann hier eine Apokalypse, nämlich die „Offenbarung des Heiligen Geistes bzw. der heiligen Vernunft", die, angeblich aus der Zeit der kanonischen Evangelien stammend und von dem mit dem Herausgeber befreundeten Lorenz Engel nur wiederentdeckt, in Wirklichkeit von diesem selbst stammt und auch mit dem genannten Titel versehen wurde. Der früh verstorbene Engel, ein Sonderling, habe sich während seines Lebens stets geweigert, seine in dieser Schrift enthaltenen Christusstudien zu publizieren, mit der Begründung, dass er ja kein professioneller Theologe sei, während der Herausgeber sie gerade deshalb für editionswürdig hält. Der fiktive Verfasser hat seine Studien mit einem Vorwort ver-

---

[21] AaO., 1234.
[22] AaO., 1238.
[23] AaO., 1242.
[24] AaO., 1246.

sehen, in dem er auf den Anlass ihrer Abfassung verweist. „Vor Jahren kam mich einmal die Lust an, die Gestalt Jesu zum Helden eines Dramas zu machen. Aus diesem Grunde widmete ich meiner Traubibel einige Winterwochen. In dieser Zeit gelang es mir, die Gestalt Jesu, samt seiner geistigen Persönlichkeit, sozusagen aus dem gröbsten heraus, von den ihr anhaftenden Schlacken zu säubern."[25] Dabei gelangt Engel zu der Erkenntnis, dass es in der Menschheitsgeschichte kein Individuum gegeben habe, das in so ungeheurer Weise verkannt worden sei wie Jesus von Nazareth. Dies zu beweisen, sieht er als das Ziel seiner Christusstudien an, die auf einer kritischen Lektüre der Bibel beruhen. In einem zweiten Entwurf des Vorworts zu den Studien heißt es: „Überraschend schnell, deutlich, fest umrissen, setzte sich die Persönlichkeit Jesu vor meinem Geiste zusammen, aber es war eine Person, die ich bisher weder in Büchern noch [in] Bildern gefunden hatte, die ich zum ersten Mal sah."[26]

Die fragmentarischen Christusstudien geben das Bild wieder, das Hauptmann inzwischen durch eigenständige Bibellektüre von Jesus gewonnen hat. Sie beginnen mit der Bußpredigt des Täufers und dessen Ankündigung des Himmelreichs. Zwar knüpft Johannes an Jesajas Vorstellung vom Himmelreich an, deutet sie aber so, dass Jehova bei seinem Kommen Rache an den Gottlosen üben und die Gottesfürchtigen belohnen wird. Jesus, der sich von Johannes taufen lässt und zeitweilig sein Jünger ist, trennt sich von ihm wegen der Divergenzen in der Lehre. „Jesu Lehre ist eine vollständige Neuschöpfung, hervo[rgegangen] aus dem, was Jesaja und Johannes lehrten."[27] Es handelt sich um die Verkündigung des Evangeliums der Armen, die Heilung der zerstoßenen Herzen, die Befreiung der Gefangenen, der Blinden und Geschlagenen. Darin besteht das Himmels- oder Gottesreich. „Jes[us] erwartet die Verwi[rk]lichung dieses Zustandes durch die eigene Kraft der Menschen. Ihm is[t] er das Erzeugnis mühseliger Arbeit, den beiden anderen ein Geschenk Gottes."[28] Mit den beiden anderen sind Jesaja und der Täufer gemeint. Das Reich Gottes wird somit laut Hauptmanns Deutung der Verkündigung Jesu durch die Eigenaktivität des Menschen erreicht, und da es mit der Selbstlosigkeit des Menschen identifiziert wird, sei das Haupthindernis bei seiner Verwirklichung für Jesus die Selbstsucht des Menschen. Die Selbstlosigkeit führt Jesus selbst schließlich zur Selbstverneinung im freiwilligen Tod, während die Selbstsucht seiner Anhänger die Bedeutung seiner Tat begräbt.

Als folgenschwerste Unterlassung Jesu auf seiner Laufbahn bezeichnet Hauptmann die Tatsache, dass er die ihm von den Jüngern zugeschriebene Messiasrolle nicht abweist. Den Grund dafür sieht er in der radikalen Neuheit der Lehre Jesu, die in schroffem Gegensatz zum jüdischen Glauben steht, den auch seine Jünger teilten. „Mit seiner Vernunftslehre, einer Lehre ohne persönlichen Gott, einer Lehre, deren Boden der auf sich selbst gestellt, aus eigener Kraft heraus strebende, verfeinerte Mensch ist, tritt Jesus Juden gegenüber, nicht etwa gebildeten Juden, nein! Sondern Leuten, die intellektuell und

---

[25] AaO., 1247.
[26] Ebd.
[27] AaO., 1250.
[28] Ebd.

moralisch auf ebender Stufe stehen, die zu erklimmen Tagearbeitern, die sie waren, durch die gesellschaftlichen Zustände von damals möglich gemacht wurde."[29] Um auf diese selbstsüchtigen Menschen mit seiner Lehre einwirken zu können, ließ er ihre Messiasverehrung ebenso zu wie andere Irrtümer. Auch wenn er sich bis zur Mitte seiner Laufbahn nicht als Gottessohn bezeichnete, nahm er diesen Titel nach dem Petrusbekenntnis zwar zum Schein an, deutete ihn aber um. „So sollte denn der Irrtum die Schale der neuen Lehre werden."[30] Die Gottessohnschaft bedeutet danach keine leibliche Abstammung, da Gott Geist und der Vater seiner geistigen Persönlichkeit ist, und ebenso wie Jesus können auch die Jünger durch die geistige Wiedergeburt die Gotteskindschaft erlangen. Auf die Frage nach der Herkunft des Gottesgeistes antwortet Jesus: „Ursprung und Ziel dieses Gottgeistes kenne ich nicht, nur weiß ich, daß er nach der Wiedergeburt in eurer Brust sein wird. In mir wohnt der Vater bereits."[31] Bei diesem Geist handelt es sich um Jesajas Geist der Weisheit, des Verstandes, des Rates, der Stärke und der Erkenntnis (Jes 11,2), den Geist der Liebe und Selbstlosigkeit, der der Vater des Friedensreiches, das heißt des Himmelreiches auf Erden ist. Nur die Sünde wider diesen Geist wird dem Menschen nicht verziehen, weil er sich dadurch als Feind des Guten zu erkennen gibt. „Ein solcher Mensch will den Fortschritt der Menschheit nicht und ist ein Hemmnis, das man beseitigen muß."[32]

Die *Jesus-Studien* dienen Hauptmann als Grundlage seiner geplanten *Christus-Dramen*, von denen allerdings nur Entwürfe vorhanden sind. Der erste Entwurf, der in unmittelbarer zeitlicher Nähe zu den Studien entstanden ist, orientiert sich noch ganz an dem biblischen Aufriss. Er beginnt mit der Predigt des Täufers und endet mit dem Verlassenheitsruf Jesu am Kreuz. Aus den Studien übernimmt Hauptmann den Gedanken der Anpassung Jesu an die Jünger, die die Botschaft vom Reich Gottes nicht verstehen. „Jesus antwortet als Menschenkenner: indem er zunächst auf ihre rohen Instinkte baut, wird er feiner und feiner in seinen Einwirkungen auf sie im Gang der Handlung."[33] Judas meint zwar, Jesus verstanden zu haben, aber in Wirklichkeit ist er ein „Sozialist, der nur das Materielle im Auge hat"[34]. Es bedarf daher der ausdrücklichen „Überführung der materiellen in die ideelle Mission"[35]. Als Hauptmann 1897 das Dramenprojekt erneut in Angriff nimmt, verlegt er die ganze Handlung in die Gegenwart. Im schlesischen Gebirge ruft in der Manier des Täufers der Weber Heiber eine kleine Schar von Menschen angesichts der unmittelbaren Nähe des Reiches mit dem göttlichen Gericht zur Buße auf. Mit seiner Predigt löst er bei den Hörern unterschiedliche Reaktionen aus. Während die jungen Leute sich über sie lustig machen, fallen andere ehrfurchtsvoll auf die Knie und empfangen vom Prediger die Wassertaufe, verbunden mit dem Hinweis auf den Heiland,

---

[29] AaO., 1252.

[30] AaO., 1254.

[31] AaO., 1255.

[32] Ebd.

[33] G. Hauptmann, Christus-Dramen (*G. Hauptmann*, Sämtliche Werke IX), Frankfurt a. M./Berlin 1969, 70–106, 71.

[34] AaO., 72.

[35] Ebd.

der bald seine tausendjährige Herrschaft auf Erden antreten und mit dem Heiligen Geist
taufen wird. Die zweite Szene beginnt vor Heibers einfacher Behausung, vor der acht
seiner Jünger knien. Es naht der Jünger Philippus mit dem Neuling Martin, der als Sohn
des Schreiners Joseph aus Herischdorf vorgestellt wird. Im Gespräch mit dem Weber
erklärt er, dass er vom Geist zu ihm getrieben worden sei, und er stimmt Heiber zu, als
dieser ihm die Sündhaftigkeit der ganzen Welt offenbart, die Christus täglich neu kreu-
zigt. „Und sahst die Christenvölker/ wie nie zuvor furchtbar von Waffen starren,/ bereit
zu unerhörtem Brudermord./ Im Namen Jesu gießen sie Kanonen./ Im Namen Jesu
flehen ihre Priester/ des Brudervolkes Untergang von Gott."[36] Dieser übermächtigen
Heerschar des Satans stellten sich er, Heiber, und seine Jünger als gottesfürchtiges Häuf-
lein entgegen. Im Wissen um die Gegnerschaft der Welt bittet Martin den Weber, ihn zu
taufen. Die dritte Szene spielt in einer Volksversammlung in Kretscham, in der ein sozia-
listischer Redner den versklavten Arbeitern den Tod der Bourgeoisie verkündet und sie
zum Klassenkampf aufruft. Als die Zuhörer die Sozialdemokraten August Bebel, Auer,
Singer hochleben lassen, ergreift trotz wütender Proteste ein Anarchist das Wort, der
den im Reichstag vertretenen Sozialdemokraten falsche Anpassung an das Bestehende
und Ausbeutung der Arbeiterschaft vorwirft und zur gewaltsamen Aktion aufruft. Nachdem der Anarchist im Tumult als Bombenwerfer beschimpft und aus dem Saal hinaus-
geworfen wird, betritt der dicke, joviale Ortspastor die Rednertribüne, der mit den Worten endigt: „Weh jedem, der sich wider Gott empört/ und Gottes Obrigkeit! Denn Obrigkeit,/ wer sie auch sei, sie ist von Gott verordnet."[37] Der Pfarrer wird von dem mit
Martin in den Saal eintretenden Heiber als Lügengeist beschimpft, während der Weber
sich als vom Heiligen Geist besessen ausgibt. Als er sich gegen den Vorwurf zur Wehr
setzt, er sei voll süßen Weins, verteidigt er sich mit dem Hinweis auf das Pfingstwunder.
Daraufhin versucht der Einberufer der Versammlung vergeblich, ihn durch Klingeln und
mit den Worten zu unterbrechen: „Zur Tagesordnung steht, soviel ich weiß,/ nicht Bi-
belstunde, sondern Politik,/ und insbesondre der Achtstundentag./ Der letzte Redner ist
nicht angemeldet,/ und so entzieh' ich ihm hiermit das Wort."[38] Dem Pastor wirft der
Weber vor, das Armutsgebot Jesu zu missachten, und als der Tumult immer größer wird,
erhebt sich der Gendarm und löst unter Protest und Anstimmen der Marseillaise die
Versammlung auf. Die vierte Szene zeigt uns auf einer Bergwiese einige Johannisjünger
und den Bibel lesenden Martin. Auf die Frage der Jünger, warum er nicht wie sie selbst
faste und bete, erhalten sie die ihnen unverständliche Antwort: „Gott ist ein Geist. Im
Geist und in der Wahrheit bet' ich zu ihm."[39] Als Martins Mutter erscheint, klagt sie, dass
ihr Sohn sich vor der Arbeit drücke und einem als Narren gescholtenen sogenannten
Propheten angeschlossen habe. An die Jünger gewandt erklärt Martin daraufhin: „Seht,
lieben Brüder! Dies ist meine Mutter./ Da ihr, ich weiß es, Diener Jesu seid –/ nicht
Pharisäer –, hört: Sie ist mir alles,/ denn meinen Vater – hab' ich nicht gekannt./ Und

---

[36] AaO., 83.
[37] AaO., 89.
[38] AaO., 91.
[39] AaO., 94.

doch empfing sie rein das Gotteskind"[40]. Martin gibt sich somit den Jüngern als Christus zu erkennen, so dass er Andreas und Philipp – wie sie in der fünften Szene, die vor einer Schmiede spielt, bekennen – im Traum als wieder auf die Erde gekommener Heiland erscheint. Die sechste Szene spielt in dem einfachen Esszimmer des Schullehrers Johannes oder des Kantors, dem Andreas mitteilt, dass der Heiland augenblicklich als Gast zur Mahlzeit erscheinen wird. Als er schließlich erscheint und die Jünger ihn mit Hosiannarufen begrüßen, wehrt sich Martin gegen derartige Huldigungen und beantwortet die Frage des Lehrers, wer er denn sei, mit den Worten: „Des Schreiners Joseph Sohn./ Kennst du mich nicht? Doch daß ich Wahrheit rede:/ Ich kenne meinen Vater nicht. Ich bin/ Marias, Weib des Joseph, Sohn, nicht seiner."[41] Und auf das Christusbekenntnis des Andreas antwortet er: „Gott ist ein Geist und unser aller Vater,/ und beten heißt: durch ihn zur Wahrheit dringen./ Steht auf! Ich bin des Menschen Sohn, wie ihr./ Und saget niemand, bitt' ich euch, ihr Lieben,/ was hier geschehn."[42] Der Lehrer lädt daraufhin Martin ein, als Gast am Tisch Platz zu nehmen, und die Szene endet mit dem Brotbrechen und den umformulierten Einsetzungsworten des Abendmahls aus dem Munde Martins: „Der Herr ist unter uns,/ weil wir versammelt sind in seinem Namen./ So trinket denn von seinem Blute, das/ für euch vergossen ist, und esset dies/ sein Fleisch, um euch gemartert, hingegeben/ ans Kreuz für euch, auf dass ihr Frieden hättet."[43]

Auch wenn Hauptmann den Plan eines Christus-Dramas nicht weiter verfolgte, ließ ihn die Thematik nicht los. 1890 entsteht die an Büchners *Lenz* angelehnte Novelle *Der Apostel*, in der die Jesusgestalt mit der des Wanderpredigers Johannes Guttzeit verschmilzt, dem er während seines Aufenthalts in Zürich zwei Jahre zuvor begegnet war. In seiner 1937 erschienenen Autobiographie *Das Abenteuer meiner Jugend* berichtet Hauptmann begeistert von diesem Aufenthalt bei seinem Bruder Carl und dessen Frau. Er lernt dort unter anderem A. Forel kennen, den Direktor der Zürcher Irrenanstalt ‚Burghölzli', von dem er sagt: „Er ist es, dessen Erschließungen von überwiegendem Einfluß auf mich gewesen sind. Er hat mir ein unverlierbares Kapital von Wissen um die menschliche Psyche vermittelt."[44] Literarisch orientiert sich Hauptmann an Zola, Turgenjew, Dostojewski und Tolstoi, „wobei das größte Erlebnis, das mich immerwährend durchwühlte, Dostojewski blieb"[45]. Dahinter bleiben Keller und Meyer, denen er in Zürich begegnete, zwar verehrte Größen, vermitteln aber nur periphere Eindrücke. Durch den Kontakt mit Forel und die Lektüre Dostojewskis entwickelt sich bei Hauptmann ein Interesse an den psychischen Sonderbarkeiten der Menschen, die er bei seinen Spaziergängen in Zürich beobachtet und in einem Notizbuch festhält. Zunächst besucht er die Andachten der Heilsarmee. „Die charakteristisch gekleideten Mädchen sangen die Kirchenlieder mit mänadischem Temperament, wobei sie die Schellentrommeln schwangen.

---

[40] AaO., 96.
[41] AaO., 106.
[42] Ebd.
[43] Ebd.
[44] *G. Hauptmann*, Das Abenteuer meiner Jugend (s. Anm. 1), 1057.
[45] AaO., 1058.

[...] Aber vor allem stießen sie immer wieder den gleichen jubelnden Lockruf aus, der wie bekannt, ‚Komm zu Jesu! Komm zu Jesu!' lautet."[46] Verstockte Sünder sollten zur Zerknirschung gebracht und ihrem Damaskuserlebnis zugeführt werden. „War dies nun oder war es kein Irresein? Es war jedenfalls bei Bekehrern wie Bekehrten eine Art Rausch, ein Zustand dionysischer Exaltation. Sie wirkte auf die zu Gewinnenden nicht durch Überzeugung, sondern durch Ansteckung."[47] Hauptmann spricht von dem Hang zur Sektiererei, der damals in der Luft gelegen habe, und von einem Weltverbesserertum, ganz abgesehen von der breiten Wirkung der Sozialdemokratie. Eine allgemeine Gläubigkeit habe das damalige Leben ausgezeichnet. Man selbst glaubte an den unaufhaltsamen Fortschritt der Menschheit, der die religiöse Verblendung ebenso wie den Krieg und das Verbrechen beseitigen werde. Die Anhänger der protestantischen Prophetin Dorothea Trudel in Männedorf, die Hauptmann bereits seit seiner Jugend vertraut ist, „glaubten an ein Tausendjähriges Reich der Glückseligkeit auf Erden, das die Liebe des Heilands Jesus Christus regieren würde"[48]. Nietzsches *Also sprach Zarathustra* war ebenso ein Zeichen der damaligen Gläubigkeit wie der sogenannte Kohlrabiapostel mit seiner vegetarischen Lebensreform. „Man sah auch in Zürich die Schüler des Naturmenschen und Anachoreten Diefenbach. Ihre Haare wallten bis auf die Schultern."[49] Einem solchen Naturapostel begegnet Hauptmann an Pfingsten an den Kaipromenaden des Zürcher Sees. „Hier tauchte plötzlich im härenen Gewande, Sandalen an den Füßen, mit auf den Schultern wallendem rötlichen Haar eine Art Apostel auf. So hätte Jesus können aussehen. Limbusartig wand sich eine Schnur um sein übrigens unbedecktes Haupt."[50] Dieser Heilige hielt eine Pfingstpredigt, in der er gegen den Luxus wetterte und zu Einfachheit, Rückkehr zur Natur, Vegetarismus und Antialkoholismus aufrief. Die wahre Wiedergeburt werde im Geist errungen und führe zur engsten Verbindung mit Natur und Gott. „Freilich, sie zu erlangen, bedürfe es einer entschlossenen Abkehr von der Welt, eines gewissenhaften Jüngertums und einer streng asketischen Nachfolge."[51]

Die Novelle *Der Apostel* greift auf derartige Erlebnisse Hauptmanns in Zürich zurück. Von dem Protagonisten der Novelle, der nach einer ihn nervlich zerrüttenden Eisenbahnfahrt durch den 1882 eröffneten Gotthardtunnel in einem Zürcher Gasthof ein Zimmer bezieht, heißt es: „Wirklich! – er sah aus wie ein Apostel. Das heilige Blond der langen Haare, der starke, rote, keilförmige Barth, das kühne, feste und doch so unendlich milde Gesicht, die weiße Mönchskutte, die seine schöne, straffe Gestalt, seinen elastischen, soldatisch geschulten Körper zu voller Geltung brachte."[52] Der Apostel hat die bürgerliche Normaltracht eingetauscht gegen eine Reformbekleidung, wie sie von den zivilisationskritischen Lebensreformern des wilhelminischen Kaiserreichs propagiert

---

[46] AaO., 1059.
[47] Ebd.
[48] AaO., 1071.
[49] Ebd.
[50] AaO., 1072.
[51] AaO., 1073.
[52] *G. Hauptmann*, Der Apostel (*G. Hauptmann*, Sämtliche Werke VI), Frankfurt a. M./Berlin 1963, 69–84, 72.

wurde. Wie sein Meister Diefenbach ist der Apostel glühender Anhänger einer Na-
turfrömmigkeit, die sich nicht nur auf Blumen und Käfer, sondern auch auf ihn selbst
bezieht. Er erinnert sich seiner Wanderungen durch italienische Dörfer, wo er von den
Menschen verehrt wurde, die ihm ihre Kinder brachten, damit er sie segne. Seine Botschaft kreist nur um Frieden und Liebe, und das Tor zu beidem ist die Natur. Er predigt
sich selbst im Geist, wobei lebensreformerische Gedanken sich mit utopischen Vorstellungen verbinden. Alle Mühseligen und Beladenen werden zur Nachfolge eingeladen: „In
ein Land will ich euch führen, wo Tiger und Büffel nebeneinander weiden, wo die
Schlangen ohne Gift und die Bienen ohne Stachel sind. Dort wird der Haß in euch sterben und die ewige Liebe lebendig werden."[53] Innerlich identifiziert er sich, als er von
einem Waldspaziergang zurück in die Stadt kommt, mit Christus, wie er in Jerusalem als
sanftmütiger König einreitet. Doch im nächsten Augenblick schon stürzt er aus dieser
Höhe wieder herab und sieht sich als eitle, flache Natur, als Hochstapler. Als sich ihm
ein Gefolge von Kindern anschließt, überkommt ihn der Trieb, ein Wunder zu vollbrin-
gen. „Es war ihm bisher nicht gelungen, etwas von dem, was sie sprachen, zu verstehen.
Plötzlich aber – er hatte es ganz deutlich gehört – wurden die Worte ‚Herr Jesus' ausgesprochen."[54]. Durch diese von den Kindern vollzogene Identifikation mit Christus fühlt
sich der Apostel gestärkt, Verachtung und Spott zu ertragen. In ihm reift der Entschluss,
die Menschheit aufzurütteln und zu erlösen. „Jawohl! Und sie mochten lachen, spotten
und ihn verhöhnen, er würde sie dennoch erlösen, alle, alle!"[55] Das heutige Pfingstfest
musste die Menschen zudem empfänglicher für die Erlösung machen. Der Apostel fühlt
bereits Massen von Menschen, ganze Völker hinter sich, die sich ihm als Feldherrn an-
schließen, und er spürte, „daß es ihm nahe war, jenes Endglück der Welt, wonach die
blinden Menschen mit blutenden Augen und Händen so viele Jahrtausende vergebens
gesucht hatten"[56]. Er schreitet dem Gebirge entgegen, hinter dem das Land des Friedens
liegt. „Und nun sprach er es aus, ganz leise, kaum hörbar, das heilige Kleinodwort: –
Weltfriede! Aber es lebte und flog zurück von einem zum andern. Es war ein Gemurmel
der Ergriffenheit und Feierlichkeit. Von ferne her kam der Wind und brachte weiche
Akkorde beginnender Choräle. Gedämpfte Posaunenklänge, Menschenstimmen, welche
zaghaft und rein sangen; bis etwas brach, wie das Eis eines Stromes, und ein Gesang
emporschwoll wie von tausend brausenden Orgeln. Ein Gesang, der ganz Seele und
Sturm war und eine alte Melodie hatte, die er kannte: Nun danket alle Gott."[57] All das
spielt sich in der überspannten religiösen Phantasie des Apostels ab, und als er sich auf
einer Bank am Zürichsee niederlässt, erscheint ihm im Schlaf seine kranke Mutter, die er
heilt und sich unversehens in den Dulder von Nazareth verwandelt. „Nicht nur geheilt
hatte er ihn; er hatte ihn lebendig gemacht. Noch wehten die Grabtücher um Jesu Leib.
Er kam auf ihn zu und schritt in ihn hinein. Und eine unbeschreibliche Musik tönte, als

[53] AaO., 76.
[54] AaO., 80.
[55] AaO., 81.
[56] AaO., 82.
[57] Ebd.

er so in ihn hineinging. Den ganzen geheimnisvollen Vorgang, als die Gestalt Jesu in der seinigen sich auflöste, empfand er genau."[58] In einer *unio mystica*, die hier allerdings als psychische Krankheit auftritt, identifiziert sich der Apostel mit Christus, der in ihm wieder auferstanden ist. Als er aufwacht und wieder in den Wald emporsteigt, sieht er sich selbst als Sohn Gottes, und das Läuten der Zürcher Kirchenglocken unten im Tal deutet er als die an ihn, den Sohn, gerichtete Stimme Gottvaters.

Den pfingstlichen Auftritt des Naturapostels an der Zürcher Kaipromenade kommentiert Hauptmann mit den Worten: „Ein Übermensch, nach der Forderung Nietzsches, zu dem die blonde Bestie die Vorstufe bildet, wenn sie nicht der Übermensch selber ist, war dieser Apostel freilich nicht."[59] Allerdings hält Hauptmann Nietzsches Übermenschen auch nicht für den gesunden, sondern für den krankhaften Gegensatz zum Pfingstapostel. Nicht Nietzsche, sondern Schopenhauers Mitleidsethik ist es, gepaart mit dem Gedanken sozialer Gerechtigkeit, der die naturalistischen Anfänge Hauptmanns prägt. Anstelle des ursprünglich geplanten Jesus-Romans und des Christus-Dramas schrieb Hauptmann schließlich zwischen 1907 und 1910 seinen ersten und bedeutendsten Roman *Der Narr in Christo Emanuel Quint*. Bereits der Vorname Emanuel (Gott mit uns) deutet auf Quints besondere Gottesbeziehung hin. Dass er als Narr in Christo bezeichnet wird, ist doppeldeutig. Zum einen handelt es sich um eine Selbstbezeichnung Quints, der damit auf 1 Kor 4,10 anspielt, wo Paulus sich selbst und seinen Begleiter Apollos von den sich weise dünkenden Mitgliedern der korinthischen Gemeinde abgrenzt: „Wir sind Narren um Christi willen, ihr aber seid klug in Christus; wir sind schwach, ihr aber stark; ihr herrlich, wir aber verachtet." Zum andern aber deutet die Bezeichnung auf den pathologischen Charakter hin, den Quint mit dem Apostel der Novelle teilt. Der Roman endet mit der Wanderung des Narren in Christo durch Deutschland in die Schweizer Alpen und der Frage, „ob es nicht doch am Ende der wahre Heiland war, der in der Verkleidung des armen Narren nachsehen wollte, inwieweit seine Saat, von Gott gesäet, die Saat des Reiches, inzwischen gereift wäre? Dann hätte Christus seine Wanderung, wie ermittelt wurde, über Darmstadt, Heidelberg, Karlsruhe, Basel, Zürich, Luzern bis nach Göschenen und Andermatt fortgesetzt und hätte überall immer nur von dem gleichen Türenschlagen an seinen Vater im Himmel berichten können."[60] Dem Chronisten und Erzähler des Romans erscheint es allerdings als wahrscheinlich, dass der einsame Wanderer der vom Christuswahn besessene Quint war, der sich schließlich oberhalb des St. Gotthard im Schneegestöber verirrt und im Frühjahr tot aufgefunden wird. In seiner Tasche findet man die Notiz „Das Geheimnis des Reichs?", die keiner versteht. „War er überzeugt oder zweifelnd gestorben? Wer weiß es? Der Zettel enthält eine Frage, sicherlich! Aber was bedeutet es: Das Geheimnis des Reichs?"[61]

---

[58] AaO., 83.
[59] *G. Hauptmann*, Das Abenteuer meiner Jugend (s. Anm. 1), 1073.
[60] *G. Hauptmann*, Der Narr in Christo Emanuel Quint (*G. Hauptmann*, Sämtliche Werke V), Frankfurt a. M./Berlin 1962, 9–414, 413.
[61] AaO., 414.

Konrad Stock

„IRDISCH NOCH SCHON HIMMLISCH SEIN"

Das Logo christlicher Soteriologie

Im Jahre 1653 veröffentlichte S. v. Birken ein Gedicht, das mit den Worten beginnt: „Lasset uns mit Jesus ziehen,/ seinem Vorbild folgen nach"[1]. Dieses Gedicht eröffnet heute, nach der Melodie von J. Schop aus dem Jahre 1641, im Evangelischen Gesangbuch die Rubrik *Umkehr und Nachfolge* (EG 384). Der ersten Strophe habe ich den Titel und das Thema dieses Essays entlehnt: stellt sie doch wie das ganze Gedicht das Leben des individuellen Christus-Glaubens in der Christus-Gemeinschaft der Kirche und der Kirchen hier und jetzt im Lichte eines spannenden semantischen Feldes dar. Sie eröffnet das Lied als Ganzes, indem sie das Leben des Glaubens als eine erlebte und erlittene Wanderung beschreibt – und zwar als eine Wanderung, die in einem radikalen Sinne von *hier* nach *dort* führt, aus den Bedingungen dieser Zeit und dieses Raums in die Bedingungen jener Zeit und jenes Raums, die als solche die Bedingungen des *Himmelslebens* (EG 384, 3) sind.

Nun ist die Sprachgestalt des Gedichts durchaus konventionell und entbehrt der individuellen Ausdrucksmöglichkeiten, die jedenfalls die deutschsprachige Lyrik in und seit der Epoche der Empfindsamkeit und des Sturm und Drang gefunden hat. Gleichwohl ist das Gedicht zu lesen und zu würdigen als ein gelungenes und reiches Beispiel dafür, wie die gottesdienstliche Situation ihren Teilnehmern das Wesen der christlichen Glaubensweise nahe bringen kann. Indem sie ihnen dieses Wesen der christlichen Glaubensweise nahe bringt, werden sie sich selbst auf dieser radikalen Wanderung verstehen und aus der Bildkraft des Gedichts ihre Geduld und ihre Hoffnung schöpfen können.

Der Halbvers des Gedichts, den ich zitiere, spielt offenkundig an auf zwei Passagen, die in der Korrespondenz des Apostels Paulus mit der Gemeinde zu Korinth eine gewichtige Rolle spielen: *zum einen* auf den Abschnitt aus dem 15. Kapitel des 1. Briefs, in dem der Apostel gegenüber der vermeintlichen Bestreitung der Auferstehung der Toten zu guter Letzt das leibhafte Person-Sein des Auferstehungslebens plausibel machen will (1 Kor 15,35–49); *zum andern* auf den Abschnitt aus dem 5. Kapitel des 2. Briefs, in dem der Apostel seine (!) Leidensgemeinschaft mit dem Christus Jesus hier und jetzt als die vom leibhaften Person-Sein des himmlischen Lebens jenseits des Todes und durch den

[1] Zu S. v. Birken (1626–1681) existiert seit Anfang 2002 das von der DFG geförderte Projekt *Schaffung einer Birken-Bibliographie und einer Birken-Edition*, das in gemeinschaftlicher Zusammenarbeit durchgeführt wird vom Institut für Kulturgeschichte der Frühen Neuzeit in Osnabrück, dem Lehrstuhl für Kirchen- und Dogmengeschichte an der Universität Hamburg sowie der Forschungsstelle Frühe Neuzeit an der Universität Passau.

Tod hindurch ‚verschlungene' erwartet (2 Kor 5,1–10). Das Zitat aus dem Propheten-
buch des ersten Jesaja: „Er [Gott] wird den Tod verschlingen auf ewig" (Jes 25,8) bildet
geradezu die sachliche Brücke zwischen den beiden Argumenten.

Der Apostel Paulus hat die Aussage-Intention der beiden Argumente im Brief an die
Gemeinde zu Rom erneut aufgenommen und sie hier zu geradezu lehrmäßiger Klarheit
gebracht (Röm 5,12–21). Freilich setzt die hier entwickelte *Adam-Christus-Typologie* der
Bemühung um die *claritas externa* der Heiligen Schrift erhebliche Widerstände entgegen.
Während die bibelwissenschaftliche Forschung sich gerne mit dem Nachweis religions-
geschichtlicher Vorstellungen begnügt,[2] die der Apostel Paulus im Sinne gehabt haben
könnte, hat es die Glaubenslehre vieler christlicher Konfessionen schwer, sich von den
empirischen Fehldeutungen einer Urstandslehre zu lösen, die die priesterschriftliche
Schöpfungserzählung (Gen 1,1–2,4a) und vor allem deren nicht-priesterschriftliche Ergänzung (Gen 2,4b–25) für sich in Anspruch nehmen möchte – und zwar ohne jede
Rücksicht auf die Komposition des Pentateuch als ganzen und auf ihre Aussage-
Intention. So oder so wird uns das Anliegen des Gedichts, unter Berufung auf die tiefe
Einsicht des Apostels Paulus das Leben des Glaubens als eine erlebte und erlittene Wan-
derung im radikalen Sinne des Wortes zur Sprache zu bringen, unklar bleiben.

S. v. Birkens Gedicht ist eine poetische Rezeption und Innovation, die die paulinische
Form des Glaubenssatzes erhellen und so der gegenwärtigen religiösen Kommunikation
des Evangeliums dienen möchte. Die systematische Besinnung, die ich hier vorlege, lässt
sich von dieser poetischen Rezeption und Innovation zu einer Sachexegese animieren,
die die hier und heute aktuelle Beschreibungskraft des paulinischen Glaubenssatzes plausibel machen will.[3] Deutlicher, als dies die paulinische Argumentation in diesen beiden
Kontexten *de facto* erkennen lässt, mache ich Gebrauch von Schleiermachers[4] Unterscheidung zwischen den *christlich frommen Gemütszuständen*, den *Glaubenssätzen* und den
dogmatischen Sätzen (CG § 15 L/I,105; § 16 L/I,107). Ich unterstelle also, dass die paulinische Argumentation in diesen beiden Kontexten Glaubenssätze entfaltet, die die
schwankenden und vielfach irritierten Gemütszustände seiner Adressaten teils polemisch
teils irenisch korrigieren wollen. Diese teils polemische teils irenische Korrektur der Gemütszustände will nun zwar erreichen, dass die individuellen Glieder der Christus-
Gemeinschaft zu Korinth in ihrem Erlösungsbewusstsein bestärkt werden. Aber sie will
zugleich und darüber hinaus plausibel machen, dass eben diese Bestimmtheit des Ge-
müts – hier und jetzt kraft der Gemeinschaft mit dem Gottessohn, dem Christus Jesus,
unserem Herrn (1 Kor 1,9), der Gnade Gottes teilhaftig zu sein (1 Kor 3,10) – in den
umgreifenden Zusammenhang des göttlichen Waltens gehört, das das erfahrbar reale

---

[2] Vgl. etwa *O. Betz*, Art. Adam I. Altes Testament, Neues Testament und Gnosis, in: TRE 1 (1977) 414–
424.

[3] Solche Sachexegese nicht nur der biblischen Texte, sondern auch der Texte der Glaubens- und der
Lehrtradition des Christentums hat E. Herms stets gefordert und praktiziert.

[4] Vgl. *F. Schleiermacher*, Der christliche Glaube nach den Grundsätzen der evangelischen Kirche im Zusammenhange dargestellt. 2 Bde., hg. u. mit Einl., Erl. u. Reg. versehen v. M. Redeker, Berlin 1960[7]. Die
hier verwendete Ausgabe der Glaubenslehre (CG) wird im Folgenden ausschließlich im Text unter Angabe
von Paragraphen-, Band- und ggf. Seitenzahl zitiert.

Verhängnis jedenfalls des Mensch-Seins – das Verkauft-Sein an die Macht der Sünde und des Todes – überwindet. Die teils polemische teils irenische Korrektur der korinthischen Gemütszustände durch die teils wiederholende teils weiterführende *Verkündigung* des Apostels (vgl. CG § 15,2/I,106) kommt daher erst zum Ziel, wenn sie just den umgreifenden Zusammenhang des göttlichen Waltens zur Sprache bringt, in dem das mehr als problematische Leben der Christus-Gemeinschaft zu Korinth seine Rolle spielt. Die Glaubenssätze des Apostels in seiner Korrespondenz mit der Gemeinde zu Korinth sind eingefügt in Sätze über diesen umgreifenden Zusammenhang und bilden so den Ausgangspunkt „dogmatischer Sätze", die ihnen den „höchst mögliche[n] Grad der Bestimmtheit" (CG § 16 L/I,107) geben wollen. Dogmatische Sätze dieser Art seien im Folgenden entwickelt.

1 Irdisch sein

Das selten schöne deutsche Adjektiv *irdisch*, zu dem es in anderen lebenden europäischen Sprachen m.W. keine Synonyme gibt, verweist uns ohne weiteres auf die Naturgeschichte der Entstehung menschlichen Lebens auf diesem einzigartigen Planeten in diesem unseren Sonnensystem, den wir *Erde* nennen. Kein anderer Ort im ungeheuren Universum hat sich bisher finden lassen, der die notwendigen Bedingungen nicht nur für die Entstehung des Lebens überhaupt, sondern eben auch des menschlichen Lebens bieten würde. Das selten schöne deutsche Adjektiv *irdisch* erinnert also zu allererst an die verschiedenen Übergänge, die die Bildung des spezifisch menschlichen Lebens möglich machten: also die Bildung einer Lebensweise, die ganz und gar bezogen ist und vermittelt ist mit einem jeweils individuellen Organismus, der nur existiert und überleben kann im Stoffwechsel mit der Luft, dem Licht, der Schwerkraft, der Energie, dem Wechsel von Sommer und Winter, Tag und Nacht (vgl. Gen 8,22); einer Lebensweise allerdings, die sich einer Geschlechtsgemeinschaft und damit einer Zeugung und einer Geburt verdankt.

Allerdings ist es typisch für die menschliche Lebensweise, wie sie die verschiedenen Theorien der Hominisation erforschen, dass sie im Unterschied zur Lebensweise der verschiedenen Primaten von vornherein und von allem Anfang an der Sphäre der Selbstbewusstheit und damit der Sphäre des Frei- und des Vernünftig-Seins teilhaftig ist. Das untrügliche Signal dieser Sphäre ist doch wohl die Möglichkeit und die Fähigkeit der *Sprache*, des elementaren Mediums aller Kommunikation und aller Interaktion in den notwendigen Beziehungen zwischen Wesen von der Seinsart des Menschen. Der individuelle Organismus, der wir sind, wird kraft der Sprache die Ausdrucksgestalt eines jeweils individuellen Selbstverhältnisses – eines Ich –, das sich schon immer auf die Ausdrucksgestalt eines anderen individuellen Selbstverhältnisses – eines anderen Ich als Du – bezieht. Als dieses in und mit der Sprache von einem anderen individuellen Selbstverhältnis – zu allererst von der Mutter – angesprochene Wesen wird ein Mensch seinerseits zu einem individuellen Selbst. Er wird es, nachdem er von Anfang an, von der Gametenverschmelzung an, ein Wesen von der Seinsart des leibhaften Person-Seins zu werden bestimmt ist. Als solches Wesen eignet ihm die Würde, die unantastbar ist.

Im Anschluss an die Verkündigung des Apostels Paulus bringt das Gedicht S. v. Birkens mithin die transzendentale Bedingung der Möglichkeit dafür zum Ausdruck, dass es ein Leben unter der Gnade, ein Leben in der Erkenntnis der wahren Gottheit Gottes (vgl. 2 Kor 4,6) und damit ein Leben im Dienst der Versöhnung (vgl. 2 Kor 5,20) geben kann und gibt. Es wäre zwar – zumal in der derzeitigen Lage der deutschsprachigen protestantischen Theologie – höchst wünschenswert, wenn v. Birken diese transzendentale Bedingung eines Lebens unter der Gnade ausdrücklich als *geschaffene*, als die von Gottes schöpferischer Ursprungsmacht gewollte und hervorgerufene Bedingung angesprochen hätte. Aber ich nehme zu seinen Gunsten an, dass ihm die Tatsache selbstverständlich gegenwärtig war, dass der Apostel einen wesentlichen Glaubenssatz der nicht-priesterschriftlichen Schöpfungserzählung als unbestreitbare Autorität zitiert. Dass Adam als ein Wesen leibhaften Person-Seins geschaffen wurde – eben das *steht geschrieben* (vgl. 1 Kor 15,45 mit Gen 2,7). Auf welche Weise und in welchem religionskulturellem Kontakt dem anonymen Autor oder Redaktor dieser nicht-priesterschriftlichen Schöpfungserzählung sich dieser Glaubenssatz erschloss, entzieht sich unserem Wissen.

2 Irdisch noch

In den *Gemütszuständen*, wie sie die mannigfachen Formen der apostolischen Verkündigung des Christus Jesus in der Tradition der Christentumsgeschichte durch Gottes Geist evozieren, ist uns nicht nur die transzendentale Bedingung des Lebens unter der Gnade als eine für uns Menschen alle geschaffene Bedingung bewusst. Es ist uns auch im Unterschied zu anderen religiösen Lebenslehren – wie etwa der des klassischen Buddhismus, der hellenistischen Mysterienreligion, der Schulen der Gnosis oder der negativen Metaphysik A. Schopenhauers – gewiss, dass diese uns gewährte transzendentale Bedingung, irdisch zu sein, als solche *etwas Gutes* ist. Sie ist als solche etwas Gutes, weil sie uns in und mit der individuellen Gestalt eines männlichen oder eines weiblichen Leibes die Möglichkeit gewährt, auf dem Grund des Erlebens unserer selbst in unserer natürlichen wie in unserer sozialen Welt mit anderen sprachlich zu kommunizieren und praktisch zu interagieren. Sie ist als solche etwas Gutes, weil sie uns die Möglichkeit eines Lebens in der Erkenntnis Gottes und in der Selbstverantwortung vor Gott gewährt.

Gleichwohl sind wir uns in den Gemütszuständen, wie sie die mannigfachen Formen der apostolischen Verkündigung des Christus Jesus in der Tradition der Christentumsgeschichte durch Gottes Geist evozieren, dessen bewusst, dass wir *noch immer nicht* erfüllt sind von dem Gottesbewusstsein des Christus Jesus und deshalb in allen unseren sprachlichen Kommunikationen und in allen unseren praktischen Interaktionen *noch immer nicht* durchdrungen sind vom „Wollen des Reiches Gottes" (CG § 121,1/II,250; vgl. Röm 14,17). Wir sind uns in der Erinnerung der eigenen Lebensgeschichte und zugleich im Eingedenken der Geschichte der Christus-Gemeinschaft der Kirche und der Kirchen vielmehr dessen bewusst, dass wir *noch immer* der Versuchung und der Gefahr der „Ab-wendung von Gott" (CG § 63 L/I,344) und damit der Bestimmtheit durch die Macht der Sünde ausgesetzt sind. Es handelt sich bei der Versuchung und bei der Gefahr der „Abwendung von Gott" nicht etwa um die transzendentale Bedingung des uns gewähr-ten spezifisch menschlichen Irdisch-Seins. Es handelt sich vielmehr um das unbegreifli-che geschichtliche Faktum, das als geschichtlich Allgemeines dem Erscheinen des Erlö-sers in der Geschichte und dem ihm zu verdankenden Bewusstsein der göttlichen Gnade faktisch vorhergeht. Selbst wenn der fromme Dichter das *irdisch noch* auf schlechte pietis-tische Weise nur als ein Grundproblem der individuellen Lebensgeschichte verstanden haben sollte, hindert uns nichts, diese bescheidene Bestimmung in den großen Zusam-menhang des paulinischen Verstehens der Geschichte von Kultur und Gesellschaft ein-zuzeichnen.

Der Apostel Paulus erreicht diesen großen Zusammenhang des Verstehens der Ge-schichte von Kultur und Gesellschaft, weil ihm nicht nur die transzendentale Bedingung des uns Menschen allen gewährten Irdisch-Seins im Anschluss an Gen 2,7 als wahr ge-wiss ist. Vielmehr ist ihm auch die Intention der nicht-priesterschriftlichen Erzählung Gen 3,1–24 ebenso wie die der nicht-priesterschriftlichen *Urgeschichte* Gen 4,1–8,24 als wahr gewiss, die mit der größten Eindringlichkeit das Todesgeschick des irdischen Da-seins und das unbeherrschbare Maß der menschlichen Bosheit und Gewaltbereitschaft offen legen. Das Evangelium – d.h. genau: die religiöse Tradition und Kommunikation, in der das Gottesbewusstsein des Christus Jesus, wie es die Glaubenssätze des apostoli-schen Kerygmas durch Gottes Geist in uns erwecken und entzünden wollen – tritt in sozio-kulturelle Gemeinschaften ein, die die Angst des Todes und die Trauer um den Tod der Nächsten kultivieren; und es tritt in sozio-kulturelle Gemeinschaften ein, die sich gegenseitig den Kampf auf Leben und Tod um die politische Hegemonie, um die ökonomischen Ressourcen und insbesondere um die Ehre liefern. Das Evangelium tritt in Formen menschlicher Gemeinschaft ein, die des Bewusstseins und die der Erkenntnis der wahren Gottheit Gottes entbehren.

Im Brief an die Gemeinde zu Philippi hat der Apostel Paulus für dieses Entbehren des Bewusstseins und der Erkenntnis der wahren Gottheit Gottes eine prägnante Formulie-rung gefunden, wenn er von denen spricht, die „irdisch gesinnt" sind (Phil 3,19). Sinn und Bedeutung dieser komprimierten Wendung erschließen sich am besten, wenn man sich die komplexe Struktur des Bedürfens und des Begehrens vor Augen führt, die das *irdische Sein* des Menschengeschlechts aller Zeiten und Kulturen bestimmt. Als *irdisches Sein* ist die Person notwendigerweise aus auf das gesamte Spektrum der formalen und der materialen Güter, von denen sie sich die Erhaltung, die Verteidigung und die Vervoll-kommnung ihrer schieren Existenz verspricht. Wenn sie in einer frühen Phase der Kindheit und der Jugend ihrer Lebensgeschichte auf eine familiale und soziale Sphäre angewiesen ist, die ihr das Spektrum der formalen und der materialen Güter gewährt, so muss sie doch je nach dem Niveau der kulturellen Evolution in die erwachsenen Rollen übergehen, in denen sie das Spektrum der formalen und der materialen Güter – und ins-besondere deren Ordnung und Verfassung – mitzuproduzieren und mitzugestalten hat.

Und hier, in diesen Rollen, existiert sie in der elementaren Alternative, in der notwendigen Produktion und Gestaltung des Spektrums der formalen und der materialen Güter
entweder „irdisch gesinnt" (Phil 3,19) zu sein oder aber sich auszustrecken „nach dem,
was da vorne ist" (Phil 3,13), nach dem „Reich, in dem wir Bürger sind" (Phil 3,20).

Mit der prägnanten Wendung *irdisch gesinnt sein* charakterisiert die paulinische Variante
der christlichen Glaubenslehre mithin eine verkehrte, eine destruktive, eine verwerfliche
Weise, das irdische Sein der leibhaften Person zu verstehen und zu praktizieren. Sie –
diese Wendung – lässt sich ungezwungen auf alle individuellen und auf alle sozio-
politischen Intentionen übertragen, die die komplexe Struktur des Bedürfens und des
Begehrens auf eine abstrakte, auf eine asymmetrische, auf eine gewaltsame und alles in
allem auf eine ungerechte Weise zu befriedigen trachten. Sie – diese Wendung – eignet
sich nicht nur dazu, Fehlformen der individuellen Lebensführung zu diagnostizieren. Sie
eignet sich genauso gut dazu, die Prozesse der Willensbildung einer Öffentlichen Meinung zu bewerten, die auf die Fehlformen der individuellen Lebensführung Einfluss
nehmen und die nun umgekehrt von den Fehlformen der individuellen Lebensführung
profitieren. Die langfristige Vorgeschichte des Großen Krieges von 1914 bis 1918 in
allen kriegführenden Parteien ist Zeuge dieses verhängnisvollen Wechselspiels und seiner
faktischen Unentrinnbarkeit.

In seinem Gedicht nimmt der fromme Dichter die Glaubenslehre des Apostels Paulus
beim Wort, dass die faktische Unentrinnbarkeit des *irdischen Gesinnt-Seins* aufgehoben ist.
Sie ist grundsätzlich aufgehoben durch die Erscheinung des Erlösers in der Geschichte
(vgl. 2 Kor 6,2); und sie wird dadurch relativiert, dass die Erscheinung des Erlösers in
der Geschichte die unwillkürliche Dominanz des *irdischen Gesinnt-Seins* bricht, indem sie
die leibhafte Person in die Gemeinschaft des wahren Gottesbewusstseins und der Erkenntnis der wahren Gottheit Gottes integriert. Für diese Effektivität der Erscheinung
des Erlösers in der Geschichte nimmt der Apostel Paulus die Rede von dem *zweiten Menschen vom Himmel her* in Anspruch (1 Kor 15,47), dessen Bild zu tragen die zuversichtliche
Hoffnung derer ist, die kraft seiner Erscheinung nur *noch irdisch gesinnt* sind (1 Kor 15,49).

3 Himmlisch sein

Es dürfte keine große Mühe bereiten, sich in den Medien der gesellschaftlichen Öffentlichkeit mit Mitgliedern anderer religiös-weltanschaulicher Gemeinschaften und Be-
kenntnisse darüber zu verständigen, dass das *irdische Gesinnt-Sein* derer, deren Selbstbewusstsein schweigsam oder schreiend stets ein Todesbewusstsein ist, ein Problem ist.
Niemand hat sich darüber weniger Illusionen gemacht als der S. Freud der späten Theorie des Todestriebs. Größere Mühe dürfte es bereiten, in den Medien der gesellschaftlichen Öffentlichkeit für die Gewissheit und für die Erkenntnis des Christus-Glaubens zu
werben, dass die Dominanz des *irdischen Gesinnt-Seins* in uns Menschen allen durch die
geschichtliche Präsenz des *himmlischen Menschen* aufgehoben und gebrochen ist (vgl. 1 Kor
15,48). Manche Fürsprecher einer Öffentlichen Theologie halten sich bei diesem Thema

leider Gottes sehr zurück. Das hat darin seinen ernst zu nehmenden Grund, dass die Wendung *himmlisches Sein* ganz entsprechend zu der Wendung *irdisches Sein* einen kosmologischen bzw. einen ontologischen Sachverhalt intendiert, der heutzutage schwer zu erschwingen ist.

Zwar hat das semantische Feld des Himmels, des Himmlischen, des siebten Himmels jedenfalls in der Malerei und in der Dichtung, im Kino und im Schlager der euroamerikanischen Kulturen und deshalb in der Alltagsreligion der Leute seinen festen Platz und seine Konjunktur.[5] Aber die prägnante Bedeutung der biblischen Texte, die das *himmlische Sein* thematisieren, sachgemäß zu interpretieren, fällt den Bibelwissenschaften offensichtlich schwer.[6] Und nachdem die astronomische Theoriebildung von Kopernikus, von Kepler, von de Brahe, von Galilei und von Newton die Synthese zwischen dem biblischen Offenbarungszeugnis und dem aristotelisch-ptolemäischen Weltbild endgültig destruiert hatte, scheint die Ausdrucks- und die Darstellungsweise des apostolischen Kerygmas beim Apostel Paulus ihre kosmologische und ontologische Intention unwiederbringlich eingebüßt zu haben. R. Bultmanns Theorie der existentialen Interpretation hat diese Konsequenz mit dem Gestus der intellektuellen Redlichkeit gezogen.

Gegen die Reduktion, die die verschiedenen Varianten einer existentialen Interpretation an der Sprachgestalt des biblischen Offenbarungszeugnisses exerzieren, sprechen zwei gewichtige Argumente. *Zum einen* steht die Theorie der existentialen Interpretation in einem theoriegeschichtlichen Zusammenhang mit I. Kants philosophischen Grundsätzen, die einen Hiatus zwischen den Bedingungen der Erfahrung des Naturgeschehens und den Bedingungen des Verstehens menschlicher Freiheit unterstellen: Grundsätze, die im Fortgang der Debatte massive Kritik auf sich gezogen haben.

Zum andern aber wird die Theorie der existentialen Interpretation der Aussage-Intention des biblischen Offenbarungszeugnisses nicht gerecht, das ganz offensichtlich den Christus-Glauben – das christlich-fromme Selbstbewusstsein als das Bewusstsein, an Erlösung teilzuhaben – wesentlich als die Hoffnung auf einen Zustand und auf die unbedrohte Dauer des unangefochtenen Erlöst-Seins zu verstehen lehrt. Mag die Wendung *himmlisches Sein* im Kontext der altorientalischen wie der hellenistisch-römischen Religionskulturen immer auch weltbildliche und d.h. geozentrische Assoziationen mit sich führen: in ihrem Eigen-Sinn bezeichnet sie das Ziel, das Woraufhin und das Worumwillen, zu dem die individuellen Glieder der Christus-Gemeinschaft und zu dem die Christus-Gemeinschaft als ganze erst noch unterwegs sind. Deshalb ist es eine unabweisbare dogmatische Aufgabe, dieses Moment des apostolischen Kerygmas und seiner Glaubenssätze zu *größtmöglicher Bestimmtheit* zu bringen. Im Unterschied zur Lehre des rö-

---

[5] Anstatt die ungezählten Belege aus der Kunst- und Literaturgeschichte sowie aus dem alltäglichen Gebrauch des semantischen Feldes ‚Himmel' anzuführen, erinnere ich an den vielgesehenen Film von W. Wenders *Himmel über Berlin*. Wichtige Hinweise auf das Sujet des ‚Himmels' in der Kunst gibt *U. Kuder*, Art. Himmel VI. Kunst der Gegenwart, in: RGG⁴ 3 (2000) 1746.

[6] So wiederholt zum Beispiel *C. Rowland*, Art. Himmel III. Neues Testament, in: RGG⁴ 3 (2000) 1741–1742, die griechische Quellensprache, ohne auch nur im Ansatz den Versuch zu wagen, deren Sinn und Bedeutung zu interpretieren.

misch-katholischen Lehramts und der von ihm bestimmten theologischen Debatte ist jedenfalls die deutschsprachige evangelische Theologie von solcher größtmöglicher Bestimmtheit weit entfernt.[7] Wie ist sie zu gewinnen?

Sie ist dadurch und nur dadurch zu gewinnen, dass wir die bloße Wiederholung der biblischen Quellensprachen nach den Grundsätzen der historisch-kritischen Methodenlehre entschlossen kombinieren mit den Grundsätzen einer Theorie der Interpretation der Sache und des Aussagegegenstands religiöser Texte im Allgemeinen und biblischer Texte im Besonderen. Für das Verstehen dieser ihrer Sache und dieses ihres Aussagegegenstands dürfte es nun maßgeblich sein, dass sie sich dechiffrieren lassen als Sätze über die verschiedenen Momente eines *höchsten Gutes*. Denn mit der Wendung *höchstes Gut* bezeichnen wir ganz ungezwungen einen Zustand des Dauerns, des Bleibens und Verweilens, in dem wir so etwas wie Vollkommenheit erleben und genießen, weil sich und sofern sich *höchstes Gut* in seiner Eigenart erschließt und uns an sich selbst Anteil gewährt.

Im Kontext der Theoriegeschichte des *höchsten Gutes* ist die begrifflich-kategoriale Interpretation der religiösen Texte im Allgemeinen und der biblischen Texte im Besonderen sehr wohl in der Lage, deren Sache und deren Aussagegegenstand zu dechiffrieren und sie auf diese Weise in der religiösen Kommunikation des Evangeliums hier und heute plausibel zu machen.[8] Im kritischen Gespräch mit dieser Theoriegeschichte kann christliche Theologie nicht nur dafür votieren, dass Gottes Gottheit den Begriffsinhalt des *höchsten Gutes* erfüllt, weil sie in kategorialer Differenz zu allen möglichen Strebens- und Vollendungszielen dieses unseres *irdischen Seins* als der schöpferische Grund und Ursprung dieses unseren *irdischen Seins* als des fundamentalen Guten gewusst und begriffen werden wird. Im kritischen Gespräch mit dieser Theoriegeschichte kann christliche Theologie auch dafür argumentieren, dass Gottes Gottheit sich konkretisiert in der Versöhnung und Erlösung der geschaffenen Person, deren individuelles und deren kollektives Streben dem schöpferischen Grund und Ursprung alles Gut-Seins faktisch und doch verhängnisvollerweise entfremdet ist. In den primären Offenbarungssituationen, die die christliche Religionsgemeinschaft begründen – in den Erscheinungen des Gekreuzigten als des Auferstandenen und des zur Rechten Gottes Erhöhten – wird jedenfalls entdeckt, dass sich der Zustand eines Dauerns, eines Verweilens und Bleibens in der Vollkommenheit des Lebens, nicht anders mitteilt als in der Gemeinschaft mit dem Christus Jesus selbst, in dessen Existenz Gottes Gottheit selbst das Leid der Endlichkeit und den Fluch der Entfremdung auf sich nimmt und an sich selbst erträgt (vgl. 2 Kor 5,19).

Die angemessene Interpretation der biblischen Texte und der christlichen Glaubenssätze, die im Kontext der religionsgeschichtlichen Möglichkeiten *himmlisches Sein* zur Sprache bringen, beginnt mit der Unterscheidung zwischen dem transzendenten Sein

---

[7] Das zeigt ein Blick in *H.-P. Großhans*, Art. Himmel. V. Dogmatisch 1. Christliche Tradition b) Evangelisch, in: RGG⁴ 3 (2000) 1744–1745; *M. Mühling-Schlapkohl*, Art. Himmelfahrt/Himmelfahrt Jesu Christi IV. Dogmengeschichtlich und dogmatisch 2. Evangelisch, in: RGG⁴ 3 (2000) 1749–1750.

[8] Vgl. hierzu und zum Folgenden *E. Herms*, Art. Höchstes Gut, in: RGG⁴ 3 (2000) 1808–1812; *K. Stock*, Einleitung in die Systematische Theologie (de Gruyter Studium), Berlin 2011, 314–323.

Gottes selbst und Gottes schöpferischem Walten, das auf die Gemeinschaft der selbst-
bewusst-freien, der leibhaften Person mit Gottes transzendentem Sein ausgerichtet ist
und bleibt. Diese Unterscheidung wahrt die kategoriale Differenz zwischen unbedingtem
und bedingtem, zwischen göttlichem und weltlichem Sein. Gleichzeitig lässt sie uns verstehen, dass Gottes unbedingtes, Gottes göttliches Sein als Grund des Gut-Seins überhaupt für die Gemeinschaft mit bedingtem und mit weltlichem Sein offen ist. An Gottes
unbedingtem, an Gottes göttlichem Sein zu *hängen* ist für bedingtes und für weltliches
Sein, in dessen Bereich sich auch die selbstbewusst-freie, die leibhafte Person befindet,
die Vollkommenheit, über die hinaus nichts Vollkommeneres gedacht werden kann.[9]
Was uns die Quellensprachen der biblischen Texte und der christlichen Glaubenssätze
im Kontext des religionsgeschichtlich Möglichen als *himmlisches Sein* präsentieren, bezeichnet und bedeutet jedenfalls die unbedrohte Dauer der Vollkommenheit, die sich
nicht anders als das Erfüllt-Sein vom göttlichen Grund des Gut-Seins überhaupt verstehen lässt. Es ist *himmlisches Gesinnt-Sein*.

Soll diese Bedeutung der Benennung des *himmlischen Seins* in den Quellensprachen der
biblischen Texte und der christlichen Glaubenssätze im Kontext des religionsgeschichtlich Möglichen mehr als eine wunderbare Imagination und mehr als eine vielleicht unvermeidliche Utopie sein, so fragt es sich, welche Bedingungen erfüllt sein müssen, damit
sich die Bedeutung der Benennung des *himmlischen Seins* auf ein uns zu erfassen gegebenes Reales beziehen kann und beziehen wird. Indem ich eine Antwort auf diese Frage
suche, komme ich darauf zurück, dass die dogmatische Tradition die Quellensprachen
der biblischen Texte und der christlichen Glaubenssätze im Kontext des religionsgeschichtlich Möglichen stets in einem kosmologischen und ontologischen Zusammenhang dechiffrieren wollte.[10] Ich hebe drei Bedingungen hervor.

(1) Wenn das semantische Feld des Himmels das *himmlische Gesinnt-Sein* im Sinne des
Vollendet-Seins des irdischen Seins der Person bedeutet, so impliziert dies jedenfalls die
Bedingung der Identität des irdischen Seins der Person und ihres himmlischen Gesinnt-
Seins im Erfüllt-Sein vom göttlichen Grund des Gut-Seins überhaupt. Ohne eine solche
wie auch immer vorzustellende und zu begreifende Identität ist die Benennung des
himmlischen Seins als eines *himmlischen Gesinnt-Seins* schwerlich als etwas uns zu erfassen
gegebenes Reales zu denken.

(2) Die Bedingung der Identität des irdischen Seins der Person und ihres himmlischen
Gesinnt-Seins wäre dezidiert nicht zu erfüllen, wenn diese Identität schlechthin zeitlos
wäre. Ist nämlich mit dem *himmlischen Gesinnt-Sein* der Person das Erfüllt-Sein vom göttlichen Grund des Gut-Seins überhaupt gemeint, so wird dies Erfüllt-Sein jedenfalls die

---

[9] Das lehrt auch der K. Barth der Versöhnungslehre: „Heil ist mehr als Sein. Heil ist Erfüllung u. zw.
höchste, genugsame, endgültige und unverlierbare Erfüllung des Seins. Heil ist das dem geschaffenen Sein
als solchem nicht eigene, sondern zukünftige vollkommene Sein. Das geschaffene Sein als solches bedarf
des Heils, es entbehrt es aber auch; es kann ihm nur entgegensehen. Das Heil ist insofern sein ‚Eschaton'."
K. Barth, Die Lehre von der Versöhnung (KD IV/1), Zürich 1975³, 7.
[10] Vgl. zum Kontext des religionsgeschichtlich Möglichen *C. Auffarth*, Art. Himmel I. Religionswissen-
schaftlich, in: RGG⁴ 3 (2000) 1739–1741, 1741: „Der H.[immel] ist […] ein Raum des Jenseits."

Gegenwart der leibhaften Person – d.h. ihr Sich-Gegenwärtig-Sein – prägen und bestimmen. Gibt es so etwas wie *himmlisches Gesinnt-Sein* nicht anders als in jeweiliger Gegenwart, so impliziert es jedenfalls ein Zeitbewusstsein und ein Zeitgefühl, das an der Ewigkeit des göttlichen Grundes des Gut-Seins überhaupt partizipiert. Es impliziert das Zeitbewusstsein und das Zeitgefühl des Verweilens.

(3) Die Bedingung der Identität des irdischen Seins der Person und ihres himmlischen Gesinnt-Seins wäre schließlich dezidiert nicht zu erfüllen, wenn diese Identität schlechthin einsam wäre. Wenn nämlich mit der Wendung *himmlisches Gesinnt-Sein* die dauernde, die bleibende, die ewige Anteilhabe der irdischen Person am transzendenten Grund des Gut-Seins je in ihrer Gegenwart überhaupt bezeichnet wird, dann ist diese Anteilhabe *eodem actu* die Anteilhabe aller, die zu ihr berufen und bestimmt sind. Gibt es so etwas wie *himmlisches Gesinnt-Sein* nicht anders als in jeweiliger Gegenwart, so impliziert es jedenfalls ein Raumbewusstsein und ein Raumgefühl, kraft dessen es sowohl die Diskretion als auch die Gemeinschaft des irdischen Person-Seins in dem Genuss des transzendenten Grundes des Gut-Seins überhaupt gibt.

In einer für uns schlechthin unvorstellbaren Weise müssen mithin die Bedingungen der Identität, des jenseitigen Zeitbewusstseins und des jenseitigen Raumbewusstseins erfüllt sein, wenn wir unter dem *himmlischen Sein* das *himmlische Gesinnt-Sein* der irdischen Person verstehen wollen. Ob aber – und wenn ja, inwiefern – das *himmlische Gesinnt-Sein* schon jetzt in den geschichtlichen Prozessen wirksam wird, in denen sich das *irdische Gesinnt-Sein* der Person aufs Schrecklichste realisiert, das ist die soteriologische Frage, die sich in aller Religionsgeschichte stellt. Sie treibt nicht nur das Verständnis der Erlösung in der Geschichte des rabbinischen Judentums,[11] des Buddhismus und der Indischen Religionen um, sondern bewegt auch die Geschichte des philosophischen Denkens, soweit es sich an Platon und eben nicht an Aristoteles orientiert.

4 Schon himmlisch sein

Nicht nur in der Rezeption der Heiligen Schriften der nachexilischen JHWH-Gemeinschaft des Judentums, sondern auch im Kontext der Kontakte mit den Religionskulturen seiner Zeit wiederholt der Apostel Paulus in der Korrespondenz mit der Gemeinde zu Korinth die Glaubenssätze, die dem Sinn und der Bedeutung der „eignen Predigt Christi" (CG § 128,2/II,286) entsprechen. Sie vergegenwärtigen nicht nur das Gottesbewusstsein des Christus Jesus im Zeugnis seiner irdischen Lebensgeschichte; sie wollen auch die zuversichtliche Hoffnung wecken auf den *zweiten Menschen vom Himmel her* (1 Kor 15,47) bzw. auf den *himmlischen Menschen* (1 Kor 15,48), dessen *Bild* die Glieder der Christus-Gemeinschaft tragen werden jenseits des Todes und durch den Tod hindurch. Sie artikulieren nichts Geringeres als dies, dass die österlichen Erscheinungen des Ge-

---

[11] Vgl. die Hinweise bei *S. Schreiner*, Art. Erlösung/Soteriologie VIII. Judentum, in: RGG⁴ 2 (1999) 1456–1457.

kreuzigten als Zeichen seiner Erhöhung in die Anteilhabe an Gott selbst als an dem unbedingten transzendenten Grund des Gut-Seins überhaupt zu denken sind. Sie sagen damit, dass die Umkehr des *irdischen Gesinnt-Seins* in das *himmlische Gesinnt-Sein* der Person und dass die Ausstrahlung dieser Umkehr über die private Lebensgeschichte und mit Hilfe der privaten Lebensgeschichte in die Situation der entstehenden Weltgesellschaft überhaupt dem Menschen zu verdanken ist, dessen *irdisches Sein* ins *himmlische Sein* erhoben ist. Was die Glaubenslehre des Apostels Paulus im Gespräch mit den schwankenden Gemützszuständen der Gemeinde zu Korinth als Christus-Glaube deutlich macht, ist schlicht und ergreifend das geistgewirkte *In-Christus-Sein* (2 Kor 5,17). Nichts anderes als dies hat jedenfalls der fromme Dichter vor Augen, wenn er das Leben des Glaubens als Leben in der Nachfolge des Christus Jesus mit der Wendung *schon himmlisch sein* charakterisiert. Ist diese Wendung der dogmatischen Entfaltung nicht nur bedürftig, sondern auch fähig?

Ich suche diese Frage in einer vierfachen Hinsicht zu beantworten. In dieser vierfachen Hinsicht entwerfe ich die Skizze einer christlichen Soteriologie – und zwar im Bewusstsein der Tatsache, dass sich die christliche Soteriologie im Verhältnis *kontrastiver Einheit* (B. Janowski)[12] zur Soteriologie des frühen Judentums und seiner verschiedenen Traditions- und Wirkungsgeschichten befindet.

(1) Wenn und weil es wahr ist, dass wir das *himmlische Sein* – das Sein des *geistlichen Leibes* (1 Kor 15,44) – als die Form des Lebens in der Vollkommenheit des *irdischen Seins* bestimmen dürfen, ist diese Form des Lebens für uns, die wir das Leben noch in der Angst der Endlichkeit, in der Sorge für das schiere Dasein unserer selbst und aller unserer Mitgeschöpfe, im Widerstreit des Guten und des Bösen führen müssen, reine Gabe: Charisma (vgl. Röm 6,23), Gabe der Gnade Gottes (vgl. Eph 3,7). In der Gewissheit des Christus-Glaubens, wie sie dem Kreis der Apostel in den österlichen Situationen der Erscheinungen des Gekreuzigten als des Auferstandenen und zur Rechten Gottes Erhöhten erschlossen wurde, ist es nachdrücklich zu bezweifeln, dass diese reine Gabe jemals zu ersetzen oder gar zu überbieten wäre von den mannigfachen Strebezielen, die wir Menschen alle in der individuellen Lebensgeschichte ebenso wie in den politischen Projekten innerhalb der Kultur einer Gesellschaft und zwischen den Kulturen der Gesellschaften verfolgen.[13] Diese reine Gabe wird vielmehr gegeben in und mit der Fähigkeit, den Inbegriff der formalen und der materialen Güter zu bestimmen und zu gestalten im Hinblick auf das sachgemäße Verstehen des höchsten Gutes selbst: der Teilhabe an Gottes unbedingtem und alles bedingendem Gut-Sein. Von allen Augenblicken, in denen uns das sachgemäße Verstehen des höchsten Gutes selbst und damit der sachge-

---

[12] Vgl. *B. Janowski*, Die kontrastive Einheit der Schrift. Zur Hermeneutik des biblischen Kanons, in: *Ders.*, Kanonhermeneutik. Vom Lesen und Verstehen der christlichen Bibel (Theologie interdisziplinär 1), Neukirchen-Vluyn 2007, 27–46.

[13] Vgl. hierzu *P. Tillich*, Systematische Theologie. Bd. 2, Stuttgart 1958³, 89–96. – Die klassisch-moderne Parodie des christlichen Verstehens des Lebens in der Vollkommenheit findet sich in Goethes *Faust* (Der Tragödie Zweiter Teil): „Zum Augenblicke dürft' ich sagen:/ Verweile doch, du bist so schön!/ Es kann die Spur von meinen Erdetagen/ Nicht in Äonen untergehn.–/ Im Vorgefühl von solchem hohen Glück/ Genieß' ich jetzt den höchsten Augenblick" (11581–11586).

mäße Umgang mit dem Inbegriff der formalen und der materialen Güter gegenwärtig
wird, ist zu sagen: hier ereignet sich das *schon himmlisch Sein* der *noch irdischen* Person.

(2) Die Augenblicke, in denen uns die reine Gabe dieses sachgemäßen Verstehens des
höchsten Gutes unserer schieren Existenz gegenwärtig wird, ereignen sich nicht unver-
mittelt. Sie sind vielmehr ermöglicht von der Fülle und dem Reichtum der kerygmati-
schen, der liturgischen, der meditativen und der ästhetischen Zeugnisse, in denen die
Christus-Gemeinschaft der Kirche und der Kirchen dem sachgemäßen Verstehen des
höchsten Gutes und dessen kritisch-selbstkritischer Beziehung auf den Inbegriff der
formalen und der materialen Güter Ausdruck gibt. Wenn das *schon himmlisch Sein* der *noch
irdischen* Person so etwas wie das Logo einer christlichen Soteriologie abgibt, dann deutet
dieses Logo auf die Sozialgestalt des Christus-Glaubens und auf ihren Auftrag.[14] Denn
ohne das Ensemble der gottesdienstlichen Institutionen im engeren und im weiteren
Sinn und ohne die sachgemäße Kommunikation des Evangeliums in ihnen kommt es
schwerlich vor, dass die individuelle Person aus den Verstrickungen des *irdischen Gesinnt-
Seins* umkehren und die reine Gabe des sachgemäßen Verstehens des in Wahrheit höchsten Gutes ihrer schieren Existenz empfangen wird. Umgekehrt schließt die Erkenntnis
der vermittelnden Funktion der wie auch immer organisierten Sozialgestalt des Christus-
Glaubens für die je individuelle Umkehr in das *himmlische Gesinnt-Sein* stets die genaue
Kritik und Selbstkritik an den geschichtlichen Traditionen der Christus-Gemeinschaft
der Kirche und der Kirchen und ihrer Theologien ein, soweit sie nicht die Kompetenz
und nicht die Kraft besitzen, das sachgemäße Verhältnis zwischen dem *himmlischen Gesinnt-Sein* der Person und ihrer Verantwortung für den Inbegriff der formalen und der
materialen Güter in den verschiedenen Lebensbereichen der Gesellschaft zu lehren. An
solcher Lehre hat es in der Geschichte zahlreicher Kirchengemeinschaften jedenfalls in
den europäischen Staaten und Reichen seit den Anfängen des Kolonialismus und des
Imperialismus schmerzlich gefehlt.

(3) Ich habe das sachgemäße Verhältnis zwischen dem *himmlischen Gesinnt-Sein* der Person und ihrer Verantwortung für den Inbegriff der formalen und der materialen Güter
ins Zentrum der christlichen Glaubenslehre und der kirchlichen Kommunikation des
Evangeliums gestellt.[15] Indem die Christus-Gemeinschaft der Kirche und der Kirchen
sich immer wieder neu an diesem ihrem Zentrum orientiert, lebt sie in spannungsreichen
Beziehungen zu ihrer jeweiligen sozio-kulturellen Umwelt, zu ihrer geschichtlichen, sozialen Welt. Soweit sie unter der Geltung des Menschen- und des Grundrechts der positiven wie der negativen Religionsfreiheit existieren darf,[16] koexistiert sie mit den Mitgliedern zahlreicher anderer religiöser und weltanschaulicher Gemeinschaften, denen sie

---

[14] Hier beziehe ich mich auf R. *Preul*, Die soziale Gestalt des Glaubens. Aufsätze zur Kirchentheorie
(MThSt 102), Leipzig 2008.

[15] Damit setze ich einen systematisch-theologischen Akzent, der sich nicht unerheblich unterscheidet
von E. *Jüngel*, Das Evangelium von der Rechtfertigung des Gottlosen als Zentrum des christlichen Glaubens. Eine theologische Studie in ökumenischer Absicht, Tübingen 1998.

[16] Die vorsichtige Formulierung macht darauf aufmerksam, dass diese Bedingung bekanntlich keineswegs in allen Gesellschaften und Kulturen unserer Ära erfüllt ist.

auch und gerade in den Medien der gesellschaftlichen Öffentlichkeit das christliche Verständnis der kategorialen Eigenart des höchsten Gutes und der darin begründeten Vollkommenheit der leibhaften Person polemisch und irenisch bezeugen wird.[17] Gleichzeitig kommuniziert und kooperiert sie in der Wahrnehmung sozialer Verantwortung im weitesten Sinne des Begriffs mit zahlreichen Zeitgenossinnen und Zeitgenossen, die sich aus welchen Motiven auch immer der Sorge für gerechte und für nachhaltige Lebensverhältnisse verpflichtet wissen. Sie wird diese spannungsreichen Beziehungen aushalten, wenn sie darauf achtet, dass die Motive einer Sorge für gerechte und nachhaltige Lebensverhältnisse nicht naturwüchsig entstehen, sondern sich einer Bildungsgeschichte der Person verdanken, die alles andere als selbstverständlich ist. An dieser Stelle weist das Logo einer christlichen Soteriologie hin auf die fundamentale Bedeutung eines autonomen Bildungswesens für die psychische Entwicklung der Person.

(4) Wie sich das *schon himmlisch Sein* der *noch irdischen* Person dem *himmlischen Gesinnt-Sein* des Christus Jesus selbst verdankt, das ihr vermittels der mannigfachen Traditionen der Christus-Gemeinschaft der Kirche und der Kirchen als reine Gabe zuteil wird, so konkretisiert es sich endlich und zuletzt gemäß der Glaubenslehre des Apostels Paulus in der zuversichtlichen Hoffnung auf den *himmlischen Menschen*, dessen Bild zu tragen jenseits des Todes und durch den Tod hindurch das Merkmal des christlichen Verstehens menschlicher Vollkommenheit ist (1 Kor 15,48 f). Die Augenblicke, die der leibhaft existierenden Person hier und jetzt in dieser Weltzeit das sachgemäße Verhältnis zwischen dem *himmlischen Gesinnt-Sein* und der Verantwortung für den Inbegriff der formalen und der materialen Güter zu verstehen geben, haben in sich selber eschatische Tendenz. Diese eschatische Tendenz lässt sich plausibel machen, wenn wir das semantische Feld des Himmels und des Himmlischen entschlossen als das Material der Vorstellung begreifen, das sich mittels der Idee des höchsten Gutes genau bestimmen lässt. Damit knüpfe ich an die Prinzipien der Eschatologie in Schleiermachers Glaubenslehre an, die E. Herms in einer aufschlussreichen Studie als das *Überschießende* erklärte, das die *Entwicklung des Bewußtseins der Gnade* in ihrem *Zweiten Abschnitt* erfährt.[18] Die eigenartige Aussage-Intention dieses Überschießenden korrespondiert dem Thema dieses Zweiten Abschnitts, der das Bewußtsein der Gnade unter dem Gesichtspunkt der „Beschaffenheit der Welt bezüglich auf die Erlösung" zur Sprache bringt (CG §§ 113–163) und schon dem Umfang nach den Schwerpunkt der *Glaubenslehre* überhaupt bildet.

In diesem Überschießenden des Dritten Hauptstücks des Zweiten Abschnitts handelt Schleiermacher von der „Vollendung der Kirche" (CG §§ 157–163), nachdem er in dem Zweiten Hauptstück die Lehre „Von dem Bestehen der Kirche in ihrem Zusammensein mit der Welt" (CG §§ 127–147) erörtert hatte. Was soll das heißen? Inwiefern ist es dem individuellen Christus-Glauben in der Christus-Gemeinschaft der Kirche und der Kir-

---

[17] Wenn ich mich nicht täusche, gelingt dieses Zeugnis der römisch-katholischen Form der Christus-Gemeinschaft derzeit sehr viel besser als den aus der Reformation hervorgegangenen protestantischen Formen – warum auch immer.

[18] Vgl. *E. Herms,* Schleiermachers Eschatologie nach der zweiten Auflage der „Glaubenslehre", in: *Ders.,* Menschsein im Werden. Studien zu Schleiermacher, Tübingen 2003, 125–149.

chen wesentlich, einen Zustand der Vollendung zu erhoffen jenseits des Todes und durch den Tod hindurch?

Nun, der Inbegriff der Vollendung ist offensichtlich zu sehen und zu verstehen als das Erreichen und das Bleiben in jener Vollkommenheit des *irdischen Person-Seins*, wie ich sie als den Begriffsinhalt des höchsten Gutes skizziert hatte. Sie – diese Vollkommenheit – ist als solche *himmlisches Sein*: Identität unter denjenigen für uns in dieser Weltzeit unvorstellbaren kosmologischen und ontologischen Bedingungen, die *himmlisches Gesinnt-Sein* sein und dauern lassen. Sie ist dem individuellen Christus-Glauben in der Christus-Gemeinschaft der Kirche und der Kirchen hier und jetzt als Ziel des göttlichen Waltens gewiss, in dem sich Gott als die alles bestimmende Macht des Gut-Seins manifestiert.

Ist es das Ziel des göttlichen Waltens, das *himmlische Gesinnt-Sein* der Person zu vollenden, das doch in dieser Weltzeit immer noch der Angst der Endlichkeit und dem Widerstreit des Guten und des Bösen ausgeliefert ist, so ist es angemessen, dieses vollendende Walten gleichzeitig und gleichursprünglich in einer zweifachen Perspektive zu betrachten. Und zwar deshalb, weil die Identität des *irdischen Person-Seins* sich nicht anders denken lässt als in der Verschränkung ihres individuellen und ihres sozio-kulturellen Charakters. In ihrer irdischen Lebensgeschichte ist die Person nicht nur von mannigfachen abstrakten Lebensinteressen angezogen. Sie ist in gleicher Weise auch den schwer zu widerstehenden Gewalten ausgesetzt, die auf dem Grunde verkehrter Anschauungen des Lebens und der Welt – wie der sowjetische Bolschewismus und wie der deutsche Nationalsozialismus – Tod und Verderben über ganze Epochen und Generationen der Weltgeschichte bringen. So gesehen wird der Christus-Glaube Gottes vollendendes Walten gleichzeitig und gleichursprünglich als die Vollendung des *schon himmlisch Seins* der Person und als die Überwindung jener übermächtigen Gewalten erhoffen. Lebenslehren und Theorien des Ethischen, die die Überwindung jener übermächtigen Gewalten nicht erhoffen, huldigen einem objektiven Zynismus.

Diese Hoffnung ist nicht etwa gegenstandslos, die wie jede Illusion zuletzt doch stürbe. Sie richtet sich auf jenes Ziel des göttlichen Waltens, das in der Existenz des Christus Jesus schon zum Ziel gekommen ist. Er ist der *Mensch vom Himmel her* (1 Kor 15,47), der *himmlische Mensch* (1 Kor 15,48): Er ist die leibhafte Person, deren Lebensgeschichte und -geschick schon in die für uns in dieser Weltzeit unvorstellbare Sphäre des Vollkommenen erhoben ist und die in dieser Sphäre des Vollkommenen teil hat an der alles bestimmenden Macht des Gut-Seins Gottes.[19]

---

[19] Während sich die theologische Tradition der Christentumsgeschichte, wie sie dargestellt wird von *H. G. Pöhlmann*, Art. Himmelfahrt Christi II. Kirchengeschichtlich, in: TRE 15 (1986) 334–341, mit der größtmöglichen Bestimmtheit des dogmatischen Satzes sehr zurückhält, deutet der Autor in seinem Schlußwort (340) wenigstens in einem Satze an, wie man sich die religionsgeschichtlich-biblische Semantik des Himmels denken kann: „Da der Himmel keine Über- und Hinterwelt ist, sondern in der Erneuerung dieser unserer Welt besteht (Röm 8,19–22; Apk 21,3–5), bleibt Christus bei seiner Himmelfahrt in dieser Welt."

Christoph Schwöbel

TAMQUAM VISIBILE VERBUM

Kommunikative Sakramentalität und leibhaftes Personsein

Es gehört zu den weit verbreiteten Vorurteilen im Selbstverständnis der evangelischen Theologie und Kirche im Gegenüber zur römisch-katholischen Kirche und Theologie, dass die evangelische Kirche eine Kirche des Wortes im Unterschied zur Kirche der Sakramente im römischen Katholizismus sei. Dabei wird die Besonderheit des evangelischen Verständnisses des Gottesdienstes in der Korrelation von Wort und Glaube fokussiert, die dem Sakrament nur insofern eine Bedeutung beimessen kann, sofern es über die verbale Kommunikation hinaus das Wort zum Ausdruck bringt und dem Glauben gleichsam als sinnliche Stütze in seiner Beziehung auf das Wort dient. Demgegenüber kann die katholische Kirche und Theologie im Septenar der Sakramente die ganze Fülle der Heilswirklichkeit und die Mitte der Heilsgeschichte zusammengefasst sehen. Das Vorurteil im Verständnis der jeweils eigenen Identität und so auch in der Sicht auf die Identität des Anderen sieht im Verständnis der Formel *Wort und Sakrament* die evangelische Besonderheit in der eindeutigen Vorrangstellung des Wortes, während für die römisch-katholische Kirche und Theologie die Reihenfolge *Sakrament und Wort* als charakteristisch gesehen wird. Oberflächlich zeigt sich die jeweilige Prioritätssetzung im Vorrang der Predigt im evangelischen Gottesdienst und in der Mittelpunktstellung der Sakramentsfeier, vor allem der Eucharistie, in der katholischen Messe.

1 Sakrament und Wort in der Theologie Luthers: eine Neubewertung

In einer beachtenswerten Studie mit dem Titel *Sakrament und Wort in der reformatorischen Theologie Luthers*[1] hat E. Herms dieses Vorurteil im Selbstverständnis evangelischer Theologie und Kirche anhand von Luthers, vor allem an die allgemeine christliche Öffentlichkeit gerichteten Schriften der Jahre 1517–1520 einer eingehenden Überprüfung unterzogen. Er kommt zu dem Schluss, dass Luthers Veröffentlichungspraxis dieser Jahre primär nur einem Thema gewidmet ist: „der Anleitung zum heilsamen Gebrauch der Sakramente" (10). War das Ziel von Luthers theologischer Arbeit „die Klarstellung der notwendigen und hinreichenden Bedingungen für den heilsamen Gebrauch der Sakramente

---

[1] *E. Herms*, Sakrament und Wort in der reformatorischen Theologie Luthers, in: Ders./L. Žak (Hg.), Sakrament und Wort im Grund und Gegenstand des Glaubens. Theologische Studien zur römisch-katholischen und evangelisch-lutherischen Lehre, Tübingen 2011, 1–49. Diese Studie wird im Folgenden im Text unter Angabe der Seitenzahl zitiert.

sowie die praktische Anleitung dazu" (11), so ergab sich angesichts der Tatsache, dass
Luthers Kritik an einer vom Christlichen wegführenden Sakramentspraxis von den
kirchlichen Autoritäten nicht aufgenommen wurde, „[e]rst sekundär" die Notwendigkeit
zu explizieren, was in dieser Kritik schon implizit enthalten war: „eine Relativierung der
Autorität des kirchlichen Amtes auf die Autorität der Wahrheit des Evangeliums, wie es
den Menschen in den kanonsgemäß vollzogenen Sakramenten und in der *dazu* gehörenden und *darin* eingeschlossenen Predigt des Evangeliums begegnet" (11). In einer detaillierten Einzelanalyse hat Herms diese These durch den Nachweis gestützt, dass Luther
schon in den Sakramentssermonen von 1519 die drei Stücke, die er am Sakrament unterscheidet, das Zeichen (*signum*), das Heilsgut (*bonum*) und den Glauben (*fides*), faktisch als
Zusammenhang von zwei Stücken auffasst: „a) dem in sich relational verfaßten, also
zwei Stücke – Zeichen und Bezeichnetes – umfassenden Bezeichnungsvorgang, dessen
Urheber Gott selbst und seine wesentliche, absolute Zuverlässigkeit, seine ‚Gnade und
Wahrheit', ist, mit b) dem durch diesen Bezeichnungsvorgang adressierten, durch ihn
verlangten und ermöglichten menschlichen Akt des Sichverlassens auf die Verläßlichkeit
des verläßlichen Gottes selbst: dem Glauben" (17). Vom *Sermon von dem Neuen Testament*
(1520) an ist dann dieses Verständnis unter dem Begriff des „testamentum" weiterentwickelt worden, der zwei Elemente miteinander verbindet: erstens den Testamentstext, der
seinerseits noch einmal zwei Aspekte zusammenfasst, die Zusage des Heilsguts der ewigen Seligkeit durch Gott selber an die einzelnen Glaubenden und die Anordnung an die
Gemeinschaft der Glaubenden zu einem „Begängnis", das die Heilszusage Gottes wei-
tergibt, und zweitens das beglaubigende Siegel. „Aufgrund dieser Näherbestimmung des
sacrum signum als eines von Gott selbst stammenden und von ihm mit einem Siegel
sowie mit dem Gebot eines Begängnisses versehenen Textes (Vermächtnistextes) ist das
sacrum signum *insgesamt* Wort Gottes – eben (augustinisch geredet: *verbum visibile*, oder –
der eigenen Sicht Luthers angemessener: – *‚leibhaftes Wort'*, das die leibhafte Gestalt des
gestifteten Begängnisses hat" (23). Die Tragweite von Herms' These profiliert er im Vergleich zu P. Althaus, der die Auffassung vertreten hat, Luther arbeite seine Sakramentstheologie im Horizont des (schon vorher formulierten) Verständnisses von Wort und
Glaube aus. Dagegen stellt Herms die These: Luthers „Sakramentstheologie steht nicht
im Horizont seiner Lehre über das Verhältnis von Wort und Glaube, sondern seine Lehre von Wort und Glaube steht im Horizont seiner Sakramentslehre" (23).

Was sind die Konsequenzen, die aus dieser Sicht folgen? Ist das Verständnis des Wortes Gottes streng im Zusammenhang der Sakramentslehre zu entfalten, so ergeben sich
daraus nach Herms' Interpretation drei Gestalten, in denen sich das Wort Gottes präsentiert. Die erste Gestalt ist das „direkt aus dem Munde Gottes selbst, nämlich aus dem
Munde der inkarnierten zweiten Person der Trinität stammende Wort, als die *ipsissima
vox Christi*" (26). In der zweiten Form begegnet das Wort Gottes als das von Gott dem
Heiligen Geist inspirierte Menschenwort der mündlichen Evangeliumspredigt und in der
dritten Form als Wort der kanonischen Heiligen Schrift. Entscheidend ist hier, wie
Herms betont, das „Fundiertsein der Evangeliumspredigt in den das Altarsakrament
begründenden verba testamenti als der *ipsissima vox Dei*" (31). Darum sind auch *diese*

Worte Grund und Gegenstand des Heilsglaubens, und die mündliche Predigt des Evangeliums ist stricte dictu „[n]ichts anderes [...] als die Auslegung der verba testamenti" (31).

Für das Verhältnis von Wort und Sakrament bedeutet dies: Einerseits ist das Sakrament von den *verba testamenti* des inkarnierten Schöpferlogos abhängig, nicht hingegen vom inspirierten menschlichen Wort der Evangeliumsverkündigung (vgl. 35). Von diesem gilt, *„dass das ‚Wort' vom Sakrament (im weiten Sinne) abhängig ist"* – und das nach Herms in einem präzise zu formulierenden Sinn:

> „Durch die ipsissima vox Christi vom Gründonnerstag verlangt und durch das Osterereignis ermöglicht ist die leibhafte Predigt des Evangeliums als unabdingbar notwendiges Element *innerhalb* des durch dieselbe ipssisima vox Christi gebotenen Begängnisses des Testaments Christi. In diesem präzisen Sinne gilt: Die leibhafte Evangeliumspredigt ist eine Funktion des – durch Christus selbst eingesetzten – ‚Sakraments' (im weiten Sinne)" (36).

Herms verweist hier ausdrücklich darauf, dass die durch das testierende Wort selbst geschaffene Einheit von Wort und Siegel nur als Einheit weiterzugeben ist, so dass das *sacrum signum* (bestehend aus dem Wort der Verheißung, der Anordnung des Begängnisses und dem Siegel) genau das ist, was Augustin *verbum visibile* nennt. Nun wird allerdings das Wort nicht erst durch die Beigabe des Siegels, d.h. die Elemente von Brot und Wein, zum sichtbaren und leibhaften Wort, denn es ist ja das Wort des leibhaft existierenden inkarnierten Logos. Was besiegelt also das Siegel? Herms antwortet auf diese Frage mit dem Verweis auf Luther:[2]

> „Dieses vom inkarnierten Logos auf dem Weg ans Kreuz testierend an die Seinen gerichtete leibhafte Wort vom Gründonnerstagabend bewirkt dadurch, daß er sich von sich aus und durch sich selbst das genannte Siegel beigibt, nichts anderes, als daß es den Inkarnierten und sein leibhaftes Wort selbst hinterläßt; es bewirkt dadurch nichts anderes, als daß es seiner eigenen Leibhaftigkeit deren in der Geschichte dauernde Gestalt gibt" (38).

Die Rückbindung der menschlichen Evangeliumsverkündigung an die Mahlfeier als Ort der Weitergabe der Selbsthinterlassenschaft Christi und deren Rückbindung an die *verba testamenti* als leibliches Wort des inkarnierten Schöpferlogos hat nun eine wichtige Konsequenz:

> „Nicht die Kirche ist die Gestalt, in der die zweite Person der Trinität als inkarniertes Wort in der Welt gegenwärtig bleibt bis an das Ende der Tage, sondern diese Gestalt ist die durch die inkarnierte zweite Person der Trinität selbst gesetzte und garantierte leibhafte Gegenwart seines Leibes und Blutes in, mit und unter Brot und Wein im Begängnis seines Testaments" (39).

Die Rede von der Kirche als der Ausdehnung der Inkarnation erweist sich nach Herms an dieser Stelle als unpräzise. Wenn es die Selbsthinterlassenschaft des inkarnierten Logos ist, die in der Feier des Gottesdienstes in Sakrament und Wort neu zugesagt und weitergegeben wird, dann ist auch diese allein der Grund und Gegenstand des rettenden Glaubens, der *fides salvifica*. Von Herms wird dies in trinitarischer Vollständigkeit formuliert:

---

[2] Vgl. *Ein Sermon von dem Neuen Testament, das ist von der heiligen Messe* (1520): WA 6, 358,14–24; *Sermon von den guten Werken* (1520): WA 6, 231.

„Es gibt den das Heil empfangenden Christusglauben nicht ohne seinen Gegenstand: die Gegenwart des Schöpfers in seinem inkarnierten Logos durch den Heiligen Geist, und darum gibt es ihn auch nicht ohne den leiblichen Empfang dieser leibhaften Gegenwart des Logos Gottes in der Gestalt, in der er sich selbst hinterlassen hat" (40).

Knüpft man von hier aus an das eingangs erwähnte Vorurteil an, wonach die evangelische Kirche sich als Kirche des Wortes gegenüber der römisch-katholischen Sicht der Kirche als Kirche der Sakramente begreift, so sieht man, dass Herms in dieser Rekonstruktion der Sakramentstheologie Luthers mit dem pointierten Titel *Sakrament und Wort in der reformatorischen Theologie Luthers* nur auf den ersten Blick mit der Umkehrung der Reihenfolge von Wort und Sakrament einem katholischen Verständnis entgegenkommt. Die Einbindung der Evangeliumspredigt in die Feier des Altarsakraments und dessen Einsetzung und Weitergabe, im strengen Sinne interpretiert als die Selbsthinterlassenschaft des inkarnierten Schöpferlogos durch die *verba testamenti*, verstanden als Zusage, Anordnung und Siegelübergabe, bezieht vielmehr Wort und Sakrament gleichermaßen auf Christus zurück, so dass dessen Selbstoffenbarung Grund und Gegenstand des heilschaffenden Glaubens ist. Pointiert kann Herms darum in Anspielung auf die Enzyklika *Ecclesia de eucharistia* von Papst Johannes Paul II. aus dem Jahr 2003 formulieren: „Die Kirche lebt nicht einfach ,de eucharistia', sondern konkret ,de Christo'" (48). Und allein Christus ist der Grund und Gegenstand des Glaubens, in dem allein Gottes Gnade ergriffen wird, die der alleinige Grund für die Gemeinschaft der gerechtfertigten Sünder mit dem dreieinigen Gott ist. Das gilt dann auch für die evangelische Formel, dass die Kirche *creatura verbi* ist: „Das die Kirche schaffende Wort ist das Selbstwort des inkarnierten Logos selbst" (47). Die theologische Reflexion auf die „notwendigen und hinreichenden Bedingungen für den heilsamen Gebrauch der kirchlichen Gnadenmittel" (11) führt also nicht mit Hilfe der Sakramentstheologie Luthers zu einer Angleichung des evangelischen Verständnisses von Wort, Glaube und Kirche an das katholische Verständnis der Sakramente, sondern deckt den gemeinsamen Grund und Gegenstand eines evangelischen *und* katholischen Verständnisses von Wort und Sakrament auf.

2 Hörbare Zeichen und sichtbare Worte

Die von Herms als Luthers Leitintention identifizierte Bemühung um „die Klarstellung der notwendigen und hinreichenden Bedingungen für den heilsamen Gebrauch der Sakramente sowie die praktische Anleitung dazu" (11) führt fast von selbst in die Reflexion derjenigen christologischen, theologischen und anthropologischen Bedingungen, die einem an Luther orientierten Verständnis vom Verhältnis von Sakrament und Wort die Richtung weisen. Ein gut geeigneter Ausgangspunkt dafür ist Luthers konstruktive und kritische Rezeption und Interpretation von Augustins Grundsatz zum Verständnis des Sakraments in seinem Traktat zum Johannesevangelium 80,3, den Luther in allen Phasen seiner theologischen Arbeit zustimmend und lobend zitiert: „Accedit verbum ad elementum, et fit sacramentum, etiam ipsum tamquam visibile verbum."[3] Dazu gehört der Nachsatz, dass das Sakrament wirkt „non quia dicitur, sed quia creditur".[4] K.-H. zur Mühlen hat Luthers Auslegung dieser Formel zwei instruktive Studien gewidmet, die die einzelnen Phasen von Luthers Rezeption klar zu unterscheiden helfen.[5] In Augustins neuplatonischer Signifikationshermeneutik wird das Sakrament als zeitliches *signum* verstanden, das auf eine ewige, unsichtbare *res* hindeutet.[6] Es gehört zu den *signa data*, den Zeichen, durch die Menschen ihre inneren Gedanken und Empfindungen äußerlich durch die Sinne kommunizieren, und unterscheidet sich so von einem *signum naturale*. Den durch den *sensus aurium*, den Gehörsinn, kommunizierten verbalen Zeichen gibt Augustin in diesem Zusammenhang den Vorrang in der zwischenmenschlichen Zeichenbenutzung (*principatus significandi*). Die an den *sensus oculorum*, den Gesichtssinn, gerichteten Zeichen, unter dem Augustin alle anderen Sinne abgesehen vom Hören zusammenfasst, müssen insofern in Analogie zum Hören als *verba visibilia* verstanden werden. Das *verbum visibile* des Sakraments aber wirkt nicht durch sich selbst, sondern nur in Verbindung mit dem Wort. Deswegen leitet Augustin seine Sakramentsdefinition auch mit der im Blick auf die Taufe gerichteten Frage ein: „Detrahe verbum, et quid est aqua nisi aqua?"[7] Allerdings unterscheidet Augustin auch im Blick auf das hörbare Zeichen zwischen einem vergehenden, sinnlich wahrgenommenen Laut (*sonus transiens*) und seiner bleibenden inneren Kraft und Bedeutung (*virtus manens*).[8] Diese Unterscheidung wird zur Begründung der These eingeführt, dass auch das Wort, das, wenn es zum Element dazukommt, das Sakrament konstituiert, nicht wirkt, indem es gesagt wird, sondern indem es geglaubt wird.[9]

Nach zur Mühlen gibt es nun bei Luther deutliche Unterschiede in der Akzentuierung der Interpretation des augustinischen Grundsatzes, die von den jeweiligen Kontexten der Auseinandersetzung bestimmt sind und eine klare Entwicklung dokumentieren. Legt Luther nach zur Mühlen bis 1520 gegenüber einem die Wirksamkeit des Sakraments im bloßen Vollzug verankernden Sakramentsverständnis den Akzent auf den Glauben als Bedingung der Wirksamkeit des Sakraments, so verschiebt sich der Akzent in der Auseinandersetzung mit dem Spiritualismus Karlstadts und den Oberdeutschen und Schweizer Reformatoren. Während Luther gegenüber Karlstadts Auffassung, allein der Geist vermittle die Wirkung des Sakraments, das Wort sei als bloßer Buchstabe insuffizient, auf

---

[3] *Augustin*, Tract. in Ioann. 80,3: CChr 36, 529,5–7 (entspricht: MPL 35, Sp. 1840).

[4] AaO., 529,9–11.

[5] Vgl. *K.-H. zur Mühlen*, Zur Rezeption der Augustinischen Sakramentsformel „Accedit verbum ad elementum, et fit sacramentum" in der Theologie Luthers, in: ZThK 70 (1973) 1, 50–76; *Ders.*, Die Rezeption von Augustins „Tractatus in Joannem 80,3" im Werk Luthers, in: *Ders.*, Reformatorische Prägungen. Studien zur Theologie Martin Luthers und zur Reformationszeit, hg. v. A. Lexutt und V. Ortmann, Göttingen 2011, 22–33.

[6] Vgl. zu Augustins Signifikationshermeneutik *R. Lorenz*, Die Wissenschaftslehre Augustins, in: ZKG 67 (1955/56) 29–60 u. 213–251.

[7] *Augustin*, Tract. in Ioann. (s. Anm. 3), 529,4.

[8] Vgl. aaO., 529,11 f.

[9] Vgl. aaO., 529,10 f.

der Bedeutung des äußerlichen Wortes insistiert,[10] verbindet er gegenüber Zwingli die Bedeutung des dargereichten Wortes (*verbum prolatum*) gegenüber dem allein wirksamen geglaubten Wort (*verbum creditum*), das für Zwingli die spirituelle Realität des Sakraments erschließt, mit dem Verweis auf die Einsetzung Christi. Es sind Christi Worte, die weitergegeben werden („verba non nostra, sed domini sunt"[11]), so dass das Sakrament nicht primär von seiner Wirkung in den Glaubenden, sondern von seiner Einsetzung durch Christus her verstanden werden muss. Auf Grund der Einsetzung Christi insistiert Luther auf dem untrennbaren Zusammenhang zwischen dem gesprochenen und hörbar kommunizierten Wort und dem sichtbaren Element, das gereicht und gegessen wird. Nur in der Einheit von verheißendem Wort und sowohl gegebenem als auch gebendem Zeichen und dem beides aufnehmenden Glauben besteht die Einheit des Sakraments und damit wirklich ein erfahrbares Wort, ein *visibile verbum*. Für Luther kommt insofern beides zusammen, die mehr als verbale Form der Kommunikation und die mehr als spirituelle, nämliche leibhafte Mitteilung im Wort und sakramentalen Zeichen, in der die Person Christi leibhaft durch die kommunikative Sakramentalität der Mahlfeier für menschliche leibhafte Personen gegenwärtig wird.

Lässt sich dieses Insistieren auf der Einheit von Wort und Sakrament, die Luther in konstruktiver Umdeutung von Augustins Dictum plausibel macht, für uns nachvollziehen? Dafür wäre Luthers doppelte Zuordnung von Hören und Sagen, von Sehen und Sagen im Blick auf das Sakrament und seine Begründung in der Einsetzung des Abendmahls durch Christus im Nachdenken über den Zusammenhang von kommunikativer Sakramentalität und leibhaftem Personsein nachzuzeichnen.[12]

Wir sind als Menschen Sprachgeschöpfe und als solche fortwährend in Gespräche verstrickt.[13] Im Austausch von verbalen und mehr-als-verbalen Zeichen realisiert sich unser Menschsein-in-Beziehung und unsere gemeinsame Interaktion mit der uns umgebenden Welt. Dabei hat das Hören und Sprechen eine durchaus privilegierte Rolle. Wir können Laute erzeugen, während wir Licht nur reflektieren können. Lauthafte und auf Hören ausgerichtete Zeichen bilden eine Sprache, die Syntax, Semantik und Pragmatik in Satzstrukturen miteinander verbindet. Die Regeln der sprachlichen Zeichen und ihrer Benutzung konstituieren eine Grammatik. Im Zusammenspiel von Regeln der Zeichenfolge, Regeln der Zeichenbedeutung und Regeln der Zeichenbenutzung vollzieht sich menschliche Gemeinschaft und das Teilen einer Welt in der Sprache, sowohl im Blick

---

[10] Während Karlstadt emphatisch skandiert „Der geyst, der geyst, der geyst muss es ynnwendig tun" – *Wider die himmlischen Propheten, von den Bildern und Sakrament* (1525): WA 18, 136,33 –, setzt Luther dagegen: „Das wort, das wort, das wort, [...] das wort thuts, Denn ob Christus tausentmal für uns gegeben und creuziget würde, were es alles umb sonst, wenn nicht das wort Gottes keme, und teylets aus und schenckets myr und spreche, das soll deyn seyn, nym hyn und habe dyrs." AaO., 202,36–203,2.

[11] Nach *W. Köhler*, Das Marburger Religionsgespräch 1529. Versuch einer Rekonstruktion (SVRG 148/Jg. 48,1), Leipzig 1929, 73.

[12] Ich nehme hier vor allem Anregungen auf von *R. W. Jenson*, Visible Words. The Interpretation and Practice of Christian Sacraments, Philadelphia (PA) 1978.

[13] Vgl. *C. Schwöbel*, „Seit ein Gespräch wir sind ...". Der Mensch als Sprachgeschöpf, in: *Ders.*, Gott im Gespräch. Theologische Studien zur Gegenwartsdeutung, Tübingen 2011, 435–450.

auf ihre zeitliche Erstreckung, als auch im Blick auf ihre räumliche Ausdehnung, die wir dadurch meistern, dass sprachliche Zeichenbenutzung ein offener Prozess ist, der kreativ dehnbar ist. In der Sprache sagen wir, wer wir sind und was wir sind, was etwas für uns ist, gewesen ist und sein soll. Die Sprache ist insofern sowohl ein notwendiges Medium von interpersonaler Gemeinschaft als auch das Medium der Freiheit des Geistes, die keinen Bedingungen unterworfen ist, die sie nicht in Freiheit akzeptiert oder setzt.

Die Freiheit des Geistes, die mit den sprachlichen Zeichen aufs engste verbunden ist, ist zugleich die Größe und Grenze sprachlicher Zeichen: die Größe, weil sprachliche Zeichen uns mögliche Welten erschließen und damit das bloße Vorhandensein transzendieren; die Grenze, weil wir an dieser Stelle gerade mit der Eigenart sprachlicher Zeichen konfrontiert sind, dass sie ersetzbar sind, definitorisch substituierbar innerhalb der Regeln der Zeichenbenutzung, und – damit eng zusammenhängend – dass sie eine offene Referenz haben, wenn diese nicht festgelegt wird. Die Frage der Referenz der sprachlichen Zeichen ‚Das ist mein Leib‘ in den unterschiedlichen Stadien des Abendmahlsstreits ist dafür ein klassisches Beispiel. Die Beziehung der sprachlichen Zeichen, die wir benutzen, zu der Welt, die uns umgibt, ist insofern flexibel und bedarf der Spezifizierung. Sprachliche Zeichen bedürfen der Platzierung in der Welt unserer Beziehungen, einer Festlegung ihrer Referenzen. Dafür gibt es außersprachliche Mittel wie Zeigehandlungen und sprachliche Mittel wie z.B. Eigennamen, Kennzeichnungen und identifizierende Beschreibungen. Sie alle implizieren, dass sie über die sprachlichen Zeichen auf leibliche Existenz verweisen. Die Freiheit der sprachlichen Zeichen, die ihnen gerade durch ihre Bindung an Regeln der Zeichenbenutzung garantiert wird, ermöglicht durch ihren Bezug auf die *res* Wahrheit und Lüge, Irrtum und Einsicht, Verblendung und Korrektur. Die Wahrheitsbeziehung sprachlicher Zeichen ist deswegen angesichts der Freiheit des Geistes immer als Fragestellung bei aller sprachlichen Zeichenbenutzung mit gegeben. Das Sehen scheint sich dagegen primär auf die Objektwelt zu richten. Es ist, so scheint es, ein einseitig vergegenständlichender Zugriff auf Wirklichkeit, der auf sprachliche Bezeichnung angewiesen ist. Mit dieser Unterscheidung zwischen Hören und Sehen ist offensichtlich auch eine theologisch höchst relevante Differenz angesprochen. Niemand hat Gott je gesehen (1 Joh 4,12), und doch bringt er sich in seinem Wort zu Gehör. „Du sollst dir kein Bildnis machen" (Ex 20,4), und doch soll der Name Gottes unter den Völkern verkündigt werden (Mt 24,14).

Wir sind als Menschen leibhafte Sprachgeschöpfe. Insofern bewegen wir uns in einer Welt, in der es nicht nur sprachliche Zeichen gibt, sondern auch Zeichen, die das, was sie sagen, durch das sagen, was sie sind, dadurch, dass sie verleiblicht sind, gleichsam eine Extension in der gegenständlichen Welt haben: Gesten wie ein Handschlag, eine Umarmung, ein Kuss; Rituale, die das, was sie bedeuten, nur bedeuten, indem man sie ausführt; Gegenstände, die einen genau umschriebenen Gebrauch haben und durch diesen Gebrauch etwas ‚sagen‘ – z.B. Kruzifixe; Kunstwerke, die in dem, was sie leiblich (im Bild, als Körper oder Klang im Raum etc.) sagen, gerade durch andere Zeichen nicht ersetzbar sind. Diese Zeichen haben eine spezifische, der Sichtbarkeit und den anderen Sinnen zugängliche Gegenständlichkeit, die nicht durch sprachliche Zeichen substituierbar ist, und an dieser unersetzbaren Gegenständlichkeit hängt das, was sie sagen. Sie verweisen nicht nur, sondern vermitteln das, was sie sagen. Zugleich sind diese Zeichen, die sichtbaren Worte, für menschliche Gemeinschaft von konstitutiver Bedeutung und schaffen soziale Kohäsion. Wo sie ausfallen, sind sie nicht durch verbale Kommunikation zu ersetzen. Wir haben es hier mit einer Dimension des mehr-als-Verbalen zu tun, die auf die Verleiblichung angewiesen ist, aber dadurch ihre Bedeutung nicht verliert, nicht einfach ein Objekt unter anderen wird. Auch hier ist die theologische Bedeutung sofort greifbar, insofern verkörperte oder verleiblichte Zeichen, die Stiftshütte, die Bundeslade, Taufe und Herrenmahl genau diese Dimension der Unersetzbarkeit leibhafter Zeichen zum Ausdruck bringen. Zwar haben sie diese Dimension immer im Zusammenhang sozialer Praxis, einer Praxis, die neben den mehr-als-verbalen Zeichen auch verbale Zeichen enthält, ja, im Zusammenhang der Einsetzung solcher Zeichen, beide konstitutiv aufeinander bezieht. Sind jedoch mehr-als-verbale Zeichen einmal eingesetzt, sind nicht einfach durch verbale Zeichen neue mehr-als-verbale Zeichen einsetzbar. Hier gilt Augustins von Luther wiederholter Hinweis: Ohne das Wort ist das Wasser der Taufe einfach Wasser; aber das bedeutet nicht, dass es, ist es einmal als Zeichen eingesetzt, durch andere ersetzbar wäre. Die Champagnerdusche auf dem Siegerpodest ist keine Taufe.

Wir sind als Menschen leibhafte Sprachgeschöpfe und nur so können wir als Personen füreinander da sein, füreinander ansprechbar und füreinander verantwortlich sein. Beide Dimensionen, Sprachlichkeit und Leibhaftigkeit, gehören zum personalen Dasein und zeichnen personale Beziehungen aus.[14] Der ausgezeichnete sprachliche Modus personaler Beziehungen ist die Anrede. Jede Form der Anrede einer Person als Person durch eine andere Person ist eine Begegnung, die das Dasein beider verändert. Durch die Anrede wird eine Zukunft erschlossen, die vor der Anrede noch nicht da war. Zugleich wird eine Gemeinschaft, so oberflächlich sie auch sein mag, geschaffen, die vorher noch nicht existierte. Die Anrede intendiert eine andere Person als Gegenstand der Anrede. Ist sie eine Anrede, die auf eine Antwort aus ist, eine Antwort erwartet, macht sie sich gleichzeitig der anderen Person als Gegenstand verfügbar. In der personalen Begegnung vollzieht sich in der Anrede Freiheit, indem Freiheit als Möglichkeit einer Zukunft gewährt wird, und indem auf die Anrede in der Antwort eingegangen wird, werden die Möglichkeiten einer gemeinsamen Zukunft ergriffen oder verweigert. Die Andersheit der anderen Person wird dabei nur gewahrt, wenn die anredende Person sich mit der Anrede zugleich in ihrem Selbstsein zur Verfügung stellt. Diese Wechselseitigkeit von Subjektsein in der Anrede und Objektsein in der Antwort der anderen Person, das kommunikative Wechselspiel von Identität und Alterität, charakterisiert personale Beziehungen. An dieser Stelle vollzieht sich zugleich die Transzendierung von Subjektivität und Objektivität.

---

[14] Vgl. *C. Schwöbel*, Personhood and Bodily Resurrection, in: A. Schüle/G. Thomas (Hg.), Who is Jesus Christ for us Today? Pathways to Contemporary Christology, Louisville (KY) 2009, 219–235 .

Die Leibhaftigkeit der Anrede hat hierbei eine zentrale Bedeutung. Leiblichkeit ist ein mehrdimensionales Phänomen.[15] Der Leib einer Person ist ihre offene Kommunikativität, ihre kommunikative Verfügbarkeit und Gegenständlichkeit für andere und ihre Fähigkeit, sich zu anderen kommunikativ in Beziehung zu setzen. Auf eine leibhafte Anrede können wir antworten, ein Gespenst dagegen gestattet diese Reaktion nicht und hat gerade darin seine Bedrohlichkeit. Die Eigenperspektivität der Leiblichkeit einer Person ist insofern immer mit der Wechselseitigkeit von Anrede und Antwort verbunden. Ich habe mich nicht ohne die Anreden anderer Personen und meine Antworten, meine Anreden und ihre Antworten. Leiblichkeit gerade in dieser Dimension des in personalen Beziehungen vermittelten Selbstbewusstseins existiert immer im Modus individuierter Materialität. Wir sind aus dem Stoff, aus dem der Kosmos ist, und den Rhythmen unterworfen, die für leibgebundenes Leben auf diesem Planeten gelten, einschließlich der Endlichkeit unserer Existenz. Weiterhin gehört zur Leiblichkeit immer auch ihre Sozialität, unsere Bezogenheit auf andere leibliche Wesen durch Kommunikativität und Materialität. Unsere Leiblichkeit hat für uns Mandatscharakter: Sie ist eine Gabe, die wir gratis erhalten haben, die uns aber zugleich Aufgabe ist. Zugleich gehört zu unserer Leiblichkeit die affektive Reflexivität. Die kommunikativen Beziehungen zu anderen sind affektiv besetzt, sie lösen Freude oder Zorn, Begeisterung oder Trauer aus, und diese affektive Prägung greift über auf unsere kognitiven und voluntativen Beziehungen. Die Affekte, biblisch gesprochen: das Herz, sind die Schnittstelle zwischen unserer Leiblichkeit und unserem Geist. In dem Ensemble dieser Dimensionen liegt die Identifizierbarkeit einer Person. Um für andere identifizierbar zu sein, müssen wir Leib sein und unsere verbalen Zeichen müssen eine leibliche Anbindung haben. Um Andere identifizieren zu können, zeigen wir auf deren leibliche Gegenwart oder helfen uns mit Identifikationsstrategien, identifizierenden Beschreibungen, die entweder Personen in einem leiblichen Ordnungssystem lokalisieren oder sie durch ihre Geschichte narrativ identifizieren. Etwas pointierter ließe sich formulieren: Die Gegenwart anderer Personen hängt nicht nur daran, dass wir sie identifizieren, sondern daran, dass sie sich für uns leiblich identifizieren. Dann ist die Anrede, die Zukunft eröffnet, in der Gegenwart verankert und mit dieser verknüpft.

Das besondere Charakteristikum personaler Existenz, d.h. der Existenz von Personen, die mit anderen Personen in personalen Beziehungen stehen, besteht darin, dass sie einander Versprechen geben und diesen Versprechen Vertrauen schenken. Ein Versprechen hat die besondere logische Struktur ‚weil... – deshalb‘ und unterscheidet sich darin von der ‚wenn... – dann‘-Struktur, die theologisch als Gesetz zu begreifen ist.[16] Das Gesetz bindet die Gegenwart an die Antezendenzbedingungen der Vergangenheit. Das Versprechen eröffnet eine Zukunft für die Versprechenden und die, die das Versprechen an-

---

[15] Vgl. *C. Schwöbel*, Dimensionen der Leiblichkeit, in: B. Janowski/Ders. (Hg.), Dimensionen der Leiblichkeit. Beiträge aus Theologie und Psychosomatischer Medizin (Theologie interdisziplinär 16), Neukirchen-Vluyn 2015, 1–9.

[16] Vgl. *R. W. Jenson*, Story and Promise. A Brief Theology of the Gospel About Jesus, Eugene (OR) 1973, 7 f.; *C. Schwöbel*, Promise and Trust: Lutheran Identity in a Multicultural Society, in: C.-H. Grenholm/G. Gunner (Hg.), Justification in a Post-Christian Society, Eugene (OR) 2014, 15–35.

nehmen und darauf vertrauen. Bei der ‚wenn… – dann'-Struktur des Gesetzes trägt der, der das Gesetz auszuführen hat, die Verpflichtung, das Gebotene eintreten zu lassen. In der ‚weil… – deshalb'-Struktur des Versprechens verpflichtet sich der Versprechende, die Zukunft herbeizuführen, die er versprochen hat. Das Versprechen muss von einem Anderen ausgesprochen werden. Niemand kann sich selbst Versprechungen machen oder sich Verheißungen aussprechen. Unter der Hand verwandelt es sich wieder in ein Gesetz (‚ich verspreche mir davon…'). Das Vertrauen muss in eine andere Person gesetzt werden, nur dann kann Selbstvertrauen von dem Hochmut der Sünde unterschieden werden. Nur das Selbstvertrauen, das am Vertrauen auf Andere seinen Halt hat und sich durch das erwiesene Vertrauen anderer Personen aufbaut, kann sich vom Hochmut immer wieder unterscheiden lassen – durch das unverfügbare Vertrauen Anderer und durch das Innesein des eigenen Vertrauens auf Andere.

Nun ist für das Vertrauen wie das Versprechen entscheidend, *wer* ein Versprechen ausspricht und *wessen* Versprechen ich vertraue, d.h. an wessen Versprechen ich meine Zukunft gebunden sehe. Insofern erfordert das Versprechen die Identifikation der Person, die ein Versprechen macht. Ebenso ist es beim Vertrauen. Das Vertrauen muss sich auf eine leibliche Person richten. Es braucht die Verankerung in der erfahrbaren Wirklichkeit, die nur durch die Leiblichkeit geboten werden kann.

Das Versprechen ist der exemplarische Fall eines hörbaren Wortes. Zum Versprechen gehört die Externität der Zusage als personale Alterität des Versprechenden. Das Vertrauen kann nur die Reaktion auf ein solches extern, von einer anderen Person gemachtes Versprechen sein. Das Versprechen nimmt die Freiheit des Geistes als Eröffnung einer Zukunft für die Versprechenden und die Vertrauenden in Anspruch. Die Erfüllung des Versprechens muss eine gemeinsame Zukunft für den Versprechenden und den Vertrauenden sein. Gerade so aber ist das Versprechen und das darauf antwortende Vertrauen auf ein sichtbares, leibliches Wort angewiesen, durch das sich der Versprechende auf sein Versprechen festlegen lässt, sich also leiblich festlegen, bei seiner Identifizierbarkeit behaften lässt. Das sichtbare Zeichen gibt dem Versprechen, das eine Zukunft zusagt, Gegenwart – Gegenwart, die auf die zugesagte Zukunft ausgerichtet ist und so die Vergangenheit einbezieht.

Dies wirft nun mit besonderer Dringlichkeit die Frage auf, *wer* verspricht. Auch hier ist das theologische Beispiel besonders klar. Das Evangelium, die „Kraft Gottes, die da selig macht alle, die daran glauben" (Röm 1,16), ist ein extravagantes Beispiel für ein solches, eine Zukunft zusagendes Versprechen, das in diesem Fall, da es die Seligkeit zum Inhalt hat, sogar über die Zeit hinaus geht. Und doch verlangt auch das Evangelium, diese radikale Zusage, eine Antwort auf die Frage: *Wer* verspricht? Die Evangelien als die identitätsbeschreibenden Geschichten Jesu Christi geben darauf eine Antwort, noch dazu eine theologisch höchst pointierte. Sie schaffen eine neue literarische Form, indem sie die Identität Jesu Christi für alle, die an ihn glauben, in ihrer Begründung vom Vater her durch den Geist erzählen. Beim Vertrauen, das auf ein Versprechen antwortet, scheint es genau umgekehrt zu sein. *Wer* wir sind, ist dadurch bestimmt, *auf wen* wir vertrauen. Hier ist die Frage, auf wen wir unser Vertrauen setzen, genau die, durch welche Instanz unsere Zukunft und unsere Vergangenheit miteinander verknüpft werden.

Es ist klar, dass jedes Versprechen, das wir geben, nur bedingt sein kann. Die Bedingtheit einer leibhaften endlichen Existenz schränkt unsere Versprechen ein. Deutlich zeigt dies unsere Sterblichkeit, die jedes unserer Versprechen endlich und für uns unverfügbar macht. Diese letztgültige Einschränkung, klar formuliert in der *conditio Jacobaea* ‚so Gott will und wir leben‘, qualifiziert alle unsere Versprechen und deckt die Begrenztheit unserer Macht, unseres Wissens und unseres Verfügens über die Zeit auf.

Nach Luther kann nur derjenige ein unbedingtes Versprechen geben, der über seine eigene Zukunft verfügt, weil er seine eigene Zukunft *ist*, insofern sie durch keine andere Instanz eingeschränkt werden kann. Das genau ist nach Luthers Auslegung von Ex 3,14 der Sinn des Gottesnamens ‚ich bin, der ich bin‘ bzw. ‚ich werde sein, der ich sein werde‘. Ich werde sein – das kann in einem absoluten Sinn nur Gott sagen bzw., wer das sagen kann, ist Gott.[17] Nur wer seine Zukunft besitzt, kann darum im strengen Sinn Wesen haben, unbedingte Kontinuität selbstbestimmten Seins. Alles andere, alles, was nicht Gott ist, alles Geschaffene unterliegt dem dauernden Werden und hat darum Wesen nur, sofern es sich vertrauend in Gott festmacht. Aber auch dieses unbedingte Versprechen braucht, folgt man der bisherigen Argumentation, *verba visibilia*, an denen ein unbedingtes Vertrauen sich festmachen kann.

3 Die leibliche Gegenwart Christi

Die ersten Christen verstanden ihr Leben als von der bleibenden Lebensgemeinschaft mit dem auferstandenen und erhöhten Herrn getragen, die in der Verkündigung des Evangeliums und in der Taufe und in der Mahlgemeinschaft begründet ist, die als gegenwärtige Selbstzusage Christi und als gegenwärtige Gewährung von Gemeinschaft mit Christus verstanden und im Gottesdienst gefeiert wurde. Eine paradigmatische Darstellung dieses Verständnisses der Lebensgemeinschaft mit dem auferweckten Herrn, die in elementarer Form alle Aspekte des Verständnisses von sakramentaler Kommunikativität und leibhaftem Personsein enthält, ist die Erzählung von den Emmausjüngern Lk 24,13–35. Betrachten wir diese Erzählung nicht nur als Bericht von einer Begebenheit am Ostertag, sondern zugleich als eine ätiologische Erzählung, in der Lukas seiner Gemeinde ca. 50 Jahre nach den Ostereignissen die Gründe darlegt, warum sie Gottesdienst feiert, wie sie es tut: An einem Sonntag, mit der Verkündigung des Evangeliums und der Feier des Abendmahls, finden wir hier die konstitutiven Elemente des Verständnisses der bleibenden Lebensgemeinschaft mit Christus. Dazu gehört die Schriftauslegung durch den Fremden, der sich zu den beiden Jüngern gesellt, um ihnen die verwirrenden Ereignisse

---

[17] Die Passage lautet in Rörers Mitschrift: „perhoc verbum trahit omnes homines ex eo, quod non est deus, quando dicit ‚Ego sum‘ vel ‚ero‘. Nulla creatura dicere potest ‚ego sum‘ vel ‚ero‘, sed ‚ich fhar darhin‘. Wesen non habet creatura, quod non wancke et semper maneat. Ibi oculos nostros traxit ex omnibus creaturis.“ *Reihenpredigten über das 2. Buch Mose* (1524/27): WA 16, 41–54, hier: 49,1–4.

der Kreuzigung und der Berichte der Frauen vom Ostermorgen, *visibilia*, die noch nicht zu *verba* wurden, zu erklären. Die Schriftauslegung soll die Frage beantworten: „Musste nicht Christus dies erleiden und in seine Herrlichkeit eingehen?" (Lk 24,26). Schon Luther hätte zu gern gewusst, was der Christus inkognito den beiden Jüngern gepredigt hat.[18] Allerdings lässt sich aufgrund der Frage und der Predigt des Auferstandenen bei der folgenden Erscheinung (Lk 24,44–49) vermuten, dass die Realisierung der Herrlichkeit, die das Leiden nicht ausspart, sondern in sich aufnimmt, und die Durchsetzung der Gerechtigkeit Gottes im Leiden durch das Auf-sich-nehmen der Folgen der Ungerechtigkeit der ‚Schlüssel' waren, mit dem der noch Unbekannte den Jüngern die Schrift öffnet (vgl. Lk 24,34). Die Erkenntnis des Fremden als des gekreuzigten und nun lebenden Herrn vollzieht sich dann in der Mahlgemeinschaft, die einerseits die Bedeutung der Mahlgemeinschaft Jesu mit Zöllnern und Sündern als Zueignung der Gottesgemeinschaft in Erinnerung ruft, und andererseits in der Formulierung „dankte und brach's und gab's ihnen" (Lk 22,19 u. 24,30) genau dasjenige *verbum visibile* der letzten Mahlfeier vergegenwärtigt, das die Identität des Auferstandenen an den leibhaften Zeichen seiner Gegenwart erschließt. Was hier beschrieben wird, ist ein Erschließungsgeschehen, das sich in, mit und unter der leibhaften Mahlhandlung vollzieht und durch diese den Fremden als Christus leibhaft identifiziert. Was hier implizit beschrieben wird: „Da wurden ihre Augen geöffnet und sie erkannten ihn" (Lk 24,31), ist ein Erschließungsgeschehen an den Jüngern, das als Handeln des Geistes Gottes beschrieben wird. Damit erhält auch die Schriftauslegung des Fremden, der durch die Mahlhandlung aus seinem Incognito heraustritt und sich leibhaft identifiziert, ihre Referenz. Das Versprechen, das in der Frage „Mußte nicht Christus dies erleiden und in seine Herrlichkeit eingehen" steckt, erhält sein Subjekt und seinen Gegenstand. Die Schriftauslegung wird zur Selbstzusage des auferweckten Gekreuzigten und diese begründet die Bekehrung des Herzens zum Glauben: „Brannte nicht unser Herz in uns, als er mit uns redete auf dem Wege und uns die Schrift öffnete?" (Lk 24,32). Die äußere Anrede wird im Zusammenhang der Mahlhandlung mit der Selbstidentifikation des Auferstandenen innerlich wirksam. Dass Christi körperliche Gegenwart dann sofort wieder genommen wird, unterstreicht wie die Erzählung von der Himmelfahrt, dass die Gegenwart des Auferstandenen nicht als Gegenwart *localiter*, als Gegenwart nur an einem bestimmten Ort verstanden werden soll. Die Pointe der Szene für die Emmausjünger und die Gemeinde des Lukas ist jedenfalls, dass die Bitte „Bleib bei uns" erhört worden ist und in der Predigt des Evangeliums und der Feier des Herrenmahls erfüllt wird, auch wenn die körperliche Gegenwart des auferweckten Jesus *localiter* nun nicht mehr besteht, weil seine leibhafte Gegenwart im Wort der Verkündigung und in den sichtbaren Worten der Sakramente an ihre Stelle getreten ist – *ubi*

---

[18] Vgl. Luthers Predigt zum zweiten Ostertag über Lk 24,13–35 nach *M. Luther*, Die Predigten, hg. v. Kurt Aland (Luther Deutsch 8), 2. völlig neu bearb. Aufl., Stuttgart/Göttingen 1965, 190–196: „Nun wollte ich wünschen, daß man wissen möchte, was doch der Herr für Schrift aus Mose und den Propheten angeführt habe" (191). Luthers Pointe ist hier allerdings: „Deshalb ist die Schrift ein solches Buch, dazu nicht allein das Lesen, sondern auch der rechte Ausleger und Offenbarer, nämlich der Heilige Geist gehört" (192).

et quando visum est Deo. Für die Gemeinde des Lukas ist dadurch die Einsetzung des Abendmahls durch den irdischen Jesus vom Auferstandenen ratifiziert und vollzogen. Die Erzählung der Emmausjünger leitet insofern über in die Feier des Gottesdienstes. In der Erzählung im Lukasevangelium bietet die Botschaft der in Jerusalem versammelten Jünger an die aus Emmaus Zurückgekehrten dann die vollständige Erklärung: „Der Herr ist wahrhaftig auferstanden und Simon erschienen" (Lk 24,34).

Die Erscheinung des Auferstandenen, in der Ereignis und Erschließungserfahrung verbunden sind, erklärt das Geheimnis der Auferstehung als die bleibende leibhafte Präsenz Christi bei seiner Gemeinde in dem hörbaren Wort der Evangeliumsverkündigung und dem sichtbaren Wort der Sakramente. Dies kann nur verständlich werden, wenn die volle Bedeutung der Botschaft „Der Herr ist wahrhaftig auferstanden" erfasst wird. Auferstehung Jesu Christi bedeutet im Kontext der Hoffnung Israels die eschatologische Durchsetzung der Gerechtigkeit Gottes an den Lebenden und den Toten, die den endzeitlichen Frieden verwirklicht. Die Gerechtigkeit Gottes ist im Kreuzestod und in der Auferweckung Jesu Christi verwirklicht. Auferstehung meint zugleich die Überwindung des *letzten Feindes* (1 Kor 15,26), des Todes, der aller Erfüllung geschöpflicher Ziele unter Vorbehalt stellt. Hinsichtlich dessen, der auferstanden ist, bedeutet das, dass sein Lebenszeugnis, das Kommen des Reiches Gottes als der Vollendung der Gemeinschaft Gottes mit seiner versöhnten Schöpfung, nun nicht mehr unter Vorbehalt steht, denn er hat den Tod hinter sich. Sein Lebenszeugnis gilt nun in Ewigkeit. Das gilt aber zugleich für seine Beziehung zu dem Gott Israels, den er als Vater anredet. Ist er bis in alle Ewigkeit der Sohn dieses Vaters, dann ist er auch von Ewigkeit her der Sohn des Vaters. Die Auferweckung Jesu erweist seine Botschaft von Gott als ewiges Wort Gottes und bestätigt den, der sie verkündet, als das Wort Gottes von Ewigkeit her, den ewigen Schöpferlogos. Der Geist, den er sendet, kann so als der Geist der Wahrheit verstanden werden, der in alle Wahrheit leitet (vgl. Joh 16,5–15). Das Lebenszeugnis Jesu Christi hat durch seine Gegenwart im hörbaren Wort der Verkündigung und dem sichtbaren Wort der Sakramente eine dauernde Gestalt in der Geschichte in der leibhaften Gemeinschaft der Glaubenden mit dem auferweckten Christus. Die Gemeinschaft, die er in seinem Leben Zöllnern und Sündern als Gottesgemeinschaft gewährt hat, hat durch die Evangeliumsverkündigung und das Herrenmahl in der *communio sanctorum* nun eine geschichtliche Ausdehnung bis in Ewigkeit. Die *promissio*, die Jesu Lebenszeugnis zusagt, steht damit nicht mehr unter dem Vorbehalt ihrer Frustration durch die Kontingenzen der Geschichte. Das Vertrauen, das sich auf diese *promissio* im leibhaften Wort der Verkündigung und im sichtbaren Zeichen der Sakramente verlässt, ist so das Vertrauen, in dem Zeit und Ewigkeit verbunden sind.

Das Neue Testament hat aus der Auferstehungsbotschaft die radikale Konsequenz gezogen, von der Gemeinschaft der Glaubenden als dem *Leib Christi* (1 Kor 12,27) zu sprechen. In dieser Bestimmung sind sakramentale Kommunikativität und leibhaftes Personsein zusammengefasst – allerdings so, dass sie genau auf die Gegenwart Christi bezogen sind, der sich im Wort der Verkündigung und in der Feier der Sakramente durch den Geist vergegenwärtigt. Die sakramentale Kommunikativität der hörbaren und der sicht-

baren Worte, die durch das leibhafte Personsein Christi im Wort der Verkündigung und
der Darreichung der Sakramente für die *communio sanctorum* als Gemeinschaft leibhafter
Personen durch den Heiligen Geist gegeben wird, bleibt damit in allen ihren Aspekten
eingebunden in die Selbstvergegenwärtigung des dreieinigen Gottes. E. Herms hat diese
trinitarische Fundierung der Glaubensgemeinschaft, des in ihr verkündigten leibhaften
Wortes des Evangeliums und der in ihr dargereichten sichtbaren Worte der Sakramente
präzise auf den Begriff gebracht, wenn er betont, dass „diese Selbstoffenbarung des inkarnierten Schöpferlogos hinsichtlich ihrer *Gestalt* (als geistgewirkte Selbstvergegenwärtigung des gekreuzigten Jesus als des inkarnierten Sohnes Gottes), ihres *Inhalts* (als des am
Kreuz vollendeten Lebenszeugnisses des inkarnierten Gottessohnes, einschließlich seiner
ipsissima vox) und hinsichtlich ihrer die Glaubensgemeinschaft schaffenden *Kraft* als
Wesensäußerung der ganzen Trinität verstanden"[19] werden muss. Der Zusammenhang
von Sakrament und Wort in der reformatorischen Theologie Luthers, den Herms pointiert herausgearbeitet hat, ist so für die evangelische Kirche eine Erinnerung daran, dass
die Gefahr besteht, dass das Wort der Verkündigung eine leere Referenz hat, wenn es
nicht an die leibhafte Vergegenwärtigung Christi im Sakrament gebunden ist, und für die
katholische Kirche eine Erinnerung daran, dass die Kirche, die die Eucharistie als „Quelle und [...] Höhepunkt des ganzen christlichen Lebens"[20] feiert, gerade darin *creatura verbi*
ist: „Das die Kirche schaffende Wort ist das Selbstwort des inkarnierten Logos selbst."[21]

[19] *E. Herms*, Sakrament und Wort (s. Anm. 1), 47.
[20] Dogmatische Konstitution über die Kirche (*Lumen gentium*), in: LThK² 12 (1986) 156–347, 185
(II, 11).
[21] *E. Herms*, Sakrament und Wort (s. Anm. 1), 47.

IV.
ETHISCHE PERSPEKTIVEN

Wilfried Härle

WAS IST LEBEN?

1 Methodologische Vorüberlegungen

Leben ist ein vieldeutiger Grundbegriff kategorialer Art.[1] Solche Begriffe, zu denen man neben den traditionellen Kategorien z.B. auch Begriffe wie Gott, Welt, Zeit, Raum, Gefühl und Erkenntnis zählen kann, lassen sich nur schwer erfassen oder gar definieren. Bei ihnen stößt nämlich das traditionelle Definitionsverfahren mittels *genus proximum* (also dem nächsthöheren Allgemeinbegriff) und *differentia specifica* (also dem besonderen Unterschied) an seine Grenzen. Das liegt insofern in der Natur der Sache, als schon die Suche nach einem *genus proximum* bei Grundbegriffen leicht ins Leere läuft und bei der Bestimmung der *differentia specifica* entweder genau das als Definierendes (*definiens*) in Anspruch genommen werden muss, was definiert werden soll (*definiendum*), oder der zu bestimmende Begriff sich als gar nicht kategorial erweist.

Die damit gegebenen Grenzen sind freilich auch solche des traditionellen Definitionsverfahrens selbst, das seine Stärken vor allem im Bereich von Klassifikationen (z.B. biologischer oder lebenspraktischer Art) hat. Sowohl bei den Grundbegriffen als auch bei der Erfassung des Individuellen, das traditionell als *ineffabile* (also als nicht aussagbar) gilt, stößt dieses Verfahren an seine Grenzen. Das heißt nicht, dass unser Sprechen und der Versuch der Bestimmung von solchen allgemeinen Begriffen und individuellen Kennzeichnungen deshalb eingestellt werden müsste. Zwar müssen hier Vagheiten, also unscharfe sprachliche Grenzziehungen in Kauf genommen werden, aber das hat nicht zur Folge, dass hier überhaupt keine Verständigung möglich wäre.

Es hilft in der Regel schon weiter, wenn bei der Begriffsbestimmung die *Mehrdeutigkeiten*, die den zu erfassenden Begriffen innewohnen, bewusst und gezielt in den Blick ge-

---

[1] Ich verwende diesen vagen Ausdruck, weil man nicht sagen sollte oder kann, *Leben* sei im strikten Sinn eine Kategorie (wie z.B. Substanz, Qualität oder Relation). Nicht einmal in Diltheys lebensphilosophischen Kategorien hat *Leben* selbst den Rang einer Kategorie, vielmehr ist *Leben* dort ein Äquivalent für „Wirklichkeit", beschreibt also mittels des Ausdrucks „Lebenszusammenhang" das Ganze der dem Menschen zu verstehen gegebenen Welt, auf das sich Kategorien wie Selbigkeit, Wirken und Leiden beziehen. *W. Dilthey*, Grundlegung der Wissenschaften vom Menschen, der Gesellschaft und der Geschichte. Ausarbeitungen und Entwürfe zum zweiten Band der Einleitung in die Geisteswissenschaften, hg. v. H. Johach u. F. Rodi (*W. Dilthey*, Gesammelte Schriften XIX), Göttingen 1982, 361. Der Jubilar, dem meine Abhandlung gewidmet ist, hat in seiner Eigenschaft als Vorsitzender der Wissenschaftlichen Gesellschaft für Theologie einen wichtigen Beitrag zur Klärung des mit dem Lebensbegriff bezeichneten Themenfeldes geleistet, indem er im Jahr 2002 unter dem Titel *Leben: Verständnis, Wissenschaft, Technik* den XI. Europäischen Theologenkongress vorbereitet und in Zürich veranstaltet und geleitet hat. Sämtliche Kongressbeiträge wurden von ihm im Gütersloher Verlagshaus herausgegeben. Vgl. E. Herms (Hg.), Leben. Verständnis, Wissenschaft, Technik (VWGTh 24), Gütersloh 2005.

nommen werden – nicht um solche Äquivokationen aus der Sprache zu verbannen, sondern um sie – sensibel für Differenzen – als unterschiedliche und darum zu unterscheidende *Aspekte* erkennen und benennen zu können. Diese Aspekte zeigen sich dem erkennenden Subjekt, das sie wahrnimmt und mit ihnen umgeht. Und es ist ein wissenschaftstheoretisch gut begründeter (nicht bewiesener!) Zugang,[2] dem, was sich uns so
zeigt, mit einem erkenntnistheoretischen Vertrauensvorschuss zu begegnen, der sich in
Form einer phänomenologischen Vorgehensweise fruchtbar machen lässt.[3] Das phänomenologische Verfahren hat dabei mehrere Vorzüge:

- Es setzt das aus der Lebenswelt Vertraute voraus, nimmt es auf und geht ihm auf
  den Grund.
- Es ist anschaulich und deshalb in der Regel gut nachvollziehbar.
- Es kommt ohne große philosophische oder fachwissenschaftliche Voraussetzun-
  gen aus.
- Es lässt sich von daher auch relativ leicht kritisch prüfen.

Dem stehen freilich auch einige Nachteile gegenüber:

- Ein geringerer Grad an Genauigkeit sowie
- die Unmöglichkeit, die einzelnen Elemente aus einem übergeordneten Prinzip *abzuleiten.*
- Deshalb kann es auch passieren, dass man Elemente übersieht, die zum Phänomen
  gehören.

Gegen all dies hilft nur die Bereitschaft zu umfassender Kommunikation und zur
Selbstkritik.

Indem ich in Abschnitt 2 einen solchen *phänomenologischen* Zugang zum Thema Leben
wähle, entscheide ich mich zugleich bei der Darstellung für eine Reihenfolge, die *nicht*
den Charakter einer *Ableitung* aus einem Axiom oder Prinzip und auch nicht den Charakter einer absteigenden *Rangfolge* vom Wichtigen zum weniger Wichtigen hat, sondern für
eine Abfolge, die beim *Naheliegenden* beginnt und von da aus zum *Fernerstehenden* und das
heißt zugleich vom *Offenkundigen* zum *Verborgeneren* weiterschreitet.

Das kann und muss bei der dann anschließenden *kategorialen Reflexion* in Abschnitt 3,
die sich analysierend und systematisierend auf das phänomenologisch Erhobene bezieht,

---

[2] Als Beleg hierfür verweise ich ,nur' auf das grundlegende wissenschaftstheoretische Werk von *W.*
Stegmüller, Metaphysik, Skepsis, Wissenschaft, 2. verb. Aufl., Berlin u.a. 1969. Eine der zentralen, sich in der
Formulierung deutlich von Kant abgrenzenden Thesen dieses Werkes heißt: *„Man muß nicht das Wissen*
beseitigen, um dem Glauben Platz zu machen. Vielmehr muß man bereits etwas glauben, um überhaupt von Wissen und
Wissenschaft reden zu können." AaO., 33. Meiner deutlichen Erinnerung nach war es E. Herms, der mich als
erster auf dieses Buch aufmerksam machte.

[3] Für eine solche Vorgehensweise plädiert auch Herms im Vorwort zu o.a. Sammelband – allerdings
ohne Verwendung des Begriffs ,Phänomenologie'. Er schreibt dort, „dass wir Leben keineswegs nur als
Gegenstand von Wissenschaft und Technik kennen, sondern auch als Gegenstand eines Verstehens, das
älter und umfassender ist als Technik und Wissenschaft – umfassender, weil es *nicht eingeschränkt* ist auf
Leben als Gegenstand von Wissenschaft und Technik, und älter, weil dieses Verstehen *nicht herkommt* aus
dem technischen und wissenschaftlichen Umgang mit Leben, sondern uns schon *zuvor*, durch die *unmittel-*
bare Gegenwart eigenen Lebens, ermöglicht und unabweisbar zugemutet ist." E. Herms (Hg.), Leben (s. Anm.
1), 10.

anders sein. Dort muss die Präsentation eines systematischen Zusammenhanges versucht werden, der beim Fundamentalen ansetzt und darauf aufbaut.

Für das ganze Vorhaben gilt natürlich, dass das Vorgehen *perspektivisch* (unterhintergehbar) bezogen ist auf den *Autor* und auf die *Rezipienten* eines solchen Textes. Dabei setze ich voraus, dass die Autor- und Rezipientenperspektive voneinander abweichen *können*. Wenn im Text Pronomina und Ausdrücke wie ‚wir‘, ‚uns‘ oder ‚die Menschen‘ gebraucht werden, so *unterstelle* ich damit eine perspektivische Gemeinsamkeit, die möglicherweise nicht gegeben ist. Die in solchen Fällen zu erwartenden Einwände von Seiten der Rezipienten sind freilich ihrerseits eine (wichtige) Form der Kommunikation, die normalerweise nicht selbst Teil eines solchen Textes ist, zu der er aber im günstigsten Fall stimulieren und einladen kann.

2 Phänomenologischer Zugang

Nicht *nur* beim Thema ‚Leben‘, aber *auch* bei ihm bietet sich – phänomenologisch betrachtet – eine Vorgehensweise an, die sich an *Differenzen und Differenzierungen* orientiert. Das kann zwei positive Effekte haben: erstens die bereits genannte Bewusstmachung von *Mehrdeutigkeiten*, die im Begriff ‚Leben‘ stecken, zweitens die Bewusstmachung von *Abgrenzungen*, die zu einer größeren ‚Tiefenschärfe‘ im Erfassen des Phänomens beitragen können. Dem ersten Effekt widmet sich die nachfolgende *Aufzählung* unterschiedlicher Aspekte, dem zweiten die Benennung von *begrifflichen Gegensatzpaaren* in den einzelnen Abschnitten. Beide Verfahren und Effekte gehen dabei immer wieder ineinander über.

2.1 Leben und Tod[4]

Die vertrauteste Differenz- und Kontrasterfahrung, die sich mit dem Phänomen und Begriff des Lebens verbindet, ist der *Tod*.[5] Leben und Tod erscheinen geradezu wie untrennbare, aber verfeindete Geschwister.[6] Sie sind miteinander verbunden, obwohl (oder gerade weil) sie sich in einem tiefen Gegensatz und Widerspruch zueinander befinden. Aber es wäre eine unangemessene Verabsolutierung des Todes, wenn man annähme, Leben sei nur in Verbindung mit Tod zu denken. Schon biologisch lässt sich diese These nicht aufrechterhalten, erst recht aber nicht, wenn man über das endliche Leben hinaus

---

[4] Weil es sich nicht ganz von selbst versteht, will ich ausdrücklich darauf hinweisen, dass hier vom Tod und nicht vom Sterben die Rede ist. Das zum Tode führende Sterben ist Teil des *Lebens* und nicht des Todes.

[5] Nur scheinbar tritt dem die Geburt gleichrangig zur Seite. Denn in ihr wird zwar das *Erscheinen* neuen Lebens, sein Zur-Welt-Kommen, erlebt, aber nicht tatsächlich der *Beginn* des Lebens, der für uns trotz Petrischale und Ultraschallbildern – tief im Mutterleib – weithin verborgen bleibt (vgl. Ps 139,15).

[6] Das findet auch in weithin bekannten Sinnsprüchen und Gedichten Ausdruck, wie z.B. dem mittelalterlichen „mitten wir im Leben sind vom Tod umfangen“, oder Rilkes Zeilen: „Der Tod ist groß, wir sind die Seinen lachenden Munds. Wenn wir uns mitten im Leben meinen, wagt er zu weinen mitten in uns.“

denkt und das ewige Leben einbezieht. Trotzdem ist es richtig, dass Leben und Tod einen fundamentalen Kontrast bilden.

Dies ist auch heute noch den meisten Menschen geläufig, obwohl der Tod und das Sterben von Menschen in unserer ‚modernen Welt' weitgehend aus dem alltäglichen Leben und Erleben ausgegliedert sind.[7] Gestorben wird in unserer Gesellschaft normalerweise in Krankenhäusern, häufig auf deren Intensivstationen, in Alten- und Pflegeheimen oder Hospizen. In unserer Alltagswelt kommen Sterben und Tod hingegen aus ganz unterschiedlichen Gründen selten vor. Das ist vermutlich einer der Gründe, warum Sterben und Tod als ängstigend und bedrohlich empfunden werden. Sie sind fremd.

Zwar ist der Tod *medial vermittelt* fast allgegenwärtig – z.B. in den informierenden und unterhaltenden Massenmedien –, aber das ist eben nur die Begegnung mit einer durch Berichte und Bilder *vermittelten*, häufig sogar nur *gespielten* Realität. Trotz alledem ist das Leben im Bewusstsein der Menschen so vom Tod als bedrohlicher Möglichkeit und Wirklichkeit umgeben, dass dieser Gegensatz vermutlich die erste Assoziation ist, die sich einstellt, wenn man versucht, Leben zu verstehen und zu bestimmen, indem man es *abgrenzt*. Was lebt, ist (noch) nicht tot, und was tot ist, lebt nicht (mehr). Und diese scharfe Entgegensetzung ist sinnvoll und berechtigt, auch wenn wir wissen, dass der faktische Übergang zwischen Leben und Tod in der Regel *prozesshaft* und *fließend* verläuft und dass es mehrere *unterschiedliche Definitionen* und *Kriterien* für den Eintritt des Lebensendes und damit des Todes gibt, die sich erheblich voneinander unterscheiden: den *biologischen* Tod (als irreversibles Ende aller Stoffwechselprozesse in einem Organismus und seinen Zellen), den *klinischen* Tod (als irreversiblen Herz-Kreislauf-Stillstand) oder den so genannten *Hirntod*[8] (als irreversiblen Ausfall sämtlicher messbarer elektrischer Ströme in sämtlichen Teilen des Gehirns über eine bestimmte Zeitstrecke hin, die in Abhängigkeit vom Lebensalter erheblich variiert).

Insbesondere diese Definitions- und Kriterienfragen im Blick auf den Tod zeigen, dass mit der Entgegensetzung von Leben und Tod die Fragen nach dem, was Leben und Tod *sind*, noch keineswegs beantwortet, wohl aber *gestellt* sind. Aber so viel lässt sich jedenfalls schon von dieser ersten Unterscheidung her sagen: Durch den Tod wird das Leben erkennbar und erlebbar als etwas *Besonderes*, das nicht selbstverständlich ist.

2.2 Belebtes und Unbelebtes

Was *unbelebt* ist, ist von dem zu unterscheiden, was *tot* ist. Zwar sprechen wir gelegentlich von ‚toter Materie' (z.B. einem Stein oder einem Stück Eisen), aber das ist eine irre-

---

[7] Das gilt, wie ich zu meiner Überraschung immer wieder feststellen muss, auch für Personen, die ein geistliches Amt innehaben. Zwar sind Beerdigungen ein fester Bestandteil ihrer beruflichen Aufgaben, aber das heißt keineswegs in allen Fällen, dass sie schon das Sterben eines Menschen miterlebt oder auch nur einen toten Menschen unmittelbar vor sich gesehen haben.

[8] Ich spreche vom *so genannten* Hirntod, weil dieser Begriff seit seiner absichtsvollen Einführung (als Ersatzbegriff für ‚irreversibles Koma') an der fundamentalen Doppeldeutigkeit leidet, einerseits den Tod des menschlichen *Gehirns* zu *bezeichnen*, andererseits den Tod des betreffenden *Menschen* zu *meinen*.

führende Redeweise. Ihre Absicht besteht vermutlich darin zu sagen, dass wir mit solchem Material umgehen und verfahren dürfen, wie wir es mit lebenden Wesen, insbesondere mit lebenden Menschen niemals dürften, die Bezeichnung ,tot' ist dafür aber unpassend. Wenn etwas *tot* ist, muss es zuvor am Leben gewesen und dann gestorben sein. Die Materie, von der wir sprechen, hat aber nie gelebt; deshalb ist sie auch nicht tot.

Ebenso kann man u.U. sagen, dass ein toter Mensch ein unbelebter Mensch sei, aber auch das ist insofern *irreführend*, als es ausblendet, dass dieser Mensch (vielleicht noch vor ganz kurzer Zeit) *gelebt hat*, also belebt und lebendig war, wohingegen das Wort ,unbelebt' etwas Abiotisches im Gegensatz zu etwas Biotischem bezeichnet.[9] Mag auch hier gelten, dass es bei der Bildung von Eiweißmolekülen aus Aminosäuren *fließende Übergänge* zwischen Unbelebtem und Belebtem gibt, so hebt das doch diese Unterscheidung nicht auf. Im Gegenteil: Die Frage, was Leben ist, kann wohl nicht angemessen beantwortet werden ohne die begleitende Kontrastfrage nach dem, was der unbelebten Natur *nicht* möglich und *nicht* gegeben ist. Während also die Unterscheidung zwischen Leben und Tod eine *Binnen*differenzierung am Lebenden ist, ist die Unterscheidung zwischen Belebtem und Unbelebtem eine *Außen*differenzierung, durch die die Sphäre des Lebens insgesamt gegenüber dem abgegrenzt wird, was nicht lebt und nicht Leben ist.

2.3 Vegetatives, empfindungsfähiges und geistiges Leben

Von noch einmal ganz anderer Art ist eine *qualitative* Unterscheidung *am Leben*, die sprachlich häufig durch Sätze zum Ausdruck kommt wie z.B.: ,Das war ein Leben' oder ,Das ist doch kein Leben (mehr)'. Auch hierbei handelt es sich um eine *Binnen*differenzierung am Leben, und zwar bei Lichte besehen sogar um eine zweifache: Die eine – eben angedeutete – Differenzierung bezieht sich auf ein Leben, das als sinnerfüllt und glücklich erlebt wird, gegenüber einem Leben, das als sinnlos und unglücklich empfunden wird; die andere – dem zugrunde liegende – Differenzierung bezieht sich auf Formen des Lebens, für die Sinn und Sinnlosigkeit, Glück und Unglück gar keine Erlebnismöglichkeiten sind gegenüber solchen, denen diese Möglichkeiten gegeben und erschlossen sind.[10] Diese Differenz erschließt sich vor allem beim vergleichenden Betrachten verschiedener Lebensformen miteinander (z.B. von Pflanzen, Tieren und Menschen), aber auch beim Vergleich zwischen tierischen Lebewesen unterschiedlicher Entwick-

---

[9] Bei der Ausarbeitung dieses Textes habe ich mit Hilfe meines Mediziner-Sohnes Tobias gelernt, dass die Unterscheidung zwischen ,Abiotisches' und ,Biotisches' nicht gleichgesetzt werden darf mit der Unterscheidung zwischen ,Anorganischem' und ,Organischem'.

[10] Zur Interpretation dieser Differenz kann man auf die Aristotelische Unterscheidung am Seelenbegriff zwischen einer *vegetativen* und einer *sensitiven* Seele (*anima vegetativa* und *anima sensitiva*) zurückgreifen. Gelegentlich wird die Vermutung geäußert, man könne diese Differenz auch mittels der beiden Begriffe für *Leben* zum Ausdruck bringen, die die griechische Sprache kennt: βίος und ζωή. Das gilt aber nur für den Ausdruck ,ewiges Leben' (ζωή αἰώνιος), der nicht durch βίος αἰώνιος wiedergegeben werden kann. Aber die Unterscheidungslinie zwischen βίος (irdisches Leben, Lebenszeit, Lebensweise, Lebenswandel, Lebensunterhalt, Vermögen) und ζωή (physisches Leben, Lebenszeit, Lebensweise, Lebensmöglichkeit, Lebensunterhalt, Vermögen, transzendentes Leben) verläuft *nicht* parallel zu der Unterscheidung zwischen biologischem und existentiellem Leben.

lungsstufen oder menschlicher Lebewesen unterschiedlicher Zustände. Die ihr zugrundeliegende Grunddifferenz zwischen bloß vegetativem (biologischem) und auch sensitivem sowie schließlich auch geistigem Leben[11] zeigt sich einerseits am Kriterium der (für uns wahrnehmbaren) *Empfindungsfähigkeit* von Lebendem, andererseits am Kriterium der (für uns wahrnehmbaren) *Vernunftbegabung*. Diese beiden Kriterien dürften auch dafür ausschlaggebend sein, welche Nähe und Verwandtschaft wir zu anderen Formen des Lebens bzw. des Lebendigen empfinden.

Die zweite Differenz (zwischen Lebenssinn und Sinnlosigkeit, Lebensglück und Unglück) setzt die erste (zwischen einem *rein* biologisch-vegetativen, und *auch* sensitivem sowie *auch* geistigem Leben) voraus, bezieht sich aber nur auf deren *zweites* und *drittes* Glied. Sie spielt insbesondere beim Nachdenken über das Theodizeeproblem und über das menschliche Lebensende seit Jahrhunderten eine gewichtige Rolle – bis hin zu der Wahrnehmung und Beurteilung der Möglichkeit des Suizids als der bewussten und absichtlichen Beendigung des eigenen Lebens.[12]

Diese qualitativen Unterscheidungen am Phänomen des Lebens weisen darauf hin, dass sich mit dem Leben (und zwar sowohl mit eigenem als auch mit fremdem Leben) Einstellungen, Empfindungen und Erwartungen verbinden (können), die mit darüber entscheiden, ob das Leben als ein *Wert* oder als ein *Unwert* bzw. eine *Last* wahrgenommen und beurteilt wird. Dabei hat das Leben insofern den Charakter eines grundlegenden[13] Wertes oder Gutes, als es die Voraussetzung für die Wahrnehmung aller anderen Werte und Güter ist. Bleiben diese jedoch aus oder werden sie einem Menschen entzogen, so kann auch das Leben selbst seinen empfundenen Wert einbüßen oder verlieren.

2.4 Zeitliches und ewiges Leben

In unserer alltäglichen Erfahrung begegnet uns Leben primär als befristete, also endliche Realität, die bedroht ist von Krankheit, Unfall, letztlich aber immer vom Tod. Der darin sichtbar und spürbar werdende *fragile* Charakter des Lebens, den wir an uns und anderen wahrnehmen, gehört auf paradoxe Weise zu dem, was den Wert des Lebens ausmacht und es als einen Wert empfinden lässt. Wäre das Leben gänzlich unbegrenzt,

---

[11] Bei Aristoteles taucht es als *anima rationalis* auf und komplettiert dessen Seelenverständnis.

[12] Mag man die These von A. Camus „Le mythe de Sisyphe", dass der Suizid das *einzige wirklich ernste philosophische Problem* sei, (zu Recht) für überzogen halten, so kann man doch nicht bestreiten, dass es sich dabei um ein ganz grundlegendes philosophisches, religiöses und *teilweise* auch ethisches Problem handelt. In der Möglichkeit des Suizids zeigt sich dabei die zusätzliche Differenz und Asymmetrie, dass wir uns das Leben zwar nicht *geben*, wohl aber *nehmen* können. Und dies wiederum verweist darauf, dass wir auch anderes Leben, nämlich das unserer Kinder, nicht *machen* oder *erschaffen*, sondern *nur* zeugen und empfangen können. Dieses *nur* ist zwar limitierend, nicht aber pejorativ zu verstehen.

[13] Das heißt nicht automatisch, dass das Leben als höchster Wert oder höchstes Gut zu verstehen ist. Denn es kann höherrangige Werte und Güter geben, um derentwillen es sogar sinnvoll sein kann, das eigene Leben zu opfern. Das ist auch – in verschiedenen Facetten – eine biblische Einsicht (vgl. Koh 9,4; Mt 9,17; Mk 8,35; Lk 9,24; 17,33; Joh 15,13). Im Schlusssatz von Schillers Drama *Die Braut von Messina* findet diese Einsicht Ausdruck in dem Satz: „Das Leben ist der Güter höchstes nicht, der Übel größtes aber ist die Schuld."

so würde ihm eine Tendenz zum Selbstverständlichen innewohnen, die seinen Wert nicht steigerte, sondern eher minderte. Aber zugleich wird diese Endlichkeit des zeitlichen Lebens normalerweise als ein bedrohliches *Übel* empfunden.[14] Sie charakterisiert das kreatürliche Leben als *begrenzt* und (auch) damit als vom ewigen Leben[15] *unterschieden*.

Nicht die unendliche zeitliche Dauer macht das Wesentliche am ewigen Leben aus, sondern sein Charakter als ganze und vollkommene (und als solche auch unbegrenzte) *Erfüllung*.[16] Diese Begriffsbildung zeigt, dass Begrenztheit und Bruchstückhaftigkeit jedenfalls nicht so zum Begriff ‚Leben‘ gehören, dass er durch die Aufhebung dieser Eigenschaften seinen Sinn und seine Verwendbarkeit verlöre.[17] Soweit wir wissen, findet die *hoffende Ausrichtung* auf ein menschliches Leben, das durch den Tod nicht definitiv begrenzt ist, in der Geschichte der Evolution erstmalig Ausdruck bei den Neandertalern, die ihre Toten nicht nur bestatteten, sondern sie auch mit Grabbeigaben (Amulette, Schminke, Nahrungsmittel etc.) für das ‚Leben‘ über den Tod hinaus ausstatteten.[18] Die Neandertaler sind ausgestorben, aber sie haben dem *Homo sapiens* (*sapiens*) die kulturelle und religiöse Errungenschaft der rituellen Totenbestattung auf Dauer hinterlassen.

Freilich stoßen wir mit der Rede vom ‚ewigen Leben‘ an eine Grenze der Erfahrung (und der Sprache), die dem Wissen oder zumindest der Ahnung um den definitiven Charakter des irdischen Todes und dem daraus resultierenden Wissen um die *kategoriale Differenz* zwischen irdischem und ewigem Leben geschuldet ist. Was in der phänomenologischen Betrachtung als tastender Ausgriff vom Sichtbaren auf das Unsichtbare, vom Gegebenen auf das Ausstehende erscheint, könnte sich freilich in der kategorialen Analyse gerade umgekehrt als zeitliche und darum endliche Manifestation des Lebens erweisen, die all unseren endlichen Erfahrungen von Leben zugrunde liegt. Dazu ist jedoch das Betrachten und Bedenken einer weiteren Differenz erforderlich.

[14] Möglicherweise ist die Endlichkeit sogar ein im Sinne von Leibniz' Einteilung *zweifaches* Übel: ein metaphysisches und ein physisches.

[15] Das scheint es nahezulegen, ‚ewiges Leben‘ als Leben von zeitlich unbegrenzter Dauer zu verstehen. Indessen führt dieser Deutungsansatz schon insofern in die Irre, als er die Differenz von Zeit und Ewigkeit tendenziell auf eine *quantitative* Differenz reduziert und nicht als *qualitative* oder sogar *kategoriale* Differenz erfasst. Das hat zugleich zur Folge, dass ewiges Leben eher als eine ängstigende, denn als eine Hoffnung weckende Vorstellung wirkt. Vgl. hierzu und zu dem damit angesprochenen Verständnis von Ewigkeit *W. Härle*, „Auferstehung der Toten und das ewige Leben“, in: *Ders.*, Spurensuche nach Gott. Studien zur Fundamentaltheologie und Gotteslehre, Berlin/New York 2008, 478–488.

[16] Das kommt bereits in der klassischen Definition zum Ausdruck, die Boethius dem Begriff ‚Ewigkeit‘ gegeben hat (*A. M. S. Boethius*, De consolatione philosophiae, V,6): „Ewigkeit ist also der ganze und zugleich vollkommene Besitz unbegrenzbaren Lebens“ („Aeternitas igitur est interminabilis vitae tota simul et perfecta possessio“).

[17] Man kann im Gegenteil fragen, ob erfülltes Leben nicht darin (im Sinne Nietzsches) der Lust verwandt ist, dass es „Ewigkeit“ will, „tiefe, tiefe Ewigkeit“.

[18] Vgl. *F. Schrenk*, Die Frühzeit des Menschen. Der Weg zum Homo sapiens (Beck'sche Reihe 2059), 4. neubearb. Aufl., München 2003, 113 f. Vgl. auch *W. Härle*, Warum Gott? Für Menschen, die mehr wissen wollen (Theologie für die Gemeinde 1,1), 2. überarb. Aufl., Leipzig 2014, 21–23.

2.5 Leben und Lebend(ig)es

Leben tritt in Erscheinung in Form von ‚Lebendigem'. Dabei handelt es sich vor allem um Pflanzen, Tiere und Menschen. Aber was macht (nicht abgestorbene) Pflanzen, (nicht getötete) Tiere und (nicht gestorbene) Menschen zu etwas Lebendigem bzw. Lebendem? Die Antwort: ‚das Leben' ist einerseits richtig, führt aber andererseits nicht wesentlich weiter. Ihre besondere Leistung besteht darin, zu einer erneuten sinnvollen und wichtigen Differenzierung anzuleiten. Worin besteht diese Differenzierung? Sie ist jedenfalls kategorialer Art. So kann man sagen: Leben (oder die Anteilhabe am Leben) ist dasjenige, was Lebendiges zu Lebendigem macht. Fragt man nun weiter, was denn dieses Leben sei, so steht man vor der Frage nach einer *Realdefinition* von ‚Leben'. Und damit stellt sich zugleich die aus der platonisch-aristotelischen Antike geerbte, im Mittelalter zur Blüte gekommene, immer noch aktuelle Frage nach dem Wirklichkeitscharakter der Universalien.[19] Damit werden wir uns – bezogen auf die Definition von ‚Leben' – schon im Anfangsteil der kategorialen Reflexion beschäftigen müssen.

Hier war und ist zunächst nur festzuhalten, dass Leben als solches jedenfalls nicht in dem Sinne wie Lebend(ig)es zu den Erscheinungen gehört, sondern zu dem, was *in ihnen* zur Erscheinung kommt. Und gerade diese Unterscheidung ist auch in theologischer Hinsicht von großer Bedeutung.

2.6 Leben als Lebenszeit oder Lebensführung

Als eine sechste und letzte Differenzierung im Rahmen dieses phänomenologischen Zugangs sei diejenige genannt und betrachtet, die ich in der Überschrift mit den Worten ‚Lebenszeit' und ‚Lebensführung' benenne.[20] Wenn wir vom Leben eines Menschen oder eines Tieres sprechen, meinen wir oft die Zeitspanne zwischen Zeugung/Empfängnis und Tod, die einem lebend(ig)en Wesen gegeben ist oder war. Dass diese von Individuum zu Individuum variieren kann, ist trivial. Nicht trivial ist die bereits erwähnte Tatsache, dass es dabei eine Asymmetrie zwischen Anfang und Ende der Lebenszeit gibt, sofern uns der Anfang unseres Lebens selbst *schlechthin unverfügbar* ist, das Ende unserer Lebenszeit jedoch in einem ontologischen (nicht ethischen oder religiösen Sinne) *verfüg-*

---

[19] Vgl. dazu die äußerst lesenswerte, weil lehrreiche Studie von *W. Stegmüller*, Das Universalienproblem einst und jetzt, in: *Ders.*, Glauben, Wissen und Erkennen. Das Universalienproblem einst und jetzt (Libelli 94), 2. überprüfte Ausg., Darmstadt 1967, 48–118. Stegmüller votiert hierin stringent sowohl gegen einen strengen Platonismus, der die Existenz nicht-konkreter Gegenstände behauptet, als auch gegen einen Nominalismus, der bereits den Begriff der Unendlichkeit als solchen verwirft. Stattdessen plädiert Stegmüller für einen konstruktiven Konzeptualismus, der eine Abart des Platonismus darstellt, und zwar diejenige, die auf imprädikative Begriffsbildungen verzichtet und dadurch die Widersprüche des Platonismus vermeidet, aber auch den grundlegenden Schwächen des Nominalismus entgeht. Ich empfinde diese Position nach wie vor als ganz überzeugend.

[20] Ich hatte hierfür ursprünglich die Formulierung ‚Leben als Gabe' und ‚Leben als Aufgabe' vorgesehen, wurde mir dann aber bewusst, dass diese Gegenüberstellung zweier Kennzeichnungen den Rahmen von Begriffspaaren, die sich auf *Leben* beziehen, sprengen würde. Ich erwähne das, weil es trotzdem dazu beitragen kann, die Rezeptionsfantasie in die richtige Richtung zu lenken.

bar ist. Das scheint auch ein grundlegender Unterschied zwischen menschlichem und tierischem[21] sowie pflanzlichem Leben zu sein.

In der schlechthinnigen Unverfügbarkeit des eigenen Lebensanfangs ist bereits die Tatsache begründet, dass das Leben (im Sinne der Lebenszeit) als etwas *Gegebenes,* also als eine *Gabe* zu verstehen ist. Diese Aussage ist nicht gleichzusetzen und sollte nicht gleichgesetzt werden mit der Aussage, das Leben sei ein *Geschenk.* Im Begriff ‚Geschenk' steckt eine positive Wertung, die sich nicht automatisch und in jedem Fall mit der Wahrnehmung des (eigenen) Lebens verbindet.[22]

Dass man das Leben als eine Gabe, also als etwas Gegebenes empfängt,[23] besitzt eine Besonderheit gegenüber vermutlich allen anderen Gaben, die man als Mensch bekommen kann: Erst durch die Gabe des Lebens wird der Empfänger *konstituiert,* der sie bekommt. Die Gabe des Lebens hat also *daseinskonstituierenden* Charakter. Daran zeigt sich, wie eng die Gabe des Lebens mit dem Sein des Menschen verbunden ist. Und das gilt in gewisser Hinsicht auch für das Lebensende. Zwar können und müssen wir sagen, dass auch ein gestorbener, ein toter Mensch immer noch ein Mensch ist und bleibt, aber durch den Eintritt in den Tod als den Zustand totaler Passivität ist dieser Mensch nicht länger Empfänger der Gabe des Lebens – aber er *war* es und *bleibt* es im Modus der Vergangenheit. Deshalb ist es angemessen, dass wir von einem toten Menschen sagen, dass sein Leben *zu Ende gegangen* sei. Das Leben – im Sinne der Lebenszeit – endet mit dem Tod, obwohl er Mensch, toter Mensch bleibt.

Diese Einsicht in das spezifische Gegebensein des Lebens hat für den Menschen in seiner Lebenszeit zugleich den Charakter einer Herausforderung und Aufgabe: Es ist – wie E. Herms gerne und häufig betont – dem Menschen *zu verstehen* gegeben. Das ist über das bloße Gegebensein hinaus ein erheblicher Schritt, der sich nicht schon dem Leben und seinem Gabecharakter, sondern erst dem Wesen seines menschlichen Empfängers als *Person* verdankt.[24] Denn das Personsein des Menschen ist diejenige Form seiner relationalen Verfasstheit, die sowohl die *Bezogenheit* auf seinen Ursprung, seine Mitwelt und sich selbst umfasst, als auch die Herausforderung einschließt, (im Rahmen seiner gegebenen Möglichkeiten) die *Beziehungen* zu einem Ursprung, seiner Mitwelt und zu sich selbst verantwortlich zu gestalten. Und damit kommt das zweite Element dieser

---

[21] Die schwerlich bestreitbare Tatsache, dass Tiere sich zum Sterben an einen bestimmten Ort zurückziehen und dadurch möglicherweise auch ihr Sterben beschleunigen können, hat nichts zu tun mit Suizid, also mit beabsichtigter und bewusster Herbeiführung des eigenen Todes. (Auch) hierbei ist der kategoriale Unterschied zwischen Töten und Sterben(lassen) zu beachten.

[22] In den biblischen Texten ist die rückblickende Verfluchung des Tages der eigenen Geburt durch Hiob (Hi 3,3) ein eindrücklicher Beleg für die Differenz zwischen der Wahrnehmung des Lebens als Gabe und als Geschenk.

[23] Häufig – und zu Recht – wird dem hinzugefügt: ‚ohne dass man gefragt wurde und gefragt werden konnte, ob man diese Gabe bekommen bzw. haben möchte'.

[24] Auch Pflanzen und Tieren ist ja ihr Leben gegeben, aber ich könnte nicht sagen, dass es ihnen zu verstehen gegeben sei. Wer sich daran stört, dass dies wie eine Abwertung von Pflanzen und Tieren gegenüber dem Menschen wirken könnte, mag bedenken, dass den Pflanzen und Tieren mit diesem Unterschied auch die Möglichkeit und Gefahr des Sich-selbst-*Missverstehens* (samt seiner negativen Folgen) erspart bleibt.

Differenzierung in den Blick: die *Lebensführung*. Während man die Lebenszeit als eine *Gabe* bezeichnen kann, ist die Lebensführung eine *Aufgabe* des Menschen. Zwar gehen in diese Lebensführung zahllose strukturelle und situative Gegebenheiten ein, die der Mensch nicht selbst gewählt hat, aber sie zu verstehen und verantwortlich zu gestalten macht sein *Leben* im Sinne der *Lebensführung* aus. Im Blick darauf lässt sich dann sagen, dass jemand z.B. ein eindrucksvolles, vorbildliches, problematisches oder verfehltes Leben führe.

Wenn es richtig ist, dass dem Menschen als Person das Leben als ein *zu verstehendes* gegeben ist, dann gehört auch eine solche – phänomenologische und reflektierende – Beschäftigung mit dem Leben in all seinen Differenzierungen zu den Aufgaben, die das Leben als Gabe dem Menschen stellt. Zu deren zweitem Teil will ich nun übergehen.

3 Kategoriale Reflexionen

Kategoriale Reflexionen über das, was Leben ist, stehen – wie eingangs gesagt – unter anderen systematischen Anforderungen als die phänomenologischen Zugänge. Ging es dort um die *Empfehlung*, beim lebensweltlich *Nahen* und *Vertrauten* einzusetzen, um von da aus zum *Fernerstehenden* und das heißt zugleich vom *Offenkundigen* zum *Verborgeneren* weiterzuschreiten, so geht es nun um die Entwicklung eines systematischen Zusammenhanges, der beim *Fundamentalen* ansetzt und darauf aufbaut. Als dieses Fundamentale verstehe und wähle ich die *Bestimmung des Begriffs Leben* in der Vielzahl seiner Aspekte. Das heißt: eine solche Bestimmung des Begriffs Leben, der das Gemeinsame und Verbindende aller genannten Aspekte und Differenzierungen umfasst und damit für sie offen ist. Aus diesem Versuch einer Begriffsbestimmung muss sich dann Schritt für Schritt das weitere Vorgehen ergeben.

3.1 Bestimmung des Begriffs Leben

Leben ist – in jedem seiner Bedeutungsaspekte – *Fähigkeit zu selbstverursachter*[25] *Eigenaktivität (im Austausch mit seiner Umgebung)*[26], sei es als Stoffwechsel, als Fortpflanzung, als (Fort-)Bewegung oder als (zeichenvermittelte) Kommunikation. Dieser Definitionsversuch gibt dreierlei zu denken:

(1) Leben ist *Fähigkeit zu einer Aktivität*. Wenn der Tod zu definieren ist als *vollständige Passivität*, dann ist Leben zwar nicht zu definieren als *vollständige* Aktivität, aber Leben muss dann mit Aktivität zu tun haben. Dieser Begriff erscheint mir besser geeignet als

---

[25] Man könnte dafür gut das Adjektiv ‚autogen‘ verwenden, das freilich in unserer Alltagssprache durch die Verbindung mit einer bestimmten handwerklichen Technik (‚autogenes Schweißen‘) und mit einer bestimmten Meditationstechnik (‚autogenes Training‘) weitgehend ‚besetzt‘ ist.

[26] Ich setze diese Worte in Klammern, weil sie zwar für alles *Lebend(ig)e unter endlichen Bedingungen* gelten, aber nicht auch für Leben in jedem Sinn des Begriffs, z.B. im transzendent(al)en Sinn. Deshalb gehört der Klammerzusatz nicht im strengen Sinn zu meiner Definition des Begriffs ‚Leben‘.

der (seit Platon) immer wieder verwendete Definitionsbegriff ‚Bewegung'. Zwar ist Bewegung ein häufig anzutreffendes Kennzeichen von Leben, aber Leben ist nicht gebunden an Bewegung. Das gilt schon für vegetatives Leben[27] (z.B. ein Samenkorn), es gilt aber auch für sensitives Leben (z.B. Schmerzempfindung) und geistiges Leben (z.B. das Zuhören). Aber auch der Begriff ‚Eigenaktivität' ist für sich genommen noch zu eng, um Leben zu definieren. Worin besteht die Aktivität des (noch nicht abgestorbenen) Samenkorns, das ausgesät werden und dann wachsen und Frucht bringen *kann*, also offenkundig lebendig ist? Sie hat offenbar den Charakter einer dem Samenkorn eignenden *Möglichkeit*. Deshalb ist es m.E. angemessener, von einer *Fähigkeit* (Potentialität) zur Eigenaktivität zu sprechen. Das darf freilich nicht so (miss)verstanden werden, als sei damit eine *bloße* Fähigkeit gemeint, also eine solche, die *noch nicht realisiert* ist. Dieses Missverständnis lässt sich leicht aufklären und auflösen durch die rhetorische Frage, ob denn etwas generell oder auch nur im Allgemeinen[28] seine Fähigkeiten dadurch verliere, dass es sie realisiert. Natürlich nicht. Um dieses Missverständnis bewusst zu machen und auszuschließen, ist es sinnvoll, Leben als *realisierte oder nicht realisierte* Fähigkeit zu verstehen. Aber was ist dabei unter Fähigkeit zu verstehen? Eine Fähigkeit ist zwar nicht verursacht durch eine Beziehung zu sich selbst (vgl. dazu Abschnitt 3.2), aber sie ist *verortet* in der *Selbstrelation* – sei es als *bloße* Fähigkeit oder als auch *aktualisierte* Fähigkeit. Das zeigt, dass Fähigkeiten nicht herausfallen aus einer relationalen Ontologie bzw., sofern es sich um Menschen handelt, Anthropologie,[29] sondern selbst integraler Bestandteil derselben sind. Um dies angemessen zu verstehen, ist freilich der Rückgriff auf die Unterscheidung zwischen Relationen als *Beziehungen*, die durch Wahlakte zustande kommen, und Relationen als *Bezogenheiten*, durch die Wahlakte erst ermöglicht werden, nicht nur sinnvoll, sondern unerlässlich.[30] Dabei sind alle Beziehungen in und durch Bezogenheiten fundiert, diese wiederum verweisen auf die Bezogenheit zu dem schöpferischen Ursprung das Seins und

---

[27] Würde man dagegen einwenden, dass die Struktur jedes Atoms den Charakter einer (Elektronen-) Bewegung hat, so wäre das richtig, würde aber erst recht zeigen, dass der Begriff ‚Bewegung' nicht als *definiens* für ‚Leben' geeignet ist, da ‚Bewegung' in *diesem* Sinne zu *weit* ist und deshalb *alles physisch Existierende* umfasst, während ‚Bewegung' im makrophysikalischen Sinn des Wortes zu *eng* ist, um Leben zu definieren. Um die Bewegungen im Atom (und im gesamten Universum) vom Begriff ‚Leben' unterscheiden zu können, führe ich das Adjektiv ‚selbstverursacht' (‚autogen') ein, von dem gleich im folgenden Absatz die Rede ist.

[28] Die Einfügung des Wortes ‚generell' scheint mir ratsam, wenn nicht gar geboten zu sein, um die wenigen Fälle auszuschließen, in denen etwas (z.B. eine Blume) eine Fähigkeit besitzt (z.B. zu blühen), die genau dadurch verschwindet, dass sie ein einziges Mal realisiert wird. Im Normalfall wird Lebendiges jedoch dadurch eher geübter und gewandter, dass es seine Fähigkeiten realisiert bzw. aktualisiert.

[29] Siehe dazu das grundlegende Werk von *W. Joest*, Ontologie der Person bei Luther, Göttingen 1967, sowie – darauf aufbauend – die Doktorarbeiten von *M. Beiner*, Intentionalität und Geschöpflichkeit. Die Bedeutung von Martin Luthers Schrift „Vom unfreien Willen" für die theologische Anthropologie (MThSt 66), Marburg 2000, und *R. Gebhardt*, Heil als Kommunikationsgeschehen. Analysen zu dem in Luthers Rechtfertigungslehre implizierten Wirklichkeitsverständnis (MThSt 69), Marburg 2002.

[30] In der gemeinsamen Geschichte theologischen Arbeitens, die mich seit ca. 40 Jahren mit E. Herms verbindet, wurde diese Einsicht meiner Erinnerung nach erstmals in unserem gemeinsamen Buch zur Frage der Rechtfertigung ausgearbeitet. Vgl. *W. Härle/E. Herms*, Rechtfertigung. Das Wirklichkeitsverständnis des christlichen Glaubens. Ein Arbeitsbuch (UTB 1016), Göttingen 1979, 78–91. Die Idee zu diesem Buch und zu der darin zur Diskussion gestellten theologischen Konzeption stammt übrigens von E. Herms.

auf die Bezogenheit zur Umgebung zurück, die in der Gottesbeziehung und in der Mit-
weltbeziehung des Menschen durch wählendes Verhalten ausgestaltet werden. Fähigkeiten – als nicht realisierte oder als realisierte Wahlmöglichkeiten – bilden dabei gewissermaßen das Scharnier, durch das die Bezogenheiten und die Beziehungen miteinander
verbunden sind und untereinander zusammenhängen. Und das gilt auch für Leben.

(2) Leben ist Fähigkeit zur *selbstverursachten Eigen*aktivität. Dieser Ausdruck ist kein Ple-
onasmus, sondern dient dazu, Leben als Fähigkeit zu selbstverursachter Eigenaktivität
sowohl von fremdverursachter Eigenaktivität (z.B. durch einen mir zwischen die Füße
geratenden Knüppel) als auch von selbstverursachter Fremdaktivität (z.B. die in einem
Vermächtnis formulierten Anweisungen) zu unterscheiden. Dass ein Stein durch die Luft
fliegt und anschließend auf etwas trifft und es zerstört, ist kein Anzeichen für sein Leben
oder seine Lebendigkeit, sondern Konsequenz dessen, dass er von etwas anderem einen
Anstoß zu dieser Flugbewegung erhalten hat. Dass ein lebendiger Vogel unter eigenständiger Betätigung seiner Flügel durch die Luft fliegt, ist hingegen ein Anzeichen für sein
Leben und seine Lebendigkeit, weil diese Flugbewegung *auf ihn selbst* zurückgeht, von
ihm *ausgelöst* und *gesteuert* wird. Dasselbe ließe sich an unendlich vielen anderen Beispielen
zeigen. Als ein – prima vista – problematischer Zwischenbereich erscheinen Systeme, die
so konstruiert wurden, dass sie (zu einem bestimmten Zeitpunkt oder unter bestimmten
Umständen) Eigenaktivität entwickeln (z.B. ein gestellter Wecker oder ein entsprechend
programmierter Computer). Die dadurch verursachten Formen von Eigenaktivität des
Systems können wie etwas Lebendiges wirken, aber sie sind faktisch fremdverursacht
und darum kein Leben. Leben hat stets mit einer *Selbstbeziehung* zu tun, die den Charakter
einer (bewussten oder unbewussten) *Selbstbestimmung* hat. Und die Differenz zwischen
dem, was lebt und was nicht lebt, hängt genau von dieser Unterscheidung ab. Das Kriterium lautet: Ist etwas fähig, sich zu einer Eigenaktivität zu bestimmen? Dabei sind es
nicht nur bewusste oder intendierte Akte, die als Selbstverursachung in Frage kommen,
sondern auch unbewusst und unabsichtlich ablaufende Vorgänge (wie z.B. der Herzschlag), die den Charakter von selbstverursachter Eigenaktivität haben. Und auch nicht
erst das *Resultat* des Selbstbestimmungsaktes zur Eigenaktivität, sondern schon *dieser Akt
selbst* ist ein Anzeichen für Leben.

(3) Leben ereignet sich unter endlichen Bedingungen im *Austausch mit seiner Umgebung*.
Jede Aktivität ereignet sich unter endlichen Bedingungen in einem räumlichen und zeitlichen Zusammenhang, der den Charakter eines unverzichtbaren *Kontextes* hat. Darüber
hinaus bildet dieser Kontext in vielerlei Hinsichten das Ensemble der Lebensbedingungen, ohne den Leben häufig gar nicht entstehen und erhalten werden könnte. Das gilt
unübersehbar für den Stoffwechsel von vegetativem Leben, es gilt aber auch – weniger
offensichtlich, aber deshalb nicht weniger real – für das spezifisch sensitive und geistige
Leben. Lebensprozesse sind insofern immer Austauschprozesse[31] und zwar häufig solche, die den Charakter von *Wechsel*wirkungen haben.

---

[31] Der Erinnerung daran dienen seit 20 Jahren die ersten Sätze meiner *Dogmatik*: „Alles Lebendige
braucht den Austausch mit seiner Umgebung. Nur so kann es leben, sich entwickeln und fruchtbar wer-

3.2 Der Ursprung des Lebendigen

Es ist ein Charakteristikum von vielem Lebendigen, dass es durch Fortpflanzung Leben weitergeben und insofern neues Leben(d[ig]es) hervorbringen kann. Von allen kreativen Möglichkeiten, die das Lebendige hat, ist es diese, die dem göttlichen Schöpfungsakt am nächsten kommt. Das empfinden auch viele Menschen so – insbesondere dann, wenn sie zum ersten Mal ein Kind erwarten und bekommen. Das ist vorgebildet in der priesterschriftlichen Schöpfungserzählung, in der (Gen 1,11 f., 20–22 u. 27 f.) die Erschaffung des Lebendigen jeweils ganz eng verbunden ist mit der Erwähnung von *Samen und Fruchtbarkeit* und – bezogen auf Tiere und Menschen – ausdrücklich verbunden ist mit der *Aufforderung*, fruchtbar zu sein und sich zu mehren. Damit bekommt die konstitutive Umweltbezogenheit alles irdischen Lebend(ig)en über die lebensnotwendige, weil lebenserhaltende *Wechselwirkung* hinaus noch eine zusätzliche Bedeutung: die der *Erzeugung und Weitergabe von Leben* im Sinne von Ursache und Wirkung.

Die *ontologische* Frage nach dem *Ursprung* des Lebendigen (und in diesem Sinne nach dem Ursprung des Lebens) ist damit aber noch nicht gestellt, geschweige denn beantwortet. Und sie stellt sich nicht nur im *prähistorischen* Sinn als Frage nach dem *Anfang* von Leben in unserem Universum, sondern sie stellt sich auch im *transzendentalen* Sinn als Frage nach den *Möglichkeitsbedingungen* von Leben überhaupt. Diese letzte Aussage mag überraschen, weil die Frage nach den Möglichkeitsbedingungen zumindest für die *Weitergabe* von Leben durch den Verweis auf Fortpflanzung (mittels Zellteilung, Klonbildung, Zeugung, Empfängnis, Ausbrüten, Geburt etc.) hinreichend beantwortet zu sein scheint. Aber das täuscht. Und Menschen, die ein Kind bekommen wollen, wissen das auch. Alle Mittel und ‚Verfahren‘, die der Weitergabe des Lebens dienen (sollen), haben je für ihren Bereich zwar den Charakter *notwendiger Bedingungen*, nicht aber den *hinreichender Bedingungen*. Es muss zu der Verfügungstellung der Mittel noch ein Element des *Gelingens* hinzukommen, das für uns *unverfügbar* ist. (Auch) deshalb ist die Rede vom Kinder-Machen höchst unangemessen, die Rede vom Zeugen (d.h. für die eigene Beteiligung und Verantwortung einstehen) und von der Empfängnis (d.h. sich für das Geschehen öffnen und es annehmen) in hohem Maße passend und angemessen.

Das, was für jeden einzelnen Akt der „Weitergabe“[32] von Leben gilt, muss auch im Blick auf den Ursprung des Lebendigen überhaupt in Anschlag gebracht und reflektiert werden. Die „schlechthinnige Abhängigkeit“[33] von allem Geschaffenen, also der Welt, ist

---

den. Das gilt auch für eine Dogmatik. Isoliert von ihrem Umfeld wird sie leicht zu einer vertrockneten oder gar toten Angelegenheit." *W. Härle*, Dogmatik (de Gruyter Studium), 4. durchgesehene, erw. u. bibliographisch erg. Aufl., Berlin 2012, 3. Was ich damit an einem Phänomen aus dem Bereich geistigen Lebens verdeutliche, gilt für alles Lebend(ig)e unter endlichen Bedingungen.

[32] Ich setze den Begriff in Anführungszeichen als Erinnerung daran, dass wir über die Weitergabe von Leben nicht verfügen, sondern ‚nur‘ für die Schaffung oder Inanspruchnahme der *notwendigen* Bedingungen für die Weitergabe von Leben Sorge tragen können.

[33] *F. D. E. Schleiermacher*, Der christliche Glaube nach den Grundsätzen der evangelischen Kirche im Zusammenhange dargestellt. 2. Aufl. (1830/31). Bd. 1, hg. v. R. Schäfer (de Gruyter Texte), Berlin 2008, 32 u. 38–40 (§ 4, Leitsatz u. Abs. 4). Ich halte diesen im Anschluss an F. Delbrück von Schleiermacher geprägten Ausdruck für die bislang genaueste Beschreibung dessen, was der Inhalt religiöser Gottesbezie-

im Blick auf die Konstitution von Lebendigem _zweischichtig_[34] zu denken:[35] Die _erste_ Schicht ist die Abhängigkeit des Lebendigen von seinen _notwendigen_ Bedingungen, die durch die Evolution und im Rahmen der Evolution entstehen und zur Verfügung gestellt werden. Die _zweite_ Schicht ist die Abhängigkeit des Lebendigen von seinen _hinreichenden_ Bedingungen, über die kein endliches Wesen (und natürlich erst recht nicht das im Entstehen begriffene Lebendige selbst) verfügt.

Nun ist ‚Unverfügbarkeit' – wenn der Begriff _nicht_ im rein technischen oder logistischen Sinn definiert und gebraucht wird, so dass er die Wahrscheinlichkeit bezeichnet, ein Element oder ein System in einem funktionsfähigen Zustand anzutreffen – ein _religiöser_ Grundbegriff des christlichen Glaubens. Das gilt, obwohl dieses Substantiv, soweit wir wissen, erst im Jahr 1930 von R. Bultmann gebildet und damit in die deutsche Sprache eingeführt wurde.[36] Davor gibt es freilich schon lange den adjektivischen und adverbialen Gebrauch von ‚(un)verfügbar', und es gibt – vor allem – auch schon lange zuvor die _sachliche Einsicht_, die in diesem Begriff zum Ausdruck kommt (so z.B. in Gen 1,1; 2,7; 1 Kor 4,7).

Wenn man dagegen einwenden würde, dass das zuletzt Gesagte doch nicht nur für das Lebend(ig)e gelte, sondern für alles Geschaffene, so wäre dem zuzustimmen, ohne dass dies einen Einwand darstellte. Denn im Rahmen des Geschaffenen hat das Lebend(ig)e eine besondere Stellung und Bedeutung. Es stellt diejenige Stufe innerhalb der schöpferischen Evolution dar, durch die Geschöpfe zu selbstverursachter Eigenaktivität und damit zur Cooperatio mit dem Schöpfer fähig sind. Das Besondere dieser _Stufe_ bringt schon das Alte Testament dadurch bildhaft zum Ausdruck, dass es der verliehene _Lebensodem Gottes_ ist, der bestimmten Geschöpfen, nämlich allem Lebend(ig)e, _Leben_ verleiht (vgl. Gen 2,7; Ps 104,30; Apg 17,25) – aber auch durch Wegnahme seines Odems das Leben _entzieht_ (Ps 104,29). Wenn dem so ist, dann stellt sich – abschließend – die Frage, wie die Beziehung zwischen _Gott_ (als dem Woher unseres empfänglichen und selbsttätigen Daseins) und dem _Leben_ zu denken ist.

---

hung ist. Ihm korrespondiert als „wahrhaft ursprüngliche Bedeutung" des Wortes „Gott" das „_Woher_ unseres empfänglichen und selbsttätigen Daseins". AaO., 39. In der ersten Auflage der _Glaubenslehre_ nähert Schleiermacher sich diesem sprachlichen Ausdruck erst an, indem er von „reiner Abhängigkeit" spricht. _F. D. E. Schleiermacher_, Der christliche Glaube nach den Grundsätzen der evangelischen Kirche im Zusammenhange dargestellt (1821/22), hg. v. H. Peiter (_F. D. E. Schleiermacher_, KGA I,7,1), Berlin/New York 1980, 33 (§ 9, Abs. 4).

[34] Mit dem Begriff der „Zweischichtigkeit" hat E. Herms in seinem reichen und ertragreichen wissenschaftlichen Werk immer wieder – m.E. sehr fruchtbar – gearbeitet. Vgl. v.a. _E. Herms_, Theorie für die Praxis. Beiträge zur Theologie, München 1982 (dort die reichhaltigen Stellenangaben im Register, 390 f.). Ich übernehme diesen Begriff an dieser Stelle dankbar von ihm.

[35] Ich behaupte damit _nicht_, dass _nur_ die Konstitution von _Lebendigem_ in diesem Sinne zweischichtig zu denken ist. Es gibt auch eine Vielzahl sonstiger Phänomene, über die wir nicht verfügen, weil ihr Zustandekommen und Gebrauch auch von Bedingungen abhängen, die den Charakter von unverfügbarem _Gelingen_ haben. Es könnte sich bei genauerem Nachdenken sogar zeigen, dass dies ein Charakteristikum der gesamten geschaffenen Welt ist. Hier geht es mir lediglich um den Aufweis, dass und inwiefern das zum Ursprung und zur Konstitution des Lebendigen gehört.

[36] Vgl. dazu _W. Härle_, Rudolf Bultmanns Theologie der Unverfügbarkeit, in: C. Landmesser/A. Klein (Hg.), Rudolf Bultmann (1884–1976) – Theologe der Gegenwart. Hermeneutik – Exegese – Theologie – Philosophie, Neukirchen-Vluyn 2010, 69–86, 72–80.

3.3 Der Ursprung des Lebend(ig)en und das Leben selbst

Die in der Überschrift dieses Abschnitts implizit enthaltene Frage nach der Beziehung bzw. nach dem Verhältnis zwischen dem Ursprung des Lebend(ig)en und dem Leben selbst lässt sich nach zwei Seiten hin explizieren: einerseits als die Frage danach, wie sich der Ursprung des Lebend(ig)en zum Leben selbst verhält; andererseits als Frage danach, wie sich das Leben selbst zum Ursprung des Lebend(ig)en verhält. Beide Fragen sind nahe miteinander verwandt und berühren sich, sind aber nicht miteinander identisch. Sie sollen deswegen im Folgenden auch nacheinander behandelt werden.

(1) Fragen wir zunächst danach, wie sich das Leben zum Ursprung des Lebend(ig)en verhält, so können (und müssen) wir sagen, dass das Leben dasjenige ist, was Lebend(ig)es zu Lebend(ig)em macht, also dessen Ursprung als Lebend(ig)es ist. Und dies ist zu verstehen im Sinne einer *hinreichenden* Bedingung. Das erlaubt und erfordert die Aussage: *Leben ist der Ursprung des Lebend(ig)en.* Aber was ist damit gesagt, und grenzt das nicht an eine Tautologie? Der Sinn und die Pointe dieses Satzes werden erst deutlich, wenn man sich die in ihm implizit enthaltene *Negation* bewusst macht. Und sie heißt: Nicht Lebend(ig)es, sondern nur das Leben selbst ist der Ursprung (im Sinne der hinreichenden Bedingung) für Lebend(ig)es. Daraus folgt einerseits, dass die Frage nach dem Ursprung des Lebend(ig)en sich nicht beantworten lässt in einem finiten oder infiniten Regress auf Lebend(ig)es, sondern nur im transzendentalen Rekurs vom Lebend(ig)en auf das Leben selbst. Und daraus folgt andererseits, dass es zu Missverständnissen oder zu Nonsens (im Sinne von Kategorienfehlern) führt, wenn man vom Leben selbst als von etwas Lebend(ig)em spricht. Denn das Lebend(ig)e ist nicht das Leben, und das Leben ist nicht lebend(ig), d.h. es lebt nicht.[37]

(2) Und was heißt das für die Frage, wie sich der Ursprung des Lebend(ig)en zum Leben verhält? Die im vorigen Absatz gegebene Antwort – *Leben ist der Ursprung des Lebend(ig)en* – könnte wie ein Gleichheitssatz aufgefasst werden, der es erlaubt, eine vollständige Identifikation vorzunehmen, auf Grund deren an jeder Stelle eines Aussagenzusammenhangs der eine Ausdruck durch den anderen ersetzt werden könnte. Aber das wäre eine vorschnelle und unangemessene Gleichsetzung. Sie würde nicht mehr erlauben zu sagen: Gott als Schöpfer alles Geschaffenen ist der Ursprung des Lebend(ig)en, aber Gott ist zugleich *mehr* als das Leben. Aber diese Aussage ist nicht nur sinnvoll, sondern sie ist auch theologisch *notwendig*, wenn man nicht den Glauben an Gott durch einen Vitalismus ersetzen oder mit ihm gleichsetzen will. Um an dieser Stelle kein Missverständnis zu erzeugen, muss freilich hinzugefügt werden, dass aus dem bisher Gesagten folgt, dass Gott als der Schöpfer alles Geschaffenen nicht *weniger* sein kann als das Leben,

---

[37] Dasselbe gilt für alle Transzendentalien: Die Wahrheit selbst ist nicht wahr, die Schönheit selbst ist nicht schön, die Liebe liebt nicht, das Sein selbst ist nicht. Dabei ist der Sinn dieser Aussagen nur dann verstanden, wenn man hinzufügt: Die Wahrheit ist auch nicht unwahr, die Schönheit ist auch nicht hässlich, die Liebe hasst auch nicht, das Sein ist nicht nicht-seiend. Das heißt: Alle diese Prädikationen lassen sich nicht sinnvoll auf die Transzendentalien anwenden.

d.h. Gott umfasst es und schließt es ein,[38] aber er geht nicht darin auf. Wäre es anders, so wäre schon nicht zu verstehen, dass und inwiefern es etwas von Gott Geschaffenes geben könnte, das *nicht* lebend(ig) wäre. Das gibt es aber! Und es wäre dann ebenfalls nicht zu verstehen, dass und inwiefern Gott Leben geben *und nehmen* kann. Das tut Gott aber! Und es wäre vor allem nicht zu verstehen, dass und inwiefern Gott nicht nur Leben, sondern auch *Geist* (Joh 4,24 u. 2 Kor 3,17), *Logos/Wort/Sinn* (Joh 1,1) und *Liebe* (1 Joh 4, 8b u. 16) ist. Dabei weisen die drei letztgenannten Begriffe alle in die Richtung, in der die notwendige Erweiterung über den Lebensbegriff zu suchen ist, wenn vom Ursprung des Lebend(ig)en nicht verengend und damit unangemessen geredet werden soll: Es ist das *personale* Element, das das Leben nicht ersetzen oder verdrängen, wohl aber *umfassen*[39] muss, wenn von Gott und der geschaffenen Welt angemessen (oder vorsichtiger gesagt: weniger unangemessen) geredet werden soll.

4 Ergebnis und offene Fragen

Die Frage, die mir von den Herausgebern der vorliegenden Festschrift zur Bearbeitung aufgegeben wurde, lautet: Was ist Leben? Ich habe mich in dieser Abhandlung auf dem Weg über einen sechsfachen phänomenologischen Zugang der Definition von Leben als *Fähigkeit zur selbstverursachten Eigenaktivität (im Austausch mit seiner Umgebung)* vorgearbeitet. Dass diese *Fähigkeit* zur selbstverursachten Eigenaktivität selbst nicht das Resultat dieser Fähigkeit sein kann, sondern dass diese Fähigkeit den Charakter einer (besonderen) *Gabe* hat, bildet dann das Verbindungsglied zur Frage nach dem Ursprung des Lebend(ig)en und zu seiner theologischen Beantwortung. Dabei hat sich für mich selbst bei der Ausarbeitung erst gezeigt, dass und inwiefern dieser Zugang über den Begriff

[38] Diesen wichtigen Gedanken bringt die Bibel zum Ausdruck in dem Satz, dass Gott (und zwar als Vater und als Sohn) „das Leben hat in sich selber" (Joh 5,26). Darum ist bei Gott „die Quelle des Lebens" (Ps 36,10); denn in Gott und dem Logos „war das Leben" (Joh 1,4), und dieses „war" ist nicht prähistorisch zu verstehen. Würde man von diesen Aussagen über Gott her den obigen Definitionsversuch in Frage stellen mit der Begründung, dass ‚Fähigkeit' eine auf Gott nicht sinnvoll anwendbare Kategorie sei, so würde ich (erneut) darauf hinweisen, dass das allenfalls dann gilt, wenn man ‚Fähigkeit' als *bloße*, also als *nicht realisierte* versteht. Dann gälte von ‚Fähigkeit' und ‚Leben' dasselbe, was Luther in *De servo arbitrio* abgrenzend und kritisch gegen einen allgemeinen, formalen Allmachtsbegriff geltend macht und was er ihm entgegensetzt: „Omnipotentiam vero Dei voco, non illam potentiam, qua multa non facit quae potest, sed actualem illam, qua potenter omnia facit in omnibus, quo modo scriptura vocat eum omnipotentem." („Allmacht Gottes aber nenne ich nicht die Macht, mit der er vieles nicht tut, was er kann, sondern jene wirksame, mit der er machtvoll alles in allem tut. Auf diese Weise nennt die Schrift ihn allmächtig.") LDStA 1, 486,7–9 (487,7–10).

[39] Diese Aussage (in Verbindung mit manchen vorangegangenen) weist darauf hin, dass das Wahrheitsmoment des Pantheismus, das in der unauflöslichen, weil daseinskonstituierenden Beziehung der Welt zu Gott (nicht umgekehrt!) besteht, nicht durch den Pantheismus selbst, wohl aber durch eine pan*en*theistische Konzeption aufzunehmen und zur Geltung zu bringen ist. Das müsste freilich erst noch (bzw. erneut) ausgearbeitet werden. Es gehört für mich jedoch zu den (vielen) erfreulichen Übereinstimmungen mit E. Herms, dass ich erst kürzlich feststellen konnte, dass wir uns beide unabhängig voneinander in den zurückliegenden Jahren auf diese Einsicht zubewegt und ihr angenähert haben.

‚Leben' sowohl für das angemessene Verständnis des Schöpfers als auch des Geschaffenen der Erweiterung und Ergänzung durch personale Kategorien bedarf.

Die beiden Anschlussstellen für mögliche und sinnvolle theologische Weiterarbeit, die sich für mich daraus ergeben, sehe ich zum einen bei der Ausarbeitung der Konzeption des Panentheismus für das Gottes- und Weltverständnis, zum anderen bei der hier noch weitgehend offen bleibenden Frage, was aus der Frage ‚Was ist Leben?' für die *Lebensführung* des einzelnen Menschen und der menschlichen Gemeinschaft folgen könnte und sollte. Aber (auch) dazu hat E. Herms längst Wegweisendes gesagt und geschrieben, das nur zur Kenntnis genommen und beherzigt werden müsste.

Dorothee Schlenke

LEIDEN UND PERSONSEIN

Anmerkungen zu einem Grundthema der Theologie Dorothee Sölles

1 Einleitung

„Leiden kann man auf vielerlei Weise. Es ist eine Sache, die nur dem Menschen eigen ist."[1] In diesen ebenso schlichten wie programmatischen Sätzen, bezeichnenderweise aus dem Kontext des *Politischen Nachtgebets*, klingt ein Grundthema der Theologie D. Sölles an: *Leiden* – ein notwendig plurales Phänomen, eine für menschliches Dasein und Selbstverständnis konstitutive wie spezifische Dimension des Lebens, nicht-religiös formuliert und doch offen für religiöse Deutung. Keineswegs wendet sich Sölle mit diesen Sätzen gegen ein kontextuelles Verständnis des leidensfähigen Menschen im „weiten Zusammenhang des empfindungsfähigen Lebens"[2]. Leiden, insbesondere Mitleiden, stellt für sie vielmehr den Entdeckungszusammenhang einer sich intersubjektiv und weltbezogen konkretisierenden „Angewiesenheit" und Relationalität menschlichen Lebens dar. Die „nur dem Menschen eigen[e]" Dimension besteht dabei in einer durch Reflexivität „gesteigerten Leidensfähigkeit"[3] über den aktuellen Leidensanlass hinaus. Diese liegt begründet in der mit der reflexiven Selbstbezüglichkeit des Menschen gegebenen Unterscheidung von sich, die zur Persistenz seiner personalen Identität durch kontinuierliche „Deutungen seiner selbst und seines Lebens"[4] vermittelt werden muss. Leidenssituationen intensivieren diese Deutungsnotwendigkeiten. Leiden selbst wird so immer schon im Horizont von Deutung, *als* gedeutetes Leiden erlebt und verweist auf den notwendig intersubjektiv-lebensweltlichen Kontext der Identitätsformation leibhaften Personseins.

Für den im christlichen Sprachgebrauch zur „Schlüsselkategorie für die Beschreibung der relationalen Struktur menschlichen Lebens (coram Deo und vor anderen Menschen)"[5] und der damit gegebenen Verantwortlichkeiten avancierten Begriff der *Person* macht E. Herms drei Aspekte geltend: (1) Die *„(relative) Selbständigkeit jeder Person"* als

---

[1] D. Sölle/F. Steffensky (Hg.), Politisches Nachtgebet in Köln. Bd. 2: Texte, Analysen, Kritik, Stuttgart u.a. [1971], 92.

[2] *I. U. Dalferth*, Leiden und Böses. Vom schwierigen Umgang mit Widersinnigem, Leipzig 2006, 63. D. Sölle hat diesen Zusammenhang selbst als eine an den grundlegenden Lebensvollzügen des Menschen orientierte, partizipative *Theologie der Schöpfung* ausgearbeitet. Vgl. *Dies.*, lieben und arbeiten. Eine Theologie der Schöpfung, Stuttgart 1987[4].

[3] *I. U. Dalferth*, Leiden und Böses (s. Anm. 2), 83; zum Folgenden vgl. aaO., 85–87.

[4] AaO., 85.

[5] *E. Herms*, Art. Person IV. Dogmatisch, in: RGG[4] 6 (2003) 1123–1128, 1124. Ausführlicher hat Herms die hier skizzierten Überlegungen ausgeführt in *Ders.*, Zur Systematik des Personbegriffs in reformatorischer Tradition, in: NZSTh 50 (2007) 377–413.

„eine notwendige Bedingung des Verantwortlichseins von P[ersonen]" einschließlich ihrer Vernunftbegabung und einer „unverwechselbare[n] Identität und eindeutige[n] Identifizierbarkeit für andere" sowie die *„Relationalität des Personseins"* in einem zweifachen Sinne als (2) *„Sein von einem anderen her"* im Sinne eines konstitutiven und bleibenden „Bezogenseins"[6] auf Gott und so auf Andere(s) und schließlich (3) als *„Selbstbezüglichkeit"*, welche die Grundlage eigenverantwortlichen Wählens und Handelns darstellt und ihren „Möglichkeitsgrund" in einer „rein passiv *für* (nicht: *durch*) die P[erson] konstituierte[n] unmittelbare[n] Selbsterschlossenheit ihres Seins *als* des je durch sie selbst verantwortlich zu übernehmenden und zu bestimmenden"[7] in der unhintergehbaren Einheit „ihres Ursprungs-, Selbst- und Weltverhältnisses"[8] hat. Diese „unmittelbare Selbsterschlossenheit" der Person für sie selbst konstituiert ihr „Für-sich-sein" in seiner Unverfügbarkeit für andere als Voraussetzung ihres vermittelten „Für-andere-sein[s]"[9]. Die so entfalteten Dimensionen des *leibhaften*, d.i. des irreduzibel soziophysisch und umweltbezogenen *Personseins* sind, so die These, auch für D. Sölles Theologie und theologische Leidensdeutung grundlegend, denn: Im „extremen Leiden" werde, so Sölle, der „Grund, auf den das Leben gebaut war [Ursprungsverhältnis], das Urvertrauen in die – je und je anders vermittelte – Verlässlichkeit der Welt [Weltverhältnis]" ebenso angegriffen wie „die Zukunft, die einen Entwurf enthielt [Selbstverhältnis]"[10]. Im Folgenden sollen daher unter der Leitperspektive *Leiden und Personsein* Grundzüge der theologischen Leidensdeutung D. Sölles im Gesamtkontext ihrer Theologie rekonstruiert und in ihrer Bedeutung für gegenwärtiges Leidensverständnis gewürdigt werden.

2 Nicht-theistische[11] Theologie und Theodizeefrage

Als die beiden grundlegenden Dimensionen von Religion benennt D. Sölle das Bedürfnis des Menschen nach *Totalität* und *Identität*.[12] *Religion* stellt für Sölle den „Versuch" dar, „eine unendliche (endlich nicht widerlegbare) Bejahung des Lebens zu leben"[13], welche Erfahrungen von Begrenztheit und Negativität (Mangel, Schmerz, Leiden, Verdinglichung, Tod) ausdrücklich einschließt und gerade an ihnen Sensibilität und „Transzendenzfähigkeit" in der Ausrichtung auf Erfahrung und Stiftung von *Sinn* aufzubauen ver-

---

[6] E. *Herms*, Art. Person IV. Dogmatisch (s. Anm. 5), 1124.

[7] AaO., 1125.

[8] AaO., 1126.

[9] Ebd.

[10] D. *Sölle*, Gott und das Leiden, in: M. Welker (Hg.), Diskussion über Jürgen Moltmanns Buch „Der gekreuzigte Gott", eingel. v. M. Welker, München 1979, 111–117, 112.

[11] Die von Sölle zurückhaltender verwendete Kennzeichnung ihrer Theologie als ‚nicht-theistisch' wird hier statt des häufiger gebrauchten Ausdrucks ‚nach-theistisch' präferiert, da der damit beanspruchte Paradigmenwechsel weder so behauptet werden kann, noch eingetreten ist und auch Sölle selbst in der späteren Rezeption der lateinamerikanischen Befreiungstheologie politisch und emanzipatorisch wirksame Formen theistischer Frömmigkeit anerkennt.

[12] Vgl. D. *Sölle*, Die Hinreise: Zur religiösen Erfahrung. Texte und Überlegungen, Stuttgart 1975, 180.

[13] AaO., 172.

mag.[14] In der Perspektive dieser Ganzheitserfahrung ermöglicht Religion ein spezifisches, kontinuierliches, jeweils vorfindliche Identität und vor allem die vielfältigen Erfahrungen von Nicht-Identität transzendierendes Identitätsbewusstsein: „Dass der Mensch zum Göttlichen in Beziehung gesetzt wird, ist ja ihr [der Religion] den Selbstwert setzender Sinn, noch unabhängig davon, wie das konkret aussieht."[15] Dieses Bewusstsein, „unendlich viel wert zu sein"[16], sieht Sölle im Zusammenhang von „Ich-Stärke" und „Nähe Gottes" verbürgt, welcher „den Menschen auf eine unendliche Vergewisserung seines Daseins hinweist, die er sich selbst nicht geben kann. Ohne diese Vergewisserung des Sinnes unseres Lebens könnten wir nicht identisch leben"[17]. *Glaube(n)* als „eine immer wiederholte Bestätigung der Ich-Identität"[18] ermöglicht die selbstverantwortliche Gestaltung dieser aufgegebenen, lebensweltlich stets fragmentarisch bleibenden Identität als *Person*.[19] Zu den konstitutiven Bedingungen dieses „Personseins"[20] gehört für Sölle die *leibhafte Existenz* des Menschen. In expliziter Anknüpfung an die Leitdimension paulinischer Anthropologie[21] versteht Sölle Leib (griech. σῶμα) nicht nur als Indiz der Körperlichkeit, sondern in einem umfassenden Sinne als Verweis auf die unhintergehbare *Relationalität* menschlichen Lebens: „Existieren heißt Leiblichkeit, Gebundensein, Bedingtheit."[22] Identität realisiert sich Sölle zufolge prozesshaft, in stetem „Angewiesensein"[23] auf andere(s) außerhalb ihrer selbst. Identität ist möglich „nur als eine bestimmte – geleistete oder verweigerte – Relation, die die Identität des Ich in der Welt gründet"[24]. Diese relational gegründete „Identität des Ich in der Welt" setzt im Blick auf die Erfahrung wie Bedingung ihrer Kontinuität in der Vielfalt empirischer Bezüge, Rollen und bedrohender Nicht-Identität eine davon unabhängige intelligible Selbstvergewisserung voraus, einen „unveräußerlichen Kern [...]"[25], einen „Grund der Seele"[26], dessen metaphysische Begründung Sölle seit den Anfängen ihrer Theologie konsequent ‚nicht-' bzw. ‚nachtheistisch' zu reformulieren suchte.

Aufgrund der biographischen Berührung mit dem Nationalsozialismus und geprägt durch Theologie und Politik der Nachkriegszeit wurde die theologische Aufarbeitung von Auschwitz zu einem zentralen Thema der Theologie D. Sölles. Auschwitz – und in

---

[14] Vgl. aaO., 169–173 u. 181.

[15] AaO., 128.

[16] AaO., 127.

[17] AaO., 139. Vgl. auch aaO., 40 f.: „Die Identität wird nicht im Bereich des Sichtbaren gegründet und auch nicht im Bereich vergangener Erfahrungen, auf die wir uns zurückberufen könnten [...]. Wohl aber ist die Identität in der inneren Welt der Vergewisserung gegründet, die über das eigene Jetzt-Bewusstsein hinausgeht."

[18] AaO., 127.

[19] Vgl. aaO., 130; D. Sölle, Stellvertretung. Ein Kapitel Theologie nach dem „Tode Gottes", in: *Dies.*, Stellvertretung (*D. Sölle*, Gesammelte Werke 3), Stuttgart 2006, 9–140, 21.

[20] *D. Sölle*, Stellvertretung (s. Anm. 19), 21.

[21] Vgl. *D. Sölle*, Gott denken. Einführung in die Theologie, Stuttgart 1990, 121–124.

[22] AaO., 122.

[23] *D. Sölle*, Stellvertretung (s. Anm. 19), 39.

[24] AaO., 29.

[25] AaO., 22.

[26] *D. Sölle*, Hinreise (s. Anm. 12), 141.

anderer Weise der Vietnamkrieg – avancierten für Sölle zu Chiffren einer dehumanisierenden Gewaltherrschaft und vielfältigem damit verbundenem Leiden. In konsequenter Vermeidung antijudaistischer Motivik verfolgt die so visionierte „Theologie nach Auschwitz"[27] die Entfaltung der politisch-gesellschaftlichen Verantwortung und Gestaltungskraft des mündigen Christen, nicht zuletzt im Dienste der Leidensverringerung und -vermeidung. Auf der Grundlage daraus resultierender *ideologiekritischer Prüfung* theologischer Reflexionsmuster auf ihre ethisch-soziale Relevanz[28] entwickelt Sölle eine sich dezidiert nachaufklärerisch verstehende und die neuzeitliche Religionskritik aufnehmende Theologie mit dem Ziel der kritisch-konstruktiven Vermittlung von christlichem Glauben und säkular bestimmter Existenz. Dabei greift sie kritisch-modifizierend auf das Säkularisierungsverständnis ihres Lehrers F. Gogarten zurück, auf die Entmythologisierungsprogrammatik und existentiale Interpretation R. Bultmanns, auf D. Bonhoeffers ‚nicht-religiöse Interpretation' biblisch-theologischer Begriffe und seine christozentrische Ausrichtung der Theologie sowie in vielfachen Verweisen auf P. Tillich.[29] Sieht Sölle die nachaufklärerische Bewusstseinslage durch konsequente historische Kritik, szientifische Welterklärung und die mit Auschwitz ebenso unabweisbar wie unlösbar gewordene *Theodizeefrage* gekennzeichnet, so versteht sie diesen Befund jedoch nicht als – ein auch theologisch zu konzedierendes – „Ende der Religion überhaupt"[30], sondern im Anschluss an Nietzsche und Hegel als *Tod Gottes*[31] im Sinne der „Erfahrung vom Ende einer objektiven, allgemeinen oder subjektiven, privaten, jedenfalls aber unmittelbaren Gewissheit"[32], d.i. als „Absetzung des theistisch verstandenen Gottes"[33]. Der „naive"[34], „landläufige" Theismus, bestimmt durch die abstrakt verstandene Allmacht und Aseität Gottes sowie durch den Rekurs auf eine supranaturale „Überwelt" und „Überperson"[35], sei, so Sölle, „nicht nur weltbildlich in rationalem Sinne überholt", sondern im Blick auf faktische Leidenserfahrungen „auch existentiell schädlich"[36], da – ideologiekritisch gesehen – geforderte Leidensbewältigung und -verringerung attentistisch auf ein supranatural erwartetes Eingreifen Gottes verschoben und so die eigene politisch-ethische Passivität theolo-

---

[27] Zu Kontextualisierung, Themen und Grundlinien dieser *Theologie nach Auschwitz* vgl. die sehr instruktive Untersuchung von *M. Korte*, „Gott um Leben bitten hören jeden Tag". Zur Theologie Dorothee Sölles (Pahl-Rugenstein-Hochschulschriften Gesellschafts- und Naturwissenschaften 295), Bonn 2001, 15–49.

[28] Vgl. dazu *D. Sölle*, Politische Theologie, erw. Neuaufl., Stuttgart 1982, 16–18.

[29] Vgl. v.a. zu Sölles Aufnahme von D. Bonhoeffer und R. Bultmann *M. Korte*, „Gott um Leben bitten hören jeden Tag" (s. Anm. 27), 137–154. Zur theologiegeschichtlichen Verortung Sölles vgl. zusammenfassend *J. Rohls*, Protestantische Theologie der Neuzeit. Bd. 2: Das 20. Jahrhundert, Tübingen 1997, 655–660.

[30] *D. Sölle*, Stellvertretung (s. Anm. 19), 114.

[31] Vgl. aaO., 116. Zu Problematik und Kritik der Rede Sölles vom *Tod Gottes* und v.a. auch zu ihrer Hegel-Interpretation vgl. *S. Loersch*, Die Theologie Dorothee Sölles: Darstellung und Kritik. Ein Beitrag zur Theologiegeschichte des 20. Jahrhunderts, Diss. masch. Münster 1975, 185–223.

[32] *D. Sölle*, Stellvertretung (s. Anm. 19), 13.

[33] AaO., 131.

[34] AaO., 114.

[35] Vgl. *D. Sölle*, Das Recht ein anderer zu werden. Theologische Texte (Reihe Theologie und Politik 1/ Sammlung Luchterhand 43), Neuwied/Berlin 1971, 61–64.

[36] AaO., 63.

gisch legitimiert werde. Das „ungelöste Problem der Theodizee" stellt für Sölle deshalb „eines der schlagendsten [...] existentiellen Argumente für eine nachtheistische Konzeption"[37] dar.

Das Theodizeeproblem wird von Sölle so als „Widerspruchsproblem"[38] exponiert, als Widerspruch zwischen theistischem Bekenntnis und gegenläufiger Welt- und Selbsterfahrung, insbesondere Leidenserfahrung. Zwar ist daraus noch nicht zwingend der Schluss einer logischen Erledigung des theistischen Gottesbegriffes als solchem zu ziehen,[39] gleichwohl unterliegt auch das theistische Bekenntnis als Deutung mit intelligiblem Charakter und propositionalem Gehalt erkenntnistheoretischen Grundnormen. Als besonders problematisch gilt – von Sölle zu Recht moniert – in diesem Zusammenhang der Glaube an die Allwirksamkeit Gottes, denn der Überzeugung, dass Gott/Gottes Vorsehung in direkter und eindeutiger Weise der ursächliche Grund für alles Geschehen, auch für das Leiden verursachende Böse[40], ist, steht die Beobachtung entgegen, dass leidgenerierende Ereignisverläufe in der Regel auf natürlichen Kausalitäten, freien Entscheidungen und lebensweltlich-intersubjektiven Handlungszusammenhängen beruhen. Eine diese Bedingungen einschließende christliche Deutung der Wirklichkeit als Schöpfung und des menschlichen Lebens als einer „geschaffenen conditio humana" kann dann, wie E. Herms pointiert, „realistisch wahrnehmen, dass die uns unhintergehbar vorgegebenen Bedingungen leibhaften Personseins in leibhafter Interpersonalität, die Bedingungen für das Auftreten des Bösen sind und zugleich die Bedingungen, unter denen es überwunden werden muss"[41]. D. Sölle begründet aus diesem Befund – wiederum nicht zwingend, in der Perspektive einer *Theologie nach Auschwitz* bzw. *nach dem Tode Gottes* jedoch durchaus folgerichtig – das theologische Programm einer konsequent „diesseitigen" Reformulierung des Christentums,[42] welche sie zum einen (1) in modifizierender Aneignung der christologischen Kategorie der *Stellvertretung* entfaltet und zum andern (2) als kritisch-hermeneutische Transformation der Theologie zur *Politischen Theologie*. Beide systematischen Weichenstellungen sind zentral für Sölles theologische Leidensdeutung.

(1) Das den Menschen konstitutiv auszeichnende Bewusstsein von und Bedürfnis nach gegebene Erfüllung kontinuierlich transzendierender, auf Religion verweisender *Identität* sucht Sölle unter den skizzierten nachmetaphysischen bzw. nachtheistischen

---

[37] AaO., 65.

[38] *A. Kreiner*, Gott im Leid. Zur Stichhaltigkeit der Theodizee-Argumente (Quaestiones disputatae 168), Freiburg i.Br. 1997, 17.

[39] Auch Sölle spricht davon, dass bestimmte „Formen des Theismus" überholt seien. *Dies.*, Das Recht ein anderer zu werden (s. Anm. 35), 63. Zur Theismus-Diskussion im Anschluss an Sölle vgl. *S. Loersch*, Die Theologie Dorothee Sölles (s. Anm. 31), 223–287. E. Herms hat wiederholt auf die Notwendigkeit einer unterscheidenden und hinreichend komplexen Bestimmung des Personseins Gottes hingewiesen. Vgl. etwa *Ders.*, Zur Systematik des Personbegriffs (s. Anm. 5), 409–411.

[40] Zur Differenzierung von Leiden und Bösem im Sinne des Verständnisses von „Leiden als Ort der Erfahrung von Bösem" vgl. *I. U. Dalferth*, Leiden und Böses (s. Anm. 2), 42–89.

[41] *E. Herms*, Das Böse. Systematische Überlegungen im Horizont des christlichen Wirklichkeitsverständnisses, in: *Ders.*, Phänomene des Glaubens. Beiträge zur Fundamentaltheologie, Tübingen 2006, 347–367, 364 u. 366.

[42] Vgl. *D. Sölle*, Das Recht ein anderer zu werden (s. Anm. 35), 62.

Bedingungen unter Rekurs auf die christologische Kategorie der *Stellvertretung* als „Erfahrung Christi […], die uns zur eigenen Identität verhilft"[43], vernünftig zu entfalten. Ist unser intersubjektiver Lebenszusammenhang notwendig durch vielfältige Formen wechselseitiger *Angewiesenheit* aufeinander und *Verantwortung* füreinander gekennzeichnet, so zeigt sich Stellvertretung als „allgemeines Phänomen"[44] darin, dass – entgegen spätmodernen Tendenzen der Verdinglichung, Entfremdung und Austauschbarkeit des Individuums – dem Vertretenen im Bewusstsein „für den unendlichen, nicht verrechenbaren Wert des Subjekts"[45] seine Stelle offen gehalten und so seine gegenwärtige und zukünftige Identität ermöglicht wird: „Identität erweist sich als Angewiesensein."[46] Stellvertretung bewahrt die Unersetzlichkeit des Vertretenen und ermöglicht die Vermittlung erlebter Nicht-Identität zur differenzvermittelten Einheit von Identität und Nicht-Identität. Zentral erfahren wird dieser Zusammenhang in der *Liebe*.[47] Ausgehend von diesem Vorverständnis entwickelt Sölle einen Begriff von Stellvertretung als Identität ermöglichendes „vorläufiges Eintreten von Personen für Personen" mit den leibhaftes Personsein wahrenden Strukturmomenten Personalität (Unersetzlichkeit) und Zeitlichkeit (dialektische Einheit von Angewiesenheit und Verantwortung).[48]

Stellvertretung in diesem Sinne sieht Sölle exemplarisch im Christentum realisiert, ja „radikalisiert"[49], indem Stellvertretung hier „zum wirksamen und mächtigen Grundereignis des Daseins erklärt"[50] wird, das durch die konkrete Person Jesu (Historizität/Zeitlichkeit) und zugleich durch den wirkungsgeschichtlich vermittelten und sozialethisch bezogenen „Christus"[51] entgrenzend für alle geleistet wird und zwar in einer charakteristischen Doppelheit. So gilt einerseits: „Christus vertritt uns vor Gott"[52]. Die damit anvisierte soteriologische Bedeutung Jesu für das Menschsein des Menschen versteht Sölle so, dass in der Existenz Jesu durch seine „Identifikation" mit dem Menschen, d.i. in der von ihm gelebten unbedingten Annahme und Liebe, die Identität des Menschen „vorlaufend" anschaulich wird, so dass auch erlebte Nicht-Identität, bspw. im Leiden, sich ihrer selbst daran innewerden kann.[53] Der von Jesus so übernommenen *Verantwortung* für andere korrespondiert seine *Angewiesenheit*, seine „Abhängigkeit" vom intersubjektiven Lebenszusammenhang, die zugleich „die Bedingung seines Leidens"[54] darstellt, eines rückhaltlosen Leidens als Konsequenz der Liebe bis in den Tod am Kreuz, ver-

---

[43] *D. Sölle*, Stellvertretung (s. Anm. 19), 11.

[44] AaO., 16.

[45] AaO., 39.

[46] Ebd.

[47] Vgl. aaO., 39–41.

[48] Vgl. aaO., 21 u. 45–51.

[49] AaO., 52.

[50] Ebd.

[51] Zu dieser umstrittenen Differenzierung zwischen dem historischen Jesus und „Christus", die von Sölle allerdings nicht strikt durchgehalten wird, vgl. *D. Sölle*, Phantasie und Gehorsam. Überlegungen zu einer künftigen christlichen Ethik, Stuttgart 1974[6], 7 f.

[52] Vgl. *D. Sölle*, Stellvertretung (s. Anm. 19), 92–113.

[53] Vgl. aaO., 92.

[54] AaO., 107.

standen als „Identifikation" Jesu „mit den Ängsten und Leiden derer, die Gott verlassen hat"[55]. Stellvertretung entschlüsselt sich so in ihrem soteriologischen Grundsinn als „die übernommene Differenz – von Identität und Nichtidentität, von Heimat und Selbstentfremdung, von ‚Gott' und Welt"[56]. Inwiefern solche Stellvertretung *vor Gott* erfolgt, sucht Sölle zum einen durch Rekurs auf ihre Unbedingtheits- und Radikalitätsdimension deutlich zu machen, zum andern – und hier changiert ihre Position durchgehend und für ihre theologische Leidensdeutung signifikant – durch eine zwar nicht theistisch ausgewiesene, gleichwohl aber die programmatische Diesseitigkeit überschreitende Inanspruchnahme transzendenter Ermöglichung: „Das in ihm [Gott] Gewusste, in ihm Gerettete, unsere Identität, die hier nicht ist, aus der wir aber die Kraft einer sich klarer bestimmenden Negation des faktisch Gegebenen haben, ist in Christus symbolisiert."[57] In diesem Sinne kommt die zweite Dimension der Stellvertretung zur Geltung: „Christus vertritt Gott bei uns."[58] Der „tote Gott" wird als „abwesender Gott" für den Menschen nur in Christus erfahrbar[59], und zwar als in der Welt ohnmächtiger Gott, denn Christus hat „lehrend, lebend und sterbend die Ohnmacht Gottes in der Welt als das Leiden der nichts ausrichtenden Liebe dargestellt"[60]. Die Identität ermöglichende, dialektische Einheit von Angewiesenheit und Verantwortung möchte Sölle nun nicht einseitig jeweils auf Gottes- bzw. Christusbeziehung und Weltverhältnis verrechnet wissen, sondern auch Christus – und über ihn vermittelt Gott – sind auf die Zustimmung des Menschen, d.h. auf *Glauben* angewiesen.[61] Glauben ist so das an der Liebe und so am konstruktiv-sensiblen Umgang mit Leiden ausgerichtete „Leben im Entwurf Christi"[62], d.i. *Nachfolge*.

(2) Die Relationalität leibhaften Personseins, im Gedanken der Stellvertretung als anthropologischer Grundstruktur durch die Momente der Angewiesenheit und Verantwortung entfaltet, bedarf zu ihrer Realisierung in authentischer Lebensführung entsprechender gesellschaftlich-politischer Rahmenbedingungen. Der Theologie entsteht im Blick auf diese Bedingungen folglich die Aufgabe der ideologiekritischen Prüfung theologischer Äußerungen auf ihre zumeist unbewussten gesellschaftlichen Implikationen hin. Im Kontext der öffentlichen politischen Kontroversen der 1960er/1970er Jahre (Studentenbewegung, Vietnamkrieg) und in modifizierender Aufnahme der existenzialen Theologie Bultmanns[63] hat Sölle ihre *Politische Theologie* (1971) als „theologische Herme-

---

[55] AaO., 110.

[56] AaO., 85.

[57] AaO.,111; *Dies.*, Phantasie und Gehorsam (s. Anm. 51), 70: Gott war „in Jesu Leben die Ermöglichung dessen, dass ein Mensch ‚ich' sagt".

[58] Vgl. D. *Sölle*, Stellvertretung (s. Anm. 19), 113–141.

[59] Vgl. aaO., 124.

[60] AaO., 132.

[61] Vgl. aaO., 125.

[62] *D. Sölle*, Das Recht ein anderer zu werden (s. Anm. 35), 57.

[63] Vgl. *D. Sölle*, Politische Theologie (s. Anm. 28), 11–59; vgl. dazu auch *H. Peukert*, Existenziale Theologie – Politische Theologie – Befreiungstheologie. Frühe Stationen der Theologie Dorothee Sölles, in: H. Kuhlmann (Hg.), Eher eine Kunst als eine Wissenschaft. Resonanzen der Theologie Dorothee Sölles, Stuttgart 2007, 176–192. Die provozierende Aktualität der politischen Theologie Sölles dokumentiert der

neutik" konzipiert, in welcher „Politik als der umfassende und entscheidende Raum, in dem die christliche Wahrheit zur Praxis werden soll, verstanden wird". [64] Als Zielorientierung dieser *Politischen Theologie* fungiert „die Frage eines authentischen Lebens für alle Menschen" (Gerechtigkeit, Befreiung, Reich Gottes), als Grundlagen in methodischer Hinsicht die Ideologiekritik, in soziologischer die Überzeugung von der „prinzipielle[n] Durchschaubarkeit" gesellschaftlicher Zustände und ihrer damit eröffneten „potentielle[n] Veränderbarkeit"[65] sowie in theologischer Perspektive ein „nicht-perfektionistisches Verständnis des Glaubens", welches die „zukünftig ermöglichte Praxis" als entscheidendes „Verifikationskriterium" theologischer Aussagen ansieht.[66] Die Liebe als das am „Entwurf Christi" orientierte Handeln (Nachfolge) ist daher nach Sölle kein „Sekundäreffekt"[67] des Glaubens, sondern sein integrales Moment als einer sich notwendig politisch konkretisierenden Existenzbewegung. Insofern wendet sich Sölle dezidiert gegen ein individualistisch verkürztes, „entpolitisiertes Sündenverständnis"[68]. Sünde ist vielmehr das in seiner politisch-gesellschaftlichen Bedingtheit zu verstehende „Gegenteil der gelebten Wahrheit Christi"[69], welches dem Einzelnen die Einsicht in seine Verantwortlichkeit, Freiheit und Schuldfähigkeit verstellt und insbesondere zur Unfähigkeit der Wahrnehmung des Leidens anderer führt. Die dogmatische Erbsündenlehre nimmt Sölle in diesem Zusammenhang so auf, dass auch das politisch aufgeklärte Sündenbewusstsein „Zwang und Freiheit in einem" enthält: Zwang im Sinne des „Erbe[s] der vorgefundenen Welt" als überindividuell vorlaufende Schuldzusammenhänge, und Freiheit im Sinne der „Sünde der Anpassung an sie" als freie Entscheidung zu Leid generierender „Kollaboration" mit dem strukturell begründeten Unrecht oder Leid vergleichgültigender „Apathie" demselben gegenüber.[70] Sünde entschlüsselt sich so in der programmatischen Formel Sölles als „Mangel an weltverändernder Liebe"[71].

Politische Theologie, christozentrische Begründung und die konsequente Zurückweisung der klassischen Theodizeefrage im Rahmen einer nicht-theistischen *Theologie nach Auschwitz* bilden so die entscheidenden Parameter für D. Sölles Wahrnehmung und Deutung des Leidens im Fokus leibhaften Personseins.

Sammelband: H.-M. Gutmann u.a. (Hg.), Poesie, Prophetie, Power. Dorothee Sölle – die bleibende Provokation, Berlin 2013.

[64] Vgl. *D. Sölle*, Politische Theologie (s. Anm. 28), 64 f.

[65] AaO., 66.

[66] Vgl. aaO., 81 f.

[67] AaO., 85.

[68] AaO., 89.

[69] AaO., 87.

[70] Vgl. aaO., 92; zur politischen Interpretation der Sünde im Zusammenhang vgl. aaO., 87–96.

[71] Zit. nach *M. Korte*, „Gott um Leben bitten hören jeden Tag" (s. Anm. 27), 60, hier: Anm. 42.

3 Leiden: Verständnis, Deutung und Versuche der Bewältigung

3.1 Kontextuelles Leidensverständnis

Unter Aufnahme des von S. Weil profilierten Begriffs „Unglück"[72] und im Unterschied zu einem abgrenzbaren Schmerzempfinden definiert Sölle *Leiden* als ein alle Dimensionen leibhaften Personseins – physisch, psychisch und sozial – in bestimmter Dauer und Tiefe umfassendes und auch bedrohendes Erleben. Konstitutiv für dieses Verständnis von Leiden ist die Einheit der aufgewiesenen „Mehrdimensionalität als Verwurzelung des Leidens im physischen und sozialen Leib des Menschen"[73]. Sölles Beharren auf dem einheitlichen Zusammenhang dieser differenzierten Leidensdimensionen beruht vor dem Hintergrund ihrer *Politischen Theologie* (vgl. Abschnitt 2 (2)) darauf, dass sie zwar grundsätzlich zwischen „gesellschaftlich verursachtem" und „natürlichem Leid" (Alter, Krankheit, Tod) unterscheidet, letztlich aber jedes natürliche Leid als immer auch „gesellschaftlich vermittelt" sieht.[74] Das *Politische Nachtgebet* als exemplarischer Anwendungsfall der Politischen Theologie Sölles verfolgt daher die programmatische Aufgabenbestimmung „zu zeigen, wie die Gesellschaft das Gewicht dieses natürlichen Leidens noch drückender machen, wie sie Bewältigungsmöglichkeiten und Humanisierungschancen, die in jedem Leiden stecken, vereiteln kann"[75]. Zweitens liegt die notwendige Einheit mehrdimensionalen Leidens in der Einheit des erlebenden Subjekts, in seinem durch das Leiden angetasteten Identitätsbewusstsein und fortgehendem Identitätsbedürfnis begründet. Diese angetastete Selbsterfahrung im Leiden formuliert Sölle soziologisch als *Entfremdung von sich selbst*, die sich als Erfahrung von „Machtlosigkeit", d.i. von Einflusslosigkeit des eigenen Verhaltens auf die Leidenssituation (Ohnmachtsbewusstsein) und als Erfahrung von „Bedeutungslosigkeit" der eigenen Entscheidungen, d.i. als Orientierungslosigkeit, manifestiert. Beide Grunderfahrungen können über die aktuale Leidenssituation hinaus die Identität/Personsein ermöglichende Relationalität menschlichen Lebens bedrohen, zum Rückzug aus Beziehungen führen und so die Leidenserfahrung als „Verhältnislosigkeit" bis in den so verstandenen Tod intensivieren.[76]

Aus diesem Verständnis von Leiden entwickelt Sölle zwei grundlegende Fragestellungen, die sie in ihrer programmatischen Publikation *Leiden* (1973) zu beantworten sucht: (1) „Die moderne gesellschaftskritische, nach außen bezogene Frage" nach den Ursachen des Leidens und ihrer Aufhebung sowie (2) „die traditionelle, auf das Individuum bezogene, nach innen gestellte Frage" nach Sinn und Humanisierungschancen des Lei-

---

[72] Vgl. *S. Weil*, Das Unglück und die Gottesliebe, mit einer Einf. v. T. S. Eliot, deutsche Übers. v. F. Kemp, München 1953, 110–134; zum Folgenden vgl. *D. Sölle*, Leiden (Themen der Theologie Ergbd. [1]), Stuttgart 1973, 21–26.

[73] *D. Sölle*, Leiden (s. Anm. 72), 25.

[74] Vgl. D. Sölle/F. Steffensky (Hg.), Politisches Nachtgebet (s. Anm. 1), 98.

[75] AaO., 98 f.

[76] *D. Sölle*, Leiden (s. Anm. 72), 19 f.; Sölle verweist in diesem Zusammenhang auf *E. Jüngel*, Tod (Themen der Theologie 8), Stuttgart 1971, dort etwa 163: „Angst vor dem Tod ist Angst vor Verhältnislosigkeit."

dens.[77] Beide Fragen, die politisch-gesellschaftliche nach dem „Subjekt der Veränderung" und die identitätsbezogene nach der „Subjektivität der Veränderer" können nur bezogen aufeinander beantwortet werden; theologischer Reflexion und Sprachgestalt entsteht damit die Aufgabe einer grundlegenden Übersetzungsarbeit.[78] Entscheidende Bedingung einer adäquaten Wahrnehmung des Leidens als ihrerseits konstitutiven Voraussetzung seiner individuellen wie gesellschaftlichen Bewältigung ist für Sölle die Empathie mit den Leidenden, eine durchgehende „Sensibilität für den Menschen"[79] in seinem leibhaften Personsein: „Alle Hilfe für Leidende braucht diese Synchronisation, dieses Gleichzeitig-werden; andernfalls bleibt sie überlegene Caritas, die sich von oben herabneigt."[80]

Folgerichtig wendet sich Sölle gegen jede Form von *Apathie*, die sie als einen „gesamt-gesellschaftlichen Zustand [...] der leidensunfähigen Teilnahmslosigkeit"[81] in hochin-dustrialisierten Gesellschaften versteht, gekennzeichnet durch kulturell affirmierte Stra-tegien grundsätzlicher Leidvermeidung und konkreter Leidverdrängung mit dem Effekt einer folgenreichen „Desensibilisierung" gegenüber dem eigenen und erst recht dem fremden Leiden bis hin zu einer „politischen Apathie" im Blick auf Auschwitz und Viet-nam.[82] Die altkirchliche Vorstellung eines apathischen, nicht-leidenden Gottes sieht Sölle in diesem Zusammenhang ebenso kritisch wie das christlich überkommene „Ohnmacht-Allmacht-Schema"[83], das in der Verklärung menschlicher Leidensbereitschaft zu einem „christlichen Masochismus" degeneriere, als dessen Kehrseite ein allmächtig ferner, „sa-distischer Gott" erscheine, der zum leidenden Menschen ausschließlich pädagogisch, via Strafe, Prüfung und Züchtigung, in Beziehung trete.[84] Politische Apathie und so profi-lierter „repressiver Theismus" kommen nach Sölle darin überein, dass sie die leidgenerie-renden politisch-gesellschaftlichen Bedingungen affirmieren, ja irrationalisieren und fata-lisieren. Demgegenüber geht Sölle von der erklärten Voraussetzung aus, dass „die Auf-hebung der Zustände, in denen Menschen durch Mangel und Herrschaft zum Leiden gezwungen werden, das einzig human denkbare Ziel ist"[85].

In diesem Sinne kann ihre theologische Leidensdeutung ihrer Intention nach als *Theo-dizee in praktischer Perspektive* bezeichnet werden.[86] Zwar spricht Sölle von der Unlösbar-keit des Theodizeeproblems unter traditionell theistischen Bedingungen und möchte

---

[77] Vgl. *D. Sölle*, Leiden (s. Anm. 72), 11.

[78] Vgl. aaO., 10 u. 13–15.

[79] Dies hat H. Lämmermann-Kuhn als Grundmotiv der Theologie Sölles herausgearbeitet. Vgl. *Dies.*, Sensibilität für den Menschen. Theologie und Anthropologie bei Dorothee Sölle (Würzburger Studien zur Fundamentaltheologie 4), Frankfurt a. M. 1988.

[80] *D. Sölle*, Leiden (s. Anm. 72), 24.

[81] AaO., 49. Sölle bezieht sich hier auf *L. Kolakowski*, Die Gegenwärtigkeit des Mythos (Serie Piper 49), München 1984³, 106–117.

[82] Vgl. dazu im Einzelnen *D. Sölle*, Leiden (s. Anm. 72), 49–65.

[83] AaO., 27.

[84] Vgl. aaO., 26–36.

[85] AaO., 8.

[86] Zur Typisierung der Lösungsversuche des Theodizeeproblems vgl. *A. Kreiner*, Gott im Leid (s. Anm. 38); zur praktisch orientierten Theodizee im Besonderen siehe aaO., 36–44 u. 191–206.

„die Theodizeefrage als falsche Frage überwinden"[87], gleichwohl stellt sie sich der mit der Theodizeefrage aufgeworfenen Notwendigkeit einer theologischen, begrifflich-deutenden Integration der Leiderfahrung. Entscheidend ist in diesem Zusammenhang, wie A. Kreiner zu Recht hervorhebt,[88] dass und wie die Unverzichtbarkeit des theologischen Rekurses, letztlich die Unverzichtbarkeit des Gottesbegriffes, für die praktische Leidensüberwindung und -bewältigung in der anvisierten Praxis solidarischen Handelns begründet wird. Diesem Anspruch sucht Sölle durch eine „voraussetzungslose" Entfaltung christlichen Leidensverständnisses gerecht zu werden, die gleichwohl das allgemein-anthropologische Bedürfnis des Menschen nach transzendierender Sinn- bzw. Identitätssuche und nach Trost im Leiden christlich perspektiviert,[89] ohne die Leidenden, insbesondere die unschuldig Leidenden, „theistisch [zu] verrechnen" noch sie einer „trostlose[n] atheistischen Banalität"[90] anheimzugeben. Um der skizzierten Vieldimensionalität des Leidens zu entsprechen, greift Sölle – wie auch sonst für ihre Theologie kennzeichnend – auf eine Vielfalt sprachlicher, inklusive religiös-symbolischer Ausdrucksformen zurück. Insbesondere im biblischen Sprachgebrauch, vorzüglich in den Klagepsalmen, sieht sie der phänomenalen Komplexität des Leidens Rechnung getragen,[91] deren inhaltlichen Bezugspunkt aus christlicher Sicht die Passion Jesu darstellt.

3.2 Theologische Leidensdeutung

Entsprechend ihrer identitätsbezogenen Aneignung der christologischen Kategorie der *Stellvertretung* durch die anthropologischen Strukturmerkmale *Angewiesenheit* und *Verantwortung* versteht Sölle *Passion und Kreuz Christi* als die „genaueste Interpretation der menschlichen Existenz, die ich kenne", in dem präzisen Sinne, dass hier „die bedingungslose Liebe zum anderen Menschen, die zur Hingabe des eigenen Lebens führt, als der einzige Sinn der Existenz"[92] zum Ausdruck kommt. Vor dem Hintergrund des realpolitischen Sinns des Kreuzes als Machtinstrument des Römischen Reiches[93] deutet Sölle Passion und Kreuz Christi gleichermaßen als Ausdruck der subversiv revolutionären Kraft der Liebe wie ihres faktischen Scheiterns in der Welt: „De facto kommt die Liebe ans Kreuz."[94] Im Gewahrwerden dieser Konsequenz liegt für Sölle die „entscheidende Wendung" in der Passionsgeschichte Jesu, nämlich „die Wendung von der Bitte, verschont zu bleiben [Gethsemane], zu dem verzweifelt klaren Bewusstsein, es nicht zu

---

[87] *D. Sölle*, Es muss doch mehr als alles geben. Nachdenken über Gott, Hamburg 1992, 82.

[88] Vgl. *A. Kreiner*, Gott im Leid (s. Anm. 38), 196 f.

[89] Vgl. *D. Sölle*, Leiden (s. Anm. 72), 13.

[90] *D. Sölle*, Das Recht ein anderer zu werden (s. Anm. 35), 59. Zur „Banalität" des Atheismus in diesem Sinne vgl. auch *Dies.*, Leiden (s. Anm. 72), 173–178.

[91] Vgl. *D. Sölle*, Leiden (s. Anm. 72), 24 f.

[92] *D. Sölle*, Atheistisch an Gott glauben. Beiträge zur Theologie, Olten 1968, 88.

[93] So Sölle unter Rekurs auf das befreiungstheologische Verständnis des Kreuzes. Vgl. *Dies.*, Gott denken (s. Anm. 21), 163 f. Sölle verweist in diesem Zusammenhang auf *L. Schottroff*, Historische Information zum Kreuz, in: Dies. u.a. (Hg.), Das Kreuz: Baum des Lebens, Stuttgart 1987, 9–15, 10 f.

[94] *D. Sölle*, Leiden (s. Anm. 72), 200.

werden [Golgatha]"[95]. In der Konsequenz dieser freiwilligen Leidensübernahme Jesu, theologisch: der Willenseinheit Jesu mit dem Vater, interpretiert Sölle die *Auferstehung* als den Ausdruck dieser „unzerstörbare[n] Einheit der Liebe" über den Tod hinaus.[96] Passion, Kreuz und Auferstehung versteht Sölle strikt *inklusiv* im Sinne „wiederholbarer"[97] und verallgemeinerbarer Erfahrungen, aus welchen Passion und Auferstehung Christi allererst verstehbar werden. Erst in der Wahrnehmung des „gegenwärtige[n] Weitersterben[s] Jesu"[98], „erst an den gekreuzigten Nächsten"[99] wird der Sinn des Sterbens Christi deutlich. Auch die Auferstehung ist „kein Sonderprivileg"[100] Jesu, sondern ihre Bedeutung erschließt sich aus dem Bedürfnis der „Utopie eines besseren Lebens"[101], aus der Hoffnung auf die „gewonnene Identität aller"[102], die nach Sölle überall dort real wird, wo Menschen gemeinsam „im Entwurf Christi" leben.

Die Offenbarung Gottes in Christus (Inkarnation) kann Sölle so in Übereinstimmung mit der traditionellen Wesensbestimmung Gottes als *Liebe* im Sinne der Gewissheit einer alle Erfahrungen des Lebens, einschließlich des Leidens, bis zum Tod umfassenden, „unbegrenzte[n] Liebe zur Wirklichkeit"[103] entfalten. Die exponierten Grunddimensionen der Religion, Identität und Totalität (vgl. Abschnitt 2), werden damit von Sölle christologisch eingeholt; die Phänomenalität der Liebe stellt die systematische Grundlage einer konsequent diesseitigen Reformulierung des Christentums dar im Sinne des Versuchs, „den Satz, dass Gott Liebe sei, vollständig zu denken"[104]. Indem Liebe auf der Basis unbedingter Annahme jede gegebene Erfüllung zugleich kontinuierlich transzendiert, bildet sie jene Erfahrung von *Transzendenz in der Immanenz,* die Sölle als prozesshaften Begriff Gottes formuliert – zunächst in Anlehnung an ihren theologischen Lehrer H. Braun in der bekannten Formulierung: „Gott ist in dem, was zwischen Menschen geschieht"[105], dann unter Bezugnahme auf M. Bubers dialogischen Personalismus und die befreiungs- wie feministisch-theologisch bedeutsame Kategorie der *Beziehung* in der Rede vom Sich-Ereignen Gottes „als die gegenseitige, sinngewisse, handelnd gelebte Beziehung zum Leben"[106]. Sölle wendet die *Theodizeeproblematik* damit ethisch, denn die theistische Verschiebung käme ihrer Ansicht nach einem „Alibi der verweigerten Liebe", einem „Verzicht auf die Macht der Liebe" gleich.[107] Die sich im Leiden artikulierende *Angewiesenheit* des leidenden Anderen wird in der empathischen Wahrnehmung zum Appell an die eigene *Verantwortung,* leidgenerierende politisch-gesellschaftliche Bedingungen zu

---

[95] AaO., 180.
[96] Vgl. *D. Sölle,* Gott denken (s. Anm. 21), 172 f.
[97] *D. Sölle,* Gott und das Leiden (s. Anm. 10), 116.
[98] *D. Sölle,* Leiden (s. Anm. 72), 172.
[99] *D. Sölle,* Das Recht ein anderer zu werden (s. Anm. 35), 76.
[100] *D. Sölle,* Leiden (s. Anm. 72), 184.
[101] AaO., 203.
[102] *D. Sölle,* Stellvertretung (s. Anm. 19), 110.
[103] *D. Sölle,* Leiden (s. Anm. 72), 116.
[104] *D. Sölle,* Das Recht ein anderer zu werden (s. Anm. 35), 65.
[105] AaO., 65 f.
[106] *D. Sölle,* Gott denken (s. Anm. 21), 242.
[107] Vgl. *D. Sölle,* Das Recht ein anderer zu werden (s. Anm. 35), 67.

bekämpfen, zu verändern und durch Strategien der Leidbewältigung (vgl. Abschnitt 3.3) die individuelle, sinndeutende Annahme und Integration von Leiderfahrungen zu befördern. Beide Dimensionen dieser dialektischen Einheit von Angewiesenheit und Verantwortung dienen der Wahrung des Personseins der Beteiligten, der Person des verantwortlich Handelnden, der im Leidenden stellvertretend die eigene Angewiesenheit erkennt, und der Person des Leidenden, der sich in der stellvertretend wahrgenommenen Verantwortung des Handelnden zu verantwortlichem Umgang mit dem eigenen Leiden ermutigt sieht. Sölle gelangt so zu einer Definition von Leiden, die über ein passives Erleiden hinausgeht und eine „Sensibilität für andere, die zum Handeln führt"[108], bezeichnet.

Allerdings sieht Sölle auch deutlich die Grenzen einer solchen ethisch gewendeten *Theodizee* im Blick auf das Leiden Unschuldiger, insbesondere unschuldig leidender Kinder (Auschwitz). Zwar kann extern, vom Schuldgedanken aus, eine gegenwärtige und zukünftige Verantwortung für die Nicht-Wiederholbarkeit leidgenerierender Ereignisse namhaft gemacht werden, aber, so Sölles Eingeständnis: „[D]as ist ein sehr geringer Trost, vor allem für die, die eben die Chance, ein Mensch zu werden, nicht gehabt haben."[109] Unter nicht-metaphysischen, nach-theistischen Bedingungen sind die Lösungen der Tradition – etwa die im Credo bewahrte Vorstellung von der Heilspredigt Christi in der Hölle („hinabgestiegen in das Reich des Todes") als Ausdruck der Universalität des durch Kreuz und Auferstehung vermittelten Heils[110] und der grundsätzliche Verweis auf das ewige Leben für alle[111] – für Sölle nicht akzeptabel. Gleichwohl bleibt für sie die damit hinterlassene Frage nach dem Trost und der Heilsteilhabe der extrem Leidenden und auch der Toten relevant.

Die einzig mögliche Antwort auf diese Frage sieht Sölle im Gedanken des leidensfähigen, *mitleidenden Gottes*, der kreuzestheologisch konsequent als Liebe, aber eben nicht als Allmacht gedacht wird,[112] insofern – wie am Leben und Handeln Jesu deutlich – Leidens- und Ohnmachtserfahrungen die faktische Konsequenz gelebter Liebe darstellen, freiwillige Leidensübernahme um der Liebe willen geschieht und die Liebe aller leidgenerierenden Macht diametral entgegengesetzt ist.[113] Für Sölle liegt die Vorstellung vom Mitleiden und der Ohnmacht Gottes nicht nur in der Konsequenz der christozentrischen Grundlegung ihrer Theologie, sondern sie erwächst ihr auch als notwendige Antithese zur faschistischen Machtüberhöhung und als Ausdruck theologischer Unmöglichkeit wie

---

[108] *D. Sölle*, Atheistisch an Gott glauben (s. Anm. 92), 102.

[109] *D. Sölle*, Das Recht ein anderer zu werden (s. Anm. 35), 74.

[110] Zum Verständnis dieser Formel von der Höllenfahrt Christi im Kontext des apostolischen Glaubensbekenntnisses vgl. im Einzelnen *W. Pannenberg*, Das Glaubensbekenntnis. Ausgelegt und verantwortet vor den Fragen der Gegenwart (GTB 1292), 6. überarb. Aufl., Gütersloh 1995, 99–104.

[111] Vgl. *D. Sölle*, Das Recht ein anderer zu werden (s. Anm. 35), 73.

[112] Vgl. programmatisch *D. Sölle*, Es muss doch mehr als alles geben (s. Anm. 87), 81 f.

[113] Diese Position teilt Sölle grundsätzlich mit Vertretern der jüdischen Theologie im Kontext des Holocaust (E. Wiesel, A. Heschel, H. Jonas), mit der Prozesstheologie sowie – in etwas anderer Akzentuierung – mit der lateinamerikanischen und feministischen Befreiungstheologie, vor allem aber mit D. Bonhoeffer. Vgl. zu Bonhoeffer *M. Korte*, „Gott um Leben bitten hören jeden Tag" (s. Anm. 27), 40 f. u. 143 f.

humaner Unerträglichkeit der Allmachtsvorstellung im Kontext einer *Theologie nach Auschwitz* (vgl. Abschnitt 2). Dem ist kritisch entgegenzuhalten, dass allein die Gewissheit des Mitleidens und der Ohnmacht Gottes im Kreuzestod Christi weder den anvisierten Trost noch die individuelle Sinndeutung des Leidens noch die Kraft des kritischen Engagements gegen leidgenerierende Verhältnisse freizusetzen vermag; sie scheint vielmehr erfahrene Ohnmacht und erlittene Machtlosigkeit zu verdoppeln und so die Auferstehungshoffnung durch die Kreuzeserfahrung zu überblenden. Zwar spricht Sölle auch von der „Macht der Liebe"[114], von der Ermutigung Christi zur „Macht von unten"[115] und der kritischen Kraft kontextsensibler „Phantasie"[116]. Die abstrakte Entgegensetzung von realer, politischer Macht und Liebe innerhalb dieser, wie Sölle im Rückblick erklärt, „ohnmachtsbestimmten Position"[117] ihrer *Theologie nach Auschwitz* revidiert sie jedoch erst im Zuge ihrer Aneignung der lateinamerikanischen und feministischen Befreiungstheologie mit der Intention, „die Auferstehung Christi und unser Herauskommen aus dem Tod als Partizipation an Gottes Macht zu denken"[118]. Auf der Grundlage einer erklärten Synthese von Befreiungs- und Schöpfungstradition[119] und in der Gewissheit des Gutseins der Schöpfung[120] versteht Sölle nun die *Macht Gottes* als „gute", partizipative Macht, als „Lebensmacht"[121], als „empowerment"[122], das den zum „Mitschöpfer"[123] avancierten, gottebenbildlichen Menschen ermächtigt, durch ein „Leben im Entwurf Christi" die Schöpfung zu bewahren und die Realisierung eines befreiten Leben in Gerechtigkeit für alle (Reich Gottes) zu befördern.[124] Im Schmerz, im Mitleiden Gottes ist daher nach Sölle immer jene schöpferische, Befreiung und Leben ermöglichende Macht Gottes mitgesetzt, wie sie im Geburtsschmerz und in der produktiven Kraft freiwillig übernommenen Leidens, das Sölle durch vielfältige Beispiele (D. Bonhoeffer, M. L. King, S. Weil u.a.) illustriert, erfahrbar wird[125]: „Aber um wirklich mit dem Leiden umzugehen, brauchen wir die theologische Hoffnung, die unsere Schmerzen mit Gottes Schmerz verknüpft."[126] Für den Einzelnen artikuliert sich diese kontrafaktische Sinnvergewisserung, dieser subjektiv Zukunft ermöglichende Trost als *Paradox*: „Gott muss auch im Elend für den Menschen gedacht werden, die Wahrheit auch der jetzt nichts ausrichtenden Liebe bleibt darin gewiss."[127]

---

[114] *D. Sölle*, Das Recht ein anderer zu werden (s. Anm. 35), 67.

[115] AaO., 14.

[116] *D. Sölle*, Phantasie und Gehorsam (s. Anm. 51), 56–65.

[117] *D. Sölle*, Gott denken (s. Anm. 21), 247. Vgl. auch *Dies.*, Politische Theologie (s. Anm. 28), 93.

[118] *D. Sölle*, Gott denken (s. Anm. 21), 244 f.

[119] Vgl. *D. Sölle*, lieben und arbeiten (s. Anm. 2), 24.

[120] Vgl. *D. Sölle*, Gott denken (s. Anm. 21), 62.

[121] AaO., 245.

[122] *D. Sölle*, Art. Leiden, in: E. Gössmann u.a. (Hg.), Wörterbuch der Feministischen Theologie, 2. vollst. überarb. u. grundlegend erw. Aufl., Gütersloh 2002, 370–372, 371.

[123] *D. Sölle*, lieben und arbeiten (s. Anm. 2), 212.

[124] Vgl. dazu auch *M. Korte*, „Gott um Leben bitten hören jeden Tag" (s. Anm. 27), 88–90 u. 97–99.

[125] Vgl. dazu *D. Sölle*, Es muss doch mehr als alles geben (s. Anm. 87), 91–104.

[126] AaO., 103.

[127] *D. Sölle*, Leiden (s. Anm. 72), 202.

In Anbetracht dieser Überlegungen wird man Sölles ethisch gewendeter *Theodizee in praktischer Absicht* kaum den Vorwurf machen können, dass hier unter Berufung auf den Primat solidarisch-befreiender Praxis entscheidende Probleme und einschlägige Fragestellungen der Theodizeeproblematik nicht wahrgenommen würden.[128] Die gesellschaftskritische Frage nach den Ursachen des Leidens und ihrer Aufhebung (vgl. Abschnitt 3.1) bleibt für Sölle vor dem Hintergrund ihrer *Politischen Theologie* (vgl. Abschnitt 2 (2)) vielmehr konstitutiv bezogen auf die traditionelle Frage des Individuums nach Sinn und Humanisierungschancen des Leidens und erhält aus dieser Perspektive allererst ihre Bedeutung und Motivationskraft. In der kontext- und erfahrungsbezogenen Entwicklung ihres theologischen Denkens von der nicht-theistischen *Theologie nach Auschwitz* über Stellvertreterchristologie und Politische Theologie bis zur skizzierten Synthese von Befreiungs- und Schöpfungstheologie lässt sich allerdings eine charakteristische Verschiebung aufweisen, die für ihre theologische Leidensdeutung von hoher Relevanz ist. Die befreiungstheologisch begründete Ermächtigung zu solidarischer Praxis gegen leidgenerierende Verhältnisse und die dieses Handeln motivierende, schöpfungstheologisch und von Sölle auch eschatologisch gewendete, kontrafaktische Hoffnung sind letztlich nur dann überzeugend, wenn von dieser Praxis und diesem Handeln gerade nicht alles erwartet wird.[129] Sölle spricht denn auch davon, dass die solches Handeln und Engagement ermöglichende Kraft „tatsächlich aus den Bedingungen dieser Welt nicht zu erklären" ist, sondern sich einer innerlich wachsenden „Gottesgewissheit" verdankt, welche in ihrer gegebene Realisationen kontinuierlich transzendierenden Dynamik die spezifische „Klarheit", „Leidenschaft" und das entschlossene Gegenwärtigsein christlich-politischen Engagements ausmache.[130] Eine korrespondierende Ambivalenz in Sölles theologischer Leidensdeutung liegt darin, dass Sölle einerseits Passion, Kreuz und Auferstehung Christi strikt inklusiv, d.h. als wiederholbare und verallgemeinerbare Erfahrungen,[131] verstanden wissen will, andererseits aber nur Christus und dem Christusgeschehen – im Unterschied zu anderem freiwillig übernommenen Leiden – eine allgemeine soteriologische Relevanz von Sölle beigemessen wird.[132] Im Kontext der feministischen Befreiungstheologie distanziert sich Sölle denn auch von der Bonhoefferschen Formel von Jesus als dem exemplarischen „Menschen für andere", indem sie darauf verweist, dass auch Jesus nur geben konnte, „weil er empfangen hat", und dass allein „Gottes Kraft in ihm" die unterscheidende soteriologische Verbindlichkeit seines Lebens und Geschicks begründe.[133]

---

[128] So *A. Kreiner*, Gott im Leid (s. Anm. 38), 204 f., in seiner kritischen Diskussion der „Theodizee in praktischer Perspektive", durchaus auch mit Blick auf D. Sölle.

[129] Vgl. *D. Sölle*, Es muss doch mehr als alles geben (s. Anm. 87), 97: „Gott leidet mit ihnen und Gott verwandelt ihren Schmerz. Gott wird sie befreien, Gott wird das Land heilen."

[130] Vgl. *D. Sölle*, Gott denken (s. Anm. 21), 250 u. 253.

[131] Vgl. *D. Sölle*, Gott und das Leiden (s. Anm. 10), 111 f.

[132] Vgl. *D. Sölle*, Stellvertretung (s. Anm. 19), 122, 124 u. 130; vgl. auch *Dies.*, Leiden (s. Anm. 72), 173: „In Christus […] betrifft uns das Leiden so, dass es unsere Selbstgewissheit, unseren Trotz, unsere Stärke herbeiruft: unsere Einheit mit der Liebe ist unwiderruflich."

[133] Vgl. *D. Sölle*, Gott denken (s. Anm. 21), 153 f.: „Wenn ich Gottes Stimme in ihm nicht höre, […] dann bleibt das in der Unverbindlichkeit der Bewunderung. Aus der Unverbindlichkeit kommt Trostlosig-

Diesen Widerspruch zwischen der grundsätzlichen, wenn auch modifizierten Beibehaltung des Schöpfungs- und Erlösungsbegriffs einerseits und der nicht-theistisch begründeten Aufgabe der Allmachtsvorstellung andererseits[134] löst Sölle nun nicht begrifflich-theoretisch auf, sondern überführt ihn in die unmittelbare Plausibilität des religiösen Erlebens, in einen – zugespitzt formuliert – *mystischen Dezisionismus*: Die schöpfungstheologisch vermittelte *coincidentia oppositorum* von Schmerz und Macht Gottes ist, so Sölle, eine „mystische Erfahrung"[135], „der mitleidende Gott-in-uns" ist die „mystische Antwort" auf die Karfreitagsfrage,[136] in der „Kreuzesmystik"[137] wird der „mystische Kern"[138] der Annahme des Leidens offenbar.[139] Unter Bezugnahme auf die mittelalterliche europäische Mystik definiert Sölle *Mystik* als *cognitio Dei experimentalis*, d.i. als eigenständige, *erfahrungsbezogene Gotteserkenntnis*,[140] die unter dem Leidensdruck des ausgehenden Mittelalters entstand und bei Meister Eckhart und Johannes Tauler als Existenzbewegung von der Stufe des „natürlichen Leidens" (qua besitzbezogener Verhaftung an die Endlichkeit) über das „Entwerden" (schmerzhaftes Freiwerden von der Endlichkeitsverhaftung) bis zum mystischen „Einswerden mit Gott" beschrieben wurde.[141] Die den inneren Menschen neu konstituierende *unio mystica* setzt notwendig den Weg durch das Leiden, die Bejahung der Leidenserfahrung wie der Endlichkeit im Ganzen in der Hingabe an die Gottesbegegnung voraus. Es ist die Annahme des Leidens und die damit gewonnene Freiheit von äußerer Erfüllung und Zwecksetzung, die zur Offenheit und Hingabe an Gott wird; Leiden ist so ein „Modus des Werdens"[142] der Person. Im mystischen Einswerden mit Gott erfährt sich der Mensch in der Selbstzwecklichkeit seines Personseins; als Existenz „sunder warumbe" – ohne Warum, wie Sölle im Anschluss an Meister Eckhart formuliert.[143] Es „ist gerade dieses mystische Wissen von einer anderen Freiheit vom Wozu der tiefste Grund, der Menschen zum Widerstand befähigt"[144]. Anders gesagt: Die von E. Herms explizierte „unmittelbare Selbsterschlossenheit" der Person für sie selbst, die ihr „Für-sich-sein" in seiner Unverfügbarkeit für andere und zugleich als Vorausset-

---

keit, weil mich diese Unverbindlichkeit – noch einer, der irgendetwas Unmögliches versucht hat – eigentlich nicht retten und einbeziehen kann."

[134] Auf diesen Widerspruch weist A. Kreiner in seiner kritischen Diskussion der Relevanz der Vorstellung des leidensfähigen Gottes für die Theodizeeproblematik zu Recht hin. Vgl. *Ders., Gott im Leid* (s. Anm. 38), 165–189, v.a. 182–185.

[135] *D. Sölle, Es muss doch mehr als alles geben* (s. Anm. 87), 101.

[136] Vgl. *D. Sölle,* Art. Leiden (s. Anm. 122), 372.

[137] *D. Sölle,* Gott und das Leiden (s. Anm. 10), 116.

[138] *D. Sölle,* Leiden (s. Anm. 72), 118.

[139] Zur Bedeutung der Mystik in der Entwicklung der Theologie D. Sölles vgl. *M. Korte,* „Gott um Leben bitten hören jeden Tag" (s. Anm. 27), 65–67 u. 105–112; *K. Aschrich,* Theologie schreiben: Dorothee Sölles Wege zu einer Mystik der Befreiung (Symbol – Mythos – Medien 14), Berlin 2006, entwickelt in genetischer Rekonstruktion Sölles Mystik-Rezeption als systematischen Zielpunkt ihrer praxisbezogenen Christentumstheorie.

[140] Vgl. *D. Sölle,* Mystik und Widerstand: „Du stilles Geschrei", Hamburg 1997, 69.

[141] Vgl. *D. Sölle,* Leiden (s. Anm. 72), 121–125.

[142] AaO., 124.

[143] *D. Sölle,* Mystik und Widerstand (s. Anm. 140), 87 f.

[144] AaO., 90.

zung ihres vermittelten „Für-andere-sein[s]"[145] konstituiert, sieht Sölle mystisch begründet. Sölles mystisch begründete Einheit von Identität und Engagement verbleibt in bemerkenswerter Abständigkeit zu ihrem Programm einer aufgeklärten, „voraussetzungslosen" und „nicht-religiösen" Rekonstruktion des Christentums und ist in diesem Sinne als den eigenen Prämissen widersprechende „Polarisierung von Rationalität und Erfahrung" sowie als „Überschätzung der religiösen Erlebniskategorie"[146] kritisiert worden. In subjektivitätstheoretischer Hinsicht bleibt dieser mystische ‚Umschlagspunkt' bei Sölle sicher unterbestimmt; möglicherweise ist es jedoch gerade seine Abständigkeit, die den klaren Blick auf die leidgenerierenden politisch-gesellschaftlichen Verhältnisse erlaubt und zugleich empathisch an der Ermöglichung individueller Leidensbewältigung zu arbeiten vermag.

3.3 Leidensbewältigung

In der Konsequenz ihres kontextuellen Leidensverständnisses (Abschnitt 3.1) und ihrer theologischen Leidensdeutung (Abschnitt 3.2) sind Sölles Überlegungen zur Leidensbewältigung „der Versuch einer an Christus orientierten Deutung des Leidens als Weg des Lernens, den die Liebe gehen muss", und so ein „Leiden-, Leben- und Sterbenlernen"[147]. Im Sinne der Identität ermöglichenden Struktur der Stellvertretung in ihrer dialektischen Einheit von Angewiesenheit und Verantwortung (Abschnitt 2 (1)) ist es Sölles zentrales Anliegen, das *Personsein der Leidenden und aller leidbezogen Handelnden zu wahren*, wobei Angewiesenheit und Verantwortung weder im intersubjektiven Zusammenhang noch im Zusammenhang von Gottes- und Weltverhältnis jeweils einseitig zu verrechnen sind. Dazu benennt Sölle einige grundlegende Unterscheidungen: Zunächst die an Jesu Praxis orientierte *Unterscheidung zwischen Opfern und Tätern*,[148] die als konkrete Leidensbenennung Voraussetzung seiner Bewältigung ist, wenngleich diese Unterscheidung im Einzelfall nicht immer trennscharf und aufs Ganze des Lebens gesehen nicht eindeutig ausfällt und insofern stets beides, die Bewältigung des erlittenen wie des begangenen, leidgenerierenden Bösen zu leisten ist.[149] Zweitens die *Unterscheidung zwischen beendbarem und nicht-beendbarem Leiden*,[150] die Sölle vor dem Hintergrund ihrer Politischen Theologie und des dort exponierten Sündenverständnisses (vgl. Abschnitt 2 (2)) als Appell zu konsequenter Ursachenforschung vor allem im Blick auf leidgenerierende politisch-gesellschaftliche Bedingungen versteht. Ist alles Leiden nach Sölle immer auch gesell-

---

[145] Vgl. *E. Herms*, Art. Person IV. Dogmatisch (s. Anm. 5), 1126.
[146] So *M. Korte*, „Gott um Leben bitten hören jeden Tag" (s. Anm. 27), 109 f. Auch F. Steffensky hat diesen Rekurs auf die Unmittelbarkeit frommer Selbsterfahrung in grundsätzlicher Weise kritisiert: „Die Erfahrung rechtfertigt die Sache und wird zum eigentlichen Inhalt von Religiosität". Zit. nach *D. Sölle*, Mystik und Widerstand (s. Anm. 140), 12.
[147] *D. Sölle*, Leiden (s. Anm. 72), 174 f.
[148] Vgl. aaO., 28.
[149] Auf diesen Gesichtspunkt hat eindrücklich I. U. Dalferth aufmerksam gemacht. Vgl. *Ders.*, Leiden und Böses (s. Anm. 2), 93–95.
[150] Vgl. *D. Sölle*, Leiden (s. Anm. 72), 28 f.

schaftlich vermittelt, so trägt rationale Ursachenforschung durch Entprivatisierung und
Entfatalisierung des Leidens zu politisch gestützter Überwindung beendbaren Leidens
und im Grenzfall des nicht-beendbaren, sinnlosen Leidens wenigstens zu seiner Humanisierung bei. Drittens die *Unterscheidung zwischen eigenem und fremden Leiden*,[151] die vor allem
auf die Wahrung der Unverfügbarkeit des Kerns des Personseins des Leidenden zielt. In
der Annahme des Schmerzes ist der Einzelne letztlich ebenso unvertretbar wie in der
prozessualen und retrospektiven Sinndeutung seines Leidens. Ein Außenstehender kann
und soll dem Leidenden dazu Hilfestellungen geben, aber die theologische Kernaufgabe
in der Leidensbewältigung – in der Formulierung Sölles: „mit dem eigenen Schmerz dem
Schmerz Gottes zu dienen"[152] – kann nicht extern erledigt werden. Auch das von Sölle
eingeforderte „Gleichzeitigwerden", die „Synchronisation" mit den Leidenden[153] tastet
diese Souveränität nicht an, sondern dient der gesteigerten Wahrnehmungsfähigkeit als
Voraussetzung leidverringernden Handelns.

Zur konkreten Leidbewältigung unterscheidet Sölle drei *Phasen des Leidens*[154]: (1) Die
„archaische Phase des Schmerzes", in welcher der übergroße Leidensdruck zu Ohnmachtsempfinden, Sprachlosigkeit und sozialer Isolation führt. (2) Die „Phase der Expression", in welcher durch Versprachlichung das Leiden bewusst gemacht, gedeutet und
so angenommen werden kann. Die damit einhergehende Kommunikation überwindet
Isolation und Privatisierung des Leidens und führt so (3) zur „Phase des solidarischen
Handelns" im Dienste von Leidverringerung und Veränderung leidgenerierender Verhältnisse. Für die individuelle Bewältigung und Sinndeutung des Leidens ist folglich die
zweite Phase der Expression entscheidend; Sölle sieht hier die Vielfalt religiöstheologischer Sprachformen, die alttestamentlichen Klagepsalmen, die liturgische Sprache und insbesondere das Gebet als wirksame Hilfen zur Expression des Leidens an,[155]
die in einem ersten Schritt auch stellvertretend erfolgen kann, als notwendiger Lernprozess im und vom Leiden aber „in persona von den Leidenden selber"[156] zu vollziehen ist.
Die auf dieser Grundlage geschehende, von Sölle im skizzierten Sinne (vgl. Abschnitt
3.2) mystisch verstandene *Annahme des Leidens* vor dem Hintergrund einer umfassenden,
Beschädigungen und Leiden einschließenden Lebensbejahung, führt zu bzw. – mystisch
verstanden – stellt *eodem actu* die „Verwandlung" des Leidenden dar, die Vergewisserung
der eigenen Identität, des leibhaften Personseins, die „Stärke der Schwachen"[157]. Den
Grenzfall des extremen, nicht-beendbaren, *sinnlosen Leidens*[158] sieht Sölle dann gegeben,
wenn Lebensbedrohung, Ohnmachtsempfinden und Verhältnislosigkeit so radikal sind,

---

[151] Vgl. aaO., 29 f., 134 u. 203 f.; siehe dazu auch *I. U. Dalferth*, Leiden und Böses (s. Anm. 2), 95–97,
der damit auch die wichtige Unterscheidung zwischen einem Lernen *im Leiden* und *vom Leiden* verbindet.
Vgl. aaO., 97–103.

[152] *D. Sölle*, Leiden (s. Anm. 72), 203 f.

[153] Vgl. aaO., 24.

[154] Vgl. zum Folgenden aaO., 91–95.

[155] Vgl. aaO., 96–100.

[156] AaO., 97.

[157] AaO., 157.

[158] Vgl. aaO., 88 f. u. 134 f

dass in keiner Weise im und am Leiden gelernt und gearbeitet werden kann, weil auch die tragenden Daseinsgewissheiten inklusive der Gottesbeziehung in vitaler Weise angetastet sind.[159] Wie die ethisch gewendete *Theodizee* kommt auch die praktische Leidensbewältigung hier an die Grenze ihrer Möglichkeiten; das sinnlose Leiden kann nur mitausgehalten, miterlitten werden, ggf. auch im Schweigen.

Leiden und Personsein – Unbeschadet der aufgewiesenen konstitutionstheoretischen Unschärfen und Probleme in ihrer theologischen Leidensdeutung ist es D. Sölle aufs Ganze gesehen gelungen, den christlichen Grundsinn des Zusammenhangs von Leiden und Personsein und damit den integralen Wert des Leidens für individuelle Identität wie politisch-gesellschaftlich realisierte Humanität aufzuzeigen. Dass in der gegenwärtigen bioethischen Diskussion um die Pränataldiagnostik und die Sterbehilfe resp. den ärztlich assistierten Suizid eher ein selbstverständlicher Zusammenhang von Personsein und Leidensvermeidung bzw. -verdrängung regiert, ist nicht nur ein Indiz des öffentlichen Geltungsverlustes christlicher Grundüberzeugungen, gegen den D. Sölle Zeit ihres Lebens so hartnäckig kämpfte, sondern die Selbstverständlichkeit dieses Zusammenhangs ist vor allem ein Indiz für die veränderten Grundlagen gesellschaftlich realisierter Humanität: „Die Erinnerung daran, dass wir das Leben nicht herstellen können, kann nur verdrängt werden auf Kosten der Humanität des Menschen."[160]

---

[159] Vgl. aaO, 108.
[160] *D. Sölle*, Politisches Nachtgebet (s. Anm. 1), 99.

Martin Leiner

RECHTE FÜR AUTONOME SUBJEKTE ODER FÜR LEIBLICHE PERSONEN?

Überlegungen zur Interpretation und Weiterentwicklung der Menschenrechte

1 Theologische Ethik und unsere großen Worte

Theologische Ethik hat die Aufgabe, daran zu erinnern, dass die Erfahrungen, die mit ,großen' Worten wie Wahrheit, Leben, Tod, Frieden, Freiheit, Wohlstand, Sicherheit und mit vielen anderen, ähnlichen Ausdrücken beschrieben werden, nicht aufgehen in den operationalisierbaren Konzepten, die Wissenschaft und Technik zugrunde legen. Wahrheit ist mehr und anderes als die Wahrheitswerte der Logiker und Informatiker, Leben mehr als das, was die Biologie erfasst, Tod mehr und anderes als das, was man durch die Messung von Gehirnströmen feststellen kann, Frieden mehr als ein Zustand, in dem keine bewaffneten Konflikte mit Toten zu beobachten sind, Freiheit mehr als freie Wahlen, Wohlstand ist mehr als ein hohes Bruttosozialprodukt und Sicherheit mehr als das Funktionieren von bürokratisierter Sozialpolitik. Wahrheit, Leben, Tod, Frieden, Freiheit usw. sind ohnehin überhaupt keine zur Hand bereitliegenden Realitäten, sondern Wirklichkeiten, in denen wir leben und die wir symbolisierend und evaluierend stets nur unvollkommen uns verfügbar machen können. Dadurch, dass die biblische Tradition viele dieser großen Worte direkt mit Gott verbindet, steht theologische Ethik auch für die Dimensionen des Umgreifenden und Heiligen, das in diesen Worten liegt. „*Deus ipse est veritas*", „Ich bin der Weg, die Wahrheit und das Leben", „Zur Freiheit hat euch Gott berufen", „O große Not, Gott selbst liegt tot, schalom JHWH", sind die bekannten Zitate, die an die göttliche Dimension unserer großen Worte erinnern.

2 Kreuz und Auferstehung als Zentrum des christlichen Glaubens

Die Erinnerung an die Weite und Tiefe der ,großen' Worte muss nicht spezifisch christlich sein, auch andere Religionen und Philosophien können Richtiges und Wichtiges dazu sagen. Zum christlichen Glauben gehört es anzunehmen, dass eine Ausrichtung der Interpretation am Zentrum des christlichen Glaubens zu einer spezifischen Sinnfülle führt, die für theologische Ethik von größter Relevanz ist. Das Zentrum des christlichen Glaubens wird in der Dogmatik und in der Neutestamentlichen Wissenschaft einigermaßen übereinstimmend bestimmt als Leben, Botschaft und Geschick Jesu Christi, wobei Kreuz und Auferstehung und deren Deutung noch einmal besonders im Mittelpunkt stehen. Alle folgenden Ausführungen beruhen auf Interpretationen der zentralen Ereignisse des christlichen Glaubens.

3 Eine mitteilsame Heiligkeit

Was das Neue Testament durch das Zerreißen des Vorhangs im Tempel (Mt 27,51) zum Zeitpunkt des Todes Jesu am Kreuz symbolisiert, ist für die christliche Ethik von größter Bedeutung. Christliche Theologie geht davon aus, dass die Heiligkeit, die mit unseren großen Worten bezeichnet wird, nicht in einem abgegrenzten Bezirk verbleibt, sondern in die Welt ausstrahlt, mitgeteilt wird. Jede Wahrheit, die gefunden wird, hat etwas von Gottes Wahrheit, jedes Leben ist heilig, jeder Tod und jedes Leiden kann in Analogie zur Passion Christi verstanden werden. So wie das Reich Gottes schon mitten in dieser Welt gegenwärtig ist, so ist auch mitten im Alltag der Zeit die Ewigkeit, mitten im Streit der Friede, mitten in der Armut Gottes Schalom. Dies gründet darin, dass mitten in dieser Welt Jesus Christus, wahrer Gott und wahrer Mensch, gegenwärtig ist.

4 Eine Humanität aus Glaube, Hoffnung und Liebe

Damit diese theologische Tiefe der Worte sich nicht bloß im symbolisierenden, sondern auch im organisierenden Handeln auswirken kann, ist es nötig, dass sie auf eine handlungsorientierte christliche Lebensform bezogen wird. Aus dem Neuen Testament ergeben sich solche Lebensformen, von der eine, der im Folgenden nachgedacht werden soll, die einer „Humanität aus Glaube, Hoffnung, Liebe"[1] ist. Glaube, Hoffnung und Liebe sind nach neutestamentlicher Auffassung die Konsequenzen, die sich im Menschen aus der Botschaft, dem Leben und dem Geschick Jesu Christi in Kreuz und Auferstehung ergeben. Theologische Ethik hat die Aufgabe, diese und andere christliche Lebensformen denkend zu begleiten, ihnen Orientierung zu geben, kritisch auf Probleme hinzuweisen und sie auch außerhalb der kirchlichen Gemeinde als verstehbares Angebot und als sinnvolle Herausforderung zu kommunizieren. Bereits die Problembeschreibungen, erst recht die Lösungen, die theologische Ethik anbietet, werden deshalb von säkularen Ethiken differieren, wenn auch bei konkreten Handlungen übergreifende Konsense erzielt werden können.

5 Versöhnung als Realität und als Aufgabe

Moralpsychologen haben in den vergangenen Jahrzehnten herausgearbeitet, dass Menschen Entscheidungen in Situationen mehr oder weniger intuitiv treffen. Erst in zweiter

---

[1] *A. Rich*, Wirtschaftsethik. [Bd. 1:] Grundlagen in theologischer Perspektive, Gütersloh 1984, 105.

Linie kommt soziale Unterstützung oder Infragestellung hinzu. Lediglich als drittes werden Gründe formuliert.[2] Theologische Ethik wird deshalb sowohl begründend als auch – und weit mehr als bisher üblich – auf Wahrnehmung und Anleitung zu Intuitionen ausgerichtet sein.[3] Menschen haben in aller Regel mehrere Gründe für ihr Handeln. Sie nennen jeweils diejenigen, die ihnen in Situationen, in denen sie nach Begründungen gefragt werden, am passendsten erscheinen.

Zu welcher Art von Wahrnehmung leitet der christliche Glaube an? Eine mögliche, von Leben, Botschaft und Geschick Jesu Christi ausgehende Deutung ist 2 Kor 5,19 f.: „Gott war in Christus und versöhnte die Welt mit sich selber und rechnete ihnen ihre Sünden nicht zu und hat unter uns aufgerichtet das Wort von der Versöhnung. So sind wir nun Botschafter an Christi Statt, denn Gott ermutigt durch uns: so bitten wir nun an Christi Statt: Lasst euch versöhnen mit Gott". Es geht dem christlichen Glauben darum, die Welt nicht als gottlosen, unversöhnten Ort zu verstehen, sondern als bereits mit Gott versöhnt. Nihilistische Leugnung von Sinn und sozialdarwinistische Sichtweisen des tödlichen Kampfes egoistischer Individuen, Gruppen, Nationen oder Gene als letzte und alles entscheidende Wirklichkeit sind durch eine solche Sicht überwunden, auch wenn sie als Lebensgefühl oder als Deutung bestimmter Erfahrungen und wissenschaftlicher Erkenntnisse immer wieder eine gewisse, freilich scheinbare Plausibilität erlangen. Die betreffende Stelle in 2 Kor 5 geht davon aus, dass christliche Wahrnehmung sich nicht allein darauf richten soll, das Versöhntsein der Welt mit Gott zu sehen, sondern auch nach Gelegenheiten Ausschau zu halten, andere in die Realität der Versöhnung einzuladen und aufzunehmen.[4]

6 Theologische und philosophische Ethik

Die in der Versöhnung und in der Humanität aus Glaube, Hoffnung und Liebe liegenden Voraussetzungen der christlichen Ethik sind gegenüber dem Anspruch auf Universalität und Voraussetzungslosigkeit philosophischer Ethiken in der kantischen und in der utilitaristischen Tradition deshalb ein Vorteil, weil sie der Ethik diejenige Bestimmtheit mitgeben, die die auf rein formale Legitimations- und Normprüfungsverfahren aus-

---

[2] Vgl. *J. Haidt*, The Emotional Dog and Its Rational Tail: A Social Intuitionist Approach to Moral Judgement, in: Psychological Review 108 (2001) 4, 814–834. Das in dem Aufsatz entwickelte sozial-intuitionistische Modell bezieht durchaus Begründungen und Gründe mit ein, sieht sie aber als Reaktion auf Infragestellung von intuitivem Handeln.

[3] J. Fischer spricht mit Recht vom „Vorrang des Verstehens vor dem Begründen". *Ders.* u.a., Grundkurs Ethik. Grundbegriffe philosophischer und theologischer Ethik, 2. überarb. u. erw. Aufl., Stuttgart 2008, 207. „Die Frage, was Dinge für uns moralisch bedeutsam macht und worin deren Bedeutung für uns besteht, zielt nicht auf ein *Begründen* normativer Geltung (von ‚ethischen Prinzipien' oder Normen), sondern auf ein *Verstehen* unserer moralischen Orientierung und Praxis. Leitend ist dabei nicht bloß ein *moralpsychologisches* Interesse, sondern das *ethische* Interesse, zu einem vertieften Verständnis dieser Praxis […] zu gelangen bzw. anzuleiten". AaO., 205.

[4] Vgl. *G. Hummel*, Sehnsucht der unversöhnten Welt. Zu einer Theologie der universalen Versöhnung, Darmstadt 1993.

gerichteten philosophischen Ansätze nicht erreichen können. Der kategorische Imperativ Kants oder das utilitaristische Prinzip losgelöst von den weiteren Annahmen Kants oder Benthams und Mills, kann zur Begründung von allen oder nahezu allen beliebigen Handlungen herangezogen werden. Unter naturalistischen, posthumanistischen, sozialdarwinistischen, nationalistischen, ökonomistischen, radikal egoistischen oder nihilistischen Prämissen kommt man mit dem kategorischen Imperativ zu Ergebnissen wie der Rechtfertigung von Völkermord, wie H. Arendt für viele schockierend dadurch deutlich gemacht hat, dass sie die Erklärung A. Eichmanns, er habe sich stets nach dem kategorischen Imperativ gehalten, nicht als blasphemisch verworfen hat, sondern geschrieben hat, sie verdiene es, ernst genommen zu werden.[5] Das Verhungernlassen von Armen, um das größere Leid der höchstwahrscheinlich wieder zum Hunger verurteilten, sehr zahlreichen Nachkommen der Armen zu vermeiden, war bereits im 19. Jahrhundert ein in utilitaristischer Weise vorgebrachtes Argument.[6]

7 Der Ansatz der Ethik bei autonomen Subjekten

Philosophische Ethik spricht in der Tradition Kants bei der Begründung von menschlichen Rechten und Ansprüchen von Selbstbestimmung, Autonomie und autonomen Subjekten. Diese Rede hat ihre eigene Tiefe, weil sie die Freiheit des Menschen ganz ins Zentrum der ethischen Argumentation rückt. Die Freiheit erhebt den Menschen über die vorfindliche Welt und lässt ihn an vielen möglichen Welten teilhaben. Ihre Erhaltung in der eigenen Person und in den Personen jedes anderen kann als ein hoher oder gar höchster Wert verstanden werden. Wenn er als ethischer Imperativ ergriffen wird, dann schließt er die Affirmation der Grundlagen der Ethik mit ein. Ethik ist dann kohärent, weil sie Ethik affirmiert. In der Rechtsethik unter dem Stichwort ‚informationelle Selbstbestimmung‘ und in der medizinischen Ethik als ‚Patientenautonomie‘, hat der ethische Ansatz bei autonomen Subjekten in den letzten Jahrzehnten mit Erfolg Entwicklungen initiiert, die auf weite Zustimmung stoßen. Dennoch ergeben sich aus dieser Position einige Aufgaben und Probleme:

(1) Eine Gruppe dieser Probleme hat damit zu tun, dass freie Selbstbestimmung in nicht wenigen Zuständen, in denen sich menschliches Leben befinden kann, nicht oder nicht in vollem Umfang gegeben ist. Säuglinge und Kleinstkinder, Schwerbehinderte, Menschen mit schweren Krankheiten wie Demenz oder Komapatienten und sterbende

---

[5] Vgl. *H. Arendt*, Eichmann in Jerusalem. Ein Bericht von der Banalität des Bösen, aus dem Amerikanischen v. B. Granzow, von der Autorin durchgesehene u. erg. dt. Ausg., München 1964, 174–189.

[6] So behauptete der frühe T. Malthus nach dem Zeugnis von A. Blanqui etwa: „Ein Mensch, sagte er, der in einer schon occupirten Welt geboren wird, wenn seine Familie nicht die Mittel hat, ihn zu ernähren oder wenn die Gesellschaft seine Arbeit nicht nötig hat, dieser Mensch hat nicht das mindeste Recht, irgend einen Teil von Nahrung zu verlangen, und er ist wirklich zu viel auf der Erde. Bei dem großen Gastmahle der Natur ist durchaus kein Gedecke für ihn gelegt. Die Natur gebietet ihm abzutreten, und sie säumt nicht, selbst diesen Befehl zur Ausführung zu bringen." *A. Blanqui*, Geschichte der politischen Ökonomie in Europa. Bd. 2, unv. Neudruck der Ausg. Karlsruhe 1841, Glashütten i. Ts. 1971, 105 f.

Menschen sind nicht oder nur in eingeschränktem Maße autonome Subjekte. Impliziert dies, dass ihnen deshalb Menschenrechte nicht oder nur in eingeschränktem Maße zukommen?

(2) Eine andere Gruppe von Problemen ergibt sich daraus, dass der Ansatz bei der Freiheit nicht immer leicht mit der exakten Formulierung von Rechten für leiblich existierende Menschen verbunden werden kann. Wenn Freiheit bei erwachsenen Menschen ohne die in (1) beschriebenen Beeinträchtigungen immer schon gegebene Realität ist, dann ist schwer zu beschreiben, worin der Schutz der Freiheit bestehen kann, sobald es nicht darum geht, dass jemand ermordet oder zwangsweise ins Koma versetzt wird. Im Geistigen besteht ja die Freiheit in gewisser Weise immer weiter und kann von leiblichen Bedingungen, außer im Falle von Mord und extremer Gewalt, nicht zerstört werden. Der Tatbestand der ‚Freiheitsberaubung‘ ist, so kann man etwa argumentieren, gar keine Freiheits-Beraubung, weil auch der Gefangengesetzte weiterhin frei vorstellen, denken und entscheiden kann. Er muss mit Einschränkungen in der Ausübung seiner Freiheit leben, seine Freiheit als solche wird ihm nicht genommen. Umgekehrt kann man nicht nur das Eingesperrtwerden, sondern sehr viele Handlungen anderer Menschen als Einschränkung in der Ausübung der Freiheit ansehen. Wer sich im Zug vor mir auf einen Platz setzt, hat mich der Freiheit beraubt, mich auf diesen Platz zu setzen. Wer eine Frau heiratet, die mir auch gefallen hätte, hat mich der Freiheit beraubt, sie zur Frau zu nehmen. So gesehen könnten aus der Freiheit autonomer Subjekte unendliche Ansprüche entstehen. In der Praxis sind die zentralen ethischen Fragen häufig nicht, ob die autonome Freiheit des anderen anerkannt wird, sondern nach welchen Regeln das Aufeinandertreffen der Freiheitsansprüche in der Leiblichkeit, in Raum und Zeit behandelt und geregelt werden. In den genannten Beispielen findet diese Entscheidung über die zeitliche Priorität statt: Wer zuerst auf einem Platz sitzt, der hat ein Recht erworben, auf ihm zu sitzen, wer zuerst einen Partner geheiratet hat, der ist mit ihm verheiratet. Beide Situationen zu verändern, verlangt einigen Aufwand.

8 Fichtes Entdeckung der Leiblichkeit

J. G. Fichte wird spätestens seit D. Henrich mit der Einsicht der grundlegenden Bedeutung des Selbstbewusstseins assoziiert. Nicht weniger bedeutsam ist aber auch seine Entdeckung, dass die Freiheit rein geistiger Personen für rechtliche und ethische Konkretionen irrelevant ist. In seiner Schrift *Grundlage des Naturrechts nach Principien der Wissenschaftslehre* (1796) hält er in aller Deutlichkeit fest: „Inwiefern die Person der absolute und letzte Grund des Begriffes, ihres Zweckbegriffes ist, liegt die darin sich äussernde Freiheit ausser den Grenzen der gegenwärtigen Untersuchung, denn sie tritt nie ein in die Sinnenwelt, und kann in ihr nicht gehemmt werden. Der Wille der Person tritt auf das Gebiet der Sinnenwelt lediglich, inwiefern er in der Bestimmung des Leibes ausgedrückt ist."[7] Nicht die geistige, unhemmbare Freiheit, sondern der Leib, der die Person in der Sinnenwelt vertritt, ist Bezugspunkt von Rechten. „Auf diesem Gebiete ist daher der Leib eines freien Wesens anzusehen, als selbst der letzte Grund seiner Bestimmung, und das freie Wesen, als Erscheinung, ist identisch mit seinem Leibe. (Dieser ist Repräsentant des Ich in der Sinnenwelt: und, wo nur auf die Sinnenwelt gesehen wird, selbst das Ich.) – So urtheilen wir im gemeinen Leben immerfort. Er ist geboren, gestorben, begraben u.s.f."[8]

Von dieser Grundlage gelangt Fichte zu bemerkenswerten Formulierungen wie: „Der Leib, als Person betrachtet, muss absolute und letzte Ursache einer Bestimmung zur Wirksamkeit sein."[9] Auch Heteronomie bestimmt das freie Wesen durch seine Leiblichkeit: „das freie Wesen ist sonach doch abhängig".[10]

In Verbindung der Leiblichkeit mit dem Urrecht freier Personen, sich selbst zu bestimmen und ihre Freiheit nur durch die Freiheit anderer freier Personen einschränken zu lassen, deduziert Fichte folgenden Grundsatz: „[D]ie Person" fordert „durch ihr Urrecht eine fortdauernde Wechselwirkung zwischen ihrem Leibe und der Sinnenwelt, bestimmt und bestimmbar, lediglich durch ihren frei entworfenen Begriff von derselben."[11] Fichte fordert aus diesem Prinzip das „Recht der fortdauernden Freiheit des Leibes" und dass der Leib eines vernünftigen Wesens „unantastbar" ist.[12]

Fichte fordert aus den Grundsätzen der fortdauernden Freiheit des Leibes soziale und ökonomische Rechte. Aus dem Urrecht des Menschen folgt auch, dass der Staat soziale Verantwortung hat. Der folgende Abschnitt zeigt, wie Naturteleologie und Freiheit sich systematisch ergänzen in Fichtes Rechtstheorie: „Dieser Schmerz ist der Hunger und der Durst; und es findet sich, dass das Bedürfnis der Nahrung allein die ursprüngliche Triebfeder sowohl, als seine Befriedigung der letzte Endzweck des Staates und alles menschlichen Lebens und Betreibens ist; es versteht sich, solange der Mensch bloss unter der Leitung der Natur bleibt, und nicht aus Freiheit sich zu einer höheren Existenz erhebt: dass dieses Bedürfnis allein die höchste Synthesis ist, welche alle Widersprüche vereinigt. Der höchste und allgemeine Zweck aller freien Thätigkeit ist sonach der, leben zu können. Diesen Zweck hat jeder, und wie daher die Freiheit überhaupt garantirt wird, wird er garantirt. Ohne seine Erreichung würde die Freiheit, und die Fortdauer der Person, gar nicht möglich seyn [...]. Es ist Grundsatz jeder vernünftigen Staatsverfassung: Jedermann soll von seiner Arbeit leben können."[13]

Die soziale Verpflichtung des Staates geht nach Fichte so weit, dass der Staat durch rechtliche und planwirtschaftliche Maßnahmen dafür zu sorgen hat, dass jeder genug zum Lebensunterhalt erhält, woraus er die wirtschaftspolitisch desaströse, im 20. Jahr-

---

[7] *J. G. Fichte*, Grundlage des Naturrechts nach Principien der Wissenschaftslehre (1796), in: *Ders.*, Zur Rechts- und Sittenlehre I (*J. G. Fichte*, Fichtes Werke III), Berlin 1971, 1–385, 113.
[8] AaO., 113 f.
[9] AaO., 114.
[10] Ebd.
[11] AaO., 118.
[12] AaO., 123.
[13] AaO., 242.

hundert von Ländern wie Albanien oder Nordkorea praktizierte Folgerung zieht, dass Staaten sich gegenüber ausländischem Einfluss abschließen sollten. „Es ist […] der wahre Zweck des Staates, allen zu demjenigen, was ihnen als Theilhabern der Menschheit gehört, zu verhelfen, und nun erst sie dabei zu erhalten: so muss aller Verkehr im Staate auf die oben angegebene Weise geordnet werden; so muss, damit dies möglich sey, der nicht zu ordnende Einfluss des Ausländers davon abgehalten werden; so ist der Vernunftstaat ein ebenso durchaus geschlossener Handelsstaat, als er ein geschlossenes Reich der Gesetze und Individuen ist […]. Bedarf ja der Staat eines Tauschhandels mit dem Auslande, so hat lediglich die Regierung ihn zu führen.“[14]

9 Der Ansatz bei leiblichen Personen

Im Folgenden sollen Argumente dafür vorgebracht werden, dass erst das genauere Bedenken der Leiblichkeit autonomer Personen es erlaubt, die ethischen und rechtlichen Konsequenzen zu ziehen, die festlegen, unter welchen Bedingungen freie Subjekte miteinander bestehen und sich gegenseitig in ihrer Freiheit stärken können. E. Herms hat dies wahrscheinlich zunächst in seinen Arbeiten zum Sport gesehen. Herms versteht Menschenwürde dort als „Genötigtsein zur Selbstbestimmung unter den Bedingungen der Leibhaftigkeit“.[15] Diese glückliche Formulierung erlaubt es, sowohl beim Problem der Konkretion der Rechte freier Subjekte – Abschnitt 7 (2) – als auch beim Problem des moralischen und juristischen Status von nicht autonomen Subjekten – Abschnitt 7 (1) – weiterzukommen.

10 Eigenschaftstheoretiker und Extensionisten

Um die erste Gruppe von Problemen zu lösen, stehen sich traditionell ein eigenschaftstheoretischer und ein auf Extensionen beruhender Ansatz gegenüber. Eigenschaftstheoretiker suchen die Freiheit und autonome Subjektivität des Menschen operationalisierbar zu machen, indem sie bestimmte Eigenschaften namhaft machen, die vorhanden sein müssen, damit die Anerkennung als ethische Subjekte und die mit ihr verbundenen Rechte und Schutzpflichten greifen können. P. Singer, ein Vertreter dieser Auffassung, beruft sich auf den evangelischen Theologen J. Fletcher und übernimmt dessen Liste von „Indicators of humanhood“: „self-awareness, self-control, a sense of the future, a sense of the past, the capacity to relate to others, communication, and curi-

---

[14] *J. G. Fichte*, Der geschlossene Handelsstaat (1800), in: *Ders.*, Zur Rechts- und Sittenlehre I (s. Anm. 7), 389–513, 420 f.

[15] *E. Herms*, Das christliche Verständnis der Menschenwürde und seine Bedeutung für das Selbstverständnis des Sports, in: *Ders.*, Sport. Partner der Kirche und Thema der Theologie, Hannover 1993, 127–141, 132.

osity"[16]. Legt man diese Kriterien an, dann ist die Konsequenz, dass Komapatienten, Schwerbehinderte, Kleinkinder, zumindest bis zum ersten Geburtstag, schwer demente Personen und andere nicht die Rechte autonomer menschlicher Personen erhalten können. Gegen diese Argumentation kann eingewendet werden, dass, wie bereits in Abschnitt 7 (1) ausgeführt, Freiheit nicht aufgeht in operationalisierbaren Fakten. Auch wenn dies nicht einfach feststellbar ist, ist es doch auch nicht unmöglich, ja in gewissem Maße sogar wahrscheinlich, dass Kleinkinder, Schwerbehinderte oder Demenzkranke Freiheitserfahrungen machen. Bei Komapatienten trifft dies vielleicht auch zu, wichtiger ist für die ethische Argumentation aber die Analogie mit dem Schlaf. Auch schlafende Menschen zeigen nicht die von Fletcher benannten Indikatoren der Menschlichkeit wie Selbstbewusstsein, Selbstkontrolle, Sinn für die Zukunft und Vergangenheit usw. Diese Eigenschaften erscheinen erst beim Erwachen und in gewisser Weise in Traumphasen wieder. Trotzdem neigt niemand dazu, Schlafenden die Menschenrechte abzusprechen oder die Tötung eines schlafenden Menschen als weniger strafwürdig anzusehen als die Tötung eines wachen.

Aus diesen Gründen entwickelt eine Reihe von Ethikern einen Ansatz, der den Status moralischer Subjekte ausdehnt auf die genannten Personengruppen oder manchmal weit darüber hinaus, etwa auf ungeborenes Leben im Mutterleib. Diese Extensionstheorie ist relativ gut verknüpfbar mit einem Befähigungsansatz[17], bei dem die Bedürftigkeit von Personen betont wird, erst einmal die Unterstützung zu erhalten, um autonome Subjekte zu werden. Insbesondere bei Kleinkindern ist dieser Zusammenhang besonders evident. Ohne die Förderung durch Erwachsene werden sie kaum dazu kommen, zu kommunizieren und eine Beziehung zu Vergangenheit und Zukunft aufzubauen. Einige Autoren bevorzugen einen Zuschreibungsansatz. Wenn Personen jemandem den Status einer Person zuschreiben, dann hat die Person diesen Status. Zu diskutieren ist bei solchen Extensionen immer, wie weit sie legitim sind. Soll der ethische Status autonomer Subjekte so weit ausgedehnt werden, wie vermutet werden kann, dass Spuren von Freiheit zu finden sind? Soll er so weit ausgedehnt werden, wie eine Entwicklung zu autonomen Subjekten möglich ist, womit dann auch ungeborenes Leben und embryonale Stammzellen mit eingeschlossen sind? Soll er so weit gehen, wie Menschen den Personstatus zuschreiben, also gar auch Schopenhauers ‚Mensch‘ benannten Hund einschließen? Soll nach der Zuschreibungstheorie der Personstatus auch jemandem vorenthalten werden können, etwa einem ungewollten Kind, von dem nur die Mutter wusste und das sie gleich nach der Geburt getötet hat? Solche Probleme sind zwar nicht einfach, aber durchaus lassen sich Gründe für verschiedene Optionen benennen. Wichtig ist nur, dass auch hierbei nicht in letzter Instanz festgestellt wird, was Freiheit ist und wo sie gefunden werden kann. Das umgreifende und heilige Geheimnis der Freiheit wird von den

---

[16] *P. Singer*, Practical Ethics, Cambridge 1993[2], 86.

[17] Vgl. *M. C. Nussbaum*, Frontiers of Justice: Disability, Nationality, Species Membership (The Tanner lectures on human values), Cambridge (MA) u.a. 2006.

Extensionstheoretikern besser gewahrt als bei den Eigenschaftstheoretikern. Deswegen kommt ihnen aus theologischer Sicht der Vorrang zu.

11 Theoretiker leiblichen Personseins

Über die Extensionslogik hinaus kann man freilich auch fragen, ob der lebendige Leib, insbesondere der spezifisch menschliche Leib, nicht selbst Normativität besitzt. In dieser Richtung denken etwa A. Reichold, A. Brenner[18], W. Kersting, P. Delhom oder auch Leibphänomenologen wie M. Merleau-Ponty, E. Lévinas mit seiner Rede vom ‚Antlitz' oder in der evangelischen Theologie D. Bonhoeffer. Im Folgenden konzentriere ich mich erst auf A. Reichold und dann im nächsten Paragraphen auf D. Bonhoeffer.

Die inzwischen in Flensburg lehrende A. Reichold publizierte 2004 ihre Dissertation *Die vergessene Leiblichkeit*[19]. Eine kurze Darstellung ihrer Position findet sich im Aufsatz *Ethik und die vergessene Leiblichkeit*[20]. Reichold geht davon aus, dass die auf Locke und Kant zurückgehende Tradition und ihre Fortschreibungen bei Parfit und Korsgaard den ethisch relevanten Personbegriff ohne Bezug auf den menschlichen Körper bzw. Leib konzipiert haben. Im Grund steht der kartesianische Dualismus von *res cogitans* und *res extensa* hinter all diesen Konzeptionen. Dem hält sie zunächst mit Strawson entgegen, dass Personen dadurch gekennzeichnet sind, dass ihnen im Gegensatz zu Dingen sowohl Prädikate geistiger Zustände und Intentionen („P-Prädikate") als auch körperliche Prädikate („M-Prädikate") zugeschrieben werden. Man kann von Fritz gleichzeitig sagen, was man auch von Dingen sagen kann, etwa dass er 90 kg schwer ist und auf der Couch liegt, und dass er geistige Zustände und Intentionen hat wie, dass er einen Kaffee trinken möchte und gerade an Petra denkt. Wir haben keine Schwierigkeiten, beide Prädikate in einem Satz zu kombinieren: ‚Fritz sitzt auf der Couch und denkt an Petra'. Es macht eine Person gerade aus, dass sie beides zugleich ist: leiblich und geistig. Auch Reichold geht davon aus, dass „im ethischen Personverständnis der Körper immer schon mitgedacht ist"[21]. Dies kann auch nur so sein, weil sie ähnlich, wie wir in Abschnitt 5 sagten, feststellt: „[E]thische Überlegungen sind nur im Bereich der Endlichkeit relevant. Nur weil wir sterblich sind, leiden können, Hunger haben können, können Probleme der Güterverteilung und der Gerechtigkeit unsere Probleme sein. Ein rein vernünftiges Wesen, eines ohne Bedürfnisse und Körper, ohne Mangel und Schmerz kommt als Subjekt ethi-

---

[18] Vgl. die Publikation seiner Basler Habilitationsschrift: *A Brenner*, Bioethik und Biophänomen. Den Leib zur Sprache bringen, Würzburg 2006.

[19] *A. Reichold*, Die vergessene Leiblichkeit. Zur Rolle des Körpers in ontologischen und ethischen Persontheorien, Paderborn 2004.

[20] *A. Reichold*, Ethik und die vergessene Leiblichkeit. Zum Personbegriff in der gegenwärtigen Philosophie, in: C. Aus der Au/David Plüss (Hg.), Körper-Kulte. Wahrnehmungen von Leiblichkeit in Theologie, Religions- und Kulturwissenschaften (Christentum und Kultur 6), Zürich 2007, 95–116. Ich danke H.-M. Rieger für den Hinweis auf diesen Text, sowie für zahlreiche wichtige Anregungen für die Abschnitte 7 und 8. Vgl. auch A. Reichold/P. Delhom (Hg.), Normativität des Körpers (Alber Philosophie), Freiburg i. Br./München 2011.

[21] *A. Reichold*, Ethik und die vergessene Leiblichkeit (s. Anm. 20), 112.

scher Relationen gar nicht in Frage, da sich für dieses Subjekt ethische Fragen nicht stellen."[22] Es stellt sich hierbei die Frage, ob Normativität allein vom geistigen, autonomen Subjekt ausgeht, oder ob die Ganzheit aus Leib, Seele und Geist Person als solche Normativität besitzt. Reichold argumentiert für die normative Relevanz des Körpers als solchem: „Dass der Gedanke einer ethisch schützenswerten Person überhaupt verständlich ist, beruht auf der Voraussetzung, dass wir uns als verletzliche Wesen verstehen. Diese Dimension der normativen Bedeutsamkeit des personalen Körpers wird in ethischen Kriterienbestimmungen der Person ganz außer Acht gelassen, obwohl sie sich implizit in jeder ethischen Frage vorfinden lässt."[23] Reichold sieht Normativität nicht allein in der Verletzlichkeit der leiblichen Existenz, sondern auch in der leibvermittelten Handlungsfähigkeit. Handlungen geschehen, wie das Wort bereits sagt, meist mit Händen.

12 Bonhoeffers ungewöhnliche Grundlegung der Menschenrechte

In seiner „Ethik" entwickelt Bonhoeffer Menschenrechte ganz anders als in der neuzeitlichen Tradition, aber auch ganz anders als im Christentum jahrhundertelang üblich genau aus dem Ansatz, dem wir hier nachdenken: aus dem leiblichen Leben. Im Kontext der Unterscheidung von Letztem und Vorletztem und dem im Bereich des Vorletzten zu würdigenden und dem Letzten den Weg bereitenden Natürlichen, erscheint „das Recht auf das leibliche Leben"[24]. C. Schliesser hat in ihrer Analyse der Argumentation die Erkenntnis zur Geltung gebracht, dass Bonhoeffer zweidimensional argumentiert: einmal nichttheologisch mit der Tradition des *ius nativum* und theologisch mit der Entscheidung Gottes für das leibliche Leben und der Verfügungsgewalt Gottes über den Leib. Die theologische Rede ist dabei stets wechselnd mit der nicht-theologischen eingesetzt und vertieft und begründet diese. „Bonhoeffer begins by discussing the well-known suum cuique, going back to Roman law and before, and the ius nativum, before coming to ,[t]he most primordial right of natural life [namely] the protection of the body from intentional injury, violation, and killing'. I [sc. C. Schliesser] would like to use his discussion of this right as an example to demonstrate Bonhoeffer's way of reasoning here, which is two dimensional. He always strives to give a theological as well as a nontheological grounding for the right he discusses."[25]

---

[22] Ebd.

[23] AaO., 113.

[24] *D. Bonhoeffer*, Ethik, zusammengestellt u. hg. v. E. Bethge (Kaiser-Taschenbücher 34), München 1988[12], 165.

[25] *C. Schliesser*, „The First Theological-Ethical Doctrine of Basic Human Rights Developed by a Twentieth Century German Protestant Theologian". Dietrich Bonhoeffer and Human Rights, in: K. Busch Nielsen u.a. (Hg.), Dem Rad in die Speichen fallen. Das Politische in der Theologie Dietrich Bonhoeffers, Gütersloh 2013, 369–384, 374. Der Titel des Aufsatzes von C. Schliesser ist ein Zitat aus *H. E. Tödt*, Dietrich Bonhoeffers theologische Ethik und die Menschenrechte, in: *Ders.*, Theologische Perspektiven nach Dietrich Bonhoeffer, hg. v. E.-A. Scharffenorth, Gütersloh 1993, 138–145, 139.

In der Tat sind Bonhoeffers Ausführungen für an kantische Argumentationen gewohnte Leser eine große Überraschung: Bonhoeffer geht selbstverständlich vom Recht des leiblichen Lebens aus. „Das leibliche Leben, das wir ohne unser Zutun empfangen, trägt in sich das Recht auf seine Erhaltung. Es ist dies nicht ein Recht, das wir uns geraubt oder erworben hätten, sondern es ist im eigentlichen Sinn ‚mit uns geborenes‘, empfangenes Recht, das vor unserem Willen da ist, das im Seienden selbst ruht.“[26] Das Wechselspiel, auf das C. Schliesser aufmerksam gemacht hat, zwischen theologischer und nicht-theologisch-juristischer Argumentation, soll im Folgenden verfolgt werden. Nach der gerade zitierten nicht-theologischen Begründung vertieft Bonhoeffer sie theologisch: „Da es nach Gottes Willen menschliches Leben auf Erden nur als leibliches Leben gibt, hat der Leib um des ganzen Menschen willen das Recht auf Erhaltung.“[27] Um dann gleich wieder juristisch fortzufahren: „Da mit dem Tode alle Rechte erlöschen, so ist die Erhaltung des leiblichen Lebens die Grundlage aller natürlichen Rechte überhaupt und darum mit einer besonderen Wichtigkeit ausgestattet. Das ursprüngliche Recht des natürlichen Lebens ist die Bewahrung der Natur vor beabsichtigter Schädigung, Vergewaltigung und Tötung.“[28] Dann geht es wieder theologisch weiter: „Der Mensch ist ein leibliches Wesen und bleibt es auch in Ewigkeit. Leiblichkeit und Menschsein gehören untrennbar zusammen. So kommt der Leiblichkeit, die von Gott gewollt ist, als Existenzform des Menschen Selbstzwecklichkeit zu“[29].

Bonhoeffer hält im Folgenden fest, dass das leibliche Leben „sowohl Mittel zum Zweck wie Selbstzweck“[30] ist. Vielleicht spielt diese Formulierung darauf an, dass man in Analogie zu Kant formulieren könnte: ‚Du sollst dein leibliches Leben niemals bloß als Mittel, sondern stets auch als Zweck an sich selbst gebrauchen.‘ Bonhoeffer spricht sich zumindest in diesem Sinne für ein Recht aus auf „leibliche Freuden, ohne dass diese ohne weiteres einem höheren Zweck [sc. wie der Erhaltung der Arbeitskraft oder dem Zeugen von Kindern] untergeordnet werden müßten.“[31]

Aus dem perspektivenreichen Abschnitt sollen zwei Folgerungen und eine Relativierung wenigstens benannt werden. Die Relativierung des Rechts auf Bewahrung der leiblichen Existenz besteht darin, dass es für Bonhoeffer auch eine Freiheit und ein Recht zum Opfer des eigenen Lebens gibt. „Dem Recht auf Leben steht die Freiheit, das Leben als Opfer einzusetzen und hinzugeben, gegenüber. Im Sinne des Opfers also hat der Mensch Freiheit und Recht zum Tode, doch nur so, daß nicht die Vernichtung des eigenen Lebens, sondern das im Opfer erstrebte Gut Ziel des Lebenseinsatzes ist. Mit der Freiheit zum Tode ist dem Menschen eine unvergleichliche Macht gegeben.“[32] Bonhoeffers diesbezügliche Äußerungen verweisen nicht nur auf seinen eigenen Lebensweg, sie

---

[26] D. *Bonhoeffer*, Ethik (s. Anm. 24), 165.
[27] Ebd.
[28] AaO., 166.
[29] Ebd.
[30] Ebd.
[31] AaO., 167.
[32] AaO., 177.

machen auch deutlich, dass er, trotz aller Ablehnung des ‚Selbstmordes', das Riskieren und Opfern des Lebens als den entscheidenden Schritt des Menschen in die Freiheit einer ethischen Persönlichkeit – und in die Nachfolge Christi – ansah.

Auf zwei Implikationen von Bonhoeffers Grundlegung der Menschenrechte im Recht auf Fortbestand des leiblichen Lebens möchte ich besonders hinweisen. Für Bonhoeffer sind die leibbezogenen, sozialen Menschenreche offenbar grundlegender als die klassischen Freiheitsrechte (Religions- und Meinungsfreiheit). Die mit „dem leiblichen Leben zusammenhängenden Probleme des Wohnens, der Ernährung, der Kleidung, der Erholung, des Spieles, der Geschlechtlichkeit"[33] gewinnen an Bedeutung. Vor dem Hintergrund des Welthungers mit halbwegs sicheren Zahlen für 2007 mit 8,8 Millionen, die weltweit an Unterernährung gestorben sind – es sind mehr, als beim Holocaust ermordet wurden –, müsste heute die Orientierung an den Rechten des Leibes zu einer grundlegenden Umorientierung führen. Zum anderen ist bemerkenswert, wie Bonhoeffer die christliche Tiefendimension der Rede von Leib und Leben in seinen Text einbringt. Auch in der Bibel gehen die ethisch relevanten Aussagen über den Menschen von leibhaftigem Personsein aus.

13 Der ganze Mensch als lebendige leibliche Person in der Biblischen Ethik und die Trennung von Leib und Seele im Tod

Das Alte Testament und große Teile des Neuen Testaments gehen vom Menschen als leiblich-seelischer Einheit aus. Die Dissoziation der Seele vom Leib kommt biblisch vor, ist aber eine späte, durch Erfahrungen von Martyrium und Tod und durch hellenistische Einflüsse hervorgerufene Redeweise. Mt 10,28 ist ein Beleg für beide Einflüsse: „Und fürchtet euch nicht vor denen, die den Leib töten, doch die Seele nicht töten können; fürchtet euch aber viel mehr vor dem, der Leib und Seele verderben kann in der Hölle." Bemerkenswert ist, dass trotz der im Tod angenommenen Trennung, Leib und Seele wieder offensichtlich vereint, *ein* eschatologisches Schicksal haben. Möglicherweise steht bei dieser Stelle die auch im Judentum belegte Lehre von der Zusammenführung von Seele und Leib im Gericht im Hintergrund.

Besonders anschaulich und ethisch relevant ist die Erzählung in bab. Sanhedrin 91a/91b: „[sc. Der römische Kaiser] Antonius sagte zu Rabbi [sc. Jehuda HaNassi]: Leib und Seele können sich selbst von der Strafe befreien. Auf welche Weise? Der Leib sagt: Die Seele hat sich verfehlt, denn seit dem Tage, da sie sich von mir entfernt hat, liege ich doch im Grabe wie ein stummer Stein. Und die Seele sagt: der Leib hat sich verfehlt, denn seit dem Tage, da ich mich von ihm entfernt habe, fliege ich doch in der Luft herum wie ein Vogel. Er sagte zu ihm: Ich will dir ein Gleichnis erzählen. Womit ist dies zu vergleich? Einem König von Fleisch und Blut, der einen vorzüglichen Obstgarten hatte. Darin waren vorzügliche Frühfrüchte. Da setzt er zwei Wächter in den Garten ein, einen

---

[33] AaO., 167.

Lahmen und einen Blinden. Der Lahme sagt zum Blinden: Vorzügliche Frühfrüchte sehe ich in dem Obstgarten. Komm, laß' mich reiten, dann holen wir sie, um sie zu essen. Da ritt der Lahme auf dem Blinden, und sie holten diese und aßen sie. Nach einigen Tagen kam der Besitzer des Obstgartens. Er sagte zu ihnen: Wo sind denn die vorzüglichen Feldfrüchte? Der Lahme sagte zu ihm: habe ich denn Füße, um damit gehen zu können? Der Blinde sagte zu ihm: habe ich denn Augen, um sehen zu können? Was tat er? Er ließ den Lahmen auf dem Blinden reiten und bestrafte sie miteinander. So holt auch der Heilige, gelobt sei er, die Seele, lässt sie in den Leib schlüpfen und bestraft sie miteinander."[34] Die Geschichte zeigt schön, wie, bis in die jüdische Weiterentwicklung der biblischen Tradition hinein, auch dort, wo eine Trennung von Leib und Seele im Tod angenommen wird, die Notwendigkeit, Leib und Seele als Einheit zu sehen, festgehalten wird.

Ausführlicher bezeugt ist im Neuen Testament freilich nicht die Trennung von Leib und Seele im Tod, sondern die Verwandlung des sterblichen Leibes, der als Same begriffen wird, in ein σῶμα πνευματικόν (1 Kor 15,35–57). Gleich welcher Tradition man folgt, Bonhoeffers Aussage, dass Gott den Menschen in Ewigkeit als leiblichen Menschen will, ist biblisch begründet.

14 Leben und Leib als Träger von Normativität in der Bibel

Ebenso gut biblisch begründet ist Bonhoeffers Rede vom Recht des leiblichen Lebens. Das Tötungsverbot wird in Gen 9,5 f. nicht auf autonome Subjektivität, sondern auf dem Leben, das seinen leiblichen Sitz im Blut hat, gegründet: „Auch will ich euer eigen Blut, das ist das Leben eines jeden unter euch, rächen […]. Wer Menschenblut vergießt, dessen Blut soll auch vergossen werden: denn Gott hat den Menschen zu seinem Bilde gemacht." Die Gottebenbildlichkeit, theologisch oft auf die unkörperliche, geistige Natur des Menschen bezogen und mit kantischen Argumentationen für Menschenwürde verknüpft, ist in Genesis eine leibliche Realität. Das hebräische Wort für Bild (ṣælæm) steht für ein „plastisches oder reliefiertes Standbild oder Figürchen"[35], das eine Ähnlichkeit (hebr. demūt) mit dem ebenfalls leiblich vorgestellten Gott besitzt.[36] Auch wenn die leiblichen Attribute Gottes, wie seine Augen oder Hände, als Metaphern zu verstehen sind, so bleibt der Ort der Ebenbildlichkeit im ursprünglichen alttestamentlichen Verständnis der menschliche, geschlechtlich differenzierte Leib und gerade nicht die vernünftige Seele.

Die theologisch-ethische Bedeutung des menschlichen Leibes kann hier nicht ausgeschöpft werden. Hingewiesen sei nur auf die Rede von der Inkarnation (σάρξ) des Logos im Johannesevangelium, und von der breiten ethischen Bedeutung der Rede von σῶμα

---

[34] Übersetzung nach R. Mayer (Hg.): Der Talmud, ausgewählt, übers. u. erkl. v. R. Mayer (Goldmann Taschenbuch 8665), München 1980[5], 645 f.

[35] *S. Schroer/T. Staubli*, Die Körpersymbolik der Bibel, 2. überarb. Aufl., Darmstadt 2005, 2.

[36] Vgl. aaO., 3–5.

ausgehend vom Abendmahl. Der 1. Korintherbrief löst gleich eine Reihe von Fragen aus der Gemeinde mit einer leibbezogenen Argumentation: Die Frage der Beziehungen zu Prostituierten (1 Kor 6,14–20), das Götzenopferfleisch (1 Kor 10,14–22) und Gegensätze in der Gemeinde betreffend unterschiedlicher Gaben (1 Kor 12,12–31).

15 Umstellung auf eine leibbezogene Theorie der Menschenwürde?

Nach dem Ausgeführten gibt es gute phänomenologische, theologiegeschichtliche (Bonhoeffer) und biblische Gründe, Menschenwürde auf dem Recht des leiblichen Lebens zu begründen. Besonders wichtig erscheint mir der Grund, dass Ethik und Recht sich auf die leiblich verfasste, raum-zeitliche Wirklichkeit beziehen und dort konkretisiert werden. Hinzu kommen auch weitere lebensgeschichtliche Evidenzen: Die Achtung vor der Menschenwürde anderer lernen Kinder meist im achtungsvollen und ehrenden Umgang mit dem Leib anderer Personen.

Trotz dieser Argumente muss eine Ethik leiblicher Personen in zahlreichen Kontexten wie etwa auch einer Relektüre des Grundgesetzes oder einer Diskussion über fast alle Fragen der angewandten Ethik zeigen, dass sie ebenso leistungsfähig oder leistungsfähiger ist als die auf der Autonomie von Subjekten beruhende Konzeption. Die Arbeit, diese Fragen zu behandeln, ist notwendig, um ethische Argumentation zur konkreten Wirklichkeit zu bringen. In diesem Themenfeld lassen sich auch zahlreiche innovative Diskussionen durchführen, was im kantischen Paradigma kaum noch möglich ist, weil hier fast alles schon mehrfach geschrieben und durchdacht worden ist. Im Folgenden können nur einige Bedenken und Chancen der Ethik leibbezogener Personen diskutiert werden.

16 Naturalistischer Fehlschluss und Sorge um übertriebene Rechte

Verhältnismäßig einfach ist es, dem Vorwurf des naturalistischen Fehlschlusses zu begegnen. Ein naturalistischer Fehlschluss liegt nur dann vor, wenn aus einer nicht normativen Aussage normative Folgerungen gezogen werden. Da der leibbezogene Ansatz der Ethik leibliche Personen als selbst bereits und von allem Ursprung an normative Entitäten auffasst, findet ein Schluss von normativen Aussagen auf normative Folgerungen statt, selbst wenn sprachliche Formulierungen manchmal wie ein Schluss von einer Seins-Formulierung auf eine Sollens-Formulierung klingen. Diese Überlegung verdeutlicht, dass nicht die Körper wertfreier naturwissenschaftlicher Forschung, sondern nur die Leiberfahrungen lebender Personen der Ausgangspunkt dieser Ethik sein können.

Die Rede von Rechten des Leibes erweckt das Bedenken, dass unrealistisch viele Rechte, wie etwa das Recht auf unbegrenzte medizinische Versorgung, geltend gemacht werden könnten. Ebenso erweckt diese Rede Erinnerungen an die Rede von der ‚Heiligkeit des Lebens‘, womit eine Unantastbarkeit gemeint sein kann, die in Fragen der Forschung mit embryonalen Stammzellen, der Abtreibung, der Sterbehilfe oder auch der Organspende zu sehr restriktiven Entscheidungen führen kann. Diese Konsequenzen sind freilich nicht zwingend. Leibliche Rechte müssen immer auf das in der leiblichen Welt Verfügbare bezogen sein. Es kann kein Recht auf eine Herztransplantation geben, wenn es keine Herzen gibt, die verpflanzt werden könnten. Es kann kein Recht auf Nahrung geben, wenn keine Nahrungsmittel vorhanden sind usw. Das Recht auf Gesundheit kann darum nur implizieren ein Recht auf eine gerechte Partizipation an den zur Verfügung stehenden Ressourcen des Gesundheitssystems und die Pflicht des Staates und aller anderen Akteure im Gesundheitswesen, diese Ressourcen angemessen zu anderen Aufgaben zu steigern.

Zum Recht des leiblichen Lebens gehört zudem auch ein Recht des Leibes, zu sterben und nicht gegen die leibliche Situation und gegen den Willen der Person am Leben gehalten zu werden. Nicht die Maximalmedizin, sondern das versöhnte Sterben einer leiblichen Person sind die Folgerungen einer leibbezogenen, theologischen Ethik des Lebensendes. Dies alles muss natürlich im Detail ausgeführt werden.

17 Leib und Umwelt: zur Frage der ökologischen Menschenrechte

Der Leib eines Menschen kann nur leben und gedeihen, wenn er bestimmte Umweltbedingungen vorfindet. Eine Ethik leiblicher Personen ist deshalb einer Ethik autonomer Subjekte überlegen, weil sie besser geeignet ist, um ökologische Menschenrechte zu formulieren. Diese Menschenrechte sind freilich erst anfänglich formuliert. In Artikel 3 der *Allgemeinen Erklärung der Menschenrechte* von 1948 wird „das Recht auf Leben, Freiheit und Sicherheit der Person" genannt. Weiter hat die AEMR soziale Rechte festgehalten, die auch ökologische Dimensionen besitzen, besonders in Artikel 25: „Das Recht auf einen für die Gesundheit und das Wohlergehen von sich und seiner Familie angemessenen Lebensstandard, einschliesslich ausreichender Ernährung, Bekleidung, Wohnung, ärztlicher Versorgung und notwendiger sozialer Leistungen". Der *Internationale Pakt über wirtschaftliche, soziale und kulturelle Rechte* von 1966 geht in Artikel 12 noch einen Schritt weiter in die Richtung ökologischer Menschenrechte: „Die Vertragsstaaten erkennen das Recht eines jeden auf das für ihn erreichbare Höchstmaß an körperlicher und geistiger Gesundheit an." Unter den von den Vertragsstaaten zu unternehmenden Schritten nennt er „die Verbesserung aller Aspekte der Umwelt- und der Arbeitshygiene".[37] Bedenkt man, wie stark das Recht auf Leben durch starke, lebensverkürzende Umweltverschmutzung, das Recht auf freie Meinungsäußerung durch Lärm oder das Recht auf Gesundheit durch unzureichende hygienische Bedingungen unterminiert werden können und tatsächlich unterminiert werden, verwundert es, dass leibbezogene, ökologische Rechte nicht bereits viel stärker diskutiert werden.

---

[37] Alle Zitate aus: Bundeszentrale für politische Bildung (Hg.), Menschenrechte. Dokumente und Deklarationen (Schriftenreihe 397), 4. aktualisierte u. erweiterte Aufl., Bonn 2004, 55, 58 u. 63 f.

Die Anerkennung solcher Rechte würde auch in Deutschland einige Aspekte des Lebens stärker verändern, so beispielsweise im Hinblick auf das Rauchen in Gegenwart von Kindern und während der Schwangerschaft.[38] In Deutschland sind 8 Millionen Kinder und 170.000 Säuglinge zum Passivrauchen gezwungen, da sie meist keine vertretbare andere Wahl haben als im Bauch ihrer Mutter bzw. im Elternhaus zu leben. Zu den wissenschaftlich nachgewiesenen Folgen des Rauchens während der Schwangerschaft gehören: ein deutlich niedrigeres Geburtsgewicht, ein um 60% höheres Risiko für Herzfehler, ein höheres Asthma- und Diabetesrisiko und ein höheres Risiko des plötzlichen Kindstods. Raucht die Mutter während der Schwangerschaft mehr als 10 Zigaretten täglich, dann erhöht sich das Risiko um das 7-fache, wird im Elternhaus geraucht, erhöht sich das Risiko um das 2–4-fache, dass plötzlicher Kindstod eintritt. Weltweit sterben durch Passivrauchen nach einer Studie der WHO aus dem Jahr 2010[39] ca. 600.000 Menschen, davon 165.000 Kinder. In Deutschland sind es 3.300 Menschen, davon etwa 500 Kinder und Säuglinge. Die Zahl der Toten durch Passivrauchen in Deutschland ist größer als die durch alle illegalen Drogen zusammen oder durch Asbestbelastung. Nimmt man ökologische Menschenrechte ernst, dann besteht hier Handlungsbedarf. Freilich wird eine Ethik leiblicher Personen wahrscheinlich kein umfassendes Rauchverbot fordern, sondern auf einen gewissen Ausgleich mit dem Recht auf leibliche Freuden, das manche Raucherinnen und Raucher für sich in Anspruch nehmen, bedacht sein müssen.

18 Tierrechte

Andere Rechte, die sich ausgehend von einer Ethik leiblicher Personen leichter thematisieren lassen, sind Rechte von Tieren. Leiblichkeit verbindet Menschen und Tiere, und wenn menschlichem leiblichen Leben Rechte zuerkannt werden, dann kann dies auch bei Tieren der Fall sein. Wenn sich mit ihnen nicht, oder allenfalls mit einigen wenigen Primaten, die vernünftige Freiheit als gemeinsames Bindeglied behaupten lässt, so gilt doch für die gesamte tierische und pflanzliche Natur, dass sie wie wir leibliches Leben besitzen. A. Schweitzers Rede von der ‚Ehrfurcht vor dem Leben' lässt sich in eine Ethik leibbezogener Personen leichter integrieren als in eine auf autonome Subjekte rekurrierende Ethik.[40]

---

[38] Die folgenden Angaben stützen sich auf: Deutsches Krebsforschungszentrum (Hg.), Passivrauchende Kinder in Deutschland – Frühe Schädigungen für ein ganzes Leben (Rote Reihe Tabakprävention und Tabakkontrolle 2), 4. überarb. Aufl., Heidelberg 2004, online unter (direkter Download): http://tinyurl.com/Passivrauchen-Kinder (Stand: 31.7.2015).

[39] Vgl. den Abstract der Studie: *M. Öberg* u.a., Worldwide burden of disease from exposure to secondhand smoke: a retrospective analysis of data from 192 countries, 26.11.2010, online unter (direkter Download): http://tinyurl.com/WHO-Secondhand-Smoke (Stand: 31.7.2015).

[40] Zur Leistungsfähigkeit des Befähigungsansatzes für die Tierethik vgl. *A. Käfer*, Den Tieren Gerechtigkeit. Martha Nussbaums Tierethik als Prüfstein für ihren „capabilities approach", in: ZEE 56 (2012) 2, 116–128.

19 Zum Schluss

Im Unterschied zu einer Ethik autonomer Subjekte scheint eine Ethik leiblicher Personen nicht wenige Vorzüge zu haben. Sie ist phänomen-näher, bekommt den Ort ethischer Entscheidungen konkreter in den Blick und ist besser mit biblischen Traditionen verbunden. Der Ort ethischer Entscheidungen in der raum-zeitlichen Welt kann, wenn man das Recht auf leibliches Leben ins Zentrum rückt, nicht allein durch zeitliche Priorität der Inbesitznahme oder durch Geld geregelt werden. Plätze in einem öffentlichen Verkehrsmittel als junger Mensch einzunehmen, bloß weil man zuerst da war, wenn gleichzeitig ältere Menschen deutlich aufgrund ihrer leiblichen Konstitution unter den Transportbedingungen leiden, ist unhöflich und auch unethisch. „Das Geld, indem es die Eigenschaft besitzt, alles zu kaufen, indem es die Eigenschaft besitzt, alle Gegenstände sich anzueignen, ist also der Gegenstand in eminentem Besitz. Die Universalität seiner Eigenschaft ist die Allmacht seines Wesens; es gilt daher als allmächtiges Wesen […] das Geld ist der Kuppler zwischen dem Bedürfnis und Gegenstand, zwischen dem Leben und dem Lebensmittel des Menschen. Was mir aber mein Leben vermittelt, das vermittelt mir auch das Dasein der andren Menschen für mich. Das ist für mich der andre Mensch."[41] Wenn K. Marx so in den *ökonomisch-philosophischen Manuskripten* von 1844 Geld als allmächtiges Band des Lebens beschreibt, dann trifft diese Beschreibung zwar die Realität großer Teile der damaligen und heutigen Gesellschaft, in der Menschen und ihr Bedarf durch die durch Geld ausgedrückte Nachfrage nach Gütern ersetzt werden. Marx übersieht aber die leibliche Bindung zwischen Menschen untereinander und zwischen Menschen und Gott, von der theologische Ethik zentral zu reden hat.

Eine Ethik leiblicher Personen betont zudem stärker die leibbezogenen Rechte des Menschen und kann ökologische Menschenrechte und Tierrechte wahrscheinlich eleganter formulieren als Ethiken der autonomen Subjektivität. Reizvoll kann freilich auch eine leibbezogene Reformulierung von klassischen Freiheitsrechten sein. Das Recht der freien Meinungsäußerung verlangt beispielsweise ein akustisches Umfeld, in dem diese Meinungsäußerung auch gehört werden kann, das Recht der Versammlungsfreiheit Orte, an denen man sich versammeln kann und das Recht der Religionsfreiheit leibliche Kontakte mit religiösen Menschen unterschiedlicher Konfessionen und Religionen.

Mit seiner Rede vom leiblichen Personsein hat E. Herms mit angeregt, in dieser Richtung zu denken. Dafür sei ihm sehr herzlich gedankt.

---

[41] I. Fetscher (Hg.), Karl Marx. Das große Lesebuch (Fischer Klassik), Frankfurt a. M. 2008, 137.

Friedrich Lohmann

ALLES EINE FRAGE DER KULTUR?

Über das Verhältnis von kultureller und leiblicher Verfasstheit des Menschen

1 Einleitung

Gesellschaft gestalten – mit dieser bündigen Formel lässt sich, E. Herms folgend, die Aufgabe der christlichen Sozialethik als einer Ethik für leibhafte Personen zusammenfassen.[1] Im kritisch-konstruktiven Gespräch mit der philosophischen Ethik und mit Forschungsergebnissen und -debatten in den übrigen Sozialwissenschaften reflektiert die christliche Ethik als Sozialethik über das argumentative Fundament, auf dem dann die gesellschaftlichen Akteure in Politik, Recht und Zivilgesellschaft ihre konkrete Gestaltungsarbeit vollziehen – oder zumindest, wenn sie ihre Arbeit verantwortlich wahrnehmen, vollziehen sollten. Dabei ist die wechselseitige (Teil-)Aufgabenbestimmung – hier Reflexion, dort Vollzug – keine Einbahnstraße; schon deshalb nicht, weil die Ethikerinnen und Ethiker selbst leibhafte Personen und als solche in eine raumzeitlich verfasste politisch-gesellschaftliche Kultur eingebunden sind; und natürlich auch deshalb nicht, weil die gesellschaftlichen Akteure ihre Aufgabe ohne eigene Reflexionsarbeit nicht angemessen verrichten können.[2]

---

[1] *E. Herms*, Gesellschaft gestalten. Beiträge zur evangelischen Sozialethik, Tübingen 1991. Entscheidende gesellschaftstheoretische Voraussetzung ist dabei: „Die Veränderungen von Gesellschaft, die sich aus der Interaktion ihrer Glieder ergeben, sind nicht Schicksal, sondern das Resultat eines verantwortlichen Gestaltungsprozesses." AaO., VII. Anders gesagt: „Mit dem Gestaltungscharakter der Gesellschaftsentwicklung wird auch unterstellt, daß sich die Teilnahme an Interaktion allseits als *Handeln* vollzieht." AaO., IX. Und diese These wiederum ist begründet in einer „weltanschaulich-religiösen Gewißheit über Ursprung, Verfassung und Bestimmung" der Existenz des Menschen (aaO., XII), nach der diese Existenz „wesentlich eine leibhaft-soziale" ist. AaO., XIII. Denn es geht in Handlungen als „Wahlakten (Entscheidungen) stets um *leibhaftes Verhalten*, weil wir als Individuen zusammen mit unseresgleichen in einer gemeinsamen Welt leben, und das heißt eben: leibhaft in der Welt sind." AaO., X. Aufgrund der leiblichen Verfasstheit des Menschen ist Aktion immer auch *Inter*aktion, und daher „ist Ethik in concreto immer Sozialethik." AaO., XII. – Diese hier nur exemplarisch vorgetragenen Überlegungen von Herms zeigen, welch große Bedeutung die anthropologische Bestimmung – bzw. in der Herms'schen Diktion genauer: das Bestimmtsein – der Menschen als „leibhafter Personen" (aaO., VII u.ö.) für die Konzeption seiner gesamten Ethik hat.

[2] M. Walzer spricht zutreffend von einem „two-way movement" zwischen Reflexion und Vollzug in der Politik: „For philosophy reflects and articulates the political culture of its time, and politics presents and enacts the arguments of philosophy. Of course, one-eyed philosophers distort what they reflect, and simple-minded and partisan politicians mutilate what they enact, but there can be no doubt about the two-way movement. Philosophy is politics reflected upon in tranquillity, and politics is philosophy acted out in confusion." *M. Walzer*, Justice Here and Now, in: F. S. Lucash (Hg.), Justice and Equality Here and Now, Ithaca (NY)/London 1986, 136–150, 136.

Eine der gegenwärtig brennendsten gesellschaftlichen Gestaltungsaufgaben ist die der sozialethisch-politisch-rechtlichen Gestaltung von Multikulturalität, verstanden als „das Zusammenleben von Menschen verschiedener kultureller Herkunft innerhalb eines polit[ischen] Gemeinwesens"[3]. Obwohl es Multikulturalität in diesem Sinne gibt, seit Menschen miteinander über Grenzen hinweg in Beziehung treten, ist ihr Faktum und die damit zusammenhängende Gestaltungsherausforderung erst in den letzten Jahrzehnten in den Vordergrund getreten, und zwar im Zusammenhang mit zwei soziologischen Phänomenen, die es ebenfalls schon immer gegeben hat, die aber gegenwärtig eine Intensität entwickelt haben, die historisch einzigartig ist: Globalisierung und Migration. Aus einer spezifisch deutschen Sicht lässt sich die Globalisierung als primär nach außen hin gerichtete Bewegung verstehen, indem Ideen, Güter, aber auch Menschen – Handelsreisende, Mitarbeitende in der globalen Entwicklungszusammenarbeit, Auslandsdelegierte des Staates, Mitglieder multinationaler militärischer Verbände – den Weg aus Deutschland in die Welt antreten. Migration wiederum wird primär als umgekehrte Bewegung wahrgenommen, indem Menschen ‚zu uns kommen'. Eine solche Aufteilung im Sinne von Export und Import ist zwar naiv: Eine deutsche Auslandsdelegierte ist selbst zumindest vorübergehend eine Einwanderin, die sich in einer Aufnahmegesellschaft zurechtfinden muss; Globalisierung ist auch dort, wo keine Menschen wandern, ein reziproker Vorgang, bei dem nicht nur Waren, sondern auch Ideen und kulturelle Besonderheiten ausgetauscht und nicht bloß einseitig exportiert werden;[4] Migration ist aus Sicht der Herkunftsländer eine Exportbewegung, die auch dort eine Herausforderung darstellt, z.B. weil unter den Emigrierenden Mitglieder der gebildeten Mittelschicht und somit potentielle Leistungsträger überproportional vertreten sind. Obwohl naiv, macht die Aufteilung aber doch immerhin deutlich, dass es unzureichend ist, die gesellschaftliche Herausforderung durch Multikulturalität allein auf das Thema ‚Zuwanderung (nach Deutschland)' zu beschränken. Nicht nur die Zuwanderungsdebatte, sondern auch die Gestaltung der Globalisierung muss, wenn sie sachgerecht sein will, die kulturelle Verfasstheit des Menschen angemessen berücksichtigen.

---

[3] F. *Lohmann*, Art. Multikulturalität: I. Soziologisch und sozialethisch, in: RGG[4] 5 (2002) 1574 f., 1574.

[4] Am weitesten vorangeschritten ist der globale kulturelle Import nach Deutschland vielleicht hinsichtlich der Esskultur. Vgl. dazu die Fallstudie: M. *Trummer*, Pizza, Döner, McKropolis. Entwicklungen, Erscheinungsformen und Wertewandel internationaler Gastronomie am Beispiel der Stadt Regensburg (Regensburger Schriften zur Volkskunde/Vergleichenden Kulturwissenschaft 19), Münster u.a. 2009. Für die gewachsene Internationalität der deutschen Esskultur spricht auch eine Umfrage aus dem Jahr 2013, bei der nach der Länderküche des zuletzt besuchten Restaurants gefragt wurde. Zwar lag die deutsche Küche hier unangefochten an der Spitze, wurde aber mit 43% von weniger als der Hälfte der Befragten genannt. Vgl. http://tinyurl.com/Laenderkuechen-2013 (Stand: 31.7.2015). Kultureller Import findet auch hinsichtlich von Vornamen statt, wobei aber charakteristischerweise nicht global, sondern nur okzidental importiert wird. Vgl. *J. Gerhards*, Globalisierung der Alltagskultur zwischen Verwestlichung und Kreolisierung: Das Beispiel Vornamen, in: Soziale Welt 54 (2003) 145–162; Gerhards hat sich auch in anderen Veröffentlichungen mit dem Phänomen der Namensgebung beschäftigt. Schon die beiden genannten Studien verdeutlichen, wie unterschiedlich Globalisierung verlaufen kann und wie differenziert daher bei ihrer Reflexion zu verfahren ist.

Angemessene Gestaltung setzt Reflexion voraus, und die Reflexion der kulturellen Verfasstheit des Menschen muss diese in ein Gesamtbild der *conditio humana* einordnen, auf dessen Basis sich Güterabwägungen und Priorisierungsentscheidungen als wesentliche und unvermeidbare Bestandteile der Gestaltungsaufgabe argumentativ rechtfertigen lassen. Welchen Status nimmt die kulturelle Verfasstheit in diesem Gesamtbild des Menschen ein? In einer früheren Veröffentlichung habe ich den Vorschlag gemacht, sie im Zusammenhang der Leiblichkeit des Menschen zu reflektieren.[5] Dieser These möchte ich im vorliegenden Beitrag weiter nachgehen. Ihr Ausgangspunkt liegt in der Beobachtung, dass sich seit einigen Jahrzehnten in Politik, Recht und Ethik eine steigende Tendenz ablesen lässt, kulturelle Besonderheiten positiv zu würdigen und einen entsprechenden Respekt vor Diversität zum Programm zu machen, in Analogie zum Umgang mit leiblichen Besonderheiten. Auf Einleitung und einige terminologische Vorklärungen folgend werde ich diese Tendenz im dritten Abschnitt meines Beitrags illustrieren. Dabei werde ich von vornherein eine Problematisierung andeuten, indem ich den Abschnitt unter die Überschrift des ‚kulturellen Artenschutzes' stelle, eine kritisch gemeinte Formel, die J. Habermas geprägt hat[6] und die auf ihre Weise mit der Analogie zur Leiblichkeit arbeitet, indem sie die Debatte um kulturelle Diversität in den Kontext der biologischen Vielfalt rückt, auf die die Rede vom ‚Artenschutz' ursprünglich abzielt. Im vierten Abschnitt werde ich diese Problematisierung dann argumentativ füllen, indem ich zunächst die beiden entscheidenden Punkte ausführe, die für eine Analogiesetzung von kultureller und leiblicher Verfasstheit des Menschen sprechen, dann aber auch auf ihre Grenzen zu sprechen komme. Nicht *alles* ist eine Frage der Kultur. Wie sich auf dieser Basis eine Kritik der Kultur(en) – also gerade kein Artenschutz – ansatzweise gestalten könnte, wird Thema des fünften und abschließenden Abschnitts meiner Ausführungen

---

[5] Vgl. F. *Lohmann*, Art. Multikulturalität (s. Anm. 3), 1575: „Die kulturelle Verwurzelung kann insofern als Bestandteil der notwendigen raum-zeitlichen Verfaßtheit jedes Menschen, seiner Leiblichkeit, angesehen werden." Den kurzen Lexikonartikel, aus dem das Zitat stammt, habe ich als Habilitand am Institut für Ethik der Evangelisch-Theologischen Fakultät der Universität Tübingen geschrieben, auf Anfrage von dessen damaligem Leiter und Fachberater der RGG[4] für Ethik und angrenzende Sozialwissenschaften, E. Herms. Ich nutze die Gelegenheit, um ihm an dieser Stelle für das mir damals und auch sonst immer wieder entgegengebrachte Vertrauen und die in großer Unabhängigkeit gewährte Unterstützung meiner Arbeit zu danken. Das Thema der Multikulturalität hat mich seither akademisch nicht mehr losgelassen; der vorliegende Beitrag ist bereits der dritte Fachaufsatz, der in diesen thematischen Kontext gehört. E. Herms selbst hat sich der Thematik immer wieder unter den Stichworten der weltanschaulichen Neutralität (vgl. insbesondere die Tübinger Antrittsvorlesung: E. *Herms*, Die weltanschaulich/religiöse Neutralität von Staat und Recht aus sozialethischer Sicht, in: *Ders.*, Politik und Recht im Pluralismus, Tübingen 2008, 170–194) bzw. des Pluralismus (vgl. weitere Beiträge in der eben genannten Aufsatzsammlung sowie in: E. *Herms*, Zusammenleben im Widerstreit der Weltanschauungen, Tübingen 2007; schon zuvor: E. *Herms*, Theologie und Politik. Die Zwei-Reiche-Lehre als theologisches Programm einer Politik des weltanschaulichen Pluralismus, in: *Ders.*, Gesellschaft gestalten. Beiträge zur evangelischen Sozialethik, Tübingen 1991, 95–124) zugewandt. Man kann mit Fug und Recht von einem seiner Lebensthemen sprechen.

[6] J. *Habermas*, Begründete Enthaltsamkeit. Gibt es postmetaphysische Antworten auf die Frage nach dem „richtigen Leben"?, in: *Ders.*, Die Zukunft der menschlichen Natur. Auf dem Weg zu einer liberalen Eugenik?, erw. Ausg., Frankfurt a. M. 2002[4], 11–33, 13; ausführlicher: *Ders.*, Anerkennungskämpfe im demokratischen Rechtsstaat, in: C. *Taylor*, Multikulturalismus und die Politik der Anerkennung. Mit Kommentaren von Amy Gutmann (Hg.), Steven C. Rockefeller, Michael Walzer, Susan Wolf. Mit einem Beitrag von Jürgen Habermas (Fischer 13610), Frankfurt a. M. 1997, 147–196, 171–179.

sein. Auf diese Weise hoffe ich, einen Beitrag zur anthropologischen Profilierung von kultureller Vielfalt zu liefern, der ihre normative Einordnung ermöglicht und dadurch der Aufgabe der Gesellschaftsgestaltung angesichts der dominanten Phänomene von Migration und Globalisierung konstruktiv zuarbeitet.

2 Definitorische Vorklärungen: Kultur und Kulturen

Die Rede von Kultur und Kulturen ist heutzutage allgegenwärtig; das semantische Spektrum ist entsprechend groß; so groß, dass gerade in den Kulturwissenschaften – solche Paradoxien gehören zum heutigen Wissenschaftsbetrieb – über den Verzicht auf ihren Gebrauch diskutiert wird.[7] Demgegenüber spreche ich mich dafür aus, dass sich die Vielfalt der Verwendungen des Kulturbegriffs auf zwei Kernbedeutungen zurückführen lässt, deren Polarität in *einem* Begriff zu umfassen gerade phänomengerecht ist. Ich habe das an anderer Stelle näher begründet[8] und fasse das Verständnis von Kultur, das den folgenden Überlegungen zugrunde liegt, so zusammen:

(1) Der Begriff ‚Kultur' hat im Laufe der Geschichte seiner Verwendung eine erhebliche Erweiterung seines Bedeutungsspektrums erfahren, die durchaus als Wendung ins Gegenteil interpretiert werden kann: Ursprünglich als Gegenbegriff zur feststehenden Natur den menschlichen Errungenschaften vorbehalten, in denen sich der Mensch in der Freiheit seines Geistes ‚kultiviert', wurde der Begriff unter maßgeblichem Einfluss der ursprünglich in der Ethnologie beheimateten Rede von Kulturen – im Plural, weil einzelnen Populationen charakteristisch zugeordnet – selbst im Sinne einer unverrückbaren Prägung naturalisiert. Anstatt nun aber ein solches naturalisiertes Verständnis von Kultur als „Schicksal"[9] definitorisch zu machen und Kultur allein als „die *kollektive Programmie-*

---

[7] Vgl. *C. Hann*, Weder nach dem Revolver noch dem Scheckbuch, sondern nach dem Rotstift greifen: Plädoyer eines Ethnologen für die Abschaffung des Kulturbegriffs, in: Zeitschrift für Kulturwissenschaften 1 (2007) 125–134; die Reaktionen auf Hanns Polemik im entsprechenden Band, 135–146; sowie: *J. Standke*, Ist der Kulturbegriff noch zu retten? Beobachtungen zu einer Kontroverse in den Kulturwissenschaften, in: Ders./T. Düllo (Hg.), Theorie und Praxis der Kulturwissenschaften (culture – discourse – history 1), Berlin 2008, 35–57; *S. Beck*, Vergesst Kultur – wenigstens für einen Augenblick! Oder: Zur Vermeidbarkeit der kulturtheoretischen Engführung ethnologischen Forschens, in: S. Windmüller/B. Binder/T. Hengartner (Hg.), Kultur – Forschung. Zum Problem einer volkskundlichen Kulturwissenschaft, Berlin 2009, 48–68; *W. Leimgruber*, Entgrenzungen. Kultur – empirisch, in: R. Johler u.a. (Hg.), Kultur_Kultur. Denken. Forschen. Darstellen. 38. Kongress der Deutschen Gesellschaft für Volkskunde in Tübingen vom 21. bis 24. September 2011, Münster u.a. 2013, 71–85. Auch in der Philosophie gibt es eine entsprechende Zurückhaltung gegenüber dem Kulturbegriff. Vgl. *R. Jaeggi*, Kritik von Lebensformen (stw 1987), Frankfurt a. M. 2014, 76: „Doch selbst wenn der Begriff der Kultur der Sache nach der vielleicht nächste und wichtigste Verwandte des Lebensformbegriffs ist, ist mit dem Verweis auf ihn insofern nicht viel gewonnen, als er selbst ‚für seine Unklarheit berüchtigt' ist und immer unschärfer zu werden droht."

[8] Vgl. *F. Lohmann*, Interkulturelle Kompetenz inner- und außerhalb militärischer Strukturen, in: T. Bohrmann/K.-H. Lather/Ders. (Hg.), Handbuch militärische Berufsethik. Bd. 2: Anwendungsfelder, Wiesbaden 2014, 93–118, 98–105.

[9] *F. Zakaria*, Culture Is Destiny. A Conversation with Lee Kuan Yew, in: Foreign Affairs 73 (1994) 109–126.

rung des Geistes, die die Mitglieder einer Gruppe oder Kategorie von Menschen von einer anderen unterscheidet", zu verstehen,[10] erscheint es angemessener, den ursprünglichen Bezug des Kulturbegriffs auf menschliche Gestaltungsleistungen im Auge zu behalten – alle Kulturen der Welt, so sehr sie u.U. auch als unpersönliche ,Programmierungen' erscheinen mögen, sind derartige Gestaltungsleistungen – und in die Definition einzubeziehen. Mein Definitionsvorschlag, der beide Dimensionen des Kulturbegriffs zu integrieren sucht, lautet: *Kultur ist die zur Gewohnheit gewordene, in Handlungen geäußerte Gestaltung des Lebens oder eines Lebensbereichs.*

(2) Diese Definition ist auch insofern integrierend, als sie eine zweite begriffsgeschichtliche Erweiterung der Rede von Kultur, die ebenfalls auf den ersten Blick als Wendung ins Gegenteil erscheint, konstruktiv aufnimmt. Ursprünglich den hochkulturellen, im Sinne eines *Triebverzichts*[11] wirkenden Errungenschaften vorbehalten, hat sich parallel zur Naturalisierung auch eine Vulgarisierung des Kulturbegriffs vollzogen: ,Alltagskultur' lautet das neue Stichwort, das durchaus scheinbare Unkulturen wie die Fast-Food-Kultur oder die Popkultur mit umfassen kann. Auch hier erscheint es mir wenig sachgemäß, in Reaktion auf diese begriffsgeschichtliche Entwicklung den Antagonismus beider Kulturverständnisse in den Vordergrund zu rücken, indem eine Rückkehr zum Verständnis allein im Sinne einer Hochkultur propagiert oder zumindest in Form der Unterscheidung einer Kultur$_1$ und Kultur$_2$ die Unvereinbarkeit beider Verständnisse und der dahinter stehenden Phänomene in den Vordergrund gerückt wird.[12] Stattdessen ist

---

[10] *G. Hofstede/G. J. Hofstede*, Lokales Denken, globales Handeln. Interkulturelle Zusammenarbeit und globales Management (Beck-Wirtschaftsberater), München 2006³, 4. Diese Definition aus einem mehrfach aufgelegten Buch steht hier stellvertretend für viele andere, die den sozialen und determinierenden Aspekt von Kultur (über-) betonen (vgl. Anm. 55). Kritisch dazu: *U. Beck*, Der kosmopolitische Blick oder: Krieg ist Frieden (Edition Zweite Moderne), Frankfurt a. M. 2004, z.B. 105: „Die soziale Prädetermination des Individuums, die auch die klassische Soziologie bis heute prägt, wird vom kosmopolitischen Blick aufgebrochen und aufgehoben." Beck weist mit Recht darauf hin, dass sich ein solcher Kultur-Essentialismus bei Gegnern *und* Befürwortern des Multikulturalismus finden lässt.

[11] So lautet das entscheidende Stichwort in Freuds Kulturdeutung. Vgl. *S. Freud*, Das Unbehagen in der Kultur, in: *Ders.*, Werke aus den Jahren 1925–1931 (*S. Freud*, Gesammelte Werke 14), Frankfurt a. M. 1999, 419–506.

[12] Für das erste vgl. etwa *L. R. Kass*, The Hungry Soul. Eating and the Perfecting of Our Nature, Chicago/London 1999; *R. Scruton*, Culture Counts. Faith and Feeling in a World Besieged, New York 2007. Eine Unterscheidung von Kultur₁ und Kultur₂ findet sich bei: *G. Hofstede*, Interkulturelle Zusammenarbeit. Kulturen – Organisationen – Management, Wiesbaden 1993, 18 f.; *M. Moxter*, Kultur als Lebenswelt. Studien zum Problem einer Kulturtheologie (HUTh 38), Tübingen 2000, 9 u. 310. D. Stanley hat zusätzlich einen dritten Aspekt von Kultur zur Geltung gebracht. Neben die „culture (S)" als „set of symbolic tools" und die „culture (C)" als „artistic and creative activity" tritt bei ihm die „culture (H)" als „heritage" in Kunst und Wissenschaft. Vgl. *D. Stanley*, The Three Faces of Culture: Why Culture Is a Strategic Good Requiring Government Policy Attention, in: C. Andrew u.a. (Hg.), Accounting for Culture. Thinking Through Cultural Citizenship (Governance Series), Ottawa 2005, 21–31. Stanley greift damit die wichtige Frage nach dem Umgang mit Kultur*gütern* auf, deren staatlicher und überstaatlicher Schutz in der Tat ein wichtiges ethisches und rechtliches Problem darstellt, das gegenwärtig insbesondere auf der Ebene der UNESCO diskutiert wird. Vgl. *K. Odendahl*, Kulturgüterschutz. Entwicklung, Struktur und Dogmatik eines ebenenübergreifenden Normensystems (Jus Publicum 140), Tübingen 2005; S. Borelli/F. Lenzerini (Hg.), Cultural Heritage, Cultural Rights, Cultural Diversity. New Developments in International Law (Studies in Intercultural Human Rights 4), Leiden 2012. Kulturen materialisieren sich unweigerlich in Gütern, die dann als ,Erbe' mit entsprechendem Respekt zu behandeln sind. Dennoch sollten sie – gegen Stanley –

obige Definition bewusst weit formuliert. Auch die Popkultur und das Eintauchen in sie kann eine freiheitliche Gestaltungsleistung sein; jedenfalls *a priori* nicht weniger als die Kultur der Vernissagen und Lyriklesungen, die aus dieser Warte als ein Teil der Alltagskultur erscheint, nicht als deren Gegenbild. Für eine solche integrative Sicht sprechen auch die Anteile ganz alltäglicher Interessen, die in jeder noch so elitären Hochkultur kritisch aufgedeckt werden können, wie in der neueren Kulturtheorie P. Bourdieu und die britischen Cultural Studies unabhängig voneinander gezeigt haben.

(3) Indem die vorgeschlagene Definition auf den Praxisaspekt von Kultur abhebt, distanziert sie sich von einem Kulturverständnis, das im Anschluss an M. Weber und C. Geertz Kulturen primär als Weisen der Welt- und Selbst*deutung* versteht. Zweifellos enthalten Kulturen immer ein solches Moment der Deutung, ja sind die Handlungen, die eine Kultur charakterisieren, immer auch Resultat von Deutungsvollzügen. Dennoch sind Kulturen im definitorischen Unterschied zu Weltanschauungen primär Praktiken, und es würde gerade für Kulturen mit ihrem stets vorhandenen Anteil an Habitualisierung zu kurz greifen, wenn man das Verhältnis von Deutung und Praxis einlinig bestimmen wollte.[13] Man würde damit Einflüsse der eingeübten Praxis auf die Welt- und Selbstdeutung, die in umgekehrter Richtung erfolgen, unterschätzen. So stellt die kulturelle Praxis des Städtebaus zwar den Reflex einer bestimmten Sicht auf Welt und Mensch dar; einmal vollzogen, wirkt das praktizierte Zusammenwohnen in einer städtischen Agglomeration aber zugleich als Katalysator für neue Deutungsperspektiven. Auch mit dieser *praxeologischen* Akzentsetzung greife ich Entwicklungen in der neueren Kulturtheorie auf.[14] Zurückhaltend bin ich demgegenüber bei dem gleichfalls aktuell beliebten Zugang

---

nicht in die Definition von Kultur aufgenommen werden. Eine Künstlerin schafft Kunstwerke, in denen sich ihre Identität ausspricht; sie ist aber in ihrer Identität von ihren künstlerischen Schöpfungen zu unterscheiden.

[13] In dieser Gefahr stehen zumal theologische Kulturverständnisse, die die hermeneutische Wendung, die die deutschsprachige Theologie im 20. Jahrhundert genommen hat, nachvollziehen. So versteht M. Moxter die Kultur als Lebenswelt, und damit als „*Hintergrund* von Gewohnheiten", nicht als diese selbst. *M. Moxter*, Kultur als Lebenswelt (s. Anm. 12), 283 (Hervorhebung F. L.). Und auch E. Herms macht sich eine entsprechende Hintergrund-/Vordergrund-Logik mit Schwerpunktsetzung auf dem Deutungshintergrund zu Eigen, wenn er den gesellschaftlichen Pluralismus primär als weltanschaulichen Pluralismus versteht. Zwar vertritt Herms durchaus einen praxisbezogenen Kulturbegriff „als praktischer Gestaltung von Gesellschaft und Welt". *E. Herms*, Was begründet den Zusammenhalt und die Zukunftsfähigkeit unserer Gesellschaft?, in: *Ders.*, Zusammenleben (s. Anm. 5), 118–133, 128. *De facto* verblasst aber dieser Gesamtzusammenhang praktischer Gestaltung in Herms' Theorie zur (bloßen) „Ethosgestalt" einer voraus liegenden Anschauung von Welt und Mensch. Vgl. z.B. *E. Herms*, Zusammenleben im Widerstreit der Menschenbilder. Die christliche Sicht, in: *Ders.*, Zusammenleben (s. Anm. 5), 102–117, 115: „Es kann leitkräftige Menschenbilder nur im Plural geben – und folglich die durch solche Leitbilder begründeten [!] Muster der Lebensführung (oder Ethosgestalten) auch nur im Plural." Zur Gleichsetzung von Ethosgestalten und Kulturen vgl. aaO., 103.

[14] Vgl. z.B. *A. Reckwitz*, Die Transformation der Kulturtheorien. Zur Entwicklung eines Theorieprogramms, Studienausg., Weilerswist 2012². Die entscheidende Pointe von Reckwitz' Rekonstruktion des Transformationsprozesses besteht in der These, dass sowohl die (neo-)strukturalistischen als auch die interpretativen Kulturtheorien in eine kulturtheoretische „Theorie sozialer Praktiken" münden. *W. Leimgruber*, Entgrenzungen (s. Anm. 7), 74, stellt heraus: „Die Analyse des handelnden Menschen in seiner körperlichen Verankerung, seiner sozialen Routine, seiner mentalen Struktur und seiner materiellen Um-

zu den Kulturen über den Begriff der *Lebensformen*[15], weil auch er suggeriert, es gehe bei der sozialen Praxis nur um die *Formung* eines unabhängig von dieser Praxis bereits Feststehenden, namentlich *substantieller* Wertvorstellungen. Eine solche Aufteilung nach Form und Inhalt wäre nicht phänomengerecht, wie sich wiederum am Beispiel urbanen Wohnens illustrieren lässt: Das Leben in einer US-amerikanischen *gated community* und das Leben in einer französischen *banlieue* sind zweifellos zunächst als unterschiedliche Formen städtischen Lebens erfassbar; sie sind aber zugleich jenseits der neutralen und technischen Begrifflichkeit der ‚Form' Spiegelbild und Katalysator höchst substantieller Werthaltungen. Genau für die geformten, auf das ganze Leben ausgreifenden, notwendig praktisch werdenden Haltungen in ihrer Vielgestaltigkeit zielt der Begriff der Kultur.

3 Kultureller Artenschutz?
Anerkennung kultureller Differenz als Leitwert in Politik, Recht und Ethik

3.1 Politik

„Deutschland ist seit jeher ein Land der kulturellen Vielfalt. Zu ihr gehört als integraler Bestandteil die Kultur der über 16 Millionen Menschen mit Migrationshintergrund. Die Vielfalt der Lebenswelten und Lebensstile in unserer Gesellschaft findet ihren Niederschlag in unterschiedlichen kulturellen Ausdrucksformen."[16] Die Bundesregierung greift das Thema Multikulturalität von zwei verschiedenen Seiten her auf. Einerseits wird es, wie in obigem Zitat aus dem Nationalen Aktionsplan Integration von 2012, im Zusammenhang der Frage nach der Integration von Menschen mit Migrationshintergrund thematisiert, die seit dem Ersten Integrationsgipfel 2006 und dem Nationalen Integrationsplan 2007 als „Schlüsselaufgabe" und politischer Arbeitsschwerpunkt angesehen wird.[17] Andererseits ist Multikulturalität ein Aspekt im Programm zur Förderung von Diversität, dem sich die Bundesregierung angeschlossen hat. Verschiedene Bundesbe-

---

welt […] ist das Zentrum eines praxeologischen Zugangs. Implizit ist diese Aussage auch eine Kritik an semiotischen Konzepten".

[15] Vgl. außer *R. Jaeggi*, Kritik (s. Anm. 7), noch: *H.-G. Heimbrock*, „Voll im Leben". Herausforderungen und Instrumente einer kulturoffenen Theologie, in: G. Kretzschmar/U. Pohl-Patalong/C. Müller (Hg.), Kirche Macht Kultur (VWGTh 27), Gütersloh 2006, 17–32; sowie: B. Liebsch/J. Straub (Hg.), Lebensformen im Widerstreit. Integrations- und Identitätskonflikte in pluralen Gesellschaften, Frankfurt a. M. 2003.

[16] Bundespresseamt (Hg.), Nationaler Aktionsplan Integration. Zusammenhalt stärken – Teilhabe verwirklichen, Berlin 2012, 463, online verfügbar unter (direkter Download): http://tinyurl.com/Nationaler-AP-Integration (Stand: 31.7.2015). Etwas weiter unten auf der Seite ist ausdrücklich von sowohl Alltags- als auch Hochkulturen die Rede.

[17] Vgl. Bundespresseamt (Hg.), Der Nationale Integrationsplan. Neue Wege – Neue Chancen, Berlin 2007, online verfügbar unter (direkter Download): http://tinyurl.com/Nationaler-Integrationsplan (Stand: 31.7.2015), 7: „Integration ist eine Schlüsselaufgabe unserer Zeit, die auch durch den demografischen Wandel immer mehr an Bedeutung gewinnt. Deshalb hat die Bundesregierung dieses Thema zu einem Schwerpunkt ihrer Arbeit gemacht."

hörden sind der Unternehmensinitiative *Charta der Vielfalt* beigetreten; ein Vertreter der Bundesregierung ist Mitglied von deren Vorstand.

Obwohl sich beide Ansatzpunkte, die auch im Koalitionsvertrag von 2013 erkennbar sind,[18] überlappen, sind sie doch nicht identisch: Das Engagement zugunsten von *diversity* greift zugleich kürzer und weiter als die Integration von Migrantinnen und Migranten, indem es primär auf einen Ausschnitt der Gesellschaft, die Welt der Erwerbsarbeit, bezogen ist, zugleich aber nicht nur kulturelle, sondern jede Form von Verschiedenheit im Blick hat, sofern sie Gegenstand von Diskriminierung am Arbeitsplatz sein könnte. Die Thematik der kulturellen Vielfalt liegt im Schnittpunkt beider Initiativen und wird dementsprechend in den ihnen *beiden* zugehörigen Gestaltungsprogrammen aufgegriffen.

Wenn dabei von der Bundesregierung für ein „gesellschaftliche[s] Selbstbild" geworben wird, das sich u.a. „durch Respekt vor und vor allem Freude an kultureller Vielfalt auszeichnet"[19], dann liegen verschiedene Argumente zugrunde. Im Sinne einer eher defensiven Strategie wird auf die „Legitimität kultureller Vielfalt"[20] und entsprechende rechtliche Bestimmungen – Diskriminierungsverbot, UNESCO-Konvention über den Schutz und die Förderung der Vielfalt kultureller Ausdrucksformen[21] – hingewiesen. Über die Erinnerung an diese rechtlichen Verpflichtungen hinaus werden sodann – die offensive Strategie – die Vorteile eines solchen Selbstbilds unterstrichen. Es gehe darum, „Unterschiede nicht nur zuzulassen, sondern die damit verbundenen Potenziale produktiv zu machen"[22]. ‚Freude', ‚Chance' und ‚Bereicherung' sind einige der durchweg positiv besetzten Vokabeln, die in diesem Sinne werbend gebraucht werden. Es fehlt auch nicht der aus der Bildungs- und Forschungspolitik der Bundesregierungen seit G. Schröder sattsam bekannte Hinweis auf wirtschaftliche Standortvorteile; in diesem Fall bezogen auf den *brain drain*, den sich ein kulturell geöffnetes Deutschland zunutze machen kann.[23]

---

[18] Vgl. Deutschlands Zukunft gestalten. Koalitionsvertrag zwischen CDU, CSU und SPD. 18. Legislaturperiode, online verfügbar unter (direkter Download): http://tinyurl.com/Koalitionsvertrag-2013 (Stand: 31.7.2015), 106: „Zur Willkommens- und Anerkennungskultur gehört die interkulturelle Öffnung von Staat und Gesellschaft. Wir setzen uns dafür in allen Lebensbereichen ein, insbesondere im Bereich des ehrenamtlichen Engagements (z. B. Feuerwehr, Rettungsdienste) und der Kultur, im Sport und im Gesundheits- und Pflegebereich. Wir begreifen Vielfalt als Chance und werden deshalb die Charta der Vielfalt sowie den ‚Diversity'-Gedanken in der Wirtschaft und gemeinsam mit der Wirtschaft weiter stärken. Wir wenden uns gegen jede Form der Diskriminierung."

[19] BPA (Hg.), Nationaler Aktionsplan Integration (s. Anm. 16), 359.

[20] AaO., 464.

[21] Vgl. z.B. aaO., 463: „Die Länder bekennen sich zum Ziel des UNESCO-Übereinkommens über den Schutz und die Förderung der Vielfalt kultureller Ausdrucksformen (2005); sie schaffen die Voraussetzungen, dass ‚Kulturen sich entfalten und frei in einer für alle Seiten bereichernden Weise interagieren können' (Artikel 1 des Übereinkommens)."

[22] AaO., 359.

[23] Vgl. aaO., 463: „In der Kunst sind weltweiter Austausch und die Neugier auf Fremdes und Neues die Regel. Ein vielfältiges und weltoffenes Kulturangebot ist ein wichtiger Faktor für die Lebensqualität und die internationale Anziehungskraft Deutschlands. Es ist zugleich Voraussetzung für eine florierende Kultur- und Kreativwirtschaft, die weltweit an Bedeutung gewinnt." Vgl. auch die Aussagen auf der vom Bund betriebenen, an interessierte ausländische Fachkräfte gerichteten Internetplattform „Make it in Germany": „Germany is Diversity – Be part of it!", online verfügbar unter: http://tinyurl.com/Germany-is-Diversity (Stand: 31.7.2015). Auch unter den Argumenten für die Einführung eines *diversity management* spielen öko-

Dass „das bunte Deutschland"[24] und seine kulturelle Vielfalt neben all dem Positiven auch eine normative Herausforderung darstellen könnte, spielt in den einschlägigen Dokumenten der Bundesregierung nur eine Nebenrolle, etwa wenn *auch* auf die mit der Integration einhergehenden Kontroversen und Probleme hingewiesen[25] und der Konsens über die „Einhaltung grundlegender rechtsstaatlicher und demokratischer Prinzipien"[26] als Bedingung gelingenden interkulturellen Zusammenlebens genannt wird. Leitendes Prinzip der gegenwärtigen Bundespolitik ist nicht die Einschränkung, sondern die Förderung der Vielfalt kultureller Ausdrucksformen.

3.2 Recht

Diese politische Leitlinie fußt auf vier rechtlichen Säulen. Zunächst ist das Diskriminierungsverbot zu nennen, das in verschiedenen Menschen- und Grundrechtskonventionen, denen die Bundesrepublik Deutschland beigetreten ist, eine prominente Rolle spielt und in Form des Allgemeinen Gleichbehandlungsgesetzes seit 2006 unmittelbare Gesetzeskraft erlangt hat. Zwar wird in den genannten Rechtstexten eine *kulturelle* Diskriminierung nicht explizit angeführt; wenn aber etwa in Art. 21 der Charta der Grundrechte der Europäischen Union u.a. eine Diskriminierung aufgrund von Unterschieden der ethnischen oder sozialen Herkunft, der Sprache, der Religion oder der Weltanschauung, der politischen oder sonstigen Anschauung und der Zugehörigkeit zu einer nationalen Minderheit verboten wird, so ist klar, dass wir uns auf dem Gebiet der kulturellen Unterschiede befinden.

Eine zweite Formulierung aus einem rechtlich relevanten Menschenrechtsdokument, auf die sich eine Politik der Förderung kultureller Vielfalt stützen kann, ist Art. 27 des Internationalen Pakts über bürgerliche und politische Rechte von 1966. Dort wird festgelegt, dass Minderheiten, die auf dem Gebiet eines Staats leben, das Recht, „ihr eigenes

---

nomische Überlegungen eine gewichtige Rolle. Vgl. etwa Bundesagentur für Arbeit (Hg.), Leitfaden Diversity Management. Handlungsempfehlung zum Aufbau eines Diversity Managements in der Bundesverwaltung, Oktober 2012, online verfügbar unter: http://tinyurl.com/BA-Leitfaden-Diversity (Stand: 31.7.2015), 4: „Für die Einführung von Diversity Management sprechen nicht nur die gesellschaftlichen und demografischen Entwicklungen, sondern auch wirtschaftliche Argumente und die positiven Auswirkungen auf die Zusammenarbeit, die Motivation und Arbeitszufriedenheit der Mitarbeiterinnen und Mitarbeiter".

[24] So heißt es auf der in Anm. 23 genannten Website „Make it in Germany".

[25] BPA (Hg.), Nationaler Aktionsplan Integration (s. Anm. 16), 359: „Damit sich kulturelle Ausdrucksformen in ihrer Vielfalt entfalten, müssen sie sich ‚frei in einer für alle Seiten bereichernden Weise' entwickeln und austauschen können. Gleichwohl ist Integration kein harmonischer Prozess ohne Kontroversen und Probleme. Zu interkultureller Kompetenz gehört deshalb auch die Fähigkeit, mit Widersprüchen umzugehen."

[26] AaO., 360: „Das Neben- und Miteinander unterschiedlicher Kulturen kann im alltäglichen Leben selbstverständlich nur dann als bereichernd empfunden werden, wenn auch über die Einhaltung grundlegender rechtsstaatlicher und demokratischer Prinzipien Konsens besteht." Konkretisiert wird diese Aussage etwa an der Frage der Zwangsverheiratung von Frauen mit Migrationshintergrund: „Zwangsverheiratungen zerstören Lebensperspektiven und verletzen die Betroffenen auf schwerwiegende Weise in ihren Menschenrechten. Der Bund wird fortfahren, Zwangsverheiratungen zu bekämpfen und den Betroffenen zu helfen." BPA (Hg.), Der Nationale Integrationsplan (s. Anm. 17), 18.

kulturelles Leben zu pflegen", nicht verweigert werden darf.[27] In einem wichtigen Kommentar zu diesem Artikel hat der UN-Menschenrechtsausschuss im Jahr 1994 festgelegt, dass es hier um die Rechte von Individuen geht, dass sie auch bei nur vorübergehendem Aufenthalt – Arbeitsmigranten oder Besucher – zu gewähren sind und dass das Verbot der Verweigerung auch im Sinne von positiven Maßnahmen zur Förderung der Minderheiten und ihrer kulturellen, religiösen und sozialen Identität zu verstehen ist.[28]

Parallel zu Art. 27 des Internationalen Pakts über bürgerliche und politische Rechte formuliert Art. 15 des Internationalen Pakts über wirtschaftliche, soziale und kulturelle Rechte „the right of everyone [...] [t]o take part in cultural life"[29]. Auch hierzu gibt es einen Kommentar des entsprechenden UN-Ausschusses, der gleichfalls die nicht nur negative, sondern auch positive Aufgabe betont, die Staaten mit dem Beitritt zum Pakt hinsichtlich dieses Artikels übernehmen.[30] Interessant an diesem Kommentar ist auch die besonders ausführliche Definition von Kultur, die er stipuliert.[31]

Die vierte und wichtigste Rechtsquelle für eine Politik der Anerkennung kultureller Vielfalt ist aus der Arbeit der UNESCO hervorgegangen. Ursprünglich dem Gedanken

---

[27] Art. 27 des Pakts im Wortlaut: „In those States in which ethnic, religious or linguistic minorities exist, persons belonging to such minorities shall not be denied the right, in community with the other members of their group, to enjoy their own culture, to profess and practise their own religion, or to use their own language." ICCPR, 16.12.1966, online verfügbar unter: http://tinyurl.com/ICCPR-1966 (Stand: 31.7.2015).

[28] Vgl. *Human Rights Committee*, General Comment 23, Article 27 (Fiftieth session, 1994), U.N. Doc. HRI/GEN/1/Rev.1 at 38 (1994), online verfügbar unter: http://tinyurl.com/HRC-Comment-23 (Stand: 31.7.2015). Der in unserem Zusammenhang wichtigste Satz findet sich unter Punkt 9: „The Committee concludes that article 27 relates to rights whose protection imposes specific obligations on States parties. The protection of these rights is directed towards ensuring the survival and continued development of the cultural, religious and social identity of the minorities concerned, thus enriching the fabric of society as a whole." Zu der den kulturellen Rechten inhärenten Spannung als einerseits Individual-, andererseits Gruppenrechten vgl. *A. Eide*, Cultural Rights as Individual Human Rights, in: Ders./C. Krause/A. Rosas (Hg.), Economic, Social and Cultural Rights. A Textbook, Dordrecht/Boston/London 1995, 229–240.

[29] ICESCR, 16.12.1966, online verfügbar unter: http://tinyurl.com/ICESCR-1966 (Stand: 31.7.2015).

[30] Vgl. *Committee on Economic, Social and Cultural Rights*, General comment No. 21, Right of everyone to take part in cultural life (art. 15, para. 1 (a)), U.N. Doc. E/C.12/GC/21 (2009), online verfügbar unter: http://tinyurl.com/CESCR-Comment-21 (Stand: 31.7.2015). Unter Punkt 6 heißt es: „The right to take part in cultural life can be characterized as a freedom. In order for this right to be ensured, it requires from the State party both abstention (i.e., non- interference with the exercise of cultural practices and with access to cultural goods and services) and positive action (ensuring preconditions for participation, facilitation and promotion of cultural life, and access to and preservation of cultural goods)." Vgl. *L. Pineschi*, Cultural Diversity as a Human Right? General Comment No. 21 of the Committee on Economic, Social and Cultural Rights, in: S. Borelli/F. Lenzerini (Hg.), Cultural Heritage (s. Anm. 12), 29–53.

[31] Vgl. *Committee on Economic, Social and Cultural Rights*, General comment No. 21 (s. Anm. 30), Punkt 13: „The Committee considers that culture, for the purpose of implementing article 15 (1) (a), encompasses, inter alia, ways of life, language, oral and written literature, music and song, non-verbal communication, religion or belief systems, rites and ceremonies, sport and games, methods of production or technology, natural and man-made environments, food, clothing and shelter and the arts, customs and traditions through which individuals, groups of individuals and communities express their humanity and the meaning they give to their existence, and build their world view representing their encounter with the external forces affecting their lives. Culture shapes and mirrors the values of well-being and the economic, social and political life of individuals, groups of individuals and communities."

einer, wenn auch in sich diversifizierten Weltkultur durchaus aufgeschlossen,[32] hat sich die UNESCO nach und nach zum Anwalt der rechtmäßigen Diversität von Kulturen – im Plural – entwickelt. Für diese Entwicklung können verschiedene Ursachen genannt werden: zunächst die Arbeit von C. Lévi-Strauss für die UNESCO in den 1950er Jahren, die mit ihrem Plädoyer für kulturelle Diversität aufs Beste mit dem wachsenden Selbstbewusstsein der sich allmählich dekolonialisierenden Bevölkerungen zusammenstimmte.[33] Seit den 1980er Jahren hat diese Anwaltschaft im Sinne postkolonialer Globalisierungskritik neue Unterstützung gewonnen durch das Missfallen an einer durch die wirtschaftliche Globalisierung entstehenden, stark westlich orientierten Uniformitätskultur.[34] Auf der UNESCO-Weltkonferenz in Mexiko City 1982 wurde eine *Declaration on Cultural Policies* verabschiedet, die für die Zukunft Maßstäbe setzte. Bekannt geworden ist vor allem die dort formulierte Definition von Kultur,[35] doch ebenso wichtig sind die Aussagen zur kulturellen Identität als je eigene Möglichkeit zur Selbstverwirklichung, ohne den Appell an das gemeinsame Erbe der Menschheit aufzugeben. Der Weg von dieser Erklärung zu größerer rechtlicher Verbindlichkeit führte über den Kommissionsbericht *Our Creative Diversity* von 1995 und die zum *soft law* gehörende *Universal Declaration on Cultural Diversity* von 2001 zur 2005 verabschiedeten *Convention on the Protection and Promotion of the Diversity of Cultural Expressions*, die für die ratifizierenden Staaten rechtsverbindlich ist.[36] Zu den

---

[32] Vgl. das Zitat aus dem Bericht des UNESCO-Generaldirektors von 1947, das in K. Stenou (Hg.), UNESCO and the question of cultural diversity 1946–2007. Review and strategies. A study based on a selection of official documents (Cultural Diversity Series 3), Paris 2007, online verfügbar unter (direkter Download): http://tinyurl.com/Stenou-UNESCO (Stand: 31.7.2015), 82, angeführt wird: „orchestration of separate cultures, not into uniformity but into a unity-in-diversity, so that human beings are not imprisoned in their separate cultures but can share in the riches of a single diversified world culture."

[33] Vgl. *C. Lévi-Strauss*, Race et histoire (1952), Réédition Paris 1987, z.B. 11: „la vie de l'humanité [...] ne se développe pas sous le régime d'une uniforme monotonie, mais à travers des modes extraordinairement diversifiés de sociétés et de civilisations"; aaO., 77: „La civilisation mondiale ne saurait être autre chose que la coalition, à l'échelle mondiale, de cultures préservant chacune son originalité." Der Text wurde in den 1950er Jahren im Rahmen einer Bildungsoffensive von der UNESCO verbreitet.

[34] Vgl. z.B. *C. B. Graber*, The New UNESCO Convention on Cultural Diversity: A Counterbalance to the WTO?, in: Journal of International Economic Law 9 (2006) 553–574, 553 f.: „The emergence of ‚cultural diversity' as a key concept of international political importance is related to the intensification of economic globalization during the last decades of the twentieth century."

[35] „[C]ulture may now be said to be the whole complex of distinctive spiritual, material, intellectual and emotional features that characterize a society or social group. It includes not only the arts and letters, but also modes of life, the fundamental rights of the human being, value systems, traditions and beliefs." UNESCO Mexico City Declaration on Cultural Policies, 6.8.1982, online verfügbar unter (direkter Download): http://tinyurl.com/Mexico-Declaration-1982 (Stand: 31.7.2015). Die Definition wird fast wörtlich in der *Universal Declaration on Cultural Diversity* von 2001 wiederholt: „Reaffirming that culture should be regarded as the set of distinctive spiritual, material, intellectual and emotional features of society or a social group, and that it encompasses, in addition to art and literature, lifestyles, ways of living together, value systems, traditions and beliefs." UNESCO Universal Declaration on Cultural Diversity, 2.11.2001, online verfügbar unter: http://tinyurl.com/UNESCO-Cultural-Diversity (Stand: 31.7.2015).

[36] Dieser Weg wird nachgezeichnet in: *J. Wouters/M. Vidal*, International Normative Action for Cultural Diversity. The Contribution of UNESCO, in: M.-C. Foblets u.a. (Hg.), Cultural Diversity and the Law. State Responses from Around the World, Brüssel 2010, 779–790. Im Mai 2015 hatten 139 Staaten, darunter die Bundesrepublik Deutschland, die Konvention ratifiziert. Vgl. http://tinyurl.com/Wiki-CPPDCE (Stand: 31.7.2015).

darin anerkannten Prinzipien gehört u.a. das „Principle of equal dignity of and respect for all cultures", das aus dem Verständnis von „cultural activities, goods and services as vehicles of identity, values and meaning" abgeleitet wird.[37]

3.3 Ethik

Als Beispiel für die Affirmation dieses Prinzips auch in einem maßgeblichen Dokument der Ethik nenne ich die EKD-Friedensdenkschrift *Aus Gottes Frieden leben – für gerechten Frieden sorgen* aus dem Jahr 2007. Die „*Anerkennung kultureller Verschiedenheit*" begegnet dort an prominenter Stelle, nämlich als eine der vier „Dimensionen des gerechten Friedens" neben dem „*Schutz vor Gewalt*", der „*Förderung der Freiheit*" und dem „*Abbau von Not*".[38] An anderer Stelle in der Denkschrift ist von der „*Ermöglichung kultureller Vielfalt*" die Rede.[39] Die Einbeziehung der kulturellen Verfasstheit des Menschen in die Friedensthematik wird dadurch begründet, dass sich auch aus ihr ein Gewaltpotential ergeben kann, und zwar dann, wenn Menschen in „ihrer ethnischen, rassischen oder religiösen Identität"[40] diskriminiert und dadurch in ihrem „Selbstwertgefühl" verletzt werden, so dass „identitätsbestimmte Konflikte"[41] entstehen. „Jede Zerstörung von Kultur aber – insbesondere der voranschreitende Verlust von Sprachen – weckt Gefühle von Ohnmacht oder Aggression."[42] In diesem Kontext bezieht sich die Denkschrift positiv auf die eben genannte UNESCO-Konvention von 2005.[43]

Eine Betrachtung der Genese des Leitbilds vom gerechten Frieden innerhalb der EKD führt zur Vermutung, dass dessen vierte, kulturelle Dimension erst relativ kurzfristig bei der Arbeit an der Denkschrift hinzu gekommen ist. In den friedensethischen Überlegungen von D. Senghaas jedenfalls, die sichtbar in die Denkschrift eingegangen sind, ist anstelle der „*Anerkennung kultureller Verschiedenheit*" noch defensiver vom „*Schutz vor Chauvinismus*" die Rede, während die übrigen drei Dimensionen als „*Schutz der Freiheit*", „*Schutz vor Gewalt*" und „*Schutz vor Not*" bereits klar konturiert erkennbar sind.[44] Auch in der der Denkschrift um einige Jahre vorausgehenden Formulierung des Leitbilds durch die Katholische Bischofskonferenz im Jahr 2000 spielt die Kulturthematik nur

---

[37] Art. 2 (3) sowie Art. 1 (g). Die Konvention ist abgedruckt in: UNESCO (Hg.), Basic Texts of the 2005 Convention on the Protection and Promotion of the Diversity of Cultural Expressions, Paris 2013, online verfügbar unter: http://tinyurl.com/UNESCO-Basic-Texts (Stand: 31.7.2015).

[38] Vgl. Kirchenamt der EKD (Hg.), Aus Gottes Frieden leben – für gerechten Frieden sorgen. Eine Denkschrift des Rates der Evangelischen Kirche in Deutschland, Gütersloh 2007[2], online unter: http://tinyurl.com/EKD-Friedensdenkschrift (Stand: 31.7.2015), 53–56.

[39] Vgl. aaO., 64 f.

[40] AaO., 64.

[41] AaO., 56.

[42] AaO., 64.

[43] Vgl. aaO., 65.

[44] *D. Senghaas*, Friedensprojekt Europa (edition suhrkamp 1717/N.F. 717), Frankfurt a. M. 1992, 69, 18, 28, 58.

eine untergeordnete Rolle.[45] Man darf vermuten, dass die stärkere Akzentuierung des Kulturaspekts in der Denkschrift einen Reflex auf die weltpolitischen Ereignisse seit dem 11. September 2001 darstellt, der dann durch den Bezug auf die wenige Zeit vor der Veröffentlichung verabschiedete UNESCO-Konvention – und den an gleicher Stelle genannten Hinweis auf das UN-Entwicklungsprogramm – argumentativ unterfüttert werden konnte.

In den auf die Veröffentlichung der Denkschrift folgenden Debatten spielte die vierte Dimension des gerechten Friedens kaum eine Rolle.[46] Auch in der retrospektiven Stellungnahme zum Afghanistan-Einsatz fällt der Abschnitt zur „Anerkennung kultureller Verschiedenheit" deutlich kürzer aus als die Aufarbeitung im Blick auf die drei anderen Dimensionen des gerechten Friedens. Umso mehr fällt die Einschränkung ins Auge, die nach den Erfahrungen in Afghanistan gegenüber dem Anerkennungsparadigma laut wird: „Kulturelle Sensibilität bedeutet aber nicht die Duldung von Praktiken, die den Zielen eines gerechten Friedens widersprechen, wie Willkürjustiz im Zusammenhang des Kartells von Drogenhandel und politischer Patronage."[47]

Dennoch hält die Stellungnahme am Prinzip „Anerkennung kultureller Vielfalt" wie an den anderen drei Dimensionen des gerechten Friedens fest.[48]

---

[45] Immerhin: „In engem Zusammenhang mit der Sicherung der Menschenrechte und dem Aufbau demokratischer Ordnungen steht die Achtung der Rechte gesellschaftlicher Minderheiten. [...] Minderheiten haben nicht nur das grundlegende Recht auf Existenz. Es muss ihnen auch erlaubt und ermöglicht sein, die eigene Kultur zu bewahren und zu entfalten, ihrer Religion gemäß zu leben und an der Gestaltung der politischen Verhältnisse teilzuhaben". Sekretariat der DBK (Hg.), Gerechter Friede (Die deutschen Bischöfe 66), Bonn 2013[4], online verfügbar unter: http://tinyurl.com/DBK-Gerechter-Friede (Stand: 31.7.2015), 68 f.

[46] Vgl. aber zwei Beiträge in: C. Hauswedell (Hg.), Frieden *und* Gerechtigkeit? Dilemmata heutiger Friedensethik und -politik. Zur Diskussion der Denkschrift der EKD (Loccumer Protokolle 24/08), Rehburg-Loccum 2009: L. H. Seibert, Kulturelle Differenz *und* Versöhnung – Die Herausforderung der Toleranz. Einführungsvortrag, aaO., 169–176; B. Luber, Kulturelle Differenz *und* Versöhnung – Die Herausforderung der Toleranz. Input für die Diskussion, aaO., 177–182. Dass kulturelle Vielfalt als Dimension des gerechten Friedens relativ wenig thematisiert wurde, heißt nicht, dass die kulturelle Verfasstheit des Menschen in der gegenwärtigen Militär- und Friedensethik gar keine Rolle spielte. Im Gegenteil: Seit Beginn der Auslandseinsätze der Bundeswehr und verstärkt noch einmal in Aufarbeitung des Desasters der unter US-amerikanischer Führung erfolgten Irak-Intervention 2003 ist die *interkulturelle Kompetenz* der Soldaten zu einem durchaus gewichtigen Thema geworden. Vgl. dazu meinen in Anm. 8 genannten Aufsatz. Zwei in der Zwischenzeit erschienene Beiträge füge ich an dieser Stelle zusätzlich an, beide aus dem Band R. L. Glatz/R. Tophoven (Hg.), Am Hindukusch – und weiter? Die Bundeswehr im Auslandseinsatz: Erfahrungen, Bilanzen, Ausblicke (bpb-Schriftenreihe 1584), Bonn 2015: *A. Tappe*, Aspekte zur Geschichte und zum Aufbau der Interkulturellen Einsatzberatung und Ausbildung für die Auslandseinsätze der Bundeswehr, aaO., 156–172; *R. L. Glatz*, Führen im Einsatz – Verantwortung über Leben und Tod – eine berufsethische Annäherung, aaO., 187–202.

[47] Kirchenamt der EKD (Hg.), „Selig sind die Friedfertigen". Der Einsatz in Afghanistan: Aufgaben evangelischer Friedensethik. Eine Stellungnahme der Kammer für Öffentliche Verantwortung der EKD (EKD-Texte 116), Hannover 2013, online verfügbar unter (direkter Download): http://tinyurl.com/EKD-Texte-116 (Stand: 31.7.2015), 35.

[48] Vgl. aaO., 49 f.

4 Kulturelle und leibliche Verfasstheit des Menschen

4.1 Kulturelle und leibliche Verfasstheit als Identitätsbestimmungen

Mit den Stichworten „Selbstwertgefühl" und „identitätsbestimmte Konflikte" spricht die EKD-Friedensdenkschrift einen Phänomenbereich an, der uns auch zuvor schon bei der Betrachtung einschlägiger Aussagen aus Politik und Recht zur Thematik der kulturellen Vielfalt begegnet ist. Immer wieder ist von der identitätsbestimmenden Kraft der Kulturen und von der kulturellen Identität des Menschen die Rede. Ähnliche Aussagen lassen sich allerorten finden, wo es in gegenwärtigen Debatten um Kulturen im Innen- und Außenverhältnis geht.[49] Kulturen *bestimmen* die Identität von Individuen und Personengruppen, und sie sind zugleich *Teil* dieser Identität. Genau darin liegt die nicht zuletzt politische Forderung nach interkulturellem *Respekt* begründet: Wer eine Person respektvoll behandeln will, muss dies wegen ihrer kulturellen Verwobenheit auch hinsichtlich ihrer Kultur tun. Person und Kultur lassen sich nicht voneinander trennen.

Eine zumindest auf den ersten Blick analoge Verwobenheit besteht zwischen einer Person und ihrer leiblichen Konstitution. Auch die leibliche Gestalt *bestimmt* die Identität einer Person und ist zugleich deren *Teil*, und auch hier besteht die normative Folgerung darin, den Respekt gegenüber der Person auch und gerade ihrer leiblichen Identität zukommen zu lassen. Nirgendwo wird diese parallele Sicht auf die kulturelle und leibliche Verfasstheit des Menschen deutlicher als beim Diskriminierungsverbot, wo in all seinen verschiedenen Versionen sowohl leibliche als auch kulturelle Bestimmtheiten genannt werden. „Ziel des Gesetzes ist, Benachteiligungen aus Gründen der Rasse oder wegen der ethnischen Herkunft, des Geschlechts, der Religion oder Weltanschauung, einer Behinderung, des Alters oder der sexuellen Identität zu verhindern oder zu beseitigen", heißt es in §1 des deutschen Allgemeinen Gleichbehandlungsgesetzes von 2006. Dass hier leibliche und kulturelle Attribute gleichgewichtig begegnen, ist kein Zufall. Eine Analyse von leiblicher und kultureller Verfasstheit führt auf mehrere analoge Näherbestimmungen, die eine normative Parallelisierung zu rechtfertigen scheinen.

4.2 Erste Gemeinsamkeit: Vorgegebenheit

Menschen können sich nicht selbst das Leben geben – das haben Mitte des vergangenen Jahrhunderts unabhängig voneinander D. Bonhoeffer und H. Arendt in ihren ethischen Entwürfen prominent in Erinnerung gerufen. Dennoch: auch wenn die Eigenschaft der Vorgegebenheit für die *ganze* Existenz eines Menschen gilt, so betrifft sie doch besonders seine leibliche Konstitution. Zwar hat eine Körperkultur[50], die sich bildend

---

[49] Vgl. z.B. *J. Berninghausen/B. Hecht-El Minshawi*, Intercultural Competence. Managing Cultural Diversity. Training Handbook, Bremen/Boston (MA) 2009², 6: „Culture is the backbone of identity"; *J. E. Cooper/Y. He/B. B. Levin*, Developing Critical Cultural Competence. A Guide for 21ˢᵗ-Century Educators, Thousand Oaks (CA) 2011, 5: „understanding oneself as a cultural being".

[50] Es gibt eine venerable philosophische Tradition, die zwischen Leib und Körper terminologisch unterscheidet, etwa in dem Sinne: „Ein Leib sind wir, einen Körper haben wir." T. Fuchs nennt das „die in der

und gestaltend dem eigenen Leib zuwendet, eine lange Tradition, die durch neue technische und medizinische Möglichkeiten sowie die Individualisierungsschübe der Moderne gerade in der Gegenwart ungeahntes Veränderungspotential des Körpers unter dem Titel der *body modification* hervorgebracht hat,[51] doch bleibt auch die umfangreichste ästhetische Operation eine bloße Veränderung am Gegebenen, dessen Schranken zu überschreiten wie im Fall von L. Ferrari tödliche Folgen haben kann;[52] auch der fleißigste Bodybuilder kann sich viele Muskeln antrainieren, aber z.B. seine Körpergröße nicht verändern. Selbst zu Hilfe genommene anabole Steroide versagen an dieser Stelle. Die Vorgegebenheit des Leibes offenbart sich hier als Grenze im Sinne der Naturgesetze, an denen der Geist verzweifeln mag, die er aber nicht umstoßen kann.[53] T. Fuchs spricht ganz zutreffend vom Leib, der in seiner Endlichkeit und Verletzlichkeit „die Ermöglichung ebenso wie das Widerlager meiner Existenz" ist.[54] Auch hinsichtlich des menschlichen Geistes bleiben solche (Be-)Grenz(ungs)erfahrungen nicht aus, doch ermöglicht die notorische ‚Freiheit des Geistes' ganz andere Schritte über das Vorgegebene hinaus als sie körperlich möglich sind.

Gehört die Kultur bei diesem Vergleich auf die Seite des Geistes? Es mag so scheinen, denn „arts and letters" oder „value systems, traditions and beliefs", wie sie etwa in der bekannten UNESCO-Definition von Kultur aufgezählt werden, sind zweifellos geistige Phänomene. Schon der Begriff der Tradition mahnt aber davor, die Rede von Kultur mit der von der ‚Freiheit des Geistes' zu vermischen. Wertsysteme werden im Rahmen einer Kulturtheorie gerade insofern in den Blick genommen, als sie traditional geworden sind

philosophischen Anthropologie seit langem thematisierte Dialektik von gelebtem Leib und verfügbarem Körper, von ‚Leib-Sein' und ‚Körper-Haben'" und nennt G. Marcel und H. Plessner als Gewährsleute: *T. Fuchs*, Leib, Raum, Person. Entwurf einer phänomenologischen Anthropologie, Stuttgart 2000, 18; vgl. auch: *Ders.*, Zwischen Leib und Körper, in: M. Hähnel/M. Knaup (Hg.), Leib und Leben. Perspektiven für eine neue Kultur der Körperlichkeit, Darmstadt 2013, 82–93. Ich schließe mich dieser Tradition *nicht* an und verwende hier und im Folgenden die Begriffe Leib und Körper *promiscue*.

[51] Vgl. z.B. A. Borkenhagen/A. Stirn/E. Brähler (Hg.), Body Modification. Manual für Ärzte, Psychologen und Berater, Berlin 2014. Dort werden folgende Techniken behandelt: Tattoo, Piercing, Botox, Filler, ästhetische Chirurgie, Intimchirurgie, Genitalchirurgie, Implantate, Amputation, Bodybuilding, ästhetische Zahnheilkunde.

[52] „In seinen überdimensionierten Proportionen stand ihr künstlich veränderter Körper für eine Grenzüberschreitung, die den verfrühten Tod im Alter von dreissig Jahren von Anfang an in sich einschloss." *R. Munz*, Hammelbeine und Busenwunder. Systematisch theologische Bemerkungen zu Körper und Geschlecht, in: C. Aus der Au/D. Plüss (Hg.), Körper – Kulte. Wahrnehmungen von Leiblichkeit in Theologie, Religions- und Kulturwissenschaften (Christentum und Kultur 6), Zürich 2007, 117–135, 120.

[53] Dieses Frustrationsgefühl hat Dostojewski in vielleicht unüberbietbarer Weise einem seiner Anti-Helden in den Mund gelegt. Vgl. *F. M. Dostojewski*, Aufzeichnungen aus dem Dunkel der Großstadt, in: *Ders.*, Sämtliche Romane und Novellen. Bd. 3, Leipzig 1922, 5–199. Blumenberg bezeichnet den „Eigenleib als das Hindernis des Selbstentwurfs der Subjektivität". *H. Blumenberg*, Beschreibung des Menschen. Aus dem Nachlaß hg. v. M. Sommer, Frankfurt a. M. 2006, 683.

[54] *T. Fuchs*, Leib, Raum, Person (s. Anm. 50), 125: „Der Leib zeigt sich also da, wo seine mediale Rolle an ihre Grenzen gelangt, als *endlicher, verletzlicher, fragiler Körper*. […] Als Körper ist der Leib die Ermöglichung ebenso wie das Widerlager meiner Existenz: Alt oder jung, Mann oder Frau zu sein, diese leibliche Konstitution, diese Gestalt und dieses Aussehen zu haben, ist mir unausweichlich vorgegeben". Diese körperliche Grenzerfahrung lässt sich sinnlich als Erfahrung des „*Widerstandes*" konkretisieren, wobei dem Tastsinn eine „konstitutive Funktion" zukommt: „An den Grenzen der gespürten Leiblichkeit taucht das zentrale Phänomen des *Widerstandes* auf: in Berührung, Druck oder Stoß […]". AaO., 111.

und insofern das Kriterium der Vorgegebenheit erfüllen. „Standardisierung" ist ein anderer Begriff aus der Kulturtheorie, der in diesem Zusammenhang als Charakteristikum erscheint.[55] Gleiches gilt aus der individuellen Perspektive des kulturellen Subjekts und seiner Identität: Durchaus ähnlich zu körperlichen Vorgängen kann ein Mensch seine Kultur nicht einfach ablegen; oft sind bei einer *cultural modification* Konversionsprozesse zu beobachten, die keineswegs unproblematisch verlaufen.[56] Wenn Konvertiten sich *bewusst* zu einer anderen Kultur ‚bekehren', sind sie häufig besonders kämpferische Vertreter dieser neuen Kultur und insofern in ihrer kulturellen Praxis von deren indigenen Angehörigen unterscheidbar. Und wenn der Vorgang der Konversion graduell, ja unbewusst erfolgt, werden sich immer in der neuen Identität mehr oder weniger große Residuen der alten bemerkbar machen. Identität meint ja das über die Zeiten gleich Bleibende; und wenn von einer kulturellen Identität die Rede ist, so deutet das ebenfalls auf das Beharrungsvermögen hin, das einer kulturellen Prägung innewohnen kann, ganz analog zu leiblichen Merkmalen einer Person. Auch die Kultur ist zugleich Ermöglichungsbedingung wie Grenze personaler Selbstbestimmung.[57]

4.3 Zweite Gemeinsamkeit: Kommunikationsmittel

Eine zweite Eigenschaft des menschlichen Leibes, die konstitutiv ist, besteht in seiner Funktion als Kommunikationsmedium. Allein über die körperlichen Sinne, die diese mediale Funktion wahrnehmen, ist eine Beziehungsaufnahme einer Person zur Mit- und Umwelt möglich. Im Phänomen des Tastsinns[58] zeigt sich am deutlichsten, wie diese

---

[55] „Das Phänomen Kultur setzt sich aus drei fundamentalen Faktoren zusammen: aus Standardisierung, Kommunikation und Kollektivität." *K. P. Hansen*, Kultur und Kulturwissenschaft. Eine Einführung (UTB 1846: Kulturwissenschaft), 3. durchgesehene Aufl., Tübingen/Basel 2003, 42. Dass die Standardisierung von Hansen an erster Stelle genannt und behandelt wird, ist typisch für den Mainstream gegenwärtiger Kulturtheorie (vgl. Anm. 10). Hansen unterscheidet Standardisierungen der Kommunikation, des Denkens, des Empfindens sowie des Verhaltens und Handelns. Vgl. aaO., 43–146.

[56] Ausgehend vom Phänomen der religiösen Konversion hat sich eine soziologische Konversionsforschung entwickelt, die das Phänomen umfassender in den Kontext menschlicher Sozialität und Kulturalität rückt. Vgl. z.B. *I. Wenger Jindra*, Konversion und Stufentransformation: Ein kompliziertes Verhältnis (Internationale Hochschulschriften 446), Münster 2005, hier v.a. den Forschungsüberblick: 23–48.

[57] Den ermöglichenden Aspekt hat insbesondere W. Kymlicka in seiner Kulturtheorie hervorgehoben: „For meaningful individual choice to be possible, individuals need not only access to information, the capacity to reflectively evaluate it, and freedom of expression and association. They also need access to a societal culture." *W. Kymlicka*, Multicultural Citizenship. A Liberal Theory of Minority Rights (Oxford Political Theory), Oxford 1995, 84. Deshalb betont Kymlicka gerade als liberaler Philosoph, dass Menschen „cultural creatures" (aaO., 90) sind. Die begrenzend-einschränkende Rolle von Kultur lässt sich an der Vielfalt der Sprachen in der Welt illustrieren, die dem Willen zu interkultureller Verständigung entgegen steht, gerade weil die Sprache – ermöglichender Aspekt – Voraussetzung jeder Kommunikation ist.

[58] Vgl. den Passus aus Hensels *Lehrbuch der Physiologie*, den Plessner in seiner *Anthropologie der Sinne* zitiert: „Die Hautoberfläche ist die räumliche Grenze, bis zu der im allgemeinen das ästhesiologische Erlebnis des eigenen Körpers reicht. Berührt jemand meine Haut, so berührt er zugleich ‚mich' als Subjekt. Andererseits grenzen wir uns durch diese körperliche Selbstwahrnehmung gegenüber den Dingen der Außenwelt ab. Damit besitzen alle cutanen Empfindungen einen räumlichen Doppelcharakter: auf der einen Seite sind sie gegenstandsbezogen oder ‚objektiviert', auf der anderen Seite auf den eigenen Körper bezogen oder

mediale Funktion mit der eben behandelten Begrenztheit des Leibes zusammenhängt: Wahrnehmungen und Empfindungen haben einen körperlichen Ausgangspunkt, der an organische Oberflächen, an die Grenzen des Leibes, gebunden ist. Diese Beobachtung lässt sich auf alle Sinne ausweiten, und sie gilt ebenso für die umgekehrte Weise der Kommunikation: Auch Ausdrucksphänomene, seien sie körpersprachlich wie Gestik und Mimik, seien sie phonetisch, kommen nicht ohne den Umweg vom Geist über den Leib aus. Das Krankheitsbild des *Locked-In*-Syndroms steht für einen körperlichen Zustand, in dem die Verbindung zwischen Innen und Außen über die Sinne weitgehend zerrissen und daher meist nur über Augenbewegungen – und auch dies ist ein sinnliches Phänomen – eine Kommunikation mit anderen möglich ist. Die Rede von Innen und Außen und die von einem Umweg sind in diesem Zusammenhang nochmals eigens als mentalistisch zu hinterfragen, denn wegen der konstitutiven Rolle der Sinnlichkeit für Aus- und Eindrucksphänomene sind menschlicher Geist und Leib bei ihrem Zustandekommen nicht voneinander zu trennen.[59]

Auch Kulturen sind Medien der Kommunikation. An die Stelle der Sinne treten bei diesem Vergleich kulturelle Codes, die Wahrgenommenes, Empfundenes und Gedachtes filtern, ordnen und so überhaupt erst verstehbar machen. Verbale und nonverbale Kommunikation sind bei ihrem Vollzug an solche Codes gebunden, und wo die Codes zwischen zwei Kommunikationspartnern nicht übereinstimmen, etwa die gleiche Bewegung der Hand kulturell unterschiedlich konnotiert ist,[60] oder wo ein bestimmter sprachlicher Laut nur in der einen der beiden Kulturen mit einem Sinnpotential versehen ist, ist ohne wechselseitige Aufklärung oder Einbeziehung eines Dolmetschers kein Verstehen möglich. Und auch hier gilt, dass das Medium kein bloßes Instrument ist, kein Umweg, sondern konstitutiver Teil des Verständniswegs, mit den kommunizierenden Subjekten vorreflexiv[61] so verwoben, dass auch hinsichtlich des Geschehens konkreter Kommunikation eine *cultural modification* nur unter größten Anstrengungen möglich ist.

,somatisiert'." *H. Plessner*, Anthropologie der Sinne (1970), in: *Ders.*, Anthropologie der Sinne, hg. v. G. Dux u.a. (*H. Plessner*, Gesammelte Schriften 3/stw 1626), Frankfurt a. M. 2003, 317–393, 367.

[59] Vgl. *T. Fuchs*, Leib, Raum, Person (s. Anm. 50), 64: „Der Leib ist weder bloßer Inhalt noch äußerliches Instrument des Bewußtseins; er konstituiert vielmehr selbst unsere Wahrnehmung und unsere Existenz überhaupt"; aaO., 71: „Der Leib hat den Charakter eines *Mediums*: Anders als ein Instrument ist das Medium zugleich das Mittel und die Vermittlung selbst. Als Medium ist mein Leib nicht von mir trennbar wie ein Fernglas, durch das ich sehe; ich selbst bin *auch* das Medium. Als Medium besitzt der Leib aber auch Körperlichkeit. Diese Ambiguität zeigt sich gerade in den Doppelempfindungen beim Tasten des eigenen Körpers, wenn der berührende zugleich berührter Leib ist." Beide Zitate sind Teil einer Rekonstruktion der Leibphilosophie von Merleau-Ponty.

[60] Ein Beispiel ist das „Daumen-Hoch-Zeichen". *L Volkmann*, Aspekte und Dimensionen interkultureller Kompetenz, in: Ders./K. Stierstorfer/W. Gehring (Hg.), Interkulturelle Kompetenz. Konzepte und Praxis des Unterrichts (narr studienbücher), Tübingen 2002, 11–47, 37.

[61] Vgl. *K. Schultheis*, Leiblichkeit – Kultur – Erziehung. Zur Theorie der elementaren Erziehung (Schriften zur Bildungs- und Erziehungsphilosophie 12), Weinheim 1998, 125: „Kultur beginnt nicht erst mit den geistigen Objektivationen in Wissenschaft, Kunst, Religion und Philosophie, zu deren Verständnis hochentwickelte kognitive Fähigkeiten notwendig sind. Vielmehr sind bereits die ersten Erfahrungen, die das Neugeborene mit der Welt macht, kulturell bestimmt: So bilden Kulturen je spezifische Bemutterungsweisen und -rituale aus."

4.4 Grenzen des Vergleichs

Aus den genannten Parallelen ergibt sich die Plausibilität der in der Einleitung dieses Beitrags zitierten These: Dem Körper als dem natürlichen Leib des Menschen entspricht die Kultur als sein sozialer Leib.[62] Aus der These ergeben sich schwer wiegende Folgerungen: *Deshalb* kann von einer kulturellen Identität gesprochen werden; *deshalb* sind Diskriminierungen aufgrund kultureller und leiblicher Charakteristika gleichgewichtig; *deshalb* ist eine Vielfalt kultureller Expressionen anzuerkennen und zu fördern.

Entsprechend schwer muss es wiegen, wenn die These sich in dieser Form als überzogen erweist. Denn so eindrücklich die aufgezeigten Parallelen auch sind, so stoßen sie doch an Grenzen. Die Analogie zwischen leiblicher und kultureller Verfasstheit des Menschen ist keine vollständige.

Die erste und wichtigste Einschränkung betrifft die Eigenschaft der *Vorgegebenheit*. Wenn oben auf das Beharrungsvermögen individueller kultureller Prägungen und die Schwierigkeit einer kulturellen Konversion verwiesen wurde, so schließt das deren prinzipielle Möglichkeit nicht aus. Es ist möglich, von der eigenen kulturellen Identität Distanz zu nehmen, sie kritisch zu hinterfragen und sich gegebenenfalls kulturell neu zu orientieren – auch wenn ein solcher Konversionsprozess kompliziert ist und in der Regel nicht geradlinig verläuft. Stärker noch gilt die Änderungsmöglichkeit für die historische und kollektive Vorgegebenheit einer Kultur in Gestalt von traditionellen Wertvorstellungen und Praktiken, was mit dem konventionellen Charakter vieler Traditionen und deren daraus resultierendem niedrigen Überzeugungsanteil zusammenhängt. So erbte die Bundesrepublik Deutschland aus den vorausgehenden Jahrhunderten eine homophobe Kultur, hat aber in wenigen Jahrzehnten eine erstaunliche Kehrtwendung in dieser Hinsicht vollzogen: Wo früher homosexuelle Handlungen unter Strafe standen, wird heute umgekehrt eine homophobe Praxis – Diskriminierung aufgrund der sexuellen Identität – durch das Allgemeine Gleichbehandlungsgesetz verurteilt.

Die Vorgegebenheit des natürlichen Leibs ist eine andere als die des sozialen. Auch hier ist Distanznahme möglich – man denke an M. Luthers Rede vom menschlichen Körper als „Madensack"[63] –, heutzutage jedenfalls verbunden mit vielfältigen praktischen Umsetzungsmöglichkeiten der *body modification* und Neuorientierung. Aber eine Modifikation bleibt eine Modifikation, und jede Distanznahme vom eigenen Körper muss enden mit der Akzeptanz dessen, was einer Veränderung nicht offen steht. Andernfalls steht

---

[62] Vgl. aaO., 125–152: „Kultur als formierte Leiblichkeit"; *H.-G. Heimbrock*, „Voll im Leben" (s. Anm. 15), 29: „Das Korrelat zu den ‚Lebensformen' besteht in einer Anthropologie der Leib-Haftigkeit, der Spannung von Intellekt, Affekten und Begierden"; *I. Srubar*, Die pragmatische Lebensweltheorie als Grundlage interkulturellen Vergleichs, in: Ders./J. Renn/U. Wenzel (Hg.), Kulturen vergleichen. Sozial- und kulturwissenschaftliche Grundlagen und Kontroversen, Wiesbaden 2005, 158 f.: „Der Leib als sinnbildende Schnittstelle des Subjekts zur Außenwelt ist sowohl das Medium des Wirkens in der Welt, als auch jenes, durch welche ‚Welt' auf das Subjekt einwirkt. Phänomene der Macht […] sowie der Interaktion und Kommunikation generell sind an die Leiblichkeit des Subjekts gebunden und stellen zugleich die kulturellen Prozesse der Formbarkeit des Leibes dar."

[63] Vgl. *A. Käfer*, Geliebter Madensack. Die Menschwerdung Gottes als Ausdruck seiner Menschenliebe, in: DtPfrBl 110 (2010) 632–635.

die personale Identität in Gefahr. Eine ‚Konversion' weg von dem, was in der Distanz-nahme leidend als körperliche Behinderung empfunden wird, ist nur in seltenen Fällen möglich. Dass diese Differenz zwischen sozialem und natürlichem Leib in den neueren Kultur- und Sozialwissenschaften oft nicht gesehen wird, hängt mit deren mehr oder weniger offenem Konstruktivismus zusammen: Wenn nur noch über Körper*bilder* und deren kulturelle Genese diskutiert wird, gerät aus dem Blick, dass solchen Bildern ein Relat zugrunde liegt, das nicht kulturell, sondern ‚natürlich' konstituiert ist, so reflexi-onsbedürftig der Naturbegriff auch ist.[64] Körperbilder und der Körper selbst dürfen nicht verwechselt werden.[65] Naturgesetze haben einen viel höheren Verbindlichkeitsgrad als sozial-kulturelle Gesetze, wie die UNESCO selbst zum Ausdruck bringt, wenn sie die kreative Dynamik von Kulturen hervorhebt.[66] Auf gleiche Weise ließe sich auch gegen eine kulturwissenschaftliche Position argumentieren, die aus der Parallele von leiblich-sinnlich und kulturell vermittelter *Kommunikation* eine Gleichsetzung macht. Die Zahl der Sinne ist beschränkt, auch wenn man heute über die klassische Fünfzahl hinausgeht; der kulturellen Erfindungskraft des Menschen sind hingegen keine Grenzen gesetzt. Auch bezüglich der Funktion als Kommunikationsmedium besteht zwischen sozialer und na-türlicher Vorgegebenheit ein entscheidender Unterschied.

Wichtig ist auch die Differenz zwischen dem, was leiblich oder kulturell die *Identität* eines Menschen ausmacht. Die leibliche Identität kann nur eine sein: Ein Mensch, der sich in verschiedene Körper – und noch gleichzeitig! – inkarnieren kann, muss der *Science fiction* vorbehalten bleiben. Hingegen ist es für die Menschen in der arbeitsteiligen und mobilen Moderne unvermeidlich, gleichzeitig mehreren Kulturen anzugehören, woraus sich oft Spannungen ergeben. Eine in einem Biotech-Unternehmen tätige Wissenschaft-lerin ist dort einer Forschungskultur unterworfen, die möglicherweise den Überzeugun-gen und Praktiken der Kirche, der sie sich ebenso zugehörig fühlt, widerspricht. Diese

---

[64] Vgl. *F. Lohmann*, Die Natur der Natur. Welches Naturverständnis setzt die Naturrechtsethik voraus?, in: E. Gräb-Schmidt (Hg.), Was heißt Natur? Philosophischer Ort und Begründungsfunktion des Naturbe-griffs (VWGTh 43), Leipzig 2015, 13–53.

[65] Ein neueres Beispiel für diese Verwechslung ist die ausdrücklich mit ontologischem Anspruch auftre-tende These von A. Mol, der Körper sei nicht einer, sondern viele: *A. Mol*, the body multiple: ontology in medical practice (Science and Cultural Theory), Durham (NC) 2002. *De facto* geht es in Mols Buch nur um eine provokante Demaskierung verschiedener Körper- und Krankheits*bilder* (im gegebenen Fall die kultu-rell unterschiedlichen Zugänge zur Arteriosklerose). Dass Krankheiten *als solche* lediglich ‚gemacht' seien, würde jedem gesunden Menschenverstand widersprechen.

[66] Vgl. v.a. *World Commission on Culture and Development*, Our Creative Diversity, Paris 1995, online ver-fügbar (direkter Download): http://tinyurl.com/WCCD-Creative-Diversity (Stand: 31.7.2015). Der Be-richt zeigt sehr schön, wie die UNESCO den Spagat versucht zwischen einer kulturalistischen Position, die die statisch-prägende Wirkung von Kultur betont, und einer Position, die umgekehrt gerade die Kulturen zum beliebig modulierbaren Werkzeug eines – woher auch immer begründeten – Freiheits- und Harmo-niegedankens macht. Vgl. z.B. folgende Passage aus dem Vorwort: „We aim to have shown them how culture shapes all our thinking, imagining and behaviour. It is the transmission of behaviour as well as a dynamic source for change, creativity, freedom and the awakening of innovative opportunities. For groups and societies, culture is energy, inspiration and empowerment, as well as the knowledge and acknowledg-ment of diversity: if cultural diversity is ‚behind us, around us and before us', as Claude Lévi-Strauss put it, we must learn how to let it lead not to the clash of cultures, but to their fruitful coexistence and to inter-cultural harmony." AaO., 11.

Hybridität der kulturellen Zugehörigkeiten wird gegenwärtig besonders im Blick auf Menschen mit Migrationshintergrund erforscht[67] und erweist die simplifizierende Rede von der *einen* kulturellen Identität als ideologische Falle.[68] Die *eine* kulturelle Identität ist deutlich genug nach dem Vorbild der *einen* leiblichen Identität gemodelt, aber die Einheitlichkeit des sozialen – und nicht bloß körperlichen – Bezugspunkts, die sie voraussetzt, ist eine Fiktion.

Der Mensch ist leiblich und kulturell verfasst. Aber – um eine bekannte Formel[69] in abgewandelter Weise zu verwenden –: Ein Leib *sind* wir, Kulturen *haben* wir. Innerhalb der *conditio humana* ist die kulturelle Verfasstheit der leiblichen Verfasstheit deutlich untergeordnet.[70]

5 Auf dem Weg zu einer Kritik der Kulturen

Die Möglichkeit der Distanznahme, die mit dem (bloßen) Haben einer Kultur verknüpft ist, beinhaltet die Möglichkeit der evaluativen Stellungnahme. Und in der Tat: Der Ruf nach Anerkennung kultureller Vielfalt, wie er im dritten Abschnitt dieses Beitrags dargestellt wurde, wird im gesellschaftlichen und wissenschaftlichen Diskurs flankiert durch Versuche, für und wider bestimmte Gesamtkulturen oder einzelne kulturelle Praktiken Position zu beziehen. Die Fronten sind dabei keineswegs klar verteilt. Nicht

[67] Vgl. z.B. *C. Canan*, Identitätsstatus von Einheimischen mit Migrationshintergrund: Neue styles? (Research), Wiesbaden 2015.

[68] Mit dem Begriff der ‚Falle' beziehe ich mich auf den deutschen Titel eines Buches von A. Sen: *Ders.*, Die Identitätsfalle. Warum es keinen Krieg der Kulturen gibt, München 2007³. Original: *Ders.*, Identity and Violence. The Illusion of Destiny, New York/London 2006. Zur Illustration der das Buch leitenden These vgl. folgende Passage: „We are all individually involved in identities of various kinds in disparate contexts, in our own respective lives, arising from our background, or associations, or social activities. […] The same person can, for example, be a British citizen, of Malaysian origin, with Chinese racial characteristics, a stockbroker, a nonvegetarian, an asthmatic, a linguist, a bodybuilder, a poet, an opponent of abortion, a bird-watcher, an astrologer, and one who believes that God created Darwin to test the gullible." AaO., 23 f. Als generelle kritische Infragestellung der in der globalisierten Moderne allgegenwärtigen Rede von Identitäten und Zugehörigkeiten vgl. *A. Nassehi*, Überraschte Identitäten. Über die kommunikative Formierung von Identitäten und Differenzen nebst einigen Bemerkungen zu theoretischen Kontexturen, in: J. Straub/J. Renn (Hg.), Transitorische Identität. Der Prozesscharakter des modernen Selbst, Frankfurt a. M./New York 2002, 211–237, hier z.B. 219: „Die soziologische Semantik der Identität ist also eine Semantik, die Gesellschaft stets nach jenem Container-Modell konzipiert, das weitgehende Integration nicht nur für einen irgendwie wünschenswerten Zustand hält, sondern letztlich sogar für die Bedingung der Möglichkeit sozialer Ordnung schlechthin. Das Container-Modell löst das Bezugsproblem, wie soziale Ordnung zu denken sei, im Sinne von ‚Zugehörigkeit'; sie ist das Vehikel, das das Besondere mit dem Allgemeinen versöhnt: das Enthaltene mit dem Behältnis. Anders scheint sich Soziologie dieses Verhältnis nicht vorstellen zu können: als posttraditionales funktionales Äquivalent für die *unbedingten* und *alternativlosen* Zugehörigkeitsformen der Prämoderne."

[69] Vgl. Anm. 50.

[70] Eine solche differenzierte Einordnung der Kulturalität des Menschen ergibt sich auch aus einer spezifisch christlichen Perspektive. Vgl. *F. Lohmann*, Die multikulturelle Gesellschaft. Ethische Reflexionen zwischen „melting-pot" und „laïcité", in: T. Bohrmann/G. Küenzlen (Hg.), Religion im säkularen Verfassungsstaat (Schriften des Instituts für Theologie und Ethik der Universität der Bundeswehr München 1), Berlin 2012, 97–118, 113–115.

nur Rechtspopulisten in Ost und West verwahren sich gegen einen unqualifizierten Multikulturalismus.

Diejenigen dekolonialisierten Staaten, die im Rahmen der UNESCO für kulturelle Diversität eintreten, tun das aus dem Interesse heraus, *gegen* eine westliche Einheitskultur *für* die Erhaltung der eigenen Traditionen Partei zu nehmen. Handgreiflich deutlich wird das etwa an der 2006 von den Regierungschefs der Afrikanischen Union verabschiedeten *Charter For African Cultural Renaissance*, die schon in ihrem Namen, anders als die vorausgehende *Cultural Charter for Africa* (1976), rückwärtsgewandte Abgrenzung signalisiert. Das Eintreten für die eigene, spezifisch afrikanische Kultur wird untermauert nicht nur durch den Hinweis auf Entfremdung und Ausbeutung, die der Kolonialismus der Vergangenheit mit sich gebracht hat, sondern auch durch die Gegenüberstellung afrikanischer Traditionen und der Kultur gegenwärtiger Globalisierung. So wird gegenüber den „rapid developments in information and communication technologies", die den Globalisierungsprozess als „a challenge for cultural identities and cultural diversity" erleichtern, zur Förderung auch der „traditional knowledge systems" aufgefordert.[71]

Solche Abgrenzungsstrategien, die sich entsprechend für den asiatischen Kontinent illustrieren ließen, sind mit ihrem Insistieren auf der eigenen Würde[72] und dem Recht auf kulturelle und ökonomische Selbstbestimmung angesichts einer von wirtschaftlichen Interessen vorangetriebenen Globalisierung, die sich nur als Fortsetzung des Kolonialismus mit anderen Mitteln verstehen lässt, allzu verständlich. Sie zeigen jedoch zugleich, dass ein normativ-kritisches Moment in das Eintreten für kulturelle Vielfalt integriert ist: Nur solche Kulturen, die nicht mit repressiven Interessen verquickt sind, sollen unterstützt werden. Der latente Selbstwiderspruch zum Programm der unbedingten Anerkennung der Kulturen, der mit dieser normativen Einschränkung verbunden ist, wird dabei ebenso wenig thematisiert wie die repressiven Züge, die auch afrikanischen Nationalkulturen zu Eigen sind, etwa gegenüber Minderheiten, die durch eine andersartige Ethnie oder sexuelle Orientierung gekennzeichnet sind. Ganz zu schweigen von der Beschwörung eines „Pan-Africanism"[73], der angesichts der Unterschiedlichkeit afrikanischer Kulturen vom Mittelmeer bis zum Kap der guten Hoffnung eine bloße Fiktion ist.

---

[71] *African Union*, Charter for African Cultural Renaissance, 24.1.2006, online verfügbar unter (direkter Download): http://tinyurl.com/African-Cultural-Renaissance (Stand: 31.7.2015), Präambel: „AWARE That culture constitutes for our peoples the surest means to chart Africa's own [!] course towards technological development, and the most efficient response to the challenges of globalisation [...], [...] CONSIDERING That the globalisation process facilitated by rapid developments in information and communication technologies constitutes a challenge for cultural identities and cultural diversity and requires universal mobilization to promote dialogue between civilizations"; Art. 3 (i): „To promote in each country the popularization of science and technology including traditional knowledge systems as a condition for better understanding and preservation of cultural and natural heritage"; Art. 4 (d): „strengthening the role of science and technology, including endogenous systems of knowledge, in the life of the African peoples by incorporating the use of African languages".

[72] Vgl. aaO., Art. 3 (a): „To assert the dignity of African men and women as well as the popular foundations of their culture".

[73] Vgl. aaO., Art. 5 (2): „Cultural diversity contributes to the expression of national and regional identities, and more widely, to building Pan-Africanism."

Auf der anderen Seite – hier durchaus lokal zu verstehen: in den westlichen Demokratien, und zwar eher auf der linken Seite des Parlaments – stehen Befürworter eines kulturellen Pluralismus, die gerade einen solchen identitären *rollback* zum Anlass nehmen, einem unqualifizierten Multikulturalismus den Abschied zu geben. So stellen für die britische Politikwissenschaftlerin A. Phillips die prekäre Situation der „minorities within minorities" – etwa immigrierte muslimische Frauen – sowie die verbreitete Referenz auf stereotype kulturelle Zuschreibungen den wesentlichen Grund dar, für einen *anderen*, werthaltigen Multikulturalismus zu plädieren.[74] Und S. Benhabib wendet sich gegen eine „elusive preservation of cultures", an deren Stelle sie die Forderung einer demokratischen Kultur setzt, in der der argumentative Streit um die kulturellen Erzählungen herrschaftsfrei stattfinden kann.[75]

Nach Maßgabe welcher Kriterien aber soll dieser Streit geführt werden? Die bloße Berufung auf traditionelle Werte wie in der kurz vorgestellten afrikanischen Charta reicht dafür ebenso wenig aus wie der Hinweis auf eine historisch gewachsene ‚Leitkultur', denn geschichtlich Gewordenes kann nicht *per se* zum ethisch Vorzugswürdigen deklariert werden, will man nicht der normativen Kraft des Faktischen und einem kulturellen Relativismus erliegen. Ebenso wenig überzeugend ist angesichts der Perspektivität jeden ethischen Arguments der umgekehrte Versuch, aus einer – scheinbar – rein rationalen, vom eigenen kulturellen Standpunkt unabhängigen Position einen Kriterienkatalog im Sinne einer Letztbegründung entwerfen zu wollen. Die Lösung liegt in einem mittleren Weg: Auch bei der Evaluation von Kulturen muss – wie in der Ethik überhaupt – nach guten Gründen gesucht werden, die vor dem Forum der universalen Vernunft plausibilisiert werden können, wenn auch ohne den Anspruch auf Letztbegründung.[76] Im Blick auf eine Kritik der Kulturen konkurrieren in diesem Sinne drei Begründungsstrategien.

(1) *Der pragmatistische Ansatz.* Argumentationsgeschichtlich der jüngste der drei Ansätze, behandle ich ihn als ersten, da die Messlatte, mit der er arbeitet, vergleichsweise anspruchslos ist. Pragmatistisch nenne ich ihn, weil er analog zum Wahrheitskriterium des Pragmatismus das Gute an dem bemisst, mit dem wir in der erfahrbaren Wirklichkeit besser operieren können. In diesem Sinne hat jüngst R. Jaeggi in ihrer *Kritik der Lebensformen* argumentiert: Lebensformen sind Problemlösungsstrategien, und ihre Bewertung sollte immanent aus dieser ihrer *ratio essendi* heraus erfolgen. Eine Lebensform ist umso besser, je mehr sie zum Gelingen des Lebens beiträgt.[77] Ersetzt man den Begriff der Le-

---

[74] *A. Phillips*, Multiculturalism without Culture, Princeton (NJ)/Oxford 2007, 12. Als Praktiken, bei denen die moralische Anerkennung endet, nennt Phillips vor allem Gewalt und Ungleichheit. Vgl. aaO., 34.

[75] *S. Benhabib*, The Claims of Culture. Equality and Diversity in the Global Era, Princeton (NJ)/Oxford 2002, 8, mit der abschließenden Erklärung: „I argue that the task of *democratic equality* is to create impartial institutions in the public sphere and civil society where this struggle for the recognition of cultural differences and the contestation for cultural narratives can take place without domination." Ebd.

[76] Vgl. *F. Lohmann*, Zwischen Naturrecht und Partikularismus. Grundlegung christlicher Ethik mit Blick auf die Debatte um eine universale Begründbarkeit der Menschenrechte (TBT 116), Berlin/New York 2002.

[77] Vgl. *R. Jaeggi*, Kritik (s. Anm. 7), passim. Für den Grundgedanken vgl. aaO., 252 f.: „Lebensformen verkörpern sich in sozialen Praktiken und gehen mit Problemen der Lebensbewältigung um. […] Der Fokus wird damit auf das auch *reaktive Moment* der Lebensformen und damit auf die Auseinandersetzung

bensform durch den der Kultur, was sich durch Jaeggis Ausführungen nicht verbietet,[78] dann zeigt sich die Relevanz von Jaeggis Argumentation für die hier interessierende Fragestellung.

Doch so begrüßenswert es ist, dass mit Jaeggis Entwurf die „ethische Enthaltsamkeit" der Habermas-Schule überzeugend aufgebrochen wird,[79] so melden sich doch Zweifel, ob man mit dem pragmatistischen Ansatz auf dem sensiblen Gebiet des Kulturvergleichs weiterkommt. Denn üblicherweise sind die Anhänger einer Kultur von dieser überzeugt. Entsprechend werden sie auch behaupten, dass *ihre* Kultur die relativ beste Problemlösungsstrategie darstellt. So wird man – um das oben in Anm. 26 angesprochene Thema der Zwangsverheiratung aufzugreifen – problemlos Anhänger des Systems der *arranged marriages* finden, die sie für die überlegene Form einer Partnerschaft von Mann und Frau halten, die die mit dieser verbundenen Probleme und Aufgaben besonders gut löse, wie aus der vergleichsweise niedrigen Zahl von Ehescheidungen innerhalb dieses Systems hervorgehe. Will man dieses Argument zugunsten einer Vorzugswürdigkeit der auf der Basis wechselseitiger Zuneigung autonom eingegangenen Ehe kontern, so muss man entweder über Zahlen streiten oder man muss ethische Wertgesichtspunkte wie etwa die Freiheit der Ehepartner ins Spiel bringen. Ersteres erscheint als ein ziemlich aussichtsloses Unterfangen und würde Ethik von Statistik abhängig machen, letzteres bedeutet das Verlassen des rein pragmatistischen Ausgangspunkts.

(2) *Der menschenrechtliche Ansatz.* Er ist uns bereits im dritten Abschnitt begegnet, wo dokumentiert wurde, dass von den Vertretern einer Position der Anerkennung kultureller Vielfalt in Politik und Ethik deren in der Anerkennung menschenrechtlicher und rechtsstaatlicher Standards liegende Grenze herausgestellt wird. Ergänzend sei an dieser Stelle darauf hingewiesen, dass auch die zitierten UNESCO-Erklärungen eine entsprechende Grenze ziehen. So wird in der UNESCO-Konvention von 2005 noch vor dem „Principle of equal dignity of and respect for all cultures" das „Principle of respect for human rights and fundamental freedoms" aufgestellt, mit der Kernforderung: „No one may invoke the provisions of this Convention in order to infringe human rights and fundamental freedoms as enshrined in the Universal Declaration of Human Rights or guaranteed by international law, or to limit the scope thereof."[80] Die Anerkennung kultureller Vielfalt hat also dort ihre normative Grenze, wo versucht wird, Menschenrechtsverletzungen mit dem Verweis auf eine entsprechende kulturelle Praxis zu legitimieren. Menschenrechte haben einen normativ höheren Rang als kulturelle Selbstbestimmung.

---

mit ‚aus der Welt kommenden' Aufgaben gerichtet, und es ist genau dieser Umstand, der es möglich machen soll, Lebensformen als diskutierbar und kritisierbar aufzufassen. Ihre Bewertung findet ihren Maßstab so in der Sache des Problems."

[78] Vgl. das Zitat in Anm. 7.

[79] Vgl. die Einleitung von Jaeggis Buch und v.a. den Abschnitt über den „ethischen Charakter der Moral/Ethik-Unterscheidung". *R. Jaeggi*, Kritik (s. Anm. 7), 41–47.

[80] UNESCO (Hg.), Basic Texts (s. Anm. 37), Art. 2 (1).

Mit einem analogen Argument hat O. Höffe vorgeschlagen, den Maßstab eines interkulturellen Strafrechts in den Menschenrechten zu finden.[81]

Für diesen Ansatz spricht als erstes die universale Anerkennung, die die Menschenrechte als Leitinstanz und Primärinstitution internationaler Politik in den vergangenen Jahrzehnten gewonnen haben.[82] Schon allein die beiden UN-Menschenrechtspakte sind von einer überwältigenden Zahl an Staaten ratifiziert und dadurch von diesen als rechtsverbindlich anerkannt worden, und kaum ein Staat möchte es sich heute leisten, für Menschenrechtsverletzungen an den Pranger gestellt zu werden. Insofern bieten sich die Menschenrechte als Kriterium eines evaluierenden Vergleichs zwischen Kulturen der Menschheit geradezu an. Anders als der pragmatistische Ansatz schließt ein Ansatz bei den Menschenrechten zudem substantiell-ethische Überlegungen – ohne die ein normativer Kulturvergleich nicht auskommen kann – nicht von vornherein aus. Auch wenn der ethische Gehalt des Menschenrechtsgedankens im Einzelnen strittig ist, so kann es doch als gesichert gelten, dass in ihm die Werte Freiheit, Gleichheit, Gerechtigkeit und Solidarität bei gleichzeitigem Primat der Rechte des Individuums vor gesellschaftlichen Interessen zur Geltung kommen.

Dennoch bleibt es fraglich, ob der Menschenrechtsgedanke als solcher die argumentative Last beim Unternehmen einer Kritik der Kulturen tragen kann. Der Hinweis auf Wertungskollisionen, die im Korpus der Menschenrechte enthalten sind, wie ihn bereits 1947 M. Herskovits gegen das Projekt einer universalen Erklärung der Menschenrechte erhoben hat,[83] wie er im Prozess von deren Ausarbeitung hinsichtlich des Verhältnisses von einerseits bürgerlichen Unterlassungs- und andererseits wirtschaftlich-sozial-kulturellen Anspruchsrechten sichtbar wurde und wie er sich neuerdings unter dem Schlagwort ‚Freiheit versus Sicherheit‘ offenbart – dieser Hinweis muss ernst genommen werden. ‚Menschenrechte‘ ist ein Gesamtpaket, mit dem sich zwar nicht alles, aber doch vieles rechtfertigen lässt, je nachdem, welcher Seite man bei diesen Wertungskollisionen zuneigt. Und diese Neigung ist selbst wieder zu einem guten Teil kulturbedingt, so dass ein menschenrechtlicher Ansatz zur normativen Bewertung von Kulturen vor der Gefahr einer *petitio principii* nicht vollends gefeit ist.

(3) *Der naturrechtliche Ansatz.* Er ist in all seinen verschiedenen Varianten dadurch gekennzeichnet, dass er versucht, in dem, was als charakteristische ‚Natur des Menschen‘ verstanden wird, das Kriterium moralischer Wertungen zu finden. Wenn es darum geht, das ethisch Anzustrebende argumentativ an das anzubinden, was dem Menschen und seinen tiefsten Interessen entspricht – eine Zielperspektive, in der der pragmatistische

---

[81] Vgl. *O. Höffe,* Gibt es ein interkulturelles Strafrecht? Ein philosophischer Versuch (stw 1396), Frankfurt a. M. 1999. Zum Problem vgl. aus rechtsvergleichender Sicht auch: *F. Basile,* Multikulturelle Gesellschaft und Strafrecht. Die Behandlung der kulturell motivierten Straftaten (Rechtsgeschichte und Rechtsgeschehen – Italien 10), aus dem Italienischen v. T. Vormbaum, Berlin u.a. 2015.

[82] Vgl. *S. Stetter,* Weltpolitische Veränderungen nach dem Ende des Kalten Krieges, in: T. Bohrmann/K.-H. Lather/F. Lohmann (Hg.), Handbuch Militärische Berufsethik. Bd. 1: Grundlagen, Wiesbaden 2013, 217–235, 225 f.

[83] *M. J. Herskovits,* Ethnologischer Relativismus und Menschenrechte, in: D. Birnbacher/N. Hoerster (Hg.), Texte zur Ethik (dtv 4456), München 1997[10], 36–42.

und der menschenrechtliche Ansatz übereinkommen –, dann bietet es sich an, die Frage nach dem, was den Menschen im Innersten ausmacht, nicht zurückzustellen, sondern von vornherein ins Zentrum der ethischen Betrachtung zu rücken. Hinzu kommt, dass dem naturrechtlichen Ansatz von seinen Anfängen her eine kulturkritische Komponente einwohnt, die ihn als geeignete Grundlage einer Kritik der Kulturen scheinbar prädestiniert.

Doch auch bezüglich eines naturrechtlichen Ansatzes ergeben sich im Blick auf seine Leistungsfähigkeit für das Unternehmen einer Kritik der Kulturen erhebliche Fragen. Der Einwand einer Wertungskollision kommt hier noch stärker zum Tragen als bei den Menschenrechten. Sind diese immerhin im Sinne der oben genannten Werte ethisch präfiguriert, so sind mit dem Naturrechtsgedanken – gerade wegen seiner legitimatorischen Anziehungskraft – die unterschiedlichsten Wertvorstellungen, Gesellschaftsordnungen und politischen Systeme begründet worden. Die erstaunliche Vielfalt der naturrechtlichen Entwürfe und der vorausgesetzten Begriffe von der ‚Natur des Menschen‘[84] hat denn auch immer wieder in Geschichte und Gegenwart der Ethik zur Forderung geführt, ganz auf den Naturrechtsgedanken zu verzichten. Insbesondere die Tradition einer Naturrechtsethik, die meint, aus der Natur des Menschen systematisch ganze Wertsysteme ableiten zu können, hat in Folge der Einsicht in die unvermeidbare Perspektivität jeder Rede von dieser Natur ihre Überzeugungskraft verloren.

Anders sieht es jedoch aus mit der Tradition eines kritischen Naturrechts, das keine spekulative, sondern lediglich eine „wächterliche" Funktion wahrnehmen will,[85] wobei – in meiner Lesart – den natürlichen Bedingungen der *conditio humana* und insbesondere der leiblichen Verfasstheit des Menschen besondere Beachtung zukommt.[86] In Kombination mit dem menschenrechtlichen Ansatz geht es dabei darum, dem „inherence view of human rights"[87], wie er dem Menschenrechtsgedanken seit seinen Anfängen zu Eigen ist, nachzugehen und in Kritik an anderen Menschenrechtsauslegungen den Bezug der Menschenrechte auf die menschliche Natur zur Geltung zu bringen. Die mit diesen Auslegungen verknüpften Wertungskollisionen werden auf diese Weise nicht zum Verschwinden gebracht, aber einer im Blick auf das Naturfundament des Menschenrechtsgedankens plausibilisierbaren Einschränkung unterzogen. Und damit wäre ethisch schon einiges gewonnen, denn keine eindeutige Lösung *sub specie aeternitatis*, sondern ein „reasona-

---

[84] Vgl. zur Illustration: *J. Leichsenring*, Ewiges Recht? Zur normativen Bedeutsamkeit gegenwärtiger Naturrechtsphilosophie (PhU 33), Tübingen 2013, sowie meinen in Anm. 64 genannten Aufsatz.

[85] Vgl. *E. Wolf*, Das Problem der Naturrechtslehre. Versuch einer Orientierung, Karlsruhe 1964³, 197: „Die Aufgabe echter Naturrechtslehre ist nämlich (platonisch gesprochen) eine ‚wächterliche‘, keine bloß technisch-praktische, aber auch keine spekulativ-theoretische."

[86] Ich habe dieses Naturrechtsverständnis näher ausgeführt in: *F. Lohmann*, Abusus non tollit usum. Warum der Naturrechtsgedanke weiterhin sinnvoll und notwendig ist, in: D. Bogner/C. Mügge (Hg.), Natur des Menschen. Brauchen die Menschenrechte ein Menschenbild? (Studien zur theologischen Ethik 144), Freiburg i. Ue. 2015 (i. E.).

[87] *J. Morsink*, The Universal Declaration of Human Rights. Origins, Drafting, and Intent (Pennsylvania Studies in Human Rights), Philadelphia (PA) 1999, 284–295, 290.

ble pluralism" im Sinne recht verstandener Diversität stellt das Ziel dar, dem die Ethik bei ihrer Mitarbeit an der Aufgabe der Gesellschaftsgestaltung dient.[88]

(4) *Schluss.* Durch eine solche Verknüpfung von menschenrechtlichem und naturrechtlichem Ansatz sollte es möglich sein, auf dem Weg zu einer Kritik der Kulturen, wie sie sich durch die kulturelle Verfasstheit des Menschen in ihrer Gemeinsamkeit wie Unterschiedenheit von der leiblichen Verfasstheit nahelegt, einen entscheidenden Schritt voranzukommen. Wir haben eine Kultur, wir sind mehreren Kulturen zugehörig, aber wir sind nicht mit ihnen – anders als mit unserem Leib – identisch. Deshalb können wir uns von ihnen argumentativ und im konkreten Lebensvollzug distanzieren. Entsprechend ist auch bei unseren Mitmenschen der Respekt vor ihrer leiblich konstituierten Person von der Anerkennung ihrer kulturellen Prägung(en) zu unterscheiden. Auch im Blick auf die letztere(n) können wir argumentativ Distanz nehmen. Und im Blick auf Kulturen, die den in der menschlich-leiblichen Natur verankerten Menschenrechten widersprechen, müssen wir es sogar.

---

[88] Mit der Rede vom „reasonable pluralism" nehme ich eine Formel aus der Theorie des späteren J. Rawls auf, mit der er nicht zuletzt die eigenen, in der *Theory of Justice* noch präsenten konstruktivistischen Ziele zurücknimmt. Vgl. *Ders.,* Political Liberalism. Expanded Edition (Columbia Classics in Philosophy), New York 2005, passim. Auch mit R. Jaeggi stimme ich an dieser Stelle überein: „Zum einen handelt es sich also bei den Problemen, mit denen Lebensformen konfrontiert sind, um Probleme, für die es *mehr als eine gute Lösung* geben kann. [...] Aus diesen Überlegungen folgt allerdings keineswegs das (relativistische) Prinzip, dass jede Lebensform ‚ihr eigenes Recht' habe, einen partikularen Kontext, der sie unvergleichlich und übergreifende Standards somit unmöglich mache. Es mag zwar unterschiedliche und zugleich im vollen Sinne rationale Lebensformen geben – aber es gibt umgekehrt auch (klarerweise) falsche und regressive Lebensformen". *R. Jaeggi,* Kritik (s. Anm. 7), 449 f.

Jochen Gerlach

ARBEITEN UND MENSCH SEIN

Zur anthropologischen Bedeutung von Arbeit

> „Das ist nun das erste Stück, dass der Mann fleißig
> soll arbeiten, damit er sein Weib und Kinder ernähre,
> denn von Arbeit stirbet kein Mensch, aber vom
> Ledig- und Müßiggehen kommen die Leut um Leib
> und Leben, denn der Mensch ist zur Arbeit geboren,
> wie der Vogel zum Fliegen" (Luther).[1]

Ziel der folgenden Ausführungen ist die anthropologische Verortung der Arbeit, um zu einer Grundorientierung für die Herausforderungen der modernen Arbeitswelten zu gelangen.[2] Zu diesen Herausforderungen gehört der Wandel der Erwerbsarbeit durch die Digitalisierung, die im globalisierten Markt den Wettbewerb erhöht und Arbeitsprozesse weiter beschleunigen wird. Die entwickelten Gesellschaften der Moderne sind Arbeitsgesellschaften geworden. Sie sind jedoch mit ihrer Hervorhebung der Erwerbsarbeit in eine Krise geraten. Hierdurch besteht die Notwendigkeit, gesellschaftliche Arbeit insgesamt neu zu verstehen. Hierzu wird im Folgenden zunächst ein Verständnis von Arbeit vorgestellt. Im zweiten Schritt wird Luthers Aufwertung der Arbeit im Kontext seiner Rechtfertigungslehre nachgezeichnet. Im dritten Schritt wird das Grundmotiv der Arbeit, die Existenzsicherung, vor dem Hintergrund von K. Barths theologischer Ethik entfaltet. Es folgt eine Beschreibung der Arbeit in ihren interaktiven Bezügen als Arbeitsteilung. Die Würdigung der Arbeit gelingt im christlichen Verständnis dadurch, dass ihre Grenze deutlich markiert wird. Dies wird in einem fünften und letzten Schritt ausgeführt.

1 Was ist Arbeit?

„Mit Mühsal sollst du dich von deinem Acker nähren dein Leben lang. Dornen und Disteln soll er dir tragen, und du sollst das Kraut auf dem Felde essen. Im Schweiße deines Angesichts sollst du dein Brot essen bis du wieder zu Erde werdest, davon du genommen bist" (Gen 3,17–19).

---

[1] Predigt *Von dem Ehestand* (1525), WA 17 I, 23.

[2] Hiermit greife ich ein Anliegen von E. Herms auf: Eine „richtige Interpretation des Stellenwerts von Arbeit in der geschaffenen conditio humana" bildet eine der wichtigen Aufgaben der kirchlichen Soziallehre. *E. Herms*, Zukunft der Erwerbsarbeit – Zukunft der Gesellschaft, in: *Ders.*, Die Wirtschaft des Menschen. Beiträge zur Wirtschaftsethik, Tübingen 2004, 284–303, 303.

Gartenarbeit ist eine erholsame Tätigkeit in der freien Zeit, oder man kann sie als Beruf ausüben. Wer einen Garten als Hobby hat, liebt diese Arbeit, stöhnt aber auch bisweilen über die Mühe. Ist Gartenarbeit Arbeit? – Arbeit hat in allen Sprachen eine Grundbedeutung, die das Mühsame einer Tätigkeit, die harte Anstrengung meint.[3] Das deutsche Wort *Arbeit* stammt vom Lateinischen *arvum*, der *gepflügte Acker* ab; Arbeit wird synonym mit *Mühsal*, *Not*, *Beschwerde* verwendet; das französische *travail* stammt vom *Dreipfahl* ab, mit dem Pferde gebändigt wurden; das russische *rabota* leitet sich von *rab*, dem Sklaven, ab.[4] Arbeit macht Mühe. Die biblische Urgeschichte wechselt daher auch vom Bild des Gartens hin zum Acker und beschreibt treffend: „Mit Mühsal sollst du dich von deinem Acker nähren […] und im Schweiße deines Angesichts sollst du dein Brot essen" (Gen 3,17 u. 19).

Doch ist die Mühe das Kennzeichen der Arbeit? Es gibt – und gab schon immer – Arbeiten, die leicht von der Hand gehen, Freude machen und keine Plackerei sind. Insbesondere kreative Tätigkeiten können Freude machen. Mühsal ist immer noch ein Kennzeichen heutiger Arbeitswelten: an der Kasse, am Band, unter Tage, in den Kühllagern, im Schlachthof, als Selbstständige. Und doch: Freude, Leichtigkeit, ja Begeisterung, Genuss am eigenen Schaffen und Erschaffen gehören ebenso zur Arbeitswelt. Es ist schwierig, Arbeit genau zu definieren, weil ein und dieselbe Tätigkeit einmal Arbeit und ein anderes Mal Freizeit sein kann und weil der Arbeit keine ganz eindeutigen Merkmale zugeordnet werden können. Zur Arbeit gehört nicht nur körperliche, sondern auch geistige Arbeit. Ein Ingenieur hat ein schwieriges technisches Problem zu lösen. Es arbeitet an ihm. Er sinnt sogar unwillkürlich beim Angeln darüber nach. Hat er gearbeitet?

Neuere Versuche, Arbeit zu definieren, führen notwendige Differenzierungen ein und schlagen einen umfassenderen Arbeitsbegriff vor. Unter Arbeit ist dann nicht nur Erwerbsarbeit zu verstehen, sondern auch die Familienarbeit im Haushalt mit der Erziehung von Kindern und der Pflege von Angehörigen; es gehören politische Arbeit und zivilgesellschaftliche und ehrenamtliche Arbeit hinzu und alle Formen der Eigenarbeit.[5] T. Meireis gibt in seiner Studie zum protestantischen Arbeitsverständnis einen umfänglichen Überblick über die verschiedensten Definitionen von Arbeit. Er arbeitet ihre jeweiligen Schwierigkeiten heraus, die vielfältigen Aspekte des lebensweltlichen Phänomens der Arbeit zu fassen.[6] Überzeugend schildert er das Dilemma: Die Definitionsversuche sind entweder zu eng und schließen wichtige Aspekte aus oder sie weiten den Arbeitsbegriff in einer Weise aus, dass es keine Tätigkeit mehr gibt, die nicht auch als Arbeit verstanden werden kann.[7]

---

[3] Vgl. *M.-D. Chenu*, Art. Arbeit I, in: HWPh 1 (1971) 480–482, 481.

[4] Vgl. ebd.

[5] Vgl. *F. Kambartel*, Arbeit und Praxis, in: A. Honneth (Hg.), Pathologien des Sozialen. Die Aufgaben der Sozialphilosophie (FTB 12247), Frankfurt a. M. 1994, 123–139, 123; weitere Belege bei *T. Meireis*, Tätigkeit und Erfüllung. Protestantische Ethik im Umbruch der Arbeitsgesellschaft, Tübingen 2008, 38 f.

[6] Vgl. aaO., 24–43.

[7] Vgl. aaO., 28 u. 38 f.

Meireis folgert aus den definitorischen Unschärfen und der Einsicht in den historischen und kulturellen Wandel des Arbeitsbegriffs: auf eine Definition sei zu verzichten, und Arbeit sei auch *nicht* zu den „anthropologischen Grunddaten"[8] zu rechnen. Er schlägt vor, Arbeit stattdessen als soziokulturelles Deutungsmuster zu verstehen, mit dem fünf Problembereiche im modernen Kontext der Umbrüche im Arbeitsverständnis angesprochen sind: „Naturumgang, Anerkennung, Teilhabe, Teilnahme und Lebenssinn"[9]. Demgegenüber soll jedoch hier der Versuch aufrechterhalten werden, Arbeit definitorisch zu fassen und anthropologisch zu fundieren. So schlägt E. Herms vor, unter Arbeit „jedes bewusst zielstrebige menschliche Wirken" zu verstehen und sie damit als einen „Unterbegriff" des anthropologischen Grundbegriffs des Handelns als selbstbewusst freies Wählen und Wirken zu bestimmen.[10] Arbeit kann handlungstheoretisch von den beiden Grundformen des Handelns, Situationsdeutung und Situationsgestaltung, abgeleitet werden. Arbeit wird dann definiert als Erfüllung der vier notwendigen und gleichursprünglichen gesellschaftlichen Grundaufgaben: politische Herrschaft, Gewinnung und Verteilung von Lebensmitteln, Gewinnung und Vermittlung von technischem Orientierungswissen über die physische und soziale Umwelt sowie schließlich Gewinnung und Vermittlung der weltanschaulich-religiösen Daseinsdeutung.[11]

Dieses Verständnis von Arbeit ermöglicht es, die konkreten, kulturell unterschiedlichen Verständnisse von Arbeit als unterschiedliche Schwerpunktsetzungen der gesellschaftlichen Grundaufgaben und ihrer gesellschaftlichen Bewertungen einzuordnen. Auf dieser Basis kann im Folgenden der Wandel im Arbeitsverständnis gedeutet werden.

2 Arbeit als Gottesdienst – die Aufwertung der Arbeit durch Luther

„So sah ich denn, dass nicht Besseres ist, als dass ein Mensch fröhlich sei in seiner Arbeit; denn das ist sein Teil" (Koh 3,22).

In der israelitischen Weisheitslehre spiegelt sich die agrarische Subsistenzwirtschaft. Sie nimmt das Motiv der Arbeitsmühe auf und vertieft es: „Ich sah die Arbeit, die Gott den Menschen gegeben hat, dass sie sich damit plagen" (3,10). Die Vergegenwärtigung der menschlichen Endlichkeit (3,19–21) führt den Menschen dann aber zu einer befreienden Erfahrung: „So sah ich denn, dass nicht Besseres ist, als dass ein Mensch fröhlich sei in seiner Arbeit; denn das ist sein Teil" (3,22). Entsprechend positiv auch Ps 128,2: „Du wirst dich nähren von deiner Hände Arbeit; wohl dir, du hast's gut."

Das hellenistische Bild der Arbeit unterscheidet sich hiervon deutlich. Die Ausdifferenzierung der Teilsysteme ist in den Stadtgesellschaften weiter fortgeschritten. Philoso-

---

[8] AaO., 37.

[9] AaO., 45.

[10] *E. Herms,* Die Lage der Theologiestudenten und die Aufgabe der Theologie, in: *Ders.,* Erfahrbare Kirche. Beiträge zur Ekklesiologie, Tübingen 1990, 190–208, 195 f.

[11] Vgl. *E. Herms,* Kirche in der Zeit, in: *Ders.,* Kirche für die Welt. Lage und Aufgabe der Evangelischen Kirchen im vereinigten Deutschland, Tübingen 1995, 231–317, 237–242.

phie und Staatsführung werden von freien Bürgern verrichtet. Diese Tätigkeiten haben hohes Ansehen, sie werden aber nicht im engeren Sinn als Arbeit verstanden, die nur auf die bäuerliche und handwerkliche Arbeit bezogen wird.[12] Unter den gesellschaftsnotwendigen Grundaufgaben haben somit Politik und Wissenschaft einen dominierenden Status. Die Grundaufgabe der Erstellung von Lebensmitteln wird abgewertet. Ihr Kennzeichen ist die körperliche Anstrengung und sie wird von Sklaven und einfachen Menschen verrichtet. „Denn unmöglich kann, wer das Leben eines Banausen oder Tagelöhners führt, sich in den Werken der Tugend üben", so Aristoteles in der Πολιτικά.[13] Auch Cicero vertritt eine starke Abwertung von Arbeit und Handwerk: „Eines Freien aber nicht würdig und schmutzig ist der Erwerb aller Tagelöhner, deren Arbeitsleistung, nicht Fertigkeiten gekauft werden. Bei ihnen ist eben der Lohn ein Handgeld der Dienstbarkeit [...]. Und alle Handwerker betätigen sich in einer schmutzigen Kunst. Denn eine Werkstatt kann nichts Freies haben."[14]

Im jungen Christentum wird trotz des jesuanischen Ideals der Sorglosigkeit die körperliche und handwerkliche Arbeit hochgeschätzt.[15] Arbeit ermöglicht es, für den eigenen Lebensunterhalt zu sorgen und für den Nächsten hilfreich zu sein: „Setzt eure Ehre darein, dass ihr ein stilles Leben führt und das Eure schafft und mit euren eigenen Händen arbeitet, wie wir euch geboten haben" (1 Thess 4,11), und: „Der Dieb stehle nicht mehr, vielmehr mühe er sich ab und schaffe mit eigenen Händen das Gute, damit er habe, um es dem Bedürftigen zu geben" (Eph 4,28).

In der mittelalterlichen Theologie erfährt die monastische Tradition der *vita contemplativa* eine Hochschätzung. Insbesondere Thomas von Aquin begründet durch die Aufnahme aristotelischen Denkens eine Rangfolge der christlichen Lebensformen.[16] Hierin spiegeln sich auch die Dominanz der Religion und die Hochschätzung des Klerus in der mittelalterlichen Gesellschaft. Luther hat diese Rangfolge der Lebensformen in seiner Rechtfertigungslehre überwunden und mit dem Verständnis vom ‚Priestertum aller Gläubigen' den Arbeits- und Berufsbegriff neu geprägt: „Wie nun die, welche man jetzt Geistliche heißt oder Priester, Bischöfe oder Päpste, von den anderen Christen durch keine andere oder größere Würde unterschieden sind, als dass sie das Wort Gottes und die Sakramente verwalten sollen – das ist ihr Werk und Amt – so hat die weltliche Obrigkeit das Schwert und die Rute in der Hand, die Bösen damit zu strafen, die Rechtschaffenen zu schützen. Ein Schuster, ein Schmied, ein Bauer, ein jeglicher hat seines

[12] Vgl. *M.-D. Chenu*, Art. Arbeit I (s. Anm. 3), 481.

[13] *Aristoteles*, Politik, übers. u. mit erkl. Anm. versehen v. E. Rolfes, mit einer Einl. v. G. Bien (PhB 7), 4. Aufl. 1981, unveränderter Nachdruck, Hamburg 1990, 87 (III, 5, 1278 a 20).

[14] *Cicero*, Vom rechten Handeln [De officiis], Lateinisch u. Deutsch, hg. u. übers. v. K. Büchner (Sammlung Tusculum), 3. erw. Aufl., München/Zürich 1987, 127 u. 129 (I, 150).

[15] Vgl. *G. Theißen*, Die Religion der ersten Christen. Eine Theorie des Urchristentums, 3. durchgesehene Aufl., Gütersloh 2003, 141–146; *M. Hengel*, Die Arbeit im frühen Christentum, in: ThBeitr 17 (1986) 4, 174–212.

[16] Vgl. *A. Baumgartner/W. Korff*, Wandlungen in der Begründung und Bewertung von Arbeit, in: W. Korff u.a. (Hg.), Verhältnisbestimmung von Wirtschaft und Ethik. Konstitutive Bauelemente moderner Wirtschaftsethik. Grundfragen ethischer Rationalität in einer globalen Welt (Handbuch der Wirtschaftsethik 1.1), Neuausg., Gütersloh 2009, 88–99, 91.

Handwerks Amt und Werk, und doch sind alle gleich geweihte Priester und Bischöfe, und ein jeglicher soll mit seinem Amt oder Werk den andern nützlich und dienstlich sein"[17]. Alle Berufe haben somit den grundsätzlich gleichen Rang, weil alle Christen durch den Glauben vor Gott als geweihte Priester und Bischöfe gelten und alle Berufe ihren speziellen und notwendigen Beitrag zum gesellschaftlichen Wohl leisten. Im Hintergrund steht hier Luthers Ständelehre von *oeconomia*, *politia* und *ecclesia*, nach der alle Berufe aufeinander angewiesen sind.[18] Die Aufwertung des weltlichen Arbeitens wird kritisch gegen die ‚guten Werke' gewendet, die u.a. auch zur *vita contemplativa* gehören. „Fragst du sie weiter, ob sie auch das als gute Werke erachten, wenn sie arbeiten in ihrem Handwerk, gehen, stehen, essen, trinken, schlafen und allerlei Werke tun zur Leibesnahrung oder gemeinem Nutzen, und ob sie glauben, dass Gott auch dabei ein Wohlgefallen an ihnen habe, so wirst du wieder finden, dass sie Nein sagen und die guten Werke so eng fassen, dass sie nur das Beten in der Kirche, das Fasten und Almosengeben übrig bleiben; die andern halten sie für vergeblich, Gott sei nichts daran gelegen"[19]. Die Aufwertung der Arbeit kann für Luther in der starken metaphorischen Rede von der *Arbeit als Gottesdienst* ihren Ausdruck finden. In einer Predigt zum höchsten Gebot (1532) formuliert er pointiert: „Wenn ein jeder seinem Nächsten diente, dann wäre die ganze Welt voll Gottesdienst. Ein Knecht im Stall wie der Knabe in der Schule dienen Gott. Wenn so die Magd und die Herren fromm sind, so heißt das Gott gedient, so wären alle Häuser voll Gottesdienst"[20].

Die Grenze der Aufwertung der Arbeit wird für Luther durch die Rechtfertigungslehre markiert, denn nur im Glauben, dem „Hauptwerk", „werden alle Werke gleich und ist eins wie das andere; es fällt aller Unterschied der Werke dahin, sie seien groß, klein, kurz, lang, viel oder wenig"[21]. Im Glauben findet der Mensch zu seiner eigentlichen Bestimmung und Freiheit. Glauben versteht Luther mit Augustin als das Vertrauen, von Gott geliebt zu werden: „Denn ich könnte Gott nicht vertrauen, wenn ich nicht dächte, er wolle mir günstig und hold sein; wodurch auch ich ihm wiederum hold und dazu bewegt werde, ihm herzlich zu trauen und alles Gute von ihm zu hoffen"[22]. Diese Zuversicht befreit davon, von irgendeinem Werk die eigene Rechtfertigung und damit die Erfüllung des Menschseins zu erwarten. Luther bezieht diese Gefährdung insbesondere auf die religiösen Vollzüge im engeren Sinn, wie „Singen, Lesen, Orgelspiel, Messehalten, Metten, Vespern und andere Tageszeiten beten", weil gerade sie zu seiner Zeit in hohem Ansehen standen.[23] Er bezieht diese Kritik nicht auf Arbeiten und Handwerk, weil er

---

[17] *An den christlichen Adel deutscher Nation* (1520), WA 6, 409.
[18] Vgl. zu Luthers Drei-Stände-Lehre *H.-J. Prien*, Luthers Wirtschaftsethik, Neuaufl., Nürnberg 2012, 162–170; *T. Kleffmann*, Luthers Theologie der Arbeit – und was sich daraus für die Frage einer gerechten Wirtschaft ergibt, in: K. Mtata (Hg.), Würde der Arbeit. Theologische und interdisziplinäre Perspektiven (LWB-Dokumentation 56), Freiburg i. Br. 2011, 59–72, 63 f.
[19] *Von den guten Werken* (1520), WA 6, 205.
[20] WA 36, 340.
[21] *Von den guten Werken* (1520), WA 6, 206.
[22] AaO., 210.
[23] AaO., 211.

zunächst einmal deren Gleichrangigkeit zu den religiösen Werken betont. Besonders die
Metapher von der *Arbeit als Gottesdienst* könnte sogar einer Überhöhung der Arbeit Vorschub leisten. Dabei ist offensichtlich, dass in einem anderen – konkret: modernen –
Kontext Arbeit in der Gefährdung steht, zur Selbsterlösung zu werden, so dass Luthers
befreiende Kritik der Werkgerechtigkeit daher auch hierauf zu beziehen ist. Die befreiende Einsicht Luthers besteht darin, dass der Glaube als Vertrauen in das Geliebtsein
durch Gott von aller Selbsterlösung befreit und damit – modern gedeutet – ein Selbstwertgefühl vermittelt, das durch keine einzelne Tätigkeit erreicht werden kann.

Mit der Aufwertung der Arbeit durch Luther ist der Wendepunkt zum neuzeitlichen
Arbeitsverständnis markiert. Luther hat eine zutiefst positive Sicht der Arbeit geprägt
und mit der Berufskonzeption eine neue Deutungskategorie eingeführt.[24] Allerdings ist
diese Sicht der Arbeit nicht frei von Missverständnissen. *Arbeit als Gottesdienst in der Welt*
kann aus der metaphorischen Bedeutung heraustreten und in der neuzeitlichen Arbeitsgesellschaft zur sozialen Wirklichkeit werden. „Arbeit wird zunehmend zur Entfaltungs-
bedingung des sich seiner selbst bewusst werdenden Subjekts und sie wird zunehmend
zum Vektor des gesellschaftlichen Fortschritts"[25]. In den entwickelten Gesellschaften
führt der Großteil der Menschen das Leben einer Arbeitnehmerexistenz. Kennzeichen
der Arbeitsgesellschaft ist eine Deutungsdominanz des wirtschaftlichen Systems, die
dazu führt, dass die „soziale Identität, das materielle Auskommen und das soziale Ansehen der Einzelnen, und damit natürlich auch ihre persönliche Identität, steht und fällt
mit dem Arbeitsplatz, mit der Stelle, die man erringt"[26]. Wenn der Arbeitsplatz verloren
geht, dann gerät der moderne Mensch nicht nur in eine materielle Krise, sondern auch in
eine tiefere Krise der Identität, wenn diese und die gesellschaftliche Anerkennung am
gesellschaftsrelevanten Beruf hängen. Die christliche Sicht auf Arbeit ermöglicht zugleich eine hohe Würdigung der Arbeit und ihre deutliche Entmachtung. Was bei Luther
angelegt ist, wird in K. Barths theologischer Ethik weiterentwickelt.

3 Existenzsicherung als Grundmotiv der Arbeit bei Karl Barth

„Unser täglich Brot gib uns heute" (Mt 6,11).

K. Barth integriert die Ethik in die Dogmatik und entfaltet sie als *Ethik der Entspre-*
chung, nach der das menschliche Handeln dem göttlichen Handeln entsprechen soll.
Barths Methode der Ethik hat einen phänomenologischen und narrativen Grundzug. Er
versteht sich als ‚Leser' des Buches, das den Weg Gottes mit dem Menschen beschreibt:
„Wir lesen jetzt weiter, indem wir uns dem Aspekt des menschlichen Lebens zuwenden,
unter dem gesehen es […] selbst handelndes, wirkendes, schaffendes Subjekt und also

---

[24] Vgl. *T. Meireis*, Tätigkeit und Erfüllung (s. Anm. 5), 90.
[25] *A. Baumgartner/W. Korff*, Wandlungen in der Begründung und Bewertung von Arbeit (s. Anm. 16), 92.
[26] *E. Herms*, Kirche in der Zeit (s. Anm. 11), 287.

eben: *tätiges* Leben ist."[27] Diese Selbstbeschreibung drückt gut aus, wie Barth sich – im Horizont der Christusoffenbarung und damit des wahren Menschseins in Jesus Christus – *sehend* und *deutend* den verschiedenen Aspekten des Lebens zuwendet und sich dabei als außerordentlich guter Beobachter seiner Gegenwart erweist.

Barth würdigt und relativiert die Arbeit. Dies wird schon dadurch deutlich, dass er das „Gebot des Feiertages" als *erstes* Gebot der speziellen Ethik der Schöpfungslehre setzt: „Es redet von einer Begrenzung des Handelns des Menschen, sofern dieses, allgemein gesprochen sein eigenes Werk, seine Unternehmung und Leistung, seine Arbeit zur Erhaltung seines Lebens und im Dienst der menschlichen Gemeinschaft ist"[28]. Und Barth fragt kritisch: „Kann man die Arbeit würdigen und recht tun von anderswoher als eben von ihrer Grenze, von ihrer solennen Unterbrechung her"[29]? Der tiefere Sinn dieser notwendigen Unterbrechung besteht für Barth darin, dass „das menschliche Tun, das gerade als *Ruhe* vom eigenen Werk – umfassend gesagt – in der Bereitschaft für das *Evangelium* besteht"[30]. Barth begrenzt damit wie Luther die Arbeit von der Rechtfertigungslehre her. *Vor* der Arbeit steht die Ruhe mit ihrer Freude über das geschenkte Leben und die Zuwendung Gottes.

In Konsequenz dieses Ansatzpunktes wird Arbeit bei Barth deutlich nachgeordnet. Sie soll als „*Parergon*", als Beiwerk, getan werden und sie hat darin ihre Würde, dass sie die „Voraussetzung" ist, dass der Mensch die erste Aufgabe seines tätigen Lebens erfüllen kann, die darin besteht, am Dienst der christlichen Gemeinde mitzuwirken.[31] Arbeit versteht Barth als „des Menschen *tätige Bejahung seines Daseins als menschliches Geschöpf*"; sie ist die Entsprechung zu Gottes erhaltendem und fürsorgendem Schöpfungshandeln.[32] Diese Bejahung ist dem Menschen von Gott geboten. Somit ist die Arbeit die Erfüllung des „Gesetzes der menschlichen Natur" als Seele und Leib.[33] Damit ist ein weites Verständnis von Arbeit als umfassende Kulturleistung angelegt: In „der menschlichen Arbeit und also im Akt jener Synthese [von Seele und Leib] stellt der Mensch sich selbst dar, kommt es zu dem, was man die menschliche Kultur nennt, kommt es zum Aufbau jenes scheinbar selbständigen Kosmos menschlichen Könnens, Unternehmens und Vollbringens, menschlicher Errungenschaften, Güter und Werte als dem Ziel aller bisherigen und als der Voraussetzung aller künftigen menschlichen Arbeit"[34]. Die Gefährdung liegt für Barth darin, in der Kultur das Ganze der Wirklichkeit zu sehen, sie zu vergöttlichen und ihren rein kreatürlichen Charakter zu verkennen.[35]

---

[27] *K. Barth*, Die Lehre von der Schöpfung: Das Gebot Gottes des Schöpfers (KD III/4), Zürich 1969³, 539.

[28] AaO., 54.

[29] AaO., 55.

[30] Ebd.

[31] AaO., 599 u 597.

[32] AaO., 593.

[33] AaO., 596.

[34] AaO., 598. Zur Genese von Barths Deutung der Arbeit als Kultur siehe *T. Meireis*, Tätigkeit und Erfüllung (s. Anm. 5), 150–158.

[35] Vgl. *K. Barth*, KD III/4 (s. Anm. 27), 599.

Arbeit als tätige Bejahung des Daseins hat für Barth ein klares Grundmotiv: die „*Selbsterhaltung*" oder die „*Existenzbehauptung* und *Existenzsicherung*"[36]. Menschen arbeiten, damit sie „ihr *Leben* und das ihrer Angehörigen ‚*fristen*', das heißt erhalten, fortsetzen, entfalten und gestalten, dass sie sich einen ihren Wünschen und Bedürfnissen möglichst angemessenen Platz am allgemeinen Tisch des Lebens erwerben und behaupten, dass sie sich – noch nüchterner gesagt – ihr Brot, und Einiges außer dem Brot, ihren Lebensunterhalt verdienen möchten"[37]. Arbeit wird hier primär als Erwerbsarbeit verstanden, aber nicht auf wirtschaftliche Tätigkeit reduziert: „Auch der Pfarrer würde gut tun, sich beständig ohne falsche Scham vor Augen zu halten, dass er sich sein Brot zu verdienen hat, dass also auch er zu einer ‚mit Anstrengung verbundenen Tätigkeit' verpflichtet ist"[38]. Barth warnt davor, dieses Grundmotiv aller Arbeit „zugunsten irgend einer höheren Sinngebung hinweg zu interpretieren", denn die Existenzsicherung ist auch Ausdruck der Unabhängigkeit und Eigenverantwortung: Der Mensch darf „jedenfalls in gesunden Tagen und in den Jahren seiner Kraft" durch die Arbeit „zur Schaffung der Voraussetzung seines Daseins als ein unabhängiger Mensch selber sorgen"[39].

Barth reduziert Arbeit selbstverständlich nicht auf den Aspekt der leiblichen Selbsterhaltung, aber er stellt ihn überzeugend als Grundmotiv heraus. Der vierten Bitte des Vaterunsers „Unser täglich Brot gib uns heute" (Mt 6,11) kommt eine wichtige Bedeutung zu, „weil wir ohne unser täglich Brot zu haben auch nicht für die Sache Gottes da sein […] könnten"[40]. Barth zitiert Luthers Auslegung im *Kleinen Katechismus*, die deutlich macht, wie umfassend die Bitte um Brot gedacht werden muss. Denn Arbeit dient zwar im Kern der Erstellung der Lebensmittel, aber es gibt noch mehr lebensnotwendige Güter: „Kleider, Schuh, Haus, Hof, Acker, Vieh, Geld (!), Gut, fromm Gemahl, fromme Kinder, fromm Gesinde, fromme und getreue Oberherren, gut Regiment, gut Wetter, Friede, Gesundheit, Zucht, Ehre, gute Freunde, gute Nachbarn und dergleichen"[41]. In dieser Aufzählung kommen die anderen gesellschaftsnotwendigen Grundaufgaben der Arbeit in den Blick. Die damit verbundenen Güter sind *Brot* im weiten Sinne des Wortes: lebensnotwenig. In der Arbeit in diesem umfassenden Sinn der vier Grundaufgaben geht es dem Grundmotiv nach aber immer auch um die Erarbeitung des Lebensunterhaltes, das heißt es braucht Formen der Bezahlung oder Alimentierung von politischem, wissenschaftlichem oder weltanschaulich-religiösem Arbeiten.

Das Grundmotiv der Arbeit als Existenzsicherung so deutlich herauszustellen, beinhaltet einen existentiellen und einen ethischen Gehalt. Der existentielle Gehalt zeigt sich in der existentiellen Angst, die Menschen befällt, wenn ihre Firma in Schwierigkeiten ist, eine Behörde aufgelöst werden soll oder wenn aus sonstigen Gründen eine Kündigung droht. Der ethische Anspruch, der mit dem Grundmotiv verbunden ist, besteht darin,

---

[36] AaO., 602 u. 613.
[37] AaO., 602.
[38] Ebd. Barth zitiert hier *C. Stange*, Die Ethik der Arbeit, in: ZSTh 4 (1927) 703–743, 703.
[39] *K. Barth*, KD III/4 (s. Anm. 27), 602 f.
[40] AaO., 613.
[41] Ebd.

dass Erwerbsarbeit – oder im Fall der Erwerbslosigkeit die Lohnersatzleistung – auskömmlich sein und den Lebensunterhalt decken sollte.

Dass dieser ethische Anspruch in einen Rechtsanspruch, von der Arbeit leben zu können, überhaupt *umgesetzt* und entsprechend *durchgesetzt* werden kann, hat weitreichende rechtsstaatliche, wohlfahrtsstaatliche und wirtschaftliche Voraussetzungen.[42] Diese Voraussetzungen ihrerseits herzustellen, stellt daher eine der Grundmaximen der christlichen Sozialethik dar. Orientierungskraft kann diese Grundmaxime jedoch nur entfalten, wenn die christliche Sozialethik eine Theorie der Wohlordnung der gesellschaftlichen Teilsysteme anbietet, in der das Zusammenspiel der Teilsysteme reflektiert wird, damit realisierbare Schritte hin zu institutionellen Gefügen, die Bildung, Wohlstand, Rechtssicherheit und menschengerechte gesellschaftliche Ziele ermöglichen, gegangen werden können.[43] Die Stärke der neuen Denkschrift des Rates der EKD zur Arbeitswelt[44] liegt unter anderem darin, dass sie ausführlich das für die Humanität der Arbeitswelt notwendige Institutionengefüge der „Sozialpartnerschaft" von Gewerkschaften und Arbeitgeberverbänden beschreibt, obwohl sie auf die Entfaltung einer christlichen Gesamtsicht auf gesellschaftliche Wohlordnung verzichtet. Sie benennt klar die „Rechte aus der Arbeit: Von der Arbeit leben können" und stellt für den bundesdeutschen Kontext die Maxime auf: „Selbstverständliches Ziel muss dabei bleiben, dass jeder Vollzeitbeschäftigte von seinem Einkommen auch seinen Lebensunterhalt bestreiten kann. Der gesetzliche Mindestlohn seit Januar 2015 kann vielen Beschäftigten im Niedriglohnbereich ein höheres Erwerbseinkommen ermöglichen"[45]. Mit dieser Forderung trägt sie dem Grundmotiv der Arbeit, der Existenzsicherung, Rechnung.

In der Arbeit bejaht der Mensch sein Dasein als menschliches Geschöpf und erfüllt damit Gottes Gebot. Arbeiten geschieht dabei nicht als autarkes, solitäres Handeln, sondern als Interaktion. Damit kommt nach dem Grundmotiv nun die Arbeitsteilung als Grundform der Arbeit in den Blick und – weil das Grundmotiv der Selbsterhaltung des einen auf das des anderen Menschen stößt – braucht es als ethisches Hauptkriterium die „*Humanität*"[46].

4 Arbeitsteilung als Grundform der Arbeit

„Es gibt sogar Orte, wo sich der eine nur mit dem Nähen von Schuhen ernährt, der andere mit dem Abschneiden des Leders, der nächste mit dem Zuschneiden des Oberleders, der nächste damit, dass er

---

[42] Vgl. dazu *F. Bettinger/J. Gerlach*, Ausgrenzung, in: V. Herrmann u.a. (Hg.), Theologie und Soziale Wirklichkeit. Grundbegriffe (Theologie und Soziale Wirklichkeit [1]), Stuttgart 2011, 22–33.

[43] Zur generellen Notwendigkeit einer Rahmentheorie für eine wirtschaftsethische Argumentation vgl. *J. Gerlach*, Theologische Wirtschaftsethik als interdisziplinäre Aufgabe, in: ZfWU 3 (2002) 2, 205–225, 216–222.

[44] Kirchenamt der EKD (Hg.), Solidarität und Selbstbestimmung im Wandel der Arbeitswelt. Eine Denkschrift des Rates der EKD zu Arbeit, Sozialpartnerschaft und Gewerkschaften, Gütersloh 2015, online unter (direkter Download): http://tinyurl.com/EKD-Solidaritaet-2015 (Stand: 31.7.2015).

[45] AaO., 36 u. 108.

[46] So lautet Barths zentrales Kriterium menschlichen Arbeitens. *K. Barth*, KD III/4 (s. Anm. 27), 614.

keine dieser Arbeiten verrichtet, sondern alles nur zusammensetzt. Daraus folgt unweigerlich, dass derjenige, der sich mit der am engsten begrenzten Arbeit beschäftigt, diese zwangsläufig auch am besten verrichtet" (Xenophon, um 360 v. Chr.).[47]

Arbeit wird hier als Unterbegriff des anthropologischen Grundbegriffs des Handelns verstanden, und so wie Handeln „wesentlich den Charakter von Interaktion hat"[48], vollzieht sich Arbeit als Interaktion. Die Grundform dieser Interaktion ist die Arbeitsteilung. Sie ist keineswegs ein modernes Phänomen, wie die Beobachtungen Xenophons deutlich machen. Vollkommen autarkes Arbeiten kann zwar in der Romanfigur des *Robinson Crusoe* gedacht werden, faktisch vollzieht sich Arbeiten schon in der Subsistenzwirtschaft archaisch-bäuerlicher Familienverbände arbeitsteilig. Früh hat sich die Arbeitsteilung zwischen Handwerk und Bauern herausgebildet.[49] Xenophon unterscheidet das Handwerk in kleinen Städten, in denen Handwerker noch „ein Bett, eine Tür, einen Pflug erstellen", vom Handwerk in großen Städten, in denen Arbeitsvorgänge mehr und mehr zerlegt werden.[50] Auch wenn die Unterschiedlichkeit der Begabung eine Rolle spielt – diese betont schon Platon[51] –, liegt der Hauptgrund für die stetige Vertiefung der Arbeitsteilung in der steigenden Effizienz und Effektivität und damit im Wunsch nach Wohlstandsgewinnen. *Durch die Grundform der Arbeitsteilung wird das Grundmotiv der Arbeit so umgesetzt, dass mehr als die bloße Existenzsicherung und mehr als Subsistenzwirtschaft möglich wird.* A. Smith hat die Arbeitsteilung als Schlüsselfaktor für den *Wohlstand der Nationen* insbesondere auf der Stufe der maschinell unterstützten gewerblichen Wirtschaft herausgearbeitet. „Die Arbeitsteilung dürfte die produktiven Kräfte der Arbeit mehr als alles andere fördern und verbessern. Das gleiche gilt wohl für die Geschicklichkeit, Sachkenntnis und Erfahrung, mit der sie überall eingerichtet und verrichtet wird"[52]. Smith beschreibt das eindrückliche Beispiel der arbeitsteiligen Produktion von Stecknadeln in Manufakturen. Er nennt drei Gründe, warum die Spezialisierung durch Arbeitsteilung die Produktivität erhöht: Die Spezialisierung erhöht die Geschicklichkeit, sie erspart Umrüstungs- und mentale Umstellungszeiten und sie führt zur Erfindung neuer technischer Möglichkeiten, weil „sich nun jeder ganz von selbst auf einen verhältnismäßig einfachen Gegenstand"

---

[47] *Xenophon*, Kyrupädie. Die Erziehung des Kyros, Griechisch-Deutsch, hg. u. übers. v. R. Nickel, München 1992, 569.

[48] *E. Herms*, Grundzüge eines theologischen Begriffs sozialer Ordnung, in: *Ders.*, Gesellschaft gestalten. Beiträge zur Sozialethik, Tübingen 1991, 56–94, 56; vgl. *Ders.*, Kirche in der Zeit (s. Anm. 11), 236.

[49] Vgl. zur Geschichte der Arbeitsteilung immer noch klassisch: *K. Marx*, Das Kapital. Kritik der politischen Ökonomie. Bd. 1/I: Der Produktionsprozeß des Kapitals, nach der 4. v. F. Engels durchgesehenen u. hg. Aufl. 1890 (MEW 23), unveränderter Nachdruck der 1. Aufl. 1962, Berlin 1974[10], 356–390; vgl. aaO. auch die Verweise auf Platon und Xenophon, 387 f.

[50] *Xenophon*, Kyrupädie (s. Anm. 47), 569. Zur Bedeutung von Xenophons Beschreibungen der Arbeitsteilung siehe *T. Sedláček*, Die Ökonomie von Gut und Böse, aus dem Amerikanischen v. I. Proß-Gill, München 2012, 134 f.

[51] *Platon*, Politeia, Deutsche Übers. v. F. Schleiermacher, bearb. v. D. Kurz (*Platon*, Werke 4), Darmstadt 1990[2], 145 (374b).

[52] So beginnt A. Smith seinen Klassiker der Volkswirtschaft. *A. Smith*, Der Wohlstand der Nationen. Eine Untersuchung seiner Natur und seiner Ursachen, aus dem Englischen übertr. u. mit einer umfassenden Würdigung des Gesamtwerkes hg. v. H. C. Recktenwald, vollst. Ausg. nach der 5. Aufl. (letzter Hand), London 1789, für die Taschenbuch-Ausg. rev. Fassung (dtv 2208), München 1990[5], 9 f.

konzentriert.[53] Eine der Schlüsselideen zum Verständnis der Wohlstandsdynamik der Ökonomie ist, dass sich diese Produktivitätsvorteile durch Tausch (oder andere Formen der Koordinierung) zu Win-win-Situationen für alle Beteiligten auswirken und es gerade kein Nullsummenspiel ist, wenn jeder tut, was er am besten kann und gegen das eintauscht, was andere gut können – wenn bestimmte Regeln der Fairness eingehalten werden.[54] Allerdings kann die Arbeitsteilung auch Formen annehmen, in denen die negativen Konsequenzen überwiegen. Schon Smith hat eindrücklich die emotionalen, kognitiven und leiblichen Auswirkungen beschrieben: „Jemand, der tagtäglich nur wenige einfache Handgriffe ausführt, die zudem immer das gleiche oder ein ähnliches Ergebnis haben, hat keinerlei Gelegenheit seinen Verstand zu üben. […] So ist es ganz natürlich, dass er verlernt, seinen Verstand zu gebrauchen, und so stumpfsinnig und einfältig wird, wie ein menschliches Wesen nur eben werden kann. Solch geistige Trägheit beraubt ihn nicht nur der Fähigkeit, Gefallen an einer vernünftigen Unterhaltung zu finden oder sich daran zu beteiligen, sie stumpft ihn auch gegenüber differenzierten Empfindungen, wie Selbstlosigkeit, Großmut oder Güte, ab, so dass er auch vielen Dingen gegenüber, selbst jenen des täglichen Lebens, seine gesunde Urteilskraft verliert. […] Selbst seine körperliche Tüchtigkeit wird beeinträchtigt"[55]. Smith will dieser drohenden Verkümmerung mit Bildung begegnen, daher diskutiert er beachtlicher Weise ausführlich die für den *Wohlstand der Nationen* nötigen Bildungsinstitutionen und ihre Probleme.[56] Smith schildert allerdings nicht, wie sich eine erhöhte Bildung auf die Ausgestaltung der Arbeitsteilung auswirken könnte. Jedoch kommt es genau auf diese Ausgestaltung an, wenn bei der Ambivalenz der Arbeitsteilung ihre Vorteile überwiegen sollen, also Entfremdung gemildert werden soll.[57] Ethisch kommen damit die „Rechte in der Arbeit: In der Arbeit leben können" in den Blick.[58] Neben basalen Grundwerten des Arbeitsschutzes muss der konkrete Gehalt des Grundwertes der Humanität der Arbeitswelt durch Mitbestimmungsprozesse ermittelt werden. Daher stehen diese Mitgestaltungsrechte im Zentrum eines humanen Arbeitsrechtes.[59]

Durch die arbeitsteilige Interaktion der Arbeit stellt sich unmittelbar das Erfordernis der Koordination der vielfältigen arbeitsteiligen Prozesse. Es zeichnet den institutionenökonomischen Ansatz aus, das Koordinationsproblem neben der Überwindung von Knappheit als das grundlegende ökonomische Problem herauszuarbeiten.[60] Dabei werden drei Typen von Koordinierung der arbeitsteiligen Prozesse unterschieden: Tradition

---

[53] AaO., 12 f.

[54] Die Vertreterin der Institutionenökonomik G. Kubon-Gilke zeigt durch einfache Rechenbeispiele, auf welche Weise die Spezialisierung durch absolute und komparative Kostenvorteile wohlstandsteigernde Effekte erzeugt. Vgl. *Dies.*, Außer Konkurrenz. Sozialpolitik im Spannungsfeld von Markt, Zentralsteuerung und Traditionssystemen. Ein Lehrbuch und mehr über Ökonomie und Sozialpolitik (Grundlagen der Wirtschaftswissenschaft 18), Marburg 2011, 35–41.

[55] *A. Smith*, Wohlstand der Nationen (s. Anm. 52), 662.

[56] Vgl. aaO., 645–693.

[57] Vgl. die ausführliche Darstellung bei *G. Kubon-Gilke*, Außer Konkurrenz (s. Anm. 54), 41–48.

[58] Kirchenamt der EKD (Hg.), Solidarität und Selbstbestimmung (s. Anm. 44), 38.

[59] Vgl. aaO., 38 f., 70–73 u. 93–96.

[60] Vgl. zum Folgenden *G. Kubon-Gilke*, Außer Konkurrenz (s. Anm. 54), 50–61.

(Pflicht), Zentralsteuerung (Befehl) und Markt (Tausch). Es kann in einzelnen Situationen einer der Koordinationstypen dominieren, trotzdem wirken sie immer in einem komplexen Zusammenspiel: Marktwirtschaften haben durch Gesetze auch starke Elemente der zentralen Steuerung; Unternehmen, in denen der Großteil der modernen Erwerbsarbeit organisiert ist, sind intern auch mit Marktregeln, aber wesentlich durch Anweisung und starke Elemente der Verpflichtung geprägt. Moral ist kein eigenständiger Koordinationsmodus. Sie hat eine gewisse Nähe zur Koordination durch Verpflichtungen, aber es gibt selbstverständlich menschenverachtende Traditionen und Verpflichtungen, und selbst Wettbewerbsregeln haben eine zivilisierende Funktion und setzen die Einhaltung vielfältiger Regeln voraus (Vertragstreue, Schutz des Eigentums etc.).[61] „Alle Formen der Organisation der Arbeitsteilung operieren unter gewissen moralischen Überformungen, beeinflussen Werte und gesellschaftlich akzeptierte Verhaltensweisen aber ebenso"[62]. Diese institutionenökonomische Sichtweise auf die drei Typen der Koordinierung der Arbeitsteilung ermöglicht eine ideologiefreie Sicht auf die „komparativen Vorteile alternativer Koordinationsmechanismen" und ihren sinnvollen Mix in der Wirtschafts- und Sozialpolitik.[63] Insbesondere wenn „asymmetrische Informationen" bestehen, wie besonders im Arbeitsmarkt, haben Wettbewerbsstrukturen Schwächen und ist eine staatliche Regulierung notwendig.[64]

Arbeitsteilung wird in der Tradition von A. Smith zumeist am Beispiel der Erstellung von wirtschaftlichen Gütern expliziert. Aber sie bildet eine generelle Grundform des kooperativen Arbeitens und hat damit eine anthropologische Qualität. Die vier gesellschaftsnotwendigen Grundfunktionen – politisches und wirtschaftliches Gestalten sowie wissenschaftliches und weltanschauliches Deuten – bilden als solche die basale arbeitsteilige Grundformation. Die Einsichten in die Spezialisierungsvorteile, wie sie in der ökonomischen Tradition beschrieben werden, können – wenn man die Eigenart der vier verschiedenen Handlungs- und Güterarten beachtet – auf die Arbeit im umfassenden Sinn übertragen werden. Die Ausbildung der vier gesellschaftlichen Subsysteme und die Interdependenzen ermöglichenden Medien sind das Resultat sich ständig vertiefender arbeitsteiliger Spezialisierungen. Als Phänomen der gesellschaftlichen ‚Verkümmerung' und ‚Entfremdung' kann es gedeutet werden, wenn z.B. das ökonomische System die gesellschaftlichen Zielwahlen verdeckt dominiert und der Diskurs nicht im offenen, pluralen Meinungsbildungsprozess des weltanschaulich-religiösen Systems geführt wird.[65] Win-win-Situationen entstehen, wenn die Arbeitsteilung der Teilsysteme gewahrt wird und z.B. politisches Arbeiten verlässliche Konfliktregeln ermittelt und durchsetzt, wenn es nicht wirtschaftet oder Weltanschauung betreibt, wenn wirtschaftliches Arbeiten nicht Politik macht oder weltanschaulich-religiöses Deuten zwar ethische Orientierung anbie-

---

[61] Vgl. aaO., 60 u. 314–317 mit Bezug auf A. O. Hirschmann.
[62] AaO., 314.
[63] AaO., 221–224 u. 303–306 (Kap. 4).
[64] Vgl. aaO., 267–289.
[65] Vgl. zu dieser Zeitdiagnose E. *Herms*, Kirche in der Zeit (s. Anm. 11), 275–301.

tet, aber wissenschaftlichen, politischen oder wirtschaftlichen Akteuren die faktischen Entscheidungen überlässt.[66]

Für einen umfassenden Begriff von Arbeit und der Arbeitsteilung muss die Rolle des familiären Systems betrachtet werden. Das familiäre System bleibt von den arbeitsteiligen Ausdifferenzierungen der Teilsysteme nicht unberührt. Es stellt in sich schon ein arbeitsteilig organisiertes System dar. Es tritt wesentliche Funktionen der Bildung, der Herrschaft, auch der wirtschaftlichen Versorgung ab und hat in modernen westlichen Gesellschaften zumeist die Form der ‚Kleinfamilie' ausgebildet. Nichtsdestoweniger erfüllen die Familiensysteme – auch in all ihren Spielarten der Patchwork-Familien und Lebensgemeinschaften – in entwickelten Gesellschaften grundlegende Arbeiten der Erziehung, der Finanzierung und Begleitung von Kindern und der Pflege von Angehörigen.[67] Die EKD-Denkschrift zur Arbeit stellt daher fest: „Im lutherischen Verständnis des Berufs ist Arbeit aber nicht nur Erwerbsarbeit. Vielmehr baut im Grunde genommen die gesamte Erwerbsarbeitswelt auf Sorgearbeit, wie Familienarbeit, Erziehung, Pflege, aber auch auf den Aktivitäten der Zivilgesellschaft auf. Ohne die Sorgearbeit, die in Familie und Zivilgesellschaft geleistet wird, fehlt der Erwerbsarbeit zur Produktion von Gütern und Dienstleistungen das Fundament"[68]. Die Belastungen moderner Familien und Lebensgemeinschaften sind Konflikte zwischen teilweiser Entlastung von Familienarbeit durch staatliche, soziale oder privatwirtschaftliche Versorgungssysteme im Bereich der Kinderbetreuung und Pflege, aber auch noch immer gravierenden Problemen der Vereinbarkeit der Ansprüche des Wirtschaftssystems mit der Sorgearbeit der Familie.

5 Betrachtung als Grenze und Jenseits der Arbeit

„Sechs Tage sollst du arbeiten und alle deine Werke tun. Aber am siebenten Tage ist der Sabbat des HERRN, deines Gottes. Da sollst du keine Arbeit tun, auch nicht dein Sohn, deine Tochter, dein Knecht, deine Magd, dein Vieh, auch nicht dein Fremdling, der in deiner Stadt lebt. Denn in sechs Tagen hat der HERR Himmel und Erde gemacht und das Meer und alles, was darinnen ist, und ruhte am siebenten Tage. Darum segnete der HERR den Sabbattag und heiligte ihn" (Ex 20,9 f.).

Arbeit ist das bewusst zielstrebige menschliche Wirken in den gesellschaftsnotwendigen Aufgaben. Bei diesem weiten Arbeitsverständnis muss kritisch gefragt werden, welches „Wirken" *nicht* Arbeiten ist, worin die Ruhe besteht, die das Sabbatgebot fordert

---

[66] Es ist ein Merkmal der sozialethischen Argumentation von E. Herms, dass er durchgängig diese Unterscheidung zwischen dem Angebot eines soliden ethischen Orientierungswissens und dem Respekt gegenüber der Freiheit der Akteure in Verantwortungspositionen markiert und eine entsprechende „Selbstbescheidung" des Ethikers empfiehlt. *E. Herms*, Das neue Paradigma. Wirtschaftsethik als Herausforderung für die Theologie und die Wirtschaftswissenschaft, in: *Ders.*, Die Wirtschaft des Menschen (s. Anm. 2), 79–98, 89.

[67] Die EKD-Denkschrift zur Arbeit spricht von „Haus- und Sorgearbeit" und thematisiert die gegenwärtigen Konflikte. Vgl. Kirchenamt der EKD (Hg.), Solidarität und Selbstbestimmung (s. Anm. 44), 14, 42, 65–67, 98, 106.

[68] AaO., 98.

und was die Grenze der Arbeit ist.[69] Die gängigen sprachlichen Unterscheidungen geben wichtige Hinweise auf die Eigenart der Grenze der Arbeit: *Arbeit* und *Nichtstun, Arbeit* und *Freizeit, Arbeit* und *Hobby, Arbeit* und *Spiel, Arbeit* und *Muße, Arbeit* und *Ruhe, Arbeit* und *Fest* oder *ora et labora.*

Ein wichtiger Aspekt der Grenze der Arbeit wird nicht erst nach oder außerhalb der Arbeit gesetzt, sondern schon *in* der Arbeit: „Ruhe in der Arbeit heißt nicht Leichtnehmen, Vergleichgültigung, Vernachlässigung, heißt aber Lockerung ihres Vollzugs durch angewandte Gottes- und Selbsterkenntnis: durch Erkenntnis der Maße, Proportionen und Distanzen, in denen sie allein sinnvoll und wirksam getan werden kann"[70]. Entkrampftes Arbeiten gelingt nach Barth, wenn der arbeitende Mensch sie als Spiel, als kindliche Nachahmung dessen, was Gott tut, versteht – Arbeiten wie Kinder spielen: „in tiefstem Ernst, in größter Hingabe"[71].

Eine erste Grenze *von* der Arbeit ist die Zerstreuung, verstanden als „Ausbreitung in andere, von seiner Arbeit verschiedene Richtungen und Bereiche"[72]. Hierunter fallen die Freizeittätigkeiten, Hobbies und der Sport. So wird die Gartenarbeit – bei allen Mühen – gerade nicht als Arbeit, sondern als Zerstreuung und erfrischende Andersartigkeit erlebt. Sport meint in seiner ursprünglichen Bedeutung *Zerstreuung,* wie die lateinische Etymologie *de-portare,* wegtragen, zerstreuen, vergnügen noch erkennen lässt.[73] Hobbies sind Nicht-Arbeit durch die Abwechslung. Sie sind daher im Vollzug äußerlich nicht von Arbeit zu unterscheiden. Fast jedes Hobby kann zum Beruf werden. Hobbies tragen daher auch die Gefährdungen in sich, wieder in Arbeit ‚auszuarten‘ und werden dann zu ‚Freizeitstress‘.

Die Zerstreuung ist jedoch nur ein erster Schritt der Ruhe von der Arbeit. Der echte ‚Gegenpol‘ zur Arbeit liegt in der Betrachtung, in der der Mensch in Distanz zu sich kommt, indem er sich selbst und die „Totalität seiner Existenz"[74] betrachtet. „*Ohne* diese Betrachtung in diesem, wie man sieht, ganz profanen […] Sinn gibt es *keine Ruhe.*"[75] Diese Betrachtung ist auch der Sinn der Muße, die griechisch σχολή ursprünglich und treffend *Anhalten* bedeutet. Entscheidend ist nun, was durch das Betrachten ausgelöst wird. Die Selbstbetrachtung kann in eine Selbstzufriedenheit münden, „daß ich ‚nun einmal so bin‘", oder in den Impuls, sich „*verändern* zu wollen", in ein „*Change your life*" und damit in die „innere Arbeit"[76]. Oder diese Ruhe und Betrachtung wird zum Moment, in dem Gott zum Menschen „redet", ihm seine „tätige Bejahung" unabhängig aller Leistung und Ar-

---

[69] Bei Barth ist das „fünfte Kriterium der rechten Arbeit das Kriterium ihrer *Grenze.*" *K. Barth,* KD III/4 (s. Anm. 27), 633.

[70] AaO., 635.

[71] Ebd.

[72] AaO., 637.

[73] Vgl. G. Drosdowski (Hg.), Das Herkunftswörterbuch. Etymologie der deutschen Sprache (Der Duden 7), 2. völlig neu bearb. u. erw. Aufl., Mannheim u.a. 1989, 694.

[74] *K. Barth,* KD III/4 (s. Anm. 27), 644.

[75] Ebd.

[76] AaO., 646.

beit zuspricht und in dem der Mensch im Gebet antwortet.[77] Es gehört zu Barths Ansatz, das Sprechen Gottes gegenüber der Selbstdeutung des Menschen zu kontrastieren. ‚Gott redet' ist jedoch die metaphorische Beschreibung eines besonderen Erschließungsvorgangs, der wie alle Erschließungsvorgänge unverfügbar und damit passiv erlebt wird. Solche Erschließungsvorgänge, die sich in Ereignissen, Gesprächen, aber eben auch besonders in der ruhenden Betrachtung einstellen, ermöglichen dem Menschen seine Daseinsdeutung als Mensch in der Welt. Diese Daseinsdeutung muss nicht spezifisch christlich sein. Explizit religiösen Charakter hat sie, wenn ihr „*Inhalt die alle Welt begründende und zusammenhaltende Macht ist, der alle menschliche Macht sich verdankt*"[78].

Die Grenze der Arbeit ist also die Ruhe der Betrachtung, die einen Moment des aufmerksamen Selbsterlebens ermöglicht, in dem sich unverfügbare Erschließungsvorgänge ereignen. Diese Betrachtung ist selbst keine Arbeit, aber es gehört gerade zu der gesellschaftsnotwendigen Arbeit des weltanschaulich-religiösen Systems, Erlebnisräume für Spiel, Kunst, Theater, Literatur, Gottesdienste u.a. bereit zu halten, in denen die Betrachtung der Ganzheit der menschlichen Existenz erfolgen kann. Der Inhalt der Daseinsdeutungen, die hierbei angeregt werden, ist noch offen: Es kann wie im Leistungssport der Leistungskampf und Wettbewerb des Arbeitslebens gedoppelt und verstärkt werden, oder es können Impulse zur Humanität der Arbeit gegeben werden. Auch wenn Barth sich kritisch von der mystischen *contemplatio* abgrenzt, weil nicht Gott selbst betrachtet werden kann, wie es die Mystik deutet, wird durch die Betrachtung auch die *vita contemplativa* in neuer Weise gedeutet und als Grenze der Arbeit geschätzt.

Das moderne Arbeitsleben ist durch Arbeitsverdichtung und Beschleunigung gekennzeichnet. Ein vertieftes Verständnis für die Grenze der Arbeit ist dabei dringend notwendig. K. Barth hat diese Entwicklung in der Mitte des letzten Jahrhunderts schon treffend beschrieben:

„Es ist ja merkwürdigerweise so, dass er sich durch all die erstaunlichen Intensivierungs-, Vervielfältigungs- und Beschleunigungsmöglichkeiten, die er sich in der immer aufsteigenden Entwicklung seiner Arbeitstechnik zu verschaffen gewusst hat, als arbeitender Mensch bis jetzt ganz und gar nicht hat entspannen, erleichtern und befreien, zur Entkrampfung, zur sinnvollen Zerstreuung und eben damit zu rechter Arbeit hat veranlassen und anleiten lassen. Im Gegenteil: alle diese neuen Möglichkeiten haben ihn bis jetzt nur dazu veranlasst, sich von dem immer beschleunigten Tempo seiner Maschinen und Apparate seinerseits immer mehr Tempo diktieren, sich von ihnen gewissermaßen vor sich her treiben, jagen, hetzen zu lassen. Er hat sich von ihnen in ein zunehmendes *Arbeitsfieber* versetzen lassen, und wenn es noch nicht ausgemacht ist, ob dieses Fieber sich nicht später einmal als der Durchgang zu einer neuen, erhöhten Gesundheit erweisen könnte, so könnte es doch auch so sein und es ist eigentlich mehr, was eben darauf hinweist – dass der Patient eines Tages daran zugrundegehen wird, dass es das Symptom eines nahenden enormen Unterganges mindestens einer ganzen menschlichen Kulturstufe ist. Es könnte sein, dass es nicht mehr lange so weitergeht. Dass das, was der neuzeitliche Mensch in diesem zunehmenden Fieber bis jetzt geleistet hat, sehr erfreulich und hoffnungsvoll sei, wird man jedenfalls nicht behaupten können"[79].

---

[77] AaO., 647.

[78] Vgl. *E. Herms*, Offenbarung, in: *Ders.*, Offenbarung und Glaube. Zur Bildung des christlichen Lebens, Tübingen 1992, 168–220, 180.

[79] *K. Barth*, KD III/4 (s. Anm. 27), 638. Zur modernen Analyse der Pathologien der Arbeitswelt vgl. *J. Bauer*, Arbeit: Warum unser Glück von ihr abhängt und wie sie uns krank macht, München 2013.

Diese Entwicklung hat sich in den letzten Jahrzehnten durch den globalisierten Wettbewerb und den *neuen Geist des Kapitalismus* noch verstärkt, da durch moderne Managementsysteme (mit Zielvereinbarungen u.a.) einerseits eine ‚freie' Arbeitsgestaltung ermöglicht, andererseits auch der Druck des Wettbewerbs tendenziell auf jeden Arbeitsplatz weitergegeben werden soll.[80] Eine Orientierung zur Gestaltung dieser Herausforderung zu geben, ist eine der zentralen Aufgaben der Wirtschafts-, Unternehmens- und Arbeitsethik.

Die Sonntagsruhe kann in der modernen Gesellschaft eine wichtige Funktion der Begrenzung der Arbeit und des Arbeitsfiebers einnehmen. Die christlichen Kirchen setzen sich zurzeit gemeinsam mit den Gewerkschaften verstärkt für den Sonntagsschutz ein.[81] Ein gemeinsamer Ruhetag ermöglicht nicht nur, individualisiert Pause zu machen und einem Hobby nachzugehen, sondern er ermöglicht, gemeinschaftlich in Fest und Spiel, in Kunst und Gottesdienst menschliche Freiheit und Würde als Geschenk zu erleben. Arbeit gehört zum Menschsein wie das Fliegen zum Vogel. Mit der Ruhe des Sonntags wird die Arbeit jedoch zurechtgerückt: Sie erhält ihren würdevollen zweiten Platz und ihr Grundkriterium, die Humanität. Arbeit dient der Existenzsicherung. Sie muss mit Hingabe und Ernst getan und darin doch entkrampft als Spiel gedeutet werden.

---

[80] Vgl. *L. Boltanski/È. Chiapello*, Der neue Geist des Kapitalismus, aus dem Französischen v. M. Tillmann, mit einem Vorwort v. F. Schultheis, deutsche Erstausg. (Édition discours 38), Konstanz 2006.

[81] Vgl. http://www.allianz-fuer-den-freien-sonntag.de (Stand: 31.7.2015).

Stefan Bayer

MULTIDISZIPLINÄRE KONFLIKTBEARBEITUNG

Ein Plädoyer aus ökonomischer Perspektive

Menschliches Leben ist stets geprägt von einer Fülle von Entscheidungen und damit zusammenhängenden Aktivitäten. Zudem findet es überwiegend in sozialen Gefügen statt: Individuelle Entscheidungen haben deshalb oftmals Auswirkungen auf Dritte – die aus Sicht der Betroffenen erwünscht oder unerwünscht sein können. Ethiker untersuchen derartige Konstellationen aus Gerechtigkeitssicht, Ökonomen nähern sich diesen Phänomenen grundsätzlich aus Effizienzsicht. Der Jubilar betont in mehreren seiner Schriften jedoch die Notwendigkeit einer integrierteren Sichtweise, da menschliches Denken und damit verbundenes Handeln in einem interdependenten Beziehungsgeflecht stattfindet.[1] Damit müssen auch ökonomische Entscheidungen immer in einen größeren Kontext von Technik, Politik und Religion eingeordnet werden. Multi- bzw. Interdisziplinarität stellen wesentliche Bedingungen dar, menschliches Handeln umfassender zu analysieren, als es rein disziplinäre Erklärungsversuche vermögen.[2]

Wir wollen den Kontext von Handlungen und deren Folgen im weiteren Verlauf zunächst in einem ökonomischen Erklärungsmuster deuten – nämlich im Rahmen der Theorie der externen Effekte oder Externalitäten – und dieses auf das spezifische Potential für (mehr) Interdisziplinarität hin untersuchen. Daran anschließend wird die Theorie der externen Effekte als ein zusätzliches Erklärungsmuster für das Entstehen von neuen Konflikten bzw. das Verstärken bestehender Konflikte interpretiert, und es werden einige Überlegungen dazu angestellt. Der Beitrag soll somit – ganz in dem Sinne, wie ich E. Herms in seinen Schriften und gemeinsamen Seminaren kennengelernt habe – eine Brücke zwischen den verschiedenen Wissenschaftsbereichen anbieten, um Erklärungsansätze über die Grenzen von Einzeldisziplinen hinaus für die Politikberatung zu nutzen und dabei das facettenreiche menschliche Entscheidungsverhalten besser zu verstehen und politisch zu gestalten.

---

[1] Vgl. etwa E. *Herms*, Religion, Ethics and the Economy of Economics, in: Journal of Institutional and Theoretical Economics 153 (1997) 182–206; weitere Beiträge des Jubilars in: E. *Herms*, Die Wirtschaft des Menschen. Beiträge zur Wirtschaftsethik, Tübingen 2004.

[2] Derzeit kann dies in der ökonomischen Forschung im Rahmen der Verhaltensökonomie ebenfalls sehr anschaulich nachvollzogen werden, die das klassische Bild des *Homo Oeconomicus* deutlich relativiert. Vgl. etwa sehr prominent D. *Kahneman*, Thinking, Fast and Slow, New York 2011; S. *Bayer*, Der Homo Oeconomicus – Das Menschenbild in der Ökonomie, in: Ders./V. Stümke (Hg.), Mensch. Anthropologie in sozialwissenschaftlichen Perspektiven (Sozialwissenschaftliche Schriften 44), Berlin 2008, 79–91.

1 Externe Effekte als klassisches staatliches Eingriffserfordernis

Funktionierende Märkte sind für Ökonomen von erheblicher Bedeutung. Sie setzen voraus, dass alle beteiligten Akteure vollständig die Kosten ihrer Aktivitäten tragen. Dies impliziert, dass etwa ausschließlich Verkäufer von Gütern in den Genuss der Erträge des Verkaufes kommen sollten. Auf diese Weise wird sichergestellt, dass die Beteiligten in ihren Entscheidungen alle Kosten- und Nutzeneffekte von Gütern vollständig berücksichtigen und unter Abwägung dieser Gesichtspunkte die besten (ökonomisch effizienten) Entscheidungen über Art und Menge treffen können.

Liegen externe Effekte vor, so wird dieses Grundprinzip effizienter Märkte gestört. Eine Definition externer Effekte lautet: Wenn menschliche Handlungen positive oder negative Auswirkungen auf unbeteiligte Dritte nach sich ziehen, die nicht im Preiskalkül berücksichtigt werden, spricht man von (technologischen) externen Effekten. Negative externe Effekte verursachen externe Kosten, positive externe Effekte führen zu externen Erträgen.[3] Praktisch entstehen beispielsweise aufgrund der Entscheidung von Millionen Autofahrern, Mobilität durch Verbrennung fossiler Energie zu erzeugen, externe Kosten in Form eines anthropogenen Klimawandels, der Auswirkungen auf Dritte, etwa Inselbewohner der Malediven, hat: Deren Lebensmittelpunkte könnten aufgrund eines Meeresspiegelanstiegs dauerhaft überflutet werden. Die Bewohner der Malediven haben bislang keinerlei Abwehrmöglichkeiten gegenüber den von Dritten an ihnen verursachten Kosten oder Schäden. Fraglich bleibt, inwieweit diese Kosten bei den Verursachern Berücksichtigung finden. Anders ausgedrückt: Wird die Entscheidung zur Verbrennung fossiler Brennstoffe zu Mobilitätszwecken bei Kenntnis oder Unkenntnis dieser Folgen gefällt? Werden die Verursacher von ‚Klimawandelkosten‘ in ausreichendem Maße für ihre Schäden an Dritten ‚zur Kasse gebeten‘?

Die Effekte werden dadurch extern, dass sie nicht über den Preismechanismus internalisiert werden. Wer einem Dritten einen ökonomischen Vorteil verschafft, kann dafür keinen Preis verlangen. Ebenso braucht derjenige, der einem anderen Kosten verursacht, nicht dafür aufzukommen. Die Konsequenz ist, dass die externen Kosten und externen Erträge regelmäßig nicht in die Wirtschaftsrechnung des Verursachers eingehen. Er kalkuliert also nur mit den privaten (internen) Kosten und Erträgen und nicht mit den höheren volkswirtschaftlichen Kosten und Nutzen.

Der Steuerungsmechanismus des Marktes ist in solchen Situationen unvollkommen. Güter, die mit externen Kosten verbunden sind, werden vom Markt überbewertet und Güter, die externe Erträge hervorrufen, werden unterbewertet. Das Marktangebot ist zu groß bzw. zu gering. Durch externe Effekte vermindert sich nicht nur die Effizienz des marktlichen Allokationsmechanismus, sondern es wird auch seine Funktion, eine leistungsgerechte Einkommensverteilung herbeizuführen, beeinträchtigt. Wenn Unterneh-

---

[3] Vgl. *D. Cansier/S. Bayer*, Einführung in die Finanzwissenschaft. Grundfunktionen des Fiskus, München u.a. 2003, 135–165.

men Kosten externalisieren können, verbessern sie damit ohne eigene Leistung ihre Gewinnsituation zu Lasten unbeteiligter Dritter.

Externe Effekte lassen sich auch zeitlich unterscheiden in intratemporale und intertemporale Effekte. Bei intratemporalen externen Effekten treten Ursache und Wirkung in der gleichen Periode auf – etwa das Emittieren von Schadstoffen, die bei präkonfigurierten Menschen zu Atemwegserkrankungen führen. Intertemporale externe Effekte werden dagegen in einer aktuellen Periode verursacht, führen aber erst später zu Auswirkungen auf die Produktions- und Nutzenfunktionen der Menschen. So verursacht der heutige Abbau erschöpfbarer Ressourcen in der Gegenwart externe Kosten für die in der Zukunft lebenden Menschen (sogenannte User-Costs), weil die verbrauchten Ressourcen – nach Maßgabe der durchschnittlichen menschlichen Lebensdauer – unwiderruflich verloren gehen. Ebenso birgt die Produktion von Strom in Atomkraftwerken zum einen die Gefahr eines Unfalls mit der Konsequenz einer massiven Freisetzung radioaktiver Stoffe, zum anderen ist seit Anbeginn der friedlichen Nutzung der Atomkraft in der Bundesrepublik die Frage eines geeigneten Endlagers für abgenutzte Brennstäbe ungelöst. Externe Kosten entstehen dann in Form der Aufwendungen für den Schutz der Atommülltransporte in Zwischen- und/oder Endlager.[4]

Externalitäten führen somit zu mannigfachen Verzerrungen von Entscheidungen unterschiedlichster Art, beispielsweise

- zwischen verschiedenen Gütern mit und ohne externen Effekten,
- zwischen verschiedenen Gütern mit unterschiedlich stark ausgeprägten externen Effekten,
- zwischen heutigem und zukünftigem Verbrauch von natürlichen Ressourcen (beispielsweise Erdöl, Erdgas, Wald- und Fischbestände),
- zwischen heutiger und zukünftiger Umweltinanspruchnahme,
- zwischen heutigen und zukünftigen materiellen Bedürfnisbefriedigungen, die etwa über Umwelteffekte auch Auswirkungen auf die Sicherheitssituation zu den beiden in Frage stehenden Zeitpunkten haben können.

Neben den angesprochenen Effizienzaspekten sind auch Gerechtigkeitsaspekte beim Vorliegen externer Effekte nicht von der Hand zu weisen. Jeder, der externe Kosten verursacht, nutzt deren Eigenschaften – nämlich dass Kosten nicht vom Verursacher zu tragen sind und (bekannten oder unbekannten bzw. lebenden oder noch nicht gebore-

---

[4] Hier müsste zusätzlich intensiver über die Berücksichtigung zukünftig anfallender Effekte im heutigen menschlichen Entscheidungskalkül nachgedacht werden. In der Volkswirtschaftslehre wird dies im Rahmen der Diskontierungsdebatte ausführlich und kontrovers diskutiert. Vgl. etwa *S. Bayer*, Intergenerationelle Diskontierung am Beispiel des Klimaschutzes (Hochschulschriften 62), Marburg 2000. Dabei geht es grundsätzlich darum, wie zukünftige mit gegenwärtigen Effekten in ökonomischen Analysen verglichen werden – je weiter ein Effekt in der Zukunft auftritt, desto weniger ist er aus heutiger Sicht wert. Die Zukunft wird nach Maßgabe der Höhe der Diskontierungsrate aus heutigen Entscheidungssituationen ‚herausgerechnet‘. Wie die zeitliche Distanz, so wirkt übrigens auch eine räumliche Distanz oftmals so, dass menschliches Entscheiden gerne weit entfernt auftretende Effekte weniger stark ins Kalkül einbezieht wie Effekte, die näher am Entscheider selbst auftreten.

nen) Dritten angelastet werden können. Das Vorliegen externer Kosten impliziert dann das Nichtwahrnehmen von Verantwortung gegenüber den Folgen individuellen Handelns und ist schlicht ungerecht.[5] Externe Effekte dringen dann in die Lebenswirklichkeit von Akteuren ein, deren Lebensqualität unter Umständen erheblich reduziert wird. Verursacher externer Effekte maßen sich bisweilen sogar an, durch ihre Entscheidungen Dritte anzugreifen, die dagegen keinerlei Abwehrmöglichkeiten besitzen. Man denke etwa an die Bewohner der oben bereits genannten Inselgruppe der Malediven, die aufgrund des anthropogenen Klimawandels und des damit einhergehenden Meeresspiegelanstiegs ihrer Heimat beraubt werden.

Das Vorliegen externer Effekte verursacht damit nicht nur ein Effizienzproblem, sondern auch ein fundamentales Gerechtigkeitsproblem und bedarf der Bearbeitung.

2 Internalisierungsmöglichkeiten externer Effekte

Aktivitäten, die externe Effekte verursachen, können über politische Maßnahmen reduziert (oder internalisiert) werden. Der Staat soll ineffiziente Marktergebnisse als Folge von externen Effekten korrigieren. Staatliche Politik sollte dabei sinnvollerweise bei den Verursachern externer Effekte ansetzen. Man spricht von einer Politik der Internalisierung der externen Kosten bei den Verursachern. In der umweltpolitischen Praxis etwa finden sich vielfach ordnungsrechtliche Maßnahmen (Ge- und Verbote). Sie schreiben den Verursachern z.B. bestimmte Grenzwerte für Schadstoffe vor. Der Staat ‚befiehlt und kontrolliert' (Command-and-Control-Politik). Die wichtigsten Formen sind absolute Verwendungsverbote (für besonders gesundheitsgefährdende Stoffe), Produktstandards und Emissionsgrenzwerte. Ökonomen favorisieren stattdessen wirtschaftliche Anreizinstrumente (Umweltabgaben und Umweltzertifikate). Diese zielen auf eine Änderung des Verhaltens der Emittenten ab, indem der Umweltverbrauch preislich beim Verursacher erfasst und somit verteuert wird. Umweltabgaben wurden erstmals vom britischen Nationalökonomen A. C. Pigou bereits zu Beginn des 20. Jahrhunderts vorgeschlagen: Zur Internalisierung externer Kosten soll eine ‚Internalisierungsabgabe' erhoben werden – die sogenannte Pigou-Steuer.[6] Die Idee dieser Steuer ist denkbar einfach: Jeder, der externe Kosten verursacht, soll diese durch die Pigou-Steuer angelastet bekommen. Der politisch festzulegende Steuersatz soll dabei so bemessen werden, dass er den externen Kosten (genauer: Grenzkosten) bei der effizienten Produktionsmenge eines Marktes

---

[5] Hier soll keine differenzierte Gerechtigkeitsdebatte entfaltet werden, sondern schlicht vom kategorischen Imperativ als grundlegender Gerechtigkeitsnorm ausgegangen werden. Meiner Meinung nach reicht der Rekurs auf diesen Grundsatz für unsere generellen Überlegungen völlig aus.

[6] Vgl. im Original *A. C. Pigou*, The Economics of Welfare, Neuaufl. v. „Wealth and Welfare" (1912), London 1960; *D. Cansier/S. Bayer*, Einführung in die Finanzwissenschaft (s. Anm. 3), 142–149. Als Beispiel einer solchen Lenkungsabgabe sind Alkohol- und Tabaksteuern in vielen Ländern erhoben worden – auch wenn in der konkreten Bemessung des jeweiligen Steuersatzes oftmals aus mannigfachen Gründen vom originären Pigou-Ansatz Abstand genommen wurde.

entspricht, um eine gesamtwirtschaftlich effiziente Produktionsmenge politisch zu generieren. Der Staat muss also die fehlerhaften Marktergebnisse korrigieren.[7]

Eine alternative Perspektive zur Internalisierung externer Effekte entfaltete R. H. Coase in seinen Überlegungen von 1960, die schließlich 1991 mit der Verleihung des Ökonomienobelpreises ausgezeichnet wurden:[8] Das sogenannte Coase-Theorem rückt private Verhandlungen in den Mittelpunkt. Diese können unter bestimmten Bedingungen zu den gleichen Ergebnissen wie die Pigou-Steuer führen. Externe Effekte werden beim Verursacher internalisiert, sodass eine effiziente Marktlösung aus privaten Verhandlungen heraus resultiert. Das gilt sowohl für positive wie negative externe Effekte. Zentrale Prämisse für die Anwendung des Theorems ist eine Definition von Nutzungsrechten an bestimmten Umweltmedien durch einen Staat. Dieser muss einen Ordnungsrahmen definieren, den Rest erledigen die privaten Akteure ohne weitere staatliche Einmischungen.[9] Das Coase-Theorem beschreibt ein neues Paradigma bei der Internalisierung externer Effekte, weil sowohl für Verursacher wie für Betroffene von externen Effekten Verbesserungsmöglichkeiten ihrer individuellen Situation durch die Aufnahme und Durchführung von Verhandlungen bestehen. Zudem werden die Akteure hinsichtlich der Konsequenzen eigenen Handelns sensibilisiert und überdenken ihre jeweiligen Entscheidungen möglicherweise genauer.

Kritisiert wird beim Coase-Theorem häufig, dass der Staat in diesem Regime keine fiskalischen Einnahmen durch die Regulierungsmaßnahme generiert. Dies steht im Gegensatz zu den staatlichen Maßnahmen etwa im Rahmen einer Abgaben- oder Zertifikatelösung. Allerdings kann auch das Generieren von Staatseinnahmen kritisiert werden – bei einer Lenkungsmaßnahme zur Internalisierung externer Kosten stellen die fiskalischen Einnahmen stets nur ein Nebenprodukt der politischen Steuerung dar. Trotzdem wurden und werden vor allem im Rahmen der Debatte um eine sogenannte Doppelte Dividende viele Argumente ventiliert, die die Vorteilhaftigkeit einer staatlichen Maßnahme betonen:[10] Der Staat muss sich über die Verwendung der zusätzlichen Staatseinnahmen konstruktive Gedanken machen. Zur Debatte stehen dabei zusätzliche Staatsausgaben oder die Absenkung von anderen Staatseinnahmen inklusive der Staatsverschuldung.[11]

---

[7] Die Wirkungsweise von Umweltzertifikaten (oder handelbaren Emissionsrechten) ist preislich ähnlich gelagert, allerdings erfolgt der politische Zugriff nicht über die staatliche Fixierung eines Steuersatzes, sondern über die Festlegung einer maximal tolerierten Emissionsmenge, die in einer bestimmten Periode nicht überschritten werden darf. Vgl. etwa *D. Cansier*, Umweltökonomie (UTB 1749), 2. neubearb. Aufl., Stuttgart 1996, 187–204.

[8] Vgl. *R. H. Coase*, The Problem of Social Cost, in: Journal of Law and Economics 3 (1960) 1–44.

[9] Zu kritischen Einwendungen gegen das sog. Coase-Theorem vgl. *D. Cansier/S. Bayer*, Einführung in die Finanzwissenschaft (s. Anm. 3), 156–159.

[10] Vgl. dazu *M. Ahlheim*, Ökosteuern – Idee und Wirklichkeit, in: M. Rose (Hg.), Integriertes Steuer- und Sozialsystem, Heidelberg 2003, 242–267; *W. Wiegard/G. Peter Gottfried*, Wunderwaffe Ökosteuern? Eine finanzwissenschaftliche Betrachtung, in: Wirtschaftswissenschaftliches Studium 24 (1995) 10, 500–508. Diese Überlegungen gelten prinzipiell auch für Umweltzertifikate, wenn diese staatlich verkauft oder versteigert würden. Vgl. *D. Cansier*, Umweltökonomie (s. Anm. 7), 188–192.

[11] Bei international wirkenden externen Kosten müsste zudem der Zusammenhang zwischen der Steuererhebung eines nationalen Hoheitsträgers (und allen damit zusammenhängenden Aspekten wie internati-

Es sei aber nochmals betont, dass hier nur Folgeüberlegungen einer bestimmten Art der Internalisierung von externen Kosten angestellt werden und aus ökonomischer Sicht nicht im Mittelpunkt der Debatte stehen sollten. Gleichwohl wecken diejenigen Internalisierungsmaßnahmen, die zu höheren Staatseinnahmen führen könnten, immer Begehrlichkeiten im politischen Raum, die oftmals den eigentlichen Zweck einer solchen Maßnahme in den Hintergrund rücken. Die Debatte um die deutsche Ökosteuer ist hierfür ein sehr gutes Beispiel: Es scheint, dass die Verwendung des Ökosteueraufkommens zur Stabilisierung des gesetzlichen deutschen Rentenversicherungssystems politisch deutlich wichtiger war und ist als die Reduktion von Emissionen (was sich etwa in der fehlenden quantitativen umweltpolitischen Zielsetzung im Ökosteuergesetz belegen lässt).

Eine dritte Art der Internalisierung externer Effekte ist eine wenig in der Literatur diskutierte – sie liegt allerdings auf der Hand: das bewusste Verzichten auf die Internalisierung sämtlicher externer Effekte bei deren Entstehung! Dies impliziert, dass die Verursacher externer Effekte dauerhaft versuchen, über die Verlagerung von Kosten an Dritte einen Vorteil für sich zu generieren. Allerdings stellt sich in dieser Situation die Frage, ob diese Strategie nicht irgendwann zu Gegenmaßnahmen des Kostenträgers führen könnte. Im Klimaschutzbeispiel könnte das Überschwemmen der Malediven etwa dazu führen, dass die dortige Bevölkerung emigriert und sich nach einem neuen Lebensmittelpunkt umsieht. Eventuell ‚reisen‘ die Bewohner der Malediven nach Europa oder in die USA, was dort jeweils zu zusätzlichem Immigrationsdruck und damit verbundenen Anpassungskosten führen könnte.[12] Der Vorteil dieser perfiden Strategie der Nichtinternalisierung bestünde dann darin, jetzt Vorteile aus dem Anlasten von Kosten in anderen Regionen bzw. in der Zukunft zu realisieren, und dann evtl. die negativen Konsequenzen nicht mehr selbst spüren zu müssen. Mit diesem Vorgehen gingen sowohl erhebliche Ineffizienzen in Form selektiver – vielleicht auch zufälliger – Vorteile für Einzelne einher als auch fundamentale Ungerechtigkeiten. Aus theoretischer Perspektive kann einer solchen Situation jedoch ein gewisser Charme abgewonnen werden, indem die externen Effekte in monetärer Form sicht- und für Analysen nutzbar werden.[13]

3 Externalitäten und Konflikte

Mit den abschließenden Überlegungen in Abschnitt 2 ist der Bogen zur Konfliktbearbeitung aufgespannt worden: Externe Effekte dringen in die Privatsphäre von Menschen

---

onaler Wettbewerbsfähigkeit einer Volkswirtschaft etc.) sowie der Kompensation der nicht im gleichen Land auftretenden externen Kostenbelastung deutlich differenzierter diskutiert werden.

[12] Es braucht hier nicht besonders betont zu werden, dass dieser Migrationsdruck etwa bei der Überschwemmung des Ganges-Delta in Bangladesch rein quantitativ deutlich stärker ausfallen würde.

[13] Die Bewertung externer Effekte stellt die Ökonomie immer noch vor große Herausforderungen, auch wenn dieser Forschungszweig in der Vergangenheit erhebliche Fortschritte vor allem im Bereich der Umweltökonomie zu verzeichnen hatte.

ein und wirken dort wie personelle oder strukturelle Gewalt.[14] Gleiches gilt für Staaten: Externe Effekte lassen deren Souveränitätsrechte erodieren, ohne dass der dadurch angegriffene Staat eine (friedliche) Abwehrmöglichkeit dagegen besitzt.

Werfen wir zur exemplarischen Illustration den Blick auf die Konfliktkonstellation am Horn von Afrika, speziell auf die massive Zunahme der piratischen Aktivitäten an der Küste Somalias ab dem Jahr 2007/2008. Somalische Piraten bzw. Piraten, die ihre Operationen von Somalia aus starteten, überfielen zahlreiche Handelsschiffe, entführten diese inklusive ihrer Ladungen und Besatzungen und erpressten Lösegelder von den Eigentümern der Schiffe.[15] Dieses verbrecherische Geschäftsmodell war sehr erfolgreich und lukrativ und rief viele Imitatoren auf den Plan, sodass ein richtiggehender volkswirtschaftlicher Sektor entstand, in dem Geld verdient wurde und damit Folgeeffekte wie die Nachfrage nach zusätzlicher Beschäftigung bei den ‚Großpiraten' möglich waren. Dadurch schafften diese Piraten Perspektiven auch für bislang enttäuschte Menschen. Im aufgrund der dort fehlenden Staatlichkeit problematischen somalischen Datenumfeld lässt sich dieser Effekt nicht valide bestätigen, aber Berichte von Entwicklungsexperten verschiedener Organisationen deuten derartige Trends an.

Möglicherweise liegen der Geschäftstätigkeit ‚Piraterie' jedoch ebenfalls externe Kosten zugrunde, die nicht zuletzt auch in Deutschland verursacht wurden – wiederholt finden sich zwei Gründe für die massive Ausweitung der Piraterie in der Literatur:[16] Zum einen wird die Überfischung der küstennahen Gewässer vor Somalia durch internationale Fischfangflotten als Grund für die Zunahme der Piraterie angeführt. Die Flotten würden schlicht die Fangmöglichkeiten der somalischen Subsistenzfischer derart drastisch reduzieren, dass diese förmlich gezwungen werden, ihre Tätigkeit mangels Aussicht auf Erfolg einzustellen. Die daraus resultierende Not verursachte eine Umorientierung hin zu Piraterie mit Hilfe der kleinen ohnehin vorhandenen Fischerboote. Zugespitzt könnte man also das Bestreben nach niedrigen Fischpreisen deutscher Konsumenten in deutschen Supermärkten und bei Discountern als Ursache für den industriellen Fischfang interpretieren, der dann die Fangerträge somalischer Fischer reduziert und diese in verbrecherische Handlungen treibt. Ein Übergang zu einem nachhaltige(re)n Fischfangverhalten könnte somit auch einen Beitrag zur Vermeidung der Piraterie aus diesem Grund heraus implizieren – und damit wären wir exakt im Kontext der externen Kosten des deutschen (und internationalen) Verbraucherverhaltens beim Fischkauf.[17]

---

[14] Zu diesen Begriffen vgl. umfassend den Sammelband von *J. Galtung*, Strukturelle Gewalt. Beiträge zur Friedens- und Konfliktforschung, Übers. aus dem Englischen v. H. Wagner (rororo 1877), Reinbek bei Hamburg 1975.

[15] Hier soll pauschal der Begriff der Eigentümer verwendet werden, auch wenn er juristisch unpräzise ist. In Frage kommen etwa die Reeder oder Charterer der Schiffe oder in wenigen Ausnahmefällen tatsächlich deren juristische Eigentümer.

[16] Vgl. *F. Mari/W. Heinrich*, Von Fischen, Fischern und Piraten, in: Wissenschaft & Frieden 2/2009, online unter: http://tinyurl.com/MariHeinrich (Stand: 31.7.2015); *E. A. Ceska/M. Ashkenazi*, Piraterie vor den afrikanischen Küsten und ihre Ursachen, in: Aus Politik und Zeitgeschichte 34–35/2009, 33–38, online unter (direkter Download): http://tinyurl.com/CeskaAshkenazi (Stand: 31.7.2015).

[17] Vgl. die illustrativen Überlegungen zur Nachhaltigkeit von H. Sautter im vorliegenden Band.

Zum zweiten findet sich eine weitere Ursache für den reduzierten Fangertrag somalischer Fischer in einer illegalen Müllentsorgung entweder durch Spülungen auf Schiffen oder durch das gezielte Verbringen von Müll (meist Sondermüll) an der dortigen Küste. Aus Sicht der Müllentsorger werden legale Müllentsorgungs- oder Reinigungskosten eingespart, die dann aber einen externen Charakter für die somalischen Fischer entfalten: Die Laichgründe der Fische sind teilweise so stark kontaminiert, dass die Jungfische dem Umweltstress nicht standhalten und bereits in der Wachstumsphase sterben, was ein massives Ausdünnen der Fischpopulation in Küstennähe zur Folge hat. Der Fangertrag der somalischen Subsistenzfischer geht zurück – die ‚Umschulung' hin zum Piraten wäre dann wiederum eine denkbare Konsequenz als Anpassungsmaßnahme auf die externe Kostenbelastung der illegalen Müllentsorgung. Auch hier profitieren möglicherweise Verbraucher in Deutschland durch niedrigere Preise für Produkte, deren Entsorgungskosten dadurch faktisch entfallen, im Vergleich zu der Situation, in der diese Entsorgungskosten vom Verbraucher beim Kauf mitgetragen werden müssten.

Ein weiteres Beispiel aus dem Bereich des Klimawandels soll den konfliktverstärkenden Charakter von Externalitäten illustrieren: Der anthropogene Klimawandel erhöht die Durchschnittstemperatur auf der Erdoberfläche. Dies führt u.a. zu einer Gletscherschmelze in extremen Höhen der Alpen, der Rocky Mountains oder im Himalaya. Der Fluss Indus, der durch China, Indien und Pakistan verläuft und sowohl in Indien als auch in Pakistan eine bedeutende Funktion für die Wasserversorgung innehat, speist sich hauptsächlich aus Gletscherwasser des Himalayas. Als Folge des anthropogenen Klimawandels schmelzen auch sehr hoch liegende Gletscher zunehmend, so dass Schätzungen davon ausgehen, dass der Oberlauf des Indus möglicherweise in 30 bis 50 Jahren nicht mehr mit Schmelzwasser gespeist werden könnte.[18] Bis dahin ergeben sich für die beiden betroffenen Länder u.U. kleinere Probleme in der Wasserversorgung, die keine gravierenden Veränderungen zum *status quo* darstellen. Allerdings würde das im schlimmsten Falle völlige Versiegen des Indus die Lage dort signifikant verändern. Das zwischenstaatliche Verhältnis zwischen Indien und Pakistan gilt seit langem als angespannt. Wenn in dieser Konstellation dann auch noch die wichtigste Wasserversorgungsader versiegen sollte, könnte das den latenten Konflikt zwischen beiden Ländern schlagartig eskalieren lassen. Die Ursache liegt jedoch keinesfalls alleine in der ursprünglichen Konfliktkonstellation zwischen beiden Ländern: Hier wirkt der anthropogene Klimawandel als Katalysator und könnte den bestehenden Konflikt verschärfen. Externe Kosten etwa des Individualverkehrs auch aus Deutschland wären dann Ursachen eines eventuell heißen Konfliktes zwischen Indien und Pakistan.

Wiederum wird deutlich, welche Rolle nicht internalisierte externe Kosten spielen können: Alle angesprochenen Konflikte lassen sich zumindest teilweise mit deren Existenz erklären und begründen. Die abstrakt formulierten ökonomischen Auswirkungen

---

[18] Vgl. hierzu Wissenschaftlicher Beirat der Bundesregierung Globale Umweltveränderungen (WBGU), Welt im Wandel: Sicherheitsrisiko Klimawandel, Berlin 2007, 153–156, online unter (direkter Download): http://tinyurl.com/WBGU2007 (Stand: 31.7.2015).

externer Effekte am Ende von Abschnitt 1 induzieren somit neue bzw. neuartige Konflikte oder verstärken im Prozess befindliche Konflikte zusätzlich. Aus Effizienz- und Gerechtigkeitsgründen sind beide Konsequenzen nicht akzeptabel und sollten bearbeitet werden.

4 Konfliktbearbeitung

Allerdings besteht bei der politischen Regulierung des Externalitätenproblems ein gravierendes Problem: Hoheitsrechtliche Maßnahmen, etwa die Einführung einer Pigou-Steuer beim Verursacher des Klimawandels,[19] scheitern aufgrund des Fehlens einer internationalen Institution, die mit Hoheitsrechten ausgestattet wäre. Bislang sind ausschließlich souveräne Nationalstaaten zur Einführung einer solchen Maßnahme auf ihrem Staatsgebiet in der Lage.

Die potentielle Einführung einer ‚Piratensteuer‘[20] zur Verteuerung etwa von Fischprodukten in Deutschland, um die in Abschnitt 3 angesprochenen externen Kosten zu internalisieren, würde dazu führen, dass die sehr komplexen und Großteilen der Bevölkerung nicht präsenten oder gänzlich unbekannten Zusammenhänge zwischen Güterverfügbarkeit, Freiheit der internationalen Seewege und intakter Umwelt eventuell bewusster würden und sie damit einen Beitrag zur Verbesserung des Informationsstandes bei Kaufentscheidungen leisten könnte. Die bestehenden Verzerrungen aufgrund des Vorliegens externer Kosten würden dadurch auf ein ökonomisch optimales Maß reduziert. Ebenso reduziert Deutschland (und im Idealfall alle Länder, die einer solchen Maßnahme folgen würden) das weltweite Konfliktpotential etwa durch Piraterie, was sich mittel- bis langfristig auch ökonomisch rechnet.

Hierbei gilt es jedoch auch zu betonen, dass in der Bevölkerung vieler Länder eine möglichst günstige, qualitativ hochwertige Güterversorgung in vielen Volkswirtschaften eine hohe Priorität aufweist (‚Schnäppchenjägermentalität‘). Wenn dieses billige Angebot jedoch nur dadurch möglich war und ist, dass an anderer Stelle oder in der Vergangenheit externe Kosten bei der Produktion vorlagen, so lassen sich diese physischen Kosten nicht dauerhaft ‚verstecken‘: Externe Kosten treten dann zeitverzögert auf und müssen politisch bearbeitet werden. Die Metapher des Ausstellens eines Blankoschecks, den zukünftig lebende Menschen zu bezahlen haben und dessen Deckung unsicher ist, drängt sich auf.

Die Politik befindet sich damit in vielen Industriestaaten in einer Zwickmühle: Einerseits sind die durch externe Kosten verursachten Probleme hinreichend erforscht und

---

[19] Konkret impliziert diese Überlegung die Einführung einer Pigou-Steuer auf die CO_2-Emissionen in allen Ländern, die zum anthropogenen Klimawandel beitragen (und beigetragen haben), nach Maßgabe der Schäden etwa auf den Malediven oder im Wassereinzugsbereich des Indus.

[20] Vgl. zur Internalisierung der nicht eingepreisten sicherheitsrelevanten Kosten des internationalen Seehandels: *S. Bayer,* Ökonomische Aspekte der Pirateriebekämpfung, in: V. Grieb/S. Todt (Hg.), Piraterie von der Antike bis zur Gegenwart (Historische Mitteilungen Beih. 81), Stuttgart 2012, 259–270.

deren politische Irrelevanz lässt sich nur schwer begründen. Andererseits kann effektive Politik zur Internalisierung externer Effekte nie aus einem einzigen Land heraus erfolgen, so dass verhandlungstheoretisch ein soziales Dilemma resultiert: Theoretisch wird das Freifahren zur wechselseitig dominanten Verhandlungsposition und kein einziges Land wird Maßnahmen ergreifen, die eine Internalisierung externer Effekte über ein symbolisches Maß hinaus beabsichtigten.

Das Potential einer Pigou-Steuer besteht theoretisch darin, dass Schäden aufgrund der Nichtberücksichtigung externer Kosten über das mit einer solchen Maßnahme verbundene fiskalische Aufkommen kompensiert werden könnten. Dies gilt streng genommen aber immer nur für Schäden, die auch tatsächlich innerhalb der Grenzen eines diese Pigou-Steuer einführenden Landes entstehen und dort auch zeitlich in relativer Nähe zur Entstehung der Schäden kompensiert werden. Für internationale Phänomene oder Langfristschäden ist diese Logik deutlich schwieriger anwendbar. Die wesentliche Leistung eines solchen Instruments besteht dann in einem bewussteren Umgang mit den Folgen individuellen Handelns, die durch die Pigou-Steuer im Kalkül der Verursacher abgebildet werden und dadurch auch in der Preisbildung auf Märkten im Bewusstsein potentieller Käufer Berücksichtigung finden.

Wohlgemerkt – auf internationaler Ebene wäre die Einführung einer derartigen Steuer mehr als überraschend und rein nationale Maßnahmen sind nicht effektiv, ineffizient und wären kaum dazu in der Lage, sich abzeichnende Konfliktverläufe wirksam zu bearbeiten. Insofern stünden zur Internalisierung derartiger externer Effekte nur die Verhandlungen à la Coase oder der Verzicht auf die Internalisierung zur Debatte. Coase-Verhandlungslösungen sind allgegenwärtig in der nationalen und internationalen Politik. So werden etwa Lösegeldzahlungen bei entführten Schiffen und Besatzungen im Rahmen von Verhandlungen fixiert. Auch das Bezahlen von Geldern für die ‚ungestörte‘ Passage einzelner Teile der Weltmeere folgt – trotz der moralisch fremd anmutenden Parallelen zu Schutzgeldzahlungen im Bereich der Organisierten Kriminalität – diesem Prinzip.

Dahinter steht ein ureigenes ökonomisches Prinzip, nämlich das Bezahlen eines Preises dafür, dass ein Dritter eine bestimmte Leistung erbringt. Ein Reeder würde nach dieser Logik einen Preis dafür bezahlen, dass ein Pirat von geplanten Überfällen Abstand nimmt. Im Falle des Klimawandels müssten etwa Indien oder Pakistan Geld dafür bieten und gegebenenfalls auch bezahlen, dass Mitteleuropäer oder US-Amerikaner auf ihr Recht der individuellen Mobilität verzichten und dadurch weniger Treibhausgase emittieren. Man erkennt leicht, dass hier die Grundannahmen des Coase-Theorems zur Diskussion stehen, nämlich die Frage nach der Verteilung der originären Nutzungsrechte. Theoretisch stellt dies kein Problem dar, aber faktisch sind Zahlungen von einem Entwicklungs- oder Schwellenland in ein Industrieland aus Gerechtigkeitssicht anzuzweifeln und ökonomisch möglicherweise kaum (oder sogar gar nicht) finanzierbar. In die umgekehrte Richtung wären Zahlungen von Industrie- an Schwellen- oder Entwicklungsländer allerdings zumindest vorstellbar: Wenn Deutschland und Europa etwa ein Interesse an der Aufrechterhaltung des tropischen Regenwaldes in Brasilien haben, müssten diese Länder bzw. Ländergruppen die spezifische Leistung der Brasilianer ‚Nichtabholzung des Regenwaldes' finanzieren, um mit dieser Maßnahme verbundene Einkommensausfälle in Brasilien zu kompensieren. Der alleinige Appell an die Vernunft einzelner Akteure in Brasilien übt einen deutlich schwächeren Anreiz zum Bestandsschutz des Regenwaldes aus.

Neben den genannten Aspekten muss aber auch auf die strategische Missbrauchsanfälligkeit der Coase-Lösung hingewiesen werden, die in den obigen Ausführungen bereits anklingt: Das alleinige Ankündigen, zukünftig Piraterie intensiv als Geschäftsmodell nutzen zu wollen, könnte ja dann dazu führen, sich für die Nichtausübung dieser Tätigkeit bezahlen zu lassen. Einen derart perversen Anreiz, kriminelle Aktivitäten in unregulierten Rechtsräumen wie der hohen See ankündigen zu können, um damit friedliche Kaufleute zu erpressen, ist wiederum weder aus ethischer noch ökonomischer Perspektive haltbar und sollte politisch keine Option darstellen.

Damit bleibt in einer jetzt zunehmend pessimistisch werdenden Sichtweise nur das Verzichten auf Internalisierungsmaßnahmen mit allen Konsequenzen, die in diesem Aufsatz wiederholt beschrieben wurden. Trotz des Wissens um die negativen ökonomischen, ethischen und vor allem konflikttheoretischen Konsequenzen besteht aus nationaler Perspektive die einzige Möglichkeit darin, diese Prozesse sich vollziehen zu lassen. Ein Gutes hätte diese Strategie zumindest für einzelne Gruppen über einen gewissen Zeitraum: Das Anlasten externer Effekte bei unbeteiligten Dritten verschafft dieser Gruppe einen temporären Vorteil. Die damit verbundenen Nachteile sollten in dieser isolierten Sichtweise dann keine Rolle spielen – langfristige Konsequenzen individuellen Handelns müssen schlicht ausgeblendet werden, weil sonst das schlechte Gewissen das derzeit gute Leben möglicherweise dramatisch konterkariert.

Für die Forschung sind derartige Konstellationen jedoch sehr hilfreich – wenn dies auch sehr zynisch klingen mag: Langfristige Auswirkungen nicht internalisierter externer Effekte können derzeit vielfach beobachtet werden. Zu erwähnen wären etwa mangelhafte Sicherheitsvorkehrungen beim Betreiben von Atomkraftwerken wie in Fukushima, die die Externalitäten der friedlichen Nutzung der Atomkraft in Form von Umsiedlungen, Krankheiten und Tod deutlich machen. Aber auch Externalitäten von Treibhausgasemissionen werden durch Migrationsbewegungen nach Europa hinein derzeit offenbar. Zwar kann in der jetzigen internationalen Flüchtlingspolitik der Status eines ‚Umweltflüchtlings' juristisch noch niemandem zuerkannt werden, das Phänomen als solches kann aber faktisch bereits beobachtet werden. Und die damit verbundenen Kosten (in einem sehr weiten Kontext, also sowohl die Administration wie auch Unterbringung und Integration von Zuwanderern) werden etwa in Deutschland derzeit sehr intensiv diskutiert. Wichtig wäre es deshalb, aus den Beobachtungen politische Schlüsse abzuleiten, um wirksame Möglichkeiten zu identifizieren und politisch umzusetzen, um die unregulierte Anlastung externer Kosten geographisch weit entfernt oder weit in der Zukunft heute politisch bearbeiten zu können, um einen wirksamen Beitrag zu einer umfassenden Konfliktbearbeitung möglichst im präventiven Bereich bewerkstelligen zu können.

5 Fazit

Ein gutes Leben lässt sich in bestimmten Regionen der Welt durch das selektive Wahrnehmen von Vorteilen, die man durch das Verlagern externer Kosten an unbeteiligte Dritte verursacht, sicherlich für eine bestimmte Zeitspanne durchführen. Diese Perspektive versperrt aber den Blick auf das große Ganze. Ökonomisch ist dieser Zustand schlicht ineffizient, moralisch muss dessen Ungerechtigkeit kritisiert werden. Langfristig angelegte Politik müsste diesen Erkenntnissen Rechnung tragen und eine Strategie entwerfen, wie man derartige Dinge (auch politisch) adressieren könnte.

Dazu bieten sich prinzipiell zwei Vorgehensweisen an: Entweder werden in einem Top-Down-Ansatz politische Möglichkeiten geschaffen, die langfristig unerwünschten Effekte frühzeitig zu verhindern. Dazu müsste eine massive politische Aufwertung der einzigen internationalen Institution von Format, der Vereinten Nationen, erfolgen. Dann wäre auf UN-Ebene eine Pigou-Steuer realisierbar, die neben der Lenkung zu mehr langfristig orientiertem Handeln auch die Möglichkeit böte, den Vereinten Nationen originäre Finanzmittel jenseits der nationalen Beitragszahlungen zu verschaffen. Diese könnten idealerweise für die Bearbeitung derzeit bereits offenkundiger Phänomene herangezogen werden, die sich auf Externalitäten aus der Vergangenheit zurückführen lassen. Faktisch stellt dieser Vorschlag eine Utopie dar – weshalb die zweite Variante erfolgversprechender wäre, die als Bottom-Up-Ansatz klassifiziert werden könnte: Bei individuellen Handlungen sollten die Akteure versuchen, die mit ihren Aktivitäten verbundenen Konsequenzen stärker in ihr Kalkül einzubeziehen. Ein geringer Aufpreis für ein Gut, so dass unter Berücksichtigung des Vollkostenprinzips keine externen Kosten produziert werden, könnte mittel- bis langfristig einen erheblichen Beitrag zur Konfliktprävention leisten. Beispiele dafür wären das vermehrte Beziehen frischer Waren auf dem Wochenmarkt oder das freiwillige Entrichten eines einer theoretischen Piratensteuer äquivalenten Zahlbetrages beim Kauf von Fisch etc. – also Maßnahmen, die in der Nachhaltigkeitsdebatte einen hohen Stellenwert einnehmen und aus konflikttheoretischer Perspektive erhebliche Umsetzungsdefizite aufweisen.[21]

Weder Ökonomen noch Ethiker werden wohl abschließend ernsthaft bestreiten, dass eine Situation, in der zukünftige Handlungen von Individuen überwiegend durch heutige Maßnahmen induziert und möglicherweise sogar präjudiziert werden und die darin bestehen, den größten Schaden von ihnen selbst und ihrem engeren Umfeld fern zu halten, nicht angestrebt werden sollte. Dies gilt für heute lebende und für zukünftige Menschen. Und dies zu verhindern verlangt konsequent nach einer Internalisierung möglichst vieler – und im Idealfall aller – externer Kosten!

---

[21] Hier sei nochmals auf den Beitrag von H. Sautter im vorliegenden Band und die darin zitierte Literatur hingewiesen. Zudem muss selbstredend bei den genannten Maßnahmen darauf geachtet werden, dass die positiven Produkteigenschaften auch tatsächlich bestehen – nicht dass aus einer guten Absicht heraus genau das Gegenteil bewirkt wird.

Hermann Sautter

EINE STEUERUNG DER MENSCHHEITSGESCHICHTE ALS ANTWORT AUF DAS TRILEMMA DER NACHHALTIGKEIT?

Alle sind für Nachhaltigkeit. Im gesamtwirtschaftlichen Kontext sind damit drei Ziele gemeint: die Sicherung von Wohlstand, eine gerechte Verteilung des Wohlstands innerhalb und zwischen den Generationen, und die Einhaltung ökologischer Grenzen bei der Wohlstandsproduktion. Global gesehen – jede andere Perspektive wäre unangemessen – ist es nicht möglich, alle drei Ziele in vollem Maße zu verwirklichen. Bestenfalls gelingt das für zwei von ihnen. Es gibt also ein Trilemma. Seine Ursachen sind letztlich in der Dynamik dessen zu sehen, was wir die ,Moderne' nennen. Optimisten glauben an eine evolutorische Selbstkorrektur der Moderne, die das genannte Trilemma auflösen könnte. Es gibt aber nur wenige Indizien, die diesen Glauben stützen. Wer nicht an diese Selbstkorrektur glaubt, fordert eine autonome Steuerung der Menschheitsgeschichte: die Menschheit müsse das Steuer ihrer Entwicklung selbst in die Hand nehmen.

Dieser Imperativ regt zu einigen theologischen Überlegungen an. Sie können hier nur angedeutet werden. Als Nicht-Theologe muss ich mich auf einige wenige Anmerkungen beschränken. Sie sind nicht zuletzt durch viele Gespräche angeregt worden, die ich mit E. Herms geführt habe.

1 Das Trilemma der Nachhaltigkeit

Zur Popularisierung des Begriffs ,Nachhaltigkeit' hat zu einem großen Teil der sog. Brundtland-Bericht aus dem Jahr 1987 beigetragen. In diesem, nach der damaligen Vorsitzenden der World Commission on Environment and Development (WCED) benannten, Bericht wird der Begriff ,Nachhaltigkeit' im Sinne einer ,dauerhaften Entwicklung' wie folgt definiert: „Dauerhafte Entwicklung ist Entwicklung, die die Bedürfnisse der Gegenwart befriedigt, ohne zu riskieren, dass künftige Generationen ihre eigenen Bedürfnisse nicht befriedigen können".[1]

Es geht also um die dauerhafte Befriedigung der Bedürfnisse heute und in Zukunft lebender Menschen, und diese Dauerhaftigkeit erschien der WCED nur bei einer Strategie möglich, die „im weitesten Sinne darauf [abzielt], Harmonie zwischen den Menschen und zwischen der Menschheit und der Natur zu schaffen".[2] Das ist eine sehr vage For-

---

[1] V. Hauff (Hg.), Unsere gemeinsame Zukunft. Der Brundtland-Bericht der Weltkommission für Umwelt und Entwicklung, Greven 1987, 46.
[2] AaO., 69.

mulierung, die später präzisiert und operationalisiert worden ist. Verwendet man die dabei entwickelten Kriterien, dann kann von einer „Harmonie" mit der Natur insofern gesprochen werden, als bei der Nutzung natürlicher Ressourcen bestimmte Regeln beachtet werden.

Bei *erneuerbaren (nicht-erschöpfbaren) Ressourcen* lautet die entsprechende Regel: Die Abbaurate einer Ressource darf ihre Regenerationsrate nicht übersteigen. Hinsichtlich der *Emission von Schadstoffen* gilt die Regel: Die emittierten Schadstoffmengen dürfen die Assimilationskapazität der Umweltmedien Boden, Wasser und Luft nicht überstrapazieren. Die Regel für den Verbrauch *nicht-erneuerbarer (erschöpfbarer) Ressourcen* lautet: Dieser Verbrauch soll kontinuierlich verringert werden, bis schließlich eine vollständige Ersetzung erschöpfbarer durch nicht-erschöpfbare Ressourcen möglich ist.

Eine Nachhaltigkeit im *ökologischen* Sinne ist gewährleistet, wenn diese Regeln eingehalten werden. Von einer *ökonomischen* Nachhaltigkeit kann gesprochen werden, wenn der bestehende Wohlstand, der die Bedürfnisbefriedigung der gegenwärtigen Generation ermöglicht, erhalten bleibt. Die *soziale* Dimension der Nachhaltigkeit ist dann verwirklicht, wenn dieser Wohlstand in einer ausgewogenen Weise innerhalb der heutigen Generation verteilt wird, und wenn künftigen Generationen zumindest derselbe Wohlstand zur Verfügung steht. Nachhaltigkeit hat also nach dem heute üblichen Verständnis drei Dimensionen: die ökonomische, soziale und ökologische. Das Problem besteht darin, dass es *global* gesehen unmöglich ist, alle diese Dimensionen voll zu verwirklichen. Bestenfalls gelingt dies für zwei von ihnen. Insofern besteht ein *Trilemma*. Drei Möglichkeiten sind denkbar.

Ein *erstes* Ziel kann darin bestehen, den heutigen Wohlstand der Industrieländer zu erhalten und ihn „für alle Länder und alle Menschen"[3] zugänglich zu machen, d.h. eine *inter*- und eine *intra*generationelle Gerechtigkeit zu verwirklichen. Es wird dann nicht mehr möglich sein, die Regeln für eine *ökologische* Nachhaltigkeit einzuhalten. Bei voller Verwirklichung der Ziele, die der ökonomischen und der sozialen Dimension der Nachhaltigkeit zugrunde liegen, muss also die *ökologische* Dimension aufgegeben werden.

Wird *zweitens* ein Massenwohlstand nach dem Muster der gegenwärtig reichen Industrieländer unter Einhaltung der ökologischen Restriktionen verwirklicht, dann muss das Ziel eines *sozialen Ausgleichs* im Sinne einer *intra*- und einer *inter*generationellen Gerechtigkeit *aufgegeben* werden. Der Massenwohlstand der heute reichen Länder ist nicht universalisierbar, weder in räumlicher, noch in zeitlicher Hinsicht.

Wird *drittens* die soziale Dimension bei voller Einhaltung ökologischer Restriktionen berücksichtigt, dann muss das Ziel aufgegeben werden, den Massenwohlstand aufrecht zu erhalten, den die heutigen Industrieländer genießen. Eine sozial ausgewogene Wohlstandsverteilung wird unter den Bedingungen ökologischer Nachhaltigkeit nur erreichbar sein, wenn die reichen Länder *Abstriche* an ihrem gegenwärtigen, *material- und energieintensi-*

---

[3] Als Herausgeber der deutschen Fassung des Brundtland-Berichts schreibt V. Hauff in seinem Vorwort: „Die Forderung, diese [nachhaltige] Entwicklung ‚dauerhaft' zu gestalten, gilt für alle Länder und alle Menschen." AaO., XV.

ven Wohlstand machen, und ein weniger ressourcenintensiver Wohlstand allen Ländern und allen Menschen zur Verfügung steht.

Faktisch hat sich die Völkerwelt für die *erste* Möglichkeit entschieden. Die Industrieländer sind nicht bereit, auf ihr bestehendes Wohlstandsniveau zu verzichten, und die einkommensschwachen Länder setzen alles daran, dieses Niveau mit allen seinen Ausprägungen ebenfalls zu erreichen: denselben Konsumstandard, denselben Wohnkomfort, dieselbe Mobilität usw. Das geht zu Lasten der ökologischen Nachhaltigkeit. Dafür gibt es zahlreiche empirische Belege.

So werden beispielsweise weltweit im Durchschnitt 140 neue Kohlekraftwerke pro Jahr in Betrieb genommen, die meisten davon in *Entwicklungs- und Schwellenländern*. Allein in China geht durchschnittlich ein Kraftwerk pro Woche ans Netz.[4] Die Verbrennung von Kohle ist die kostengünstigste Energiequelle dieser Länder. Das wird sie auf absehbare Zeit auch bleiben, weil der Übergang zu erneuerbaren Energiequellen höhere Kosten verursacht und auf zahlreiche institutionelle Barrieren stößt. Man spricht deshalb von einer *Karbonisierung* des globalen Energiesystems.[5] Die Kohleverbrennung ist zugleich eine der Hauptursachen der weltweiten CO_2-Emission. Diese Emission ist in den letzten Jahrzehnten kontinuierlich gestiegen. Eine kurze Unterbrechung dieses Trends gab es lediglich in den *Industrieländern* in den Jahren 2008/09 als Folge der Finanz- und Wirtschaftskrise. China ist seit 2006 der weltweit größte Emittent von CO_2.

Über die *Folgen* der wachsenden Emission von Treibhausgasen sind wir durch die Berichte des Intergovernmental Panel on Climate Change (IPCC) mit hinreichender Klarheit informiert.[6] Zu erwarten sind: eine Erhöhung der weltweiten Durchschnittstemperatur, geringere Niederschlagsmengen in den Trockengebieten der Erde, ein Produktivitätsrückgang in der Landwirtschaft dieser Gebiete, der Verlust küstennaher Siedlungsgebiete, eine wachsende Zahl von ‚Klimaflüchtlingen' usw. Sollen diese Folgen einigermaßen beherrschbar bleiben, dann müsste der globale Temperaturanstieg auf 2 Grad Celsius beschränkt werden. Das kann nur gelingen, wenn der weltweite Ausstoß von Treibhausgasen halbiert wird, und zwar ab sofort.[7] Von den Entwicklungs- und Schwellenländern ist das nicht zu erwarten. Sie haben einen legitimen ‚Nachholbedarf' an wirtschaftlicher Entwicklung. In den Industrieländern müsste deshalb die Emissionsverringerung noch viel stärker ausfallen, wenn die 2-Grad-Grenze nicht überschritten werden soll. Dazu sind die reichen Länder offenbar nicht bereit. Selbst der ehrgeizige Plan der EU, ihre CO_2-Emission bis 2020 um 40% zu reduzieren, würde in Anbetracht des geringen

---

[4] Vgl. *C. Kemfert*, Szenario Energie. Vision und Wirklichkeit, in: H. Welzer/K. Wiegandt (Hg.), Perspektiven einer nachhaltigen Entwicklung. Wie sieht die Welt im Jahr 2050 aus? (Allgemeines Sachbuch 18794), Frankfurt a. M. 2011, 205–223, 209.

[5] Vgl. *J. C. Steckel* u.a., From carbonization to decarbonization? Past trends and future scenarios for China's CO_2 emissions, in: Energy Policy 39 (2011) 6, 3443–3455.

[6] Vgl. die Ergebnisse der IPCC-Arbeitsgruppen des Fifth Assessment Report (AR5), online unter: http://tinyurl.com/IPCC-AR5-2014 (Stand: 31.7.2015).

[7] Zu den Einzelheiten vgl. *J. Randers*, 2052: Der neue Bericht an den Club of Rome. Eine globale Prognose für die nächsten 40 Jahre, München 2013², 150.

Anteils der EU an der weltweiten Emission nur zu einer globalen Emissions-verringerung um etwa 5% führen.

Andere Indikatoren des Ressourcen- und Energieverbrauchs sprechen dieselbe Spra-che: Die Aufrechterhaltung des bestehenden Wohlstands der reichen Länder und die fortschreitende Annäherung der Entwicklungs- und Schwellenländer an dieses Niveau *verletzen* – global gesehen – alle Regeln einer *ökologischen* Nachhaltigkeit. Eine wesentliche Ursache dafür sind wirtschaftliche Wachstumsprozesse, die auf die Erhaltung und Aus-weitung einer spezifischen Form von ‚Wohlstand' ausgerichtet sind.

2 Wirtschaftliches Wachstum: ein Programm der Moderne

Die ‚Moderne' umfasst viele unterschiedliche Aspekte. Im Blick auf das hier behandel-te Thema erscheint es angebracht, drei davon hervorzuheben: den *Individualismus* im Selbstverständnis der Menschen, die *Säkularisierung* der Vorstellung vom ‚guten Leben', und eine *Überschreitung* von *Grenzen* aller Art. Das ‚emanzipierte' Individuum will nur sol-che Werte und Bindungen anerkennen, die mit seinen eigenen Interessen übereinstim-men. Der Staat gilt deshalb nach modernem Verständnis nur insoweit als legitim, als er aus einem Gesellschaftsvertrag hervorgegangen ist. Zugleich ist die Vorstellung vom ‚guten Leben' *diesseitiger* geworden. Der individuelle Zeithorizont ist geschrumpft auf das Leben hier und jetzt. Deshalb muss alles, was zum ‚Glück' gehört, während der biolo-gisch möglichen Lebensspanne in Erfüllung gehen. Es gibt kein ‚darüber hinaus' (wie es beispielsweise noch für Kant selbstverständlich war), das zum Verzicht auf die Erfüllung gegenwärtiger Wünsche motivieren könnte.

Der dritte Aspekt ist im Blick auf die hier gestellte Frage besonders wichtig: der all-gemeine Wille, Grenzen zu überschreiten. G. Schulze spricht von einem „Steigerungs-spiel". Im Begriff des Spiels sieht er die Chance einer „einfachen, bündigen Zusammen-fassung vieler einzelner Abläufe"[8], die darauf gerichtet sind, Grenzen des Wissens und Könnens zu überschreiten; jeden Mangel zu überwinden; die Welt nach den eigenen Vorstellungen zu verbessern, weil wir die *beste* aller Welten noch nicht erreicht haben, aber stetig danach streben. Die Idee der Steigerung habe es immer schon gegeben. „Was die Moderne von anderen Zeiten unterscheidet, ist die soziale Organisation der Steige-rungslogik zu einem Spiel. In endlosen Ketten sozialer Episoden treiben sich die Akteure gegenseitig dazu an, immer neue Möglichkeiten zu schaffen. Das Spiel bezieht seine Kraft aus der Spannung kollektiven Wünschens; es lebt vom gemeinsam definierten Mangel"[9].

So, wie es viele Formen des Mangels gibt, kann auch das „Steigerungsspiel" auf viele unterschiedliche Ziele ausgerichtet sein. In einer säkularisierten Welt dominieren inner-

---

[8] *G. Schulze*, Die beste aller Welten. Wohin bewegt sich die Gesellschaft im 21. Jahrhundert, München u.a. 2003, 88.

[9] AaO., 84.

weltliche, materielle Ziele, die von eigeninteressierten Individuen verfolgt werden. Das hat den Steigerungswillen *eingeengt*, zugleich aber eine phänomenale Verbesserung des *Lebensstandards* möglich gemacht. Während viele Jahrhunderte lang die Pro-Kopf-Einkommen – soweit sie sich überhaupt statistisch nachweisen lassen – in allen Teilen der Welt kaum gestiegen sind, zeigte sich von Beginn des 19. Jahrhunderts an in den Kernländern der ‚Modernisierung‘ ein erstaunliches Wachstum. Um 1820 waren die Pro-Kopf-Einkommen der reichsten Regionen der Welt etwa dreimal so hoch wie in den ärmsten Regionen. Bis zum Jahr 1913 war dieser Unterschied auf mindestens das *Achtfache* gewachsen.[10] Davon profitierten die europäischen Kernländer der Industrialisierung sowie die überseeischen Siedlungsgebiete der Europäer. Das „Steigerungsspiel" der Moderne hatte technische Neuerungen in produktive Investitionen umgesetzt, die dafür notwendigen Institutionen geschaffen (Aktiengesellschaften, Börsen, Manufakturen, Fabriken usw.), und auf diese Weise ein bis dahin in der Weltgeschichte einzigartiges Wirtschaftswachstum generiert. *Natürliche* Ressourcen galten als kostenlos verfügbare Produktionsfaktoren. Kaum jemand machte sich während der ‚Industriellen Revolution‘ Gedanken über eine Erschöpfung von Rohstoffquellen und über die langfristigen Folgen einer zunehmenden Schadstoffemission.

Es ist das erklärte Ziel der heutigen Entwicklungs- und Schwellenländer, die Wohlstandsentwicklung der westlichen Industrieländer ‚nachzuholen‘. Ihr „Steigerungsspiel" hat mehr oder weniger denselben Charakter wie in den Ursprungsländern der Moderne. „Mehr und mehr Entwicklungsländer wollen nun endlich in jene heiße, materialintensive Steigerungsphase eintreten, deren Annehmlichkeiten die Industrieländer schon so lange auskosten." Diese Phase ist gekennzeichnet durch eine „gewaltige Materialschlacht mit einem immer größeren Verbrauch an Rohstoffen, fossilen Energieträgern, Tierarten, Land, Luft, Wasser, Waldflächen."[11] Doch was man im 19. Jahrhundert noch gedankenlos übergehen konnte, ist heute ein globales Problem. Die Universalisierung einer Wohlstandsentwicklung, wie sie die Ursprungsländer der Moderne erfahren haben, ist schlechterdings nicht möglich (erste Alternative im oben genannten Nachhaltigkeits-Trilemma).

Diese Deutung des Wachstumsproblems setzt tiefer an, als die üblichen Formen der Kapitalismuskritik. Nicht nur die institutionellen Strukturen sind auf das ressourcenintensive Wachstum programmiert. Dies gilt auch für die *mentalen Infrastrukturen*[12], d.h. die Denkweisen, Verhaltensmuster und Wertvorstellungen der Menschen. Mehr haben wollen und erfolgreich am ökonomischen „Steigerungsspiel" mitspielen wollen – das sind letztlich die treibenden Kräfte hinter den ökonomischen Wachstumsprozessen. Sie schaffen sich diejenigen Institutionen, die das ökonomische „Steigerungsspiel" in Gang halten, und werden von diesen Institutionen gestützt. Insofern bedingen sich mentale

---

[10] Vgl. *J. Osterhammel,* Die Verwandlung der Welt. Eine Geschichte des 19. Jahrhunderts (Historische Bibliothek der Gerda-Henkel-Stiftung), München 2009, 256.

[11] *G. Schulze,* Die beste aller Welten (s. Anm. 8), 144 f.

[12] Vgl. *H. Welzer,* Mentale Infrastrukturen. Wie das Wachstum in die Welt und in die Seelen kam (Schriften zur Ökologie 14), Berlin 2011, online unter (direkter Download): http://tinyurl.com/Welzer-Infrastrukturen (Stand: 31.7.2015).

und institutionelle Infrastrukturen gegenseitig. In ihrer Interdependenz sorgen sie dafür, dass die wirtschaftlichen Prozesse aufrechterhalten bleiben, die zu Lasten der ökologischen Dimension von „Nachhaltigkeit" gehen. Die Wurzel dieses Problems liegt in der Einseitigkeit, mit der das „Steigerungsspiel" der Moderne gespielt wird.

Ist eine *Selbstkorrektur* der Moderne möglich? Kann das „Steigerungsspiel", das untrennbar zur Moderne gehört, von seiner Einseitigkeit befreit werden, so dass die ‚Materialschlacht' um Rohstoffe, Energieträger, Land, Luft und Wasser aufhört? G. Schulze, dessen Deutung moderner Wachstumsprozesse ich für einigermaßen überzeugend halte, gibt darauf eine erstaunlich beruhigende Antwort. Er schreibt: „Je umfangreicher [der] Möglichkeitsraum" wird, den sich die Menschen schaffen, „desto weniger können die Menschen der Frage ausweichen, was sie eigentlich darin anfangen sollen. Neben die Idee der Steigerung tritt die Idee der Ankunft, neben die Absicht der Grenzverschiebung tritt die Absicht des Wohnens im eroberten Territorium".[13] Weniger philosophisch formuliert: Es wächst die Überzeugung, dass ‚mehr haben wollen' das ‚gute Leben' verfehlt. Deshalb geht es den Menschen vermehrt um eine „Aneignung des Seins"[14] und weniger um die Aneignung von Gütern. Dies führt, so Schulze, zu „ungewohnten Handlungsmustern – Ausrichtung auf ‚anders' neben Ausrichtung auf ‚mehr'"[15], und damit wird eine „New Economy des *Erhaltens*" möglich. „Ihr Produkt ist die Wiederherstellung, Konservierung und Pflege von Artefakten und Natur. Ihr Anliegen ist die Zukunft der Vergangenheit, ihre Handlungslogik die der Annäherung."[16]

Diese Deutung kann sich auf einige Indizien berufen, die in den Nischen der Wohlstandsgesellschaften zu beobachten sind. In lokalen Wirtschaftskreisläufen mit selbst geschaffenen Zahlungsmitteln wird versucht, sich von globalen Produktionsketten abzukoppeln. Auf den Dachterrassen der Großstädte züchtet man Gemüse für den Eigenbedarf. Eine *Blue Economy* propagiert 100 Ideen für eine ressourcenschonende Warenproduktion.[17] Mit einer *Green Economy*[18] sollen Wirtschaftswachstum und Umweltschutz miteinander versöhnt werden (wobei die Erfahrungen allerdings zeigen, dass dabei das Wachstumsziel im Vordergrund steht und der Umwelt- und Ressourcenschutz nur insofern eine Rolle spielt, als er das prioritäre Wachstumsziel nicht gefährdet).

Auch den überzeugtesten Anwälten eines ‚Wohlstands ohne Wachstum' ist allerdings bewusst, dass die vielen lokalen Ansätze für einen ‚alternativen Lebensstil' sowie die bisher praktizierten *Green* und *Blue Economies* nicht ausreichen, um auf breiter Ebene eine sozial- und umweltverträgliche Wohlstandsentwicklung herbeizuführen, die der *dritten* oben genannten Handlungsmöglichkeit im Nachhaltigkeits-Trilemma entsprechen würde. Am gegenwärtigen material- und energieintensiven Wohlstand und einem darauf

---

[13] *G. Schulze*, Die beste aller Welten (s. Anm. 8), 25 f.

[14] AaO., 325.

[15] Ebd.

[16] AaO., 328.

[17] Vgl. *G. A. Pauli*, The Blue Economy. 10 Jahre – 100 Innovationen – 100 Millionen Jobs (The Blue Economy Series), Berlin 2010.

[18] Vgl. *D. Pearce/A. Markandya/E. B. Barbier*, Blueprint for a Green Economy, London 1994.

ausgerichteten Wirtschaftswachstum müssten Abstriche vorgenommen werden, damit ein weniger ressourcenintensiver Wohlstand für alle Länder und alle Menschen im Rahmen der bestehenden ökologischen Grenzen möglich wird.

Dies ginge nur bei einer völligen *Neuausrichtung der Politik*. Nahezu alle Politikbereiche müssten auf ein neues Wohlstandsziel umgepolt werden, und dies müsste international koordiniert werden, denn das globale Nachhaltigkeitsproblem lässt sich nur gemeinsam lösen. Eine solche Politik müsste demokratisch legitimiert sein. Etwas Anderes entspräche nicht dem modernen Staatsverständnis. Von den eigeninteressierten Individuen müsste also erwartet werden, dass sie neuen Beschränkungen ihrer Handlungsfreiheit zustimmen, weil sie dadurch neue Freiheitsräume erschlossen sehen (Fahrverbote für PKW könnten z.B. bejaht werden, weil sie Staus verhindern; strengere Auflagen für die Bauwirtshaft könnten akzeptiert werden, weil dadurch das Landschaftsbild verschönert wird usw.). Individuelle Einsichten in die Notwendigkeit eines ‚alternativen Lebensstils‘ müssten korrespondieren mit politischen Auflagen, und dies sollte nach und nach für alle Länder gelten.

Das sind visionäre Vorstellungen von einer globalen Nachhaltigkeit im vollen Sinne des Wortes. Wenn man allerdings die Herausforderungen des Nachhaltigkeits-Trilemmas ernst nimmt, dann kann dies nicht nur ein unverbindliches Gedankenspiel sein. Was wie eine Vision aussieht, ist eine *zwingende Handlungsnotwendigkeit*, wenn man am Ziel eines sozial- und umweltverträglichen ‚Wohlstands für alle‘ festhält. Handeln in diesem Sinne kann nur die Menschheit als Ganzes, und dafür müsste sie sich selbst ermächtigen.

Nichts weniger fordert der Wissenschaftliche Beirat der Bundesregierung globale Umweltveränderungen (WBGU), der von der Verantwortungslosigkeit unserer bisherigen Wohlstandsentwicklung (erste Alternative im Nachhaltigkeits-Trilemma) überzeugt ist. Was er fordert, kommt einer bewussten Steuerung der Menschheitsgeschichte gleich.

3 Die Forderung nach einer Selbstermächtigung der Menschheit zur Steuerung ihrer Geschichte

In seinem Hauptgutachten aus dem Jahr 2011 beschreibt der WBGU (im Folgenden als ‚Beirat‘ bezeichnet) in aller Ausführlichkeit die gesellschaftlichen, technischen und politischen Veränderungen, die er für notwendig hält, wenn der „normativ unhaltbare Zustand" des gegenwärtigen „kohlenstoffbasierten Weltwirtschaftsmodells" überwunden werden soll. In diesem Wirtschaftsmodell wird eine Gefährdung des Klimasystems „und damit der Existenzgrundlage künftiger Generationen" gesehen. Die *große Transformation* zu einem anderen Weltwirtschaftsmodell sei daher „moralisch ebenso geboten wie die Abschaffung der Sklaverei und die Ächtung der Kinderarbeit".[19]

---

[19] Wissenschaftlicher Beirat der Bundesregierung Globale Umweltveränderungen (WBGU), Welt im Wandel: Gesellschaftsvertrag für eine Große Transformation. Zusammenfassung für Entscheidungsträger, Berlin 2011, 1, online unter (direkter Download): http://tinyurl.com/WBGU2011 (Stand: 31.7.2015).

Inhalt dieser großen Transformation ist ein weltweiter „Umbau von Wirtschaft und Gesellschaft".[20] Die Produktionsstrukturen, die Konsumgewohnheiten, und die Lebensstile der Menschen müssten ebenso verändert werden wie die Zielsetzungen und Instrumente der Politik. Diese Transformation wird verglichen mit zwei anderen Transformationen der Weltgeschichte: mit der Neolithischen Revolution, durch die Jäger und Sammler sesshaft wurden, und mit der Industriellen Revolution. Während aber diese bisherigen großen Transformationen weitgehend ungesteuerte Ergebnisse eines evolutorischen Wandels gewesen seien, bestehe die „historisch einmalige Herausforderung bei der nun anstehenden Transformation zur klimaverträglichen Gesellschaft darin, *einen umfassenden Umbau aus Einsicht, Umsicht und Voraussicht voranzutreiben.*"[21] Mit anderen Worten: Die Menschheit muss jetzt das Steuer ihrer Entwicklung selbst in die Hand nehmen. Sie kann sich nicht auf ungesteuerte Evolutionsprozesse verlassen. War die bisherige Menschheitsgeschichte die Summe unzähliger partikularer Handlungen, die ihren eigenen, beschränkten Zielen folgten, so geht es jetzt darum, kollektive Ergebnisse durch die bewusste Koordinierung partikularer Handlungen zu erzielen.

Das ist in der Tat eine einmalige Herausforderung. Für eine solche Transformation der Welt gibt es kein historisches Beispiel. Auch die Abschaffung der Sklaverei – die längst noch nicht vollständig gelungen ist – ist dafür kein Vorbild. Sie war nicht das Ergebnis eines koordinierten Handelns aller zivilisierten Staaten, sondern ergab sich aus vielen unverbundenen Einzelaktionen von Personen, religiösen Gemeinschaften und Nationalstaaten, die ihren eigenen moralischen Überzeugungen und Interessen folgten, ohne dass sie dabei eine große Transformation der Weltgeschichte zum Ziel gehabt hätten.[22]

Jetzt geht es nach Ansicht des Beirats genau darum. Isolierte Einzelaktionen werden nicht für ausreichend gehalten. Sie könnten jederzeit von ‚Trittbrettfahrern', die keine große Transformation im Sinn haben, ausgebeutet werden (ein Staat kann beispielsweise seiner Stahlindustrie einen internationalen Wettbewerbsvorteil verschaffen, wenn er sich *nicht* an internationalen Absprachen für eine Emissionsverringerung beteiligt, im Übrigen aber in den Genuss einer Emissionsbegrenzung kommen, die von anderen Staaten durchgeführt wird – und in der Versuchung zu diesem ‚Trittbrettfahren' steht prinzipiell jeder Staat). Nur ein *weltweit koordiniertes Handeln* verspricht deshalb bei der Lösung globaler Probleme wie dem Klimawandel einen Erfolg. Die Menschheit als Ganze muss deshalb nach Ansicht des Beirats zu einem Handlungssubjekt werden, und dazu muss sie sich selbst ermächtigen.

Bevor auf die nahe liegende Frage eingegangen wird, wie sich der Beirat eine solche Selbstermächtigung vorstellt, soll seine Forderung in den Kontext einiger ethischer Überlegungen gestellt werden. Seit A. Smith und seinen Gesinnungsgenossen von der Schule der ‚Schottischen Moralisten' war es eine liberale Grundüberzeugung, dass sich

---

[20] AaO., 5.
[21] Ebd.
[22] Vgl. dazu E. *Flaig*, Weltgeschichte der Sklaverei (Beck'sche Reihe 1884), München 2009.

das Individuum bei seinen Entscheidungen auf die eigenen, partikularen Ziele beschränken könne, weil die *unsichtbare Hand* einer nicht von Menschen geschaffenen Ordnungsmacht für die Koordinierung aller individuellen Handlungen sorge. Damit war der Einzelne entlastet von der Verfolgung *großer Ziele*, die er ohnehin nicht verwirklichen könne.[23]

Die Attraktivität des liberalen Programms steht und fällt mit diesem Vertrauen in eine Ordnungsmacht, die nicht durch menschliche Kreativität entstanden ist, und die deshalb auch nicht von Menschen manipuliert werden sollte – es sei denn zu ihrem eigenen Schaden. F. A. v. Hayek sprach in der Weiterentwicklung des Gedankenguts der ‚Schottischen Moralisten‘ von ‚spontanen‘ Kräften, die besser als jede bewusste Planung für die Koordinierung individueller Handlungen sorgen und dadurch ein Ergebnis herbeiführen, das im Interesse aller liegt.[24]

Von diesem liberalen *Grundvertrauen* in spontane Ordnungskräfte oder in eine *unsichtbare Hand* verabschiedet sich das Programm der *großen Transformation*. Es gibt auch anderen Varianten einer liberalen Zuversicht eine Absage, wie beispielsweise dem Vertrauen in die Problemlösungskapazität künftiger Generationen, die angeblich größer sei als die der heutigen Generation, so dass wir ihnen unbesorgt die Probleme hinterlassen könnten, die für uns gegenwärtig zu groß sind. Die schlichteste Form dieser Zuversicht ist ein unreflektierter Optimismus: ‚Es wird schon gut gehen, es ist noch immer gut gegangen‘.

Weder diesen Optimismus noch das Vertrauen in irgendeine unsichtbare Hand teilt der Beirat, und er befindet sich damit in Übereinstimmung mit vielen Naturwissenschaftlern, Ethikern, Politikwissenschaftlern und Umweltökonomen, die seit langem eine *vorsorgende* Politik fordern. I. Fetscher beispielsweise hat schon 1980 im Blick auf die weltweiten Umweltprobleme die Frage nach den *Überlebensbedingungen der Menschheit* gestellt, und – in voller Übereinstimmung mit den Forderungen des Beirats 31 Jahre später – erklärt: „Die Menschheit kann sich den Luxus der planlosen Schicksalsüberantwortung nicht mehr leisten. Sie muss ihr Geschick in die eigenen Hände nehmen".[25] Doch er fährt fort: „Aber es gibt die (einige) Menschheit nicht, und es gibt nicht einmal das einige (aufgeklärte) Volk, das Subjekt (oder wenigstens Rückhalt) einer internationalen Steuerung des ökonomischen und technischen Entwicklungsprozesses sein könnte. Beide müssen erst ‚gebildet‘ werden, im Doppelsinne dieses Wortes."[26] ‚Bildung‘ bedeutet hier sowohl ‚Aufklärung‘ über die Bedingungen eines menschenwürdigen Daseins, als auch die dadurch bewirkte ‚Entstehung‘ eines Subjekts, das es noch nicht gibt, das aber dringend gebraucht wird.

---

[23] Zum Programm der ‚Schottischen Moralisten‘ vgl. *H. Sautter*, Anthropologische Fundamente der westlichen Wirtschaftsordnung, in: E. Herms (Hg.), Menschenbild und Menschenwürde (VWGTh 17), Gütersloh 2001, 71–91.

[24] Vgl. *F. A. v. Hayek*, Die Ergebnisse menschlichen Handelns, aber nicht menschlichen Entwurfs, in: *Ders.*, Freiburger Studien. Gesammelte Aufsätze (Wirtschaftswissenschaftliche und wirtschaftsrechtliche Untersuchungen 5), Tübingen 1969, 19–29.

[25] *I. Fetscher*, Überlebensbedingungen der Menschheit. Zur Dialektik des Fortschritts, München 1980, 185.

[26] Ebd.

Ist dieser Bildungsprozess inzwischen so weit fortgeschritten, dass wenigstens in Umrissen das Handlungssubjekt ‚Menschheit' sichtbar wäre? Davon ist auch der Beirat nicht überzeugt. Er wiederholt im Wesentlichen die Ermahnungen früherer Jahre und ergänzt sie durch eine neue Idee: Ein „Weltgesellschaftsvertrag" soll abgeschlossen werden. Eine andere, etwa autoritäre politische Lösung, kommt für eine Gesellschaft, die sich als ‚modern' versteht, selbstverständlich nicht infrage. Gemeint ist eine weltweite Übereinkunft, die „Alternativen wagt" zu einem „fossilnuklearen Metabolismus", und ohne die wir „nicht aus der Krise der Moderne herausfinden".[27] C. Leggewie, Mitglied des Beirats, präzisiert: Es geht um eine „virtuelle Übereinkunft zwischen einer aktiven Bürgergesellschaft und einem gestaltenden Staat."[28] Jeder Einzelne verpflichtet sich darin zu einem global verantwortlichen Lebens- und Konsumstil, und alle zusammen geben den „Staaten die Vollmacht [...], zur Erhaltung weltöffentlicher Kollektivgüter steuernd einzugreifen".[29]

So also sieht nach den Vorstellungen des Beirats die *Selbstermächtigung der Menschheit* aus, mit der sie sich zum Subjekt einer Steuerung ihrer eigenen Geschichte macht. Weltweit einigen sich die Menschen auf ein neues, umweltgerechtes und sozial verträgliches Wirtschaftsmodell, und sie geben den Staaten die Vollmacht, die dafür nötigen Institutionen zu schaffen. Es kann sich nur um ein Wirtschaftsmodell handeln, das der *dritten,* im Nachhaltigkeits-Trilemma genannten Handlungsalternative entspricht: Die reichen Länder machen Abstriche an ihrem gegenwärtigen, material- und energieintensiven Wohlstand, und ein weniger ressourcenintensiver Wohlstand, der unter Respektierung gegebener ökologischer Grenzen generiert wird, steht allen Ländern und allen Menschen zur Verfügung. Theologische Erwägungen sind dem Beirat fremd. Doch sie drängen sich bei diesen Forderungen nach einem neuen Wirtschaftsmodell geradezu auf.

4 Theologische Anmerkungen eines Nicht-Theologen

Dem Beirat ist zuzustimmen: Es führt in der Tat kein Weg daran vorbei, den weltwirtschaftlichen Prozessen eine neue Orientierung zu geben, wenn diese Prozesse *nachhaltig* im vollen Sinne des Wortes verlaufen sollen. Es ist auch nicht zu bestreiten, dass diese Neuorientierung ein koordiniertes Handeln der Staaten voraussetzt, und dass es dafür in jedem Staat eine demokratische Legitimation geben muss. Aus den Analysen des Beirats ist der *Appell* an die Staaten heraus zu lesen, in diesem Sinne tätig zu werden. Letztlich richtet sich aber der Appell an die Bürger. Sie sollen aus eigener Einsicht und aus moralischer Verantwortung heraus ihren Staaten die Vollmacht zu einer *nachhaltigen* Regulierung wirtschaftlicher Prozesse geben, und mit ihrem eigenen Wirtschafts- und Lebensstil diesen Regulierungen zur Durchsetzung verhelfen.

---

[27] WGBU, Welt im Wandel (s. Anm. 19), 27.

[28] *C. Leggewie*, Mut statt Wut. Aufbruch in eine neue Demokratie (Edition Körber-Stiftung), Hamburg 2011, 60.

[29] AaO., 62.

Moralische Appelle mögen ihren Sinn haben, wenn sie verbunden sind mit einer Aufklärung über die jeweiligen Handlungsbedingungen. Sie bleiben aber an der Oberfläche und sind unwirksam, wenn nicht reflektiert wird, wer die *Adressaten* dieser Appelle sind. Sind es die ‚possessiven Individualisten‘, die ihre Identität aus Besitzansprüchen herleiten? Sind es die ‚libertären Voluntaristen‘, die keinen Sinn für ethische motivierte Selbstbindungen haben? Dann werden Appelle ziemlich wirkungslos bleiben, die zu einem politischen und wirtschaftlichen Handeln auffordern, das eine globale Nachhaltigkeit im Sinne der oben erwähnten dritten Handlungsalternative zum Ziel hat.

Ein einsichtsvolles Handeln dieser Art wird nur von *Personen* zu erwarten sein, die ihre Identität aus der Relation zu ihren Mitmenschen herleiten, die deshalb verantwortungsbewusst handeln, und deren weltanschaulicher Hintergrund offen ist für eine selbstkritische Reflektion des eigenen Lebens- und Wirtschaftsstils. *Personen* im vollen Sinne des Wortes gründen ihre „Identität im Füreinander“, und „festhaltend an der aus dem Judentum übernommenen Einsicht, dass das verantwortungsbewusste Füreinandersein von Menschen in dem Füreinandersein von Gott und Menschen gründet und es durch es qualifiziert ist“, bringt die christliche Dogmatik den „Menschen und Gott als Instanzen zur Sprache, die füreinander Personen sind“.[30] Es ist nicht überflüssig, sondern geradezu unerlässlich, diesen weltanschaulich-religiösen Hintergrund ethischen Handelns zu reflektieren, denn „für jede ethische Urteilsbildung ist die Orientierung an einer Weltanschauung und an einem Menschenbild unvermeidbar“.[31]

Auf Erwägungen dieser Art meinen die meisten Appelle zur Nachhaltigkeit verzichten zu können. Sie sind in einer bedrängenden Sprache formuliert, die auf ökologische und soziologische Argumentationsfiguren zurückgreift. Was dabei meistens unerwähnt bleibt, ist die Beobachtung, dass „vielen religiösen Menschen der Übergang zu einem Leben, das etwas mehr um spirituelle statt um materielle Güter kreist, leichter [fällt] als Nichtgläubigen“.[32] Es ist also auch von einer nicht zu unterschätzenden praktischen Relevanz, wie der weltanschaulich-religiöse Hintergrund derer aussieht, an die sich die Aufforderung zu mehr Nachhaltigkeit richtet. G. Schulze meint, dass „nichts so diesseitig ist wie die Kultur der Steigerung“.[33] Daraus ist zu folgern, dass denen der Abschied vom ressourcenintensiven „Steigerungsspiel“ der Moderne leichter fallen dürfte, die nicht im Diesseitigen ihre letzte Lebenserfüllung suchen.

Aus einer christlichen Perspektive ist eine weitere Bemerkung angebracht. Sie bezieht sich auf die Aufforderung, die Menschheit möge sich dazu ermächtigen, ihre evolutionäre Entwicklung selbst in die Hand zu nehmen. Diese Aufforderung wird entweder mit apokalyptischen Drohungen untermauert, oder sie wird mit einer grandiosen Selbstüber-

---

[30] E. *Herms*, Art. Person IV. Dogmatisch, in: RGG⁴ 6 (2003) 1123–1128, 1124.

[31] E. *Herms*, Die Bedeutung der Weltanschauungen für die ethische Urteilsbildung, in: F. Nüssel (Hg.), Theologische Ethik der Gegenwart. Ein Überblick über zentrale Ansätze und Themen, Tübingen 2009, 49–71, 50.

[32] A. *Etzioni*, Eine neue Charakterisierung des guten Lebens, in: H. Welzer/K. Wiegandt (Hg.), Perspektiven einer nachhaltigen Entwicklung (s. Anm. 4), 328–338, 338.

[33] G. *Schulze*, Die beste aller Welten (s. Anm. 8), 100.

schätzung vorgetragen. Oft geht Beides ineinander über. „Bei Strafe des Untergangs [ist] die Menschheit dazu verurteilt, handlungsfähig zu werden", und „ihr Geschick in die eigenen Hände [zu] nehmen", schreibt I. Fetscher.[34] Von einer „Endzeiterwartung", von „apokalyptischen Zeiten" und vom „drohenden Untergang der Menschheit" sprechen die Soziologen U. Beck und B. Latour in einem Interview, in dem sie einen radikalen Wandel in der Klimapolitik fordern.[35] *Angst* ist hier der Hintergrund für die Aufforderung zur autonomen Steuerung der Menschheitsgeschichte.

Eine grandiose Selbstüberschätzung bildet den anderen Hintergrund: ‚Die Rettung der Welt ist ein enormer business case' – dieser Satz fiel bei der Präsentation des Nachhaltigkeitskonzepts eines großen deutschen Unternehmens. Nicht von einem unternehmerischen, sondern von einem ökologischen oder soziologischen *case* sprechen viele säkulare Zukunftsszenarien, die unterstellen, mit einer umweltpolitischen Aufklärung ließe sich das „einige Subjekt" einer internationalen Steuerung ökonomischer und technischer Entwicklungsprozesse „bilden"[36]. Dass zur ‚Bildung' im umfassenden Sinne ein Gesinnungswandel gehören kann, der die Vorstellungen von dem zu erstrebenden ‚höchsten Gut' korrigiert, ist für diese Szenarien kein Thema.[37] Insofern sind ihre Analysen und Appelle nicht frei von Illusionen.

Apokalyptische Drohungen oder illusionäre Selbstüberschätzungen bilden also den Hintergrund vieler Appelle zur Neuorientierung der Menschheitsentwicklung. *Hoffnung* ist nicht ihr Thema. Sie ist den säkularen Zukunftsszenarien in dem Maße abhandengekommen, wie sie sich vom religiösen Ursprung neuzeitlichen Zukunftsdenkens entfernt haben. Auch vom *Prinzip Hoffnung*[38], das noch von einer religiösen Wurzel zehrte, haben sie sich verabschiedet.

Hoffnung ist dagegen ein Grundelement christlichen Glaubens. Die Hoffnung, dass Gott als der ‚Herr der Geschichte' die Menschheit zu einem guten Ziel führen wird, befreit vom Druck apokalyptischer Drohungen, bewahrt vor illusionären Selbstüberschätzungen und motiviert zu einem verantwortlichen Handeln. Menschen können mit aller Entschlossenheit und zugleich frei von Illusionen für die ‚Bewahrung der Schöpfung' eintreten, wenn sie wissen, dass sie verantwortliche ‚Geschöpfe' und nicht deren ‚Schöpfer' sind. Die „Hoffnung auf Gott" unterscheidet sich von der Hoffnung, die „auf vergängliches Fleisch" setzt, und sie stirbt deshalb auch dann nicht, wenn sich menschliches Handeln als erfolglos erweisen sollte. Sie „hält sogar angesichts des Todes durch".[39] Deshalb können Christen hoffnungsvoll handeln, ohne die Illusion aufrechterhalten zu müssen, sie könnten die Menschheitsgeschichte selber steuern.

---

[34] *I. Fetscher*, Überlebensbedingungen der Menschheit (s. Anm. 25), 188.

[35] Vgl. *U. Beck/B. Latour/S. Selchow*, Die Apokalypse duldet keinen Sachzwang, in: Frankfurter Allgemeine Zeitung v. 15.5.2014 (Nr. 112), 14.

[36] *I. Fetscher*, Überlebensbedingungen der Menschheit (s. Anm. 25), 185.

[37] Zum „Prozess der Selbstbildung", der zur persönlichen Bestimmung des „höchsten Gutes" befähigt, siehe: *E. Herms*, Die Bedeutung der Weltanschauungen (s. Anm. 31), 53 f.

[38] Vgl. *E. Bloch*, Das Prinzip Hoffnung. 3 Bde. (stw 3), Frankfurt a. M. 1977[4].

[39] *M. Welker*, Hoffnung und Hoffen auf Gott, in: H. Deuser u.a. (Hg.): Gottes Zukunft – Zukunft der Welt, FS für J. Moltmann zum 60. Geburtstag, München 1986, 23–38, 34.

Anne Käfer

ZUM WOHL DES TIERES

Überlegungen zur Würde der Geschöpfe im Anschluss an Eilert Herms

„Especially in its Western form, Christianity is the most anthropocentric religion the world has seen. [...] Hence we shall continue to have a worsening ecologic crisis until we reject the Christian axiom that nature has no reason for existence save to serve man."[1] Diese These des Historikers L. White ist bald fünfzig Jahre alt. Im Bereich der protestantischen Theologie und Umweltethik haben sich in dieser Zeit Stimmen zu Wort gemeldet, die Whites These bestätigen,[2] und solche, die darauf hinweisen, dass Versklavung und Ausbeutung der ‚Natur' durch den Menschen grundsätzlich nicht mit dem christlichen Glauben vereinbar sind.[3] Diese zweite Position scheint jedoch in der protestantischen Ethik vor allem dann (und beinahe nur dann) Beachtung zu finden, wenn umweltethische Probleme den Menschen selbst betreffen. Dazu gehören die Frage nach verantwortlichem Umgang mit dem CO_2-Ausstoß, dem Risiko der Atomenergie oder Fragen nach gesunder Ernährung.

Anders aber sieht es aus bei Themen, die keine oder keine unmittelbaren Nachteile für den Menschen mit sich zu bringen scheinen. Dies ist der Fall im Blick auf die Frage nach dem christlich verantworteten Umgang des Menschen mit dem Tier. Die Fragen danach, ob die Verzweckung des Tieres als Fleischproduktionsmittel, als Mittel zur Bekleidung des Menschen, für dessen Freizeitgestaltung und zu Forschungszwecken auf dem Boden christlicher Glaubenseinsichten grundsätzlich gerechtfertigt ist, sind bisher nur selten im Fokus deutscher protestantischer Ethik. Dabei setzt doch schon die Rede vom Menschen, seinem Personsein und seiner Würde eine klare Unterscheidung des Menschen vom Tier voraus. Der Jubilar geht in einigen seiner Veröffentlichungen mit kurzen Seitenblicken darauf ein. Seinen weiterführenden Einsichten soll im Folgenden nachgegangen werden. Hierfür scheinen Verweise auf die Theologie Luthers und Zitate der Weltliteratur hilfreich und passend zu sein.

---

[1] L. *White*, The Historical Roots of Our Ecological Crisis, in: Science N.S. 155 (1967) 3767, 1203–1207, 1205 u. 1207.

[2] Vgl. *J. Moltmann*, Ethik der Hoffnung, Gütersloh 2010, 159: „Die neuzeitliche Theologie hat die Relevanz Christi auf das Heil der Menschen und auf das Heil der menschlichen Seelen reduziert und damit alles andere der Heillosigkeit ausgeliefert."

[3] Vgl. dazu *E. Herms*, „Füllet die Erde und machet sie euch untertan und herrschet...". Das dominium terrae und die Leibhaftigkeit des Menschen, in: *Ders.*, Gesellschaft gestalten. Beiträge zur evangelischen Sozialethik, Tübingen 1991, 25–43. Herms verweist hier (25) auf die *„gnadenlosen Folgen des Christentums"*, die C. Améry 1972 thematisiert hat. Vgl. *C. Améry*, Das Ende der Vorsehung. Die gnadenlosen Folgen des Christentums (rororo 6874), Reinbek bei Hamburg 1972.

Die Konsequenzen, die aus den Beschreibungen, Gedankengängen und Urteilen von E. Herms für das Thema Tierethik gezogen werden können und meines Erachtens auch gezogen werden müssen, sollen aufgezeigt werden. Bei der Beschäftigung mit den Texten des Jubilars wird deutlich, dass *Würde* aus christlicher Perspektive keine Auszeichnung allein des Menschen ist, die gar dessen ausbeuterische Verzweckung des Tieres rechtfertigte. Vielmehr verpflichtet das *Personsein* des Menschen zu besonderer Verantwortlichkeit im Umgang mit dem Tier.

Zunächst soll Einblick genommen werden in die Beschreibung des Menschen als Person und Würdewesen, wie Sie E. Herms vornimmt, und zwar mit Blick auf die damit verbundene Bezugnahme auf das Tier (Abschnitt 1). Das Würdeverständnis, das von Herms vertreten wird, ist in christlichen Überzeugungen vom Willen des Dreieinigen, des Schöpfers, Versöhners und Vollenders, verankert. Es beschränkt die Trägerschaft von Würde nicht auf den Menschen, sondern führt zu der Einsicht, dass auch andere Geschöpfe Würdeträger sind, unter anderem das Tier (Abschnitt 2). Zu der daran anschließenden Frage, welcher Umgang mit dem Tier als Würdewesen auf dem Boden christlicher Überzeugungen vom Menschen gefordert ist, werden schließlich rechtliche und ethische Anmerkungen formuliert (Abschnitt 3).

1 Vom Geschaffen- und Beschaffensein der Kreaturen

(1) Nach Herms ist aus der Perspektive des christlichen Glaubens deutlich, dass alle Menschen wesentlich durch „Personsein" ausgezeichnet seien; „aus der besonderen Perspektive des Glaubens wird dies als derjenige Wesenszug des Menschseins verstanden, der allen Menschen eignet, sie gegenüber allen anderen Weisen des Seins in dieser Welt und dieser Welt selber auszeichnet und die Tatsache begründet, daß dieses Seiende sein Sein-im-Werden nicht nur erleidet, sondern es auch zu verstehen und deshalb eigenverantwortlich mitzubestimmen hat und es daher auch tatsächlich immer schon irgendwie versteht und entsprechend eigenverantwortlich mitbestimmt".[4]

Herms unternimmt es, den Menschen als das einzige Geschöpf aufzuzeigen, das „sein Sein-im-Werden" zu verstehen und mitzubestimmen fähig sei, weil es ein Selbst-, ein Welt- und auch ein Gottesverhältnis auszubilden vermöge.[5] Einzig der Mensch könne sich selbst im Zusammenhang der Welt verstehen und zudem als ein Wesen erkennen, das in Gottes schöpferischem Handeln begründet und darum mit Würde ausgestattet sei.

---

[4] E. *Herms*, Der Mensch – geschaffene, leibhafte, zu versöhnter und vollendeter Gemeinschaft mit ihrem Schöpfer bestimmte Person, in: Ders., Zusammenleben im Widerstreit der Weltanschauungen. Beiträge zur Sozialethik, Tübingen 2007, 25–46, 28.

[5] E. *Herms*, Art. Person IV. Dogmatisch, in: RGG⁴ 6 (2003) 1123–1128, 1127: *„In der Lehre vom Geschaffenen* ist jeder Mensch als ‚P.[erson]' zu beschreiben, nämlich als das für ihn und seinesgleichen unhintergehbare Gefüge seiner Ursprungs-, Selbst- und Weltbezogenheit, das (α) in der Bezogenheit auf Gott jedem Menschen gewährt ist und (β) von ihm radikal erlitten wird, ihm also in unmittelbarer Selbstschlossenheit zu verstehen, zu bestimmen und zu gestalten gegeben ist, und zwar (γ) kraft Bezogenheit auf das Ganze der Welt je begrenzt: individuiert, perspektiviert, terminiert."

„Menschliches Personsein ist unhintergehbar und unüberholbar Sein-im-Werden, das seine Eigenart und Identität durch sein Gewährtwerden und dessen Urheber, Gott, erhält und das daher die Würde jeder menschlichen P.[erson] ausmacht. Diese Würde *gründet* nicht im Menschsein-im-Werden selbst, sondern in dessen Ursprung: in seinem Gewollt- und Gewährtwerden durch Gott. [...] Kraft dieser seiner Würde ist das Personsein des Menschen als sein Sein-im-Werden auch das verpflichtende Ziel, das Wofür seiner Verantwortlichkeit. Weil sie P.[ersonen] sind, sind die Menschen *vor* Gott und ihresgleichen verantwortlich *für* die Anerkennung ihrer Würde als P.[ersonen], die nicht durch Anerkennung entsteht, sondern diese verlangt."[6] Nach Herms sollen die Menschen sich selbst und „ihresgleichen" als Personen und Würdewesen verstehen und dementsprechend verantwortlich miteinander umgehen.

Verantwortung übernehme der Mensch gegenüber sich selbst und der menschlichen Gattung insgesamt in angemessener Weise, wenn er sich selbst und seinesgleichen als im Handeln des dreieinigen Gottes begründet erkenne.[7] Über solche Erkenntnis verfüge jedoch kein Mensch. Sie werde vielmehr erst dadurch eröffnet, dass Gott seinen Willen an den Menschen realisiere, den Willen, der „*Gemeinschafts-, Versöhnungs- und Vollendungswille*" sei.[8] Nach Herms wird dem Menschen das Wesen des Menschen und die damit gegebene Bestimmung des Menschen angesichts des Versöhnungshandelns in Jesus Christus dem Gekreuzigten offenbar. „Der transzendente Schöpfer (sc. die Ursprungsmacht) will selbst in Jesu Auftreten, in seiner Verkündigung und in seinem Geschick den Menschen nahekommen, er will das natürliche Geschick der Menschen teilen, er will den Haß und die Folgen der Sünde selbst auf sich nehmen und dadurch überwinden, und er will sich dann als der, der dies alles will und wirkt, im Gekreuzigten finden lassen. [...] Wer der Herrlichkeit des Schöpfers auf dem Antlitz Christi inne geworden ist, der weiß, wie es um den ewigen und unfehlbaren Willen der Ursprungsmacht bestellt ist."[9]

Die ewige Ursprungsmacht strebt nach Herms danach, ewige versöhnte Gemeinschaft mit den Menschen zu verwirklichen.[10] Doch könne diese Gemeinschaft nur im Zusammenhang mit der gesamten Schöpfung realisiert werden: „Das Eschaton der vollendeten Gemeinschaft mit dem Schöpfer ist Geschick jedes einzelnen Menschen nur im Zusammenhang des Geschicks der Gattung und es ist deren Geschick nur im Zusammenhang des Geschicks der auf die Menschen hin geschaffenen Welt im ganzen; deren Ziel wird erreicht im Ziel der menschlichen Gattung, das seinerseits durch das Geschick aller einzelnen Menschen erreicht wird."[11] Zur Bekräftigung seiner These verweist Herms auf Röm 8,19–22.[12] Die Vollendung der Schöpfung, die Gott durch sein Versöhnungs- und

---

[6] E. *Herms*, Art. Person V. Ethisch, in: RGG⁴ 6 (2003) 1128–1129, 1128.
[7] Vgl. dazu E. *Herms*, Der Mensch (s. Anm. 4), 43–46.
[8] AaO., 40.
[9] E. *Herms*, Das christliche Verständnis vom Menschen in den Herausforderungen der Gegenwart, in: *Ders.*, Zusammenleben im Widerstreit der Weltanschauungen (s. Anm. 4), 1–24, 9 f.
[10] Vgl. dazu E. *Herms*, Der Mensch (s. Anm. 4), 42.
[11] AaO., 43.
[12] Ebd., dort Fn. 21.

Vollendungshandeln bewirke, gehe mit einem Ende des Seufzens und Ängstigens der gesamten Schöpfung einher.

(2) Herms unterscheidet das *Personsein* des Menschen von der dem Menschen eigenen *Würde*. Das Personsein des Menschen ist nach Herms durch die besondere Eigenart des Menschen bestimmt, die ihn vor allem auch zu verantwortlichem Handeln verpflichte. Diese Eigenart ist insbesondere das Vermögen zur Selbst-, Welt- und Gotteserkenntnis, das Herms allen anderen, nichtmenschlichen Wesen abspricht. Nur diejenigen, die er zur Gattung Mensch zählt, weil ihnen dieses Vermögen eigne, sind nach Herms wahrhaft Personen, die in ihrer jeweiligen Gegenwart die Zukunft als Handlungsaufforderung erleben und entsprechend zur Verantwortung aufgerufen sind.

Nach Herms ist „das Personsein des Menschen als sein Sein-im-Werden auch das verpflichtende Ziel, das Wofür seiner Verantwortlichkeit".[13] Das „Wofür seiner Verantwortlichkeit" werde da erreicht, wo ein Mensch in realisierender Anwendung seines Personseins die Kreaturen Gottes als seine „Mitwelt" versteht, sein Handeln an der Mitwelt dem Willen Gottes gemäß geschieht und also „Wohltat" ist.[14]

Anders ist es nach Herms um die Würde des Menschen bestellt, die diesem, unabhängig von jeglichem Vermögen, zukomme. Die Würde des Menschen sei nicht daran gebunden, dass der Mensch durch die Ursprungsmacht als Mensch und damit als Person geschaffen sei. Herms hält ausdrücklich fest: „Diese Würde *gründet* nicht im Menschsein-im-Werden selbst, sondern in dessen Ursprung: in seinem Gewollt- und Gewährtwerden durch Gott."[15] Würde ist also durch keine (menschliche) Eigenschaft bedingt. Ob eine Kreatur Würdeträgerin ist oder nicht, wird nach Herms nicht entschieden an ihren Eigenschaften oder den Eigenschaften, die ihr qua Zugehörigkeit zur Gattung Mensch

---

[13] E. *Herms*, Art. Person V. Ethisch (s. Anm. 6), 1128. Nach Herms ist klar, dass das Werden des Menschen, das durch das „Gewollt- und Gewährtwerden" der Ursprungsmacht bedingt sei, „mit dem Werden von pflanzlichem und tierischem Leben deshalb nicht verwechselt werden kann, weil es eben darüber hinaus bestimmt ist zur Erreichung der Möglichkeits- und Notwendigkeitsbedingungen für sein eigenes verantwortliches Prozedieren, unter denen es sich jeweils jetzt findet, nämlich: jetzt dazu befähigt und genötigt, sein gewordenes und weiter werdendes identisches Sein zu begreifen und solchem Selbstbegriff entsprechend auch zu manifestieren und auszuleben." Es sei „konstitutiv für die Identität und Eigenart des Menschseins eine Weise des innerkosmischen Werdens [...], die zwar die Weise des Werdens von Tieren einschließt, aber darüber hinaus eine Bestimmtheit aufweist, die das Werden von Menschen gegenüber dem Werden von Tieren unverwechselbar macht." E. *Herms*, Menschenwürde, in: *Ders.*, Politik und Recht im Pluralismus, Tübingen 2008, 61–124, 67.

[14] E. *Herms*, Das dominium terrae (s. Anm. 3), 42 f.

[15] E. *Herms*, Art. Person V. Ethisch (s. Anm. 6), 1128. Diese Formulierung könnte allerdings auch so verstanden werden, dass dem Menschen und nur dem Menschen deshalb Würde zukomme, weil er von der Ursprungsmacht *als* Person gewollt und geschaffen sei. Dann würden jedoch Personsein und Würde identisch verstanden. Als Würdewesen würde dann angesehen, wer Person ist. In diese Richtung könnte diese Formulierung interpretiert werden: „Die einzigartige Würde des Menschseins kann weder entdeckt noch gewahrt werden, wenn sich der Mensch aus den ihm äußerlichen Gegenständen seiner Wissensaktivität und dann auch seiner technischen Gestaltungsmöglichkeiten heraus versteht, sondern nur, wenn er sich aus seiner unmittelbaren Erschlossenheit für sich selbst heraus als freies, zur Selbstbestimmung bestimmtes Wesen versteht." E. *Herms*, Das christliche Verständnis vom Menschen (s. Anm. 9), 5. Doch kommt nach Herms dem Menschen nicht deshalb Würde zu, weil er sich selbst aus sich selbst heraus zu verstehen vermag. Vielmehr wird die Fähigkeit zum Selbstverstehen, die das Würdewesen Mensch nach Herms einzigartig macht, als *ratio cognoscendi* der Würde genannt.

zugedacht sind.[16] Die Entscheidung, dass eine Kreatur Würdeträgerin ist, sei vielmehr mit ihrem Gewollt- und Gewährtwerden durch Gott entschieden.[17]

(3) Nach Herms' Würdeverständnis ist die Würde des menschlichen Geschöpfes in dessen „Gewollt- und Gewährtwerden durch Gott" begründet. Doch gewollt und gewährt sind ebenso wie die menschlichen auch die tierischen Geschöpfe durch Gott. Die von Herms genannte Begründung von Menschenwürde trifft auch für die tierischen Geschöpfe zu.[18] Konsequenterweise müssen auch sie als Würdewesen anerkannt und demgemäß behandelt werden.[19]

Indem die Gleichheit von Mensch und Tier (und Pflanzen), die darin besteht, dass sie sich gleichermaßen dem Schöpfungswillen Gottes verdanken, ernst genommen wird, ist mit der Bejahung der Würde des Tieres zugleich unterstrichen, dass die Würde des Menschen nicht durch angeblich menschliche Eigenschaften wie Vernunftfähigkeit oder Sprachvermögen bedingt ist. Indem die Würde des Tieres hochgehalten wird, wird zugleich der Annahme entgegengewirkt, bei Menschen, die bestimmte ‚menschliche' Eigenschaften nicht oder nicht mehr ausgebildet haben, sei auch deren Würde nicht in der Weise zu achten wie bei denjenigen, bei denen diese Eigenschaften funktionsfähig sind.[20]

Es sind nicht einzelne Eigenschaften, sondern das Geschaffensein durch Gott, durch das sich die Würde des Menschen und gleichermaßen die Würde des Tieres auszeichnen. Die Achtung dieser Würde setzt allerdings die dazu nötigen Erkenntnis- und Verstehensfähigkeiten auf Seiten der „Würdeadressaten" und Würdeadressatinnen voraus.[21] Der Mangel solcher Fähigkeiten bedeutet nicht das Fehlen von Würde, sondern ist Mangel an demjenigen Verantwortungsbewusstsein, das Herms mit dem Personsein des Menschen verbindet.

---

[16] Seit einigen Jahren nun schon gibt es Tierschützerinnen und Tierschützer, die davon ausgehen, dass Menschenaffen, obwohl sie nicht zur Gattung Mensch gerechnet werden, doch bestimmte Rechte und auch Personenstatus erhalten sollten. Denn sie gehen davon aus, dass die Eigenschaften, die sie für konstitutiv für das Personsein halten, auch Menschenaffen zu eigen seien. Entsprechend setzen sie sich dafür ein, dass für Menschenaffen ein Personenstatus rechtlich anerkannt werde. Vgl. zum Problem den Beitrag in der Online-Ausgabe der Süddeutschen Zeitung: Menschenaffen haben keine Menschenrechte, 5.12.2014, online unter: http:// tinyurl.com/Sueddeutsche-Menschenaffen (Stand: 31.7.2015).

[17] Vgl. ausführlich *E. Herms*, Menschenwürde (s. Anm. 13), 77: Nach Herms kommt der „Status eines Würdeträgers de facto *jedem* eigengearteten Seienden zu. Keinesfalls nur ausgewählten Arten des Seienden. Wäre dies Letztere der Fall, so hätten wir nämlich wieder nach dem Grund der Auswahl und Beschränkung zu suchen [...]. Dieser Status selbst eignet allem für uns Seienden in gleicher Weise. *Was* er uns jeweils zumutet, variiert jedoch mit den Unterschieden in der Eigenart des uns angemessen zu verstehen gegebenen essentiellen Seins des Seienden selbst, und das ist im Falle eines Atoms etwas anderes als im Falle der Erde und im Falle einer Tiergattung etwas anderes als im Falle der Gattung Mensch." Vgl. dazu auch weiter unten Abschnitt 3.2.

[18] Vgl. dazu die Ausführungen von *E. Herms*, Menschenwürde (s. Anm. 13), 77.

[19] Dies wird in Auseinandersetzung mit der Rede von der „Würde der Kreatur", die in der Bundesverfassung der Schweizerischen Eidgenossenschaft ausdrücklich festgehalten ist (Art. 120 BV), entschieden abgelehnt von *J. Fischer*, Haben Affen Würde?, in: Bioethica Forum 53 (2007) 14–17, online unter (direkter Download): http://tinyurl.com/Bioethica-53 (Stand: 31.7.2015).

[20] Zu dieser Annahme vgl. die Ausführungen von *E. Herms*, Art. Würde des Menschen II. Theologisch, in: RGG⁴ 8 (2005) 1737–1739, 1737 f.

[21] *E. Herms*, Menschenwürde (s. Anm. 13), 74. Als „*Würdeadressaten*" kommen nach Herms „nur Menschen in Betracht".

Die Verschiedenheit zwischen Mensch und Tier, die nach Herms im Personsein des Menschen besteht, wirft die Frage auf, ob trotz der Gleichheit, die im Geschaffensein gegeben ist, dem Menschen aufgrund seiner geschaffenen Vermögen und Fähigkeiten ein ‚Mehrwert' gegenüber dem Tier zukommt. Zur Klärung dieser Frage gilt es, den Unterschied zwischen ‚Wert' und ‚Würde' aufzuzeigen.[22]

Das Verhältnis von Wert und Würde[23] oder auch der Unterschied zwischen der Bestimmtheit einer Kreatur als Zweck an sich und nicht (nur) als Zweck für andere Kreaturen ist ausschlaggebend für den Umgang des Menschen mit dem Tier. Mit Würde ist die *Selbstzweckhaftigkeit* eines Geschöpfes bezeichnet, die weder durch dieses Geschöpf selbst noch durch ein anderes bestimmt werden kann, vielmehr mit dem Sein des Geschöpfes gegeben ist.[24] Wert hingegen hat ein Geschöpf für ein anderes, wenn es diesem anderen als Mittel zu bestimmten Zwecken dienlich ist. Wert oder Preis einer zweckdienlichen Kreatur bemessen sich nach deren jeweiliger Nützlichkeit.

Wenn im Blick auf die Zweckhaftigkeit eines Geschöpfes Wert und Würde klar unterschieden werden, ist deutlich, dass es mit der Würde eines Geschöpfes nicht vereinbar ist, dieses ausschließlich nach seinem Wert zu beurteilen und als zweckdienliches Mittel zu gebrauchen. Ein solcher Gebrauch missachtete die Selbstzweckhaftigkeit der Kreaturen, indem er grundlegend dem Willen der Ursprungsmacht, ihrem Schöpfungs-, Versöhnungs- und Vollendungswillen widerspräche.

---

[22] Darauf hat I. Kant einschlägig aufmerksam gemacht. Vgl. *Ders.*, Grundlegung zur Metaphysik der Sitten, hg. v. W. Weischedel (Werkausgabe VII/stw 56), Frankfurt a. M. 1996[13], 7–102, 67 f. (BA 76, 77). Vgl. dazu *E. Herms*, Art. Würde, in: RGG[4] 8 (2005) 1734–1735, 1735: Nach Herms hat Kant auf den „Unterschied der Würde- gegenüber der Wertrelation" hingewiesen, „indem er kategorial unterscheidet zw. dem Träger von W.[ürde] und dem Träger eines Preises".

[23] Vgl. dazu *E. Herms*, Menschenwürde (s. Anm. 13), 80: „Der Würdebegriff hat zum Gegenstand die Würderelation zwischen Würdeträger und Würdeadressaten, also eine Relation, die nach der obigen Beschreibung eine solche ist, welche dem Würdeadressaten als von ihm angemessen zu verstehendes und zu behandelndes Faktum *vorgegeben* ist. Hingegen hat der Wertbegriff eine Relation zum Gegentand, die erst aufgrund von bestimmten Befindlichkeiten einer Instanz durch diese selbst zu einer anderen *aufgebaut* wird, die eben dadurch und dann durch einen expliziten Zuschreibungsakt zum Träger des Wertes für den Wertadressaten wird."

[24] Vgl. dazu *E. Herms*, Ethik der Forschung am Beispiel der Stammzellenforschung, in: *Ders.*, Zusammenleben im Widerstreit der Weltanschauungen (s. Anm. 4), 277–304, 290. Als entscheidende Frage für die Beantwortung, ob die Tötung von Embryonen zum Zweck der Stammzellenforschung gerechtfertigt werden kann, formuliert Herms hier: „Die Frage, deren Beantwortung darüber entscheidet, ob die Tötung von Embryonen [...] gegen deren Selbstzweckhaftigkeit verstößt, ist die Frage, ob über den subjektiv konstituierten individuellen Selbstzweck und über den im Zusammenleben entstandenen objektiven Selbstzweck eines menschlichen Individuums hinaus die dem allen vorgegebene Bestimmung des Menschseins, an der jedes menschliche Individuum Anteil hat, zu erkennen und anzuerkennen ist oder nicht." Nach Herms ist klar, dass jedes menschliche Individuum Selbstzweck ist, unabhängig davon, wie es sich selbst versteht und wie es von anderen Menschen verstanden wird. Denn die Selbstzweckhaftigkeit eines menschlichen Individuums bestehe aufgrund seiner vorgegebenen Bestimmung durch die Ursprungsmacht. Bestimmung der Geschöpfe aber sei vor allem ihre Gemeinschaft mit der Ursprungsmacht.

2 *Vom Versöhnungs- und Vollendungswillen des Schöpfers*

„‚[W]elch eine Schönheit liegt in diesem Blick des Tieres! Rührend ist es zu wissen, daß es gar keine Sünde kennt, denn alles ist vollkommen, und alles außer den Menschen ist sündlos, und Christus ist mit ihnen eher als mit uns.' – ‚Ja, wie denn das?' fragte der Jüngling, ‚ist denn Christus auch für sie da?' – ‚Wie könnte es anders sein', sagte ich zu ihm, ‚denn das ‚Wort' ist doch für alle da, für die ganze Schöpfung und für jegliches Geschöpf.'"[25]

(1) Auch nach Luther zeichnet den Menschen vor allen anderen Kreaturen die Fähigkeit zur Selbst-, Welt- und zur Gotteserkenntnis aus. Dieses Vermögen schreibt Luther in *De servo arbitrio* allein dem Menschen zu und verneint es für Tiere wie Pflanzen: „hanc enim vim, hoc est, aptitudinem, seu ut Sophistae loquuntur dispositivam qualitatem et passivam aptitudinem, et nos confitemur, quam non arboribus, neque bestiis inditam esse, quis est, qui nesciat?"[26]

Luther begründet mit diesem Vermögen, dass allein der Mensch darauf hin geschaffen sei, in versöhnter und vollendeter Gemeinschaft mit dem Schöpfer zu leben: „neque enim pro anseribus coelum creavit."[27] Kann jedoch angenommen werden, dass der Versöhnungs- und Vollendungswille Gottes anders als sein Schöpferwirken allein der menschlichen Gattung gilt? Das würde, wie im Folgenden aufgezeigt wird, die *Liebe des Dreieinigen* in unzutreffender Weise beschränken.

(2) Ebenso wie der Schöpferwille auf alle Geschöpfe gerichtet ist, muss auch der Versöhnungs- und Vollendungswille des Dreieinigen sämtlichen Geschöpfen gelten, wenn das außertrinitarische Wirken des Dreieinigen als ewig-einheitliches Wirken ernst genommen wird. Eben das Versöhnungsgeschehen nämlich offenbart, dass der ewig Dreieinige wesentlich Liebe ist und in und aus Liebe seine Schöpfung ins Leben gerufen hat. Die Annahme, dass nur einem Teil der Schöpfung der Versöhnungs- und Vollendungswille Gottes zugewendet wäre, setzte voraus, dass der Schöpfer seine Schöpfung nicht in und aus Liebe geschaffen hätte.

Würde angenommen, nur manchen Geschöpfen geschehe das Versöhnungs- und Vollendungswirken Gottes zu Gute, müsste schon für das Schöpferhandeln des Dreieinigen angenommen werden, es brächte nur manche Geschöpfe aus Liebe hervor und führte darum letztlich nur sie zur Gemeinschaft mit ihm, andere aber erschaffe es aus einem anderen Grund und zu irgendeinem anderen Zweck. Was jedoch sollte der andere Schöpfungs-Grund neben oder außer dem Dreieinigen sein?

Die neutestamentlich bezeugte Einsicht, dass Gott wesentlich Liebe ist,[28] streicht Luther heraus, indem er in seinem *Großen Katechismus* die Auslegung des Credo mit der Rede

---

[25] *F. M. Dostojewski*, Die Brüder Karamasoff, aus dem Russischen übertr. v. E. K. Rahsin (*F. M. Dostojewski*, Sämtliche Werke 10), München 1996²⁷, 481 (Teil 2, Buch 6, III. g).

[26] WA 18, 636,18–21.

[27] AaO., 636,21 f. – Obwohl Luther den Gänsen jegliches Selbst- und Gottesbewusstsein abspricht und eigentlich auch den ‚Himmel', geht er doch (an anderer Stelle) davon aus, dass auch die tierischen Geschöpfe bei der Vollendung der Schöpfung beteiligt sein werden. Für das Kommen des Reiches Gottes als des ewigen Vollendungszustands hält Luther fest: „es sol auff ein mal gar ein new wesen werden, nicht allein jnn uns menschen, sondern mit allen Creaturn". WA 36, 667,23 f. (Predigt v. 1.2.1532).

[28] Vgl. z.B. ausdrücklich 1 Joh 4,16.

von der unverdienten Liebe des Schöpfers beginnt[29] und mit Ausführungen zur Offenbarung dieser Liebe durch den Heiligen Geist beendet.[30] Die Erkenntnis der Liebe Gottes führe dazu, dass der Mensch, der im Glauben lebe, ebenfalls mit Liebe an der Schöpfung handele.[31]

Gottes schöpferisches Liebeshandeln und die Offenbarung seiner Liebe in Christus durch den Heiligen Geist zielt nach Luther auf die Gemeinschaft des Menschen mit dem ewig Dreieinigen. „Denn er hat uns eben dazu geschaffen, daß er uns erlösete und heiligte und über, daß er uns alles geben und eingetan hatte, was im Himmel und auf Erden ist, hat er uns auch seinen Sohn und heiligen Geist geben, durch welche er uns zu sich brächte."[32]

Diese für den christlichen Glauben maßgebliche Einsicht hebt Herms in seiner Interpretation von *Luthers Auslegung des Dritten Artikels* hervor. Er hält fest, dass durch den Heiligen Geist im Versöhnungsgeschehen das Wesen des Dreieinigen als Liebe und seine ewige Liebesabsicht als die Gemeinschaft mit seinen Geschöpfen geoffenbart werde. Der Heilige Geist offenbare Gott „*als* Schöpfer (also als den dreieinigen Gott, der uns durch seine Schöpfung seinen Liebeswillen gegen uns bezeugt). Zugleich präsentiert e[r] ihn uns *als* den Versöhner [...]. Und daß er den dreieinigen Gott so präsentiert, heißt, er präsentiert ihn uns *als den Vollender* (also den dreieinigen Gott, der seinen wahren Liebeswillen so realisiert, daß er seinen Geschöpfen eben das Wahrsein der Kreuzesbotschaft – als das Wahrsein des Lebenszeugnisses des inkarnierten Sohnes, das den dreieinigen Gott als den in Wahrheit Liebenden bezeugt – präsentiert)."[33]

Nach Herms zielt die Vollendung der Schöpfung auf die Realisation des Liebeswillens Gottes, auf die ewige Liebesgemeinschaft der Geschöpfe mit ihrem Schöpfer und also auf das Kommen des Reiches Gottes. Dieses sei das Ziel des Schöpferwillens, des Willens „zur versöhnten und vollendeten Gemeinschaft der personalen Geschöpfe mit ihrem Schöpfer, in der sie ihn vollständig erkennen und ewig mit ihm leben"[34]. Das versöhnende Handeln Gottes in Jesus Christus dient den Geschöpfen dazu, dass sie in

---

[29] BSLK 648,48 f.

[30] AaO., 660,28–30.

[31] AaO., 661,35–42.

[32] AaO., 660,32–38. Nach Luther hat der Schöpfer dem *Menschen* (Mann) nicht nur das Leben, sondern „alles geben", das ist: „Essen und Trinken, Kleider, Nahrung, Weib und Kind, Gesind, Haus und Hof etc., dazu alle Kreatur zu Nutz und Notdurft des Lebens dienen lässet, Sonne, Mond und Sternen am Himmel, Tag und Nacht, Luft, Feuer, Wasser, Erden und was sie trägt und vermag, Vogel, Fisch, Tier, Getreide und allerlei Gewächs". BSLK 648,17–24. Luther geht davon aus, dass das Tier geschaffen sei, dem Menschen zu *dienen*. Nach L. *White*, The Historical Roots of Our Ecological Crisis (s. Anm. 1), ist eine solche Bestimmung des Tieres durch den Menschen verheerend. Allerdings muss bei der Beurteilung der These Luthers berücksichtigt werden, dass sie gerade nicht im Wissen um die technischen Möglichkeiten des 20. und 21. Jahrhunderts und nicht im Wissen um die massenindustrielle Fleischproduktion dieser Jahrhunderte geschrieben ist.

[33] E. *Herms*, Luthers Auslegung des Dritten Artikels, Tübingen 1987, 103.

[34] E. *Herms*, Das Wirklichwerden des Guten: Das Kommen des Reiches Gottes. Dogmatik als Güterlehre und ontologisches Fundament der Ethik, in: *Ders.*, Phänomene des Glaubens, Tübingen 2006, 299–319, 299.

ewig-versöhnter Gemeinschaft mit ihrem Schöpfer leben können und in dieser Gemeinschaft Anteil an seiner Liebe haben.

Gerade aufgrund des Versöhnungshandelns Gottes im *Mensch*gewordenen scheint allerdings die Annahme konsequent zu sein, Gottes Liebe gelte vorrangig und insbesondere der Gattung Mensch. Der Mensch scheint angesichts der besonderen Zuwendung, die ihm von Gott her widerfährt, von Gott mehr als alle anderen Geschöpfe geliebt zu sein. Die nichtmenschlichen Geschöpfe scheinen deshalb geradezu auf den Menschen hin und zu seinem Dienst geschaffen zu sein.[35]

Die besondere Zuwendung im Menschgewordenen wirkt jedoch vielmehr darauf hin, dass es dem Menschen möglich ist, als personaler Mitarbeiter oder „Kooperator" des Schöpfers seine Verantwortung gegenüber den Mitgeschöpfen zu erkennen und angemessen wahrzunehmen.[36] Nach Herms ist der Mensch dazu bestimmt, an der Vollendung der Schöpfung mitzuarbeiten, und zwar indem er die „Repräsentation der schöpferischen, gnädigen und treuen Herrschaft Gottes" übernehme.[37]

Diese verantwortungsvolle Aufgabe kann meines Erachtens demjenigen gelingen, der die Zuwendung des menschgewordenen Schöpfers als Ermöglichungsgrund der eigenen Zuwendung zu den Geschöpfen des Schöpfers erlebt und diese entsprechend ausübt. Hierbei verzichtet der Mensch darauf, sich selbst über das Leben der Mitgeschöpfe zu stellen und selbstbezogen und eigenmächtig über Zweck, Nutzen und Bestimmungsziel der Mitgeschöpfe ein Urteil zu fällen.[38]

Als Bestimmungsziel der Geschöpfe nennt Herms das Reich Gottes, das sich durch die Gotteserkenntnis und Gottesgemeinschaft der personalen Geschöpfe mit ihrem Schöpfer auszeichne. Gleichwohl geht er nicht davon aus, dass allein die personalen Geschöpfe im Reich Gottes vorhanden sein werden. Vielmehr nimmt er an, dass diese ihre

---

[35] Vgl. Luthers Katechismusformulierung: BSLK 648,19–24.

[36] Zur angemessenen Kooperation des Menschen mit dem Schöpfer vgl. E. *Herms*, Der Mensch (s. Anm. 4), 44: „Dem Menschen ist durch sein geschaffenes Sein zugemutet, der – nota bene: – *geschaffene* Kooperator des Schöpfers zu sein. Das angemessene Verständnis dieser Zumutung zeigt sich in einem Vollzug der Kooperation, der explizit darauf verzichtet, das Ziel des Ganzen von sich aus zu bestimmen und zu erreichen."

[37] E. *Herms*, Das dominium terrae (s. Anm. 3), 29. – Nach Herms ist der Mensch (im Anschluss an Gen 1) „hineingestellt in eine ihm vorgegebene, nicht durch ihn geschaffene natürliche Ordnung". Es komme dem Menschen „eine ganz bestimmte Funktion und Aufgabe zu *in* dieser Ordnung und *für* sie, nämlich Repräsentant und Statthalter des Schöpfers in der Schöpfung zu sein". AaO., 28.

[38] Dass der Mensch keineswegs immer schon mit den Mitgeschöpfen in der Weise zusammenlebt, die der Liebe des Schöpfers entspricht, hält K. Barth fest, indem er die Differenz zwischen dem Würdeträger Mensch und dem Würdeträger Tier formuliert: „Wenn es wahr ist, daß der Mensch, mit den Tieren durch Gottes Willen und Wort geschaffen, diesem Wort in Freiheit Gehör und Gehorsam schenken darf, so ist es auch wahr, daß er gerade in der ihn unmittelbar umgebenden Tierwelt beständig das Schauspiel einer zwar nicht freien, aber faktisch stattfindenden und in ihrer Weise vollkommenen Unterwerfung unter dieses Wort vor Augen haben wird. Das Tier geht dem Menschen voran in selbstverständlichem Lobpreis seines Schöpfers, in der natürlichen Erfüllung seiner ihm mit seiner Schöpfung gegebenen Bestimmung, in der tatsächlichen demütigen Anerkennung und Betätigung seiner Geschöpflichkeit. Es geht ihm auch darin voran, daß es seine tierische Art, ihre Würde, aber auch ihre Grenze nicht vergißt, sondern bewahrt und den Menschen damit fragt, ob und inwiefern von ihm dasselbe zu sagen sein möchte." *K. Barth*, Die Lehre von der Schöpfung: Das Werk der Schöpfung (KD III/1), Zürich 1970[4], 198 (§41, 2).

Gottesgemeinschaft im Zusammenhang mit der „auf die Menschen hin geschaffenen Welt im ganzen"[39] leben werden. Diese Formulierung wird nur dann ‚anthropozentrisch' missverstanden, wenn nicht verstanden ist, dass die Welt insofern auf den Menschen hin geschaffen ist, als dieser (qua seines Personseins) zu einer besonderen Verantwortung gegenüber der Welt im ganzen herausgefordert ist. Der Umgang mit der Welt, der dem Willen ihres Schöpfers entspricht, ist die Aufgabe, zu deren Bewältigung das menschliche Geschöpf aufgerufen ist.[40]

(3) Gottes Schöpferliebe, die im Versöhnungsgeschehen deutlich wird, begründet nicht allein das unhintergehbare Gegebensein und Gewolltsein der Geschöpfe durch die Ursprungsmacht und damit deren Würde. Sie begründet auch die Selbstzweckhaftigkeit der Würdewesen und damit im eigentlichen Sinne deren Würde im Unterschied zu jeglicher Wertschätzung. Die Selbstzweckhaftigkeit der Kreaturen ist dann erkannt, wenn deutlich ist, dass das Wollen und Gewähren des Schöpfers ein Wollen und Gewähren aus und in Liebe ist. Dann nämlich ist deutlich, dass es keinen vorgeordneten, irgendwie höhergearteten Zweck gibt, zu dessen Verwirklichung die Würdeträger als nützliche Mittel missverstanden werden könnten. Der Liebe (Gottes) ist es eigen, dass sie das Handeln von jeglichen Eigennutzkalkulationen frei sein lässt. Gottes Liebeshandeln ist dementsprechend nicht dadurch bestimmt, dass es ihm selbst nützlich wäre, vielmehr wirkt es das schlechthin Gute (die versöhnte und vollendete Schöpfung) zum Wohl aller Geschöpfe.

Was Gott aus Liebe und in Liebe schafft und gibt, das schafft und gibt er nicht mit der Absicht und gar nur unter der Bedingung, eine Gegenleistung dafür zu erhalten. Eben dies macht das Versöhnungshandeln Gottes deutlich. In Christus gibt sich Gott selbst den Menschen hin und in den Tod am Kreuz, um dadurch die Menschen zu ihrem Schöpfer zu bringen.[41] Nicht von ihnen werden Leistungen vollbracht, für die sie mit Zuwendung entlohnt würden. Das nötige Liebeswerk wird von Gott selbst gewirkt, damit es dem Menschen die Gott eigene, unverdienbare wie unverfügbare und unbegrenzte Liebe beweise.

Der Ausdruck der schöpferischen Liebe Gottes manifestiert sich bei allen Kreaturen in ihrer Würde, recht verstanden als ihre in der Liebe der Ursprungsmacht begründete Selbstzweckhaftigkeit. Die Bedingungslosigkeit der schöpferischen Zuwendung Gottes, die die Kreaturen ins Leben bringt und zu ewiger Gottesgemeinschaft führt, spiegelt sich in deren Selbstzweckhaftigkeit. So wenig die Liebe Gottes verdienbar und verfügbar ist, so wenig ist es angemessen, über die Produkte seines Liebeswirkens unter Missachtung ihrer Würde zu verfügen. Sämtliche Geschöpfe sind also nicht dazu geschaffen, dass sie als bloße Mittel zu bestimmten Zwecken anderer Geschöpfe dienten.

---

[39] *E. Herms*, Der Mensch (s. Anm. 4), 43.

[40] So wie sämtliche Geschöpfe in der Liebe des Schöpfers begründet sind, bleibt ihnen diese Liebe um der Treue Gottes, seines ewigen Wesens und der Einheitlichkeit seines außertrinitarischen Wirkens willen auch ewig zugewandt. Eine Ausrichtung des eigenen Handelns an diesem Handeln Gottes ist Aufgabe des Menschen.

[41] Vgl. BSLK 648,48 f. u. 2 Kor 5,18 f.

Welcher konkrete Umgang des Menschen mit dem Tier auf dem Boden der genannten christlichen Überzeugungen angemessen und gefordert ist, dieser Frage wird im folgenden Abschnitt nachgegangen.

3 *Vom verantwortlichen Umgang mit dem tierischen Mitgeschöpf*

„Liebet die ganze Schöpfung Gottes, das ganze Weltall wie jedes Sandkörnchen auf Erden. Jedes Blättchen, jeden Lichtstrahl Gottes liebet. Liebet die Tiere, liebt die Gewächse, liebet jegliches Ding. [...] Liebet die Tiere: ihnen hat Gott den Anfang des Denkens und harmlose Freude gegeben. Trübet sie ihnen nicht, quält sie nicht, nehmt ihnen nicht die Lust am Dasein, handelt nicht dem Gedanken Gottes zuwider. Du Mensch, sei nicht überheblich den Tieren gegenüber"[42].

Wenn eingesehen ist, dass das Tier Würdewesen ist wie der Mensch auch, und zwar aufgrund seines Gewollt- und Gewährtwerdens durch Gott, der was er will und wirkt aus Liebe wirkt, dann gilt es, einen dieser Überzeugung entsprechenden Umgang mit dem Tier zu pflegen. Der Umgang mit dem Tier ist der christlichen Überzeugung vom Gewollt- und Gewährtsein alles Geschaffenen durch Gott dann gemäß, wenn er von der Liebe des Schöpfers zu seinen Kreaturen geleitet ist und wenn also die Mitgeschöpfe vor allem als Selbstzweck betrachtet und behandelt werden.[43]

Bevor Überlegungen zur ethischen Beurteilung des angemessenen Umgangs mit dem Tier vorgestellt werden, werden zunächst einige rechtliche Regelungen genannt, die im deutschen Recht getroffen sind, um den Umgang des Menschen mit dem Tier verantwortlich zu gestalten.

3.1 *Rechtliche Regelungen*

Im deutschen Recht ist der Umgang mit dem Tier als „Mitgeschöpf" des Menschen vor allem im Tierschutzgesetz (TierSchG) geregelt: „Zweck dieses Gesetzes ist es, aus der Verantwortung des Menschen für das Tier als Mitgeschöpf dessen Leben und Wohlbefinden zu schützen. Niemand darf einem Tier ohne vernünftigen Grund Schmerzen, Leiden oder Schäden zufügen" (§ 1 TierSchG).

Dass Tiere, wie es auch die christliche Perspektive sieht, als „Mitgeschöpfe" gelten, streicht das TierSchG in seinem ersten Paragraphen heraus.[44] Für dieses Mitgeschöpf trage der Mensch Verantwortung, die er wahrnehme, indem er „Leben und Wohlbefin-

---

[42] *F. M. Dostojewski*, Die Brüder Karamasoff (s. Anm. 25), 522.

[43] Auch nach Luther soll beim Umgang mit allen Geschöpfen bedacht sein, dass jede Kreatur, auch die, „die wir durch die Hand eines anderen gebrauchen, nicht dessen, sondern Gottes ist". In *De captivitate Babylonica ecclesiae* schreibt er im Zusammenhang mit dem Sakrament der Taufe: „Unde oportet nos baptismum de manu hominis non aliter suscipere, quam si ipse Christus, immo ipse deus nos suis propriis manibus baptisaret. Non enim hominis est sed Christi et dei baptismus, quem recipimus per manum hominis, Sicut quaelibet alia creatura, qua utimur per manum alterius, non est nisi dei." WA 6, 530,22–26.

[44] Dass Tiere jedenfalls keine „Sachen" sind, ist in § 90a BGB festgehalten: „Tiere sind keine Sachen. Sie werden durch besondere Gesetze geschützt. Auf sie sind die für Sachen geltenden Vorschriften entsprechend anzuwenden, soweit nicht etwas anderes bestimmt ist."

den" des Tieres schütze. Gleichwohl, das merkt bereits der zweite Satz an, soll es *vernünftige* Gründe geben können, derentwegen ein Mensch einem Tier „Schmerzen, Leiden oder Schäden zufügen [darf]"[45].

In § 17 TierSchG werden die Strafen genannt, die vorgesehen sind, wenn ein Mensch „1. ein Wirbeltier ohne vernünftigen Grund tötet oder 2. einem Wirbeltier a) aus Rohheit erhebliche Schmerzen oder Leiden oder b) länger anhaltende oder sich wiederholende erhebliche Schmerzen oder Leiden zufügt." Das Töten des tierischen Mitgeschöpfes, durch das diesem Schmerzen, Leiden und erheblicher Schaden entstehen können, ist ebenso wie das Zufügen jeglicher Schmerzen, Leiden[46] oder Schäden nur aus vernünftigem Grund gestattet.

Grundsätzlich scheint das TierSchG davon auszugehen, dass das Halten und Töten von Tieren zum Gebrauch ihrer Körperbestandteile in der Fleischproduktionsindustrie oder zum Zweck der Verarbeitung von Tierhäuten und -fellen vernünftig begründet ist. Denn Abwägungen, inwieweit oder ob es überhaupt vernünftig ist, ein Tier zu dem Zweck seiner industriellen Verarbeitung zu halten und dem Mitgeschöpf das geschaffene Leben zum Zweck der Verwendung seiner Körperbestandteile zu nehmen, werden nicht genannt.[47]

Die Art und Weise, wie einem Mitgeschöpf das Leben genommen werden *darf*, ist durch rechtliche Regelungen bestimmt. Das Zutodebringen des Tieres müsse schmerzlos vollzogen werden (vgl. § 4 TierSchG).[48] Allerdings jedoch gibt es nach dem TierSchG auch einen vernünftigen Grund, aus dem das schmerzhafte Zutodebringen von Tieren ohne Betäubung als zulässig angegeben wird. Es dürften von den jeweils zuständigen Behörden „für ein Schlachten ohne Betäubung (Schächten)" Ausnahmegenehmigungen erteilt werden, und zwar „insoweit [...], als es erforderlich ist, den Bedürfnissen von Angehörigen bestimmter Religionsgemeinschaften im Geltungsbereich dieses Gesetzes zu

---

[45] Zur Frage, was es bei einem ‚vernünftigen' Umgang mit dem Tier zu bedenken gilt, vgl. *A. Käfer*, Von Menschen und Tieren. Das Recht der tierischen Natur aus vernünftigem Grund, in: E. Gräb-Schmidt (Hg.), Was heißt Natur? Philosophischer Ort und Begründungsfunktion des Naturbegriffs (VWGTh 43), Leipzig 2015, 97–117.

[46] Um vom ‚Leid' des Tieres (im Unterschied zum ‚Schmerz' des Tieres) angemessen sprechen zu können, müsste wohl die Psyche des Tieres und sein Sein-im-Werden und nicht nur sein organisches Schmerzempfinden in den Blick genommen werden.

[47] Faktisch werden in großem Stil massenhaft tierische Mitgeschöpfe in Deutschland und für den deutschen Handel industriell verzweckt und ausgebeutet. Vgl. dazu beispielsweise den Artikel in der Online-Ausgabe der Süddeutschen Zeitung: *M. Beckers/C. Dietz*, Was Sie über Massentierhaltung wissen sollten, 3.3.2014, online unter: http://tinyurl.com/BeckersDietz-Massentierhaltung (Stand: 31.7.2015). – Auch dass Tiere einzig zu dem Zweck der Produktion von Tierhaut oder Tierfell gezüchtet und gehalten werden, scheint rational gerechtfertigt zu sein. Vgl. dazu die Hintergrund-Informationen zu einem TV-Beitrag vom 10.11.2014 im Online-Portal des NDR mit dem Titel: So leben und sterben Pelztiere, 7.11.2014, online unter: http://tinyurl.com/NDR-Pelztiere (Stand: 31.7.2015). Der TV-Beitrag kann ebenfalls unter diesem Link aufgerufen werden.

[48] Dass die entsprechenden Vorschriften nicht umgesetzt werden und zur tatsächlichen Schmerzvermeidung ohnehin nicht ausreichend sind, vgl. dazu beispielsweise den Spiegel-Online-Beitrag: Regierung rügt Tierquälerei in Schlachthöfen, 21.6.2012, online unter: http://tinyurl.com/Spiegel-Schlachthoefe (Stand: 31.7.2015), oder den Tagesthemen-Beitrag: Fachleute kritisieren Qualen der Tiere auf Schlachthöfen, 29.3.2010, online unter: http://tinyurl.com/Tagesthemen-Schlachthoefe (Stand: 31.7.2015).

entsprechen, denen zwingende Vorschriften ihrer Religionsgemeinschaft das Schächten vorschreiben oder den Genuss von Fleisch nicht geschächteter Tiere untersagen" (TierSchG §4a).

Mehrfach ist bereits im Streit um die Zulässigkeit des Schächtens die grundgesetzlich verbürgte Freiheit der Religionsausübung hochgehalten worden.[49] Sogar der 2002 eingeführte Art. 20a GG stellte bisher kein Gegengewicht in der rechtlichen Argumentation über die Zulässigkeit des schmerzvollen Sterbens von Mitgeschöpfen aus religiösen Gründen dar.[50]

Auch Schmerzen und Leiden, die tierischen Mitgeschöpfen bei Tierversuchen zugefügt werden, welche der Tierschutz-Versuchstierverordnung (TierSchVersV) genügen, gelten als vernünftig begründet. Ausschlaggebend für die Vernünftigkeit und Zulässigkeit der einzelnen Tierversuche sind Kosten-Nutzen-Abwägungen. Der erwartete oder vermutete Nutzen eines Tierversuchs an einer bestimmten Menge von Tieren für eine bestimmte Menge Menschen (und Tiere) muss als höher angesehen werden können als die erwarteten Schmerzen, Leiden und Schäden der jeweiligen Versuchstiere.

Grundsätzlich werden Tierversuche als mit dem Tierschutz vereinbar angesehen und sogar „erhebliche" Schmerzen können als angeblich vernünftig gerechtfertigt werden (§§ 7–9 TierSchG).[51] Insbesondere Forschungsinteressen sowie die Entwicklung von Medikamenten und therapeutischen Methoden sollen nach der rechtlichen Ordnung den Verbrauch, Leiden und Schmerzen von tierischen Mitgeschöpfen rechtfertigen.[52]

Die zuständigen Tierversuchskommissionen sind bei ihren Beurteilungen auf Zulässigkeit von Tierversuchs-Anträgen herausgefordert, auf zukünftige, erwartete Forschungsergebnisse hin zu entscheiden, deren Eintreten von Menschen nicht vorausgesagt, nur vermutet werden kann. Es werden Genehmigungen jedoch nicht nur aufgrund von mehr oder weniger wahrscheinlichen Vermutungen erteilt. Den Entscheidungen liegt auch immer schon eine Güterabwägung zugrunde. Einzelne Güter, die Menschen im innerweltlichen Zusammenhang erstreben, werden dem Leben und Wohlbefinden tierischer Geschöpfe übergeordnet.

---

[49] Vgl. dazu: BVerfG 1. Senat, Urteil v. 15.1.2002, Az: 1 BvR 1783/99. Unter Verweis auf das Grundrecht der Berufsfreiheit und das Recht auf ungestörte Religionsausübung (Art. 2 Abs. 1 in Vbdg. mit Art. 4 Abs. 1 u. 2 GG) wird nichtdeutschen muslimischen Metzgern das Schächten erlaubt.

[50] Vgl. dazu *H.-G. Kluge*, Staatsziel Tierschutz. Am Scheideweg zwischen verfassungspolitischer Deklamation und verfassungsrechtlichem Handlungsauftrag, in: ZRP 37 (2004) 1, 10–14. – Der Verzehr von tierischen Körperteilen wird im deutschen Recht für derart vernünftig gehalten, dass er auch denjenigen Menschen möglich sein soll, die aus religiösen Gründen ausschließlich schmerzvoll geschlachtete Tiere zu sich nehmen wollen.

[51] Dazu § 25 TierSchVersV: „Durchführung besonders belastender Tierversuche (1): Tierversuche an Wirbeltieren oder Kopffüßern, die bei den verwendeten Tieren zu voraussichtlich länger anhaltenden oder sich wiederholenden erheblichen Schmerzen oder Leiden führen, dürfen nur durchgeführt werden, wenn die angestrebten Ergebnisse *vermuten* lassen, dass sie für wesentliche Bedürfnisse von Mensch oder Tier einschließlich der Lösung wissenschaftlicher Probleme von hervorragender Bedeutung sein werden" (Hervorhebung A.K.).

[52] Vgl. § 7a TierSchG.

Sowohl die Aufbewahrung von tierischen Geschöpfen in so genannter ‚Massentierhaltung‘, deren Benutzung als Material zur Herstellung von Fleischprodukten als auch deren qualvolles Zutodebringen nach religiösen Ritualen oder deren schmerzhafter Einsatz zum Zweck der Wissenschaft werden nach deutschem Recht als vernünftig beurteilt. Dabei werden einzelne Güter, beispielsweise finanzielle Vorteile, vermeintlicher Genuss oder wissenschaftliches Interesse dem Leben und Wohlergehen tierischer Mitgeschöpfe vorgeordnet. Als Zweck an sich, als aus und in Liebe geschaffenes Gut des Schöpfers werden die Tiere dabei nicht geachtet.

Ob auf dem Boden christlicher Überzeugungen tatsächlich vernünftig ist, was nach gegenwärtigem Recht für den Umgang mit dem Tier als vernünftig angesehen wird, das wird im Folgenden unter Bezugnahme auf die in den Abschnitten 1 und 2 vorgestellten Einsichten in den Blick genommen.

3.2 Ethische Beurteilung

„Gestiegene ökologische Sensibilität hat in den letzten Jahrzehnten des 20.Jh. dem selbst schon älteren [...] Gefühl zu weiter Verbreitung verholfen, daß nicht nur der Mensch, sondern alles Lebendige Würdeträger [...] sei, das den Menschen als Würdeadressaten einen die eigene Würde von allem Lebendigen würdigenden, sie anerkennenden und ihr entsprechenden Umgang zumutet. Im Vordergrund steht hier die Überwindung der exklusiven Einschränkung des Status eines Würdeträgers auf den Menschen, die als ‚Speziesismus’ attackiert und durch die These von der Gleichheit aller Lebewesen ersetzt wird [...]. Auch die christl. Lehre hat durch genaueres Verständnis der einschlägigen bibl. Traditionen nachgewiesen, daß in ihnen der ausgezeichnete Würdeträgerstatus des Menschen einschließt, ja darauf zielt, daß der Mensch den spezifischen Würdeträgerstatus von allem Lebendigen anerkennt [...]. Dann aber läßt sich auch die Frage nicht vermeiden, ob nicht alle Arten innerweltl. Seins in ihrer den Menschen vorgegebenen Eigenart in Wahrheit Würdeträger für den Menschen sind, die ihn als Würdeadressaten zur Würdigung dieser ihrer Eigenart, zu ihrer Anerkennung und zu einem ihr entsprechenden Umgang verpflichten.“[53]

Nach Herms ist die christliche Ethik, wenn sie die entsprechenden Überzeugungen des christlichen Wirklichkeitsverständnisses und damit auch die Würde des Tieres ernst nimmt, herausgefordert, den Umgang des Menschen mit dem Tier auf dem Boden christlicher Überzeugungen zu reflektieren und zu beurteilen. Angesichts der gegenwärtigen rechtlichen Tierschutz-Regelungen ist es vorab vor allem nötig, Klarheit darüber zu erlangen, was nach christlichem Verständnis überhaupt und insbesondere im Umgang mit dem Tier *vernünftig* genannt werden kann.

Nach Herms liegt ein Urteil über die Vernünftigkeit eines Sachverhaltes in den das Urteil fundierenden Überzeugungen des oder der jeweils Urteilenden begründet. Die in einem Urteil resultierenden Abwägungen von vermutetem Nutzen und erwarteten Kos-

---

[53] E. *Herms*, Art. Würde des Lebens, in: RGG⁴ 8 (2005) 1735–1736, 1735 f.

ten sowie die Hierarchisierung verschiedener Güter sind stets dadurch bedingt, was grundsätzlich für gut und vorzugswürdig gehalten wird.[54]

Die in christlichen Überzeugungen begründete Vernunft ist nach Herms von der Überzeugung bestimmt, dass kein zukünftiges Ziel im innerweltlichen Zusammenhang, keine in diesem Zusammenhang erwartete Zweckerreichung „als Letztziel, als Ganzerfüllung des Daseins angestrebt wird"[55]. Vielmehr werde an diesem Letztziel (dem höchsten Gut), das Gott selbst verwirklichen werde, jede einzelne Zweckerreichung im innerweltlichen Zusammenhang gemessen und auf ihre Vorzugswürdigkeit hin beurteilt.[56] Das verheißene Reich Gottes, in dem Gottes ewige Liebesgemeinschaft mit seinen Kreaturen wirklich sein werde, sei das Letztziel, das dem vernünftigen Christenmenschen als Orientierungsgröße für das innerweltliche Handeln diene. Dementsprechend sei dies Handeln „Wohltat" für die „Mitwelt".[57]

Wohltätigkeit im Ausblick auf das verheißene Letztziel übt der Mensch am Tier grundsätzlich dann, wenn er es als ein Geschöpf Gottes behandelt, das in und aus Liebe geschaffen und darum ebenso wie der Mensch zur Vollendung in Liebe bestimmt ist. Ein ethisches Urteil über den angemessenen Umgang mit dem Tier, das auf dem Boden dieser Einsicht gefällt wird, wird die Verzweckung von Tieren zu ihrem ausschließlichen Gebrauch als Fleischproduktionsmittel oder Forschungsmaterial nicht als vernünftig beurteilen. Dass der Lebenszweck eines Mitgeschöpfs in seinem Verzehr gesehen wird, dass Tiere als Massenware produziert, gehalten und geschlachtet werden, bedeutet im Blick auf das Letztziel, das der Ursprung allen Lebens aus Liebe und in Liebe gewähren wird, geradezu eine Verhöhnung der Ursprungsmacht. Und auch das Töten eines vermeintlich ‚artgerecht'[58] gehaltenen Tieres zum Verzehr seines Fleisches oder zur Benutzung seiner Tierhaut kann keinesfalls grundsätzlich als mit der Würde des Tieres vereinbar beurteilt werden.

---

[54] Vgl. *E. Herms*, Der religiöse Sinn der Moral. Unzeitgemäße Betrachtungen zu den Grundlagen einer Ethik der Unternehmensführung, in: *Ders.*, Gesellschaft gestalten (s. Anm. 3), 216–251, 236–238.

[55] *E. Herms*, Art. Vernunft V. Ethisch, in: RGG⁴ 8 (2005) 1043–1045, 1044.

[56] Vgl. ebd.

[57] *E. Herms*, Das dominium terrae (s. Anm. 3), 42 f. „Wohltat" ist nach Herms dasjenige Handeln des Menschen, bei dem der Mensch in der durch den Schöpfer gesetzten Ordnung dessen gnädige und treue Herrschaft repräsentiert. AaO., 43. Seine Überlegungen stellt Herms unter Bezugnahme auf Gen 1 an. Immer wieder interessant ist, dass hier, in Gen 1, die von Gott vorgegebene Ordnung eine vegane Ernährungsweise des Menschen vorsieht (vgl. Gen 1,29). Vgl. dazu *W. Härle*, Menschenwürde – konkret und grundsätzlich, in: Ders./R. Preul (Hg.), Menschenwürde (MThSt 89/MJTh 17), Marburg 2005, 135–165, 161, der unter Bezugnahme auf Gen 1,29 und 9,3 festhält: „Die darin [d.i. in den genannten Bibeltexten] deutlich zum Ausdruck kommende Überzeugung, dass die Tötung von Tieren zu menschlichen Nahrungszwecken nicht zur ursprünglichen Schöpfung, sondern erst zur gefallenen Schöpfung gehört, ist eine bemerkenswerte Erinnerung daran, dass offensichtlich weniger Konflikte zwischen Menschen und anderen Lebewesen notwendig sind, als wir normalerweise annehmen."

[58] Zu den Schwierigkeiten mit der Rede von der Artgerechtigkeit und mit ‚artgerechter' Haltung vgl. *M. Langanke/L. Voget-Kleschin*, Tierethische Maßstäbe zur Beurteilung von landwirtschaftlicher Nutztierhaltung am Beispiel der Haltung von Hühnervögeln. Argumentative Möglichkeiten und Grenzen, in: ZEE 58 (2014) 3, 190–202.

Im Zusammenleben mit dem Tier ist der Mensch allerdings immer wieder auch herausgefordert zu beurteilen und zu entscheiden, ob Leben und Wohl von Tieren zugunsten des Lebens und Wohls von Menschen zurückgestellt werden müssen. Gleichwohl verlangt ein aus christlicher Sicht vernünftiges Urteil stets die Achtung der prinzipiellen Selbstzweckhaftigkeit des Tieres, die ebenso wenig wie diejenige des Menschen durch besondere Eigenschaften bestimmt ist. Doch bestehen unterschiedliche Bedürfnisse bei Mensch und Tier, deren Befriedigung mit dem Schutz ihrer Würde verlangt sein kann. Die Achtung der Menschenwürde impliziert beispielsweise die Gewähr von Gewissensfreiheit und Religionsfreiheit, die für das Tier nicht weiter bedeutsam zu sein scheint.[59] Es ist jedoch mit der Würde des Tieres eine Religionsausübung nicht vereinbar, die dem Tier, dessen Fleisch verzehrt werden soll, sogar den schmerzlosen Tod verweigert. Denn hierbei wird nicht beachtet, dass das Leben des Tieres in der Liebe der Ursprungsmacht begründet ist, die nicht nur das Leben ihrer Geschöpfe will, sondern mit der Verwirklichung des Letztziels auch ein Ende des Seufzens und Ängstigens ihrer Kreatur.[60]

Ein Urteil in tierethischen Fragen verlangt aus christlicher Perspektive stets und prinzipiell die Achtung der Würde des tierischen Mitgeschöpfs. Dringend nötig ist es darum, den Schutz der Würde des Tieres rechtsverbindlich zu sichern. Erst dann, wenn die Würde des Tieres rechtlich verankert ist,[61] ist es möglich, eine verantwortungsbewusste Beantwortung der Frage nach der Benutzung von Tieren zu einzelnen Menschenzwecken anzugehen und praktisch umzusetzen.

Nicht die Frage, in welcher Hinsicht und Weise das Töten und Quälen von Tieren als vernünftig zugelassen werden kann, ist dann entscheidend. Vielmehr ist dann gefordert, dass der Mensch, wie es ihm qua seines Personseins möglich ist, Leben und Wohl der Mitgeschöpfe als ein Gut achtet und schützt, das einen Umgang verlangt, dem das Gewollt-, Gewährt- und Vollendetwerden der Mitgeschöpfe durch Gott als Handlungsmaßstab zugrunde gelegt ist.[62]

---

[59] Vgl. dazu noch einmal die bereits zitierte Formulierung des Jubilars: Nach Herms kommt der „Status eines Würdeträgers de facto *jedem* eigengearteten Seienden zu. [...] Dieser Status selbst eignet allem für uns Seienden in gleicher Weise. *Was* er uns jeweils zumutet, variiert jedoch mit den Unterschieden in der Eigenart des uns angemessen zu verstehen gegebenen essentiellen Seins des Seienden selbst, und das ist im Falle eines Atoms etwas anderes als im Falle der Erde und im Falle einer Tiergattung etwas anderes als im Falle der Gattung Mensch." E. *Herms*, Menschenwürde (s. Anm. 13), 77.

[60] Vgl. dazu oben Abschnitt 1 unter (1).

[61] Dies ist in der Bundesverfassung der Schweizerischen Eidgenossenschaft (Art. 120 BV) bereits der Fall.

[62] Für hilfreiche Korrekturen am Text danke ich Herrn Thomas Linke, für bereichernde Gespräche zum Thema Frau Dr. Margret Käfer.

V.
PRAKTISCH-THEOLOGISCHE PERSPEKTIVEN

Reiner Preul

MINISTERIUM ECCLESIASTICUM – AMT UND PERSON

Für die Erörterung des im Titel meines Beitrags enthaltenen Problems ist zunächst ein Rückblick auf einschlägige reformatorische Einsichten erforderlich (Abschnitt 1), ehe wir den für den ganzen Band leitenden Gesichtspunkt des leibhaften Personseins auf das geistliche Amt und seinen Inhaber anwenden (Abschnitte 2 u. 3).

1

(1) „Ut hanc fidem consequamur institutum est ministerium docendi evangelii et porrigendi sacramenta."[1] Ist hier, in CA 5, die Funktion und Bedeutung des *kirchlichen Amtes* klar bestimmt, so tritt in CA 14 der Sachverhalt in den Blick, dass dieses Amt, jedenfalls sofern es ein *öffentliches* Amt ist,[2] nur durch geeignete und gemäß einem geordneten Verfahren bestimmte *Personen* geführt werden kann: „De ordine ecclesiastico docent, quod nemo debeat in ecclesia publice docere aut sacramenta administrare, nisi rite vocatus."[3]

Mit der durch die beiden Artikel gegebenen Unterscheidung von Amt und Person ist auch die Frage nach deren Verhältnis gestellt. Das Amt hat sich nicht nach der Person zu richten und empfängt auch nicht von ihr aus seine Würde und Legitimation, sondern die Person muss durch ihre Eignung dem Amt entsprechen. Da nach reformatorischem Verständnis diese Eignung für das öffentliche Amt nicht mehr an einen zum priesterlichen Dienst befähigenden Weiheakt gebunden ist, muss sie nun allein in persönlichen Qualitäten begründet sein, nämlich einerseits in der Frömmigkeit des *minister verbi*, andererseits in dessen fachlicher und kommunikativer Kompetenz.

In der Abfolge der beiden CA-Artikel zum kirchlichen Amt spiegelt sich zugleich die reformatorische Einsicht, dass das Amt der Bezeugung des Evangeliums in der Welt zunächst der ganzen Gemeinschaft der Glaubenden – der „vere credentes"[4] – die allesamt am allgemeinen Priestertum teilhaben, eingestiftet ist und von dieser Gemeinschaft dann – nicht überhaupt und restlos, sondern unter dem Gesichtspunkt der öffentlichen und im Auftrag und Namen aller erfolgenden Verkündigung, Sakramentswaltung und

---

[1] BSLK 58,2–4.

[2] Es ist zu beachten, dass das Predigtamt, das der Christenheit insgesamt aufgegeben ist, nach Luther auch z.B. durch die Eltern, die ihre Kinder „zu Gottes Dienst" (WA 10 II, 301) erziehen sollen, wahrgenommen wird, ebenso auch durch die Schulmeister und weitere Personen (vgl. WA 30 II, 528), ja letztlich bzw. ursprünglich durch jedes Mitglied der christlichen Glaubensgemeinschaft.

[3] BSLK 69,2–5.

[4] Vgl. BSLK 62,3 (CA 8).

ἐπισκοπή – geeigneten Personen übertragen wird, womit der öffentliche „Dienst am göttlichen Wort"[5] zu einer auch soziologisch fassbaren Profession wird. Das *ordinierte Amt* leitet sich aus der Kirche her, nicht etwa umgekehrt.

(2) Das Pfarramt oder Predigtamt, wie es bei Luther häufig heißt, ist *eines unter vielen Ämtern in der sozialen Lebenswelt.* Nach dem Sprachgebrauch der Reformatoren ist die Gesellschaft nicht nach Institutionen und Organisationen gegliedert – den soziologischen Begriff der Institution gab es (trotz des „institutum est" in CA 5) noch nicht –, sondern durch Ämter oder auch Berufe. Das Amt des Pfarrers bzw. Predigers gewinnt sein gleichsam *soziologisches Profil* dann aus seiner Stellung und Funktion im Gefüge der verschiedenen Ämter. *Amt* ist jeweils Inbegriff bestimmter Zuständigkeiten und Aufgaben, denen der Inhaber des Amtes dem Anspruch nach möglichst optimal, faktisch jedoch mehr oder weniger gerecht wird. Was das *ministerium ecclesiasticum* für das Wohl des ganzen Gemeinwesens leisten kann und soll und wie es diese Wirksamkeit zustande bringt, lässt sich nur erörtern, wenn auch die Zuständigkeiten und Beiträge aller anderen Ämter in Bezug auf das *bonum commune* in den Blick genommen werden.

Fragt man nach einer systematischen Aufteilung all dieser Ämter vom Elternamt bis zum Amt der weltlichen Obrigkeit (der Fürsten und Magistrate), so stößt man bei Luther auf keine einheitliche Terminologie. In der sogenannten zweiten Schulschrift *Eine Predigt, dass man Kinder zur Schulen halten soll* (1530) ordnet er alle Ämter den beiden Regimenten Gottes, dem auf die Erhaltung der Welt gerichteten weltlichen und dem auf ihre Erlösung und Vollendung gerichteten geistlichen Regiment, zu.[6] Andernorts, etwa in der Schrift *Von den Conciliis und Kirchen* (1539), orientiert er sich an der Drei-Stände-Lehre, freilich ohne das stringent durchzuhalten.[7]

---

[5] So Schleiermachers Formel für das geistliche Amt: *F. D. E. Schleiermacher,* Der christliche Glaube nach den Grundsätzen der evangelischen Kirche im Zusammenhange dargestellt. 2. Aufl. (1830/31). Bd. 1, hg. v. R. Schäfer (de Gruyter Texte), Berlin 2008, 342–352 (§§ 133–135). Dazu und damit zugleich mehr zum Verhältnis von allgemeinem und geordnetem Dienst am Wort *E. Herms,* Das Wesen des geordneten „Dienstes am göttlichen Wort". Schleiermachers Sicht nach der Zweiten Auflage der ‚Glaubenslehre', in: M. Pietsch/D. Schmid (Hg.), Geist und Buchstabe. Interpretations- und Transformationsprozesse innerhalb des Christentums, FS für G. Meckenstock zum 65. Geburtstag (TBT 164), Berlin/Boston 2013, 333–359. Zum Wandel des Verständnisses des geistlichen Amtes in der Neuzeit bis zur Gegenwart vgl. *E. Herms,* The Protestant Pastoral Office: Its Self-Understanding and Its Challenges Today, in: W. Homolka/H.-G. Schöttler (Hg.), Rabbi – Pastor – Priest. Their Roles and Profiles Through the Ages (SJ 64), Berlin u.a. 2013, 157–183. In diesem Aufsatz wird auch der in der CA übergangene, aber dennoch sachgemäße Gesichtspunkt der ἐπισκοπή ins Licht gestellt. Herms zeigt auch, zu welchen Fehlausrichtungen des geistlichen Amtes es kommt, wenn man den von den Reformatoren erreichten Konsens im Verständnis von Kirche und Amt durch Historisierung verabschiedet.

[6] Vgl. WA 30 II, 517–588.

[7] Da die einschlägige Passage Auskunft über Luthers Ordnungsversuche und sein Streben nach Erhellung des Zusammenhangs der gesellschaftlichen Positionen gibt, sei sie hier auszugsweise zitiert: „Fazit: Die Schule kommt gleich nach der Kirche. Denn darin erzeugt man junge Prediger und Pfarrer, mit denen man dann die verstorbenen ersetzt. Nach der Schule kommt das bürgerliche Haus, aus dem man die Schüler erhält, danach das Rathaus und das Schloss, die die Bürger schützen müssen, damit sie Kinder zeugen für die Schulen und diese sie aufziehen für die Pfarreien, auf dass die Pfarrer wiederum für den Bestand der Kirchengemeinden und für das Aufkommen neuer Gotteskinder (ob Bürger, Fürst oder Kaiser) sorgen können. Gott aber muss zu allem der Oberste und Nächste sein, der diesen Ring oder Kreislauf gegen die Anschläge des Teufels erhält und alles tut in allen Ständen, ja, in allen Kreaturen [...]. Haus zu halten ist

Ein Überblick über das Ganze der Ämter und ihr Zusammenspiel von jeder Position aus ist für Luther offenbar wünschenswert – würde er sonst den in der zweiten Schulschrift angesprochenen Eltern das gesamte Spektrum der durch Schulbesuch gebildete Personen zu besetzenden Ämter vorgeführt haben? Jeder soll an seiner Stelle eine Vorstellung von der Nützlichkeit seines Tuns für den Nächsten und für das Gemeinwohl haben, soll auch wissen, dass er mit seinem guten Werk in das Handeln Gottes in der Welt als *cooperator Dei* hineingenommen ist, denn dieses Wissen erschließt den tieferen Sinn des Handelns und verleiht nachhaltigste Motivation. Ist das allgemein wünschenswert, so bedarf der Prediger eines solchen Über- und Durchblicks ganz besonders. Denn er redet allen ins Gewissen,[8] spricht, sofern er mit dem Evangelium auch das Gesetz zu predigen hat, jeden auf seine besondere Zuständigkeit, Aufgabe und Verantwortung an, appelliert an sein Ethos und an seine Christenpflicht und setzt dabei sein jeweiliges fachliches Können voraus, ohne ihn diesbezüglich belehren zu wollen. Die Kanzel ist für die Reformatoren der Ort, an dem das Zusammenspiel aller guten Werke zum allgemeinen Wohl überschaut und – auch im Blick auf die jeweils zu beachtenden Grenzen – thematisiert wird.[9] Ähnliches gilt für die Obrigkeit, die „alles im Blick"[10] haben muss, weil ihre Regelungsbefugnisse in alles hineinreichen. Sie ist aber im Unterschied zum Pfarramt und zur Schule keine lehrende Instanz. Das Volk zu bilden, ist nicht Sache des Fürsten oder Ratsherrn.

Das hier in soziologischer Perspektive über das Pfarr- oder Predigtamt Gesagte ist als Ergänzung zu dem zu lesen, was unter (1) aus gleichsam heilsökonomischer Sicht ausgeführt wurde. Diese Ergänzung ist erforderlich, sofern es uns um ein funktional vollständiges und damit konkretes Bild vom Amt und von der Rolle des *minister verbi* in der Welt gehen muss.

(3) Dem *minister verbi* ist die *Bezeugung und Erläuterung der biblischen Botschaft vom gnädigen Gott*, wie er sich definitiv in Christus erschlossen hat, aufgetragen, und zwar als für jeden Menschen gültige Wahrheit. Zur Erfüllung dieser Aufgabe gehört zweierlei:

Erstens semantische Klarheit, wobei wegen der Verschiedenheit der Adressaten auch durchaus ganz verschiedene Sprachmittel in Anwendung kommen. Hier darf freilich nicht übersehen werden, dass das *Wort*, um dessen Vermittlung es in der Kirche geht, zunächst das inkarnierte Schöpferwort, also Jesus Christus selber ist, dessen Gegenwart

---

das Erste, daraus kommen die Menschen; die Stadt zu regieren ist das Zweite, da geht es um Land und Leute, Fürsten und Herren, wir nennen es weltliche Obrigkeit. Da ist alles im Blick: Kinder, Gut, Geld, Tiere und so weiter. Das Haus muss alles erzeugen, die Stadt muss es behüten, schützen und verteidigen. Dazu kommt als Drittes Gottes eigenes Haus und eigene Stadt, das ist die Kirche; die muss aus dem Haus die Personen und von der Stadt Schutz und Schirm erhalten [...]. Das sind drei Hierarchien aus Gottes Ordnung, und wir bedürfen keiner weiteren." WA 50, 652 (zit. n. DDStA 2, 797).

[8] Vgl. WA 30 II, 537 u. 527.

[9] Zu beachten ist hier, dass Luther noch die Vorstellung einer durchschaubaren Lebenswelt zu haben meinte, denn alle Ämter waren für ihn auf evidente Grundbedürfnisse zurückführbar. Dem entspricht dann auch sein Misstrauen gegen einzelne Neuerungen, etwa in der Finanzwirtschaft, die sich nicht einfach in dieses Modell einfügen lassen.

[10] DDStA 2, 797.

im Altarsakrament begegnet und im ganzen Gottesdienst gefeiert wird.[11] Die gottesdienstliche Predigt ist ‚Tischrede'. Luther selbst betont in *Wider die himmlischen Propheten* (1525), dass Gott „niemand den Geist noch Glauben geben will, ohne das äußerliche Wort und Zeichen, so er dazu eingesetzt hat". Diese Zeichen nennt er auch „leibliche Zeichen"[12]. Das Kerygma allein bringt wenig zustande, es bedarf des personalen und anschaulichen Kommentars, es wirkt zusammen mit dem Bilde dessen, der seinen Leib für uns dahingegeben hat und als solcher von Gott erhöht wurde. Deshalb heißt das *ministerium verbi* auch präziser „ministerium docendi evangelii et porrigendi sacramenta"[13].

Wenn die in der Einheit von Wort und Sakrament überkommene Christusbotschaft als ‚wahr' zu bezeugen ist, dann impliziert das *zweitens,* wie E. Herms formuliert hat, „den angemessenen Bericht darüber, dass und in welchem Sinne dem gegenwärtigen Zeugen selber das ihm überlieferte Zeugnis […] zur verpflichtenden Wahrheit wurde. Der Dienst des Wortes fordert nicht unbedingt einen Bekehrungsbericht, wohl aber die *entfaltete* Assertio, und d.h.: die Darstellung des überlieferten Zeugnisses als Inhalt des gegenwärtigen Wahrheitsbewusstseins des jeweiligen Zeugen selber"[14]. Dieses hat der Pastor oder die Pastorin aber so zu artikulieren, dass die Adressaten des Zeugnisses sich als Glaubende damit identifizieren können.

Fragt man nun, welche prinzipiellen *Elemente* die entfaltete Assertio, sie beziehe sich auf den Zeugen selber oder auf seine christlichen Schwestern und Brüder, enthalten muss, so ist zunächst hinzuzufügen, dass das in Rede stehende Wahrheitsbewusstsein ein folgenreiches, und zwar die ganze Lebenspraxis bestimmendes Bewusstsein ist. Die nunmehr mögliche, strukturell vollständige christliche Identitätsdarstellung lässt sich am besten mit einer Formel ausdrücken, die Luther in anderem Zusammenhang geprägt hat: „Das Wort Gottes ist von allem das Erste, dem folgt der Glaube, dem Glauben folgt die Liebe, und die Liebe alsdann tut jedes gute Werk."[15] Wo diese Kette im Leben und Handeln eines Zeugen, ob Geistlicher oder Laie, aufscheint, da gewinnt auch das Zeugnis sein Maximum an Leuchtkraft. Ein solches Lebenszeugnis wirkt stark, wenn auch natürlich nicht unwiderstehlich. Denn das Evidenzerlebnis, das Erlebnis des Wahrwerdens des Christuszeugnisses ist menschlicher Kunst letztlich entzogen, wenn es sich auch

---

[11] Darauf hat E. Herms nachdrücklich hingewiesen. In der christlichen Kommunikation gilt, was schon ganz allgemein der Fall ist: „Die Kommunikation unter Menschen beginnt nicht mit dem Sprechen, sondern damit, dass Menschen einander etwas, nämlich *sich selbst* leibhaft zu *erleben* geben." E. *Herms*, Theologische Sprachfähigkeit in nichtchristlichen Kontexten, in: E. Gräb-Schmidt/R. Preul (Hg.), Gemeinwohl (MThSt 121/MJTh 26), Marburg 2014, 151–165, 157.

[12] WA 18, 136.

[13] BSLK 58,3–4.

[14] E. *Herms*, Einheit der Christen in der Gemeinschaft der Kirchen. Die ökumenische Bewegung der römischen Kirche im Lichte der reformatorischen Theologie. Antwort auf den Rahner-Plan, Göttingen 1984, 110.

[15] „Verbum Dei omnium primum est, quod sequitur fides, fidem charitas, charitas deinde facit omne bonum opus." WA 6, 514.

nicht ohne das menschliche Zeugnishandeln einstellt, welches daher möglichst vollständig und aussagekräftig sein soll.[16]

2

Das Verhältnis von Amt und Person ist bei allen Ämtern bzw. Berufen insofern überall identisch, als die Fähigkeiten zur Führung des Amtes den Anforderungen des Amtes immer mehr oder weniger gerecht werden. Es differenziert sich aber unter dem Gesichtspunkt, *wie viel von der konkreten Person jeweils in die sachgemäße Amtsführung einfließt.* In der soziologischen Rollentheorie entspricht dem die Gegenüberstellung von spezialistischen und generalistischen sowie partikularistischen und universalistischen Rollen. Vom Kfz-Mechaniker, der mein Auto repariert, erwarte ich nur ganz spezifische Fähigkeiten. Hat er darüber hinaus bestimmte allgemeinmenschliche Fähigkeiten, etwa kommunikativer Art, so beeinflusst das wohl das Verhältnis zum Kunden in erfreulicher und für den Betrieb günstiger Weise, wirkt sich aber nicht auf die Qualität der fachlichen Leistung aus. Demgegenüber kann der Pfarrberuf – das Amt des Liturgen, Predigers, Seelsorgers und Lehrers der Gemeinde – nur mit der ganzen Person ausgeübt werden. Pastor ist man, solange man nicht amtsmüde oder gar ein Zyniker ist, ‚mit Leib und Seele‘. Was natürlich nicht heißt, dass man nicht mit seinen Kräften haushalten müsste und sich nicht auch private Freiräume offenhalten dürfte. Aber man ist Pastor bzw. Pastorin mit der ganzen Person, sofern und sooft man tatsächlich bei der Sache ist. Das ist so, weil man es in diesem Beruf mit lebendigen Personen zu tun hat, um deren leibliches und seelisches Ergehen man besorgt ist. Anteilnahme kommt nicht zum Beruf hinzu wie beim Mechaniker, sondern gehört zu dessen Essenz. Vergleichbares gilt für das Elternamt, für alle pflegerischen Berufe sowie überhaupt für alle – wenn auch nicht mehr unter den Begriff eines Amtes zu fassenden – engeren persönlichen Beziehungen. Wie viel Persönliches in eine Berufsrolle einfließt, hängt also in erster Linie nicht davon ab, wie freimütig und offenherzig sich der Rollenträger zu geben geneigt ist, sondern davon, wie das ‚Objekt‘ seiner amtsgemäßen Tätigkeit beschaffen ist: ob er es mit lebendigen Personen, ihrem Schicksal und ihren vitalen Problemen zu tun hat oder nur mit einem bestimmten einzelnen Bedürfnis von Menschen, sofern sie etwa nur eine bestimmte Auskunft benötigen oder nur eine begrenzte Dienstleistung erwarten, oder auch nur mit leblosen Gegenständen und isolierbaren Sachverhalten. Vom Inhaber des geistlichen Amtes, der insbesondere durch die Amtshandlungen mit menschlichen Schicksalen konfrontiert ist, wird hier jedenfalls ein Maximum erwartet. Ähnliches gilt, wie gesagt, für

---

[16] Im unmittelbaren Kontext der o.a. Stelle aus *Wider die himmlischen Propheten* unterscheidet Luther ein zweifaches Handeln Gottes an uns: „äußerlich" handelt er durch Wort und Sakrament (Taufe und Abendmahl), „[i]nnerlich handelt er mit uns durch den Heiligen Geist und Glauben samt anderen Gaben". WA 18, 136.

alle, die einen erzieherischen Beruf ausüben oder im Bereich von Beratung, Betreuung und Pflege tätig sind.[17]

Die pastorale Berufsrolle ist universalistische und generalistische Rolle par excellence. Ob das eine Überforderung bedeutet bzw. unter welchen Umständen es dazu kommt, ist hier nicht die Frage. Abgehoben ist nur auf die unbestreitbare Tatsache, *dass* der Inhaber des *ministerium ecclesiasticum* sein Amt nicht einfach mit bestimmten einzelnen Fähigkeiten intellektueller und sprachlicher Art, sondern mit seiner ganzen Person, mit der Art seines Menschseins ausübt und auch so von anderen wahrgenommen wird. Und wenn er dabei nicht nur als zugewandter, engagierter, helfen wollender Mensch, sondern zugleich damit als Zeuge der christlichen Botschaft wahrgenommen wird, dann deshalb, weil jene Kette, die wir bei Luther fanden – Wort Gottes, Glaube, Liebe, gutes Werk –, ein Folgezusammenhang, der sich auch von seinem Endpunkt her erschließen kann, *in actu* transparent wird. In diesen Erkennungsvorgang ist auch die konkrete körperliche Erscheinung samt den von ihr in Gestik, Mimik und Tonfall ausgehenden ‚leiblichen Zeichen‘ einbezogen. Damit haben wir einen hinreichend konkreten Begriff von der Amtsführung des *minister verbi* erreicht. Er ist nur noch gegen zwei Missverständnisse abzusichern.

(1) Dass der Träger des geistlichen Amtes das, was seines Amtes ist, durch seine ganze leibhaft verfasste Person und alle darin eingeschlossenen Fähigkeiten der Wahrnehmung, Einfühlung, Zuwendung, Teilnahme und Imagination, wie auch des Intellekts und des sprachlichen und metasprachlichen Ausdrucks ausrichtet, darf nicht mit der üblichen Forderung, er müsse in allem ein *Vorbild* sein, gleich gesetzt werden. Ginge es in erster (!) Linie um Vorbildlichkeit, dann drohte hier tatsächlich eine permanente Überforderung, die auf Seiten des Amtsträgers zu krampfhafter Selbstbehauptung und auf Seiten der Öffentlichkeit zu vorschneller und unevangelischer Verurteilung bis hin zu Rücktrittsforderungen aus vergleichsweise geringfügigem Anlass führen kann. Zwar wird sich der Inhaber des geistlichen Amtes alle Mühe geben, keinen Anlass zu geben, der das Ansehen seiner Person, seines Amtes und der Kirche beschädigt. Aber dem in der Öffentlichkeit und in den Medien verbreiteten Bild von der Kirche als untadeliger moralischer Anstalt, die sie gefälligst zu sein habe, ist entschieden zu widersprechen. Die Kirche ist eine Gemeinschaft und Gemeinde von Menschen, in denen wohl der Geist Christi als ein neuer und wirksamer Geist lebendig ist, dieser Geist hat aber immer noch mit der

---

[17] Ein besonders ausgezeichneter Fall ist der ärztliche Beruf. Der Arzt wird einerseits als Spezialist für Krankheit und Heilung in Anspruch genommen, andererseits kommt es doch auch immer wieder zu einer persönlichen Begegnung zwischen Arzt und Patient, in welcher der Mediziner sein Gegenüber ‚ganzheitlich‘ zu Gesicht bekommt, seine ärztlichen Entscheidungen eventuell auch im Blick auf die besonderen Lebensumstände des Patienten trifft und der Patient seinerseits ein Vertrauensverhältnis zu seinem Arzt, besonders dem Hausarzt, entwickelt. Der ärztliche Beruf wird auch nicht nur durch Medikamente und Instrumente bzw. Apparate ausgeübt, sondern zugleich durch das Wort. Ein Arzt, der es unterlässt, den aufgeregten, vielleicht sogar um sein Leben besorgten, Patienten zu beruhigen, obwohl er es aufgrund der Diagnose könnte, verstößt gegen seine Berufsrolle ebenso wie ein Arzt, der nötige Warnungen nicht ausspricht. Durch den Rechnungsposten ‚Beratung, auch telefonisch‘ wird diese Dimension der ärztlichen Profession suboptimal angezeigt.

‚Schwachheit des Fleisches' zu kämpfen. Sie besteht aus im Glauben gerechtfertigten Sündern, die immer noch Sünder sind.[18]

(2) Es geht primär auch nicht um *Glaubwürdigkeit*, jedenfalls nicht um jene bloß subjektive Glaubwürdigkeit, an die in der Regel bei diesem Stichwort gedacht wird: Jemand ist glaubwürdig, sofern man merkt, dass er das, was er sagt, auch selber glaubt und sich danach richtet. Übersehen wird dabei, dass es auch noch die Frage nach Glaubwürdigkeit der Sache selbst, die da vertreten wird, gibt. Und die Beantwortung dieser meistens viel wichtigeren Frage ist von der subjektiven Glaubwürdigkeit dessen, der die Sache vertritt, nicht abhängig. Zwar ist Unglaubwürdigkeit des Zeugen ein Anlass, die Glaubwürdigkeit des von ihm Bezeugten zu bezweifeln. Glaubwürdigkeit des Zeugen im angegebenen Sinne ist jedoch noch kein hinreichendes Argument für die Glaubwürdigkeit dessen, was er vertritt, sondern vermindert bestenfalls die Anzahl der darauf gerichteten Zweifel.[19] Und besonders lautstarke Beteuerungen vermehren, weil z.B. fundamentalismusverdächtig, eher noch die Zweifel, und zwar sowohl an der Glaubwürdigkeit des Zeugen wie an der des von ihm Bezeugten. Die öffentliche und mediale Art des Umgangs mit dem Thema Glaubwürdigkeit unterliegt einer Engführung, die von den eigentlichen Verstehens- und Vermittlungsproblemen ablenkt.

Im Blick auf den Zeugen des Evangeliums folgt aus diesem Exkurs, dass man dessen Amtsausübung, die sein Lebenszeugnis einschließt, höchst unpräzise erfasst, wenn man sie primär unter dem Titel der persönlichen Glaubwürdigkeit auffasst. Natürlich wird er auch auf solche subjektive Glaubwürdigkeit achten – wie er ja auch persönliches Vorbild sein darf und sein sollte –, aber sein eigentliches Bestreben muss doch sein, alles dafür zu tun, dass die Glaubwürdigkeit der von ihm vertretenen und bezeugten Sache selbst erfahrbar und erkennbar werden kann. Diese Sache aber ist in seiner von seiner Person geprägten Amtsführung nicht nur indiziert als etwas außer ihr Liegendes, sondern, und das ist entscheidend, selbst schon *präsent*. Freilich ist sie das nicht nur in ihm, sondern ebenso im Leben eines jeden Christenmenschen, in welchem der „Geist Christi" (Röm 8,9; 1 Kor 2,16) wohnt und wirksam ist. Amtsträger und Laien sind zusammen der konkrete, geschichtlich existierende Leib Christi, und sie repräsentieren zusammen und je auf ihre Weise das neue Sein in Christus. In allen Einzelfällen geht es also nicht um bloß subjektive Glaubwürdigkeit, sondern um die Glaubwürdigkeit einer Sache, besser: Seinsweise, die *in* Subjekten in Erscheinung tritt.

---

[18] Deshalb sind selbst sittliche Verfehlungen schlimmster Art, die sich einzelne Geistliche zuschulden kommen lassen, noch kein sachlich zureichender Grund für den Kirchenaustritt. – Es sei hier auch daran erinnert, dass Paulus ganz offen über seine Vergangenheit als Verfolger der Gemeinde reden konnte, ohne dadurch sein Apostolat gefährdet zu sehen, und zugleich sagen konnte, dass Christus an seiner leiblichen Existenz offenbar werde. Und Luther hätte nichts dagegen, wenn auch Pilatus, Herodes, Kaiphas und Hannas predigen würden. Vgl. WA 10 I, 425.

[19] Ein Beispiel: Wer den Erfolgsautor E. v. Däniken reden hört, gewinnt den Eindruck, dass der Mann nicht flunkert, sondern seine abenteuerlichen Thesen tatsächlich für wahr hält. Diese selbst aber – etwa dass der Glaube an Gott oder Götter auf den frühgeschichtlichen Besuch von Außerirdischen zurückzuführen sei, wozu er Erinnerungsspuren im Alten Testament und anderen religiösen Texten gefunden zu haben meint – werden dadurch keineswegs plausibler.

3

Die Person des Amtsträgers kann den Aufgaben und Möglichkeiten des Amtes mehr oder weniger gerecht werden. Daher ist abschließend nach den *Bedingungen* zu fragen, von denen dieses Mehr oder Weniger in der Ausübung des Amtes abhängt. Hier ist auf dreierlei zu verweisen: erstens auf die *leibliche Konstitution* des *minister verbi* und die damit verbundenen *Begabungen*, zweitens auf seine *Bildung* und drittens auf den *bürgerlichen Stand* des Pfarrers und der Pfarrerin. – Man könnte fragen, ob hier nicht auch die Beschaffenheit des soziokulturellen Umfeldes pastoraler Wirksamkeit, etwa die Mentalität und ihre jeweiligen Ausprägungen, mit denen es der Inhaber des geistlichen Amtes zu tun bekommt, zu erörtern wäre. Aber da es ja immer darum geht, das Amt unter bestimmten äußeren Einschränkungen (wie auch unter sich bietenden Gelegenheiten) möglichst optimal zu führen, können wir diesen Punkt in unserer pastoraltheologischen Überlegung übergehen, so wichtig er in einer religions- und kirchensoziologischen Betrachtung auch wäre. Der Fokus liegt auf der Person des Amtsträgers, nicht auf seinem externen Umfeld.

(1) Der Gesichtspunkt der *physischen Konstitution* bedarf keiner langen Erörterung, zumal diese Konstitution und die darin verwurzelten natürlichen Begabungen stets der Bildbarkeit unterliegen. Als jeweils in bestimmter Weise ausgeprägte und gebildete fallen die physischen Kräfte und persönlichen Fähigkeiten dann aber aktuell angesichts der sich stellenden Aufgaben ins Gewicht. Jeder Geistliche muss wie jeder andere seine Kräfte und Fähigkeiten realistisch einschätzen und sich in seiner Arbeitsökonomie danach einrichten, um Burn-out-Symptome und lähmende Erschöpfungszustände zu vermeiden. Er muss auch lernen, vorhandene Spielräume für Schwerpunktsetzungen seinen besonderen Fähigkeiten entsprechend zu nutzen. Was die angeborenen Talente betrifft, so sind natürlich sprachliche Fähigkeiten, die dann durch Bildung zu verfeinern sind, besonders wünschenswert. Denn obwohl die Kommunikation des Evangeliums bzw. des christlichen Wirklichkeitsverständnisses primär kein Sprachproblem darstellt, es vielmehr darauf ankommt, dem Adressaten der biblischen Botschaft eine Sache erlebbar zu machen,[20] so werden vom professionellen Theologen dann doch besondere Fähigkeiten verlangt, eben dieses Erleben sprachlich auszudrücken.[21]

(2) Zur *Bildung* des *minister verbi* gehört zunächst seine theologische Ausbildung in Studium, Vikariat und Weiterbildung. Zu den inhaltlichen Elementen dieser Ausbildung will ich hier keine Überlegungen anstellen.[22] Ich möchte nur, anknüpfend an das in Abschnitt

---

[20] Vgl. *E. Herms*, Theologische Sprachfähigkeit (s. Anm. 11).

[21] Dazu R. *Preul*, Pfarrerinnen und Pfarrer als eloquente und gebildete Zeitgenossen, in: J. Koll/R. Sommer (Hg.), Schwellenkunde – Einsichten und Aussichten für den Pfarrberuf im 21. Jahrhundert, U. Wagner-Rau zum 60. Geburtstag, Stuttgart 2012, 104–116.

[22] Der Jubilar selbst hat sich dazu oft und ausführlich geäußert. Ich nenne hier nur: *E. Herms*, Die „Theologische Schule". Ihre Bedeutung für die Selbstgestaltung des evangelischen Christentums und seine sozialethische Praxis, in: *Ders.*, Erfahrbare Kirche. Beiträge zur Ekklesiologie, Tübingen 1990, 157–189; W. Hassiepen/E. Herms (Hg.), Grundlagen der Theologischen Ausbildung und Fortbildung im Gespräch. Die Diskussion über die „Grundsätze für die Ausbildung und Fortbildung der Pfarrerinnen und Pfarrer

1 (2) über das kirchliche Amt im Gefüge der Ämter Gesagte hervorheben, dass der Theologe im Amt auch eine Theorie benötigt, die nicht allein auf die Gemeinde als sein unmittelbares Gegenüber fokussiert ist, sondern auch die Funktionen der Kirche in der Gesellschaft in den Blick nimmt, zumal auch schon sein eigenes Handeln in der Gemeinde Auswirkungen auf das *bonum commune* hat.[23]

Mit der theologischen Ausbildung allein ist es aber nicht getan. Wenn der Pfarrberuf mit der ganzen Person ausgeübt wird, dann geht auch alle Bildung, die ihr zuteilwird, in die Ausübung dieser Berufsrolle in irgendeiner und oft auch klar identifizierbaren Weise ein. Auch das unterscheidet diese Profession von den meisten anderen Berufsrollen, verbindet sie aber auch mit den schon genannten affinen Berufen, wozu hier nur noch die Tätigkeit frei schaffender Künstler hinzuzufügen ist. Es ist also nicht gleichgültig, was der Inhaber des Pfarramtes über seine fachliche Bildung hinaus an Bildungselementen in sich aufnimmt und verarbeitet. Welchen kulturellen Einflüssen er sich öffnet, was er liest,[24] überhaupt was er in der Welt sieht und erlebt und was ihm zu Herzen geht, welche persönlichen Beziehungen er pflegt – das alles vermehrt und verfeinert seine Möglichkeiten des Wahrnehmens, Verstehens und Mitteilens und geht damit in seine Berufsausübung ein.[25]

(3) Der Bildungsfaktor ‚Erlebnis‘ führt hinüber zur dritten Bedingung einer möglichst professionsgerechten Ausübung des Pfarramts. Denn es ist die eigene *Familie*, in der das Erleben seine größte Dichte und persönlichkeitsprägende Kraft erhält. Womit auch der Gesichtspunkt der *leiblichen* Existenz eine besondere Zuspitzung erlangt. Hier ist die Aufhebung des Zölibats von weitreichender Bedeutung für die Existenz des evangelischen Amtsträgers. Zusammen mit der Ermöglichung des Ehestandes, den Luther im *Sermon vom ehelichen Leben* (1522) als den besten „Stand“ oder „Orden“ auf Erden bezeichnet,[26] wurde der evangelische Geistliche im Zuge der Reformation auch rechtlich und politisch voll in die bürgerliche Gesellschaft integriert. Freilich hat auch der katholische Priester eine Familie, da ihm aber Ehefrau und eigene Kinder versagt sind, entfällt der gewichtigste Bereich unmittelbarer persönlicher Verantwortung sowie persönlichen Glücks und Leidens.

Die Aufwertung des ehelichen Standes überhaupt (und damit auch der Ehe des Geistlichen) im Vergleich zum jungfräulichen Stand der Priester, Mönche und Nonnen wird von Luther nicht in erster Linie negativ durch Polemik gegen Verirrungen und Perversionen als Folgen aufgezwungener Enthaltsamkeit, sondern vielmehr positiv durch eine

---

der Gliedkirchen der EKD“ – Dokumentation und Erträge von 1988 bis 1993 (Reform der theologischen Ausbildung 14), Stuttgart 1993.

[23] Vgl. dazu R. *Preul*, Kirchentheorie als Theorie für das pastorale Handeln, in: *Ders.*, Die soziale Gestalt des Glaubens. Aufsätze zur Kirchentheorie (MThSt 102), Leipzig 2008, 354–360.

[24] Die besonders unter dem hermeneutischen Gesichtspunkt des Verstehens von Menschen in ihrer Zeit und in ihrem Milieu ergiebige Belletristik kommt im theologischen Studium entschieden zu kurz. Sie ist aber nicht weniger aufschlussreich als die Ergebnisse empirischer Umfragen.

[25] Zu diesem ganzen Punkt vgl. R. *Preul*, Evangelische Bildungstheorie, Leipzig 2013, v.a. 345–399 (§ 8: „Konturen gebildeten Christseins in der Gegenwart“).

[26] WA 10 II, 302; vgl. Luthers Ausführungen im *Großen Katechismus* zum 6. Gebot: BSLK 613.

schöpfungstheologische Würdigung der Sexualität und Generativität begründet.[27] Das Wort „Seid fruchtbar und mehret euch!" (Gen 1,28) ist „mehr als ein Gebot". Gott gebietet eigentlich nicht, sich zu mehren, sondern durch den Trieb als von ihm eingepflanzte Regung „schafft" er, „dass sie sich müssen mehren"[28]. Wer sich zur Ehe und Familiengründung entschließt, bejaht damit implizit oder explizit die *Deo creante* dauerhaft existierende Schöpfung, bejaht das Leben insgesamt einschließlich aller damit gegebenen Risiken und naturgebunden Begrenzungen und stimmt dem göttlichen Urteil „und siehe, es war sehr gut" (Gen 1,31) zu. Infolge dieser das paulinische Votum von 1 Kor 7,1b außer Kraft setzenden Aufwertung und Auszeichnung von Ehe und Familie, Sexualität und Erotik und überhaupt des Natürlichen als Segen oder Gnade Gottes kann Luther die Ehe samt der aus ihr entstehenden Familie dann auch in das welterhaltende und -erneuernde zweifache Wirken Gottes einbeziehen und ihr darin eine prominente Position zuschreiben: Das Elternamt partizipiert, weil die Eltern der nachwachsenden Generation neben der Vorhaltung des Gesetzes auch die Bezeugung des Evangeliums schuldig sind, an *beiden* Regierweisen Gottes.[29] Und schließlich weiß Luther die Sexualität in der ehelichen Gemeinschaft auch noch abgesehen vom Gesichtspunkt der Generativität als Glückserfahrung zu würdigen, was u.a. durch einschlägige biblische Zitate, etwa aus Kohelet, belegt ist.[30]

Luthers hier knapp referierte Ausführungen beziehen sich auf Ehe, Familie und Sexualität überhaupt als auf ein Lebensgebiet, von dem auch Geistliche nicht ausgeschlossen sein sollten – es sei denn, sie hätten besondere Gründe, um darauf zu verzichten. Denn die Reformatoren befürworten natürlich auch keine Heiratspflicht. Was aber bei Luther noch fehlt, ist eine Reflexion darauf, was die Teilhabe an der durch Ehe und Familie konstituierten bürgerlichen Existenz speziell für die *Berufsausübung* des *minister verbi* bedeutet.

Eine glänzende Behandlung dieser Frage findet sich in Schleiermachers siebter Augustanapredigt *Vom öffentlichen Dienst am göttlichen Wort*.[31] Wenn der Prediger das göttliche Wort so ausrichten soll, dass seine heilsame Bedeutung für alle menschlichen Verhältnisse und Problemlagen einsichtig wird, dann kann er das nur in überzeugender Weise tun,

---

[27] Die in CA 23 (*De Coniugio Sacerdotum*) gegebene Begründung für die Abschaffung des Pflichtzölibats bedient sich dagegen überwiegend der *argumentatio ex negativo*. Die Ehe ist „remedium humanae infirmitatis" (BSLK 89,20), wobei mit *infirmitas* in Anlehnung an 1 Kor 7,2 leider nur die Unzucht gemeint ist, nicht z.B. auch die allgemeine Hilfsbedürftigkeit des Menschen.

[28] WA 10 II, 276.

[29] „Denn gewisslich ist Vater und Mutter der Kinder Apostel, Bischof, Pfarrer, indem sie das Evangelium ihnen kund machen. Und kürzlich, keine größere, edlere Gewalt auf Erden ist denn der Eltern über ihre Kinder, sintemal sie geistliche und weltliche Gewalt über sie haben." WA 10 II, 301 (an moderne Schreibweise angeglichen). Den evangeliumsgemäßen Stil der Erziehung bringt Luther auf die Formel: „In summa, sic tractat [sc. pater] filios, quemadmodum nos videmus tractari a Deo." WAT 5, 368, Nr. 5819.

[30] Man beachte auch folgende Bemerkung in *De captivitate Babylonica ecclesiae*: Hat ein zum leiblichen Ehevollzug unfähiger Mann eine junge Frau geheiratet, so hat er „ein unschuldiges Mädchen getäuscht und sie genauso um ihr Lebensglück betrogen wie um den vollständigen Gebrauch ihres Körpers." WA 6, 559 (zit. n. LDStA 3, 337).

[31] F. D. E. *Schleiermacher*, SW II 2, 692–709. Vgl. dazu noch einmal das o.a. Lehrstück in der Glaubenslehre: F. D. E. *Schleiermacher,* Der christliche Glaube (s. Anm. 5), 342–352 (§§ 133–135).

wenn er selbst an den gleichen Verhältnissen teilnimmt und von den gleichen Freuden, Sorgen und bürgerlichen Angelegenheiten betroffen ist wie diejenigen, die ihm als seine Gemeinde anbefohlen sind. Daher sollte er auch nach Möglichkeit von der ihm durch die Reformation eröffneten Freiheit Gebrauch machen. „Denn zeigt sich nicht die ganze Kraft der Gottseligkeit in einem vollständigen häuslichen Leben und den Verhältnissen, die sich daran knüpfen? Waltet hier nicht die Liebe in all ihren Gestalten? Als der Ernst und die Strenge, welche das Ganze zusammenhält, als die Geduld, welche den Schwachen trägt, als die Sanftmuth, welche jede Anstekkung leidenschaftlicher Aufregung fern hält, als die Freundlichkeit, welche den Müden erquikkt, als die Hoffnung, welche den Gedrükkten erhebt, als das herzliche Vertrauen, welches alle immer wieder zusammenbindet?"[32] Und da die Familie, gleichsam als Laboratorium aller gesellschaftlichen Beziehungen, auch die Pflanzstätte aller bürgerlichen und patriotischen Tugenden ist, muss der Pfarrer zugleich entsprechende gesellschaftliche und politische Interessen entwickeln.[33]

Die ehelosen Geistlichen der vorreformatorischen Kirche dagegen konnten „von den Erweisungen der Gottseligkeit im häuslichen Leben und in den bürgerlichen Verhältnissen immer nur in trokkenen Worten reden, die wenig Eindrukk machen, weil sie nämlich keine begleitenden Werke zu zeigen hatten, welche auf ihre Worte ein helleres Licht werfen konnten"[34]. Fazit: „Nein, nicht in einer Ungleichheit zwischen dem Hirten und der Heerde, die man erst künstlich hervorrufen muss, liegt die Kraft seines Berufs, sondern in der Gleichheit, welche beide miteinander vereint, daß sie dieselben Pflichten erfüllen sollen, daß sie denselben Versuchen widerstehen sollen, daß sie an dieselbe Ordnung des Lebens gebunden sind, daß sie von demselben mit leiden und durch dasselbe mit erfreut werden."[35]

Nun darf man diese Argumente, mit denen Schleiermacher eine aus evangelischer Sicht unbestreitbare Errungenschaft der Reformation würdigt, sicher nicht so weit treiben, dass man daraus ein schweres Eignungsdefizit für alle unverheirateten Pfarrerinnen und Pfarrer konstruiert – schon gar nicht in einer Zeit, in der neben der Ehe noch andere Lebensformen praktiziert und gesellschaftlich akzeptiert werden. Auch lässt sich geltend machen, dass ja auch bezüglich der beiden anderen Bedingungen nur wenige ein Optimum erreichen, das Suboptimale somit überall der Normalfall ist. – Auf katholischer Seite wird sogar der Standpunkt vertreten, dass der von häuslichen Problemen entlastete Priester sich seinem geistlichen Dienst umso intensiver widmen könne und überdies ein Zeichen für die Präsenz eschatologischer Güter in der Welt setze. Was das Letztere betrifft, so gehört es jedenfalls nicht zu den Amtspflichten evangelischer Geist-

---

[32] *F. D. E. Schleiermacher*, SW II 2, 705.

[33] Vgl. aaO., 705 f.

[34] AaO., 706.

[35] AaO., 707. Mögliche „Collisionen" zwischen der Bürgerlichkeit des Geistlichen und seinen beruflichen Funktionen behandelt Schleiermacher in seinen Vorlesungen zur Praktischen Theologie: *F. D. E. Schleiermacher*, SW I 13, 499–506.

licher, das „Mysterium" der Kirche als „*sponsa* immaculata Agni immaculati"[36] zu symbolisieren. Und dem pragmatischen Entlastungsargument ist gegen Schleiermacher nur in Einzelfällen Recht zu geben, dann nämlich, wenn das Familienleben des oder der Geistlichen sich so unglücklich gestaltet, dass es zu einer lähmenden Belastung wird.

Die *systematisch* entscheidende Einsicht, auf der Schleiermachers Plädoyer für die vollständige bürgerliche Existenz des *minister verbi* fußt, ist jedoch, dass die gemeinsame, gerade in der Leiblichkeit des Daseins verwurzelte Teilhabe an der gleichen erfahrbaren Wirklichkeit eine Grundbedingung für alles Verstehen und alle intersubjektive Verständigung ist. Dem entspricht auch die eingangs dargelegte Beziehung zwischen dem allgemeinen Priestertum und dem geordneten Dienst am göttlichen Wort.

---

[36] Dogmatische Konstitution über die Kirche (*Lumen gentium*), in: LThK² 12 (1986) 156–347, 164 (I, 6).

Friedrich Schweitzer

BILDUNG UND PERSON

Ist der Personbegriff für ein evangelisches Bildungsverständnis unverzichtbar?

Dass der Personbegriff „unverzichtbar" sei, insbesondere „für jedes relationale Verständnis des Daseins als Füreinandersein"[1], diese These stammt zunächst aus der theologischen Dogmatik. Sie ist jedoch so formuliert, dass ihr Geltungsanspruch weit über eine theologische Einzeldisziplin hinausreicht und damit auch einen klaren Anspruch an die Praktische Theologie oder für die Religionspädagogik, auf die ich mich im Folgenden exemplarisch konzentriere, zum Ausdruck bringt.

Geht man umgekehrt von der Religionspädagogik aus, so spielt der Begriff der Person dort zumeist gerade keine zentrale Rolle. Hier sind es andere Begriffe wie Persönlichkeit oder Identität, Subjekt, Ich, Selbst oder neuerdings Kompetenz, die im Zentrum stehen.[2] Insofern ergibt sich eine deutliche Spannung zu dem von der Systematischen Theologie her formulierten Anspruch einer Unverzichtbarkeit des Personbegriffs.

Im Folgenden soll diese Spannung im Sinne der im Titel meines Beitrags formulierten Frage, ob der Personbegriff für ein evangelisches Bildungsverständnis unverzichtbar sei, aufgenommen und zumindest ein Stück weit geklärt werden. Aus der eingangs referierten These von der Unverzichtbarkeit des Personbegriffs wird damit zunächst eine Hypothese, die in einem bejahenden Sinne plausibilisiert werden soll – verbunden insbesondere mit dem Vorschlag, diesen Begriff als theologisch-religionspädagogischen Meta-Begriff zu verstehen. Die mit dem vorliegenden Band speziell akzentuierte Perspektive leibhaftiger Personalität markiert dabei einen zusätzlichen Horizont, der zu bedenken ist, auch im Blick auf die alternativen Leitbegriffe in der Religionspädagogik.

1 Ausgangspunkte: Religionspädagogik ohne Personbegriff?

Geht man von der systematisch-theologischen Annahme einer Unverzichtbarkeit des Personbegriffs aus, ist es als erstaunlich zu bezeichnen, wenn dieser Begriff jedenfalls in der evangelischen Religionspädagogik kaum Verwendung findet.[3] Dies gilt nicht nur für

---

[1] E. *Herms*, Art. Person IV. Dogmatisch, in: RGG⁴ 6 (2003) 1123–1128, 1126. Vgl. auch *Ders.*, Zur Systematik des Personbegriffes in reformatorischer Tradition, in: NZSTh 50 (2007) 377–413, 378.

[2] Darauf macht auch aufmerksam H. *Schmidt*, Art. Person VI. Praktisch-theologisch, in: RGG⁴ 6 (2003) 1129–1130. Zu möglichen Folgeproblemen vgl. E. *Herms*, Zur Systematik des Personbegriffes, aaO., 378.

[3] Auf die katholische Religionspädagogik mit ihren zum Teil anderen Traditionen wird hier nicht weiter eingegangen.

die aktuelle Diskussion, sondern ähnlich auch für die religionspädagogische Tradition, und lässt sich analog auch für die Erziehungswissenschaft der Gegenwart als primäre Bezugswissenschaft der Religionspädagogik konstatieren. Das Historische Wörterbuch der Pädagogik beispielsweise bietet keinen eigenen Artikel zu Person (und entsprechende Ausführungen bezeichnenderweise allein in dem Beitrag *Individuum*, im Zusammenhang des frühen Christentums)[4], während aktuelle Lehrbücher zu den Grundbegriffen der Erziehungswissenschaft zwar selbstverständlich von Bildung handeln, jedoch ebenfalls nicht von Person.[5] Geläufig ist in der Religionspädagogik allenfalls die – freilich theologisch grundlegende – Unterscheidung zwischen Person und Werk, auf die angesichts der schulischen Leistungsbewertung häufig verwiesen wird, allerdings ohne dass es dabei zu weiterreichenden religionspädagogisch-grundbegrifflichen Überlegungen käme.[6]

Dort, wo der Personbegriff vielleicht erwartet werden könnte, treten die bereits genannten anderen Begriffe auf: Persönlichkeit, Individualität, Identität, Subjekt, Ich, Selbst und Kompetenz. Teilweise, so lässt sich beobachten, wird auch der Bildungsbegriff so verwendet, dass er in die Nähe des Personbegriffs rückt.[7] Einzige Ausnahme ist der sogenannte Personalismus, der sowohl in der Erziehungswissenschaft als auch in der Religionspädagogik rezipiert wurde, allerdings vor allem im katholischen Bereich.[8] Deshalb ist auch die Ausstrahlung des Personalismus durchaus beschränkt, vor allem auf die inzwischen begrenzte Zahl derer, die eine konfessionell-katholische Pädagogik unterstützen.[9] Zudem wird im Personalismus nicht einfach der Personbegriff rezipiert, sondern ein bestimmtes, häufig idealistisches Verständnis von Personalität vorausgesetzt. Ein solches Verständnis kann der weiterreichenden Rezeption des Personbegriffs dann im Wege stehen, weil ein idealistisches Verständnis abgelehnt wird.

[4] Vgl. D. Benner/J. Oelkers (Hg.), Historisches Wörterbuch der Pädagogik, Weinheim/Basel 2004. Zum Personbegriff vgl. darin *K. Meyer-Drawe*, Individuum, 455–481, v.a. 459. Auch bei N. Mette/F. Rickers (Hg.), Lexikon der Religionspädagogik. 2 Bde., Neukirchen-Vluyn 2001, findet sich kein eigener Eintrag zu *Person*. Auf die Geschichte der Erziehungswissenschaft kann hier nicht weiter eingegangen werden. Derzeit wird diese Geschichte im Anschluss an M. Foucault eher dekonstruktivistisch gedeutet. Vgl. etwa *S. Großkopf*, Persönlichkeit als pädagogischer Begriff des 20. Jahrhunderts – eine diskursanalytische Perspektive, in: K. Kenklies (Hg.), Person und Pädagogik. Systematische und historische Zugänge zu einem Problemfeld, Bad Heilbrunn 2013, 13–28.

[5] Vgl. als Beispiel mit weiter Verbreitung H.-H. Krüger/W. Helsper (Hg.), Einführung in Grundbegriffe und Grundfragen der Erziehungswissenschaft (Einführungskurs Erziehungswissenschaft 1), Opladen 1995.

[6] Als eigene Darstellung – auch zum Folgenden – nenne ich *F. Schweitzer*, Bildung (Theologische Bibliothek 2), Neukirchen-Vluyn 2014.

[7] Vgl. dazu schon die Diskussion bei O. Hansmann/W. Marotzki (Hg.), Diskurs Bildungstheorie. Bd. 1: Systematische Markierungen. Rekonstruktion der Bildungstheorie unter Bedingungen der gegenwärtigen Gesellschaft, Weinheim 1988.

[8] Vgl. *W. Harth-Peter*, Religion und Bildung im Lichte des modernen Personalismus, in: M. Heitger/A. Wenger (Hg.), Kanzel und Katheder. Zum Verhältnis von Religion und Pädagogik seit der Aufklärung, Paderborn u.a. 1994, 513–551. Als aktuellen Diskussionsbeitrag vgl. *S. Seichter*, „Person" als Grundbegriff der Erziehungswissenschaft. Zwischen Boethius und Luhmann, in: Vierteljahrsschrift für wissenschaftliche Pädagogik 88 (2012) 2, 309–318.

[9] Diese Aussage trifft vor allem auf unsere Gegenwart zu. Zu früheren Rezeptionen vgl. etwa H.-B. Gerl (Red.), Person und Bildung. Gibt es ein Erbe Romano Guardinis? Referate der Werkwoche auf Burg Rothenfels 10.–15. Oktober 1978 (Rothenfelser Schriften [4]), Burg Rothenfels 1978.

Die genannten Äquivalente, die heute als Grundbegriffe der Erziehungswissenschaft oder der Religionspädagogik fungieren, werden dabei häufig in einem human- und sozialwissenschaftlichen Sinne verwendet. Dieser disziplinäre Kontext erklärt zum Teil auch die geringe Attraktivität des Personbegriffs, da er im human- und sozialwissenschaftlichen Bereich kaum eine terminologisch gehaltvolle Bedeutung erlangt hat. Das macht auch verständlich, warum er im oben genannten *Historischen Wörterbuch der Pädagogik* im Artikel *Individuum* figuriert, damit diesem Begriff untergeordnet wird und so seine weiterreichende Bedeutung gleichsam nebenbei verliert.

Die wichtigste Ausnahme von diesem Befund im Bereich der evangelischen Religionspädagogik findet sich bei P. Biehl, der in einer 1991 veröffentlichten Studie in zentraler Weise auf den Personbegriff zurückgreift.[10] Es ist kein Zufall, dass dieser Beitrag im engen Gespräch mit der Systematischen Theologie entstanden ist. Am Ende beruft sich Biehl vor allem auf die Darstellung bei I. U. Dalferth und E. Jüngel.[11] Biehls Intention zielt insbesondere darauf, die „Rechtfertigung allein aus Glauben als kritisches Prinzip im Blick auf das Bildungsverständnis zur Geltung" zu bringen. Die für Biehl leitende These lautet dann so: „Im Prozess der Bildung geht es nach unserem Verständnis um den *Prozess der Subjektwerdung des Menschen in der Gesellschaft* als ein ständiges Freilegen seiner ihm gewährten Möglichkeiten. Diesem Prozess bleibt das Personsein als Grund der menschlichen Freiheit und Selbstbestimmung stets voraus. *Subjekt muss der Mensch im Prozess seiner Bildung erst werden, Person ist er immer schon.* Bildung ist also *Folgephänomen* des Personseins"[12] bzw., wie Biehl auch sagen kann, „ein Folgephänomen der dem Menschen mit seinem Personsein gewährten Freiheit"[13].

Die bei Biehl zu findende Verschränkung von Person und Subjekt ist angesichts des beschriebenen religionspädagogischen Diskussionstands weiterführend und attraktiv, hat aber in der Breite für die Religionspädagogik doch nicht zu einer verstärkten Orientierung am Personbegriff geführt. Allerdings hat B. Dressler in seiner 2006 veröffentlichten Studie über *Religion und Bildung*[14] den von Biehl ausgelegten Faden wieder aufgenommen.[15] Auch Dressler fasst das Verhältnis zwischen Person und Subjekt so, dass es auf Gottebenbildlichkeit einerseits und Gerechtfertigt-Sein andererseits verweist.[16] Ähnlich wie schon bei Biehl steht dabei bei Dressler das Gespräch mit der Systematischen Theo-

---

[10] Vgl. *P. Biehl*, Die Gottebenbildlichkeit des Menschen und das Problem der Bildung. Zur Neufassung des Bildungsbegriffs in religionspädagogischer Perspektive, in: *Ders.*, Erfahrung, Glaube und Bildung. Studien zu einer erfahrungsbezogenen Religionspädagogik, Gütersloh 1991, 124–223. Biehl hat diese Studie später aktualisiert und ergänzt. Vgl. *Ders.*, Die Wiederentdeckung der Bildung in der gegenwärtigen Religionspädagogik – Ein Literaturbericht, in: *Ders./K.E. Nipkow*, Bildung und Bildungspolitik in theologischer Perspektive (Schriften aus dem Comenius-Institut 7), Münster 2003, 111–152.

[11] Biehl nennt hier die Darstellung *I. U. Dalferth/E. Jüngel*, Person und Gottebenbildlichkeit (Enzyklopädische Bibliothek: Christlicher Glaube in moderner Gesellschaft 24), Freiburg i. Br. u.a. 1981, 58–99.

[12] *P. Biehl*, Die Gottebenbildlichkeit des Menschen (s. Anm. 10), 156.

[13] *P. Biehl*, Die Wiederentdeckung der Bildung (s. Anm. 10), 127.

[14] Vgl. *B. Dressler*, Unterscheidungen. Religion und Bildung (ThLZ.F 18/19), Leipzig 2006.

[15] Vgl. daneben auch das von B. Dressler und D. Zilleßen herausgegebene Themenheft *Person, Personalität*: Zeitschrift für Pädagogik und Theologie 59 (2007) 3.

[16] Vgl. *B. Dressler*, Unterscheidungen (s. Anm. 14), 69 f.

logie im Vordergrund (vor allem mit D. Korsch), daneben auch mit der Philosophie, deutlich weniger hingegen mit der Religionspädagogik selbst.

Die beschriebene Sachlage kann wohl so gedeutet werden, dass eine stärkere Rezeption des Personbegriffs in der Religionspädagogik und in der Praktischen Theologie insgesamt nicht automatisch zu erwarten steht, wenn die Begriffe Person und Subjekt wie bei Biehl und Dressler miteinander verbunden werden. Offenbar ist der Gewinn einer solchen Verbindung nicht so offenkundig, dass die Vorschläge bei Biehl und Dressler breit aufgegriffen würden. Darüber hinaus lassen sich auch inhaltliche Rückfragen gegen Biehls Verständnis markieren, besonders im Blick auf die von ihm vorgeschlagene Verknüpfung zwischen *Person* und *Subjekt*. Der von mir weiter unten (Abschnitt 3) vorgelegte Vorschlag soll auch diese Rückfragen aufnehmen.

Im Folgenden lasse ich mich zunächst von der Frage leiten, ob und wie die Attraktivität des Personbegriffs auch für die Religionspädagogik gesteigert werden kann. Dem dienen die im nächsten Abschnitt unternommenen Kontextualisierungen, durch welche die religionspädagogische Anschlussfähigkeit des Personbegriffs verstärkt werden könnte. In einem weiteren Schritt soll dann geprüft werden, ob die in der Religionspädagogik verbreiteten begrifflichen Äquivalente sich auch angesichts des so beschriebenen Gehalts des Personbegriffs empfehlen.

2 Zur religionspädagogischen Kontextualisierung des Personverständnisses

Der Personbegriff ist offenbar so weit, dass er bereits im Blick auf den heutigen Gebrauch in der theologischen Dogmatik als präzisierungsbedürftig anzusprechen ist. In dieser Hinsicht hat E. Herms einen eindrücklichen Versuch vorgelegt, an den ich im Folgenden religionspädagogisch anknüpfen möchte.[17] Dies soll so geschehen, dass ich die von Herms gebotenen systematisch-theologischen Präzisierungen jeweils noch einen Schritt weiter in Richtung einer religionspädagogischen Kontextualisierung treibe. Unter ‚Kontextualisierung' soll dabei der Versuch verstanden werden, den Personbegriff bzw. dessen dogmatisch-theologisches Verständnis in religionspädagogische Kontexte einzuzeichnen, um so die mögliche Bedeutung des Personbegriffs für die Religionspädagogik herauszuarbeiten. Dabei beschränke ich mich auf die anthropologische Dimension des Personbegriffs, wie sie für das Bildungsverständnis besonders nahe liegt. Die auf das Gottesverständnis bezogene Dimension etwa hinsichtlich der Trinitätslehre könnte – und sollte – religionspädagogisch ebenfalls rezipiert werden, nämlich als Bildungsinhalt sowie als didaktische Herausforderung, worauf hier aber nicht weiter eingegangen werden kann, obwohl dies durchaus reizvoll und bedeutsam wäre.

Die religionspädagogische Kontextualisierung soll, im losen Anschluss an Herms' Ausführungen, in sechs Punkten geschehen. Diese Punkte lassen sich jeweils auch als

---

[17] Herms spricht ausdrücklich von einer solchen Präzisierungsaufgabe. Vgl. *E. Herms*, Art. Person IV. Dogmatisch (s. Anm. 1), 1124.

Beispiele dafür verstehen, wie Aussagen der Systematischen Theologie in anderen theologischen Disziplinen, speziell der Religionspädagogik, aufgenommen werden können. Sie stehen damit für eine Art innertheologisch-transdisziplinäre Übersetzung und Verständigung.

(1) Bei Herms wird als erster Aspekt die *„(relative) Selbstständigkeit jeder Person"* genannt. Darunter versteht er die „notwendige Bedingung des Verantwortlichseins" von Personen. Dazu gehört die Vernunftnatur des Menschen sowie seine „unverwechselbare Identität und eindeutige Identifizierbarkeit für andere"[18].

Wie unschwer zu erkennen ist, betrifft diese grundlegende erste Bedeutung des Personbegriffs zugleich eine elementare, wenn auch nur selten genauer ausgeführte Voraussetzung jeder Art von (religiöser) Erziehung und Bildung. Ohne eine Person in diesem Sinne, die als Gegenüber des oder der Erziehenden erscheint, wären Erziehung und Bildung schlechtweg grund- und sinnlos. An ihre Stelle könnten Abrichtung, Prägung, Training u.ä. treten, von Bildung könnte aber nicht die Rede sein.

Weitergehend und präzisierend ist zugleich der personale und individuelle Charakter des pädagogischen Verhältnisses angesprochen. Wenn in der pädagogischen Tradition von *Bildsamkeit* die Rede ist, sind solche personalen Voraussetzungen zum Teil mitgemeint, aber weithin bleiben sie implizit und geht es nur um allgemeine Bildungsvoraussetzungen, die als individuelle Anlagen, die nicht einfach von außen gesetzt oder erzeugt werden können, Bildung ermöglichen, aber auch begrenzen.

Religionspädagogisch müssen und können alle drei von Herms genannten Aspekte weiter ausgearbeitet werden: Die Bezüge auf Verantwortlichsein, Identität und Identifizierbarkeit für andere verweisen unmittelbar auf weitgefächerte religionspädagogische Diskussionslinien, die sich durchaus auch ausdrücklich auf diese Begriffe beziehen. Dabei müssen beispielsweise Fragen folgender Art (religions-)pädagogisch theoretisch und praktisch durchbuchstabiert werden: Was genau bedeutet Verantwortlichsein und wie kann es gefördert werden? Wie hängen Identität und Identifizierbarkeit für andere in (religions-)pädagogischer Hinsicht im Sinne einer (religiösen) Identitätsbildung zusammen und durch welche Art von Kommunikationserfahrung können sie sich bilden?[19]

Wo solche Fragen im Rückgriff auf den Personbegriff bearbeitet werden, treten für die Religionspädagogik verschiedene Implikationen vor Augen, wie sie oben bereits angesprochen wurden und die an erster Stelle die Würde des Menschen, seine Gottebenbildlichkeit, aber auch seine Rechtfertigung betreffen.[20]

Für die Grundlegung der Religionspädagogik erweist sich insofern bereits das erste Bedeutungsmoment des dogmatisch-theologisch präzisierten Personbegriffs nicht nur als vielfach anschlussfähig, sondern auch als weiterführend. Als religionspädagogischer

---

[18] Ebd.

[19] Diese Frage hat mich selbst immer wieder beschäftigt. Vgl. zuletzt *F. Schweitzer*, Kollektive und individuelle Identitäten im Wandel. Zur Bedeutung des Identitätsbegriffs für die Religionspädagogik, in: ZPT 64 (2012) 2, 112–120.

[20] Vgl. *F. Schweitzer*, Menschenwürde und Bildung. Religiöse Voraussetzungen der Pädagogik in evangelischer Perspektive (Theologische Studien NF 2), Zürich 2011.

Grundbegriff könnte der Personbegriff zentrale Voraussetzungen eines reflektierten Erziehungs- und Bildungsverständnisses präsent halten, die dabei nicht zuletzt immer auch theologisch zu interpretieren sind bzw. die theologische Interpretierbarkeit präsent halten.

(2) Als zweites nennt Herms die „*Relationalität des Personseins als Sein von einem anderen her*". Hier werde erkennbar, dass die „Selbstständigkeit jeder Person", also der erste Aspekt, konstitutiv auf ein „*spezifisches Bezogensein*" zurückgeht.[21] Das ist in einem doppelten Sinne so zu verstehen, dass es um das menschliche Bezogensein sowohl auf Gott als auch auf andere Menschen geht.

Religionspädagogisch markiert der Personbegriff insofern den Beziehungscharakter des menschlichen Daseins, der hier ebenso auf die Sozialität des Menschen verweist wie auf die Transzendenzdimension. Ein Beziehungswesen ist der Mensch immer in einem mehrfachen Sinne, was wiederum als Voraussetzung einer Religionspädagogik als der auf diese spezifische Gestalt der Relationalität zielenden Praxis und Theorie anzusehen ist wie auch als religionspädagogische Aufgabenbestimmung.[22] Die religionspädagogische Praxis zielt letztlich auf nichts anderes als auf eine Unterstützung oder Entfaltung dieser beiden Beziehungsdimensionen.

Das für das religionspädagogische Bildungsverständnis grundlegende Recht des Kindes auf Religion korrespondiert unmittelbar dem doppelten Verständnis der Relationalität des Personseins als „*Sein von einem anderen her*", nämlich insofern, als Personsein einen Transzendenzbezug impliziert. Als Recht des Kindes auf Religion[23] wird dies so gewendet, dass diese Relation auch religionspädagogisch mit Leben gefüllt und letztlich ins Bewusstsein eingeholt werden muss. Sie soll nicht nur erlebt und gelebt, sondern auch einsichtig werden. Darüber hinaus verbürgt der Transzendenzbezug die Freiheit der Person, die unter dieser Voraussetzung beispielsweise nicht als reines Sozialisationsprodukt angesehen werden kann.

Die Einsicht in diese Voraussetzungen und Zusammenhänge entspricht zugleich insofern dem als nächstes aufzunehmenden Moment der Selbstbezüglichkeit des Personseins, als dies ein Bewusstsein der Relationalität der eigenen Person einschließt.

(3) Den dritten Aspekt kennzeichnet Herms mit „*Relationalität des Personseins als Selbstbezüglichkeit*". Im Zentrum steht hier das „eigene und verantwortliche Wählen" der Person „von ihr erschlossenen Möglichkeiten ihres Seins ad alteros (Mitgeschöpfen und Gott)". Weiterhin geht es um den „Möglichkeitsgrund der reflektierenden Selbstbezüglichkeit" – als um die „rein passiv *für* (nicht: *durch*) die Person konstituierte unmittelbare Selbsterschlossenheit ihres Seins *als* des je durch sie selbst verantwortlich zu übernehmenden und zu bestimmenden"[24].

---

[21] *E. Herms*, Art. Person IV. Dogmatisch (s. Anm. 1), 1124.

[22] Vgl. *R. Boschki*, „Beziehung" als Leitbegriff der Religionspädagogik. Grundlegung einer dialogisch-kreativen Religionsdidaktik (Glaubenskommunikation Reihe Zeitzeichen 13), Ostfildern 2003.

[23] Vgl. *F. Schweitzer*, Das Recht des Kindes auf Religion, erw. Neuausg., Gütersloh 2013.

[24] *E. Herms*, Art. Person IV. Dogmatisch (s. Anm. 1), 1125.

Auch hier liegen religionspädagogische Bezüge auf der Hand: Zum einen setzen auch alle religionspädagogischen Lern- und Bildungsprozesse eine solche Selbstbezüglichkeit und Selbsterschlossenheit voraus und zielen darauf, diese weiterzuentwickeln und zu stärken. Zum anderen geht es religionspädagogisch aber auch um die reflexive Einsicht in eben diese Selbsterschlossenheit als Ausdruck der Beziehung zwischen Gott und Mensch. Diese Einsicht lässt sich dann ausdrücklich als ein Bildungsziel verstehen oder auch als ein Bildungsinhalt, der beispielsweise im Religionsunterricht der Sekundarstufe II aufgenommen werden kann.

(4) Als Implikation des dritten Aspekts führt Herms noch die *„Unverfügbarkeit jeder Person für andere"* an. Eine Person „ist für andere da nur in aktiven Selbstbezeugungen ihres Seins, die vom jeweils anderen Anerkennung ihres Seins, Vertrauen auf und Glauben an verlangen und den direkten Zugriff der anderen ausschaltet"[25].

Diese Unverfügbarkeit beschreibt eine ebenso wesentliche Grenze auch jeder (Religions-)Pädagogik, deren Wirksamkeit immer nur in den durch diese Bestimmung des Personseins als *„Unverfügbarkeit"* gezogenen Grenzen vorstellbar und legitim ist.

Am klarsten tritt diese Grenze in der evangelischen Tradition beim Thema der Lehrbarkeit des Glaubens hervor, bei dem über die allgemeine Unverfügbarkeit jeder Person hinaus noch das Moment der für den Menschen nicht verfügbaren Gottesbeziehung ins Spiel kommt.[26] Dass die Frage nach der Lehrbarkeit des Glaubens und deren prinzipiell und also nicht nur aus praktischen Gründen eingeschränkte Bejahung gerade in der evangelischen Tradition eine zentrale Rolle spielt, ist dabei kein Zufall, sondern ergibt sich unmittelbar aus dem evangelischen Verständnis von Rechtfertigung, das die Unverfügbarkeit entschieden gerade für den Personkern und damit für den Glauben sowie für alle darauf bezogenen Lehr-Lern-Prozesse festhält.

(5) Herms fasst seine These von der Unverzichtbarkeit des Personbegriffs im Blick auf das Verständnis des Menschen u.a. so zusammen: *„In der Lehre vom Geschaffenen* ist jeder Mensch als ,P.‘[erson] zu beschreiben, nämlich als das für ihn und seinesgleichen unhintergehbare Gefüge seiner Ursprungs-, Selbst- und Weltbezogenheit, das (α) in der Bezogenheit auf Gott jedem Menschen gewährt ist und (β) von ihm radikal erlitten wird, ihm also in unmittelbarer Selbsterschlossenheit zu verstehen, zu bestimmen und zu gestalten gegeben ist, und zwar (γ) kraft Bezogenheit auf das Ganze der Welt je begrenzt: individuiert, perspektiviert, terminiert."[27] Dem wird noch hinzugefügt: „Dies Personsein jedes Menschen gründet in der Gewährung durch das wirksame Personsein des Schöpfers, und es bestimmt daher das Ganze des Wesens des Menschseins; d.h. es gründet nicht im Menschen selbst oder seiner Umwelt, aber es eignet ihm von Anfang an, ganz (also in allen Relationen seines Lebens und einschließlich aller dazugehörigen Relate) und auf ewig (bis zu seinem Tode, und in neuer Weise darüber hinaus)."[28]

---

[25] AaO., 1126.
[26] Vgl. *F. Schweitzer*, Religionspädagogik (Lehrbuch Praktische Theologie 1), Gütersloh 2006, 26–37.
[27] *E. Herms*, Art. Person IV. Dogmatisch (s. Anm. 1), 1127.
[28] Ebd.

Darin läge auch der Ausgangspunkt für eine theologisch-(religions-)pädagogische Anthropologie des Menschen bzw. des Kindes oder des Jugendlichen. Ausgehend vom Personbegriff müsste diese Anthropologie die genannten Implikationen und Bezüge des Personseins entfalten – eine Aufgabe, die in der Religionspädagogik bislang erst in Ansätzen wahrgenommen worden ist.[29]

(6) Vor allem in dieser letzten Formulierung klingt an, dass die *Personalität des Menschen keinesfalls idealistisch gefasst* und deshalb auch nicht auf bestimmte Aspekte des Menschseins begrenzt gedacht werden darf. Konnte es bei dem zuerst genannten Aspekt im Blick auf die Vernunftnatur des Menschen noch so scheinen, als werde der Personbegriff doch auf den Bereich des Vernünftigen begrenzt, so wird hier zumindest in knapper Form herausgestellt, was die für den vorliegenden Band leitende Hervorhebung des *leibhaftigen* Personseins noch einmal zuspitzt: Der Mensch ist Person auch mit seinem Leib, und die mit dem Personsein verbundene Würde des Menschen schließt gerade auch die Leiblichkeit ein.[30]

Wenn Personsein nicht im Menschen selbst gründet und auch nicht in seiner Umwelt, ist es ausgeschlossen, Personalität etwa auf Rationalität engführen zu wollen. (Religions)pädagogisch gesehen wird dies derzeit vor allem im Blick auf die Inklusionsthematik neu einsichtig, weil hier besonders sichtbar wird, dass der Personenstatus eines Menschen nicht etwa von einem bestimmten Grad der Ausprägung seiner Vernunft oder seiner Lern- und Leistungsfähigkeit abhängig gemacht werden kann. Insofern ist es auch religionspädagogisch sehr bedeutsam, dass das Personsein dem Menschen, wie Herms formuliert, „von Anfang an" sowie „ewig" eignet, weil es das „Ganze des Wesens des Menschseins" betrifft. Der Aspekt der Leiblichkeit hält dabei in Erinnerung, dass die Qualifikation als „ewig" hier konsequent mit der Endlichkeit des Menschen zusammengedacht werden muss.

An diese Überlegungen zur religionspädagogischen Kontextualisierung des Personbegriffs kann nun ein weiterreichender Vorschlag anknüpfen.

3 Der Personbegriff als theologisch-religionspädagogischer Meta-Begriff

In diesem Abschnitt möchte ich nun, in Form von fünf Thesen, einen Vorschlag dazu entwickeln, wie der Personbegriff in der religionspädagogischen Terminologie und Diskussion sinnvoll und mit Aussicht auf Erfolg verankert werden könnte. Was dabei die Bezeichnung ‚Meta-Begriff' bedeutet, soll sich im Folgenden erschließen.

[29] Vgl. dazu sowie zu meinen Überlegungen insgesamt T. Schlag/H. Simojoki (Hg.), Mensch – Religion – Bildung. Religionspädagogik in anthropologischen Spannungsfeldern, Gütersloh 2014. Im vorliegenden Zusammenhang verweise ich besonders auf den darin enthaltenen Beitrag von R. *Osmer*, Personhood and Education in the Context of the Church. An American Perspective, 550–558, der sich u.a. mit dem von C. Smith entwickelten soziologischen Personverständnis auseinandersetzt.

[30] Herms hat dies in der an den Lexikonartikel, auf den ich mich hier insbesondere stütze, anschließenden Darstellung ebenfalls weiter ausgeführt. Vgl. E. *Herms*, Zur Systematik des Personbegriffes (s. Anm. 1), 387–392, auch zu weiteren Aspekten bzw. Implikationen von Leiblichkeit.

(1) Ich beginne mit einer zunächst abgrenzenden These: *Es wäre nicht aussichtsreich, den Begriff der Person neben den anderen, oben als Alternativbegriffe beschriebenen Termini in die pädagogische oder religionspädagogische Diskussion einführen zu wollen.* Zum einen wäre dies wenig erfolgversprechend, zum anderen – und das ist sachlich gewichtiger – würde es der übergeordneten Bedeutung des Personbegriffs nicht gerecht. Der Vorschlag, den Personbegriff als Meta-Begriff aufzufassen, zielt auf genau diese Bedeutung und schließt ein, dass der Personbegriff dann andere Begriffe in bestimmter Weise qualifizieren kann und soll.

Die Problematik, die entsteht, wenn der Personbegriff neben andere Begriffe gestellt wird, ist im Grunde schon bei Biehls oben referiertem Vorschlag zu erkennen. Wenn Biehl formuliert: *„Subjekt muss der Mensch im Prozess seiner Bildung erst werden, Person ist er immer schon"*[31], so wird der Personbegriff dabei leicht abstrakt und vor allem statisch. Das dynamische Moment des Werdens liegt ganz beim Subjektbegriff, während der Personbegriff lediglich eine bleibende und insofern unveränderliche Voraussetzung benennt. Demgegenüber könnte die Perspektive der *Person im Werden*, wie sie bei Herms beschrieben wird, deutlich weiter führen: „Kraft dieser seiner Würde ist das Personsein des Menschen als sein Sein-im-Werden auch das verpflichtende Ziel, das Wofür seiner Verantwortlichkeit."[32] In dem von Herms entwickelten Verständnis von Person spielt der Prozess des Werdens eine geradezu entscheidende Rolle – darin nämlich, wie sich dieses Werden unter der Voraussetzung von Personalität verstehen lässt.[33] In diesem Falle wird das Werden in bestimmter Weise durch den Personbegriff bestimmt – als ein solches Werden, dass der Personalität gerecht wird. Dazu müssen die nun folgenden Thesen aufgenommen werden.

(2) Die für alle nachfolgenden Überlegungen grundlegende These lautet: *Im Personbegriff kommt zum vollen Ausdruck, was in den begrifflichen Äquivalenten, die heute in der (Religions-) Pädagogik Verwendung finden, tendenziell und partiell zum Ausdruck gebracht werden soll und wird, und es wird durch den Personbegriff präzisiert.*

Nur soweit diese These zutrifft, kann eine Verwendung des Personbegriffs in der Religionspädagogik und Praktischen Theologie attraktiv erscheinen. Würde umgekehrt zutreffen, dass die begrifflichen Äquivalente umfassender oder präziser sind, gäbe es keinen Grund, auf den Personbegriff zurückzugreifen.

(3) Die vorangehende These lässt sich auch positiv so wenden: *Während die verschiedenen begrifflichen Äquivalente von Persönlichkeit bis zu Subjekt und Kompetenz jeweils einzelne Momente akzentuieren, die aus religionspädagogischer Sicht unverzichtbar sind, bietet der Personbegriff in der oben präzisierten Bedeutung eine deutlich breitere Grundlegung für das religionspädagogische Verständnis des Menschen und speziell von Kindern und Jugendlichen.*

Dabei ist allerdings zugleich mit der Möglichkeit zu rechnen, dass die anderen Begriffe, die in der Religionspädagogik anstelle des Personbegriffs Verwendung finden, ihrerseits Aspekte zum Tragen bringen, die nicht ohne weiteres mit dem Personbegriff assozi-

---

[31] *P. Biehl*, Die Gottebenbildlichkeit des Menschen (s. Anm. 10), 156.

[32] *E. Herms*, Art. Person V. Ethisch, in: RGG⁴ 6 (2003) 1128–1129, 1128.

[33] Auch dies wird weiter ausgeführt bei *E. Herms*, Zur Systematik des Personbegriffes (s. Anm. 1).

iert werden. Dies soll in der nächsten These anhand des Subjektbegriffs erläutert werden. Die in der Religionspädagogik geläufigen Begriffe werden also nicht einfach überflüssig, sondern in ein Verhältnis wechselseitiger Bestimmung zum Personbegriff gebracht, ohne dass dadurch der Personbegriff seine übergeordnete Bedeutung verlieren würde.

(4) *Es muss im Einzelnen gezeigt werden, dass und in welchem Sinne der Personbegriff tatsächlich eine Zuspitzung bzw. theologische Grundlegung bietet, die über die begrifflichen Äquivalente hinausführt, und in welchem Sinne dennoch von einem Verhältnis wechselseitiger Bestimmung gesprochen werden kann.*

Diese Aufgabe reicht über das hier Mögliche hinaus, muss aber dennoch – und gerade deshalb – klar als Aufgabe benannt werden. Ohne den hier geforderten Nachweis bleibt es bei einem bloßen Postulat, das als solches kaum überzeugen kann. Um zumindest beispielhaft zu zeigen, worum es in dieser Hinsicht geht, sollen wenigstens einige Hinweise religionspädagogischen Gebrauchs des Subjektbegriffs gegeben werden:

– Bezeichnend für den seit etwa 20 Jahren in der Religionspädagogik vermehrt zu beobachtenden Gebrauch des Subjektbegriffs – eine historische Untersuchung dazu liegt bislang nicht vor – ist die Forderung, Kinder oder Jugendliche als *Subjekte* wahrzunehmen und anzuerkennen. Was damit genau gemeint ist, wird in der Regel allerdings nicht genauer ausgeführt. Kontextuell ist wahrzunehmen, dass es vor allem um Selbstbestimmung statt Bevormundung sowie um Selbstbildung im Sinne der Aneignung statt um eine vermittlungsorientierte Belehrung geht, die aus Kindern und Jugendlichen bloße Objekte macht.

   Damit zielt der religionspädagogische Gebrauch des Subjektbegriffs auf die Unverfügbarkeit des Personseins sowie auf die Selbstbezüglichkeit der Person, lässt sich also im Sinne der oben referierten Präzisierungen und Kontextualisierungen zum Personbegriff aufnehmen. Zugleich bringt der Subjektbegriff aber die pädagogisch unverzichtbaren Aspekte von Selbstbestimmung und Selbstbildung klarer zum Ausdruck, als dies in der Regel mit dem Personbegriff verbunden wird.

– Im Unterschied zum Subjektbegriff, der in seiner Vieldeutigkeit dem Personbegriff gewiss nicht nachsteht, hält der Personbegriff deutlichere Begründungsmöglichkeiten präsent (auch wenn darauf hinzuweisen ist, dass gerade der Subjektbegriff in der Religionspädagogik bzw. Praktischen Theologie durchaus anspruchsvolle Bestimmungen erfahren hat)[34]. Der Personbegriff verweist, wie deutlich geworden ist, konstitutiv auf die theologische Anthropologie und letztlich auf das christliche Gottesverständnis.

   Gezeigt hat sich ebenfalls, dass religionspädagogische Versuche, die Begriffe *Person* und *Subjekt* miteinander zu verbinden, sinnvoll sein können, dass dabei aber stärker, als die bislang vorliegenden religionspädagogischen Ansätze erkennen lassen, ein dynamisches, auch den Aspekt des Werdens einschließendes Personverständnis

---

[34] So gibt es in der Praktischen Theologie elaborierte Ansätze, die sich auf eine ‚Theologie des Subjekts‘ beziehen. Vgl. exemplarisch H. *Luther*, Religion und Alltag. Bausteine zu einer Praktischen Theologie des Subjekts (Identität und Fragment), Stuttgart 1992.

zum Zuge kommen muss. Erst unter dieser Voraussetzung wird die religionspädagogisch zentrale, oben mit Biehl beschriebene Aufgabe, die Subjektwerdung zu unterstützen, zum Tragen gebracht. Darüber hinaus wird dadurch die Anschlussfähigkeit an sozialwissenschaftliche und insbesondere empirisch orientierte Perspektiven möglich.

(5) *Der Bezug auf den Personbegriff macht die Religionspädagogik kritikfähig*, und dies in doppelter Hinsicht: Alle Begriffe, die sich als Äquivalente für den Personbegriff anbieten, müssen kritisch unter dem Aspekt beurteilt werden, welche Momente des Personseins sie
aufnehmen und welche nicht. Insofern eignet sich das Personverständnis als Ausgangspunkt für eine kritische theologisch-religionspädagogische Auseinandersetzung etwa mit
sozial- oder erziehungswissenschaftlichen Grundbegriffen.

Ein Beispiel für das Gemeinte findet sich beispielsweise in der Bildungsdenkschrift der
EKD *Maße des Menschlichen*. Dort wird der Kompetenzbegriff ausdrücklich deshalb aufgenommen und gewürdigt, weil er anders als der Begriff der Qualifikation „von der Perspektive des Subjektes"[35] ausgeht. Zugleich wird in dieser Schrift aber auch sichtbar, dass
der Kompetenzbegriff den Begriff der Person nicht ersetzen kann. So heißt es gerade in
dieser Denkschrift weiter: „Hauptzweck aller Bildung ist die Entwicklung der Person."[36]
Und: „Auf jedem Gebiet ist der Einsatz von Kompetenzen an verlässliche und verantwortliche Personen gebunden, auch im Raum ökonomischer Erfordernisse, an die bei
Zukunftsfähigkeit vorrangig gedacht wird."[37]

4 Ausblick: Bildungs- und Personbegriff

Beiläufig wurde oben bereits darauf hingewiesen, dass der Bildungsbegriff mitunter so
verwendet wird, dass er selbst an die Stelle des Personbegriffs tritt und damit zu einem
weiteren begrifflichen Äquivalent für diesen wird. Insofern gilt das in den vorangehenden beiden Abschnitten Gesagte nicht nur für die bildungstheoretisch genutzten Begriffe
wie Persönlichkeit, Identität, Subjekt usw., sondern auch für den Bildungsbegriff selbst.
Zugleich kann gesagt werden, dass gerade der Bildungsbegriff dem Personbegriff in vieler Hinsicht näher steht sowie den mit diesem verbundenen Ansprüchen gerechter wird
als andere Begriffe wie Sozialisation oder auch Erziehung. Dies begründet eine grundlegende Affinität, die ein vom Personbegriff her entwickeltes Bildungsverständnis attraktiv
macht.

Die begriffliche Nähe von Bildung und Person ist theologisch gesehen durchaus angemessen. Wenn es beim Personbegriff nicht um eine allein unveränderliche Voraussetzung aller Werdensprozesse geht, sondern gerade auch um die *Person im Werden*, dann ist

---

[35] Kirchenamt der EKD (Hg.), Maße des Menschlichen: Evangelische Perspektiven zur Bildung in der
Wissens- und Lerngesellschaft. Eine Denkschrift des Rates der EKD, Gütersloh 2005³, 70, online unter
(direkter Download): http://tinyurl.com/EKD-Masse-des-Menschlichen (Stand: 31.7.2015).

[36] AaO., 71.

[37] AaO., 74.

damit nichts anderes gemeint als die Bildungsgeschichte von Menschen. Das Werden der Person, das nicht als ein Werden *zur* Person missverstanden werden darf, ist ihre Bildung. Es ist zugleich nicht deren Erziehung oder Sozialisation, da diese Begriffe nicht gleicherweise den mit dem Personbegriff verbundenen Kriterien entsprechen.

Sachgemäß ist diese Sicht allerdings nur unter der Voraussetzung, dass weder Personalität noch Bildung an der leibhaften Existenz des Menschen vorbeigehen. Das gilt, wie bereits deutlich geworden ist, für das Verständnis von Person, gilt aber parallel dazu auch für das Bildungsverständnis. Während ältere bildungstheoretische Auffassungen Bildung gerne mit geistiger oder in anderem Sinne ‚höherer‘ Bildung u.ä. gleichsetzten, hat erst die neuere erziehungswissenschaftliche Diskussion das Bildungsverständnis mit Nachdruck aus solchen Verengungen befreit. Wie das Werden der Person beginnt auch Bildung in der frühesten Lebenszeit. Sollte früher die Bildung mit dem Eintritt in die (höhere) Schule beginnen, so werden heute schon im ersten Lebensjahr grundlegende Bildungsprozesse wahrgenommen. Damit entsteht auch von dieser Seite her eine neue Offenheit für das Verständnis von *Person im Werden*, die im interdisziplinären Diskurs zwischen Theologie und Erziehungswissenschaft verstärkt genutzt werden sollte.

Ralf Stroh

MENSCHLICHES HANDELN UND GOTTESDIENST

Eine Betrachtung in systematischer Perspektive

Ich wurde gebeten, Überlegungen zum Gottesdienst zu diesem Band beizusteuern. Meine Überlegungen betreffen nicht unmittelbar die Gestalt des Gottesdienstes. Ich beschäftige mich weder mit seinem Aufbau noch mit seiner Gliederung, weder mit seinen liturgischen Elementen noch mit den Traditionen, die zu seiner heutigen Gestalt beigetragen haben. Ich frage auch nicht unmittelbar nach seinen gegenwärtigen Rezeptionsbedingungen und in welcher Weise dem Gottesdienst in unserer gesellschaftlichen Lage mehr Erfolg zuteil werden könnte. Ich möchte mich stattdessen mit der Frage beschäftigen, welcher Art das Handeln ist, das den Gottesdienst konstituiert.[1]

Menschliches Handeln ist immer der Versuch, der Situation, in der ein Mensch sich vorfindet, gerecht zu werden. Das gelingt zuweilen besser, zuweilen schlechter, jedoch nie so, dass das Handeln die Situation absolut verfehlt oder ihr absolut gerecht wird.

Handeln kann die Situation des Handelns nie vollkommen verfehlen, weil Handeln die Weise ist, in der Menschen in Situationen bewusst existieren. Zu handeln heißt, sich auf die Herausforderungen einer Situation, so wie sie erlebt wird, aktiv einzulassen. Und Erleben heißt, sich zum Handeln, zur bewussten Reaktion auf das Erlebte, herausgefordert zu fühlen und dieser Herausforderung nicht ausweichen zu können. Es gibt kein Erleben, auf das wir nicht handelnd reagieren. Was auch immer wir erleben – immer trägt dieses Erleben das Gefühl in sich: Ich muss mit dem Erlebten umgehen. Ich muss mich auf es einlassen, mich zu ihm verhalten. Ich kann nicht so tun, als hätte ich es nicht erlebt. Selbst der Versuch, das Erlebte zu ignorieren, ist noch auf das Ignorierte bezogen, setzt es voraus und ist eine Weise, sich zu ihm zu verhalten – verfehlt es also gerade nicht völlig, auch wenn es ihm unter Umständen nicht gerecht wird.

Zugleich kann kein Handeln der erlebten Situation absolut gerecht werden, weil es diese Situation nicht selbst gesetzt hat. Das Erleben ist dem auf dieses Erleben bezogenen Handeln immer voraus. Das Handeln muss dem Erleben gerecht werden, nicht um-

---

[1] Im Folgenden orientiere ich mich an Schleiermachers Phänomenbeschreibung in seiner Glaubenslehre (hier v.a. §§ 3–6) und in seiner Sittenlehre. Diese Texte waren Grundlage zweier Seminare im WS 1986/87 in Mainz, die E. Herms geleitet hat. Ebenso leitend sind für mich Schleiermachers Überlegungen in seiner Philosophischen Ethik, die E. Herms gleichfalls in Mainz mehrfach in Seminaren behandelt hat. Da Schleiermachers Argumente nahezu in jeder Zeile den Gedankengang bestimmen, verzichte ich, um der besseren Lesbarkeit willen, auf Einzelnachweise und verweise nur summarisch auf diesen Hintergrund meiner Überlegungen.

gekehrt. Die erlebte Situation – zu der auch das Handeln und das Erleben selbst noch hinzugehören – ist der Maßstab des Handelns.

Aus diesem Grunde gibt es zwei Arten des Handelns: ein Handeln, das auf das als maßgebend Erlebte so reagiert, dass es dieses in seiner maßgebenden Bedeutung zu erfassen und zu fixieren sucht, indem es dieses Erlebte symbolisch darstellt; und ein Handeln, das auf das als maßgebend Erlebte dadurch reagiert, dass es den in ihm liegenden maßgebenden Impuls zur aktiven Gestaltung der Beziehung zwischen dem Erlebenden und dem Erlebten in all seinen vielfältigen Hinsichten, die das Erleben in sich enthält, ausagiert, diese Beziehung ‚organisiert‘.

Wir finden uns in einem beständigen Prozess des Symbolisierens und Organisierens, der Besinnung und Gestaltung vor, der sich ohne unseren Willen immer schon vollzieht, weil menschliches Leben eben genau dies ist: Bestimmtsein zu Besinnung und Gestaltung, zum Symbolisieren und Organisieren. Wir entscheiden uns nicht dafür, dass unser menschliches Leben durch diese beiden Notwendigkeiten bestimmt ist, sondern wir finden uns in ihnen vor. Und wir finden uns in ihnen so vor, das wir sie nie in den Griff bekommen, nie über sie verfügen. Im besten Falle werden wir ihrer und damit zugleich uns selbst adäquat inne.

Besinnung und Gestaltung sind nicht deswegen unsere Besinnung und unsere Gestaltung, weil *wir* es wären, die sie hervorbringen, sondern sie sind deswegen unsere Besinnung und Gestaltung, weil sie uns als diejenigen hervorbringen, die dazu bestimmt sind, ihrer selbst als ‚Ort‘ eines nicht durch sie selbst konstituierten Besinnungs- und Gestaltungsprozesses inne zu werden. Die Person konstituiert sich in ihrem Erleben nicht selbst, sondern wird und ist ihrerseits durch das Erleben extern konstituiert.

Weil das Handeln als Symbolisieren und Organisieren, als Besinnen und Gestalten selbst zur erlebten Situation hinzugehört, in der es sich vollzieht, steht die Situation dem Handeln nicht äußerlich gegenüber. Der Situation gerecht werden oder die Situation verfehlen, sie adäquat symbolisieren und organisieren, heißt für den Handelnden immer zugleich, sich selbst gerecht werden oder sich selbst verfehlen, sich auf sich selbst adäquat besinnen und sich selbst auf adäquate Weise gestalten. Realitätssinn beweist nur, wer zugleich seiner selbst inne ist.

Seiner selbst inne sein, heißt aber immer auch, dessen inne sein, dass dieses Selbst sich zugleich als auf anderes bezogen vorfindet. Selbstgewissheit gibt es nur zugleich mit Weltgewissheit.[2] Da dieses Ineinander von Selbst- und Weltbezogenheit nie nur Selbst- und Weltgewissheit, sondern als solche stets auch Selbst- und Weltverhalten ist, gibt es Selbst- und Weltbezogenheit auch nur als Selbst- und Weltgestaltung.

Jeder Akt der Selbst- und Weltbesinnung ist zugleich ein Akt der Selbst- und Weltgestaltung, weil er ein Akt der Besinnung der als selbst- und weltbezogen existierenden Person ist, die gar nicht anders kann, als in allen ihren Akten dieser Selbst- und Weltbe-

---

[2] Genauer: Gewissheit von anderem, denn Weltgewissheit ist ihrerseits nur ein Ausschnitt der Gewissheit von anderem. Welt ist jener Bereich von anderem, der zu uns in einem Wechselverhältnis der Einflussnahme steht. Es gibt jedoch auch anderes, zu dem zwar ein Verhältnis besteht, aber eben kein Wechselverhältnis der Einflussnahme.

zogenheit effektiv Ausdruck zu geben. Und jeder Akt der Selbst- und Weltgestaltung ist zugleich ein Akt der Selbst- und Weltbesinnung, weil er ein Gestaltungakt der Person ist, die ihrer selbst als selbst- und weltbezogen inne ist und gar nicht anders kann, als sich dieses Sachverhaltes auch in all ihren Gestaltungsakten inne zu sein und ihm symbolischen Ausdruck zu geben.

Dieses Inne-Sein ihrer Selbst- und Weltbezogenheit erlebt die Person nicht als ihrer selbst bewusste und durchgeklärte Selbst- und Weltbezogenheit, sondern als zur Bewusstwerdung und Klärung bestimmte. Die Person ist zum Selbst- und Welterleben genötigt. Sie kann nicht anders, als sich selbst in ihrer Welt zu erleben und sich zu diesem Selbst- und Welterleben besinnend und gestaltend zu verhalten. Mit anderen Worten: Es ist ihr unmöglich, nicht Person zu sein. Und da dieses Personsein als ein Bezogensein auf sich selbst in ihrer Welt als ein Bezogensein erlebt wird, das durch keines der aufeinander bezogenen Relate gesetzt worden ist, erlebt sich die Person inklusive ihrer Welt als Geschöpf eines nicht durch sie selbst gesetzten Bezogenwerdens.[3] Sich selbst in seiner Selbst- und Weltbezogenheit als Person erleben heißt, sich selbst und seine Welt als Geschöpf erleben; als Geschöpf eines Beziehung stiftenden und erhaltenden Aktes.[4] Der Erlebende erlebt sein Erleben und alle seine Erlebnisinhalte als transzendent konstituiert.

Selbst- und Welterleben sind eingebettet und begleitet vom Erleben der Geschöpflichkeit von Selbst und Welt. Im Selbst- und Welterleben wird die Unhintergehbarkeit des externen, durch keines der Relate selbst gesetzten Bezogenseins auf sich selbst und seine Welt erlebt, und zwar als etwas, das nicht in Selbst- und Welterleben aufgeht, weil Selbst- und Welterleben dieses Bezogensein immer schon voraussetzen. Selbst- und Welterleben sind ihrerseits Weisen grundlegender Innerlichkeit, nämlich der Existenz als Inne-Sein seiner selbst in seiner Welt. Geschöpflichkeit ist die unhintergehbare Erfahrung von Innerlichkeit im Sinne der Unmöglichkeit, aus sich selbst heraustreten zu können, und der Notwendigkeit, selbst das distanzierte und distanzierende Verhältnis zu sich selbst in der Selbstbetrachtung noch als Akt des Inneseins seiner selbst in seiner Welt vollziehen zu müssen.

Die Person muss nicht mit der Welt ‚da draußen‘ und mit ihrem Körper als Gegenstand der Besinnung zurechtkommen, sondern mit ihrem Innesein in dieser ihrer Welt und ihrer Körperlichkeit. Wir leben nicht ‚in‘ der Welt und nicht ‚in‘ unserem Körper, sondern Person sein heißt, der Welt und seiner selbst inne sein.

Da dieses Innesein die Weise des Bezogenseins aller möglichen Gehalte des Selbst- und Welterlebens aufeinander ist, ist es inklusive des Inneseins seiner selbst als extern konstituiertes Innesein ein überindividuelles Faktum. Innerlichkeit ist nicht die Grenze jeglicher Gemeinschaft, sondern ganz im Gegenteil die Bedingung ihrer Möglichkeit.

---

[3] Dies ist genau jenes Verhältnis zu anderem, das, anders als das Weltverhältnis, keinem Wechselverhältnis der Einflussnahme offensteht.

[4] Insofern ist dieses erlebte Verhältnis ein erlebtes Verhältnis zum ‚Schöpfer‘.

Darum können auch nur dort, wo Selbst- und Welterleben in ihrer externen Konstitution als überindividuelles Faktum zum Thema des inneren und äußeren Gespräches[5] werden, Besinnen und Gestalten ihrem Gegenstand – dem Erleben des eigenen Seins als Sein in Beziehungen – in seinem Eigensinn gerecht werden.

Hierin liegt der Kern des gottesdienstlichen Handelns, der gottesdienstlichen Besinnung, der Organisation des gottesdienstlichen Lebens: Es ist das organisierte Symbolisieren des externen Konstituiertseins von Innerlichkeit im eben beschriebenen überindividuellen Sinne. Und da es das organisierte Symbolisieren des *externen* Konstituiertseins von Innerlichkeit ist, ist es in traditioneller religiöser Sprache Gottesdienst.

Sowohl Selbst als auch Welt sind nicht einfach ‚da‘, sondern sie sind ‚für‘ das Erleben da. Realistisch und sachgerecht sind also nur Akte der Besinnung und der Gestaltung, die diesem Wesenszug von Selbst und Welt, ausnahmslos erlebnismäßig und nie ‚an sich‘ gegeben zu sein, Rechnung tragen. Im gottesdienstlichen Handeln findet keine distanzierende Schau auf das Leben an sich statt, keine Verwaltung tradierter Deutungsangebote, sondern eine Besinnung auf mein und unser Leben. Das ‚Ich‘ und das ‚Wir‘ sind zentrale Bestandteile gottesdienstlichen Handelns. Ohne sie gibt es keinen Gottesdienst. Und zugleich sind Ich und Wir in diesem Kontext als konkretes Ich und Wir thematisch. Sie kommen nicht als Phänomene des Solipsismus in den Blick, sondern als Phänomene der fundamentalen Sozialität jeden Erlebens im Sinne des Stiftens von Beziehung. Im Erleben erlebt sich nie nur ein abstraktes Ich oder Wir, sondern stets ein konkretes Ich und Wir in all seinen Beziehungen.

Ein Todesfall ist nicht ‚an sich‘ traurig, sondern weil er ‚für uns‘ traurig ist. Die Geburt eines Kindes ist nicht ‚an sich‘ in unaussprechlicher Weise beglückend – und zuweilen auch in unaussprechlicher Weise beängstigend –, sondern weil sie unser Leben und Erleben als Eltern oder Geschwister, als Großeltern oder Freunde der Eltern revolutioniert. Ein Kuss ist nicht ‚an sich‘ schön, sondern weil er ‚für uns‘ schön ist. Das Warten im Bahnhof ist nicht ‚an sich‘ langweilig, sondern weil es ‚für uns‘ langweilig ist. Solche Gefühle fügen ‚an sich‘ neutralen Situationen nicht etwas zusätzlich hinzu, was ‚an sich‘ nicht in ihnen enthalten wäre. Es gibt keine neutralen Situationen, sondern nur Situationen ‚für uns‘, das heißt inklusive unserer gefühlsmäßigen Beteiligung. Wir können uns dieser Beteiligung bewusst sein, und sie insofern ‚neutralisieren‘, dass wir anderen eine andere gefühlsmäßige Beteiligung an dieser Situation zugestehen. Aber dieses Zugestehen ist dann eben das Zugestehen einer anderen und nicht keiner gefühlsmäßigen Beteiligung.

Die gefühlsmäßige Beteiligung, die im ‚für uns‘ einer jeden Situation enthalten ist, definiert jedoch nicht die Situation in ihrem Eigensinn des ‚für uns‘-Seins. Es ist unvermeidbar, dass eine jede Situation in ihrem ‚für uns‘-Sein eine bestimmte gefühlsmäßige Beteiligung hat. Aber es ist nicht notwendig, dass es diese bestimmte gefühlsmäßige Beteiligung ist. Sie kann sich wandeln. Die ‚Tonlage‘, in der wir unserer selbst und der Welt

---

[5] Gespräch im weiten Sinne des auch außersprachlichen Austausches und der nonverbalen Kommunikation.

inne sind, ist plastisch. Auch sie selbst, wie schon all unsere Besinnung und all unser Gestalten, steht vor der Alternative, sich selbst gerecht zu werden oder sich selbst zu verfehlen. Das Ich und das Wir, das im Gottesdienst thematisch wird, kann dem Innesein seiner selbst und seiner Welt auf eine Weise inne sein, die diesem Innesein in all seiner erlebten Beziehungsvielfalt entspricht oder ihm nicht entspricht; dieser Vielfalt gerecht wird oder sie verkürzt. Die gottesdienstliche Organisation des Symbolisierens von Innerlichkeit zielt auf die Wahrheitsfrage im Blick auf unser Lebensgefühl. Dazu ist unverzichtbar, dass unser aktuelles Lebensgefühl unverkürzt zur Darstellung gelangt, denn nur dann kann es in seinem konkreten Gehalt, in dem es uns bestimmt, an der ihm zugrundeliegenden extern konstituierten Innerlichkeit auf seine Adäquatheit mit dieser hin befragt werden und sich einer möglichen Transformation seiner selbst als uns bestimmendes Lebensgefühl öffnen. Das würde verhindert, wenn das im Gottesdienst zur Darstellung kommende Lebensgefühl schon im Voraus ‚zivilisiert‘ und ‚kultiviert‘ würde. Die zivilisierende und kultivierende Kraft des Gottesdienstes als symbolisierende Darstellung von Lebensgefühl besteht gerade darin, dass er das Unzivilisierte und Unkultivierte unserer Innerlichkeit so zur Darstellung bringt, dass wir seiner überhaupt allererst ansichtig werden. Das gottesdienstliche Handeln kultiviert und zivilisiert nicht dadurch, dass es Menschen auf eine bestimmte erträgliche Gefühlslage und Form der Expression ihres Lebensgefühls hin erzieht, sondern dadurch, dass es in den Umgang mit dem aller Zivilisation und Kultiviertheit vorausliegenden Quellgrund unseres Lebensgefühls einübt und zu einem angstfreien Umgang mit ihm ermutigt. Andernfalls wäre eine jede Beerdigung nur ein weiteres Verhängnis, das der Tod eines lieben Menschen mit sich bringt, oder eine jede Trauung nur ein blasser Abklatsch der vielfältigen und auch ambivalenten Gefühle, die zu diesem Anlass hinzugehören.

Und auch in diesem Fall gilt: Wir können unser vorbewusstes Innesein, unser Lebensgefühl, nie ganz verfehlen, aber es auch nie ganz in unserem bewussten Innesein einholen. Zur völligen Entsprechung bringen und ganz einholen kann das vorbewusste Innesein in unser bewusstes Innesein nur der Akt, der dieses vorbewusste Innesein für uns setzt, und da dieser Akt dieses vorbewusste Innesein, dieses Lebensgefühl, als Bezugspunkt unseres bewussten Inneseins für uns immer schon setzt, kann unser bewusstes Innesein diesen Bezugspunkt auch nie ganz verfehlen.

Alltagssprachlich wird die hier beschriebene Erlebniskonstellation mit Formulierungen umschrieben wie etwa ‚In sich selbst ruhen‘, ‚Sich in der Welt zuhause fühlen‘, ‚Innere Unruhe und Zerrissenheit‘, ‚Sich selber fremd sein‘, ‚Kein wirkliches Zuhause haben‘. Und die entsprechenden Gefühlslagen sind zum Beispiel Zuversicht, Hoffnung, Lebensmut oder Verzweiflung, Unsicherheit und Angst. Alle diese Erlebniskonstellationen kommen auch in einem jeden Gottesdienst notwendig vor.

Da unser Innesein grundlegend ist für all unsere Akte der Besinnung und Gestaltung, selbst aber nie anders denn als die Akte der Besinnung und Gestaltung begleitend für uns gegeben ist – wir sind unserem Innesein nie anders denn als in Akten der Besinnung und Gestaltung inne –, können wir uns ihm nie anders denn als in Akten der Besinnung und Gestaltung zuwenden, ihm in diesen Akten entsprechen oder es in diesen Akten verfehlen. Ein Gottesdienst kann also auch nie aus anderen Akten als diesen bestehen. Es gibt keinen besonderen gottesdienstlichen oder religiösen Handlungsmodus.

Jeder Akt der Besinnung und Gestaltung kann zum einen als dieser konkrete Akt der Besinnung auf etwas oder dieser konkrete Akt der Gestaltung von etwas angesehen werden, zum anderen aber auch als Ausdrucksgestalt einer bestimmten Weise von Innerlichkeit, nämlich der Innerlichkeit dieser Person. Das Besondere des gottesdienstlichen Handelns, der Besinnung und der Gestaltung im Gottesdienst, besteht nicht in einem besonderen Modus des Handelns, darin, dass hier ganz anders als sonst üblich gehandelt, ganz anders als sonst sich besonnen oder gestaltet würde, sondern darin, dass im Fokus der Besinnung und Gestaltung etwas steht, das die Bedingung der Möglichkeit jedweder konkreten Besinnung und Gestaltung ist: das sich selbst in Besinnung und Gestaltung als extern konstituiert erlebende Individuum in seiner Sozialität.

Einen Akt der Besinnung und Gestaltung verstehen, heißt immer, diese seine beiden gleichursprünglichen Aspekte – den konkreten Besinnungs- und Gestaltungsakt und das ihn begleitende grundlegende Innesein – gemeinsam in den Blick zu fassen und verstehen zu wollen. Nur dann können wir ihm wirklich gerecht werden. Weder lässt sich ein Mensch auf seine Taten reduzieren, noch lässt er sich ohne sie verstehen.

Sowohl die Akte der Selbst- und Weltbesinnung, als auch die Akte der Selbst- und Weltgestaltung, aber auch die Akte der Zuwendung zur alle Akte der Besinnung und Gestaltung begleitenden Innerlichkeit finden nie anders denn als explizite oder implizite Interaktion statt. Jegliche Besinnung vollzieht sich als Akt der inneren oder äußeren Verständigung, jegliches Gestalten vollzieht sich als Gestaltung der gemeinsamen Welt und jeglicher Ausdruck von Innerlichkeit kann seinerseits nur als Besinnung oder Gestaltung Gestalt gewinnen, sodass von ihm notwendig dasselbe gilt wie schon von Besinnung und Gestaltung selbst.

Jegliche Interaktion findet stets entweder als eher informelle oder als eher formelle Interaktion statt, als ungeplant spontane oder als geplant und bewusst gestaltete Interaktion. Gleichwohl verläuft auch die ungeplant spontane Interaktion im Rahmen bestehender Konventionen, wie auch die bewusst gestaltete Interaktion unkonventionelle Momente enthält.

Das gilt auch für jene gottesdienstlichen Interaktionen, in denen unsere Besinnung und unser Gestalten als Ausdrucksgestalten von Innerlichkeit thematisch werden. Ein bestimmter Gedankengang im inneren oder äußeren Gespräch, ein bestimmtes Handeln im Rahmen unserer Weltgestaltung allein oder mit anderen kann zum ungeplanten Anlass werden, sich der in ihm offenbarenden Grundgestimmtheit unseres In-der-Welt-Seins zuzuwenden. Zuweilen mag man versuchen, solche Erfahrungen als störende Ablenkung zur Seite zu schieben; zuweilen mag man solche Erfahrungen als willkommene Gelegenheit zur Selbstklärung aufgreifen. Man kann aber auch bewusst Situationen schaffen, in denen wir uns mit Absicht und geplant bestimmten Gedankengängen oder bestimmten Aktivitäten zuwenden, um die sie begleitenden Weisen von Innerlichkeit aufmerksam in den Blick zu fassen und uns den sie begleitenden Gefühlslagen zu öffnen.

Klassische Beispiele für solche bewusst organisierten Situationen der Konzentration auf Innerlichkeit und das planvolle in den Hintergrund Schieben von denkender und gestaltender Weltaneignung sind die gemeinsamen gesellschaftlichen Ruhetage. Sonn- und Feiertage haben ihren Mittelpunkt darin, dass sie Freiräume eröffnen, um uns selbst in unserem In-der-Welt-Sein zum Gegenstand des Erlebens zu werden. Wir reden miteinander und wir gestalten diesen Tag miteinander, aber der Fokus liegt nicht im einzelnen Inhalt des Tuns und Redens, sondern in der Aufmerksamkeit auf das, was in diesem Tun und Reden von uns offenbar wird.

Und ebenso klassisch sind die gemeinsamen gesellschaftlichen Feierstunden bzw. Gottesdienste, kulturelle Ereignisse wie Theater und Konzert an den Sonn- und Feiertagen, aber auch an gewöhnlichen Werktagen. Auch hier geht es wesentlich nicht um die denkende oder gestaltende Selbst- und Weltaneignung, sondern um die Versenkung in die Denken und Gestalten begleitende und tragende Innerlichkeit.

Weil die denkende und die gestaltende Selbst- und Weltaneignung hier nur der Anknüpfungspunkt für den Rekurs auf die sie begleitende Innerlichkeit ist, sind intellektuelle und technische Fähigkeiten und Kompetenzen der Person auch nicht als solche Maßstab der größeren oder weniger großen Sensibilität für jene im Mittelpunkt der Aufmerksamkeit stehende Innerlichkeit. Intellektuelle und technische Fähigkeiten und Fertigkeiten bieten lediglich unter Umständen größere oder weniger große Möglichkeiten, den zur Darstellung und Mitteilung bestimmten Gehalten der Innerlichkeit angemessenen Ausdruck zu geben. Dabei geht es in keinem einzigen Fall um intellektuelle oder technische Virtuosität, sondern in jedem Fall um die Nähe der Darstellung zum auszudrückenden Gehalt der Innerlichkeit. Weshalb unter Umständen sogar Verstöße gegen landläufige Standards der intellektuellen oder technischen Professionalität eine höhere expressive Kraft entfalten können, als der regelgemäße Gebrauch von Sprache oder anderen Darstellungsmedien von Innerlichkeit. Veränderungen des künstlerischen Stils in Literatur, Musik und Theater, der Wandel in der Gestaltung von geselligen Zusammenkünften, neue Formen der Gestaltung von religiösen Feiern und Gottesdiensten entzünden sich an solchen fruchtbaren Regelverstößen und Verletzungen der überlieferten Konventionen.

Die Professionalität der für die Gestaltung der gemeinsamen Bezugnahme auf Innerlichkeit an den Sonn- und Feiertagen und den einschlägigen Feierstunden bzw. Gottesdiensten verantwortlichen Personen erweist sich daher nicht zuletzt darin, dass sie ihre Verantwortung zentral darin sehen, nicht sich selbst oder einen bestimmten technischen und künstlerischen Standard in den Mittelpunkt zu rücken, sondern jener Darstellung Raum zu geben, die die größte Wahrscheinlichkeit für sich hat, der unverkürzten Innerlichkeit ohne störende Ablenkung Gestalt zu verschaffen.

Unverzichtbare Voraussetzung für eine solche Versenkung in das unverkürzte In-der-Welt-Sein von uns Menschen und zugleich für seine Darstellung ist aber die Bereitschaft zur Wahrnehmung sich bietender Chancen zu freier Geselligkeit ohne Grenzen – das heißt ohne Ansehen aller äußeren Unterschiede der Personen – beziehungsweise die aktive Schaffung solcher Sphären freier Geselligkeit. Beides ist ein charakteristisches

Merkmal christlicher Existenz, sofern sie das Lebenszeugnis Jesu als ihren Maßstab nimmt.

Wesentliches Merkmal seines Auftretens war nämlich, dass er Gemeinschaft mit allen suchte ohne Ansehen von Stand und Person. Und zugleich ist diese Gemeinschaft als eine solche überliefert, in deren Mittelpunkt die freie Geselligkeit, die nicht strategisch verzweckte Bereitschaft, sich auf die begegnende Person einzulassen, steht. Alle Besinnung und alle Gestaltung, alle Lehrtätigkeit und alle Heilungsakte Jesu haben ihr Ziel nicht darin, den belehrten oder geheilten Menschen durch Belehrung und Heilung auf ein höheres, für die volle Gemeinschaft notwendiges Niveau zu versetzen. Belehrung und Heilung zielen stattdessen darauf, Hindernisse wegzuräumen, die der schon gegebenen, aber aus Unverstand nicht anerkannten Gemeinschaft aller Menschen untereinander und ihrer bereits jetzt bestehenden Bestimmung, dem vollen Gehalt ihres In-der-Welt-Seins inne zu sein, im Weg stehen.

Ebenso unverzichtbare Voraussetzung für eine solche Versenkung in das unverkürzte In-der-Welt-Sein von uns Menschen und zugleich für seine Darstellung ist die Bereitschaft zur vorbehaltlosen Selbstrelativierung des eigenen Inneseins in der Welt und aller es aktualisierenden Besinnungs- und Gestaltungsakte hin auf den dieses Innesein begründenden, setzenden und erhaltenden Akt und Prozess. Auch dies ist ein charakteristisches Merkmal christlicher Existenz, sofern sie das Lebenszeugnis Jesu als ihren Maßstab nimmt. Dieses Lebenszeugnis bestand nämlich wesentlich darin, von sich selbst wegzuweisen, sich selbst zu relativieren: „Jesus aber sprach zu ihm: Was nennst du mich gut? Niemand ist gut als Gott allein" (Lk 18,19). Jesu befreiende Wirkung gründet wesentlich darin, die Menschen in seiner Umgebung nicht auf sich selbst zu verpflichten, sondern auf die das In-der-Welt-Sein aller Menschen gleichermaßen begründende und gewährende Kraft, von der er Zeugnis ablegt. Nicht sich selbst oder eine andere innerweltliche Instanz zum Garanten des In-der-Welt-Seins machen zu müssen, entlastet von allen unrealistischen Selbst- und Fremdzuschreibungen, eröffnet einen realistischen Blick auf das Leben, wie es wirklich ist, und schenkt damit eine Gelassenheit im Umgang mit allen Herausforderungen des Lebens, die nicht in Verdrängung, sondern in jener Einsicht gründet, die höher ist als all unsere menschliche Vernunft.

Was es mit der Behauptung auf sich hat, es gäbe eine alle Menschen verbindende Gemeinschaft, die jeglicher aktiven Gestaltung solcher Gemeinschaft durch Menschen bereits vorausliegt, und es gäbe die Bestimmung eines jeden Menschen, des vollen Gehaltes seines In-der-Welt-Seins angstfrei und befreiend inne zu werden, wird in seiner Radikalität allerdings erst nach Jesu Tod am Kreuz vollständig klar. Denn erst in der die Karfreitagserfahrung aufnehmenden, sie nicht ignorierenden, sondern konkretisierend überbietenden Ostererfahrung der Christen werden diese inne, dass zur Erfahrung menschlicher Gemeinschaft eine Ebene hinzugehört, die durch den Tod nicht revoziert werden kann, und dass erst im vollständigen Durchlaufen des menschlichen Lebens sich dessen voller Gehalt offenbart. Der Tod gehört zu diesem vollen Gehalt hinzu, streicht den vollen Gehalt des Lebens nicht durch, sondern gibt jedem einzelnen Moment des Lebens erst sein volles Gewicht.

Die Erfahrung des Wahrseins der Osterbotschaft offenbart den vollen und unverkürzten Gehalt des In-der-Welt-Seins als Geschöpf. Es ist gar nicht anders möglich, als dass das Innesein dieser Wahrheit auch alle einzelnen Besinnungs- und Gestaltungsakte der Person begleitet und durchdringt. Dieses Innesein entlastet die Person jedoch nicht von der Herausforderung, ihm in der konkreten Besinnung und Selbst- und Weltgestaltung auch gerecht werden zu müssen, ihr angemessen Ausdruck zu geben.

Neben der jeden einzelnen Akt begleitenden Selbstrelativierung hin auf dieses grundlegende Innesein und den dieses begründenden Prozess motiviert dies zur formellen, miteinander und aufeinander abgestimmten Gestaltung solcher Selbstrelativierung in gemeinschaftlicher Kooperation – eben in Kultus und Gottesdienst.

Kultus und Gottesdienst sind nicht in dem Sinne die Mitte des christlichen Lebens, dass in ihnen etwa das die ganze Existenz tragende Innesein der Wahrheit des In-der-Welt-Seins begründet würde. Das ist nicht ihre wesentliche Aufgabe, auch wenn das zuweilen in ihnen geschehen mag. Aber das ist nicht ihr Ziel und nicht der Anspruch, unter dem sie stehen. Kultus und Gottesdienst sind in diesem Sinne gerade keine missionarischen, den Glauben vermittelnden Gelegenheiten. Ein solcher Anspruch liefe ja der wesentlichen Selbstrelativierung hin auf den tragenden Grund aller menschlichen Existenz strikt zuwider. Vielmehr sind sie die Mitte des christlichen Lebens, weil in ihnen diese Mitte, der Ursprung und die tragende Kraft dieses Lebens, so in den Blick genommen wird, dass all unsere einzelnen Besinnungs- und Gestaltungsakte hin auf diese Mitte relativiert werden.

Darin bleiben sie dem Lebenszeugnis Jesu treu, erschließen den menschlichen Alltag neu und entfalten eine subversive Kraft, die allen konventionellen gesellschaftlichen Machtkonstellationen ihre Grenze aufzeigt.

Martin Schuck

VERÄNDERT DAS MEDIUM DIE BOTSCHAFT?

Bereits 1967 hat der 1980 verstorbene kanadische Philosoph und Medientheoretiker M. McLuhan die These aufgestellt, das Medium sei die Botschaft („The Medium is the message"). Diese These, obwohl ganz offensichtlich eine Übertreibung der wahren Sachlage, verdrängte im Bewusstsein der mit dem Medienbetrieb Befassten die bis dahin übliche Ansicht, Botschaft und Medien seien wie Inhalt und Form bzw. Verbreitungskanal einander eindeutig zugeordnet.[1] Wenn McLuhans These eine richtige Beobachtung zugrunde liegt, liefert sie nicht nur eine Erklärung für die erkennbaren und beschreibbaren Wechselwirkungen von Medienformen und Medieninhalten, sondern macht auch die Gründe für eine veränderte Wahrnehmung des Mediengebrauchs von Menschen in unterschiedlichen gesellschaftlichen Zusammenhängen nachvollziehbar. Einige Schlaglichter auf den innerkirchlichen Umgang mit Medien von der Reformation bis zur EKD nach der Jahrtausendwende sollen die Beobachtung bestätigen, die hinter McLuhans überspitzer These steht, und abschließend vor einer Gefahr warnen.

1 Martin Luther als erster öffentlicher Theologe

Durch den Auftrag in Mt 28,16–20 zur Kommunikation des Evangeliums an „alle Welt" ist die Kirche in der Verbreitung ihrer Botschaft auf Medien verwiesen. Obwohl spätestens mit dem Byzantinischen Bilderstreit im 8. Jahrhundert die Frage nach der Vorzüglichkeit bestimmter Medien gestellt war, änderte sich in medientheoretischer Perspektive bis zum Vorabend der Reformation wenig. Leitmedien der mittelalterlichen Kirche waren Brot und Wein in der Eucharistiefeier[2] sowie das gesprochene Wort des Predigers in den ab dem 12. Jahrhundert häufiger werdenden Wortgottesdiensten. Beide medialen Funktionen bündelten sich im Amt des Priesters, dem als Repräsentant der Kirche selbst eine heilsvermittelnde Funktion zukam. Eine Veränderung dieser medialen Lage bahnte sich erst mit Martin Luthers Dekonstruktion sämtlicher kirchlicher Autoritäten an, als deren Ergebnis der Mensch selbst unvertretbar vor Gott stand und zur Erkenntnis Gottes allein auf die Schrift angewiesen war. Eine neue medientheoretische Ausgangslage war entstanden.

---

[1] So *E. Blanke*, Kommunikationskampagnen. Ansätze und Kriterien einer praktisch-theologischen Kampagnentheorie (Praktische Theologie heute 103), Stuttgart 2010, 215.

[2] Vgl. dazu *J. Hörisch*, Brot und Wein. Die Poesie des Abendmahls (Edition Suhrkamp 1692/Edition Suhrkamp NF 692), Frankfurt a. M. 1992.

Der Reformation der Kirche, die Martin Luther ab 1517 ausgelöst hat, ist eine kulturelle Revolution vorausgegangen, und diese Revolution war dafür verantwortlich, dass sich die Reformation nicht nur an einzelnen Orten, sondern in der Fläche des gesamten damaligen Deutschen Reiches durchsetzen konnte. Die kulturelle Revolution begann im Jahr 1448, als der Goldschmied Johannes Gutenberg zusammen mit seinem Kapitalgeber Johann Fust und dem Schreibmeister Peter Schöffer in Mainz die erste Druckwerkstatt gründete. Als erstes Werk wird 1455/56 eine Bibel gedruckt, danach setzt sich die neue Technologie entlang des Rheins, in oberdeutschen, oberitalienischen und niederländischen Handelszentren sowie in den Universitätsstädten durch. Um 1500 existieren in Europa etwa 250 Druckorte mit insgesamt ca. 1100 Druckereien. In den Jahren zwischen 1450 und 1500 entstehen etwa genau so viele Buchexemplare wie in den tausend Jahren zuvor.

Aber Bücher zu drucken war damals – genau wie heute – teuer. Zwar gab es im 15. Jahrhundert einige brauchbare Manuskripte mit philosophischen und theologischen Inhalten, aber es gab keine finanzkräftigen Institutionen oder Unternehmen, die ein Interesse an der Vervielfältigung dieser Manuskripte hatten. Die mittelalterliche Kirche hätte zwar die finanziellen Möglichkeiten gehabt, hatte aber überhaupt kein Interesse daran, dass die Werke des Thomas von Aquin oder der Sentenzenkommentar des Petrus Lombardus weite Verbreitung finden. Die wenigen Exemplare des Sentenzenkommentars, die man für die Universitäten brauchte, wurden von Mönchen in den Klöstern per Hand geschrieben. Und den neu entstandenen großen Handelsgesellschaften, die ebenfalls das Geld gehabt hätten, um Bücher drucken zu lassen, fehlte es an brauchbaren Manuskripten. Schrifterzeugnisse waren im Mittelalter eben nicht Teil der Massenkultur. So kam es, dass viele der neu gegründeten Druckereien zum Beginn des 16. Jahrhunderts in einer tiefen Existenzkrise steckten und vor dem Bankrott standen.

In dieser Situation wirkte die Reformation wie ein Konjunkturprogramm für das Druckereigewerbe. Die Theologie des *sola scriptura* verlangte nach einem medialen Paradigmenwechsel. War das heilsvermittelnde Medium der mittelalterlichen Kirche der geistliche Stand, das Priestertum also, so übernahm nun plötzlich das Wort selbst in seiner theologischen Qualifizierung als Schrift diese Funktion, und das verschaffte dem geschriebenen Wort eine völlig neue Bedeutung. Man kann einmal den Versuch machen, die bekannten theologischen Essentials der Reformation in medientheoretischer Perspektive zu lesen. Nicht nur das *sola scriptura*, die Alleinstellung des Wortes in seiner Übermittlerfunktion von Gotteserkenntnis, sondern auch das ‚Priestertum aller Gläubigen' verlangt, in gleichem Maße wie lesefähige Christen nötig sind, nach Textgrundlagen zur Ausübung des (laien-)priesterlichen Geschäfts.

Lesestoff war also gefragt, und zwar massenhaft. Gleichzeitig wurden von den Theologen der Reformation massenhaft Texte produziert. Martin Luther verordnete sich auf dem Höhepunkt seines reformatorischen Schaffens ein publizistisches Großprogramm.[3]

---

[3] Diese Einschätzung teilt auch *V. Leppin*, Martin Luther. Vom Mönch zum Feind des Papstes, Darmstadt 2013, 52.

Allein im Jahr 1520 schrieb er vier wichtige Schriften. Nach dem *Sermon von den guten Werken* folgt das Sendschreiben *An den christlichen Adel deutscher Nation*, kurz darauf *De captivitate Babylonica ecclesiae* und schließlich *Von der Freiheit eines Christenmenschen*. Aber nicht nur Luther, sondern auch die anderen Reformatoren waren literarisch produktiv. Weil aber das alte Problem der Finanzierung dicker Bücher nach wie vor bestand, und weil gleichzeitig die neuen Gedanken schnell in der Öffentlichkeit verbreitet werden mussten, waren jetzt ganz andere Druckerzeugnisse gefragt: kurze Schriften von wenigen Seiten, die schnell und billig in hohen Auflagen produziert werden konnten. Eine neue literarische Gattung war im Entstehen: die Flugschriften. Man kann mit Fug und Recht sagen, dass die Flugschrift das typische Produkt der reformatorischen Publizistik ist. Luther selbst wählte diese Form für die Verbreitung seiner Gedanken. Sein Sendschreiben *An den christlichen Adel deutscher Nation* wurde als Flugschrift veröffentlicht – und zwar in der damals sensationell hohen Erstauflage von 4000 Exemplaren, die schon nach wenigen Tagen vergriffen waren. Andere reformatorisch gesinnte Autoren folgten: Philipp Melanchthon, Johannes Oekolampad, Thomas Müntzer, Johann Schwebel und viele andere.

Im Druckereigewerbe war der Konjunkturmotor jetzt angesprungen: Zu Beginn des 16. Jahrhunderts wurden pro Jahr etwa 40 deutschsprachige Titel gedruckt. 1519 waren es bereits 111, 1523 sogar 498, davon befassten sich 418 mit Fragen der Reformation. Seit dem Bauernkrieg 1525 und den ersten Streitereien über die Richtung der Reformation wurden die Flugschriften mehr und mehr zu innerreformatorischen Kampfschriften. Der Richtungsstreit zwischen Luther und den Täufern, Luther und den Bilderstürmern und dann zwischen Luther und Zwingli wurde nicht einfach nur öffentlich, sondern zudem noch mit sehr hohen Auflagen ausgetragen.

Insgesamt wurden zwischen 1501 und 1530 etwa 10.000 Flugschriften gedruckt, meist mit religiösem, zunehmend aber auch mit politischem Inhalt. Die Auflagen stiegen teilweise in den fünfstelligen Bereich. Innerhalb des damaligen politischen Systems entstand ein rechtlich ungeregelter Raum, ähnlich wie heute wieder mit der Verbreitung des Internets. Die politische Klasse, die in ihrer Mehrheit eben nicht reformatorisch gesinnt war, musste reagieren. 1529 wurde im Deutschen Reich die staatliche Zensur eingeführt. Zwei Jahre zuvor, am 20. Mai 1527, wurde der aus Nürnberg stammende Buchdrucker Hans Hergot wegen des Vertriebs von Flugschriften auf dem Marktplatz zu Leipzig hingerichtet – zur Abschreckung, wie es hieß.

Flugschriften und Flugblätter waren es also, die Luthers reformatorische Theologie über die engen, mit ihrer Widerlegung befassten kirchlichen Kreise hinaus bekannt gemacht haben. Nicht die dicken Dogmatiken von Melanchthon und Calvin, die später geschrieben wurden und die Lehre wiederum nur für Theologen im Zusammenhang darlegten, überzeugten die Menschen, sondern die kleinen Schriften, reich bebildert und mit leicht verständlichen Inhalten. Luther war der erste, der auf diese Art Theologie veröffentlichte, weil er wusste, dass er gegen die im Papst symbolisierte kirchliche Macht nur dann eine Chance haben würde, wenn seine Lehre öffentlich wahrgenommen wurde. Dafür musste sie gedruckt vorliegen und auch für den Nicht-Theologen erreichbar sein.

Die meisten dieser Schriften wurden von einer örtlichen Druckerei produziert und in der näheren Region verbreitet. Sie dienten der Durchsetzung der Reformation in einer Stadt oder in einem Landstrich. Die wenigsten nur wurden überregional bekannt – die Schriften Luthers einmal ausgenommen. Und gerade diese regionale Umsetzung ist zu einem Kennzeichen des Protestantismus seit seiner Entstehung geworden. Der Verlauf der Reformation war sozusagen eine Folge ihrer publizistischen Voraussetzungen und Bedingungen. Reformation in Kursachsen verlief deshalb anders als in Nürnberg oder Straßburg, und wieder anders als in Württemberg oder Norddeutschland. Aber überall gab es unzählige kleine Flugschriften, die die Menschen mit den Gedanken der Reformation bekannt machten und werbend Unterstützung einforderten. Diese Schriften waren dabei gar nicht einmal in erster Linie missionarisch, sondern eher apologetisch. Sie wollten mit guten Argumenten für den neuen Glauben werben – mit besseren jedenfalls, als sie die Altgläubigen in die Debatte einbringen konnten.

Mit der politischen Durchsetzung der Reformation hatten die Flugschriften ihre religiöse Funktion verloren. Im Umfeld des Dreißigjährigen Krieges tauchten sie hundert Jahre später wieder auf als politische Schriften, die Frieden einforderten; wieder ein gutes Jahrhundert später halfen sie, die Französische Revolution vorzubereiten. Seit dem 19. Jahrhundert haben Zeitungen und Zeitschriften die Funktion der früheren Flugschriften übernommen.

2 Medien und Kommunikation: die geschichtliche Entwicklung von Öffentlichkeit

Der Blick auf Luther als ersten öffentlichen Theologen legt ein Paradigma frei, das die gesamte Neuzeit hindurch geeignet war, das Verhältnis zwischen Menschen und Medien zu begreifen. Dabei geht es nicht um symbolisch generalisierte Medien wie Wahrheit, Liebe, Macht und Geld,[4] sondern ausschließlich um Medien als Kommunikationsmittel, die eine Verständigung zwischen einer beliebig großen Zahl von Individuen ermöglichen. Sie reproduzieren Inhalte, und zwar in genau der Form, wie der Produzent eines geschriebenen, später auch gesprochenen Textes dies wünscht. Medien als Kommunikationsmittel bieten erst die Voraussetzung für die Entstehung einer Öffentlichkeit und damit einer Gesellschaft im modernen Sinn, deren Grundlage auf der Kommunikation von Wissen beruht.

Die technologische Entwicklung der Neuzeit, die für den Bereich der Medien mit dem Buchdruck begann, führte zur Verbreitung von Informationen zunächst über Flugschriften und Bücher, dann über regelmäßig erscheinende Periodika wie Zeitungen, Zeitschriften und Jahrbücher. Diese Printmedien wurden im Laufe des 20. Jahrhunderts zunächst ergänzt durch audiovisuelle und, mit der Entstehung und massenhaften Verbreitung von

---

[4] So N. *Luhmann*, Einführende Bemerkungen zu einer Theorie symbolisch generalisierter Kommunikationsmedien, in: *Ders.*, Soziologische Aufklärung. Bd. 2: Aufsätze zur Theorie der Gesellschaft, Wiesbaden 1975, 170–192. Vgl. dazu auch E. *Herms*, Art. Medien I. Begriff (Problemfeld), in: RGG⁴ 5 (2002) 956 f.

digitaler Technik, weiter ergänzt, aber auch partiell verdrängt durch interaktive Medien. Schaut man auf die mittlerweile ein halbes Jahrtausend andauernde Entwicklung dieser Medien, lässt sich als Grundregel erkennen, dass jeder Fortschritt vor allem in der politischen und wirtschaftlichen Verfassung der Gesellschaft *auch* ein Ergebnis der technologischen Entwicklung der Medien war. Die Entstehung von Zeitungen als frühe Massenmedien ab dem 18. Jahrhundert bereitete durch die Informiertheit breiter Bevölkerungsschichten einen Wandel in der Struktur der Öffentlichkeit vor, der über verschiedene Etappen zu einer Änderung des politischen Systems führte. Radio und Fernsehen als Massenmedien des 20. Jahrhunderts sorgten zwar für eine schnelle Informiertheit der Mediennutzer, lieferten allerdings auch eine erste Ahnung davon, welche Möglichkeiten sich denjenigen, die die Verfügungsgewalt über Massenmedien haben, zur Manipulation weiter Teile der gesellschaftlichen Öffentlichkeit bieten. Ging es dabei in den totalitären Systemen des 20. Jahrhunderts vor allem um politische Propaganda, etwa im Nationalsozialismus durch die Übertragung von Reden Hitlers im Radio[5] oder im Einflussbereich des Sowjetkommunismus durch das Zeigen von militärischen Aufmärschen im Fernsehen, so waren es in den westlichen Demokratien die wirtschaftlichen Interessen zunächst von großen Verlagen, später dann, ab den 1980er Jahren, auch von privaten Sendeanstalten,[6] die eine interessengeleitete Selektion von Informationen vornahmen.

Beim Blick auf die Entwicklung der Medien als Kommunikationsmittel lässt sich eine fundamentale Gemeinsamkeit feststellen: Medien sind technische Träger von Informationen, die von Menschen entwickelt wurden und von diesen zum Zweck unterschiedlicher Kommunikationsabsichten genutzt werden. Mit dieser Feststellung hören die Gemeinsamkeiten jedoch auf, denn der jeweilige Stand der Technik ermöglicht die Entwicklung neuartiger Medien, die, entsprechend dem veränderten Stand der Technik, völlig unterschiedliche Nutzungsmöglichkeiten bieten. Deutlich wird das an der Einführung und massenhaften Verbreitung des Internets ab Mitte der 1990er Jahre.

Die kategorial neue Qualität des Internets als Kommunikationsmedium besteht darin, dass die alle vorherigen Medien bestimmende Eigenart, allen Nutzern des Mediums die gleiche Botschaft zugänglich zu machen, untergraben wird durch die Möglichkeit, mittels elektronischer Algorithmen[7] jedem einzelnen Nutzer individuelle Informationen zukommen zu lassen. Für jeden nachvollziehbar wird das etwa bei der Eingabe eines Suchwortes in eine Internet-Suchmaschine, wenn individuell zugeschnittene Werbeanzeigen eingeblendet werden, die auf der Grundlage bisheriger Abfragen ausgesucht worden sind.

---

[5] Die Einführung des im Auftrag von Joseph Goebbels von der Firma Dr. G. Seibt ab 1931 entwickelten ‚Volksempfängers‘ als für jeden erschwingliches Radio zum Zwecke der politischen Propaganda des nationalsozialistischen Regimes war zumindest in Deutschland der Start für das Radio als Massenmedium.

[6] Die Einführung des privaten Rundfunks startete in Deutschland am 1. Januar 1984 mit dem ‚Kabelpilotprojekt‘ in Ludwigshafen am Rhein, der Heimatstadt des damaligen Bundeskanzlers Helmut Kohl. Die erste private Fernsehanstalt war die *Programmgesellschaft für Kabel- und Satellitenfunk* (PKS), das heutige SAT 1.

[7] Zu der Forderung nach einer Algorithmen-Ethik vgl. *A. Filipovic*, Die Enge der weiten Medienwelt. Bedrohen Algorithmen die Freiheit öffentlicher Kommunikation?, in: Communicatio Socialis 46 (2013) 2, 192–208.

Der in den vergangenen zwei Jahrzehnten begonnene Siegeszug des Internets zum (vorläufigen) Leitmedium des 21. Jahrhunderts hat die bisherige Dominanz der Massenmedien gebrochen, denn das Internet kann nicht mehr als Massenmedium bezeichnet werden, weil es völlig anderen Gesetzen gehorcht. Im Grunde ist es ein auf individuelle Bedarfe zugeschnittenes Individualmedium. Damit ist gleichzeitig ein anderer innergesellschaftlicher Umgang mit Informationen notwendig als in den Zeiten, als Radio, Fernsehen und Zeitungen Leitmedien waren. Konnte der Nutzer dieser Medien darauf vertrauen, dass etwa in Nachrichtensendungen Informationen von professionellen Journalisten gründlich recherchiert waren, so ist die Herkunft von Informationen im Internet oft unklar.[8]

Die Digitalisierung kann somit als Eröffnung einer qualitativ neuen Runde im Verhältnis zwischen Mensch und (technischem) Medium betrachtet werden.

3 Die Evangelische Kirche und ihre Publizistik

Die dargestellte geschichtliche Entwicklung lässt es als einsichtig erscheinen, dass die dominante Rolle der Massenmedien zur Charakterisierung der bundesdeutschen Gesellschaft als „Mediengesellschaft" oder „Informationsgesellschaft"[9] geführt hat. Da die Kirchen, die evangelische wie die römisch-katholische, nicht nur Teil dieser Gesellschaft sind, sondern diese auch maßgeblich mitgeprägt haben, muss gefragt werden, wie sie innerhalb der Mediengesellschaft ihren Öffentlichkeitsauftrag erfüllen.

Auf geradezu klassische Weise erfüllen die Kirchen diesen Auftrag seit Mitte des 19. Jahrhunderts durch eigene Presseorgane. Gerade in den heute noch existierenden Kirchenzeitungen zeigt sich eine erstaunliche Kontinuität in der medialen Betätigung der Kirchen. Die älteste heute noch existierende evangelische Kirchenzeitung, der *Evangelische Kirchenbote. Sonntagsblatt für die Pfalz,* wurde 1846 unter dem Namen *Evangelium und Kirche* als Zeitung der *Positiven Vereinigung* gegründet; zwei Jahre später entstand, ebenfalls auf dem Gebiet der Bayrischen Rheinpfalz, im Bistum Speyer die heute noch existierende katholische Zeitung *Der Pilger* als älteste noch existierende Bistumszeitschrift. Die evangelischen Kirchenzeitungen waren im 19. Jahrhundert meist Organe bestimmter kirchlicher Gruppen und beteiligten sich demnach in durchaus parteiischer Absicht an innerkirchlichen Debatten. Dieses Strukturmerkmal haben zumindest die evangelischen

---

[8] Das bezieht sich vor allem auf so genannte ‚Blogs' und ‚Online-Foren'. Ausdrücklich davon ausgenommen sind Online-Ausgaben von Zeitungen bzw. Online-Zeitungen, die dem gleichen journalistischen Ethos verpflichtet sind wie Printmedien. Die dennoch oft beklagte Abwärts-Spirale in der Qualität des professionellen Journalismus ist das Ergebnis von wirtschaftlichen Problemen vieler Zeitungsverlage, die durch die Konkurrenz des Internets mit sinkenden Auflagen zu kämpfen haben und deshalb ihre Redaktionen ausdünnen.

[9] *H. Schröer,* Die Kirche in den Widersprüchen der Informationsgesellschaft, in: *Ders.* u.a., Medienmacht (Erkenntnis und Glaube 32), Berlin 1997, 72–89, schreibt, dieser Begriff sei „seit 1982" üblich, und er begründet dies mit einer „umwälzenden technologisch revolutionären Veränderung der Weltlage" durch neue Computertechnologie. AaO., 73.

Kirchenzeitungen lange, teilweise bis in die Gegenwart, bewahrt, indem sie in redaktioneller Unabhängigkeit erscheinen, meist herausgegeben von Presseverbänden mit der Rechtsform des eingetragenen Vereins. Obwohl diese Presseverbände personell eng mit den Kirchenleitungen der Landeskirchen verbunden sind, unterscheiden sie sich strikt von der landeskirchlichen Öffentlichkeitsarbeit, da eben kein kirchenleitendes Gremium, sondern der Vereinsvorstand in der Vorgesetztenfunktion gegenüber den Redaktionen ist.

Bis vor wenigen Jahren gab es eine EKD-weite Abdeckung mit Presseverbänden, die in nahezu allen Landeskirchen journalistisch unabhängige Kirchenzeitungen herausgaben. Ab der Jahrtausendwende wurden jedoch in mehreren großen Landeskirchen, allen voran in Baden und im Rheinland, die Presseverbände aufgelöst und das Erscheinen der Kirchenzeitungen eingestellt zugunsten einer in den Landeskirchenämtern erstellten Beilage zum im *Gemeinschaftswerk für Evangelische Publizistik* (GEP) erscheinenden evangelischen Monatsmagazin *Chrismon*, das mehreren überregionalen Zeitungen beiliegt und seinerseits im Jahr 2000 auf Beschluss der EKD-Synode das renommierte, journalistisch unabhängige, jedoch höchst defizitäre *Deutsche Allgemeine Sonntagsblatt* abgelöst hat.

Diese Versuche, landeskirchliche Publizistik in eine EKD-weit erscheinende Publikation zu integrieren, ist Teil einer veränderten Strategie der öffentlichen Präsentation von Kirche, nämlich unabhängigen Journalismus als Gegenüber zur Kirche durch kirchlichen Journalismus als Mittel zur Darstellung von Kirche zu ersetzen. Federführend in dieser Strategie ist die EKD selbst, die in Umsetzung einiger Vorgaben aus der 2006 veröffentlichten Schrift *Kirche der Freiheit*[10] das GEP als Kompetenzzentrum für evangelische Publizistik in das Kirchenamt der EKD eingegliedert hat und dort alle publizistischen Aktivitäten der EKD – einschließlich der landeskirchlichen Presse – konzentrieren will.[11]

Neben der journalistischen Arbeit im Umfeld der evangelischen Kirchen gibt es auch eine kirchliche Präsenz in den säkularen Medien, vor allem im Fernsehen und im Hörfunk. Diese Präsenz, die sich nicht nur auf Verkündigungssendungen wie das *Wort zum Sonntag* und die Übertragung von Gottesdiensten beschränkt, sondern auch redaktionelle Beiträge umfasst, wird durch die Mitwirkung kirchlicher Beauftragter in den Rundfunkräten der öffentlich-rechtlichen Sendeanstalten gesichert. Aber auch für die privaten Rundfunkanstalten gibt es kirchliche Beauftragte, die dort ebenfalls redaktionelle Beiträge und Verkündigungssendungen verantworten.

Im Jahr 1979 erschien erstmals ein publizistischer Gesamtplan, in dem sämtliche publizistische Aktivitäten der EKD im Zusammenhang bedacht wurden. Folgen dieses Plans

---

[10] Vgl. Kirchenamt der EKD (Hg.), Kirche der Freiheit. Perspektiven für die evangelische Kirche im 21. Jahrhundert. Ein Impulspapier des Rates der EKD, Hannover 2006, online unter (direkter Download): http://tinyurl.com/EKD-KDF-2006 (Stand: 31.7.2015).

[11] Siehe dazu kritisch *E. Cherdron/M. Schuck*, Evangelische Existenz heute! Eine Streitschrift auf dem Weg zum Reformationsjubiläum 2017, in: DtPfrBl 112 (2012) 10, 574–576/581 f., 576 u. 581. Das GEP selbst betrachtet sich in seiner Selbstbeschreibung im Impressum des Portals www.evangelisch.de als „das multimediale Kompetenzzentrum für die Evangelische Kirche in Deutschland, ihre Gliedkirchen, Werke, Einrichtungen sowie für die evangelischen Freikirchen und alle interessierten Unternehmen und Organisationen" (Stand: 31.7.2015).

waren neben der Gründung des GEP, das als Dialogplattform zwischen landeskirchlicher Presse und Organen unabhängiger evangelischer Gemeinschaften und Verbände begann, die Veranstaltung von insgesamt vier Symposien zwischen 1989 und 1994 sowie die Planung einer Synode im Jahr 1992 in Suhl mit dem Themenschwerpunkt *Medien.* 1997 folgte dann das publizistische Gesamtkonzept unter dem Titel *Mandat und Markt. Perspektiven evangelischer Publizistik.*[12]

Mandat und Markt ist die letzte offizielle Äußerung der EKD, in der an der kircheninternen Unterscheidung von Journalismus und Öffentlichkeitsarbeit festgehalten, ja beides als bewusst gewollte Doppelung von Fremd- und Eigenberichterstattung als integraler Bestandteil evangelischer Publizistik gepflegt wird. Programmatisch heißt es dort: „Zwei Grundformen medialer Information und Kommunikation im Auftrag der Kirche sind voneinander zu unterscheiden: die journalistische Arbeit von unabhängigen Redaktionen und die kirchliche Öffentlichkeitsarbeit von Informations- und Pressestellen, wie auch in Arbeitseinrichtungen, in denen Kampagnen und Aktionen entwickelt werden. Beide Bereiche gehören zur evangelischen Publizistik, und in beiden arbeiten Journalistinnen und Journalisten."[13] Der entscheidende Passus lautet: „Die journalistische Arbeit geschieht in redaktioneller Unabhängigkeit. Sie ist als Teil der evangelischen Publizistik dem Auftrag der Kirche verpflichtet, nicht aber an die verfaßte Kirche als der konkreten Auftraggeberin gebunden. Die kirchliche Öffentlichkeitsarbeit hingegen ist an die verfaßte Kirche und die jeweilige Einrichtung als Auftraggeberin unmittelbar gebunden [...]. Zur evangelischen Publizistik gehören sowohl die unabhängige journalistische Arbeit als auch die kirchliche Öffentlichkeitsarbeit, wenngleich die Unterscheidung nicht in jedem Fall trennscharf vorgenommen werden kann."[14] In der Konsequenz dieser Unterscheidung von Journalismus und Öffentlichkeitsarbeit als gewollte Doppelung innerhalb der kirchlichen Publizistik liegt das Bekenntnis zu den regionalen Kirchenzeitungen, denen die Aufgabe zugewiesen wird, sowohl an der Erscheinung der Kirche in der Öffentlichkeit als auch an der Kommunikation kirchlicher Themen mitzuwirken. Entsprechend wird als publizistisches Ziel ausgegeben: „Die regionale Kirchenpresse hat die Aufgabe, in redaktioneller Unabhängigkeit das breite und kontroverse Spektrum der Meinungen in der Kirche zu repräsentieren und die gesellschaftspolitischen Entwicklungen im Lichte des christlichen Glaubens zu reflektieren."[15]

Anlass zur Erarbeitung von *Mandat und Markt* und deshalb immer mitzulesender Subtext ist die Einschätzung, in einer Zeit großer Umbrüche zu leben, die sich nicht nur auf die allgemeine Publizistik, zu der auch die kirchlichen Medien gehören, auswirken, sondern auch die evangelische Kirche erfassen und damit zu einer neuen Deutung ihres Öffentlichkeitsauftrags nötigen. So wird unter dem Eindruck der damals „neue Medien"

---

[12] Vgl. Kirchenamt der EKD (Hg.), Mandat und Markt. Perspektiven evangelischer Publizistik. Publizistisches Gesamtkonzept 1997, Hannover 1997.

[13] AaO., 21.

[14] Ebd.

[15] AaO., 46.

genannten technologischen Entwicklung vom „Ziel einer verbesserten Marktfähigkeit"[16] angesichts der „umfassenden Möglichkeiten der Multimedia-Technologien" geredet – dies vor dem Hintergrund, dass „die Medienaktivitäten auf allen Ebenen verstärkt von marktwirtschaftlichen Überlegungen bestimmt werden"[17]. Inhaltlich sieht man dabei eine Abkehr vom gesellschaftlichen Wächteramt der Kirchen vollzogen, das noch für die 1970er Jahre postuliert wird. Damals, so die Autoren von *Mandat und Markt*, waren in der „Vision von einer ‚verantwortlichen Gesellschaft' [...] die publizistischen Aktivitäten der evangelischen Kirche volkskirchlich ausgerichtet und Kirche und Gesellschaft als weitgehend kongruent gedacht". Diese Konstellation habe sich in den 1980er Jahren verschoben und die christliche Publizistik habe sich „mehr und mehr in einem Spannungsfeld zwischen Kirche und Gesellschaft" wiedergefunden. Die Volkskirche müsse deshalb ihre Botschaft in einer sich ausdifferenzierenden pluralistischen Kultur vertreten und „den Sinn kirchlicher Gemeinschaft durch Orientierungsangebote zur Geltung bringen und Fürsprache einlegen für eine Gemeinschaft von Menschen, deren Leben von individualistischen und pluralistischen Zügen sowie von fundamentalistischen Sehnsüchten geprägt ist".[18]

Der Publizistik stellt sich damit eine neue Aufgabe: Sie soll jetzt nicht mehr einfach nur den Raum bieten für die Debatten, die innerkirchlich bzw. zwischen Vertretern der Kirche und der Politik oder Wirtschaft geführt werden bei der Ausübung des ‚gesellschaftlichen Wächteramtes', sondern sie soll die Kirche bei ihrer jetzt notwendig gewordenen missionarischen Aktivität unterstützen. Seit der Ausrufung des ‚Missionarischen Jahres 1980' bei der Eröffnung der VI. EKD-Synode am 27. Januar 1980 ist ein schleichendes Umdenken von der Volkskirche zum neuen Paradigma der Evangelisation auch in den publizistischen Initiativen erkennbar. In der Folgezeit ist vor allem im Rundfunkbereich die Tendenz zu beobachten, über die Präsenz in den öffentlich-rechtlichen Sendern hinaus verstärkt auf eine Mitarbeit im *Evangeliums-Rundfunk* (ERF) zu setzen. Dieser 1959 als Verein gegründete Sender, der von der *Deutschen Evangelischen Allianz* betrieben wird, hat eine evangelikale Prägung und ist betont missionarisch ausgerichtet, was in *Mandat und Markt* auch dezidiert als publizistisches Ziel benannt wird.[19]

Noch eindeutiger ist diese Neuausrichtung beim 2001 gegründeten *Bibel-TV*, für das die EKD als Kooperationspartner zeichnet. Die Initiative zu diesem Sender ging aus von dem evangelikalen Verleger N. Rentrop, der mit 15 anderen Gesellschaftern eine gemeinnützige Stiftung ins Leben rief. Zwar hält die Rentrop-Stiftung die Mehrheit der Anteile an *Bibel-TV*, aber die beiden großen Kirchen sind über ihre Produktionsgesellschaften, die evangelische *Eikon* und die katholische *Tellux*, mit jeweils 12,75 % beteiligt.[20] So führt die neue medienpolitische Ausrichtung die EKD in eine Kooperation mit

---

[16] AaO., 9.
[17] AaO., 13.
[18] AaO., 10.
[19] Vgl. aaO., 72.
[20] Angaben nach *K. R. Ziegert*, Die Verkäufer des *perfect life*. Über die Amerikanisierung der Religion und den Untergang der EKD-Kirchenwelt in Deutschland (Forum Religionskritik 14), Münster u.a. 2015, 224.

der *Billy Graham Evangelistic Association*, die ebenfalls als Gesellschafterin mit im Boot ist, und damit direkt hinein in die Religionswirtschaft nach US-amerikanischem Muster.

4 Die Botschaft und die Medien – eine Warnung

Natürlich weiß jeder Medientheoretiker, dass das Medium nicht die Botschaft ist. Dennoch unterliegen in kommunikativen Prozessen Botschaft und Medium einer ganz bestimmten Wechselwirkung. Soll eine Botschaft eine möglichst große Zahl von Empfängern erreichen, kommt es darauf an, dass ein geeignetes Medium zum Einsatz kommt. Umgekehrt kann ein ungeeignetes Medium die Botschaft bis zur Unkenntlichkeit verfremden.

Der Blick auf die Entwicklung der evangelischen Publizistik von der Reformation bis zur EKD nach der Jahrtausendwende hat gezeigt, dass deren dauerhafter Erfolg auch mit der Wahl der geeigneten Medien zu tun hatte – von den Flugschriften Martin Luthers bis hin zu den noch heute existierenden evangelischen Kirchenzeitungen.

Die eingangs zitierte These M. McLuhans beinhaltete zum Zeitpunkt ihrer Entstehung jedoch eine Warnung, die in ihrer Allgemeinheit auch an die evangelische Publizistik gerichtet ist: Das Aufkommen elektronischer Medien – 1967 dachte McLuhan vor allem an das Fernsehen – bietet vielfältige Möglichkeiten zur Manipulation der Mediennutzer, die in Zeiten der Dominanz der Printmedien noch undenkbar waren. Ein halbes Jahrhundert nach McLuhans These zeigt die massenhafte Nutzung des Internets, und hier speziell der Umgang mit den so genannten ,Social Media', ein völlig verändertes Medienverhalten nicht nur im Gegensatz zum Gebrauch von Zeitungen und Zeitschriften, sondern auch im Gegensatz zum Konsum von Rundfunk und Fernsehen.

Über die Gefahren der Digitalisierung ist schon viel geschrieben worden.[21] Real und aus der Sicht evangelischer Theologie derzeit gravierend scheint die Gefahr eines veränderten Freiheitsverständnisses, das unmittelbare Auswirkungen auf das Selbsterleben des einzelnen Menschen, aber auch auf das gesellschaftliche Zusammenleben hat. Gerade in einem gesellschaftlichen Umfeld, in dem durch die Entwicklung der Kommunikationselektronik ein enormer Zuwachs an neuen Möglichkeiten der Lebensgestaltung suggeriert wird, wäre es Aufgabe evangelischer Theologie, bewusst zu machen, dass es sich hierbei mitnichten um Fortschritte hin auf die Verwirklichung personaler Freiheit handelt. Vielmehr sind die durch Kommunikationselektronik neu erzeugten Möglichkeiten konsequente Weiterführung einer bereits vor über 100 Jahren zu verortenden Transformation des politischen Freiheitsbegriffs: Wurde in den Zeiten des politischen Aufstiegs des Liberalismus Freiheit verstanden als das Vorhandensein von hart erkämpften Rechten, die den Einzelnen vor dem Zugriff des Staates schützten, so etablierte sich in den vergangenen Jahrzehnten ein Verständnis von Freiheit, das darunter in erster Linie vom

---

[21] Besonders eindrücklich und theologisch reflektiert vgl. *W. Thiede*, Die digitalisierte Freiheit. Morgenröte einer technokratischen Ersatzreligion (Zeitdiagnosen 29), Münster u.a. 2013.

‚Staat' garantierte und bereitgestellte Auswahlmöglichkeiten an Angeboten zur Freizeit- und überhaupt zur Lebensgestaltung zu sehen vermag. Dieser unterbestimmte Freiheits- begriff, der mitverantwortlich ist für die unkritische Haltung auch unter Intellektuellen zur Datensammelwut der neuen Internetkonzerne – ‚Freiheit bedeutet, dass ich unter verschiedenen Anbietern mein Smartphone frei aussuchen kann, und niemand darf mir vorschreiben, ob ich über Twitter kommuniziere oder lieber auf Facebook poste' –, wäre mit dem Inhalt dessen, was evangelische Freiheit immer schon ausgemacht hat, zu kon- trastieren.

Der Blick auf die kirchliche Publizistik und Medienpolitik zeigt, dass hier derzeit kaum Problembewusstsein existiert. Die evangelischen Kirchen verharren noch in der An- fangsfaszination derer, die von den neuen Möglichkeiten geblendet sind und, anstatt sich um das Durchschauen des Gefahrenpotentials zu bemühen und in der eigenen Praxis dem entgegenzusteuern, in unkritischer Affirmation sich den einschlägigen Konzernen als gute ‚User' anbieten.

Dirk Kutting

TRENDSPORT – JUGEND – KIRCHE

Reiten, Kanu, Fahrrad, Segeln, Klettern, Ski, Wandern, Motorrad und Fußball gibt es immer noch im Angebot evangelischer Kinder- und Jugendfreizeiten.[1] Daneben finden sich nun auch Ferienprogramme, die Bewegungspraktiken beinhalten, die unter dem Sammelbegriff ‚Trendsport' zusammengefasst werden, wie: ‚Strand und Surfcamp', ‚Vollgas-Wassersport-Camp', ‚Beachcamp', ‚Alpintour', ‚Pubertour', ‚Gleitschirm-', ‚Snowboard-', ‚Survival-', ‚Mountainbike-Freizeit', ‚Kidsventure', ‚Peace and Action' oder ‚Adventure Days'. Hier kann man je nach Schwerpunkt ‚Chillen und Action' oder ‚Action und Chillen' erleben. Mal wird dieses angeboten: ‚Du kannst mal alles aus dir rausholen und was erleben!' Mal jenes: ‚Du kannst hier mal so richtig vom Alltag abschalten!' Jesus fehlt auch nicht. ‚Darüber hinaus gibt es ein ergänzendes Programm rund um den Glauben an Jesus, den gemütlichen Surf- und Strandlifestyle.' Was auch immer das sein mag.

Trendsport – Jugend – Kirche: drei Phänomenbereiche, die zusammenhanglos nebeneinanderstehen, drei Phänomenbereiche, die willkürlich zusammengeworfen werden, oder drei Phänomenbereiche, die sinnvoll aufeinander bezogen bzw. zu beziehen sind? Kirchliche Jugendarbeit hat vielleicht auch die Aufgabe, attraktive Angebote für die Freizeitgestaltung heranwachsender Menschen zu machen. Wenn ‚darüber hinaus' auch noch die Frage nach dem christlich-frommen Selbstverständnis und dessen Gestaltung im Gottesdienst vorkommt, haben wir es mit einem sinnvollen Angebot zu tun. Die Frage bleibt aber, ob ‚Beachcamp', ‚Pubertour' und ‚Kidsventure' entweder den Jugendlichen falsche Versprechungen machen – weil doch ‚nur' wieder ein Zeltlager unter anderem Namen stattfindet –, oder ob sie ihre kirchlichen Auftraggeber nur insoweit zufriedenstellen, als Kirchen mit anderen Anbietern von Freizeitangeboten für Jugendliche konkurrenzfähig sind. Im einen oder anderen Fall käme jedenfalls kirchliche Traditionsbildung bei Jugendlichen kaum voran. Und im günstigsten Fall? Nehmen wir an, wir haben ein tolles Freizeitangebot, bei dem ein geliebter Trendsport gut angeleitet erlebt werden kann, und zugleich findet ‚auf Zeit' eine die jugendlichen Herzen erfrischende Evangeliums-Verkündigung statt. Was wäre dann? Hätte man dann alles richtig gemacht? Auch das könnte für die Organisatoren und Jugendleiter nur begrenzt zufriedenstellend sein, weil ein möglicher Zusammenhang der drei Bereiche nicht verstanden wäre und der Willkür und dem Zufall der Praxis überlassen bliebe. Auch das muss natürlich nicht so dramatisch sein, wie es sich anhört, kann doch die evangelische Kirchlichkeit zur Not

---

[1] Zum Folgenden vgl. die verschiedenen Angebote evangelischer Kinder- und Jugendfreizeiten, online unter: http://tinyurl.com/Freizeiten-evangelisch (Stand: 31.7.2015).

immer noch den Heiligen Geist ins Spiel bringen, wenn zufällig etwas funktioniert. Die Notwendigkeit aber, darauf zu schauen, dass auch kirchliche Jugendarbeit an bestimmte leibhafte Gegebenheiten gebunden ist, die phänomenal zu bestimmen sind, um so die Bedingungen eines zielgerichteten Handelns zu erkennen, sollte nicht vordergründig geisttrunken verjubelt bzw. geistlos ausgeklammert werden. Wie kann kirchliche Jugendarbeit tradieren, was sie selber ist und glaubt,[2] und inwiefern können Freizeitangebote, die Trendsport berücksichtigen, einen Beitrag dazu leisten – das sollten die zu stellenden Fragen sein. Wir wollen im Folgenden in den Blick nehmen, (1) in welcher Beziehung Trendsport und Jugend sowie (2) Jugend und Kirche zueinander stehen, um schließlich anzuzeigen, (3) inwiefern ein sinnvoller Zusammenhang von Trendsport – Jugend – Kirche erhellt werden kann.

1 Trendsport und Jugend

Was zeigen Trendsportarten? Wie sind sie zu begreifen? Was wird in ihnen verkörpert? Was erzählen Trendsportarten von der Jugend? Und vielleicht auch: Was teilen sie über Erwachsene mit, die ihnen anhängen?

1.1 Trendsport und seine Verkörperungen

Trendsport kann als Seismograph gesellschaftlichen Wandels und als Ausdruck eines spätmodernen körperorientierten Selbstverhältnisses verstanden werden.[3] Im Medium von Körper, Leib und Bewegung werden individuelle und kollektive Selbstfindungsprozesse verwirklicht, die auf strukturelle Gegebenheiten gesellschaftlichen Handelns annehmend und ablehnend reagieren. Flexibilität, Differenz, Kontrolle, Durchsetzungsvermögen, Leistungsorientierung finden im Gewand der Protesthaltung eine affirmative Aneignung gesellschaftlicher Herausforderungen. Trendsport ermöglicht Jugendlichen ein Probehandeln, das auf spätere gesellschaftliche Integration vorweist. Im Trendsport sollen innovative Bewegungspraktiken präsentiert werden. Der Sieg-und-Niederlage-Code im traditionellen Wettkampfsport wird durch einen Bewegungscode ersetzt, der auf Virtuosität, Temporalität und Extremität beruht. Die Motivation liegt ebenfalls außerhalb des traditionellen Codes in Spaß, Freiheit und Erleben.[4] Ziel ist es, intensiv spürbare Erlebnisse zu erzeugen, bei denen körperliche Bewegung und leibliche Erfahrung zu einem Gefühl des Aufgehens im Hier und Jetzt verschmelzen. „Der Sinn des

---

[2] Vgl. E. *Herms*, Tradition als Thema der Sozialethik, in: E. Gräb-Schmidt/R. Preul (Hg.), Christologie (MThSt 113/MJTh 23), Leipzig 2011, 141–156, 147.

[3] Vgl. R. *Gugutzer*, Verkörperungen des Sozialen. Neophänomenologische Grundlagen und soziologische Analysen (KörperKulturen), Bielefeld 2012, 117.

[4] Vgl. aaO., 119.

Lebens ist hier auf den nächsten Griff, die nächste Welle, die nächste Kurve reduziert – und diese Sinnverdichtung wird positiv als spürbare Selbstgewissheit erlebt."[5]

1.2 Surfen, Skaten, Snowboarden – ein Inselerleben

Jugendliche leben unter Beobachtung, die vielbeschworenen Freiräume sind eng, weil der angeblich zivilisierende Blick von Eltern und Lehrern weit und manchmal überall hin reicht. Die ,Social Communities' innerhalb des World Wide Webs nehmen nicht minder gefangen. Nachfragen der jugendlichen Beziehungspartner auf WhatsApp ,Wo bist du? Was machst du?' müssen jederzeit beantwortet werden, weil ansonsten schnell ein Untreue-Verdacht im Raum steht. Wo bleibt das Unbestimmte, die verborgene, geheime Welt, in der fremde, unbekannte Erfahrungen möglich sind? Welche Nischen gibt es? Welche Stellen der Abgrenzung? Natürlich surfen, skaten und snowboarden inzwischen auch manche Eltern und Lehrer. Dennoch wird im jugendlichen Erleben hierbei immer noch etwas Anderes gefunden, das sinnbildlich für die jugendliche Auseinandersetzung mit den Erwachsenen und der Gesellschaft steht. Das wird im Folgenden beschrieben.

Das jeweilige Surf-, Snow- oder Skate-*Brett* bietet den Charakter eines Floßes.[6] Es muss individueller Besitz und mit auf die Person des Eigentümers versehenen Eigenschaften (z.B. mit für den speziellen Gebrauch optimierter Form und Lieblingsfarbe) ausgestattet sein. Es darf (zumindest der äußeren Wahrnehmung nach) kein Massenprodukt in Gebrauch genommen werden. Der Wert von Surfbrettern zum Wellenreiten liegt gerade darin, dass es sich im besten Fall um Unikate handelt und der Hersteller persönlich bekannt ist. Es sind Objekte, die mit Gefühlen bedacht werden. Diese Flöße geben Halt und Heimat, sie sind Insel und Festland zugleich. Sie sind dazu gemacht, sich nicht aufs Trockene zu begeben, sondern aufs zutiefst schlüpfrige, das tosende aufgewühlte Meer, die steile betonierte Halfpipe, die eisigen Abhänge der Berge. Das Ziel ist vordergründig die Fortbewegung, aber mehr noch der Schwung, das Gleiten, die Balance, d.h. das Verweilen auf der Insel inmitten einer Bewegung fordernden Umwelt. Es darf keinen Abgang geben, weil das gefährliche Folgen hat. Was zählt, ist die bergende Insel, die einen mitnimmt auf eine abenteuerliche Reise. Das Brett liegt zwischen Jugendlichem und seiner Umwelt und markiert das Feld möglicher Regulation. Ein Zwischending für einen zu erbringenden Übergang in Auseinandersetzung mit den Elementen der Natur. Das Brett als Zwischending ist Arche, Brücke und Krücke. Auf den Archen versammeln sich Gleichgesinnte, welche wissen, dass sie das Festland verlassen müssen, weil es ungemütlich geworden ist. Die Archen dienen als Fluchthelfer aus dem Paradies, bevor daraus vertrieben wird. Als Brücken helfen die Bretter dazu, sich den Unwägbarkeiten auszusetzen, um einen Weg ans Trockene zu finden. Oft fehlt den Brücken eine gegen-

---

[5] AaO., 125.
[6] Was hier über die Surf-, Snow- oder Skate-Bretter gesagt wird, betrifft in ähnlicher Weise sicher auch andere Medien, durch deren Gebrauch die Persönlichkeit lernt, sich zu entwickeln – man denke nur an Musikinstrumente.

läufige Verankerung, sie gleichen dann eher Stegen hinaus ins Offene. Das Brett dient als
stabilisierende Krücke bei der Selbstfindung. Das Ich kann augenscheinlich noch nicht
gänzlich auf eigenen Beinen stehen. Wie dem Baby Daumen oder Schnuller Schutz in
einsamen Stunden schenkte, wenn es allein in seinem Bettchen lag, so stellt nun das Brett
einen magisch schützenden Fetisch dar, der Schutz, Aufbruch und Abgrenzung symbolisiert. Schließlich sei auch noch angedeutet, dass das Brett auch all die ungenutzte libidi-
nöse, phallische Energie einschließt, die ihr generatives Ziel noch nicht gefunden hat und
also auch einen gewissen Leerlauf beinhaltet.

Der Jugendliche hat seinen Platz in der Gesellschaft noch nicht gefunden. Er ist noch
nicht im Festland gegründet, das ihn hervorgebracht hat. Er benutzt mit seinem Brett ein
Übergangsobjekt, das ihm relative Stabilität und im Wagnis Halt gibt und mit dem er
lernt, sich hinauszuwagen, in eine gefährliche zu meisternde Situation. Er kommt in Bewegung und darf trotzdem auf der Stelle bleiben. Das Brett und sein Gebrauch werden
zum Zwischenstück seiner Identitätsbildung, bevor künftig einmal aufrecht schreitend
gegangen werden kann. Ein Zufluchtsort, der zuerst der Selbstformung eigener Ansprüche dient, der sodann hilft, sich selbst zu stilisieren, sich in Deckungsgleichheit zu einem
eigenen Entwurf zu bringen und schließlich auch diese Stilisierung mit Gleichgesinnten
zu kommunizieren und weiterzuentwickeln. Normalerweise muss sich das in der Peergruppe eigengesetzlich entwickeln, Szenen bilden, Ausdruck formen, Identifizierung
nach Innen und Differenzierung nach außen ermöglichen. Die Piste, die Welle, die Halfpipe wird zur Bühne. Gelernt wird in der Nachahmung, im Erspüren anderer Bewegungen und im Versuch, wahrgenommene und nachvollzogene Bewegungen fortzubilden.
Respekt erzielt, wer ein größeres Bewegungspotential ausschöpfen kann. Die Peergruppe
wird zu einer Stil-Gemeinschaft. Ein Trainer, ein Mentor ist die Ausnahme. Eine Schu-
lung jenseits der Eigenbildung anzusiedeln, ist im strengen Sinne eine Unmöglichkeit.
Darum haftet den kirchlichen Angeboten aus der Sicht von jugendlichen Insidern schon
nicht mehr Originalität, sondern Fälschungs- oder schlimmer: Instrumentalisierungsver-
dacht an.

Die wichtigste Bewegungsform des ‚Gleitens‘ steht synonym für ein neues Sportver-
ständnis. „‚Gleiten‘ heißt sich entziehen, vorbeisausen, nicht sesshaft sein, sich nicht
fassen lassen, unerreichbar und damit frei und unabhängig bleiben.“[7] Wer mit solchen
Einstellungen ‚Gleiten‘ als Bewegungserlebnis sucht, wehrt sich gegen Disziplinierung,
Anleitung, pädagogische Vereinnahmung, gegen Expertentum und von außen herange-
tragene Leistungsvergleiche.[8] ‚Gleiten‘ kann auch als Metapher für die Verfassung spätmoderner Gesellschaft dienen: Zwischen privaten Fernsehkanälen, persönlichen Beziehungen, beruflichen Anforderungen, politischen Parteien oder auszuübenden Sportarten
wird hin-und-her-geswitcht.[9] Zur Hauptbewegung wird das Wischen des Daumens über

[7] R. *Gugutzer*, Verkörperungen des Sozialen (s. Anm. 3), 119 f.
[8] Vgl. ebd.
[9] Vgl. ebd.

das Touchpad eines Smartphones, auf dessen Display die Bilder vorbeigleiten. Alles
fließt. Heraklit grüßt. Man lässt sich nicht fassen, einer nassen Seife gleich.

1.3 Trendsport und seine Risiken

Einen guten Teil ihrer Attraktivität beziehen Trendsportarten aus der Erwartung und
der Realisierung, aus einer auf Sicherheit und Schutz orientierten Gesellschaft auszubre-
chen. Jugendliche Schüler und berufstätige Jugendliche in Ausbildung erleben eine
Rund-um-die-Uhr-Betreuung, die mit einer weitreichenden Kontrolle gekoppelt ist.
Trendsportler mit ihrem den Sport begleitenden Hang zu Risiko und Abenteuer erscheinen der Umwelt „als handlungskräftige Inkarnationen der Außeralltäglichkeit"[10]. Es werden real existierende, eben nicht virtuelle Risiken gesucht. Die reale Realität ist der
Raum, in dem „Menschen mit ihren Erlebniswünschen und Erlösungshoffnungen auch
final scheitern können"[11]. Die Sehnsucht nach der Bewältigung von Ungewissheit zeigt,
dass diese ‚reale' Realität imaginär höchst aufgeladen ist, auch wenn sie sich vom virtuellen Medienkonsum abgrenzt. Der Trendsport und seine Risiken stellen einen Versuch
dar, das Ankommen in der traditionellen, geordneten Gesellschaft zu vermeiden. Es wird
erahnt, dass es in dieser Welt der Ordnung darauf ankommt, Verantwortung zu übernehmen, was bedeutet, explizit für öffentliche Belange einzutreten. Daher findet Trendsport in einem Bereich vordergründiger Anti-Kultur statt, die sprachliche Kommunikation durch körperliche Darstellung ersetzt. Auch hier wird sozialer Zusammenhang, auch
hier wird ein Platz gesucht, jedoch wird jeder Nützlichkeitsaspekt, der mit Gemein-
wohlorientierung überschrieben werden kann, ausgeblendet – zugunsten der Inszenie-
rung von ‚über-flüssiger' Natürlichkeit, die sich selbst verbraucht und nur auf den einzelnen Moment begrenzt als sinnhaft erlebt wird. Eine Sinnsuche im Nicht-Sinnhaften
wird daraus geschlossen.[12] Man kann aber auch folgern, dass eine Sinnsuche in der per-
petuierten Wiederholung ursprünglicher, natürlicher Gegebenheit seiner selbst stattfindet, da eine Dauer des unmittelbaren Selbstbewusstseins, das seiner selbst gewiss und
begleitend mit den Implikationen eines Bewusstseins endlicher Freiheit ausgestattet ist,
erst im Entstehen begriffen ist. Wie im Trendsport zunächst immer eine ungeformte
Auseinandersetzung mit den Gegebenheiten des physikalisch Vorfindlichen stattfindet,
um nach immer perfekteren Formen zu suchen, so wird die nicht-sinnhafte Natürlichkeit
in eine auch sprachlich zu kommunizierende Kultur verwandelt. Im Trendsport entwickeln sich Traditionen, die sich vermitteln wollen. Auch wenn ihm die Umformung von
Bewegungen und ihrer Kommunikation als wesentliches Element zu eignen scheint, so
ist doch zumindest die Umformung selbst schon mal auf Dauer gestellt und die Sehnsucht nach Dauer kryptisch vorhanden. Die sportiven Handlungen sind sinngeleitet und

---

[10] *K.-H. Bette*, Risikokörper und Abenteuersport, in: M. Schroer (Hg.), Soziologie des Körpers (stw
1740), Frankfurt a. M. 2005, 295–322, 295.

[11] Ebd.

[12] Vgl. aaO., 298.

suchen im Augenblick Ewigkeitserfahrungen. Und auch wenn Institutionen abgelehnt werden, so lassen sich institutionalisierende Tendenzen, worauf z.B. das Auftauchen von Trendsport in den Freizeitprogrammen der Kirchen verweist, nicht verhindern. Trendsport ist bei aller vordergründigen sozialen Spontaneität gemeinschaftsbildend. Und schließlich ist damit angezeigt, dass das private Nischendasein aufgrund von Veröffentlichungssehnsüchten und diverser Vermarktungsstrategien unterlaufen und überschritten wird. Demnach lässt sich Trendsport als sozial wirksam und gegen die eigene Intention als *gesellschaftsfähig* beschreiben.

Dem Sportwissenschaftler K.-H. Bette ist darum nur eingeschränkt zuzustimmen, wenn er sagt: „Der Sinn des Sports besteht darin, nicht auf den Sinn von Kommunikation zu bauen, sondern vielmehr die Intensitäten des Körpers und die Eigenheiten und Restriktionen der Natur ins Spiel zu bringen, um diese für ein alternatives Erleben und Handeln sowie eine außeralltägliche Selbstbeobachtung zu nutzen."[13] Das Erlernen der Beherrschung des Körpers im Trendsport ist kultur- und gesellschaftsspezifisch geprägt und findet in auf bestimmte Weise geprägten Gesellschaften statt. Einige Elemente wie Flexibilität, Differenz, Kontrolle, Durchsetzungsvermögen und Leistungsorientierung wurden schon genannt. Da körperliche Wahrnehmungen immer auch leibliche Selbstwahrnehmungen beinhalten, haben sie affektive Bedeutung, die das Ganze des Personseins in der Gesellschaft betreffen. Deswegen berührt „außeralltägliche Selbstbeobachtung" immer Lebenssinnfragen und verlangt nach deren Kommunikation, sofern Trendsportteilnehmer eines jedenfalls nicht sind: autistisch abgekapselt. Die eindeutigere und unmittelbarere Leiberfahrung im Trendsport dient der Identitätsfindung und der Steigerung von Selbstwertgefühl. Eine intensive Auseinandersetzung mit der Tatsache der Endlichkeit gehört ebenfalls zur Ausübung von Trendsport. Er ist gefährlich, ja manchmal auch tödlich. Trendsportler, die vor allem Risiko und Abenteuer suchen, vollziehen vormoderne Körperzustände, zu denen verschwendete Energie, asketischer Verzicht und ausgeprägte Leidensbereitschaft gehören, weshalb von einer „Ökonomie der Verausgabung" und von „Inkarnationen freiwilligen Leidens", das auf „Schweiß, Blut und Tränen" zielt, gesprochen wird.[14] Die gesellschaftlich vielfach als Höchstwert gehandelte *Gesundheit* erfährt hierin zumindest eine kritische Relativierung. Eine derart gelagerte Identitätsfindung kann in extremen Fällen jedoch mit Süchten wie den Essstörungen verglichen werden, die gleichfalls im Medium des Körpers ausgetragen werden. Also wäre es wünschenswert, eine mögliche geschlechtsspezifische Herangehensweise von Jungen und Mädchen an Identitätskrisen im extrem ausgeübten Trendsport und in extremen Essstörungen vergleichend genauer zu untersuchen.

Wenn extreme Trendsportler schon als „Inkarnationen freiwilligen Leidens" in Erscheinung treten, dann sind diese zugleich auf eine beobachtbare Außenwirkung bezogen. Die Trendsport-Community intendiert immer auch die Veröffentlichung ihrer Glanztaten, wodurch ausgemergelte Gestalten auf Hochglanz gebracht werden. Dies

---

[13] AaO., 300.
[14] AaO., 309 u. 313.

beginnt bei Selfies, geht über das Hochladen von Filmen bei YouTube bis hin zur gezielten Vermarktung durch die Sport- und Kleidungsindustrie oder die Reklamebranche. Wiederum zeigt sich eine besondere Verquickung der Negierung und Bejahung von Modernität. Bilder und Filme von Fluchten vor gesellschaftlichen Ansprüchen werden gesellschaftlich goutiert, um die voyeuristischen Bedürfnisse eines älter gewordenen Publikums zu befriedigen.[15] In der Formung unternehmerischer Sozialgestalten zieht zudem der erlebnispädagogisch begleitete Trendsport, auch hierin seine Gesellschaftsfähigkeit offenbarend, ins Teambuilding ein. Der Einzug von Trendsport in mediale Vermarktung durch die Unterhaltungsindustrie lässt sich beispielsweise durch die Walt Disney Company und deren 2009–2012 entstandene Produktion *Zeke and Luther* belegen. Hierin leisten zwei fünfzehnjährige Skateboarder in 73 Episoden Treueschwüre auf ihre unzerbrechliche Gemeinschaft im Zeichen des Trendsports, was die Bedrohung einer Auflösung dieser sportlichen gebundenen Sozialform durch die Forderungen des Lebens verdeutlicht: erwachsen werden, Beziehungen eingehen, Berufstätigkeit finden, Plätze im öffentlichen Leben einnehmen, etc. Hierin kommt die Beziehung von Trendsport und Jugend exemplarisch auf den Begriff:

Im Trendsport begeben sich Jugendliche in spielerischer Form in eine soziale körperorientierte Auseinandersetzung mit ihrer natürlichen und sozialen Wirklichkeit. Ihr leibliches Erleben zielt darauf, sich selbst in bestimmten Bewegungsmodi zu erfahren, darüber Selbstsicherheit und Identität in einer kleinen sozialen Gemeinschaft zu finden und zu stabilisieren. Trendsport wird dadurch zu einem jener Übergangsphänomene, wie sie in allen Kulturen zu finden sind[16] oder wie sie die psychoanalytische Beobachtung für das Kleinkind aufzeigt.[17] Als jugendliches Übergangsphänomen ist der Trendsport dadurch gekennzeichnet, dass er als Endlichkeitsgestalt in Erscheinung tritt, deren Bewegungsmodi auf eine Lebenssinnkommunikation zielen, zu deren Wesen es gehört, nonverbal kontextabhängig zu funktionieren und nicht explizit versprachlicht zu werden.[18] Jugendliche gestalten im Trendsport eine Retardierung zum Erwachsensein und erproben dieses zugleich in einer selbstorganisierten sportiven Sozialform, die kommunizierbare Sinngestalten bildet.

---

[15] Vgl. aaO., 317.

[16] Vgl. *A. van Gennep*, Übergangsriten (Les rites de passage), aus dem Französischen v. K. Schomburg u. S. M. Schomburg-Scherff, mit einem Nachwort v. S. M. Schomburg-Scherff, 3. erw. Aufl., Frankfurt a. M./New York 2005.

[17] Vgl. *D. W. Winnicott*, Die menschliche Natur (Konzepte der Humanwissenschaften), 2. in der Ausstattung geänderte Aufl., Stuttgart 1998, v.a. 157–159.

[18] Der nonverbale kontextgebundene Sprachcode der Trendsportszenen ist ein restringierter im Unterschied zu elaborierten Sprachcodes. Vgl. *E. Herms*, Gottesdienst als „Religionsausübung". Erwägungen über die „jugendlichen Ritualisten", in: *Ders.*, Theorie für die Praxis. Beiträge zur Theologie, München 1982, 337–364, 344.

2 Jugend und Kirche

Wie die Kaninchen vor der Schlange, so erstarren viele Religionspädagogen vor empirischen Daten, die die Wirksamkeit und Bedeutung kirchlicher Jugendarbeit vordergründig in Frage stellen. Zwei Beispiele aus Veröffentlichungen von 2000 und 2014:

> „Immer mehr Jugendliche gehören in die Kategorie ‚kirchenfern', obwohl das Bedürfnis, sich mit dem Transzendenten auseinander zu setzen, weiterhin ungebrochen ist. Diese Auseinandersetzung findet aber zunehmend in der New-Age- oder Esoterik-Szene statt, nicht aber in der Kirche. Diese wird in steigendem Maße als ‚Dienstleistungsunternehmen' wahrgenommen, mit dem es über bestimmte Anlässe hinaus keinen Kontakt gibt."[19]

> „Jugendliche werden immer weniger von Kirche und akademischer Theologie erreicht, und gleichzeitig wird es umso mehr als wichtige Aufgabe gesehen, Jugendlichen Aufmerksamkeit und Raum zu verschaffen"[20].

Dass nach wie vor von einer breiten volkskirchlichen Basis auszugehen ist und z.B. rund 30% eines *kompletten Altersjahrgangs* in Deutschland konfirmiert werden – was nahezu allen evangelisch getauften Jugendlichen entspricht –,[21] wird gerne übersehen. Lieber wird ein asymmetrisches Gegenüber von Kirche und Jugend konstruiert, bei dem die Kirche dem Jugendlichen mit gelehrter professioneller Theologie und vorgefertigten Antworten gegenübertritt – mit der Tendenz, diese zu instrumentalisieren, statt mit den Jugendlichen an einer Jugendtheologie zu arbeiten.[22]

Es wäre bestimmt eine wertvolle empirische Arbeit, einmal auszuwerten, wie oft Untersuchungen wie die Shell-Studien mit den Worten ‚immer weniger' und ‚immer mehr' interpretiert werden. Dabei würde ‚immer deutlicher' werden, dass empirische Daten ‚immer weniger' in einen konkreten handlungsorientierenden Deutungsrahmen gestellt werden. Statistische Daten werden nachgebetet und bestenfalls für Forderungen nach mehr Personal ins Feld geführt. Es werden gerade keine Schlüsse gezogen, die aus „matters of fact" „matters of concern"[23] machen.

Manchmal ist zu wünschen, dass vielleicht einmal ‚immer weniger' auf Zahlen geschaut und ‚immer mehr' gefragt würde: Was liest du? Und eine Stimme spräche: Nimm und lies, nimm und lies! Und vor Augen stünde, was erfahrungsreich, erfahrungsbezogen und erfahrungsrelevant ist, dass nämlich Kinder und Jugendliche immer des Paradieses verwiesen und in eine steinige Wirklichkeit gewiesen werden – wie Adam und Eva; dass Jugendliche immer über die Altvorderen lachen und ihnen keinen Glauben schenken –

---

[19] N. *Brauch*, Jugendkultur und Kirche, in: K. Rist (Hg.), Zer-Setzungen. Beiträge zu „Gestaltung und Kritik. Zum Verhältnis von Protestantismus und Kultur im neuen Jahrhundert" – EKD-Text Nr. 64 (OKE 38), Darmstadt 2000, 26.

[20] W. *Weiße*, Zum Stellenwert von Jugendtheologie. Ein Austausch mit Ingo Reuter über das Buch „Brauchen Jugendliche Theologie?" von Thomas Schlag und Friedrich Schweitzer, in: ZPT 66 (2014) 1, 90–95, 91.

[21] Vgl. T. *Schlag*, Jugend und Kirche, in: Y. Kaiser u.a. (Hg.), Handbuch Jugend. Evangelische Perspektiven, Opladen u.a. 2013, 290–296, 292.

[22] Vgl. neuerdings T. *Schlag*/ F. *Schweitzer*, Brauchen Jugendliche Theologie? Jugendtheologie als Herausforderung und didaktische Perspektive, Neukirchen-Vluyn 2011.

[23] B. *Latour*, Elend der Kritik. Vom Krieg um Fakten zu Dingen von Belang, aus dem Englischen v. H. Jatho (TransPositionen), Zürich/Berlin 2007, 57 f.

wie Sara; dass Jugendlichen immer das Messer am Hals sitzt, wenn sich elterliche Autorität abgrenzt – wie bei Isaak; dass Jugendlichen immer der Himmel offen steht und ein steiniges Kopfkissen Platz für eine Himmelsleiter bietet, auch wenn vorher gelogen und betrogen wurde – wie von Jakob; dass Jugendliche immer über den Jabbok müssen, wenn sie um den Segen Gottes ringen; dass Jugendliche immer, wenn sie neues Land betreten, die Alten zurücklassen – wie Josua; dass Jugendliche immer auch ihre Liebsten verraten – wie Dalila; dass Jugendlichen immer Lebensmöglichkeiten abgeschnitten werden – wie Jairus' Tochter; dass Jugendliche immer hoffen, von bösen Geistern befreit zu werden – wie Maria Magdalena; dass Jugendliche mit ihren Haaren vergossene Tränen über ihre Sünden trocknen und dass sie das Schwert zücken, wenn ihr Meister bedroht ist; dass Jugendliche immer allein in Gethsemane beten, immer sich verspottet und verachtet fühlen, ihre Hoffnung auf ein gutes Leben hier und jetzt gekreuzigt wird, sie immer das Angesicht Gottes suchen und seine Stimme hören möchten, damit ihnen ihre Bestimmung offenbar werde: ‚Du bist mein lieber Sohn, meine liebe Tochter, an dir habe ich Wohlgefallen.'

Ja, Jugendliche werden sich ‚immer weniger' die ‚Tradition' kritisch aneignen, ‚umso mehr' wir Erwachsenen schweigen, zu ihren Aufbrüchen, Übergängen und ihrem Suchen und Scheitern, nämlich zu unserer *eigenen* Erinnerung, Erfahrung und Läuterung. Denn auch das sind Ergebnisse empirischer Untersuchungen: Mutter, Vater, Oma und Opa sind die ersten vier Personen, die Jugendliche nennen, wenn sie danach gefragt werden, von wem man wichtige Dinge lernt. Die überwiegende Mehrheit der Jugendlichen möchte einmal die Kinder so erziehen, wie es die eigenen Eltern getan haben.[24] Warum wird also der Traditionsabbruch auf Seiten der Jugendlichen beklagt – und nicht die Traditionsverweigerung der Erwachsenengeneration? Warum werden den Kirchen keine Traditionsaufbrüche[25] zugetraut? Es gehört wohl zu einem öffentlichen und auch kirchlichen (!) Gemeingut, den Kirchen nichts zuzutrauen. Auf Seiten der älteren Generation liegen alle Möglichkeiten: Die heutigen Jugendlichen hören auf sie und sie ist in einer zahlenmäßigen Überlegenheit, denn auf ein Kind kommen inzwischen fünf Erwachsene.[26] Ist nicht zu allererst das Beklagen der älteren Generation über jugendlichen Traditionsabbruch zunächst ein implizites Schuldeingeständnis des eigenen Versagens? Und haben wir es nicht doch genau mit einem notwendigen Entwicklungsthema zu tun, nämlich der einfachen und immer gegebenen Tatsache, dass sich die nachfolgende Generation das Tradierte kritisch aneignet und so einen Beitrag leistet, die Tradition nicht erstarren zu lassen, sondern lebendig zu halten?

---

[24] Vgl. dazu die Ergebnisse der Panoramastudie „Kindheit und Jugend in Deutschland", online unter: http://tinyurl.com/Panoramastudie (Stand: 31.7.2015).

[25] Vgl. D. Wendebourg/R. Brandt (Hg.), Traditionsaufbruch. Die Bedeutung der Pflege christlicher Institutionen für Gewissheit, Freiheit und Orientierung in der pluralistischen Gesellschaft, Hannover 2001.

[26] Vgl. Panoramastudie „Kindheit und Jugend in Deutschland" (s. Anm. 24).

2.1 Widersprüche

Demographische Lage und mediale Vermittlung kontrastieren.[27] Jung ist man heute in einer alternden Gesellschaft, zugleich dient ‚Jungsein' als gesellschaftliches Leitbild. ‚Jungsein' kann als Privileg erlebt werden, wohingegen ‚Jung-sein-Wollen' für ältere zur Dauerbelastung wird. Zumindest scheint die Bedeutung von Jugend virtuell in dem Maße zuzunehmen, in dem ihre realen Einflussmöglichkeiten abnehmen. Auch eine Herabsetzung des Wahlalters kann dieses Ungleichgewicht nicht ändern. Inzwischen sind 50% aller Haushalte ohne Kinder. Die nachfolgende Generation wird wortwörtlich mit Altlasten beschwert. Nie schien der schöne Schein der Jugend so schief zu liegen.

Optimistische Sicht auf die persönliche Zukunft und pessimistische Sicht auf die globalen Probleme stehen nebeneinander. Gewalttätige Konflikte, schlechte Berufsaussichten und Umweltzerstörung werden als Gegebenheiten betrachtet, gleichzeitig wird darauf vertraut, in seinem eigenen Handeln – in erster Linie durch berufliche Leistung und zweitrangig durch Familiengründung – das Leben zu meistern. Den scheinbar öffentlich kaum zu bewältigenden Schwierigkeiten werden private Lösungsstrategien gegenübergestellt.

Als wichtigste Fähigkeit und Fertigkeit wird von Jugendlichen erachtet, einen guten Schulabschluss zu machen und eine gute Berufswahl treffen zu können. Dafür investieren Jugendliche z.B. viel Zeit in das Erledigen von Hausaufgaben. Sie haben einen pragmatischen Ordnungssinn. Zugleich sind sie aber Teil einer Multioptionsgesellschaft und verstehen sich auch so, dass sie vielfältige Gelegenheiten nutzen, außerhalb des engen Ordnungsrahmens Erfahrungen zu machen, die sie auch gefährden können, wie z.B. in der Ausübung von Trendsportarten.

2.2 Was ist Jugend?

Jugend ist Menschsein im Übergang. Die Lebenszeit von Jugendlichen ist eine Zwischenzeit, eine Zeit der Wandlung. Die Jugendlichen lassen die Kindheit hinter sich, liegen und greifen aus auf das Erwachsensein. Diese Zeit beinhaltet einen Stillstand, ein Innehalten, eine ἐποχή. Sie sind zurückgehalten, in einem Schwebezustand gefangen. Sie begreifen ihr Werden als Ist-Zustand, als Vollzug der Zukunft, als Hinübergehen bei gleichzeitigem Gehaltensein. Eine präsent-eschatologische Zeit zwischen ‚nicht mehr' und ‚noch nicht'. Sie partizipieren am Erwachsensein ‚als ob nicht', weil sie körperlich ausgewachsen sind, ohne sich im Kreis der Erwachsenen zu befinden. Sie stehen zwischen στάσις und κίνησις zwischen Stagnation und Durchbruch, zwischen Moratorium und Passage, zwischen Chillen und Willen, zwischen Verpuppung und Schlüpfung, zwischen Initiation und Prozession, zwischen Driften und Navigieren, zwischen Stupor und Manik, zwischen tiefer Langeweile und exzessiver Sorglosigkeit... – *zwischen* eben. Das bezeichnet einen Ort, die Drehtür, oder den Spiralnebel, oder den Tornado, immer in

---

[27] Die folgenden Ausführungen stützen sich ebenfalls auf die Ergebnisse der Panoramastudie (s. Anm. 24).

Bewegung auf der Stelle tretend. Jugend – ein bewegter Zwischenzustand, ein stagnie-render Übergang. Jugend – bestenfalls auf dem Weg der Schraube, wie Heraklit sagt, krumm und gerade in einem.

2.3 Was braucht Jugend?

Der Psychoanalytiker D. W. Winnicott weiß: „Die Kur für die Adoleszenz liegt im Verstreichen der Zeit und muss dem allmählichen Reifungsprozess überlassen bleiben; beides zusammen führt am Ende zur Entstehung des erwachsenen Menschen."[28] Sollen wir die Jugendlichen sich selbst überlassen? Sind sie oft genug nicht ohnehin schon sehr verlassen und auf sich gestellt? Brauchen Jugendliche keine Orientierung, die ihnen die Erwachsenen geben? Die Gelassenheit, mit der Winnicott seine These formuliert, kann in zwei Voraussetzungen gründen. Erstens in der Erziehung, die die Jugendlichen in ihrer Kindheit erfahren haben. Zweitens in den Erwachsenen als aktuellen Repräsentan-ten von Gesellschaft, die Jugendlichen gelassen begegnen.

Zum ersten: Ausnahmslos jede Erziehung ist ethisch orientierend und also religiös-weltanschaulich fundiert. Das liberalste natürliche Gedeihenlassen, wie das strikteste technische Formenwollen der Kinder, ja auch Laissez-faire und beruflich bedingte Ferne haben religiös-moralisch bildende Kraft. Die Diskussion um öffentliche Kinderbetreu-ung und privates Erziehungsgeld, die oft als ‚ideologisch' geführt diffamiert wird, macht deutlich, dass es hierbei wirklich ‚um die Wurst' geht, nämlich die Frage, wie in unserer heutigen Gesellschaft Eltern die Chance bekommen, ihren Kindern mit einer Daseins-gewissheit zu begegnen, die diesen Stabilität und Zutrauen in die Welt der Erwachsenen und den schöpferischen Lebensgrund ihrer Existenz gibt. Diese Frage leitet alle Eltern zumindest implizit, weswegen die Diskussion so erbittert geführt wird. Alle Eltern stehen vor der Frage, welchen Einfluss sie auf ihre Kinder haben. Welche Vorstellungen von Ursprung, Weg und Ziel des Lebens wollen sie vermitteln bzw. vermitteln sie unmittel-bar durch ihre auch nonverbal gegebene Anwesenheit oder auch Abwesenheit? Eltern haben Einfluss. Dieser beginnt schon vorgeburtlich, wenn wir nur an eine so banale Fra-ge wie die Namensgebung denken. Die Namensgebung impliziert eine höchst geladene Intentionalität, die einer begrifflichen Bestimmung nahe kommt. Alle Eltern tauchen ihre Kinder tief in ihre symbolische Ordnung ein. Die christliche Taufe ist dafür ein explizites nachhaltiges Zeichen. Demnach sind alle Thesen vom Schwund religiöser Überlieferung und von der säkularen Umformung christlicher Glaubensinhalte nur begrenzt haltbar, weil zu wenig in den Blick kommt, dass alle Eltern immer Traditionsbildung betreiben. Auch das *Verschwinden* expliziter religiöser Bildung hinterlässt implizit religiöse Bildung, nämlich oft ein obskures Potpourri von religiösem Allerlei oder eine zutiefst spürbare und vereinsamende Leere. Die *Umformung* christlich-religiöser Glaubensinhalte in eine allgemeine Kultur bürgerlicher Werte, die über den christlichen Werten stehen, verführt

---

[28] *D. W. Winnicott*, Familie und individuelle Entwicklung, ungekürzte Ausg. (Geist und Psyche. Fischer TB 42261), Frankfurt a. M. 1984, 116.

leider zu einer totalitären Toleranz, da sie kein Maß außer sich kennt. Auch bei Traditionsverweigerung ist demnach die Frage zu stellen: Welche Traditionen vermitteln sich? Ergänzt durch die auch erlaubte und in einem pluralistischen Kontext zwingend zu diskutierende Frage: Welches ist die beste, weil den Lebensmut der jeweils nächsten Generation am deutlichsten kräftigende Tradition?[29]

Zum zweiten: Worin kann die Gelassenheit der erwachsenen Generation gegenüber der mehr oder minder zur Schau getragenen Entwicklungsaufgabe bzw. -hemmung der Jugendlichen bestehen? Die Folge der Einsicht, dass die Kur im Verstreichen der Zeit liegt, kann recht verstanden einzig darin bestehen, gelassen erwachsen zu bleiben. Was wohl nur bedeuten kann, bei der Sicht der Dinge zu bleiben, die sich einem selbst erschlossen hat. Ein solcher generativer Sachbezug gibt Freiheit, dem institutionellen Ensemble treu zu bleiben, das einem Handlungsfreiheit ermöglicht hat. Die Wahl von Endlichkeitsgestalten, die beispielsweise in der Gründung von Familien, der Ergreifung von Berufen und der bleibenden Mitgliedschaft in einer Kirche realisiert wurden, muss sich nicht von jugendlichem Skeptizismus in Frage stellen lassen. Die gelassene Selbstgewissheit der Eltern hält, wenn man so sagen darf, auch das Postulat der Spießigkeit aus, weil sie weiß, dass auch das Kritisierte vorbildhafte Seiten hat. Dass in dieser Haltung mehr Segen steckt als in einem ko-pubertären Verhalten der Eltern, werden Jugendliche in der Regel bestätigen.

2.4 Die Aufgabe der Kirche

Was kann in dieser Phase des Lebens kirchliche Jugendarbeit bedeuten und leisten? Mit welchem handlungsorientierenden Begriff lässt sich kirchliche Jugendarbeit fassen? Welcher Begriff könnte das derzeitige vielschichtige Handeln abdecken und gleichzeitig uneinholbar offen für künftig zu initiierendes Handeln sein? Wie lässt sich ausdrücken, dass die Mitarbeiter/innen selbst eingetaucht sind in einen Frömmigkeitsgehalt, der ihr Handeln steuert, damit die Jugendlichen sich eingeladen, begleitet und orientiert fühlen? Wie kann festgehalten werden, dass kirchliche Jugendarbeit ihr Fundament nicht selbst schaffen muss, sondern auf einem solchen steht und gleichzeitig aber auf diesem Fundament der nächsten Generation eine Möglichkeit gibt, selbst die Endlichkeit annehmen zu können? Die Aufgabe der Kirche lässt sich analog zur Aufgabe der Erwachsenen beschreiben: Kirche bleiben, Stand halten, dran bleiben und eventuell in Bewegung setzen. Auf einen normativ orientierenden Begriff gebracht: Kirche hat Jugendlichen ein *anerkennendes Übergangsgeleit* zu bieten. Dies lässt sich anhand von drei neutestamentlichen Sätzen explizieren:

---

[29] Natürlich braucht diese Frage im strengen Sinne nicht diskutiert zu werden. Sie erweist sich vielmehr im Leben handlungsorientierter Menschen. Jedoch verursacht der Hinweis auf die Lebensdienlichkeit christlicher Frömmigkeit für Menschen im öffentlichen Gemeinwesen, also auch für das öffentliche Gemeinwesen selbst, immer gerne Widerspruch im Kontext toleranter Bürgerlichkeit, weshalb dieser Hinweis durch evangelische Kirchen umso klarer zu erfolgen hat.

Anerkennung: *„Du bist mein lieber Sohn, an dir habe ich Wohlgefallen."* (Mk 1,11)

Jugendliche erregen nicht immer Wohlgefallen. Wenn sie grundlos grinsend im Unterricht sitzen und tranig eigenen ‚Gedanken' nachgehen, die sie überall hinführen, nur nicht zum Unterrichtsgegenstand, wenn sie nachts in Schwimmbäder einsteigen oder Nagellack für eine Freundin klauen, wenn sie ihr Zimmer unordentlich lassen und bei jedem kleinsten Handschlag im Haushalt maulen, dann fällt es schwer, ihnen uneingeschränkt Wohlgefallen entgegenzubringen. Gleichzeitig merken wir, wie sehr sie sich nach dem kleinsten berechtigten Lob verzehren. Anerkennung, wie sie die Geschichte von Jesu Taufe erzählt, ist Ausdruck einer effektiv verändernden Kraft: Die Kraft des Wortes Gottes, das gnadenreiche Wasser des Lebens, das Bad der neuen Geburt. Täglich wird der alte Adam in uns mit allen Sünden und bösen Lüsten ersäuft und täglich soll ein neuer Mensch herauskommen und auferstehen.[30] Was, wenn Jugendliche durch uns kirchliche Mitarbeiter eine solche, vom Wort Gottes genährte Anerkennung bekommen? Ein vom Bewusstsein des seine Liebe gegen jeden Widerspruch durchhaltenden Schöpfungswillens Gottes gespeistes Wohlgefallen kann manchen Widerspruch ertragen, ohne irre zu werden. Du bist mein lieber Sohn! Du bist meine liebe Tochter! Du bist unverrückbar Teil von dem, wozu wir werden sollen: Gottes Kinder miteinander! Du gehörst zu dem, was wir sind: Gemeinschaft der Heiligen. Getragen vom unerschütterlichen Wohlgefallen Gottes, lassen sich auch die Versuchungen des Satans in den Wüsteneien des Lebens bestehen. Εὐδοκία: Wohlwollen, Achtung, Beifall, Ruhm ist alles andere als eine die Realitäten verkennende Nachgiebigkeit. Εὐδοκία meint ein Anerkennen, das aus dem Jugendlichen herausliest, was diesem noch verborgen ist. Dieses Anerkennen liest heraus, wie es um den Jugendlichen im Angesicht Gottes steht und wie dieser wahrhaft gemeint ist. Und wenn sich solcherart Anerkennung schwer herauslesen lässt, dann ist sie immer noch vom kirchlichen Mitarbeiter in den Jugendlichen hineinzulesen. Die Aufgabe griechischen Menschentums – ‚Erkenne dich selbst' – wird verwandelt in ein befreiendes ‚Du bist anerkannt!'. Das ermöglicht eine Entwicklung der verworrenen jugendlichen Lebensfäden: „Jetzt erkenne ich stückweise; dann aber werde ich erkennen, wie ich erkannt bin" (1 Kor 13,12).

Übergang: *„Und das Wort ward Fleisch und wohnte unter uns, und wir sahen seine Herrlichkeit*
als des eingeborenen Sohnes vom Vater, voller Gnade und Wahrheit." (Joh 1,14)

Jugendalter ist gekennzeichnet durch eine imaginäre Ansprüchlichkeit. Das tagträumende Denken kreist um Vorstellungen hypothetischer Selbstüberschreitung. Was würde, möchte, könnte man nicht alles. Wie sehr verharrt man zugleich in träger, zurückgezogener Genügsamkeit. Körper und Geist, Denken und Leib scheinen nicht zusammenzugehören, sondern gesonderte Wesen wie blutsaugende Vampire und untote Zombies zu sein. Jugendliche vermögen es problemlos, sich regressiv in phantasierten Übergangsräumen einzurichten. Wie das eigene Zimmer zu einem externalisierten Uterus wird, so bekommt der engste Freundeskreis den Charakter eines ebensolchen sozialen. Viele El-

---

[30] So Luther im *Kleinen Katechismus* über das *Sakrament der heiligen Taufe*: BSLK 515 f.

tern verzweifeln an der stagnierenden Beharrungskraft ihrer Kinder, die nichts mit sich
anfangen, nichts aus sich machen und nichts wirklich wollen. Alte Zeiten schufen noch
Übergangsrituale, die in der Welt der Erwachsenen entstanden und das Kind in die Welt
des Erwachsenen *katapultierten*. Die Konfirmation trägt noch Reste einer solchen Initiation. Aus dem christologischen Überschuss des Johannes-Evangeliums können wir ablesen, was es heißt, inkarniertes Wort Gottes zu werden. Wenn das Wort Fleisch wird,
dann ist der Sinn des Lebens auf den Leib geschneidert, dann gewinnt das Leben Lust
am Gesetz des HERRN, dann sind Gnade und Wahrheit dem Leben nicht nur einge-
schrieben, sondern auch leibhaftig geworden. Wenn das Wort Fleisch wird, dann wird
die verborgene Kirche im Gegenüber der sichtbaren erkannt. Und so haben wir erwachsenen kirchlichen Mitarbeiter die Aufgabe, Übergänge zu artikulieren und zu gestalten.
Vielleicht genügt es zunächst sogar, uns als diejenigen, die hinüber gegangen sind, die als
Erwachsene Entscheidungen im Angesicht Gottes zu treffen in der Lage sind, zu repräsentieren. Bildend wirkt für den in der Drehtür kreisenden, dass da jemand den Ausgang
gefunden hat und außerhalb steht und geduldig wartet. Denn es muss für den Jugendlichen Vorbilder geben, die nicht um sich selbst kreisen, sondern exzentrisch in Jesus
Christus konstituiert sie selbst geworden sind. Der Heraustritt aus der Drehtür selbstbe-
züglicher Verworrenheit kommt einer Erlösung gleich, weil das Sündersein von woan-
ders her getragen wird. Wenn das Wort Fleisch geworden ist, dann ist es bereit, sich auf
den steinigen Weg der Bildung von Endlichkeitsgestalten einzulassen. Erwachsene kirchliche Mitarbeiter zeigen, dass die Anspruchlichkeit jugendlichen Begehrens nicht erfüllt
werden muss, wenn sie auch ausgehalten wird. Sie zeigen, dass ein Übergang hinaus aus
dem imaginären Terror phantasierter Größenvorstellungen bzw. selbstverletzender De-
pressivität möglich ist. Es ist möglich, diese Phase als solche zu erkennen, sie abzukap-
seln und schließlich links liegen zu lassen, wenn die Kur vollzogen bzw. Erlösung erfahren wird. Dass das gelingen kann, ist an den kompetenten, nämlich ihrer Sache sicheren,
erwachsenen kirchlichen Mitarbeitern ablesbar. Diese werden für die Jugendlichen immer auch wieder als leibhaftige Menschen zum Wort, zum Hinweis auf die Herrlichkeit
Gottes, die auch in ihren zuversichtlichen Augen hervorblitzt: *Doxa*.

> Geleit: *„Die Zeit ist erfüllt und das Reich Gottes ist herbeigekommen.*
> *Tut Buße und glaubt an das Evangelium!"* (Mk 1,15)

Kirchliche Mitarbeiter in der Jugendarbeit geben ihren Schutzbefohlenen Geleit. Sie
sind neben ihnen auf dem Weg und bieten ein Geländer, das Halt gibt. Sie sind da. Wenn
das nicht christlich formend ist, dass da jemand neben einem steht, der den Gott ‚Ich bin
da' erfahren hat und diese Liebe transformiert, indem er für den jugendlichen Menschen
da ist, wie er ist – wie sollte überhaupt etwas formen? Geleit geben heißt aber nicht nur
da zu sein, sondern auch die Zeit zum Handeln im Blick zu haben. Der Moment der
Begegnung mit dem vielleicht Hilfe suchenden Jugendlichen geschieht im eschatologischen Horizont, dass es jetzt gilt und jetzt etwas passiert. Ist nicht die Geschichte des
Universums auf diesen Moment der Begegnung zwischen Hilfesuchendem und dem
Geleitgebenden zugelaufen? Erfolgt nicht der Bußruf dahin, gemeinsam innezuhalten, in
das bisherige Leben hinein und dazwischen zu denken und umzukehren? Klingt nicht all

das an, wenn wir das Wort μετάνοια hören? Ein Wendepunkt und eine Verlaufsform sind zu finden. „Da unser Herr und Meister Jesus Christus sagt: ‚Tut Buße' usw. (Mt 4,17), wollte er, dass das ganze Leben der Gläubigen Buße sein sollte."[31] Eine Seelsorge durch kirchliche Mitarbeiter ist gefragt, die die Dimension der Beichte nicht umgeht und auslässt. Konkret bedeutet das, dass dem Jugendlichen die Gelegenheit gegeben wird, eine unangenehme Selbstwahrnehmung im Gegenüber eines Erwachsenen zu artikulieren und auszuhalten.[32] Der Jugendliche, dem dies gelingt, findet auch außerhalb des Gesprächs darin Geleit, dass die Erinnerung an diese vom Gegenüber mitgetragene Selbstwahrnehmung ihm fortan als heilsame Erinnerung folgt. Sie taucht künftig in all jenen Interaktionen mit auf, die eben das Unangenehme in Gang gebracht haben. Beichte und Buße als Innehalten behält im Blick, dass die Kindschaft Gottes unverlierbar bleibt, wodurch der Weg zur Vergebung offen steht. Beichte und Buße als Umkehr eröffnet weiterhin die Perspektive, sich den Aufgaben zuzuwenden, die das Leben stellt. Für welche Aufgabe bräuchte ein Jugendlicher mehr Geleit, als für die, seine Bestimmung zu finden und die Möglichkeiten seiner endlichen Freiheit zu ergreifen?

Vielleicht zeigen diese Hinweise Möglichkeiten für ein kirchliches Handeln auf, Jugendlichen *anerkennendes Übergangsgeleit* zu geben. In allen Punkten sollte berücksichtigt bleiben, dass die Kur für die Adoleszenz im Verstreichen der Zeit liegt und den Jugendlichen keine wie auch immer geartete – auch nicht kirchliche – Formung verordnet wird, die die Reifung nicht ihrem eigenen Werden überlässt. Aber *anerkennendes Übergangsgeleit* lebt von der Selbstgewissheit der kirchlichen Mitarbeiter, die alle Empathie und Zuneigung den Jugendlichen dadurch entgegenbringen, dass sie selbst nicht zu Berufsjugendlichen werden, sondern bei ihrer Sache, dem Evangelium, bleiben.

3 Trendsport – Jugend – Kirche

Wir haben geschlossen, im Trendsport, verstanden als Modus jugendlicher Kultur, zielt das leibliche Erleben Jugendlicher darauf, sich selbst in bestimmten Bewegungsmodi zu erfahren, darüber Selbstsicherheit und Identität in einer kleinen sozialen Gemeinschaft zu finden und zu stabilisieren. Jugendliche gestalten im Trendsport eine Retardierung zum Erwachsensein und erproben zugleich Erwachsensein in einer selbstorganisierten sportiven Sozialform, die kommunizierbare Sinngestalten bildet. Trendsport in Form solcher sinnhaften Sozialformen stellt ein jugendliches Übergangsphänomen dar, nämlich eine Episode des Lebens. Diese Lebensphase entwickelt ihren eigenen Untergang, insofern das adoleszente Handeln eben als *jugendliche* Sozialform ihre Zeit hat. Davon unbenommen sind vergesellschaftete Formen von Trendsport, die vom erwachsenen Freizeitverhalten übernommen und von der Sportindustrie vermarktet werden. Unbe-

---

[31] So heißt es bekanntlich in der ersten der 95 Thesen Luthers: WA 1, 530.
[32] Vgl. *E. Herms*, Die Ethische Struktur der Seelsorge, in: PTh 80 (1991) 1, 40–62.

nommen davon ist auch das Verhalten einzelner, die ihren Trendsport als jugendliches Refugium in das gesellschaftliche Leben eines Erwachsenen hinüber retten wollen.

Auch das kirchliche Leben kann als Übergangsphänomen gedeutet werden. Christlich-religiöse Praxis, die u.a. im Singen, Beten und Gottesdienstbesuch besteht, markiert Übergangsgestalten, die im Tages-, Wochen- oder Jahreslauf Rückzugsmöglichkeiten aus dem Alltag markieren. Die Hingabe an das Gebet, die Selbstvergessenheit beim Singen und das heilsame Sich-fallen-lassen im Gottesdienst stellen ebenfalls Formen dar, die ihren eigenen ‚Untergang‘ beinhalten – dies sogar explizit, da sie auf die Bewältigung des Alltagslebens zielen. Verweist doch jeder Gottesdienst seine Besucher am Ende auf das *gesegnete Hinausgehen* in die kommende Woche.[33] Wie vielen Christen stand nicht schon in Anbetracht einer schwierigen Aufgabe beispielsweise eine Lied-Strophe im Herzen, etwa die von A. H. Franke: „Nun aufwärts froh den Blick gewandt und vorwärts fest den Schritt! Wir gehn an unsers Meisters Hand, und unser Herr geht mit"? Dass manchmal schon die Melodie im Innern ausreicht, um Mut zu machen, braucht nicht eigens erwähnt zu werden.

Der Unterschied zwischen jugendlichem Trendsport und kirchlicher Praxis als Übergangsphänomene liegt darin, dass ersteres den Versuch darstellt, sich gegenüber den Forderungen der Gesellschaft abzuschließen, wohingegen zweites gerade die Gestaltung dessen ist, sich für die Forderungen des Alltags aufzuschließen. Hierin besteht dann auch die Aufgabe kirchlicher Jugendarbeit, wenn sie mit Formen von Trendsport in Kontakt kommt oder für solche selbst zum Anbieter wird. Kirchliche Jugendarbeit wäre gut beraten, Trendsportangebote als *anerkennendes Übergangsgeleit* so zu gestalten, dass Formen von Rückzug aus dem gesellschaftlichen Leben nicht gefördert werden. Viele Institutionen transportieren schon den Rückzug ins Private – dem braucht die Kirche nicht nachzueifern. Kirche sollte Trendsport begleiten als Übergangsform ins Leben von Erwachsenen. Dabei kann sie sich eines Ensembles von kirchlichen Übergangsgestaltungen bedienen, die für das gesellschaftliche Leben öffnen. Ihr wichtigstes Medium sind *erwachsene, ihrer Sache sichere* Mitarbeiterinnen und Mitarbeiter in der evangelischen Jugendarbeit, durch die sie zeigt, was sie selber ist und glaubt.

---

[33] Vgl. *E. Herms*, Gottesdienst als „Religionsausübung" (s. Anm. 18), v.a. 363.

Thomas Zippert

MENSCHENBILDER IN DER DIAKONIE

1 Der Gebrauch von Menschenbildern in der Diakonie

Die Rede vom christlichen Menschenbild, seltener: von christlichen Menschenbildern, ist aus der Diakonie nicht wegzudenken, auch wenn der Begriff ‚Menschenbild' langsam weniger gebräuchlich scheint und durch die allgemeinere Rede vom christlichen Selbstverständnis bzw. diakonischen Auftrag ersetzt wird.[1] Wesentliche Grundaussagen sind die Gottebenbildlichkeit des Menschen, seine Individualität und doch die Gleichheit aller Menschen vor Gott bzw. vor dem Recht, wie es die in den Menschen- bzw. Grundrechten garantierte, unantastbare und bedingungslos gültige Würde des Menschen (auch in Situationen von Hilflosigkeit, Schuld, Abschiednehmen usw.) festhält. Ergänzt werden diese anthropologischen Grundaussagen durch den Verweis auf die grundlos gewährte und durchgehaltene Liebe durch Gott, das Recht auf Teilhabe bzw. Nichtausgrenzung, begründet durch den Auftrag bzw. die Verpflichtung zur Nächstenliebe (bzw. Solidarität) einschließlich einer gewissen Sozialanwaltschaftlichkeit – in wechselnden Kombinationen und Akzentsetzungen. Als Beispiele mögen willkürlich gewählte Zitate aus dem Leitbild der Mamre-Patmos-Schule, einer zu Bethel gehörenden Förderschule, und dem Kinderhospiz in Bethel dienen:

„Orientiert an dem christlichen Menschenbild respektieren und fördern wir die individuelle Persönlichkeitsentwicklung und die Integration in eine vielfältige Gemeinschaft. In unserer Arbeit fühlen wir uns den in den v. Bodelschwinghschen Stiftungen Bethel erarbeiteten Leitsätzen ‚Unsere Vision ist das selbstverständliche Zusammenleben, das gemeinsame Lernen und Arbeiten aller Menschen in ihrer Verschiedenheit' verbunden."[2]

„Als diakonische Einrichtung wird unsere Arbeit vom christlichen Menschenbild geleitet. Wir teilen die Überzeugung, dass jeder Mensch eine einmalige, von Gott geschaffene und geliebte Persönlichkeit ist, dessen Würde auch in Krankheit und im Sterben geschützt werden soll – unabhängig von seinen Fähigkeiten, seiner Hautfarbe, seiner politischen Einstellung oder Religionszugehörigkeit. Nach unserem Verständnis sind Krankheit, Sterben, Tod und Trauer Teile des Lebens. Sie erhalten durch eine Kultur der bedarfsgerechten Unterstützung und des Abschiednehmens wieder Raum in unserer Gesellschaft."[3]

Gleichzeitig wirkt diese legitimatorische Rede eigentümlich funktions- und folgenlos. Mitarbeitende in der Diakonie wissen oft gar nicht um diese Leitbildformulierungen oder können sie mit ihrer alltäglichen Praxis nicht in Beziehung setzen, geschweige denn in

---

[1] Vgl. z.B. v. Bodelschwinghsche Stiftungen Bethel (Hg.), Kulturelle und religiöse Vielfalt in den v. Bodelschwinghschen Stiftungen Bethel. Ein Positionspapier des Vorstands der v. Bodelschwinghschen Stiftungen Bethel, 12. Dezember 2014, online unter (direkter Download): http://tinyurl.com/Bethel-Positionspapier-2014 (Stand: 31.7.2015).

[2] Online unter: http://tinyurl.com/Mamre-Patmos-Schule (Stand: 31.7.2015).

[3] Online unter: http://tinyurl.com/Kinderhospiz-Bethel (Stand: 31.7.2015).

Einklang bringen. Jedenfalls gingen und gehen von ihr kaum Impulse der Verbesserung oder Vermenschlichung sozialer, erzieherischer oder pflegerischer Praxis aus. Der Inklusionsdiskurs z.B. ist außerhalb von Kirche und Diakonie entstanden und wird nun nachträglich rezipiert,[4] obwohl Einiges des dort Intendierten auch theologisch begründbar und initiierbar gewesen wäre. Ähnlich ließen die Debatten um die Erziehung der Heimkinder abgrundtiefe Blicke in schwärzeste christliche Pädagogik tun, in der Strafe als Ausdruck von Gnade begründet werden konnte.[5] Schließlich wird zwar die Pflegeversicherung in ihrer aktuellen Form oft genug kritisiert und der Beziehungscharakter der Pflege betont, der Zeit braucht und neue Kosten verursacht – aber durch die Pflegeversicherung nicht gedeckte Kosten werden nicht durch die Kirche übernommen oder Gegenstand kirchlich-diakonischer Fundraising-Aktionen.

Dies sind zugegebenermaßen holzschnittartige Urteile. Liegt das am Charakter als theologischer ‚Allgemeinplatz' *(locus communis)*, am nicht bestimmungsgemäßen Gebrauch in organisationalen Kommunikations- und Entscheidungsprozessen oder fehlen noch weitere (theologische) Argumentationen, damit theologische Grundlagen auch *handlungsleitend* werden können?[6]

Die Frage ist virulent, denn die Rede vom Menschenbild steht unter Ideologieverdacht[7] bzw. wird in Sozial- und Pflegewissenschaften mittlerweile durchaus kritisch ge-

---

[4] Vgl. Kirchenamt der EKD (Hg.), Es ist normal, verschieden zu sein. Inklusion leben in Kirche und Gesellschaft. Eine Orientierungshilfe des Rates der Evangelischen Kirche in Deutschland (EKD), Gütersloh 2015, online unter (direkter Download): http://tinyurl.com/EKD-Inklusion-2015 (Stand: 31.7.2015). Es ist darauf hinzuweisen, dass U. Bach ab den 1980er Jahren, schon vor der UN-Behindertenrechtskonvention und der Wissenschaftlichen Gesellschaft für Theologie, versucht hat, das Inklusionsthema in die theologische Debatte einzubringen. Vgl. dazu *H. Krebs*, Die Würde des behinderten Menschen aus medizinischer Sicht, in: E. Herms (Hg.), Menschenbild und Menschenwürde (VWGTh 17), Gütersloh 2001, 232–252; *G. Adam*, Die Würde des behinderten Menschen aus religionspädagogischer Sicht, aaO., 253–270. Vgl. auch das Alterswerk U. Bachs, das viele seine Veröffentlichungen zusammenführt: *Ders.,* Ohne die Schwächsten ist die Kirche nicht ganz. Bausteine einer Theologie nach Hadamar, Neukirchen-Vluyn 2006.

[5] Besonders gräulich in Volmarstein, dem späteren Wirkungsort von U. Bach. Vgl. *H.-W. Schmuhl/U. Winkler,* Gewalt in der Körperbehindertenhilfe. Das Johanna-Helenen-Heim in Volmarstein von 1947 bis 1967 (Schriften des Instituts für Diakonie- und Sozialgeschichte an der Kirchlichen Hochschule Wuppertal, Bethel 18), Bielefeld 2010, 107–152. Zum theologischen Kontext von Gehorsam, Strafe und Gewalt vgl. *T. Jähnichen,* Von der „Zucht" zur „Selbstverwirklichung"? – Transformationen theologischer und religionspädagogischer Konzeptionen evangelischer Heimerziehung in den 1950er und 1960er Jahren, in: W. Damberg u.a. (Hg.), Mutter Kirche – Vater Staat? Geschichte, Praxis und Debatten der konfessionellen Heimerziehung seit 1945, Münster 2010, 131–146 (dort auch weitere Literatur); *U. Winkler/H.-W. Schmuhl,* Heimwelten. Quellen zur Geschichte der Heimerziehung in Mitgliedseinrichtungen des Diakonischen Werkes der Ev.-Luth. Landeskirche Hannovers e.V. von 1945 bis 1978 (Schriften des Instituts für Diakonie- und Sozialgeschichte an der Kirchlichen Hochschule Wuppertal, Bethel 20), Bielefeld 2011, v.a. 58–71 mit den dazugehörenden Quellen.

[6] Die Diakonische Stiftung Wittekindshof hat ein *handlungsleitendes Leitbild* entwickelt. Online unter (direkter Download): http://tinyurl.com/Wittekindshof-Leitbild (Stand: 31.7.2015). Vgl. dazu den Vorstandssprecher der Stiftung: *D. Starnitzke,* Diakonie in biblischer Orientierung. Biblische Grundlagen – ethische Konkretionen – diakonisches Leitungshandeln, Stuttgart 2011, 186–232.

[7] Vgl. *F. W. Graf,* Missbrauchte Götter. Zum Menschenbilderstreit in der Moderne (Reden über den Humanismus 1), München 2009, 133–176 (v.a. zur Konjunktur des Begriffs ‚Menschenbild' in der NS- und Nachkriegszeit).

sehen.[8] Bei aller Betonung dieser für alle Menschen in gleicher Weise gültigen Grundlagen steht die Diakonie in der Gefahr, mit einem unbewusst *doppelten Menschenbild* zu arbeiten, das faktisch unterscheidet zwischen Helfern und Hilfsbedürftigen, Bewohnern und Einwohnern, Beschäftigten und Mitarbeitenden, Betreuten und Betreuenden, um nicht zu sagen: Erbarmern und erbarmungswürdigen Kreaturen; das eine Menschenbild für die, ‚die im Mittelpunkt stehen‘,[9] das andere für die, die die Arbeit machen; das eine, was Fehler zulässt, ja auf Fehler und Unzulänglichkeiten, sozialgesetzlich definierte ‚Hilfebedarfe‘ als Unterstützungsanlass angewiesen ist, das andere, wo genau dies regelmäßig zur Abmahnung bzw. Aufkündigung des Arbeitsverhältnisses führen kann.

Ebenso braucht es einen Abgleich mit den Menschenbildern bzw. handlungsleitenden Wirklichkeitsverständnissen, die den für die Handlungsfelder relevanten Pflege- und Sozial-, Erziehungs- und Therapiewissenschaften bzw. dem betriebswirtschaftlichen Denken mehr oder weniger explizit zu Grunde liegen. Sie prägen die Alltagsentscheidungen; Diskussionen über deren Verhältnis zu theologischen Grundannahmen finden aber nicht sehr oft statt: sei es *homo oeconomicus,* der als Kunde in Not oder Bedrängnis Kosten und Nutzen der Angebote des Sozialmarktes abwägt und rational seinen Vorteil sucht; sei es *homo paedagogicus,* den die Pädagogik voraussetzt, um an das Gute in ihm anzuknüpfen, um daraus etwas entwickeln, entfalten und bilden zu können; oder sei es *homo pathologicus,* der auf seine biochemischen Prozesse, Diagnosen und Defizite reduziert wird, um effektiv operiert oder mit Medizin versorgt werden zu können.

Der *Widerstreit der Menschenbilder* ist offensichtlich und unvermeidlich.[10] Menschenbilder *reduzieren* also je nach Fachperspektive die Annahmen über den Menschen, um so aufgrund spezifischer Handlungsanforderungen zielorientiert mit klaren Vorzüglichkeitskriterien[11] arbeiten zu können. Dass Menschenbilder kategorial auf unterschiedlichen Ebenen liegen und das Menschsein im Ganzen oder nur unter bestimmten Aspekten meinen, ist dabei ebenso offensichtlich wie fragwürdig. Denn es müsste geklärt werden, von welcher Art und Reichweite sie sind. Als ‚Bilder‘ sind sie wie alle Fotografien unvermeidlich individuell und perspektivisch. Als zusammenfassende Aussagen, sozusagen Inbegriffe, sind sie im anderen Extrem so formal und abstrakt, dass sich ein Individuum nicht wirklich in ihnen wiederentdecken kann. Oder es sind in Bilder gepackte normative Prinzipien, die auch anders formulierbar wären. So oder so sind sie damit noch nicht operationalisiert, zumal dann nicht, wenn es um Situationen geht, wo diese unterschiedlichen

---

[8] Vgl. *C. Uzarewicz/M. Uzarewicz,* Anthropologische Grundlagen und Menschenbilder in der Intensivpflege, in: K. D. Neander u.a. (Hg.), Handbuch Intensivpflege. Ein Lehr- und Handbuch für Mitarbeiter auf Intensivstationen, Loseblatt-Ausg., 21. Ergänzungslieferung, Landsberg 2006, 1–15 (11, II-1.3).

[9] Übrigens eine höchst unangenehme Position, weil man nicht weiß, was die Hälfte derer macht, die hinter einem stehen. Ebenso verbraucht ist die Metapher von der ‚gleichen Augenhöhe‘, die angesichts von Größenunterschieden im Allgemeinen und im Besonderen zwischen denen im Pflegebett oder Rollstuhl ‚schräg‘ klingt.

[10] Vgl. *E. Herms,* Zusammenleben im Widerstreit der Menschenbilder. Die christliche Sicht, in: *Ders.,* Zusammenleben im Widerstreit der Weltanschauungen. Beiträge zur Sozialethik, Tübingen 2007, 102–117, v.a. 115 f.

[11] Vgl. *E. Herms,* Grundlinien einer ethischen Theorie der Bildung von ethischen Vorzüglichkeitsurteilen, in: *Ders.,* Gesellschaft gestalten. Beiträge zur evangelischen Sozialethik, Tübingen 1991, 44–55.

Annahmen unterschiedlicher Art in derselben, diakonischen, d. h. öffentlichen und nicht privaten Handlungssituation zugleich Geltung beanspruchen und konfligieren.

„Wie kann verhindert werden, daß dieses real gegebene materiale Fundament gewissenhaften Handelns [sc. die Frömmigkeit bzw. Gewissenhaftigkeit] auch im Beruf einfach fatalistisch fehlinterpretiert und abgespalten wird – zugunsten des äußerlichen Gehorsams gegenüber dem traditionalen Ethos irgendeiner gesellschaftlichen Organisation oder eines Berufsstandes?"[12]

Wieso soll es unter diesen Bedingungen noch *das* christliche Menschenbild oder einen Rekurs auf *das* christliche Verständnis des Menschen geben, wie es in vielen Leitbildern als Grundlage benannt wird?

In den Feldern diakonischer Alltagsarbeit genügt oft der Rückgriff auf professionelle und fachwissenschaftliche Grundannahmen und die sozialgesetzlich festgelegten und vereinbarten Aufträge. Freilich werden in der Praxis diese Dienstleistungen durch die Vorgaben der Geschäftsführung und des Controlling nicht nur ermöglicht, sondern auch begrenzt, ganz zu schweigen von darüber hinausgehenden Dienstleistungen und Angeboten. Nach über 100 Jahren der Abhängigkeit vom Sozialstaat liegt der Refinanzierungsgrad diakonischer Dienstleistungen oft nahe bei 100 %. Wenn dann der Sozialstaat aus demografischen und finanzpolitischen Gründen die Kosten budgetiert, also: drückt und deckelt, dann wird es in diesen Bereichen, an deren staatliche bzw. sozialversicherungsbasierte Refinanzierung man in diesem unserem Lande gewöhnt ist, schnell eng. Denn traditionell fließen aus Spenden und Kirchensteuermitteln bzw. freiwilligem Einsatz von Mitarbeitenden und Ehrenamtlichen nicht sehr viele Ressourcen zu. Dass sich die finanziellen Normierungen des Sozialstaates mit den sozial- und menschenrechtlichen Normen eben dieses Staates nicht unbedingt immer und automatisch decken, eröffnet weitere Konfliktfelder unklarer Orientierung.

In welchen Diskursen und unternehmerischen bzw. organisationalen Kommunikations- und Entscheidungsprozessen der Diakonie und ihrer Unternehmen und Organisationen tauchen neben diesen fachwissenschaftlichen, politischen und ökonomischen Kriterien die theologisch-diakonischen auf? In Grenzfällen wird es – durchaus ambivalent – erkennbar, wenn christliche Krankenhäuser Abtreibung, Präimplantations- bzw. Pränataldiagnostik oder auch passive Sterbehilfe grundsätzlich ablehnen. Aber wo und wie geschieht es in den Grauzonen des Arbeitsalltags?

Zwar werden inzwischen nicht nur in konfessionellen Krankenhäusern Ethikkommissionen eingerichtet, sondern auch in der Alten- und Jugendhilfe. Oft sind diese Kommissionen *black boxes*, weil aus guten Gründen des Daten- und Patientenschutzes nicht offen über die Vielfalt, ja Pluralität und Gegensätzlichkeit der Argumentationen öffentlich diskutiert werden kann und der Weg zur ethischen Urteilsbildung und Entscheidungsfindung unter den Bedingungen gegensätzlicher Normen, Ziele und Motive nicht immer klar und transparent bzw. nachvollziehbar ist.

---

[12] E. *Herms,* Was begründet den Zusammenhalt und die Zukunftsfähigkeit unserer Gesellschaft? in: *Ders.,* Zusammenleben (s. Anm. 10), 118–133, 130.

2 Gleichheit vor Gott und wachsende soziale Ungleichheit

Menschenbilder im Kontext von Diakonie und Kirche konvergieren in der Betonung und mehrfachen Begründung der Gleichheit aller Menschen vor Gott bzw. auf Grund der Menschenwürde. Die wachsende Ungleichheit mit ihren mal vorübergehenden, mal empörend grausamen Folgen von Ausschluss und Benachteiligung findet nicht dieselbe Aufmerksamkeit, seien es vorübergehende erschwerte Lebenslagen (wie Kurzzeitarbeitslosigkeit, Krankheit, Schwangerschaft u.a.), seien es die sich immer neu voneinander abgrenzenden Milieus und Sozialräume (Segregation, Gentrifizierung und Migration), oder sei es die unterschiedliche Ausstattung mit Sozialkapital, wohinter sich nur schwach die alten und harten Standes-, Schicht-, Besitz- und Klassengegensätze verbergen.

Heute kulminiert die Tradition des Pathos der menschenrechtlichen Gleichheit in der Forderung nach einer inklusiven Gesellschaft, die bei aller konstatierten und gewollten Diversität gegen Ausschluss von Lebenschancen aufgrund von Geschlecht, Alter, Behinderung, Ethnie, Religion u.a. vorgeht und Barrierefreiheit, genauer: Teilhaberechte am gesellschaftlichen Leben für alle Menschen fordert.[13] Kirche und Theologie tauchen in diesen Diskursen spät und selten auf.[14]

Grundirritierend ist in diesem Kontext die Beobachtung, dass trotz hinter und unter einer durch Grundgesetz und christliches Menschenbild (im eingangs skizzierten Sinn) gut begründeten Gleichheit offensichtlich zugleich Ungleichheit, Ausgrenzung, Ausschluss, Abwertung, Missachtung oder doppelte Menschenbilder hoch lebendig sind. Logisch und semantisch galt die Menschenwürde, galten Gleichheits-, Freiheits- und Lebensrecht zwar seit ihrer Erfindung im 18. Jahrhundert für alle Menschen. Es brauchte bis heute allerdings lange Umwege, Kämpfe, besondere Konventionen und Zusatzartikel in Verfassungen, Grundgesetz und anderen Rechtstexten, damit sie ‚auch‘ für Frauen, Kinder, Schwarze, Menschen mit Behinderung oder Migranten Geltung erlangten.[15]

Diese faktische Ungleichbehandlung trotz längst begründeter Gleichheitsforderung im Grundsatz hatte und hat direkte Auswirkungen auf Lebenschancen und die Möglichkeiten, Begabungen und Anlagen trotz geistiger Behinderung auch spät zu entfalten, ja sogar darauf, die eigene Bestimmung in Gemeinschaft mit Gott und anderen Geschöpfen zu erreichen und nicht nur das eigene Quantum Bedeutsamkeit für andere, sondern auch

---

[13] Vgl. *T. Zippert,* Das Diakonenamt in einer Kirche wachsender Ungleichheit. Neubegründung seiner „Normalität" neben Pfarr- und Lehramt, in: R. Merz u.a. (Hg.), Dienst und Profession. Diakoninnen und Diakone zwischen Anspruch und Wirklichkeit (VDWI 34), Heidelberg 2008, 46–69; *Ders.,* Sozialräumliches Wahrnehmen im mehrdimensionalen Raum von Gesellschaft und Gemeinwesen, Gemeinde und Diakonie, in: R. Zitt u.a. (Hg.), Wahrnehmen (Theologie und Soziale Wirklichkeit [2]), Stuttgart 2013, 182–208; vgl. die UN-Behindertenrechtskonvention, 13. Dezember 2006, online unter: http://tinyurl.com/UN-CRPD-2006 (Stand: 31.7.2015).

[14] Vgl. Kirchenamt der EKD (Hg.), Es ist normal, verschieden zu sein (s. Anm. 4), dort die exemplarisch aufgeführte Literatur; vgl. auch unten, Anm. 32.

[15] Vgl. *H. Joas,* Die Sakralität der Person. Eine neue Genealogie der Menschenrechte, mit einem neuen Vorwort (stw 2070), Berlin 2015.

Rechtfertigung zu erleben.[16] Sie führt also nicht nur zu einer Einschränkung innerweltlicher Relationalität, sie beeinträchtigt auch in erheblichem Maß die Möglichkeit, den je eigenen Weg zu finden und die eigene Bestimmung zu leben.

Kirche und Diakonie haben ebenso wie die Gesellschaft lange Zeit dazu beigetragen, in, mit und trotz ihres Menschenbildes bzw. ihrer latent doppelten Menschenbilder Menschen auf bestimmte Lebenswege festzulegen und sie mehr oder weniger festzuhalten in Reich-Gottes-nahen Gegen-, Schon- und Sonderwelten. Sie prägten eine Kultur der sich von oben nach unten neigenden Barmherzigkeit, ja des Paternalismus einer ‚Kirche *für* andere' (nicht: ‚*mit* anderen'). Anstaltsgemeinden versuchten zwar, aus der Gesellschaft ausgeschlossene Menschen wenigstens in den Leib Christi zu integrieren bzw. zu verdeutlichen, dass sie als Getaufte genauso zur Kirche gehören wie alle anderen Christenmenschen auch und dass es nur eine Frage des Zeitpunktes sei, ob man Kranker oder Krankenträger ist. Auch sorgte der diakonische Grundtext *Vom Weltgericht* (Mt 25,31–46) für eine gewisse Irritation klassischer Oben-unten-Zuordnungen, wenn die Kranken seit Johanniterzeiten zu den ‚Herren Kranken' wurden oder sie für den alten F. v. Bodelschwingh die eigentlichen ‚Herren Professoren' waren.

So oder so wurde ihnen dennoch oft die Teilhabe an ganzen Lebensbereichen vorenthalten, nicht nur am System Arbeit und Sorge für sich selbst und den eigenen Lebensunterhalt, auch am Bereich Bildung, Religion/Kultur, Politik und – in Ergänzung zu den vier Feldern nach Herms – in der Freizeit- und Zivilgesellschaft als Lebensdimension der Geselligkeit ohne systemimmanente Zielsetzung wie in den anderen vier Feldern, sowie im Leben in eigener Familie oder Wahlverwandtschaft.[17] Das Leben und Erleben von Bürgerrechten und christlicher Freiheit fehlte, auch wenn es Implikation des christlichen Verständnisses vom Menschen ist. Die Impulse, davon wegzukommen, sind nur zum Teil durch Kirche und Diakonie gesetzt, eher gegen sie bzw. gegen anfänglichen Widerstand durchgesetzt. Offensichtlich kam dieser Widerstand aus anderen, zum Teil aber auch christlichen Quellen, dann aber oft jenseits etablierter Kirchlichkeit und Theologie.

Wie sich diese andere Art Menschenbild fassen und in welchem Verhältnis sie zu dem eben dargestellten Ansatz steht, soll im Folgenden zu klären versucht werden. Gemeint ist es auch als ein Beitrag, um die Theologien an Fachhochschulen und Universitäten mehr miteinander ins Gespräch zu bringen.

---

[16] Vgl. *K. Dörner*, Das Alter gestalten. Eine persönliche und gesellschaftliche Herausforderung, in: PrTh 41 (2006) 4, 252–259. Es ist ein Skandal, dass es so lange dauerte, bis man merkte, dass nicht nur Kinder, sondern auch Menschen mit Behinderungen eigene Glaubenssubjekte sind, die ebenso lieben und trauern, arbeiten und faulenzen wie andere Menschen auch. Vgl. J. Eurich/A. Lob-Hüdepohl (Hg.), Inklusive Kirche (Behinderung – Theologie – Kirche 1), Stuttgart 2011; *T. Zippert*, Der theologische Blick auf geistige Behinderung, in: H.-W. Schmuhl/U. Winkler (Hg.), Welt in der Welt. Heime für Menschen mit geistiger Behinderung in der Perspektive der Disability History (Behinderung – Theologie – Kirche 6), Stuttgart 2013, 205–224.

[17] Das konnte in Bruder- und Mutterhäusern, auch in familienanalogen Wohn- und Arbeitshäusern mit diakonischen Hausvätern und -müttern zu Beginn der Arbeit im 19. Jahrhundert eine Weile anders ausschauen, unterlag aber schnell einem Sog zur totalen Institution. Vgl. dazu die Forschungen von *H.-W. Schmuhl* und *U. Winkler* zu verschiedenen Einrichtungen der Diakonie (s. u.a. Anm. 5). Zur Begründung der Ausweitung auf sechs Felder vgl. *T. Zippert*, Sozialräumliches Wahrnehmen (s. Anm. 13).

3 Unterschiedliche Arten, Menschen wahrzunehmen

Der Unterschied erschließt sich möglicherweise aus einem genaueren Blick in diakonische Grundtexte und Arbeitsvollzüge.

Woher kommt es, dass Priester und Levit vorübergehen – wir wissen nicht einmal, ob sie hinschauen oder in gedankenschwerer Reflexion über den nächsten Termin nichts sehen – und dass ein Samariter den halbtot Geschlagenen aber „sah", es ihn „jammerte", „und er ging zu ihm, goss Öl und Wein auf seine Wunden und verband sie ihm, hob ihn auf sein Tier und brachte ihn in eine Herberge und pflegte ihn", bis er die Pflege auf eigene Kosten an den Wirt abgab (Lk 10,31–35).

Wieso haben die einen den Hungrigen zu essen gegeben, den Durstigen zu trinken, die Fremden aufgenommen, die Nackten gekleidet, die Kranken und Gefangenen besucht und die anderen nicht (Mt 25,31–46)? Die Kenntnis eines spezifischen Menschen- und Gottesbildes spielt im Weltgericht explizit keine Rolle, da weder die einen noch die anderen wussten, was sie taten und warum, schon gar nicht, dass sich der Menschensohn in diesen Bedürftigen verborgen hat. Zwar sind Christen nach dem ersten Hören dieser Geschichte in einer anderen Lage und müssten wissen, was zu tun ist. Aber es geschieht nicht immer bzw. nicht immer im notwendigen Maß. Hat sich Gott etwas zu gut in diesen jämmerlichen Gestalten verborgen und nicht hinreichend klar offenbart? Eine Folge dieser Geschichte jedenfalls war die zeitweilige Umkehrung des Verhältnisses der Pflegenden zu den Pflegebedürftigen, die zu den ‚Herren Kranken' wurden.[18]

Diese Geschichten und mit ihnen die alttestamentliche Tradition der vorrangigen Option für die Armen bzw. Ausgeschlossenen[19] kehren die Sichtweise, die Richtung und die Art und Weise der Wahrnehmung um. Es geht nicht zuerst und zunächst um mich und meine Selbstwahrnehmung, Selbstreflexion und Selbstbestimmung, sondern darum, zuerst den bzw. die Andere sowohl wahrzunehmen als auch diese Wahrnehmung zuzulassen, anzunehmen und zu Herzen gehen zu lassen, also nicht wahrzunehmen und auszugrenzen bzw. in diakonischem, in diagnostisch-medizinisch-pflegerischem Blick oder sozialarbeiterischem Fallverstehen nach Defiziten oder Sonderbedarfen einzusortieren und auf professionelle Distanz zu bringen und nach Kassenlage Leistungen und Maßnahmen zuzumessen.

Wie kommt es, dass Menschen in pflegerischer oder betreuender Arbeit den Menschen als ihren jetzt in Wahrheit Nächsten sehen und sich nicht durch Geruch und Gestank sämtlicher Körperausscheidungen stören lassen, mit Aggressivität unterschiedlicher Ursachen rechnen, sich schützen und die Aggression – im besten Fall – ins Leere laufen lassen oder ihr ausweichen? Wie kommt es, dass sie darin den Lebensimpuls entdecken bzw. im Gegenüber, das ihnen viel Mühe und Arbeit macht, ja sie sogar verletzen kann,

---

[18] Bezeugt für den Hl. Franziskus, die Hl. Elisabeth und den Johanniterorden.

[19] Vgl. *H. Bedford-Strohm,* Vorrang für die Armen. Auf dem Weg zu einer theologischen Theorie der Gerechtigkeit (Öffentliche Theologie 4), Gütersloh 1993; *S. Schäper,* Inklusive Kirche – Kirche der Andersheiten?, in: J. Eurich/A. Lob-Hüdepohl (Hg.), Behinderung – Profile inklusiver Theologie, Diakonie und Kirche (Behinderung – Theologie – Kirche 7), Stuttgart 2014, 54–66.

ihren Nächsten sehen?[20] Wie kommt es, dass Menschen in chronisch kranken, hässlichen, entstellten, gescheiterten, erfolglosen, undankbaren, durch eigene Untaten, Drogen oder durch Mitmenschen missbrauchten oder zerstörten Menschen das Ebenbild Gottes sehen, das genauso zur Erlösung bestimmt ist, genauso geliebt, genauso wunderbar, wenn auch aktuell anders hilfsbedürftig ist als sie selber in ihrer Professionalität – und andere sich einfach nur abwenden oder sich entziehen und der Wahrnehmung nicht stellen?[21]

Wie kommt es, dass insbesondere Diakoninnen und Diakone ihre professionelle Distanz als SozialarbeiterIn oder Pflegefachkraft im Ernstfall überspringen und Nähe zum Nächsten zulassen, vielleicht sogar professionelle Nähe entwickeln, ohne übergriffig zu werden? Wie kommt es, dass sie offensichtlich belastende Beziehung nicht abreißen lassen, sondern Beziehung in doppelter Hinsicht aufbauen und halten, nämlich *sowohl* über alle Medien und Kanäle verbaler, vor allem aber nonverbaler, körperlich-leiblicher oder sogar atmosphärischer[22] Kommunikation *als auch* in der festen Gewissheit, dass das aktuelle Gegenüber Gottes geliebtes Geschöpf ist und bleibt? Und dies tun, auch wenn es nicht nur in seinen Kommunikationswegen schwer eingeschränkt ist, sondern möglicherweise sogar verletzt und missbraucht, dass es menschliches Leben im Werden mit aller Offenheit und aller Potenzialität, sich zu bilden und gebildet zu werden, bleibt, dass weder wir so schnell einander aufgeben noch erst recht nicht der gemeinsame Schöpfer?[23]

Es ist die Folge einer tief verankerten *Haltung*, die sich selbst und die eigenen Wahrnehmungen auf allen möglichen Ebenen wahrnimmt, aber sich darin doppelt relativiert bzw. schon ‚relationiert' weiß: in Bezug auf den Nächsten *und* auf den gemeinsamen Grund.[24] Herzensbildung kann man dies nennen oder die freie Gelassenheit derer, die sich ebenso für gerechtfertigt wie gehalten und zum freien Dienst am Nächsten berufen sehen und dabei nicht zu enge Scheuklappen anlegen, wer der Nächste nun vielleicht doch nicht ist, um nicht Ausschließungsprozesse in Gang zu setzen oder zu wiederholen.

Es geht hier um die für jede Handlung konstitutive Dimension der *Tugendethik*, die in Menschen- und Leitbildformulierungen, die ja der Güter- bzw. Normenethik zuzuordnen wären, kaum eingefangen wird und nicht verordnet und ‚umgesetzt' werden kann.[25]

---

[20] Vgl. Diakonisches Werk der EKD u.a. (Hg.), Geistesgegenwärtig pflegen. Existenzielle Kommunikation und spirituelle Ressourcen im Pflegeberuf, 2 Bde., Neukirchen-Vluyn 2012 f.; *F. Akashe-Böhme/ G. Böhme,* Mit Krankheit leben. Von der Kunst, mit Schmerz und Leid umzugehen (Beck'sche Reihe 1620), München 2005.

[21] Vgl. *F. Dieckbreder/ T. Zippert,* Institutionengeleitete Aspekte von Wahrnehmung in sozialen Berufen, in: R. Zitt u.a. (Hg.), Wahrnehmen (s. Anm. 13), 123–146.

[22] Vgl. *H. Schmitz,* Der Leib, der Raum und die Gefühle, um eine Vorrede vermehrte und aktualisierte Neuaufl. der Ausg. v. 1998, Bielefeld u.a. 2015³ (darauf Bezug nehmend C. u. M. Uzarewicz, s. Anm. 8).

[23] Behinderung schließt ja nicht aus, dass man sich gegen andere (und sich selbst) schwer verfehlen kann. Leid und Leiden schützen vor Bosheit nicht.

[24] Vgl. *D. Hödl/T. Zippert* (Hg.), Doppelt qualifiziert. Erfahrungsberichte und Reflexionen zum Selbstverständnis von Diakoninnen und Diakonen (Diakonat – Kirche – Diakonie 1), Leipzig 2015.

[25] Vgl. im Anschluss an Schleiermacher *W. Härle,* Ethik (de Gruyter Studium), Berlin 2011, 81–92; *E. Herms,* Grundlinien einer ethischen Theorie (s. Anm. 11), 50; *Ders.,* Theoretische Voraussetzungen einer Ethik des wirtschaftlichen Handelns. F. A. v. Hayeks Anthropologie und Evolutionstheorie als Spielraum wirtschaftsethischer Aussagen, in: *Ders.,* Gesellschaft gestalten (s. Anm. 11), 146–215, 203 f.

Jede Lebenssituation, jedes Leben, egal in welcher Variation und Orientierung (sexuell, politisch usw.) erscheint unter diesen Vorzeichen als endlich, ja fragmentarisch, als verletzlich und verletzend, als hilfsbedürftig und hilfefähig, aber auch als zukunftsoffen, entwicklungsfähig und zur Bildung auf Erlösung und Versöhnung hin bestimmt. Leben(ssituationen) so wahrzunehmen, liegt m.E. nicht daran, dass der Andere sich mir gerade nicht imponiert und aufdrängt, was ja nur eine umgedrehte Asymmetrie wäre.[26] Es scheint um eine von Herzen kommende und sich getragen wissende Selbstrelativierung und Selbstdezentralisierung zu gehen, die auf immer neues Wahrnehmen angewiesen ist und sich nicht in Bildern fixieren lässt, die sich als Haltung vorauszusetzen lässt, aber weder von selbst versteht, von selbst einstellt noch durch Bildungsanstrengungen oder Dienstauftrag herstellen lässt.

Ist *das* nun das gewünschte christliche (verflüssigte) Menschenbild? Nein und Ja, weil es einerseits die formalen und kategorialen Grundlagen im Menschenbild *(Singular)* bestätigt und zum Teil schärft, andererseits aber deutlich wird, dass es um die reale Vielfalt der in einer Lebenssituation miteinander interagierenden Menschen und ihrer Menschenbilder *(Plural)* geht. Das aber lässt sich abstrakt und kategorial nur zum Teil einholen und braucht darüber hinaus weitere Bedingungen und Bestimmungen. Es reicht jedenfalls nicht, auf Leitbildebene das christliche Menschenbild güterethisch zu setzen oder normenethisch zu postulieren, weil sich erst in der Vielfalt der in den Lebens- und Arbeitsvollzügen vorhandenen individuellen Menschenbilder die Frage stellt, ob diese oder jene Handlung oder Dienstleistung, ob Prozesse, Strukturen und Ergebnisse christlich sind bzw. von dieser Art Tugend geprägt sind oder nicht.

4 Soziale und organisationale Konsequenzen dieser Wahrnehmungen

Wenn das so ist, dann braucht es unterhalb der Leitbildebene noch einige andere Bestimmungen und Regularien, wenn die Rede vom christlichen Menschenbild mehr sein soll als Leitbildpoesie.

Wir haben *zuerst* anzuerkennen und diese Anerkennung auch *sozial bzw. organisatorisch abzusichern*, weil sich diese Anerkennung über Jahrhunderte nicht von selbst verstand, dass jeder Mensch Subjekt seines Lebens und nicht Barmherzigkeits- oder Betreuungsobjekt welcher Art auch immer ist, und zwar nicht nur der, der sich als Geschöpf verstehen und artikulieren kann, sondern auch der, der dazu den nötigen Freiraum immer neu eröffnet bekommen muss und dafür dauernd Unterstützung bzw. unterstützte Kommunikation und Dolmetscher braucht *(Empowerment)*.

---

[26] Gegen E. *Levinas,* Die Spur des Anderen. Untersuchungen zur Phänomenologie und Sozialphilosophie (Alber Studienausgabe), übers., hg. u. eingel. v. W. N. Krewani, München 1998³ u.ö.; U. *Liedke,* Menschenbilder und Bilderverbot. Eine Studie zum anthropologischen Diskurs in der Behindertenpädagogik (Klinkhardt Forschung), Bad Heilbrunn 2013, 112. Das wäre sozusagen das Gegenstück zu einer zu eng verstandenen Professionalität.

Es ist damit zu rechnen, dass dies verborgen schon längst geschieht: Das weiß aber nur der oder die, der oder die es nicht zu üben unterlässt, eine Haltung auszubilden, jedem Menschen Gehör, Aufmerksamkeit, ja ermutigend Freiraum zu eröffnen (im Fall des Missbrauchs auch entsprechend Grenzen zu setzen) und jede noch so fragmentarische Äußerung *auch* als Zeugnisse des Glaubens zu deuten bereit ist und ernstnimmt. Gott-sei-Dank geschieht das schon hier und da: ‚Nichts über uns ohne uns.'[27]

Faktisch sind damit schon *fünf* weitere theologische Absicherungen und Ergänzungen in unserer Argumentation in Anspruch genommen worden:

(1) Weil wir *erstens* als Sünder, die wir sind und bleiben, auch in unserer Selbstwahrnehmung zur Eigensinnigkeit, Egozentrik und *incurvatio in se* neigen, braucht es dagegen *alltäglich verankerte* Widerlager, Widerhaken, Gegengewichte als Erinnerung daran, dass Gott nicht nur in mir, sondern auch im Andern ist, dass er sich nicht nur in Herrlichkeit, Lebensfreude, Stärke, Kraft, Kreativität und vollendet gebildeter Ganzheitlichkeit usw. offenbart, sondern arm, „in Windeln gewickelt und in einer Krippe liegend" (Lk 2,12, und natürlich Mt 25). Arm zu sein, sich in unterschiedlichen Gestalten von Armut und Bedürftigkeit verbergend/verborgen zu offenbaren und so den Umgang mit den Armen zum Prüfstein zu erheben, das ist in der gesamten biblischen Tradition sozusagen Chefsache geworden. So sollen unsere Erwartungen und Wahrnehmungen irritiert und eine andere Wahrnehmung eröffnet werden. Das wäre eine aktualisierte Passionsfrömmigkeit *(Compassion)*,[28] die nicht im Leiden an sich das Ziel sieht, sondern übt, die Augen und das Herz offenzuhalten für die vitalen Bedürftigkeiten von Mitmenschen, die diese nicht selbst stillen können.

An den Rändern, in ex-zentrischen Situationen, im Lebensvollzug geschehen auch theologisch die spannenden Dinge.[29] An den Rändern, bei den Armen sind die Prüfsteine für Gerechtigkeit. Hier kehrt es sich um: Wenn es, um es zugespitzt auszudrücken, um eine Gleichheit *ohne* ‚Ansehen der Person vor Gott' (vgl. Dtn 1,17; 16,19; Röm 2,11) geht, setzt das offensichtlich ein Ansehen, also: ein *Nichtwegschauen* von bestimmten Personen voraus, die sonst aus dem Blick geraten und ausgeschlossen werden.

(2) Die oben genannte vorgängige Bezogenheit aufeinander kann und muss *zweitens* zwar auch schöpfungstheologisch gedacht werden, sie konkretisiert sich aber *ekklesiologisch* im Gedanken des Leibes Christi, dessen Stärke sich darin zeigt, wie es ihm gelingt, Starke und Schwache in der Gemeinde aufeinander zu beziehen (Röm 14; 1 Kor 8 u. 12 f.). Denn zu jeder Gemeinde gehören Starke und Schwache, egal wer sich aktuell als wer von beiden versteht. Kirche ist zwar einerseits Gemeinschaft der Getauften und der da-

---

[27] Vgl. *H. Heppenheimer/I. Sperl,* Emotionale Kompetenz und Trauer bei Menschen mit geistiger Behinderung (Behinderung – Theologie – Kirche 2), Stuttgart 2011; *U. Bach,* Ohne die Schwächsten (s. Anm. 4), 92–113 u. 336 f.; zudem die wunderbare Monographie von *U. Liedke,* Beziehungsreiches Leben. Studien zu einer inklusiven theologischen Anthropologie für Menschen mit und ohne Behinderung (Arbeiten zur Pastoraltheologie, Liturgik und Hymnologie 59), Göttingen 2009.

[28] Vgl. *J. B. Metz/L. Kuld,* Compassion: Weltprogramm des Christentums. Soziale Verantwortung lernen, Freiburg i. Br. 2000.

[29] Vielleicht müssen an diesem Punkt befreiungstheologische Ansätze und solche der liberalen Theologie doch nicht so weit auseinanderliegen.

rin Gleichen, andererseits ist sie eine Gemeinschaft der Ungleichen, die zwar vor Gott auf einer Stufe ebenerdig stehen/sitzen/liegen und dasselbe Sakrament bekommen. Sie ist ein *Patientenkollektiv* besonderer Art, wo nie ganz klar ist, wer gerade Arzt und wer Patient ist.[30] Erlebbarer Ur-Ort dieses gemeinsamen Leibes ist der geteilte Leib Christi beim Abendmahl, am besten in einer der selten gewordenen Anstaltsgemeinden oder der immer noch seltenen inklusiven Kirchengemeinden. Inklusion bei den Sakramenten ist somit ein diakonischer Prüfstein, wie ernst wir es mit dem Leib-Christi-Gedanken meinen oder ob wir uns zurückziehen in alters- und milieuverengte Parochien.

Dies wäre der *eine* innerkirchliche Ansatzpunkt für Inklusion. Von hier hätte der Inklusionsgedanke schon vor einigen Jahrhunderten entfaltet werden können – stattdessen wurde das Abendmahl ein Ort von durch Katechismus- und Würdigkeitsprüfungen inszeniertem Ausschluss, so als wäre die Vergebung Voraussetzung und nicht Frucht dieses Sakraments.

(3) Ein *dritter* Ansatzpunkt ist *sozialethisch*. Um individualistischer oder ekklesiologischer Engführung des Menschenbildes oder (gruppen-/organisations-)egoistischer Selbstzentrierung entgegen zu wirken, hilft keine für Leitbildtexte typische und beinahe unvermeidliche Reduktion auf normen- oder güterethische Begründungen, wenn die tugendethischen Aspekte individueller Situationswahrnehmung und Handlungsimpulse außer Acht bleiben.

Ansatzweise wird das in einem der jüngsten Leitbilder deutlich: dem der Diakonischen Stiftung Wittekindshof. Dessen fünf Dimensionen „TEILHABE in jedem Lebensalter – Vielfalt ist unsere Chance – Liebe ist unsere Kraft – Fachlichkeit ist unsere Stärke – Zuverlässigkeit ist unser Prinzip" beziehen sehr klar in diesen fünf Dimensionen die tugendethische Dimension mit ein. Ein Zitat zur dritten Dimension mag es verdeutlichen:

„Menschen aus Liebe annehmen heißt nicht ‚alles hinnehmen'. Unter Mitarbeitenden auf allen Ebenen gibt Nächstenliebe uns die Kraft, Verständnis und Geduld für Schwächen sowie Respekt für deren Andersdenken und -handeln zu zeigen. Zugleich stärkt sie uns dabei, uns gegenseitig auf unsere gemeinsamen Ziele und Maßstäbe hinzuweisen, daraus berechtigte Forderungen abzuleiten sowie uns im Alltag zu korrigieren und zu unterstützen. Dabei vermeiden wir sowohl Überforderung als auch Unterforderung."[31]

Es braucht dazu ferner ein klares Bild bzw. einen Inbegriff derjenigen Lebensbereiche, die zur ursprünglichen, mit der Leiblichkeit des Menschen mitgeschaffenen Sozialität hinzugehören und an denen jeder Mensch qua Menschsein ein originäres Recht auf Teilhabe und Einbezug hat. Wer sich an wen anzupassen hat, ist dabei ebenso unklar wie die Frage, wie viele Lebensbereiche es sind, was möglicherweise sekundär bzw. eine Frage

---

[30] Vgl. *U. Bach*, Das annehmen, was Gott will. Die Vision vom „Patienten-Kollektiv" Kirche, in: LM 20 (1981) 3, 124–127, 126; dazu auch *Ders.*, Jesu Kirche als Patienten-Kollektiv. Überlegungen zum Kirchentags-Bibelarbeits-Text Mt 25,31–46, 25. Deutscher Evangelischer Kirchentag, München, 9.–13. Juni 1993, online unter: http://tinyurl.com/Bach-Patienten-Kollektiv (Stand: 31.7.2015).

[31] Handlungsleitendes Bild der Mitarbeitenden der Diakonischen Stiftung Wittekindshof (s. Anm. 6), 1 u. 9; vgl. auch das allgemeine Leitbild, das Grundlage des handlungsleitenden Bildes ist, online unter: http://tinyurl.com/Wittekindshof-Leitbild-gesamt (Stand: 31.7.2015).

des Theoriedesigns ist.[32] Ziel freilich muss es sein, dass kein für das Leben der Menschen wesentlicher Bereich vergessen oder ausgeschlossen sein darf.

Hier stehen wir am Anfang einer Entwicklung, weil es bisher nicht gelungen ist zu klären, was Teilhabe(n) konkret meint: Zu welchen Kosten und Bedingungen hat man wie viel und woran Anteil und in welcher Rolle (aktiv, passiv, Zuschauer) und wer entscheidet darüber? Ungeklärt ist hier ferner, wie sich das Recht auf Teilhabe zu dem offensichtlichen Phänomen verhält, dass jedes Subsystem einer sich ausdifferenzierenden Gesellschaft Grenzen setzt und selbst über die Systemzugehörigkeit bestimmt, wie z.B. beim Staatsangehörigkeitsrecht, bei der Forderung nach angemessener beruflicher Qualifikation für Arbeitsstellen, bei der unvermeidlichen Selektion des Bildungssystems (Hochschulzugang!), beim kirchlichen Mitgliedschaftsrecht usw., ganz zu schweigen von selbstgewählter Zugehörigkeit aufgrund von Milieumerkmalen.[33]

(4) *Viertens* hat das für das *Selbstverständnis diakonischer Organisationen* weitreichende Konsequenzen. Es reicht nicht, wenn sie sich wie zu Beginn bei Wichern und Fliedner als private bzw. zivilgesellschaftliche Akteure in losem Konnex mit Kirche verstehen; es reicht ferner nicht, wenn sie sich als quasi staatliche Dienstleister (,Anstalten') begreifen oder als Unternehmer auf dem sich weiterentwickelnden Sozialmarkt.

Weil ihr Dienst darin besteht, Menschen zur Teilhabe an allen wesentlichen Lebensbereichen und Lebensdimensionen (Politik, Wirtschaft/Gesundheit, Bildung, Religion/Kultur, Zivilgesellschaft/Freizeit, Privatsphäre/Familiales) zu verhelfen, muss sich dies in der Organisationsstruktur abbilden. Wenn sie in diesem Dienst sowohl sozial unterstützend als auch faktisch bildend tätig sind, braucht es zu all diesen Lebensbereichen und Lebensdimensionen geregelte Beziehungen, die gehalten und die in den Kommunikations- und Handlungsprozessen der Organisation fest verankert sind. Diakonie gehört folglich sowohl zum sozialstaatlich stark regulierten Sozialmarkt, zur Kirche und mit ihren Freizeitangeboten zur Zivilgesellschaft; sie leistet ebenso auf vielen Ebenen und Sektoren Bildungsarbeit; und sie ist mit ihren Wohn- und Betreuungsangeboten im privaten bzw. familialen oder familienanalogen Lebensbereich tätig. Das hat natürlich alles eine ökonomische Dimension, geht aber darin nicht auf.[34]

---

[32] *D. Starnitzke,* Diakonie als soziales System. Eine theologische Grundlegung diakonischer Praxis in Auseinandersetzung mit Niklas Luhmann, Stuttgart 1996, geht von acht Dimensionen aus; zur Vier-Felder-Theorie bei E. Herms s. Anm. 17; vgl. auch Anm. 13, dazu ferner die nicht näher begründeten Listen von Lebensbereichen in der UN-Behindertenrechtskonvention, den Sozialgesetzbüchern und Indices für Inklusion.

[33] Vgl. *I. Karle/J. Degen,* Die Diakonie und die Exklusionsprobleme in der modernen Gesellschaft, in: M. Schibilsky/R. Zitt (Hg.), Theologie und Diakonie (VWGTh 25), Gütersloh 2004, 187–207. Als Kirche Inklusion zu fordern, in der Anstellungspolitik aber exklusiv zu sein, überzeugt heute keinen Menschen außerhalb der Kirche, aber es erfordert über die Loyalitätsrichtlinie hinaus als Mindestbedingung immer neue Verständigungen über die angemessene Haltung und das Verständnis der Ziele und geeigneten Mittel der Umsetzung des jeweiligen Auftrags, wenn denn die kirchliche Mitgliedschaft als einziges Kriterium unzureichend ist.

[34] Vgl. schon *E. Herms/J. Gohde,* Theologische Begründung – diakonische Leitung, in: M. Schibilsky/R. Zitt (Hg.), Theologie und Diakonie, aaO., 288–310, v.a. 293, und weitere Artikel in diesem Kongressband.

Alle diese Lebensbereiche haben eigene systemspezifische Funktionslogiken, die im Spezialfall diakonischer Unternehmungen zur selben Zeit greifen und im Alltag von Jugend-, Alten-, Behinderten- und Krankenhilfe koordiniert werden müssen. Dass sich fachliche und ökonomische Logiken und Erfordernisse widersprechen, wird jedem sofort einleuchten. Es gilt auch für die anderen Rationalitäten. Insofern stellen Diakonische Unternehmungen den Musterfall multirationaler bzw. hybrider Organisationen dar[35] bzw., um es in einem anderen theologischen Sprachspiel zu sagen: Es geht nicht um *Elitenkonkurrenz*, sondern um *Elitenkooperation*,[36] weil die Funktionseliten verschiedener organisationsexterner Lebensbereiche, an denen Teilhabe zu organisieren ist, intern kunstvoll-professionell im Sinne der Freiheits- und Teilhabeförderung der Betroffenen und aufeinander zu beziehen sind. Das hat zu geschehen unter Beteiligung und Wahrung der Freiheitsrechte eben dieser Betroffenen als Mitmenschen, Mitbürger bzw. Brüder und Schwestern, die das, aus welchen Gründen auch immer, noch nicht bzw. nicht mehr (gut) können. Dafür beginnt sich mit doppelt bzw. mehrfach qualifizierten Diakoninnen und Diakonen eine eigene diakonische Professionalität auszubilden, die zu dieser multirationalen Arbeit besonders befähigt ist.[37]

(5) Leitbildprozesse sollten *fünftens* bei aller kritischen, auf einer abstrakten Ebene angesiedelten Traditions- und Normentreue bei Bildern, Ideen und Verständnis von Wesen, Zielen und Aufgaben der Menschen aus christlicher Sicht zum einen von einer *Pluralität aus Prinzip* ausgehen.[38] Zum anderen aber werden sie viel stärker als früher Prozesse installieren müssen, um die Vielfalt und Lebendigkeit der individuellen Menschenbilder der Mitarbeitenden wahrzunehmen und so deren diakonische Impulse und Potenziale zu entdecken, zu wecken und auf gedeihliche Konvergenz in einer ihren Namen verdienenden Dienstgemeinschaft hin miteinander zu koordinieren.[39]

---

[35] Vgl. *E. Hauschildt,* Hybrid Evangelische Großkirche vor einem Schub an Organisationswerdung. Anmerkungen zum Impulspapier „Kirche der Freiheit" des Rates der EKD und zur Zukunft der evangelischen Kirche zwischen Kongregationalisierung, Filialisierung und Regionalisierung, in: PTh 96 (2007), 56–66; *J. Eurich,* Hybride Organisationsformen und multiple Identitäten im Dritten Sektor. Zum organisationalen Wandel der Dienstleistungserbringung und der Steuerungsformen in diakonischen Einrichtungen, in: H. Schmidt/K. D. Hildemann (Hg.), Nächstenliebe und Organisation. Zur Zukunft einer polyhybriden Diakonie in zivilgesellschaftlicher Perspektive (VWGTh 37), Leipzig 2012, 43–60.

[36] Vgl. *E. Herms,* Elitenkonkurrenz und Elitenkooperation. Wo stehen wir heute? in: *Ders.,* Zusammenleben (s. Anm. 10), 184–200.

[37] Vgl. *T. Zippert,* Das DiakonInnenamt im Zusammenspiel der Berufsgruppen – eine Orientierungshilfe, in: G. Breitenbach u.a. (Hg.), Das Amt stärkt den Dienst. Konsultation zum Diakonenamt (Rummelsberger Reihe 11), Bielefeld 2014, 87–116.

[38] Vgl. *E. Herms,* Pluralismus aus Prinzip, in: *Ders.,* Kirche für die Welt. Lage und Aufgabe der evangelischen Kirchen im vereinigten Deutschland, Tübingen 1995, 467–485.

[39] Vgl. *T. Zippert,* Konfessionelle Träger sozialdiakonischer Arbeit vor der interkulturellen und interreligiösen Öffnung – neue Aufgaben für deren Leitung, in: T. Hagemann (Hg.), Mitarbeiter führen und Entscheidungen verantworten. FS zur Emeritierung v. Prof. Dr. Martin Sauer, Lengerich 2013, 144–155.

VI.
ÖKUMENISCHE PERSPEKTIVEN

Arno Anzenbacher

EHE UND FAMILIE IM BLICK DER KIRCHEN

Die folgenden Überlegungen befassen sich lediglich mit einigen Aspekten des vielschichtigen, auch ökumenisch aktuellen Themas. Ich habe dabei drei Dinge im Auge: Die Orientierungshilfe des Rates der EKD (2013)[1], die gegenwärtige intensive Diskussion innerhalb der katholischen Kirche und den vom Jubilar verfassten Text über Liebe, Sexualität, Ehe (1999)[2].

1 Sozialer Wandel

Mit Recht geht die Familien-Orientierungshilfe der EKD ausführlich auf den historischen Wandel der Familie ein und konstatiert „eine breite Vielfalt von Familienformen" als „Normalfall"[3]. Die differenzierte und gediegene Darstellung dieses Wandels[4] blendet allerdings folgenden Gesichtspunkt aus: Zumindest in der Entwicklung der Familienformen innerhalb der christlich geprägten Hemisphäre gibt es bei allem Wandel auch eine sich durchhaltende signifikante Identität: die monogame, auf Dauer gestellte Ehegattenfamilie. Sie modifiziert sich zwar vielfältig in den unterschiedlichen sozioökonomischen und soziokulturellen Kontexten, löst sich aber nicht darin auf, sondern bleibt dominantes Paradigma.[5]

Das galt für das vormoderne Haus des Bauern, das vom Mittelalter bis weit in die Neuzeit für die Agrargesellschaft bestimmend war, ebenso wie für das Haus des Handwerkers in den Städten. Auch wenn diese Häuser zugleich Arbeitsstätte bzw. Unternehmen waren und im Fall einer gewissen Größe Gesinde hatten, so war ihr Zentrum doch immer die als unauflöslich geltende Ehegattenfamilie. Die strukturellen und ökonomischen Kontexte beeinflussten und modifizierten allerdings gravierend Heiratschancen und Heiratsalter. Meist war die Heirat verschränkt mit der bäuerlichen Hofübergabe

---

[1] Vgl. Kirchenamt der EKD (Hg.), Zwischen Autonomie und Angewiesenheit: Familie als verlässliche Gemeinschaft stärken. Eine Orientierungshilfe des Rates der Evangelischen Kirche in Deutschland, Gütersloh 2013.

[2] Vgl. E. Herms, Liebe, Sexualität, Ehe. Unerledigte Themen der Theologie und der christlichen Kultur, in: Ders., Zusammenleben im Widerstreit der Weltanschauungen, Tübingen 2007, 391–431. Erst kürzlich ist von E. Herms ein weiterer Text zum Thema erschienen: Ders., Familie und Ehe in christlicher Sicht, in: EvTh 75 (2015) 2, 85–106. Dieser konnte hier leider nicht mehr berücksichtigt werden.

[3] Kirchenamt der EKD (Hg.), Zwischen Autonomie und Angewiesenheit (s. Anm. 1), 11.

[4] Vgl. aaO., 31–42.

[5] Zum Folgenden vgl. z.B. H. Rosenbaum, Formen der Familie. Untersuchungen zum Zusammenhang von Familienverhältnissen, Sozialstruktur und sozialem Wandel in der deutschen Gesellschaft des 19. Jahrhunderts (stw 374), Frankfurt a. M. 1982.

bzw. der Übernahme eines Meisterbetriebs nach oft langer Wanderschaft des Gesellen. Ein beträchtlicher Teil der Gesellschaft musste ledig bleiben. Die Partnerwahl war stark ökonomisch geprägt, etwa durch die Vorgaben des Erbrechts (Anerbenrecht oder Realteilung) bzw. der Zünfte. Liebesheiraten dürften darum nicht die Regel gewesen sein. Bei hörigen Bauern spielte die Grundherrschaft eine wichtige Rolle. Die Häuser waren patriarchalisch geführt, wobei die Ehegatten zumeist in traditionell differenzierten Bereichen arbeiteten. Von klein auf wuchsen die Kinder in die geschlechtsspezifischen Rollen und Arbeitsbereiche hinein, die sie beim Vater bzw. der Mutter lernten, wobei im Handwerkerhaus die Knaben oft schon früh als Lehrlinge in das Haus eines anderen Meisters kamen. In all diesen vielfältigen Kontexten galt die Ehegattenfamilie als die gottgewollte, sittlich-rechtliche und ehrenhafte Basis des Hauses.

Das änderte sich auch nicht im Zuge der allmählich schwindenden Dominanz der alten Bauern- und Handwerkerhäuser, der zunehmenden Trennung von Wohnung und Arbeitsplatz, der sich durchsetzenden Gewerbefreiheit und des Wegfalls der Heiratsverbote. Allerdings änderten sich damit viele Kontexte, was zu neuen Familienformen führte. Die ökonomische Konditionierung der Partnerwahl nahm zugunsten der Liebesheirat ab. Während die aufgeklärte Avantgarde des frühen Bildungsbürgertums die Vernunftliebe idealisierte, setzte sich später auf breiterer Ebene die romantische Liebe durch. Das Rollenverständnis der Geschlechter blieb allerdings bis weit ins 20. Jahrhundert hinein patriarchalisch und führte angesichts der Trennung von Wohnung und Arbeitsplatz zur Trennung des weiblich geprägten ,Drinnen' und des männlich geprägten ,Draußen', was zum lange nachwirkenden Modell der überwiegend kleinfamilialen ,bürgerlichen Familie' führte. Allerdings zwang die prekäre Situation der proletarischen Familie schon früh viele Frauen zur Erwerbsarbeit im ,Draußen', was einerseits tendenziell das patriarchalische Modell und andererseits die Kinderbetreuung problematisierte.

Das Verschwinden des alten Hauses als der gemeinsamen ökonomischen Existenzbasis der Familie, das vorrangig werdende Liebesmotiv der ehelichen Bindung, die Gleichberechtigung und wachsende Chancengleichheit der Geschlechter und die sich immer mehr durchsetzende Liberalisierung der gesellschaftlichen Verhältnisse bewirkten, dass die Ehescheidung stark an Bedeutung gewann und durch das staatliche Recht zunächst ermöglicht und dann zunehmend erleichtert wurde, etwa durch den Übergang vom Schuldprinzip zum Zerrüttungsprinzip. Allerdings bot sich für einen Großteil der Geschiedenen als Alternative zur gescheiterten Ehe erneut vor allem die Ehegattenfamilie an, eventuell erweitert zur Patchworkfamilie. Die ebenfalls stark wachsende Zahl der Alleinerzieherfamilien ist meist durch das Scheitern von nichtehelichen Beziehungen, durch Ehescheidung oder durch Tod oder Unglück bedingt und in solchen Fällen nicht als Alternative zur Ehegattenfamilie intendiert. Deshalb sind Alleinerziehende oft zur Ehe bereit. Eheartiges Zusammenleben ohne Trauschein führt, wenn Kinder kommen, tendenziell entweder doch zur Ehegatten- oder aber zur Alleinerzieherfamilie. Frauen können sich allerdings auch auf Grund eines autonomen Kinderwunsches alternativ dazu entschließen, ohne Partner allein zu erziehen, was für die Kinder allerdings das Fehlen eines männlichen Elternteils bedeutet. Seit die Diskriminierung Homosexueller rechtlich und zunehmend auch sittlich überwunden ist, eröffnet sich ihnen aus guten Gründen die Möglichkeit einer rechtlich institutionalisierten, in einer gewissen Analogie zur Ehe verfassten Lebenspartnerschaft. Deren Erweiterung durch Kinder auf dem Weg der Adoption oder reproduktionsmedizinischer Maßnahmen imitiert zwar die Ehegattenfamilie, kann aber für die Kinder ein Leben in gespaltener Elternschaft und den „Verlust der Genealogie"[6] bedeuten.

Die Orientierungshilfe des Rates der EKD legt (vielleicht unbeabsichtigt) den Eindruck nahe, der Wandel der Familienformen führe zu einer *tabula rasa*, in der irgendwie alles gleichwertig und präferenzlos zur Disposition stehe. Tatsächlich kreisen jedoch die Familienformen in der christlich geprägten Tradition bis heute um die Ehegattenfamilie als das sich durchhaltende Zentrum. Immerhin lebt auch heute der Großteil der Gesellschaft in Ehegattenfamilien und die Wertschätzung der Familie ist konstant eminent hoch. Es ist anzunehmen, dass heutige Jugendliche, wenn deren Zukunftsperspektive familial orientiert ist, ganz überwiegend hoffen und wünschen, schließlich verlässliche und treue Partner zu finden, mit denen sie sich in Liebe und Ehe dauerhaft verbinden können. Mit ihnen möchten sie Kinder haben und aufziehen, Enkel erleben und alt werden. Vermutlich werden sich nur wenige wünschen, einmal Geschiedene oder Alleinerziehende zu werden oder in Patchworkfamilien zu leben. Dann aber sollte man bei allem Respekt vor anderen Familienformen die Ehegattenfamilie als ein Ideal ernst nehmen. Man sollte aufhören, etwa in den Medien, vom Ende der monogamen Ehegattenfamilie zu unken, deren Alternativen als Avantgarde zu propagieren und in der schulischen Sexualerziehung der kruden Beliebigkeit das Wort zu reden.[7]

Soziologisch konstatierbare soziale Entwicklungen sind zwar zweifellos ethisch und moralisch relevant, da die (im aristotelischen Sinne der φρόνησις) kluge sittliche bzw. rechtliche Beurteilung den objektiv gegebenen Verhältnissen gerecht werden muss. Sie sind jedoch als solche nicht normativ. Soziale Entwicklungen können positiv und begrüßenswert, aber auch negativ und prekär sein. So gibt es gute Gründe, den Anstieg der Ehescheidungen, der Alleinerzieherfamilien und der langzeitlich nichtehelichen Lebensgemeinschaften eher als unerfreulich zu beurteilen. Die Orientierungshilfe erweckt tendenziell den Eindruck, unkritisch der Normativität des Faktischen das Wort zu reden.

2 Der biblische Befund

Die christliche Prägung dieser familialen Tradition verweist auf biblische Wurzeln. Wirkungsgeschichtlich maßgeblich dürften dabei vor allem die folgenden Texte gewesen sein: Nach Gen 1,26 f. schuf Gott den Menschen als sein Abbild und zwar als Mann und Frau. Nach Gen 2,18 ist es „nicht gut, dass der Mensch allein bleibt". Darum gibt ihm Gott die Frau als eine Hilfe, „die ihm entspricht". In Gen 2,23 f. erkennt Adam in ihr die

---

[6] *U. Greiner*, Die Herstellung des Menschen, in: Die Zeit v. 25.9.2014 (Nr. 40), 55.

[7] Vgl. dazu *A. Schmelcher*, Unter dem Deckmantel der Vielfalt, in: Frankfurter Allgemeine Sonntagszeitung v. 12.10.2014 (Nr. 41), 3.

ihm entsprechende Partnerin: „Bein von meinem Bein und Fleisch von meinem Fleisch." Daraus ergibt sich: „Darum verlässt der Mann Vater und Mutter und bindet sich an seine Frau, und sie werden ein Fleisch." In Mt 19,3–11 erklärt Jesus die Erlaubnis der Ehescheidung durch das Gesetz des Mose als Konzession an die „Herzenshärte" des alten Gottesvolkes. „Im Anfang war das nicht so." Der „Anfang" meint die ursprüngliche Absicht des Schöpfers vor Sündenfall und Gesetz, die Jesus für das neue Leben im angebrochenen Reich Gottes als normativ fasst.[8] In ihrer theologischen Orientierung[9] distanziert sich die Orientierungshilfe von der Idee der in der Schöpfungsordnung grundgelegten, natural unbeliebigen Bedeutung der Ehe.[10] Im Sinne einer völlig offenen „partnerschaftlichen Familie" plädiert sie vielmehr dafür, präferenzlos „die neue Vielfalt von privaten Lebensformen unvoreingenommen anzuerkennen und zu unterstützen"[11] und verweist dabei auf die Vielfalt familialen Zusammenlebens in der Bibel, etwa auf Patchwork-Konstellationen und Polygamie. Das mag für die Sicht des säkularen Staates richtig sein. Gilt es auch für die Kirche?

Diese Position der Orientierungshilfe kontrastiert deutlich gegenüber dem evangelischen Standpunkt, den der Ökumenische Arbeitskreis (ÖAK) evangelischer und katholischer Theologen zum Thema vorlegte.[12] Danach gehört aus evangelischer Sicht der Ehestand „zu Gottes gnädiger Schöpfungs- und Erhaltungsordnung". Insofern ist er nicht spezifisch christlich, sondern menschheitsbezogen und auch für Nichtchristen lebbar. Er gehört als „weltlicher Stand"[13] zum bürgerlichen Rechtsbereich.

Das Lutherwort von der Ehe als einem „weltlich Geschäft"[14] will allerdings die Ehe nicht einfachhin profanieren. Sie ist als Stiftung Gottes ein „heiliger Stand" und gehört insofern zum Reich Gottes „zur Linken". Für Christen aber steht die Ehe als „christlicher Ehestand" in einem christologischen Bezug. Darum ist auch für die evangelische Eheschließung die Zusage von Gebot und Segen Gottes durch den Pfarrer wesentlich, wobei das Segensgebet auf Eph 5,32 Bezug nimmt. Die „Zusammensprechung" erfolgt im „Namen des Vaters und des Sohnes und des Heiligen Geistes". Sie gilt „für Gott und die Welt"[15]. Auch aus evangelischer Sicht ist die Ehe an sich unauflöslich. Sie bindet „bis der Tod euch scheidet". Die Scheidung erfolgt im Prinzip „gegen den Willen Gottes", wobei allerdings bestimmte Scheidungsgründe als gerechtfertigt gelten, die dem unschuldigen Teil die Wiederverheiratung gestatten.[16] Der ÖAK-Text sieht in der Frage, ob die Ehe ein Sakrament sei oder nicht, keinen unüberwindbaren Graben zwischen den Kon-

---

[8] Vgl. *E. Herms,* Liebe, Sexualität, Ehe (s. Anm. 2), 419–424.

[9] Vgl. Kirchenamt der EKD (Hg.), Zwischen Autonomie und Angewiesenheit (s. Anm. 1), 54–71.

[10] Dazu ausführlich *M. Schmidt* SJ, Ehe und familiale Beziehungen. Gedanken zur EKD-Orientierungshilfe „Zwischen Autonomie und Angewiesenheit", in: ZKTh 136 (2014) 286–301.

[11] Kirchenamt der EKD (Hg.), Zwischen Autonomie und Angewiesenheit (s. Anm. 1), 141.

[12] Vgl. K. Lehmann/W. Pannenberg (Hg.), Lehrverurteilungen – kirchentrennend? Bd. 1: Rechtfertigung, Sakramente und Amt im Zeitalter der Reformation und heute, Freiburg i. Br. 1988, 141–156.

[13] AaO., 145.

[14] BSLK 528,6 f.; vgl. Kirchenamt der EKD (Hg.), Zwischen Autonomie und Angewiesenheit (s. Anm. 1), 63.

[15] K. Lehmann/W. Pannenberg (Hg.), Lehrverurteilungen (s. Anm. 12), 146.

[16] AaO., 152 f.

fessionen, sondern durchaus Verständigungsmöglichkeiten. Wichtig ist dabei die gemeinsame Aussage, mit der Eheschließung sei „Gottes Verheißung, Zusage, Segen und Gnade verbunden", wobei katholischerseits betont wird, die Ehe vermittle keine rechtfertigende Gnade und unterscheide sich in ihrer Sakramentalität durchaus von den *sacramenta maiora*. Beide Seiten beziehen den Ehebund von Mann und Frau im Sinne von Eph 5, 21–33 abbildlich auf den Bund Christi mit der Kirche.[17] Insofern wundert man sich als Katholik über die Äquidistanz, welche die Orientierungshilfe gegenüber den diversen Familienformen vertritt.

Dabei geht es mir nicht darum, andere Lebens- und Familienformen, in denen Erwachsene und Kinder im fürsorglichen Miteinander liebevoll und verlässlich leben, kirchlich oder gar politisch zu diskriminieren. Insofern stimme ich der Orientierungshilfe in vielem durchaus zu. Mich stört die präferenzlose Egalisierung dieser Vielfalt. Die normative Erinnerung Jesu an den „Anfang" ist nicht gleichgültig und die ökumenische Verständigung in dieser Frage hielt ich für weiter gediehen, als die Orientierungshilfe vermuten lässt.

3 Ein personales Gefüge

Blendet man die skizzierte theologisch-biblische Perspektive aus, so legt sich die Präferenz der monogamen Ehegattenfamilie auch aus guten anthropologischen Gründen nahe. Im Zuge der Evolution der Lebewesen setzte die Schöpfung auf die Differenz der Geschlechter und bezog diese in ihrer komplementären Polarität aufeinander. Die individuelle sexuelle Realisierung der damit intendierten Optimierung des Fruchtbarkeitskonzepts entwickelte sich bei den höheren Animalien in vielfältigen, weitgehend instinktgeregelten artspezifischen Verhaltensvariationen. Im Fall des Menschen, des *animal rationale*, bedingt die Rationalität ein Beziehungskonzept besonderer Art, das die biologische Evolution voraussetzt, jedoch in seiner kulturellen Evolution zugleich transzendiert. Kern dieser Besonderheit ist die Personalität des Menschen. Durch sie gewinnen die Relata seiner Bezogenheit die Bedeutung eines „Füreinanderseins in Verantwortlichkeit"[18], das Herms durch drei Momente präzisiert: (a) Eine Person ist ein selbstständiges, in sich verantwortliches Individuum. (b) Sie ist wesentlich relational, d.h. von einem anderen her und darum im Füreinandersein verantwortlich. (c) Sie ist selbstbezüglich und sich selbst erschlossen und kann darum ihre Möglichkeiten im Füreinandersein verantwortlich wählen.[19] In der Personalität gründet die Würde des Menschen.

Diese personale Konstitution umfasst wesentlich sowohl die sinnlich-leibhaftige Verfasstheit seiner Animalität mit ihren kognitiven und affektiv-emotionalen Fähigkeiten und andererseits jene geistige Rationalität, auf Grund derer er vernünftig erkennen und frei wollen kann. Seine Praxis ist nicht nur Resultat instinktgeregelter sinnlich-affektiver

---

[17] AaO., 150.
[18] *E. Herms*, Art. Person IV. Dogmatisch, in: RGG⁴ 6 (2003) 1123–1128, 1124.
[19] Vgl. aaO., 1124–1126.

Antriebe, sondern setzt die Fähigkeit voraus, sich aus überlegten Gründen vernünftig zu motivieren, sich willentlich autonom für das als vernünftig bzw. gut Erkannte zu entscheiden und es praktisch zu tun. Insofern ist der Mensch als Person wesentlich moralisches Subjekt und als solches im Füreinandersein verantwortlich. Das gilt auch für die Sexualität. Sie ist in der sinnlich-leibhaftigen Verfasstheit des Menschen fundiert, wird aber auf Grund dieser geistigen Rationalität zu einer Grundstruktur der Person, zu einem Existential.

Im Raum der Geschlechterdifferenz vermitteln sich individuelle Beziehungen in der Regel dadurch, dass wir bestimmte Personen des anderen Geschlechts affektiv als besonders anziehend bzw. mit ‚Wohlgefallen' erleben. Dieses Wohlgefallen ist im Entwicklungsprozess des erfahrenden menschlichen Reifens zunächst meist eher unbestimmt, vage und variierend. Es tendiert aber zu jener Radikalisierung, die wir in diesem Kontext ‚Liebe' nennen. In dieser Liebe entscheiden sich Ich und Du frei und exklusiv füreinander und binden sich aneinander. Herms spricht von der „Beziehung ‚Intimität'" als dem „radikalen Wohlgefallen". Dieses richtet sich „jeweils auf das mir erlebnismäßig enthüllte [...] leibhafte Wesen des Andern". Es „erfüllt mich mit der Gewissheit, dass es mit jeder Zunahme dieses Offenbarseins nur wachsen wird", wobei es „die Grenzen und Schwächen des Anderen klar im Blick hat und mit umfasst"[20]. Hegel unterscheidet zwei Momente dieser Liebe: Das erste besteht darin, „dass ich keine selbständige Person für mich sein will und dass, wenn ich dies wäre, ich mich mangelhaft und unvollständig fühle. Das zweite Moment ist, dass ich mich in einer anderen Person gewinne, dass ich in ihr gelte, was sie wiederum in mir erreicht."[21] Zugleich ist dieses liebende Füreinandersein ein Ja zum Du, ein verantwortliches und fürsorgendes Engagement für den Anderen und sein Wohl.

Damit ist die sexuelle Beziehung durch die Würde der Partner bestimmt, die sich nicht bloß als Mittel gebrauchen, sondern sich als selbstzweckhafte Personen anerkennen. Insofern kommt der spezifisch sexuellen Praxis die Bedeutung leibhaftiger Ausdruckshandlungen zu. Sie drücken Liebe aus. Nach P. Ricœur ist die erotische Lust, die dabei im Spiel ist und beglückt, „nicht Selbstzweck". „Sie ist *Symbol.*"[22] Nach *Gaudium et spes,* der Pastoralkonstitution des 2. Vatikanischen Konzils, geht diese „eigentümliche menschliche Liebe [...] in frei bejahter Neigung von Person zu Person, umgreift das Wohl der ganzen Person und vermag so den leib-seelischen Ausdrucksmöglichkeiten eine eigene Würde zu verleihen"[23]. Sind diese nicht Ausdruck von Liebe, droht nach

---

[20] E. *Herms,* Liebe, Sexualität, Ehe (s. Anm. 2), 402 f.

[21] G. *W. F. Hegel,* Grundlinien der Philosophie des Rechts oder Naturrecht und Staatswissenschaft im Grundrisse (*G. W. F. Hegel,* Theorie-Werkausgabe 7), Frankfurt a. M. 1970, 308 (§ 158 Zusatz).

[22] P. *Ricœur,* Sexualität. Wunder, Abwege, Rätsel. Eine Deutung in Form grundsätzlicher Stellungnahmen, Umfragen und Kontroversen, aus dem Französischen übertr. u. in Teilen bearb. v. O. Marbach (Bücher des Wissens 811), Frankfurt a. M. 1967, 17.

[23] *Gaudium et spes* (1965). Die Pastoralkonstitution des 2. Vatikanischen Konzils über die Kirche in der Welt von heute, in: Katholische Arbeitnehmer-Bewegung Deutschlands KAB (Hg.), Texte zur katholischen Soziallehre. Die sozialen Rundschreiben der Päpste und andere kirchliche Dokumente, mit Einführung v. O. v. Nell-Breuning SJ u. J. Schasching SJ, 9. erw. Aufl., Köln 2007, 338 (Nr. 49).

Ricœur „der Sturz der Sexualität in die Belanglosigkeit", ihr „Wertverlust durch Erleichterung" und die „Entpersonalisierung" des Geschlechts.[24]

Menschliches Dasein ist existential zeitlich. Der Mensch ist nach Nietzsche nicht an den „Pflock des Augenblicks"[25] angebunden. Seine Gegenwart ist darum wesentlich aus Vergangenheit bestimmt und auf Zukunft hin entworfen. Darum steht auch die Liebe als „radikales Wohlgefallen" unvermeidlich in der Spannung von Treue und Verrat. In seiner ursprünglichen Intention ist das Ja zum Du der Liebe unbedingt und definitiv. Treue bewährt Liebe in der Zeit. Jedes wahrhaftig gemeinte und leibhaftig vollzogene ‚Ich liebe dich' ist darum implizit ein Versprechen der Treue, während die auf erotische Attraktivität reduzierte Liebe ihre Zukunft auf die Dauer der Attraktion reduziert. Aus christlicher Sicht folgt aus personaler Liebe an sich dauerhafte Treue. Die damit gegebene Bindung ist für beide eine frei gewählte Chance personaler Entfaltung.

Wie Treue Reflexion personaler Liebe im Existential der Zeitlichkeit ist, so reflektiert Ehe Liebe und Treue im Existential der Sozialität. Die zur definitiven Bindung entschiedene Liebe tritt aus der intimen Privatheit der Ich-Du-Beziehung und stellt sich auf den Boden einer sozial anerkannten, öffentlichen, sittlich-rechtlichen Institution, also eines Standes in Gesellschaft, Kirche und Staat. In der Eheschließung deklarieren Frau und Mann ihre Entscheidung füreinander und wirken damit mit an der Stabilisierung der Gesellschaft. In der Zunahme nichtehelicher Lebensgemeinschaften zeigt sich die Tendenz, diese Entscheidung zu umgehen, sie immer weiter zu verschieben und den letztlich unverbindlichen, unentschiedenen und vorläufigen Zustand beizubehalten. Dadurch bleibt die Beziehung in gewisser Hinsicht defizient. Nach M. Buber ist die Ehe „die exemplarische Bindung, sie trägt uns wie keine andre in die große Gebundenheit und nur als Gebundene können wir in die Freiheit der Kinder Gottes gelangen"[26]. Insofern ist es begrüßenswert, dass auch viele homosexuell orientierte Personen bestrebt sind, ihre Liebe in einer rechtlich verbindlichen Partnerschaft zu institutionalisieren.

Aus der evolutionären Vorgabe der Geschlechterdifferenz folgt, dass das intime „Füreinandersein in Verantwortlichkeit" des personalen Beziehungskonzepts natürlicherweise mit dem Fruchtbarkeitskonzept zusammenhängt. Die kontrazeptiven Möglichkeiten, das Beziehungskonzept vom Fruchtbarkeitskonzept abzukoppeln, ändern nichts daran, dass beide anthropologisch und existential aufeinander bezogen sind. Die Perspektive der Elternschaft ist als Möglichkeit und Chance „dem Wunsch und der Realisierung von Intimität inhärent" und insofern unvermeidlich Thema der im Füreinandersein implizierten Verantwortung. Diese bezieht sich zunächst auf den Lebensplan der Partner, in welchem Elternschaft, wenn sie möglich ist, eine einzigartige „Steigerungsform der Intimität" darstellt. Darüber hinaus bezieht sich diese Verantwortung aber auch auf den Zusammenhang von Individuum und Gattung.[27] Das wird in den demogra-

[24] P. *Ricœur*, Sexualität (s. Anm. 22), 15.
[25] F. *Nietzsche*, Unzeitgemässe Betrachtungen Zweites Stück: Vom Nutzen und Nachtheil der Historie für das Leben (F. *Nietzsche*, KSA I), Berlin/New York 1999, 243–334, 248.
[26] M. *Buber*, Die Frage an den Einzelnen, in: *Ders.*, Werke. Bd. 1: Schriften zur Philosophie, München 1962, 215–266, 240.
[27] E. *Herms*, Liebe, Sexualität, Ehe (s. Anm. 2), 413 f.

phisch aufweisbaren Problemen deutlich: Während Gesellschaften unserer Hemisphäre
an zunehmender Überalterung leiden, behindern zu hohe Geburtenquoten in anderen
die Entwicklung und lassen ein zu starkes Wachstum der Menschheit erwarten mit entsprechenden ökologischen Konsequenzen.

Die Verortung der Elternschaft in der ehelichen Beziehung ist für die familiale Gruppe eminent vorteilhaft: Kinder sollen in ein stabiles, durch die Liebe als „Füreinandersein
in Verantwortlichkeit" geprägtes *mutuum obsequium* hineingeboren werden und dort jene
Liebe finden, die sie in ihrer Angewiesenheit auf Zuwendung, Fürsorge, Geborgenheit
und Erziehung brauchen. Unter den möglichen Voraussetzungen von Elternschaft ist die
„günstigste [...] zweifelsohne Liebe"[28]. Mutterschaft und Vaterschaft lassen sich, wenn
sie sittlich begriffen werden, nicht auf biologische Sachverhalte reduzieren, sondern sind
personale Beziehungen der Eltern zu den Kindern und zueinander. Darum ist es für das
Kindeswohl höchst wünschenswert, dass die Personen, die auf Grund der personalen
Tragweite von Mutterschaft und Vaterschaft zu Liebe und Treue gegenüber ihren Kindern verpflichtet sind, auch zueinander in einem dauerhaften sittlich-rechtlichen Verhältnis von Liebe und Treue stehen. In diesem bindungsgeprägten Beziehungsgefüge, in
welchem die Kinder feste Bezugspersonen haben, können sie selbst zukunftsprägende
Bindungsfähigkeit erlernen und entwickeln, wogegen die Erfahrung von Zerwürfnis und
Scheidung der Eltern sie oft nachhaltig traumatisiert. Zudem ist es gut, dass Kinder mit
beiden, Frau und Mann, als Eltern aufwachsen und so in ihrem je eigenen Geschlecht
mit der Differenz der Geschlechter vertraut werden. Denn so unbestreitbar der
Genderaspekt in bestimmten Hinsichten ist, die natural unbeliebte und existential relevante Differenz der Geschlechter lässt sich nicht auf soziokulturelle Konstrukte reduzieren. Sie unterscheidet Mann und Frau organisch und psychisch an der Basis dieser ver-
änderlichen Rollenkonstrukte. Auch Mutter und Vater sind darum nicht austauschbar.

Dieses personale Gefüge gelingenden Mit-Seins kann alle Aspekte des Familialen optimal auf ihren Begriff bringen und stellt insofern zumindest intentional eine Konstante
der Humanität dar. Darum nennt P. Ricœur die Ehe, die deren Basis bildet, „die höchste
Wette unserer Kultur", die „zweifellos nie ganz gewonnen werden" kann.[29] Erfolg und
Misserfolg können viele Gründe haben. Oft findet sich kein geeigneter Partner. Die sexuelle Orientierung macht eine Familiengründung unmöglich. Körperliche oder geistige
Behinderungen stehen im Wege. Der Tod beendet die Partnerschaft. Vor allem aber
gefährdet das Risiko des Scheiterns der Beziehung das Glücken dieses familialen Gefüges, wie die hohe Zahl der Ehescheidungen zeigt. Seine Stabilität hängt unvermeidlich
von einer Vielzahl kontingenter, einerseits persönlicher, andererseits sozialer Voraussetzungen ab. Zu den persönlichen Voraussetzungen zählen die Individualität der Partner,
ihr Charakter, ihre moralische und religiöse Einstellung zum „Füreinandersein in Verantwortlichkeit" in Ehe und Familie, ihre Beziehungs-, Bindungs- und Konfliktfähigkeit,
ihre Intelligenz, ihre Anfälligkeit für Sucht und Drogen, das Verhältnis der Eltern zu den
Kindern etc.

---

[28] AaO., 413.
[29] *P. Ricœur*, Sexualität (s. Anm. 22), 13.

Dazu kommen soziale Gegebenheiten, äußere Lebensverhältnisse, berufliche Kontexte, aber auch das mehr oder weniger familienfreundliche Klima der Gesellschaft und der oft massive Druck, den teilsystemische Interessen, ideologische Tendenzen und die Medien (man denke etwa an die jüngste, oft gehässige mediale Kritik am Betreuungsgeld) auf die Familie ausüben. – Die Wirtschaft sorgt sich um ihr qualifiziertes Personal und teilt dessen möglichst unbeschränkte Verfügbarkeit nur widerwillig mit dessen familialen Erfordernissen, was oft die Aufstiegschancen von Eltern gegenüber jenen von Kinderlosen beeinträchtigt. – Die Familienpolitik tendiert zur Auslagerung der Erziehung aus der Familie in außerfamiliale Einrichtungen. Als familienfreundlich scheint zu gelten, was Familie ersetzt. Das betrifft zunehmend schon die Kleinsten, obwohl die Mehrheit der Eltern diese lieber daheim als in der Kindertagesstätte (Kita) hätte. Elterliche Erziehungs- und Familienarbeit wird gegenüber der Professionalität der Kitas abgewertet, obwohl dort der enorme Mangel an qualifiziertem Personal die Qualität der Erziehung oft in Frage stellt. – Die feministische Sicht zielt vor allem ab auf Karriere und professionelle Elitebildung der Frauen und sieht darum in der Mutterschaft entweder eine Nebensache oder aber ein Hindernis der Emanzipation.

Alle diese Tendenzen tragen dazu bei, dass die Zeit, welche die Familie, vor allem wenn kleine Kinder da sind, benötigt, um ihr Eigenleben stressfrei entfalten zu können, massiv beschnitten und die Vereinbarkeit von Familie und Erwerbstätigkeit zulasten familiarer Erfordernisse in Frage gestellt wird. Die Hektik und die Konflikte, die daraus entstehen, können sich wie die persönlichen Kontingenzen destabilisierend auf die Partnerschaft und das personale Gefüge Familie auswirken. Außerdem dürften die tendenzielle Entfunktionalisierung der Familie und der genannte Druck dazu beitragen, dass viele potentielle Eltern überhaupt auf Familiengründung verzichten. Angesichts der demographischen Situation müssten hier familienpolitisch strukturelle Verbesserungen ansetzen.

Mit Recht betont die Orientierungshilfe des Rates der EKD schon in ihrem Titel die Autonomie. Menschliche Sexualität und Familiengestaltung stehen grundsätzlich im Horizont von Freiheit, die allerdings „darauf angewiesen und dessen fähig ist, qualifiziert zu werden", was wiederum davon abhängt, „im Horizont welcher Daseinsgewissheit sie lebt und gebraucht wird". So geht es auf dem Boden einer bestimmten Daseinsgewissheit beim „qualitativen Unterschied gelebter Sexualität" um die Frage, ob Sexualität „im Horizont der Liebe" gelebt wird oder nicht. Die Qualität dieser Daseinsgewissheit besteht aber in deren Wahrheit.[30] Analog stellt sich auch bezüglich der Familienformen eine wahrheitsrelevante Qualifizierungsfrage, die ich im Sinne der Präferenz der im Prinzip unauflöslichen, monogamen Ehegattenfamilie zu beantworten suchte, die soziologisch nach wie vor dominant ist, deren Wahrheitsrelevanz jedoch nicht von dieser Dominanz abhängt, sondern in der Natur der Sache gründet.

Auf der Basis einer christlichen Daseinsgewissheit würde ich darum dafür plädieren, die Vielfalt der Familienformen nicht unqualifiziert dem autonomen Belieben zu überlassen, sondern sowohl in schulischer Sexualerziehung als auch in kirchlicher Seelsorge auf

---

[30] E. *Herms,* Liebe, Sexualität, Ehe (s. Anm. 2), 411 f.

diese Präferenz hinzuweisen. Trotz aller Risiken des Scheiterns sollte klar sein, dass diese präferenzielle Familienform an sich wünschenswert ist und von jungen Erwachsenen angestrebt werden sollte, dass qualifizierte menschliche Sexualität darauf angelegt ist, als Ausdruck von Liebe gelebt zu werden, dass generatives Verhalten Verantwortung fordert und Triebbeherrschung Voraussetzung aller personalen und sozialen Kultur ist.

Die Betonung dieser Präferenz ist nicht als Diskriminierung anderer Familienformen zu verstehen. Diese entstehen zumeist, wenn die präferenzielle, aus welchen Gründen immer, nicht realisiert werden konnte oder scheiterte. Sie sind Alternativen, die in gewisser Hinsicht Defizienzen implizieren, mit denen die Betroffenen, Eltern und Kinder, fertig werden müssen. Dass ihnen das im Sinne eines möglichst liebevollen und verlässlichen „Füreinanderseins in Verantwortlichkeit" gelingt, muss im Interesse sowohl der staatlichen Sozialpolitik als auch der kirchlichen Seelsorge, Diakonie bzw. Caritas liegen und sollte auch im sozialen Umfeld vorurteilsfrei respektiert werden.

4 Der katholische Diskurs

In der katholischen Kirche sind Sexualität, Ehe und Familie derzeit Thema eines intensiven Diskursprozesses, dessen Regie maßgeblich durch den Regierungsstil von Papst Franziskus geprägt ist, der sich erheblich von dem seiner beiden Vorgänger unterscheidet. Franziskus scheint stärker auf die Kollegialität der Bischöfe und den Glaubenssinn der Christgläubigen (*sensus fidei*) zu setzen und weniger auf traditionelle lehramtliche Vorgaben aus dem Vatikan. Vorläufiges Ziel dieses Prozesses ist die XIV. Ordentliche Generalversammlung der Bischofssynode, die vom 4.–25.10.2015 in Rom unter dem Thema „Berufung und Mission der Familie in der Kirche und der Welt" tagen soll. Als Vorbereitung dieser Generalversammlung erörterte vom 5.–19.10.2014 eine Außerordentliche Bischofssynode das Thema „Die pastoralen Herausforderungen der Familie im Rahmen der Evangelisierung". Ähnlich wie in der Orientierungshilfe des Rates der EKD geht es auch im katholischen Diskursprozess um kirchliche Orientierung angesichts der vielfältigen, oft kontrovers beurteilten, aktuellen Fragen des Themenfeldes.

Im Vorfeld der Außerordentlichen Bischofssynode überraschte der Vatikan im Spätherbst 2013 mit einer Umfrage in Form eines detaillierten Fragebogens,[31] dessen Beantwortung den Teilkirchen „eine aktive Teilnahme an der Vorbereitung" ermöglichen sollte. Erklärtes Anliegen dieser wohl auch ökumenisch beispiellosen Aktion war es, möglichst differenzierte Informationen darüber zu erhalten, inwieweit die Katholiken der Weltkirche die offizielle katholische Lehre über Sexualität, Ehe und Familie überhaupt kennen und inwieweit sie diese akzeptieren oder ablehnen. Dabei geht es um eine ziemlich umfassende Vielfalt der Themen. Sie beginnt mit Fragen zur moraltheologischen Grundlegung (Heilige Schrift, Lehramt, Naturrecht), fragt nach der kirchlichen

---

[31] Vgl. Heiliger Stuhl (Hg.), Die pastoralen Herausforderungen der Familie im Kontext der Evangelisierung. Vorbereitungsdokument für die III. Außerordentliche Vollversammlung der Bischofssynode 2014, Vatikanstadt 2013, online unter: http://tinyurl.com/Vorbereitungsdokument-2014 (Stand: 31.7.2015).

Praxis in der Familienpastoral, der Weitergabe des Glaubens in den Familien und speziell nach dem teilkirchlichen Umgang mit Themen wie „Zusammenleben ‚ad experimentum'", Ehescheidung, wiederverheiratet Geschiedene, gleichgeschlechtliche Lebenspartnerschaften und Geburtenregelung. Oft geht es in den Fragen auch um die Bitte um Information über die betreffenden soziologischen Gegebenheiten der Teilkirchen. Die Synodenmitglieder sollten möglichst objektiv über den faktischen Zustand informiert werden.

Obwohl die Frist der Beantwortung sehr kurz bemessen war, bewirkte der Fragebogen eine offenbar sehr intensive Befassung mit den Fragen. Viele Diözesen, etwa die deutschen, legten ihn der Öffentlichkeit vor und beteiligten so eine große Zahl Interessierter. Die Deutsche Bischofskonferenz veröffentlichte eine „Zusammenfassung der Antworten"[32] aus ihrem Bereich. Darin kommt eine verbreitete kritische bis ablehnende Einstellung der Gläubigen zu vielen moraltheologischen und kirchenrechtlichen Normen und Argumentationen der offiziellen katholischen Lehre zum Ausdruck. So etwa ist der Begriff „Naturrecht" den meisten nicht geläufig. Die „voreheliche Lebensgemeinschaft" wird überwiegend als „allgemein übliche Vorstufe zur Ehe" betrachtet.[33] Bezüglich der Zulassung wiederverheiratet Geschiedener zur Eucharistie fordern die meisten Katholiken „eine Pastoral des Respekts vor der Gewissensentscheidung des Einzelnen und einen barmherzigen Umgang mit Scheitern"[34]. Kirchenrechtliche Annullierungen gescheiterter Ehen werden überwiegend nicht als Beitrag zur Lösung verstanden, sondern als unehrlich, weil die Betroffenen „ihre oft langjährige Ehe nicht als ‚nichtig', sondern als gescheitert" betrachten.[35] Deutsche Katholiken tendieren zwar dazu, gleichgeschlechtliche Lebenspartnerschaften anzuerkennen, lehnen aber überwiegend „die Öffnung der Ehe als solcher für gleichgeschlechtliche Paare" ab.[36] Das durch *Humanae vitae* (Paul VI., 1968) verfügte Verbot der sogenannten ‚künstlichen' Empfängnisverhütung wird ganz überwiegend als unplausibel abgelehnt. Die weltkirchlichen Antworten auf die Umfrage wurden vom Generalsekretariat der Bischofssynode in einem *Instrumentum laboris*[37] zusammengefasst. Auch dieses Dokument verweist auf vielfältige Spannungen zwischen der offiziellen Lehre und deren Akzeptanz an der Basis der Gläubigen und zeigt außerdem, dass in anderen soziokulturellen Kontexten auch andere Probleme relevant sind. Im Ganzen macht das Echo der Antworten deutlich, dass das traditionelle normative Gefüge aus einer rigiden Sexual- und Ehemoral und deren starrer kirchenrechtlichen Positivierung zunehmend auf Unverständnis stößt und sich als pastoral unpraktikabel

---

[32] Vgl. DBK (Hg.): Die pastoralen Herausforderungen der Familie im Kontext der Evangelisierung. Zusammenfassung der Antworten aus den deutschen (Erz-)Diözesen auf die Fragen im Vorbereitungsdokument für die III. Außerordentliche Vollversammlung der Bischofssynode 2014 (3.2.2014), online unter: http://tinyurl.com/DBK-Zusammenfassung-2014 (Stand: 31.7.2015).

[33] AaO., 9.

[34] AaO., 11.

[35] Ebd.

[36] AaO., 13.

[37] Vgl. Heiliger Stuhl (Hg.), Die pastoralen Herausforderungen der Familie im Kontext der Evangelisierung. Instrumentum laboris für die III. Außerordentliche Vollversammlung der Bischofssynode 2014, Vatikanstadt 2014, online unter: http://tinyurl.com/Instrumentum-Laboris-2014 (Stand: 31.7.2015).

erweist. Für das Anliegen des Lehramts, glaubwürdiges kirchliches Ethos zu etablieren, wirkt es sich kontraproduktiv aus.

Ebenfalls im Vorfeld der Außerordentlichen Bischofssynode lud der Papst Kardinal Walter Kasper ein, vor dem außerordentlichen Konsistorium der Kardinäle einen Vortrag zum Thema „Das Evangelium von der Familie"[38] zu halten. Der Text führt zunächst in gediegener theologischer Vermittlung in die traditionelle Lehre ein, wobei klar die Präferenz der Ehegattenfamilie auf der Basis der prinzipiell unauflöslichen Ehe zum Ausdruck kommt. Dann befasst er sich mit dem zentralen Problem der wiederverheiratet Geschiedenen und deren Zulassung zur Versöhnung im Bußsakrament und zur Eucharistie. Kasper sucht einen Weg, der „die verbindliche Glaubenstradition nicht aufhebt", „aber jüngere Traditionen weiterführt und vertieft"[39]. Dabei geht es besonders um die „Situation der gültigen und vollzogenen Ehe zwischen Getauften", deren Lebensgemeinschaft „unheilbar zerbrochen ist" und die „eine zweite zivile Ehe geschlossen haben"[40]. Im Credo bekennen wir die „Vergebung der Sünden". Außerdem „sind die Sakramente keine Belohnung für Wohlverhalten und für eine Elite, welche die ausschließt, die ihrer am meisten bedürfen"[41]. Insofern geht es darum, zwischen Rigorismus und Laxismus einen theologisch fundierten und pastoral klugen Weg zu finden.

Im Vorfeld der Außerordentlichen Bischofssynode gab es zahlreiche prominente Äußerungen, die für eine Weiterentwicklung der Lehre im Sinne einer derartigen Reform eintraten. Im Gegenzug formierte sich aber auch ein ebenso prominenter Widerspruch, der sich für den Fortbestand der bisherigen Regelungen einsetzt. Die Synode selbst war auf Wunsch des Papstes, der sich in diesem Diskurs völlig zurück hielt, geprägt von einer Offenheit, wie sie seit dem II. Vaticanum kaum je festzustellen war. „Die katholische Kirche hat in ihrem Zentrum [...] das Diskutieren wieder erlernt."[42] Dabei wurde deutlich, dass einer reformorientierten Mehrheit eine qualifizierte Minderheit gegenübersteht, welche die kirchliche Lehre durch derartige Reformen gefährdet sieht. Um eine Entscheidung ging es in der Außerordentlichen Synode nicht. Sie stellte aber die Weichen für den weiteren Diskursprozess bis zur Ordentlichen Generalversammlung der Bischofssynode im Herbst 2015.

Die Orientierungshilfe der EKD und der aktuelle katholische Diskursprozess zeigen das Bestreben der Kirchen, der Vielfalt der Familienformen, die sich im Zuge des sozialen Wandels ergab, moraltheologisch und pastoral gerecht zu werden. Die evangelische Orientierungshilfe tritt für eine weitgehend präferenzlose Öffnung gegenüber dieser Vielfalt ein. Soweit ich es abschätzen kann, wollen hingegen die reformorientierten katholischen Kirchenvertreter keine so weitgehende Öffnung, sondern halten an der Präferenz der im Prinzip unauflöslichen monogamen Ehegattenfamilie fest, die sich auch aus den Ergebnissen der ÖAK-Diskurse nahelegt. Sie treten jedoch für eine pastoral gangba-

---

[38] Vgl. *W. Kasper*, Das Evangelium von der Familie. Die Rede vor dem Konsistorium, Freiburg i. Br. 2014.
[39] AaO., 57.
[40] AaO., 61.
[41] AaO., 65.
[42] *V. Resing*, Blick der Kirche in den Spiegel, in: HerKorr 68 (2014) 11, 541–543, 541.

re Flexibilisierung und Öffnung in der Anwendung der traditionellen Lehre auf konkrete Situationen, Lebenslagen und Fälle ein. Ob allerdings die von der Orientierungshilfe vertretene radikale Öffnung das letzte Wort der EKD bleibt, ist natürlich ebenso ungewiss wie die Chance der Reformer gegenüber den Reformgegnern in der katholischen Kirche.

Vasile Hristea

MEHR ALS TAUSEND WORTE

Phänomenologische Erkundungen der ostkirchlichen Ikone

1 Einleitung

Die Welt des Menschen ist eine Welt der Bilder. Alles was der Mensch ist und sein kann, entspricht dem, was ihm erscheint. Die Benennung des Menschen als *homo pictor* nimmt damit eine wesentlichere Bedeutung an – sie bezeichnet nicht allein den Menschen als Künstler, als Hervorbringer von Bildern oder künstlerischen Artefakten, sondern vielmehr das Menschsein selbst als ein bildliches Wesen oder als eines, das sich selbst als Bild erlebt und sich gleichermaßen in Bildern ausdrückt. Umso interessanter kann es sein, den Menschen darüber hinaus noch als religiöses Wesen zu beschreiben. In welchem Verhältnis, so ließe sich fragen, können dabei die Erfahrung Gottes und der bildliche Ausdruck dieser Erfahrung stehen? Soll das – wie erwartet – ein Bild sein? Wie könnten solche Bilder als Bilder von Gott dargestellt werden? Oder: Gibt es ein Gemeinsames der religiösen und der ästhetischen Erfahrung?

Diesen Überlegungen, die vom Denken E. Herms' inspiriert sind, soll im Folgenden aus der besonderen Sicht der Ikonentheologie der Ostkirche begegnet werden. In der orthodoxen Theologie bezeichnet die Ikone – griechisch εἰκών: Bild, Abbild – eine bestimmte Gattung der religiösen Bilder, welche nicht bloß der Veranschaulichung und Belehrung dient, sondern vielmehr als „eine Art sakramentales Zeichen"[1] u.a. Christus und sein Heilswerk darstellt. Aus dieser Sicht sollen dann, anhand eines produktiven Austauschs mit Herms, der Sinn und die Möglichkeit der Rede von der Darstellbarkeit Gottes in der Kunst untersucht werden, um über deren theologische Implikationen für die orthodoxe Theologie nachzudenken.

Hierfür wird zunächst in einem ersten Schritt ein umfassender Einblick in die patristische Argumentation zur Daseinsberechtigung der Ikone gegeben. Darauf folgend wird die Lehrposition von E. Herms zur Genese des (Kunst-)Bildes rekonstruiert, so wie er diese in seinem Aufsatz *Die Sprache der Bilder und die Kirche des Wortes* (1992) darstellt. Abschließend wird anhand einer phänomenologischen Beschreibung der Ikone Christi untersucht, inwiefern sich die orthodoxe Ikonentheologie und die Auffassung von Herms begegnen und welche Implikationen dies wiederum für die orthodoxe Theologie haben kann.

---

[1] *K. C. Felmy*, Art. Ikone/Ikonenmalerei, in: RGG⁴ 4 (2001) 36–41, 36.

2 Die Existenzzusage für Ikonen in der Patristik

Kontrovers diskutiert und in Frage gestellt wurde die Daseinsberechtigung der ost-kirchlichen Ikonen in der Alten Kirche vor dem Hintergrund des alttestamentlichen Bil-derverbots (Ex 20,4) und durch die grundsätzliche Undarstellbarkeit des Antlitzes Gottes (Ex 33,12–23). Die Antwort darauf entstand über Jahrhunderte hinweg entlang der Ent-wicklung der patristischen Theologie und unter der Rezeption der großen Themen und Errungenschaften des christlichen Denkens der ausgehenden Antike. So spielte dabei der Begriff ὁμοούσιος, der im trinitätstheologischen Zusammenhang die Wesensgleichheit von Vater und Sohn ausdrücken sollte, auch in der bildertheologischen Argumentation zeitweise eine gewisse Rolle. Die christologische Betrachtung der gott-menschlichen *Hypostase* Christi oder die trinitätstheologische Bestimmung der *Person,* die als eine genui-ne Leistung der altkirchlichen Theologie angeschaut werden darf, wirkten auch im Nachdenken über die Existenzberechtigung der christlichen Bilder weiter. Vor diesem Hintergrund konnte sich eine erste Grundlegung der christlichen Bildertheorie im 8. Jahrhundert festigen.

Indessen knüpfte die patristische Reflexion über das Bild an der damaligen Diskussi-on, die von den platonischen bzw. neuplatonischen Ansichten geleitet war,[2] an. Laut Platon stellt das, was wir sinnlich wahrnehmen können, lediglich das Abbild der ewigen Urbilder – der Ideen – dar.[3] Diese Ideen sind für das sinnlich Wahrgenommene der Wirklichkeitsgrund. Die Sinnenwelt ist damit nicht in sich wirklich, ihre unwirkliche Wirklichkeit ist wirklich nur im Bild. Weil das Bild aber immer schon an seinem Urbild teilhat,[4] ist diese *Teilhabe* am Urbild im Sinne einer modalen Transzendenz zwar als Seinsverlust zu verstehen, zugleich aber als ein Inwendigsein von Sein und Ding, von Urbild und Bild, zu erfassen.[5] Über einen dualistischen Gegensatz hinaus führt die Teil-habe als bildliches Verhältnis hin zu einem Denken von Identität und Differenz und von Sein und Erscheinung.[6] Ist die Idee das wahre Sein der Erscheinung, so bewahrheitet sich die Philosophie, indem sie die Idee in der Erscheinung des Urbilds im Abbild an-schaut. Der Kunst als bildlicher Darstellung gegenüber bleibt Platon aber misstrauisch, da sie ihm zufolge nichts anderes leiste, als lediglich das Sinnending und damit das Ab-

---

[2] Vgl. *D. Schlüter*, Art. Bild I, in: HWPh 1 (1971) 913–915; *O. R. Scholz*, Art. Bild II. Philosophisch, in: RGG⁴ 1 (1998) 1561; *G. Lanczkowski* u.a., Art. Bilder I–V/2, in: TRE 6 (1980) 515–546; *J. Kollwitz*, Art. Bild III (christlich), in: RAC 2 (1954) 318–341; *D. Spanke*, Das Mandylion. Ikonographie, Legenden und Bildtheorie der „Nicht-von-Menschenhand-gemachten Christusbilder" (Monographien des Ikonen-Museums Recklinghausen 5), Recklinghausen 2000, v.a. 40–56.

[3] Vgl. *Platon*, Phaidros, Deutsche Übers. v. F. Schleiermacher, bearb. v. D. Kurz (*Platon*, Werke 5), Darmstadt 1990², 1–193, 87 (250b).

[4] Vgl. *Platon*, Das Gastmahl, Deutsche Übers. v. F. Schleiermacher, bearb. v. D. Kurz (*Platon*, Werke 3), Darmstadt 1990², 209–393, 323 (204d).

[5] Vgl. *Platon*, Politeia, Deutsche Übers. v. F. Schleiermacher, bearb. v. D. Kurz (*Platon*, Werke 4), Darm-stadt 1990², 567 (518c); dazu *J. Hirschberger*, Geschichte der Philosophie. Bd. 1: Altertum und Mittelalter, 13. verb. Aufl., Freiburg i. Br. u.a. 1984, 94.

[6] Vgl. *A. de Santis*, Denkbilder. Zum Wechselspiel zwischen Erscheinung und Wahrnehmung (ikon. Bild + Theologie), Paderborn u.a. 2013, 106.

bild des Urbildes abzubilden. Auf diese Art verdeckt sie den Zugang zum Urbild selbst viel mehr, als ihn freizulegen. Die Erkenntnis der Wahrheit und mitunter die Erkenntnis des Göttlichen werden so beeinträchtigt. Das Absehen von künstlerischen Bildern als *Entbildung* führt zur Erkenntnis des Urbildes und letztendlich zur *Bildung* des Menschen.[7]

„Damit nicht das Schattenbild eines Schattenbildes entstehe"[8], vermied auch Plotin es zeitlebens, sich porträtieren zu lassen. Ähnlich wie Platon erachtete er ebenfalls das Bild als lediglich es Abbild des Einen. Dabei ist das Eine der göttliche Ursprung alles Seienden. Dieses göttliche Eine beschreibt Plotin als unbegrenzt, unbestimmt und unendlich, was eine Neuerung vor dem Hintergrund der klassischen antiken Metaphysik darstellt.

In der Weise einer Quelle, die unerschöpflich ausströmt oder in der Weise des Lichtes, das von der Sonne ausstrahlt, entspringen aus der Überfülle des Einen sämtliche wesensgleiche Wesenheiten.[9] Jede Ergießung aus dem Einen – und damit jede Verwirklichung des göttlichen Urprinzips – ist nicht nur eine neue *Hypostase,* welche als begrenzte, individuelle Erscheinung näher verstanden werden kann, sondern zugleich auch ein neues Bild, εἰκών, des Einen: alles ist aus dem Einen und das „Eine ist alles"[10]. So ist die erste Hervorbringung des Einen, der *Nous,* ein Bild des göttlichen Eins, so wie die *Weltseele,* die zweite göttliche Hervorbringung, ihrerseits ein Bild des *Nous* darstellt. Als Hypostase des Einen ist jedes Bild von dem Ursprung abhängig oder ihm teilhaftig ohne aber mit diesem identisch zu sein, es ist „Jener und nicht Jener"[11]. Ihrerseits ist die Weltseele das gestaltende Prinzip in der Körperwelt. Als solches ist sie Einheit und Vielheit, geteilt und ungeteilt zugleich, indem sie selbst bleibt, während sie in den vielen Seelenkräften und in den unterschiedlichen Lebensstufen wirkt und gestaltet.[12]

Diese Differenzierung macht es möglich, das Bild nicht länger platonisch als bloße Erscheinung zu betrachten. Denn als Hypostase ist das Bild als *geistiges Individuum* eine wesenhafte Erscheinung des Einen.[13] Während das Bild nach Platon ständig über sich selbst hinaus auf das Urbild hinweist, erlebt es bei Plotin als Selbstentwurf des Einen eine signifikante Aufwertung und eine Verdichtung der Gegenwart des Einen in der Seele, die zur ekstatischen Schau veranlasst und somit zur „Flucht des Einsamen zum Einsamen."[14] Anders als Platon es einst einsah, soll die Kunst nicht das Sichtbare abbilden, sondern auf die Prinzipien zurückgehen, in denen die Natur ihre Ursprünge hat. Alles in der Natur und jede künstlerische Erscheinung ist somit verwandt durch die gemeinsame

---

[7] Vgl. aaO., 108.

[8] Zitiert nach *J. Hirschberger,* Geschichte der Philosophie (s. Anm. 5), 302.

[9] Vgl. *Plotin,* Das Seiende, obgleich eines und dasselbe, ist zugleich als Ganzes überall I, in: Plotins Schriften. Bd. IIa: Die Schriften 22–29 der chronologischen Reihenfolge. Text und Übersetzung, übers. v. R. Harder, Neubearb. mit griechischem Lesetext u. Anm. fortgeführt v. R. Beutler u. W. Theiler (PhB 212a), Hamburg 1962, 2–45, 13 (VI 4,16).

[10] *Plotin,* Entstehung und Ordnung der Dinge nach dem Ersten, in: Plotins Schriften. Bd. Ia: Die Schriften 1–21 der chronologischen Reihenfolge. Text und Übersetzung, übers. v. R. Harder, Neubearb. m. griechischem Lesetext u. Anm. (PhB 211a), Hamburg 1956, 238–243, 239 (V 2).

[11] AaO., 243.

[12] Vgl. aaO., 239.

[13] Vgl. ebd.

[14] *Plotin,* Das Gute (das Eine), in: Plotins Schriften. Bd. Ia (s. Anm. 10), 170–207, 207 (VI 9).

Teilhabe an einem göttlichen Ursprung. Denn alles ist ein Erscheinungsbild des Ursprungs.

Auf diese Reflexionen musste dann der Trinitätstheologe Athanasius zurückgreifen,
als er sich im Umfeld der ersten ökumenischen Synode in Nikaia (325) darum bemühte,
das Verhältnis zwischen Vater und Sohn angemessen zu bestimmen. Mithilfe des
ὁμοούσιος-Begriffs bestimmte er dieses Verhältnis als zwischen dem Urbild und dem
Abbild im Sinne eines wesensgleichen Verhältnisses, also ohne eine neuplatonisch erachtete, ontische Minderung.[15] „Denn das Bild muss so beschaffen sein, wie dessen Vater
beschaffen ist […]. Er wird also nicht etwas anderes werden, als was der Wesenheit des
Vaters eigen ist"[16], so Athanasius.

Leistete der wesensgleiche Urbild-Abbild-Bezug im trinitätstheologischen Kontext
seine herausragenden Dienste, blieb er jedoch hinsichtlich der Begründung der christlichen Bildertheorie kaum anwendbar. Denn während für Athanasius' trinitarische Argumentation die Identität Urbild-Abbild – ganz im Sinne von Joh 14,9: *wer den Sohn gesehen
hat, hat den Vater gesehen* – hinsichtlich der Wesensgleichheit der beiden göttlichen Personen unverzichtbar war, hätte dieselbe Argumentation in der Bildertheologie zu dem
Schluss führen können, dass das Bild eine eigenständige Wirkmächtigkeit haben könnte.
Gerade diese unmögliche Schlussfolgerung hat aber den Argumenten von Ikonoklasten
wie bspw. Eusebius von Caesarea durchaus eine Berechtigung gegeben, als er behauptete, dass eine „seelenlose Materie" lebendige Urbilder gemäß dem Anspruch der Wesensgleichheit oder der Heiligkeit Gottes nicht adäquat darstellen kann.[17]

Erst die christologische Formel von Chalcedon (451) führte aus dieser aporetischen
Sackgasse und half zu einem Durchbruch in der bildertheoretischen Argumentation. Die
Formel von Chalcedon stellt die Einheit von göttlicher und menschlicher Natur in der
einen Person Jesu Christi wie folgt dar: *unvermischt unverändert, ungeteilt ungetrennt.*[18] Im Sinne der neuplatonischen Substanzontologie wurde diese Einheit als die Vereinigung von
zwei unterschiedlichen Naturen in einer Hypostase als *hypostatische Union* bestimmt. So
wie zwei unterschiedliche Naturen, wie etwa Leib und Seele eine Hypostase ausmachen
können, so verhält es sich mit der göttlichen und der menschlichen Natur Christi auch:
Beide bringen sie dann eine gott-menschliche Hypostase hervor.[19] Diese *hypostatische Union* wiederum konnte weiter interpretiert werden in der Weise, dass die personbildenden
Eigentümlichkeiten der göttlichen Natur zugleich als personbildende Eigentümlichkeiten
der menschlichen Natur gelten können und umgekehrt.[20] Entsprechend dieser *communicatio idiomatum* führen also die menschlichen Eigentümlichkeiten Jesu Christi zur Gotteser-

---

[15] Vgl. R. *Williams*, Art. Athanasius, in: RGG⁴ 1 (1998) 870–873, 872; *H. C. Brennecke*, Art. Homoousios,
in: RGG⁴ 3 (2000) 1882 f.
[16] *Athanasius*, Vier Reden gegen die Arianer. Erste Rede (Bibliothek der Kirchenväter 13/I), Kemp-
ten/München 1913, 17–111, 48 u. 50 (Nr. 20 u. 22).
[17] AaO., 50 (Nr. 22); Vgl. *D. Spanke*, Das Mandylion (s. Anm. 2), 44 f.
[18] Vgl. DH 2001³⁹, 301–302.
[19] Vgl. *Johannes von Damaskus*, Genaue Darlegung des orthodoxen Glaubens (Bibliothek der Kirchenväter 44), Kempten/München 1923, 123 (III,4).
[20] Vgl. ebd.

kenntnis, weil Gott seit seiner Menschwerdung einen sichtbaren Ausdruck habe. Anhand der Ähnlichkeit mit diesem Ausdruck Gottes in Christus konnte man dann die Daseinsberechtigung der Bilder Gottes insofern verteidigen, als man hervorhob, dass die Darstellung des sichtbaren Ausdrucks Christi in dem Bild gleichsam die Menschwerdung Gottes bezeuge. Die Errungenschaft dieser christologischen Betrachtung der Bildertheologie ist die neue Auffassung über das Verhältnis von *Abbild* und *Urbild*. Es ist von nun an nicht länger als *Wesensgleichheit*, ὁμοούσιος, zu bestimmen, sondern vielmehr als *Ähnlichkeit mit der Hypostase*. Dem früheren Einwand des Eusebius von Caesarea konnte man nun entgegnen, weil das Bild nicht die Darstellung der Natur sondern einer Hypostase oder eines Individuums ist, was letztendlich als Zeugnis vom gesehenen Christus gelten kann. So betrachtet, konnte der Bildertheologie auch nicht länger der Vorwurf gemacht werden, das Bilderverbot zu verletzen. Vielmehr bestätigte sie Gott und stellte ihn so dar, wie er sichtbar wurde. Aus diesem Grund war es in der Alten Kirche lange Zeit nur gestattet, die bildliche Darstellung der zweiten Hypostase (Gott als Sohn) darzustellen.[21] Dass Christus durch die Gestalt seines Aussehens sichtbar werden soll, ist für die altkirchliche Bildtheorie somit kennzeichnend. Dementsprechend sollen im Bild die individuellen Züge der dargestellten Hypostase wieder erkannt werden. Dies bedeutet aber einen Gestaltungsprozess seitens des Künstlers, im Zuge dessen das Dargestellte als solches sichtbar bzw. erkennbar werden soll, im Zuge dessen also das Formlose, das Gleichgültige, die Maske zurückverdrängt werden soll, um als wirkliche Ausprägung des Antlitzes – πρόσωπον – gelten zu können. Als Ausprägung des Antlitzes hat πρόσωπον aber auch mit der Person zu tun und damit in der Ikonentheologie vordergründig mit dem gesehenen fleischgewordenen Logos, der unter uns wohnte (Joh 1,14).

Erst unter dieser so hervorgehobenen Ähnlichkeit des Bildes mit dem gesehenen Christus wird der Horos der zweiten Synode von Nikaia (787) nachvollziehbar in der Behauptung, dass die Ehre der Person auf dem Bild dem Urbild gelten soll. Auch die strengen Vorlagen des Kanons der byzantinischen Malerei, der rigoros vorgibt, wie die Bilder gestaltet werden sollen, werden damit verständlich. Durch diese Leitlinien soll das zum Ausdruck gebracht werden, was in der Heilsgeschichte angeschaut wurde (Joh 1,14). Dieses jemals Gesehene soll durch die Jahrhunderte hindurch in den Bildern der Kirche sichtbar werden.

Nimmt man diesen Anspruch ernst, eine Ähnlichkeit mit der intendierten Person darzustellen und darüber hinaus einen Hinweis auf deren Heiligkeit zu geben, so drängt sich unweigerlich die Frage auf, wie dies überhaupt gewährleistet werden kann. Unmöglich kann es lediglich die reine visuelle Reproduktion einer menschlichen Gestalt sein, weil im Antlitz Christi die Herrlichkeit Gottes zum Vorschein kommt (2 Kor 4,6). Wie vermag es die Ikone, die Heiligkeit Gottes wiederzugeben? Was macht dieses Besondere der Ikone als Bild vom angeschauten Gott aus?

Die Antwort darauf bezieht sich dieser Untersuchung nach auf die Genese der künstlerischen Kreativität. Auf jenes Vermögen also, das die Ereignisse der Heilsgeschichte

---

[21] Vgl. *J. Kollwitz*, Art. Bild (s. Anm. 2), 323.

adäquat als Erscheinungen des Heils erfassen und, diese Erscheinungen dann künstlerisch an das Ursprüngliche annähernd, wiedergeben kann. Der Kanon der byzantinischen Malerei scheint davon zu wissen, da er als grundlegende Bedingung gelungener Ikonografie die Bedeutung des geistigen Lebens des Malers hervorhebt. Dementsprechend soll der Maler ausgestattet sein:

„demütig, sanft, ehrfürchtig, kein leerer Schwätzer [...] er soll besonders auf die Bewahrung seiner seelischen und körperlichen Reinheit bedacht sein, und zwar mit aller Besorgtheit [...]. Und es sollen die Maler oft zu den geistlichen Vätern gehen, und bei ihnen über alles Rat holen; und nach deren Unterweisung und Lehre sollen sie leben, in Fasten, Gebet, Enthaltsamkeit, und demutvoller Weisheit, ohne jede Schande und Unanständigkeit. Und sie sollen mit größter Hingebung und Sorgfalt das Bild unseres Herrn Jesus Christus und der Allreinen Gottesmutter malen gemäß Bild und Ebenbild und wahrem Wesen und nach den besten Vorbildern der alten Maler"[22].

Wollen diese Leitlinien einen Zusammenhang zwischen dem geistlichen Leben des Malers und seiner Kunst herstellen, in einer Weise, dass die christliche Lebensführung als die Bedingung der Ikonenkunst gilt, so klingt dies in J.-L. Marions ikonentheologischem Essay *Die Öffnung des Sichtbaren* (2005) nach, wenn er davon spricht, dass der Maler im Unterschied zum Betrachtenden noch viel mehr sieht: „Der Maler sieht und gibt das so zu sehen, was ohne ihn für immer aus dem Sichtbaren verbannt geblieben wäre"[23]. Was dieses besondere Sehen kennzeichnet und in welchem Verhältnis es mit der künstlerischen Kreativität steht, bleibt bei Marion vage. Ohne Zweifel geben an dieser Stelle die Betrachtungen von E. Herms in seinem Aufsatz *Die Sprache der Bilder und die Kirche des Wortes (1992)* den besseren Aufschluss, da es ihm gelingt, die Genese künstlerischer Darstellung und die Erscheinung des Wahrseins zusammen zu betrachten.

3 Die Lehrposition von E. Herms zur Genese des (Kunst-)Bildes

Herms zufolge ist der Gegenstand des Glaubens die offenbarte Wahrheit. Diese Wahrheit präzisiert er als pneumatisch gewirkte *Erscheinung des Wahrseins* des sinnlich begegnenden christlichen Zeugnisses.[24] Dabei sei jene *Erscheinung des Wahrseins* ursprünglich nicht im Medium des mündlichen Wortes gegeben, sondern nur im Medium unserer szenischen Erinnerung, oder, so Herms, in der Sprache der Bilder.[25] Das Bild wird damit zum Medium der Offenbarung.[26]

Allerdings kann das Medium der Offenbarung nicht umfassend bestimmt werden, so Herms weiter, ohne vorher dabei die „Gegenstandsart"[27], zu der es gehört, bestimmt zu

---

[22] Zitiert nach *V. N. Lazarev*, Die russische Ikone. Von den Anfängen bis zum Beginn des 16. Jahrhunderts, hg. v. G. I. Vzdornov, aus dem Russischen übers. v. C. Weiss, Zürich/Düsseldorf 1997, 24.

[23] *J.-L. Marion*, Die Öffnung des Sichtbaren, eingel. u. aus dem Französischen übers. v. G. Bertrand u. D. Bertrand-Pfaff (Ikon. Bild + Theologie), Paderborn 2005, 47.

[24] Vgl. *E. Herms*, Die Sprache der Bilder und die Kirche des Wortes, in: Ders., Offenbarung und Glaube. Zur Bildung des christlichen Lebens, Tübingen 1992, 221–245, 224.

[25] Vgl. aaO., 225.

[26] Vgl. aaO., 232.

[27] AaO., 225.

haben. Erst unter dieser Voraussetzung wird es möglich, die Frage nach dem Medium der Offenbarung und damit die Frage nach dem Wesen des Bildes zu beantworten.

Ist der Gegenstand des Glaubens als *Erscheinung des Wahrseins* bestimmt worden, so lassen sich Gegenstände dieser Art als ein *Erscheinen*-von-etwas-für-uns näher bestimmen.[28] Denn das Medium, in dem uns solche Gegenstände gegeben sind, kann nur als solchen Gegenständen entsprechend bestimmt sein. Pointiert heißt dies: „Das Medium und die Weise, in der Gegenstände der angedeuteten Art uns gegeben sind, ist das Medium und die Weise, in der *wir selber uns* gegeben sind"[29]. Die Weise des Gegebenseins des Glaubensgegenstands ist jene Weise, in der wir selbst in unserem Bezogensein auf Umwelt uns gegeben sind.[30] Dass wir uns selber im Medium des Erlebens gegeben sind, heißt weiter aber, dass wir im Prozess des Erlebens unserer leibhaftigen Individualität inne sind.

Dabei schließt die Leibhaftigkeit aller unserer Erlebnisinhalte stets ihren relationalen Aufbau ein. Leibhaftig im Erleben sind wir uns in Interaktion mit unserer dinglichen und personalen Umwelt, also in szenischen Situationen, gegeben.[31] Ebenso wie szenisch ist unser Erleben aber als eine Einheit von *Erinnerung* und *Erwartung* aufgebaut. Dies besagt nicht nur, dass im Erleben wir uns selbst *gegenwärtig* sind *als* wir selbst, und sagt auch nicht nur, dass im Erleben unsere szenischen Erlebnisse *als* solche gegenwärtig sind. Es präzisiert noch genauer, dass einzelne Erlebnisse uns präsent sind als Elemente des Innbegriffs gleichartiger Erlebnismöglichkeiten. Präsente Erlebnisse rekapitulieren folglich in sich vergangene, also erinnerte, und bestimmen zugleich den Horizont gleichartiger Erlebnismöglichkeiten. Daher sind wir uns im Erleben, so Herms, in der Weise gegenwärtig, dass wir sie durch die gleichartigen Erlebnismöglichkeiten erinnern im Lichte der Erwartung.[32] Diese Einheit unseres Erlebens in der Einheit von Erinnerung und Erwartung macht zugleich die Einheit unseres selbstbewussten Lebens im Leibe und damit in der Welt aus[33].

In der Leiblichkeit als dem Horizont unserer Erlebnismöglichkeiten sind uns alle Erscheinungen, samt der Erscheinung-des-Wahrseins der christlichen Botschaft gegeben.[34] Das christliche Wahrheitsbewusstsein enthält sodann die szenische Erinnerung an die im Lebenszeugnis Jesu und in der Christusbotschaft seiner Jünger enthaltenen Daseinsbedeutung.[35] Auch die Erscheinung des Wahrseins der Christusbotschaft wird Bestandteil der szenischen Erinnerung einer Person und damit das Fundament des Inhalts ihrer Erwartung. Als solches szenisches Erleben ist die Erscheinung des Wahrseins der Christusbotschaft einer Person in der Einheit von Erinnerung und Erwartung als der Gegenstand des Glaubens, des Grundvertrauens dieser Person, zu verstehen.

[28] Vgl. aaO., 228.
[29] Ebd.
[30] Vgl. aaO., 229.
[31] Vgl. ebd.
[32] Vgl. ebd.
[33] Vgl. ebd.
[34] Vgl. ebd.
[35] Vgl. aaO., 231.

Nun ist die szenische Erinnerung die „Sprache der Bilder". In der Sprache der Bilder artikulieren wir unsere Erinnerung. Dabei meint der Ausdruck *Bild* das Wesen der erscheinenden Realität als Inhalt der Anschauung, eine Bedeutung, die Herms mit Schleiermacher teilt. Also nicht vordergründig als optischer Eindruck, sondern vielmehr im allgemeinen Sinne, als Erinnerung, die uns nicht loslässt, als Szene, die uns zumindest als Betroffene und als Mitagierende einschließt, ist das Bild zu verstehen. Bild bezeichnet den Inhalt unseres Erlebens, welcher zugleich Inhalt unserer Erinnerung und Fundament unserer Erwartung ist.[36] Weil unser szenisches Erleben das Ganze unserer Leibhaftigkeit umfasst, hat die Erinnerung an es stets synästhetischen Charakter. Die ikonische Indikation ist nicht auf Affektionen des Gesichtssinnes eingeschränkt. Rhythmische Empfindungen, Gerüche und Klänge lassen Bilder erinnerter Szenen in uns aufsteigen.

Alle diese Elemente der szenischen Erinnerung stehen dabei im einheitlichen Zusammenhang unseres Bewusstseins. Unsere szenische Erinnerung hat eine logisch geordnete Struktur, die Herms, wie gezeigt, „Sprache der Bilder" nennt. Den Ausdruck „Sprache der Bilder" verwendet Herms teils metaphorisch als Beschreibung der passiven Seite unseres Personseins, teils entsprechend der etablierten Bedeutung dieses Ausdrucks als Institution personalen Handelns oder als institutionalisierte Form menschlicher Aktivität und Produktivität.[37] Diese Beobachtung zeigt, dass ein Unterschied besteht zwischen der Passivität des Flusses unserer szenischen Erinnerung und der Aktivität, mit der wir Zeichen hervorbringen und verwenden. Nur indem dieser Unterschied adäquat betrachtet wird, kann der konstitutive Zusammenhang beleuchtet werden, der zwischen Passivität und Aktivität existiert: Die Passivität unseres Erlebens ermöglicht und fordert die Aktivität unseres Zeichengebrauchs. Alle diese frei produzierten Zeichen müssen als Weisen lebhafter Interaktion auch ihrerseits wiederum die Gestalt und Funktion von erinnernden Bildern annehmen, wie sie uns im Strom unseres Lebens passiv begegnen. Alle unsere frei produzierten Zeichen können gar nicht anders, als sich selbst in den einheitlichen Zusammenhang unseres Erlebens einzuordnen.[38] Die gesamte Sphäre unserer semiotischen Aktivität bleibt eingebettet und umfangen von der Sphäre des passiv konstituierten Gefüges unserer szenischen Erinnerung.

Vor dem Hintergrund seiner Auffassung der Produktivität erachtet Herms als artistisches Gebilde alle Erscheinungen, die wie ikonische Indikatoren für erinnerte Szenen wirken, sofern sie Produkt einer absichtsvoll freien Kommunikationsbemühung sind. Alle künstlerischen Produktionen fallen darunter zusammen. Und alle diese künstlerischen Produktionen wirken nach den Wirkungsgesetzen der natürlichen Bilder.

Dabei wirken die natürlichen Bilder einerseits als in sich selbst bedeutsame *Erlebnisbilder*, andererseits als Bilder, die auf anderes Erinnerungsmaterial verweisen und es induzieren. Alle frei gesetzten Zeichen werden dementsprechend auf diesen beiden Ebenen gleichzeitig wirksam: Auf einer Ebene wirken sie als Bilder, die erinnerte Szenen ihrer

---

[36] Vgl. aaO., 232.
[37] Vgl. aaO., 234.
[38] Vgl. aaO., 236 f.

Empfänger wachrufen, auf einer anderen Ebene aber dokumentiert das artistische Gebilde eine kommunikative Interaktion zwischen dem Urheber und dem Zuschauer.

Diese Kommunikation gelingt anhand der Entsprechung *zwischen den individuellen Darstellungsabsichten* und der *Dekodierungsfähigkeit des Zuschauers*. Den Wert eines artistischen Gebildes sieht Herms darin, dass sich das artistische Subjekt dem betrachtenden kommunikativ öffnet. Durch die Variation der konventionellen Ausdrucksweise setzt er den Betrachter zur selbstständigen Entschlüsselung des Dargebotenen instand und fordert ihn heraus. Das Bild ruft zu und will verstanden werden. Auch die Sprache unserer artistischen Gebilde steht auf dem Boden der Sprache unserer erinnerten Erlebnisbilder sowie der natürlichen Erinnerungsindikatoren und wirkt gemäß ihren Gesetzen.

4 Kongruenz der dargestellten Positionen und deren Affekte auf die orthodoxe Theologie

Die Betrachtungen E. Herms' zeigen die Weise unseres Erlebens als Bild auf. Sämtliche Einwirkungen, die wir leibhaftig erleiden, sämtliche Erscheinungen als *Erscheinen-von-etwas-für-uns* haben Erfahrungs- und damit Bildcharakter. Die Erfahrung scheint immer schon bildhaft zu sein, selbst wenn die Auffassung der Erfahrung in der Tradition des abendländischen Denkens von einem erkenntnistheoretischen Begriff zu einem ontologischen umgewandelt ist.[39] Dabei hilft das Präzisieren der Erfahrung als Erlebnisbild dazu, Zugänge zum Wesen des Bildes als künstlerische Produktion freizulegen. Welche Bedeutung kann diese Ansicht von Herms für das Verstehen der ostkirchlichen Ikone als Darstellung des gesehenen Gottes haben? Vor dem Hintergrund der Offenbarungstheorie von Herms, in der Offenbarung als die „unüberbietbare Konkretisierung der Erfahrung"[40] bestimmt wird, ist der passiv erlebte Inhalt der Erfahrung dasjenige, was als Darstellung einen künstlerischen Ausdruck gewinnt. *Herms' Beschreibung der Offenbarung als Erlebnisbild, das künstlerisch dargestellt werden kann, kommt dem Anspruch der ostkirchlichen Ikone entgegen, selbst ein Bild der Offenbarung als Erfahrung des Heils zu sein.* Beide Positionen treffen sich offensichtlich in der leibhaftig-bildhaften Erscheinungserfahrung des Heils: „Was von Anfang an war, was wir gehört haben, was wir gesehen haben mit unsern Augen, was wir betrachtet haben und unsre Hände betastet haben, vom Wort des Lebens [...] das verkündigen wir auch euch, damit auch ihr mit uns Gemeinschaft habt" (1 Joh 1,1–4), und beide Positionen stellen diese Erfahrung des Heils als den Ursprung der künstlerischen Darstellung dar.

Sicherlich weiß die patristische Reflexion über die Ikone nicht phänomenologisch in unserem heutigen Sinne zu sprechen. Wenigstens andeutungsweise lassen sich dabei aber Aspekte einer Phänomenwahrnehmung und eines Denkens entlang dieser Phänomene ausmachen. Mit Hilfe der phänomenologischen Analyse von Herms zum Medium, in

---

[39] Vgl. E. *Herms*, Offenbarung und Erfahrung, in: *Ders.*, Offenbarung und Glaube (s. Anm. 24), 246–272, 255; *Ders.*, Erfahrung II. Philosophisch, in: TRE 10 (1982) 89–109, 96–99.

[40] Vgl. E. *Herms*, Offenbarung und Erfahrung, aaO., 265.

dem sich das Geschehen von Offenbarung vollzieht, soll dazu beigetragen werden, die Welt der Ikone als künstlerische Darstellung der *Erscheinung des Wahrseins* hervorheben zu können. Dies soll den Sachverhalt der Ikonentheologie einer neuen Interpretation unterziehen und dabei Einblicke in den Geist einer gemeinsamen christlichen Tradition ermöglichen. Darüber hinaus soll Herms aber skizzenhaft entgegengekommen werden, wenn er eine der Grundschwächen der christlichen Dogmatik in allen konfessionellen Spielarten darin sieht, dass sie keine Auskunft darüber gibt, welche Phänomene es sind, die im Gebiet der Sprachtheorie und Ästhetik gemeint sind.[41]

Als künstlerische Darstellung eines Erlebnisbildes stellt die ostkirchliche Ikone eine Öffnung des Sichtbaren hin zum Unsichtbaren, d.h. zur inneren Erfahrungswelt des Künstlers, dar. Ohne die Enthüllung dieses künstlerischen Ausdrucks würde jene verborgene Welt dem Betrachtenden unbekannt bleiben. Freilich teilt die Ikone diese Art der Enthüllung mit sämtlichen anderen künstlerischen Produktionen, so dass nicht behauptet werden kann, dass diese Öffnung hin zum Unsichtbaren die Eigenart der christlichen Ikone ausmachen würde. Das Besondere der Ikone findet seinen Ursprung jedoch darin, dass sie eine Reflexion der Schauung des Heils oder eine Erscheinung des Wahren, das dem Künstler zuteil wird, sein will. Damit wird die Ikone zu einer Interpretation der Heilsgeschichte, zu einer Weise der Vergegenwärtigung des Heils.

Diese Erfahrung will sie vor allem am Beispiel des dargestellten Antlitzes beleuchten. Die Ikone stellt sich hauptsächlich als Antlitz dar, wobei jenes selbst etwas Merkwürdiges ist: kein Antlitz lebt für sich allein. Denn das Antlitz ist vor allem die dem Betrachter zugewandte Seite einer Gestalt.

Jeder Zuwendung liegt ebenso ein Wollen zugrunde. So wie das deutsche Wort *Zuwendung* es zeigt, bringt die *Wende* in der *Zu-Wendung* eine Dynamik zum Vorschein, eine Bewegung, die als *Wende zu* etwas hin den performativen Aspekt der *Hingabe* deutlich macht. Diese Hingabe, dieser innere Drang nach dem Anderen, kommt im Antlitz der Ikone umso deutlicher zum Vorschein, als die Ikone selbst unbewegt ist. Aus einer Haltung der Starre heraus wendet sich das Antlitz zu, ein Hingeben, das auf Erwiderung wartet, und welches dann einem zeitlosen, ewigen Warten-auf gleicht und einem Zuruf, der obwohl stumm, doch unüberhörbar ist. Man schaut es an und wird zugleich selbst angeschaut. Allein diese Situation lässt die Ikone nicht gegenständlich erscheinen, denn die bloße Geste des Ankommens, des Vor-sie-hin-Tretens, die bloße Geste ihrer Anschauung gleicht einer Annäherung von Angesicht zu Angesicht.

Die Augen des Betrachtenden ertasten das Bild, berühren es voller Neugierde, suchend, anfühlend, getragen von der Absicht, von der Existenz von Etwas überzeugt zu werden.[42] Als zarte Farben und Linienführung beinahe durchsichtig stellt sich das Antlitz dar. Eher hindeutend als darstellend wirkt es auf das suchende Auge. Das Antlitz zeigt sich und entzieht sich zugleich in einem Anwesenheit-Abwesenheit-Spiel, das es unmög-

---

[41] Vgl. *E. Herms*, Die Sprache der Bilder (s. Anm. 24), 222.

[42] Vgl. *K. Meyer-Drawe*, Mandylion. Phänomenologische Anmerkungen zu einer Ikone, in: N. Plotnikov u.a. (Hg.), Zwischen den Lebenswelten. Interkulturelle Profile der Phänomenologie (Syneidos 3), Berlin u.a. 2012, 169–180, 172.

lich macht, es ganz zu fassen. Wer nur seine äußere Hülle sieht, ist noch davon entfernt, die Entbergung des Antlitzes, ja das Antlitz in seiner Unverfügbarkeit, wahrzunehmen.[43] Denn das Gesicht ist durchschaubar, Licht kommt durch es hindurch zum Vorschein: Es berührt als Erscheinung. Es verspricht, nimmt an der Hand, führt – ein Abglanz der biblischen Rede von der Herrlichkeit Gottes, *kabod,* schimmert durch das Antlitz Christi und ist ein Deuten darauf hin, dass Christus selbst ein Bild des Vaters ist (Joh 14, 9).

Andrei Rubljow, Erlöser. Ikone aus der Deesis-Reihe (um 1410).[44]
Staatliche Tretjakow-Galerie, Moskau (Inv. Nr. 12863).

Die gemalten Augen, zwei dunklere Farbpunkte, durch den helleren Hintergrund deutlich kontrastierend, lassen die Tragweite eines unsichtbaren Blickes erahnen. Wie Öffnungen wirken sie auf den Betrachtenden, wie Fenster, die einen Blick ins Unsichtbare, ins Verborgene möglich machen. Das Bild des Blickes, das sie entstehen lassen, ist nach innen orientiert und rührt gleichermaßen den Betrachtenden als Blick vom Anderen her. In einem fast lebendigen Austausch von Sichtbarem und Unsichtbarem, als eine fließende Diesseits-Jenseits-Bewegung, streckt sich der Blick der Ikone hinaus, sodass der Eindruck zu Recht entsteht, dass der Betrachtende bereits angeschaut wird, noch bevor er das Antlitz in Augenschein nimmt.[45]

---

[43] Vgl. *E. N. Trubeckoj*, Die religiöse Weltanschauung der altrussischen Ikonenmalerei, hg. u. eingel. v. N. v. Arseniew, Paderborn 1927, 4 f.

[44] Abbildung bereit gestellt durch Wikimedia Commons, online unter: http://tinyurl.com/Rubljow-Erloeser (Stand: 31.7.2015). Vgl. auch die Abbildung bei Google Art Project, online unter: http://tinyurl.com/Google-Art-Rubljow-Erloeser (Stand: 31.7.2015).

[45] Vgl. *J.-L. Marion*, Die Öffnung des Sichtbaren (s. Anm. 23), 101.

Vor allem der hier figurierte Blick enthüllt das Wesen der Ikone, ein Ausdruck des heilsgeschichtlich Gesehenen zu sein. Denn der Blick will nicht der gegenständliche Blick der Ikone sein, er gehört nicht den Farben und Stoffen des Bildes an. Es ist ein Bild der Erscheinung des Wahren, so wie dieses dem Künstler erscheint, eine Darstellung des Gesehenen *so wie* und *so viel* es sich dem darstellenden Künstler zeigt. Dieser intentionale Blick lebt in der Ikone als ein stilles Zeugnis aus Farben, wie Licht von Licht ein Ausdruck der Gewissheit der Schau. Spätestens jetzt wird deutlich, warum die Leitlinien der byzantinischen Malerei den Ikonenmalern eine spirituelle Lebensführung abverlangen, denn aus diesem Harren in der Gegenwart des Herrn sollen sie in Farben erzählen und sie sollen dem Betrachtenden das gesehene Heilige zum Vorschein bringen. Als solch verklärter Blick will das Antlitz der Ikone den Betrachtenden in den Blick nehmen und will, jedem Blick ähnlich, erwidert werden bzw. jemandem begegnen. Die Empathie, die sich in dieser Kreuzung der Blicke ereignet, erfüllt die Anschauung der Ikone in einer fühlbaren Gegenwart des Anderen, in einer Virtualität, deren Umrisse sich in der Realität der erinnerten Gegenwart verlieren und in einem Augenblick der Berührung.

Dass die Ikone als Kunstgegenstand keinen Rahmen hat, dass sie möglichst auf die Tiefenperspektive verzichtet, ergänzt diesen Eindruck der Unmittelbarkeit.[46] Möglichst auf der Bildebene gleitend, an der Schwelle zwischen der eigenen Welt und der Welt des Betrachters, bewirkt sie eine umgekehrte Fluchtpunktperspektive, bei der die Tiefe nicht im Bild entsteht, sondern im Auge des Betrachters. Das künstlerische Geschick soll die Begegnung unendlich nahe werden lassen, eine ‚Fleischwerdung' der Ewigkeit in jedem bewundernden Blick und soll das Begehren der Sehnsucht nach jener so fernen-nahen heilen Welt aufflammen lassen.

Eben dieses erachteten auch die Väter der zweiten Synode in Nikaia (787), als sie die Anschauung der bildlichen Darstellung „zur Erinnerung an die Urbilder und zur Sehnsucht nach ihnen"[47] bestimmten. Indem sie die Bedeutung der Bilder für die christliche Kirche festlegten, erhellten sie das Verhältnis der Kirche zur Ikone als das Verhältnis der Kirche zum bildlich vergegenwärtigten Erlebnis und somit zur Anschauung des fleischgewordenen göttlichen Logos.

Die Bilder prägen daher das Leben der Kirche als Glaubensgemeinschaft im Sinne einer Kultur der Erinnerung als Vergegenwärtigung ihres Ursprungs selbst und als Identifikation so sehr, dass die Kirche selbst als Lebensgemeinschaft zum Bilde des Bildes wird. Aus dieser Sicht kann Herms sehr wohl zugestimmt werden, wenn er davon spricht, dass die Kirche von der Kraft und im Medium der Sprache eines grundlegenden Bildes ihres Erlebens und ihrer Erinnerung lebt.[48] Denn die Ikone ist es, die mit der Erinnerung auch das Erlebnis der wirklich wahren Erscheinung Jesu und seiner Botschaft selbst vergegenwärtigt. Sie lässt dieses Erlebnis selbst zu einem Harren in der Wahrheit werden.

---

[46] Vgl. *V. N. Lazarev*, Die russische Ikone (s. Anm. 22), 29.
[47] DH 2001[39], 601.
[48] Vgl. *E. Herms*, Die Sprache der Bilder (s. Anm. 24), 244.

Dabei stellt die erinnernde Sehnsucht nach dem Ur-Bild dieses so vor Augen, dass das herbeigesehnte Ur-Bild zugleich ein Vor-Bild wird. In dieser Weise gewinnt die Ikone als Bild des Zeugnisses eine Bedeutung nicht nur hinsichtlich der vergegenwärtigenden Erinnerung, sondern auch der Zukunft, die im Sinne des bildhaften Erlebnisses, das in der Ikone dargestellt ist, gestaltend und prägend ist. Indem die Ikone Lebensdeutungen bildhaft darstellt, trägt sie dazu bei, Lebensdeutungen zu gestalten und offenbart so ihre bildende und formende Funktion, indem sie Werte, Normen und Ausdrücke öffentlich macht und damit in einem ethisch-ästhetisch konnotierten Bildbewusstsein konventionalisiert.

Bildend ist die Anschauung der Ikone im Sinne der zweiten Nikaia-Synode aber auch in religiös-didaktischer Hinsicht, indem die Auslegungen der Evangelien mit Hilfe der Bilder verbindlich erklärt werden.[49] Wertvoll ist diese Ansicht vor allem, indem sie eine Verbindung herstellt zwischen Sprache und Bild, zwischen dem Text der Heiligen Schrift, der oft bildlich spricht, und dem Bild als Deutung des biblischen Textes. Beides, sowohl die bildliche Interpretation der Bibel als auch die Deutung des Bildes als Rekonstruktion des Textes, prägen bis heute und bereichern die religiöse Bildung als ein „Erzählen ohne Worte".[50]

Die oben gezeichnete Kongruenz der dargestellten Positionen zeigt, dass die Anwendung der phänomenologischen Methode in der Interpretation theologischer Sachverhalte eine unentbehrliche Hilfe anbietet, Phänomene des christlichen Glaubens bei aller konfessionellen Verschiedenheit in einer ökumenisch-verbindenden Weise zu deuten. Denn die Phänomene des christlichen Glaubens beziehen sich auf jene gemeinsame Basis, die als Erfahrung der rettenden Gegenwart Gottes, quer durch alle konfessionellen Deutungen des Christentums, vorauszusetzen ist.

Für die orthodoxe Theologie, die sich als *Theologie der Erfahrung* versteht, stellt der Rückgriff auf die phänomenologische Methode eine entsprechende Möglichkeit dar, sich selbst neu auszulegen und sich damit an den Herausforderungen der Gegenwart kreativ zu beteiligen. Es wäre damit gut vorstellbar, dass in dieser Weise die *Kirche des Wortes* und die *Kirche der Bilder* sich darin begegnen können, indem sie gemeinsam *sprechende Bilder* oder *Erzählungen ohne Worte* zum Ausdruck bringen.

---

[49] Vgl. DH 2001[39], 607.
[50] *I. Baldermann*, Einführung in die biblische Didaktik (Die Theologie), 4. um ein zweites Vorwort erg. Aufl., Darmstadt 2011, 112.

Lubomir Žak

DIE BEDEUTUNG DER EKKLESIOLOGISCHEN FRAGE FÜR DIE ÖKUMENE UND DIE NOTWENDIGKEIT IHRER WEITEREN VERTIEFUNG IM HORIZONT DER OFFENBARUNGSTHEOLOGIE[1]

> „Den zweifellos wichtigsten Beitrag zum Gespräch
> [über den Rahner-Plan] hat der Münchener evangelische
> Systematiker Eilert Herms […] geleistet. Was Herms
> auf hohem Reflexionsniveau dargestellt hat, verlangt
> eine eingehende Auseinandersetzung, deren Bedeutung weit
> über die Problematik des ‚Rahner-Plans' hinausreicht […].
> Daß Herms die Frage nach der Wahrheit und nach
> dem Wahrheitsanspruch des Glaubens wieder in den
> Mittelpunkt der theologischen Reflexion gerückt hat, ist
> in meinen Augen das eigentliche Verdienst seines Buches".[2]

1 Kirche: ein entscheidendes Thema des ökumenischen Dialogs

Die Wichtigkeit der ekklesiologischen Frage für die Ökumene zeigte sich in aller Deutlichkeit und Entschiedenheit schon zu Beginn der ökumenischen Bewegung. Das wird unter anderem von den Berichten der ersten Weltkonferenzen von *Faith and Order* (Lausanne 1927, Edinburgh 1937) bestätigt, die in dem Bewusstsein erarbeitet wurden, dass es eine enge Verbindung zwischen der Frage nach der Einheit der Christen und der Suche nach einer einheitlichen Auffassung von der Kirche, ihrem Wesen, ihrer Aufgabe, ihren Amtsträgern, ihrer Sendung usw. gibt. Es reicht ferner ein kurzer Blick auf die Ökumene der letzten Jahrzehnte, um festzustellen, dass dieses Thema weiterhin in allen Gesprächen sowohl auf nationaler wie auf internationaler Ebene vorkommt: von den Gesprächen innerhalb des Ökumenischen Rates der Kirchen bis zu den bilateralen und multilateralen Gesprächen zwischen den Vertretern der einzelnen Kirchen und christlichen Gemeinschaften.

Bedeutsam erscheint aber nicht allein, dass diese Frage ständig im Raum steht, sondern auch und vor allem, dass sich allmählich die Überzeugung durchsetzte, dass die Zukunft des ökumenischen Dialogs unmittelbar und gerade von den Ergebnissen der interkonfessionellen Auseinandersetzung über die ekklesiologische Frage abhängt. Diese

---

[1] Ich bedanke mich herzlich bei Prof. Dr. Wilfried Härle für wertvolle Hinweise und Korrekturen.

[2] *J. Ratzinger,* Luther und die Einheit der Kirchen. Ein Gespräch mit der Internationalen katholischen Zeitschrift „Communio". Nachwort 1986, in: *Ders.,* Kirche, Ökumene und Politik. Neue Versuche zur Ekklesiologie, Einsiedeln 1987, 117–127, 118. Ratzinger verweist hier auf *E. Herms,* Einheit der Christen in der Gemeinschaft der Kirchen. Die ökumenische Bewegung der römischen Kirche im Lichte der reformatorischen Theologie. Antwort auf den Rahner-Plan, Göttingen 1984.

Frage ist zwar komplex und teilt sich in eine Reihe spezifischer Themen, beruht aber doch auf einer einzigen, großen *quaestio*, die erörtert werden muss und sich in Fragen äußert wie: Was ist die Kirche? Worin besteht ihr Kirchesein? Was ist das Wesen der Kirche?

Es muss festgehalten werden, dass sich im Laufe der Entwicklung viele wichtige Vertreter des ökumenischen Dialogs darauf geeinigt haben, den Horizont, in dem die Antworten auf diese Fragen zu suchen und zu formulieren seien, in der Idee von der Kirche als *communio* (κοινωνία) zu sehen. Für die Konferenzen von *Faith and Order* zeichnete sich das schon auf den Weltkonferenzen von Lund (1952) und Montréal (1963) ab, um von der Konferenz in Santiago de Compostela (1993) nicht zu sprechen, die ganz und gar dem Thema der κοινωνία gewidmet war, das jüngst in dem Dokument *The Church: Towards a Common Vision* (2013)[3] des Ökumenischen Rates der Kirchen wieder aufgegriffen und weiter entfaltet wurde. Dieselbe Tendenz lässt sich auch für die bilateralen Dialoge zwischen der römisch-katholischen Kirche und ihren ökumenischen Partnern feststellen. All diese Dialoge, seien sie nun lokal oder international, mit der orthodoxen Kirche, der anglikanischen Gemeinschaft, den lutherischen, calvinistischen, methodistischen, evangelikalen oder pentekostalen Kirchen und Gemeinschaften oder mit dem Ökumenischen Rat der Kirchen, „stimmen darin überein, dass sie sich auf den Begriff der *communio* stützen" als „Schlüsselkonzept"[4] des ökumenischen Weges. Ähnliche Übereinstimmungen finden sich jedoch auch in vielen anderen bilateralen und multilateralen Gesprächen, ganz unabhängig von einer Teilnahme der römisch-katholischen Kirche.

Die Gründe für solch eine überraschende Übereinstimmung sind gewiss vielfältig, sie beginnen – besonders seit dem Ersten Weltkrieg – mit einem wachsenden historischen Bewusstsein der Kirchen und kirchlichen Gemeinschaften, dass sie ein Beispiel für ein friedliches und solidarisches Zusammenleben der Menschen ohne soziale, rassistische, nationalistische Vorurteile geben müssen, und zu diesem Bewusstsein gesellen sich Gesten der Versöhnung und der wiedergefundenen Geschwisterlichkeit zwischen einigen christlichen Kirchen und Gemeinschaften. Ohne Zweifel traten jedoch mit der anfänglichen Entwicklung des ökumenischen Dialogs immer mehr auch andere Gründe im eigentlichen Sinne theologischer Art hinzu. Dies geschah zum Beispiel durch das Bestehen seitens der orthodoxen Gesprächspartner auf der Idee der Kirche als *Sobornost*,[5] die sich in einer – ökumenisch anregenden und faszinierenden – Rede von der sogenannten *eucharistischen Ekklesiologie* artikuliert, und vor allem durch die innerkatholische Rezeption der Konstitution *Lumen Gentium* und allgemein der Ekklesiologie des Zweiten Vatikanischen Konzils. Im Laufe dieser Rezeption wurde die Lehre des Konzils über die Kirche von ihrem Ansatz und ihren tieferen Einsichten her als *communio*-Ekklesiologie bezeich-

---

[3] Vgl. World Council of Churches (Hg.), The Church: Towards a Common Vision (Faith and Order Paper 214), Genf, 6.3.2013, online unter (direkter Download): http://tinyurl.com/WCC-Church-2013 (Stand: 31.7.2015).

[4] *W. Kasper*, Vie dell'unità. Prospettive per l'ecumenismo, Brescia 2006, 74.

[5] Vgl. *S. Hackel*, Sobornost, in: G. Cereti u.a. (Hg.), Dizionario del movimento ecumenico, Bologna 1994, 999 f.

net.[6] Dass diese Identifizierung auch jenseits des römisch-katholischen Ambientes stattgefunden hat, ergibt sich unter anderem aus den Worten des Metropoliten I. Zizioulas, der davon überzeugt ist, das Zweite Vatikanische Konzil habe „den Weg zu einer *communio*-Theologie für die katholische Theologie" eröffnet.[7]

Der Umstand der wachsenden Übereinstimmung der ökumenischen Gesprächspartner und der konfessionellen Theologien über die ökumenische Bedeutung der Idee von der Kirche als *communio* hat in den letzten Jahrzehnten des vergangenen Jahrhunderts große Erwartungen geweckt, die in einigen bilateralen Gesprächen bis in das 21. Jahrhundert hinein andauerten.[8] Die Entscheidung, die ökumenische Auseinandersetzung über die ekklesiologischen Fragen im Sinne der κοινωνία anzugehen, erschien sehr vielversprechend. Heute glauben mehrere, aber nicht mehr sehr viele Vertreter an diesen Ansatz. Warum? Woher diese Kehrtwende? Bei dem Versuch einer Antwort auf diese Fragen macht W. Kasper einen der Gründe dafür in einer gewissen semantischen Zweideutigkeit der Dokumente des ökumenischen Dialogs selbst aus. Sie enthalten zwar eine erklärte „Übereinstimmung über das Wort und den Begriff der *communio*, aber bei einer genauen Untersuchung zeigen sie auch, dass sich hinter diesem Wort unterschiedliche Auffassungen verbergen", die mit Erwartungen und Ideen verknüpft sind, die sich „in Bezug auf das zu erreichende Ziel unterscheiden".[9]

Die Begeisterung für die Idee der *communio*-Ekklesiologie ging unter den ökumenischen Partnern zurück, als einige Kirchen und Gemeinschaften die Ergebnisse der in ihrem Inneren angestellten Reflexion über ihre eigene kirchliche Identität und eventuell die kirchliche Identität der anderen schwarz auf weiß festhalten wollten. Diese Reflexion rief in bestimmten Fällen Betroffenheit und Unsicherheit in Bezug auf die Zukunft des ökumenischen Dialogs hervor. Was die katholische Kirche betrifft, so finden sich die Ergebnisse dieser nach dem Konzil durch eine Reihe von Dokumenten der Kongregation für die Glaubenslehre sowie der Internationalen Theologischen Kommission angestoßenen und unterstützten Reflexion kurz und bündig in der Erklärung *Dominus Iesus* (2000)[10]. Das Dokument bestätigt das Urteil des Zweiten Vatikanischen Konzils (vgl.

---

[6] Vgl. Sekretariat der DBK (Hg.), Schlußdokument der Außerordentlichen Bischofssynode 1985 [*Exeunte coetu secundo*] und Botschaft an die Christen in der Welt (VApS 68), Bonn 1985, 3–22, 13. Vgl. auch *J. Ratzinger*, L'ecclesiologia della costituzione „Lumen gentium", in: R. Fisichella (Hg.), Il Concilio Vaticano II. Recezione e attualità alla luce del Giubileo, Cinisello Balsamo 2000, 66–81, 69 f.

[7] *I. Zizioulas*, La Chiesa come comunione: presentazione del tema della Conferenza mondiale, in: S. Rosso/E. Turco (Hg.), Fede e costituzione. Conferenze mondiali 1927–1993 (Enchiridion œcumenicum 6), Bologna 2005, 1222–1235, 1223 f.

[8] Eines der letzten Dokumente dieser Art wurde formuliert durch die Gemeinsame Internationale Kommission für den theologischen Dialog zwischen der Römisch-katholischen Kirche und der Orthodoxen Kirche: Kirchliche und kanonische Konsequenzen der sakramentalen Natur der Kirche. Kirchliche Communio, Konziliarität und Autorität, Ravenna, 13.10.2007, online unter: http://tinyurl.com/Dokument-Ravenna-2007 (Stand: 31.7.2015).

[9] *W. Kasper*, Vie dell'unità (s. Anm. 4), 75 f.

[10] Vgl. *Kongregation für die Glaubenslehre*, Erklärung Dominus Iesus über die Einzigkeit und die Heilsuniversalität Jesu Christi und der Kirche. Antworten auf Fragen zu einigen Aspekten bezüglich der Lehre über die Kirche, hg. v. Sekretariat der DBK (VApS 148), 4. erw. Aufl. 2007, Rom, 6.8.2000, online unter: http://tinyurl.com/Dominus-Iesus-2000-148 (Stand: 31.7.2015).

Unitatis redintegratio 14–15)[11], wonach den orthodoxen Kirchen der Status „echte Teilkirchen" (*Dominus Iesus* 17) zuerkannt werden muss, während ein anderes Urteil (vgl. *Unitatis redintegratio* 22) durch die Behauptung ausgedrückt wird, dass die protestantischen kirchlichen Gemeinschaften „nicht Kirchen im eigentlichen Sinn" sind (*Dominus Iesus* 17). Dass dieses zweite Urteil viele evangelische Christen und Gesprächspartner überrascht und enttäuscht hat, ist überhaupt nicht verwunderlich.

Was den Bereich der evangelisch-lutherischen Reformation betrifft, so erschien im Jahr 2001 das Dokument *Kirchengemeinschaft nach evangelischem Verständnis*, mit dem die Evangelische Kirche in Deutschland ohne diplomatische Wortspiele die Angelpunkte ihrer Auffassung von der Kirche im Allgemeinen und der Gemeinschaft von Kirchen im Besonderen darlegen wollte und dabei darauf bestand, dass die konkrete Umsetzung dieser Auffassung im Geltungsbereich der *Leuenberger Konkordie* aus ökumenischer Sicht legitim und angemessen ist. Geleitet von der Überzeugung: „So sind die evangelischen Kirchen Kirche Jesu Christi"[12], zieht die EKD ferner aus der Beschreibung des ekklesiologischen *proprium*, das von den lutherischen Kirchen und den zur *Leuenberger Konkordie* gehörenden Kirchen gelehrt und praktiziert wird, den expliziten Schluss: „In diesem Zusammenhang ist auch festzustellen, dass die Notwendigkeit und Gestalt des ‚Petrusamtes' und damit des Primats des Papstes, das Verständnis der apostolischen Sukzession, die Nichtzulassung von Frauen zum ordinierten Amt und nicht zuletzt der Rang des Kirchenrechtes in der römisch-katholischen Kirche Sachverhalte sind, denen evangelischerseits widersprochen werden muss".[13]

Indem er auf dieses Dokument, aber auch auf den Text *Das Abendmahl* (2003)[14] der EKD Bezug nimmt, äußert W. Kasper, damals Präsident des Einheitsrates, seine Enttäuschung und Sorge, wenn er sagt: „Wir haben es mit *unterschiedlichen Ekklesiologien* zu tun, welche zu unterschiedlichen ökumenischen Zielvorstellungen führen […]. Diese Situation hat teilweise zu einem gewissen Patt geführt, das, solange die Fragen der Ekklesiologie nicht grundsätzlich gelöst sind, im Augenblick keine substanziellen Fortschritte ermöglicht."[15]

Was dann die orthodoxe Kirche betrifft, so hat die Entwicklung des ökumenischen Dialoges nach und nach den Irrtum derer offenbart, die unter den nicht-orthodoxen Gesprächspartnern von dem weiten ökumenischen Atem der Idee einer *Sobornost*-Kirche und damit von der eucharistischen Ekklesiologie überzeugt waren. Es wurde nämlich

---

[11] *II. Vatikanisches Konzil*, Dekret *Unitatis redintegratio*. Über den Ökumenismus, Rom, 21.11.1964, online unter: http://tinyurl.com/Unitatis-Redintegratio-1964 (Stand: 31.7.2015).

[12] Kirchenamt der EKD (Hg.): Kirchengemeinschaft nach evangelischem Verständnis: Ein Votum zum geordneten Miteinander bekenntnisverschiedener Kirchen. Ein Beitrag des Rates der Evangelischen Kirche in Deutschland (EKD-Texte 69), Hannover 2001, 17.

[13] AaO., 13 (2.3).

[14] Vgl. Kirchenamt der EKD (Hg.), Das Abendmahl. Eine Orientierungshilfe zu Verständnis und Praxis des Abendmahls in der evangelischen Kirche. Vorgelegt vom Rat der EKD, Gütersloh 2008⁵, online unter (direkter Download): http://tinyurl.com/EKD-Abendmahl-2003 (Stand: 31.7.2015).

[15] W. Kasper, Kein Grund zur Resignation. Die katholische Kirche und ihre ökumenischen Beziehungen, in: HerKorr 57 (2003) 12, 605–610, 608 f.

immer deutlicher, dass die Orthodoxie nicht zu Zugeständnissen bereit war, wo man sich über die Auffassung von der Kirche und damit von der Einheit der Kirchen auseinandersetzen musste. Das Besondere dieser Auffassung wurde von den orthodoxen Kirchen vor allem in den letzten Jahrzehnten vehement verteidigt, die sich durch eine starke Apologie der Prinzipien des *kanonischen Territoriums* und der *patriarchalen Struktur* (wie sie im ersten Jahrtausend bestanden hatte) auszeichnen, die unerlässliche Voraussetzungen für die Verwirklichung der wahren Gemeinschaft der Kirchen seien, denn sie seien in der Lage, die Verbindung der Ontogenese zwischen den einzelnen Kirchen zu respektieren, die den Grad der jurisdiktionellen Autonomie jeder einzelnen Kirche bestimmt. Wenn die orthodoxen Kirchen Athenagoras I. nicht darin folgen wollten und ihm ja tatsächlich nicht darin folgen, den nicht-orthodoxen Kirchen den Titel von *Schwesterkirchen* zu geben, liegt das daran, dass sie festgestellt haben, dass bei den anderen Kirchen diese Voraussetzung fehlt oder verkehrt ist? Auch, aber nicht nur. Eines ist sicher: Eine Entscheidung dieser Art beruht auf einem viel tieferen Grund. Dieser wurde jüngst vom Metropoliten Hilarion (Alfejev) genannt, als er einräumte, dass in der orthodoxen Kirche noch keine Übereinstimmung über die Frage besteht, ob die römisch-katholische Kirche – aber ich vermute, die Frage betrifft ganz oder teilweise auch den Bereich der Reformation – häretisch sei oder nicht, ob man in ihr gerettet werden könne oder nicht.[16]

Angesichts dieser Situation kommt einem einerseits – mit W. Kasper – die Frage, „ob und inwiefern die *communio*-Ekklesiologie als Idee gebraucht werden kann, die das zu erreichende Ziel nicht nur für den katholisch-orthodoxen Dialog und auf andere Weise für den innerevangelischen Dialog, sondern auch für den ökumenischen katholisch-evangelischen Dialog darstellt."[17] Andererseits erhebt sich der Zweifel, ob die von Johannes Paul II. (*Ut unum sint*, Kapitel III)[18] gestellte Frage: „Quanta est nobis via?" nicht vielmehr durch die Fragen zu ersetzen sei: Welchen Weg sollen wir im ökumenischen Dialog über die Frage der Kirche einschlagen? Kann man denn angesichts der Komplexität der konfessionellen Ekklesiologien annehmen, dass es wirklich einen für alle gangbaren Weg gibt? Muss die Idee, dass es einen solchen Weg gibt, nicht vielmehr als eine unerreichbare ökumenische Illusion betrachtet werden?

---

[16] Vgl. *Hilarion (Alfejev)*, Sejčas my vpisyvaem novye stranicy v istoriju vzaimootnošenij meždu pravoslavnymi i katolikami [Jetzt schreiben wir neue Seiten der Geschichte der wechselseitigen Beziehungen zwischen Orthodoxen und Katholiken], Rede vom 1.4.2014, online unter: http://tinyurl.com/Hilarion-2014 (Stand: 31.7.2015). Dieser Stand wurde bereits zugegeben und teilweise formuliert in der übereinstimmenden Erklärung *Baptism and „Sacramental Economy'* der nordamerikanischen orthodox-katholischen theologischen Konsultation, Crestwood (NY), 3.6.1999, online unter: http://tinyurl.com/Crestwood-Baptism-1999 (Stand: 31.7.2015).

[17] *W. Kasper*, Unità della Chiesa e comunione ecclesiale nella prospettiva cattolica, in: StMor 40 (2002) 17–37, 30.

[18] Vgl. *Johannes Paul II.*, Enzyklika *Ut unum sint* über den Einsatz für die Ökumene, hg. v. Sekretariat der DBK (VApS 121), Rom, 25.5.1995, online unter: http://tinyurl.com/Ut-unum-sint-1995-121 (Stand: 31.7.2015).

2 Die Frage der Wahrheit im ökumenischen Dialog

Der Versuch, auf diese und andere ähnliche Fragen zu antworten und damit eine ‚andere' Methode des ökumenischen Dialoges gegenüber der ‚offiziellen' Methode zu entwerfen, bestimmt schon das o.a. Werk *Einheit der Christen in der Gemeinschaft der Kirchen* (1984) von E. Herms. Aber in Wirklichkeit bildet die Suche nach immer ausgefeilteren, genaueren und überzeugenderen Antworten den Mittelpunkt seiner ganzen Forschungstätigkeit und seines ertragreichen theologischen Schaffens.

Der Schlüsselpunkt der Position von E. Herms ist nicht ideologisch oder antiökumenisch, sondern ergibt sich aus der Überzeugung, dass es im ökumenischen Dialog nötig ist, jene spezifischen Entfaltungswege und vor allem jene spezifischen Gestalten von Lehre, Kult und Organisation zur Geltung zu bringen, die jeder einzelnen Kirche ganz unabhängig von ihrem konfessionellen Profil zu eigen sind. Und genau aus dem Grund, dass er eine nicht geringe Nähe zu dieser Sichtweise erkannte, schätzte er, was J. Kardinal Ratzinger über die Ökumene in dem als Brief an M. Seckler konzipierten Artikel *Zum Fortgang der Ökumene* schrieb. Mit einem positiven Bezug auf das Stichwort „zur Einheit durch Verschiedenheit" von O. Cullmann schreibt der Kardinal, dass es in den Spaltungen nötig ist, „das Fruchtbare anzunehmen, sie zu entgiften und gerade von der Verschiedenheit Positives zu empfangen – natürlich in der Hoffnung, dass am Ende die Spaltung überhaupt aufhört, Spaltung zu sein und nur noch ‚Polarität' ohne Widerspruch ist."[19] Dieser Zugang zu dem Problem der Teilungen führt dazu, dass man trotz der Gegensätze der Vergangenheit sagen kann: „Immer mehr ist dann auch Positives für den Glauben auf beiden Seiten gewachsen, das uns etwas von dem geheimnisvollen ‚Muss' des heiligen Paulus [vgl. 1 Kor 11,19] verstehen lässt."[20]

Es ist offensichtlich, dass eine solche Sichtweise jede Kirche dazu einlädt, die Lehre, den Kult und die Organisationsform aller anderen Kirchen und kirchlichen Gemeinschaften ernst zu nehmen. Aber das Ernstnehmen kann nicht bloß Respektieren bedeuten. Man muss darum ringen, die eigene Kirche und die anderen Kirchen zusammen mit allen Wesenselementen von Kirchlichkeit (Lehre, Kult, Organisationsformen) ‚in *ihrer* Wahrheit' zu sehen, in der Wahrheit dessen, was sie wirklich sind oder nicht sind. Natürlich muss diese Behauptung erläutert werden. Denn was bedeutet ‚in *ihrer* Wahrheit'?

Es handelt sich um einen Ausdruck, der an Argumentationsweisen erinnert, die vor allem bei den orthodoxen Kirchen und der römisch-katholischen Kirche geläufig sind. Sie haben die Gewohnheit, in einigen Fällen Begriffe wie ‚*wahre* Sakramente', ‚*wahre* Taufe', ‚*wahre* Eucharistie', ‚*wahres* Bischofsamt' oder sogar ‚*wahre* Kirche' zu gebrauchen. Begriffe dieser Art werden zwar in den offiziellen Dokumenten des ökumenischen Dialoges gemieden, aber sie fehlen durchaus nicht in den Lehr- und Rechtstexten dieser Kirchen und in ihren Reflexionen *ad intra* in Bezug auf die Kirchen und Gemeinschaften anderer Konfessionen. Die Frage, auf die ich mich mit diesen Hinweisen beziehen möchte, ist

---

[19] *J. Ratzinger*, Zum Fortgang der Ökumene, in: ThQ 166 (1986) 243–248, 246.
[20] Ebd.

nicht die Frage der Angemessenheit und auch nicht der *Verwendung* (mitunter indirekt, implizit, mitunter hingegen direkt, explizit) dieser Begriffe, sondern vielmehr der Umstand, dass diese Verwendung zu Argumentationen gehört, die *sub aspectu oecumenico* nicht bis ins Letzte transparent werden.

Nehmen wir zum Beispiel die Argumentation in *Dominus Iesus* 17. Wenn die Behauptung, dass gewisse kirchliche Gemeinschaften – eben jene der Reformation – „nicht Kirchen im eigentlichen Sinn" sind, im Zusammenhang des ganzen Textes und seiner Logik gedeutet werden muss, müsste sich daraus ergeben, dass Gemeinschaften dieser Art im Lichte dessen, was über die orthodoxen Kirchen gesagt wird, nicht als *wahre Teilkirchen* betrachtet werden dürfen. Aus welchem Grund sind sie es nicht? Die Erläuterung der vatikanischen Erklärung zeichnet jene in *Unitatis redintegratio* 22 nach und gibt zwei Gründe an: Sie haben „den gültigen Episkopat [propter sacramenti Ordinis defectum] und die ursprüngliche und vollständige Wirklichkeit des eucharistischen Mysteriums nicht bewahrt". Angesichts einer solchen Argumentation fragt man sich: Welche Bedeutung hat dieses Urteil über Episkopat und Eucharistie, wenn man es in jenem grundlegenden Denkhorizont interpretieren will, der nötig ist, um die wahre Identität einer gegebenen Wirklichkeit erfassen und beschreiben zu können? Kann man sagen, dass sie nicht Episkopat und Eucharistie „im eigentlichen Sinn" sind, und damit meinen, dass sie nicht das sind, was sie sein sollten, und dass es sich daher keineswegs um die *wahren* Wirklichkeiten handelt? Weder das *dictum* des Zweiten Vatikanischen Konzils noch jenes der Erklärung gehen bis zu diesem heiklen Punkt. Er ergibt sich aber dennoch als Konsequenz der Gültigkeit der Argumentationsvoraussetzungen des Ausgangspunktes. Kann und muss man dann aber sagen, dass aus römisch-katholischer Sicht die evangelisch-lutherische Feier des Abendmahles nichts Anderes als eine Simulation einer wahren Eucharistiefeier ist? Anders als letztere wäre also die lutherische Feier in der sakramentalen *Nicht-Wahrheit*? Obgleich es sich um unangenehme und ökumenisch keineswegs diplomatische Fragen handelt, drängen sie sich von selbst auf – und erfordern eine klare Antwort, sobald im Dialog die Frage nach der objektiven Wahrheit der kirchlichen Wirklichkeit wichtig wird.

Der Schlüsselpunkt, mit dem diese Art von Denkansatz steht und fällt, ist die Bestimmung jenes Kriteriums, das es gestattet, objektiv zwischen dem *Wahren* und dem *Nicht-Wahren* in Bezug auf das zu unterscheiden, was als kirchlich bezeichnet wird. In der Wahl dieses Kriteriums stimmen alle Kirchen überein: Um von Kirchlichkeit zu sprechen, sei es die eigene oder sei es die eines anderen, betrachten sie die Verbindung mit der Kirche Christi als wesentlich, die das Glaubensbekenntnis die eine, heilige, katholische, apostolische Kirche nennt. Jede Kirche betrachtet sich also als *wahre* Kirche, insofern sie behauptet, die Kirche Christi zu sein. Natürlich muss eine solche Selbstdefinition noch näher bestimmt werden, und die Kirchen tun dies, indem sie ihre Treue zu den *Ursprüngen* hervorheben, die in der Glaubenserfahrung der christlichen Urgemeinde apostolischer Zeit gesehen werden. Die orthodoxen Kirchen und die römisch-katholische Kirche beschreiben diese Bezugnahme mit dem Begriff der ‚apostolischen Tradition', während die evangelisch-lutherischen Kirchen und jene der *Leuenberger Konkordie* es vorziehen, das Wesen dessen, was für die Kirche *ursprünglich* ist, mit der authentischen Lehre des Evangeliums und der rechten Sakramentenspendung zu verbinden.[21]

Derartige nähere Bestimmungen sind jedoch noch nicht vollständig, jedenfalls nicht für die orthodoxen Kirchen und die römisch-katholische Kirche. Denn bei ihnen verlangt die Bezugnahme auf Christus und auf die Urgemeinde (der apostolischen Zeit) als Hüterin, Empfängerin und Übermittlerin seiner Lehre, dass die besondere Rolle in der Gemeinde unterstrichen wird, die die Apostel als Garanten der rechten Überlieferung und ihre Nachfolger, die Bischöfe, spielen. Doch nicht nur das. Es gehört zum orthodoxen und römisch-katholischen Verständnis dessen, was für die Kirche *ursprünglich* ist, diese Bischöfe als die einzigen zu betrachten, die die apostolische Vollmacht (das apostolische Amt) den neuen Bischöfen, den neuen Gliedern der ‚apostolischen Kette‘ übertragen können und müssen. All das ist im Traditionsbegriff eingeschlossen. Es überrascht daher nicht, dass die russisch-orthodoxe Kirche bei der Definition ihrer eigenen *Orthodoxie* (also ihrer eigenen kirchlichen *Wahrhaftigkeit*) im Jahr 2000 von der Voraussetzung ausging, dass das, was *wahr* ist, *orthodox* ist, und umgekehrt, und die folgenden Worte gebrauchte: „Orthodoxie – das ist die innere Qualität der Kirche, die Bewahrung der Wahrheit der Glaubenslehre, der gottesdienstlichen und hierarchischen Ordnung und der Prinzipien des geistlichen Lebens, die seit den Zeiten der Apostel ununterbrochen und unverändert in der Kirche gegenwärtig sind.“[22]

Wenn nun also – wie oben gesagt – das Ernstnehmen der Lehre, des Kultes und der Organisationsform der eigenen Kirche und der Kirchen anderer Konfessionen bedeutet, diese Lehre, diesen Kult und diese Organisationsformen in *ihrer* Wahrheit zu sehen und vor allem die kirchliche Identität (die Kirchlichkeit) der eigenen Kirche sowie der Kirchen anderer Konfessionen in der *Wahrheit* zu sehen, dann muss man die Tatsache akzeptieren, dass jede Kirche in ihrer Lehre auf die oben genannten Kriterien von Kirchlichkeit Bezug nimmt und sich – fast immer stillschweigend – mit derselben Sichtweise im Raum des ökumenischen Dialogs bewegt. Es sei daran erinnert, dass man im Fall der orthodoxen Kirchen und der römisch-katholischen Kirche von einer Art ‚Vereinfachung‘ des Urteils über die *wahre* oder *nicht-wahre* Kirchlichkeit sprechen kann, da es sich im Wesentlichen auf das Begriffspaar von *wahrem* Weihesakrament (ohne das es keine *wahre* Eucharistie gibt) und *wahre* Kirche konzentriert. In dem Sinne: Wo das *wahre* Weihesakrament ist, da ist die *wahre* Kirche. Aber auch: Wo die *wahre* Kirche ist, da ist das *wahre* Weihesakrament. Das bestimmende Element dieses Begriffspaares ist jedoch das Weihesakrament. Denn es wird vorausgesetzt, dass die wahre Kirche diejenige ist, die die *wahre* Lehre und die *wahre* Praxis des Weihesakramentes hat. Aber nicht nur das: Es muss ge-

---

[21] Vgl. CA 7 (BSLK 61). Vgl. auch Nr. 2 der *Leuenburger Konkordie*. Eine Einigung über die *rechte* Lehre des Evangeliums und über die *rechte* Verwaltung der Sakramente ist demnach „zur *wahren* [Hervorhebung L. Ž.] Einheit der Kirche […] notwendig und ausreichend." Was die Frage der *Authentizität* der Lehre des Evangeliums betrifft, so wird diese in Nr. 7–12 der Konkordie geklärt, während die *Rechtmäßigkeit* der Sakramentsfeier in Nr. 13–16 erläutert wird.

[22] *Bischofskonzil der Russischen Orthodoxen Kirche*, Grundprinzipien der Beziehung der Russischen Orthodoxen Kirche zu Andersgläubenden, Moskau, 13.–16.8.2000, online unter: http://tinyurl.com/ Bischofskonzil-Moskau-2000 (Stand: 31.7.2015).

währleistet sein, dass diese Lehre und Praxis auf dem rechten Verständnis und der Verwirklichung des Wesenselementes der wahren Kirche beruhen, nämlich auf der ‚apostolischen Sukzession'.

Eine Darlegung dieser Art mag entmutigen und nahelegen, dass es besser wäre, nach anderen Wegen des ökumenischen Dialogs zu suchen. Außerdem versteht man schlecht, wie das Dargelegte mit der von Ratzinger vorgenommenen positiven Deutung des Begriffs der Differenz zusammenhängt. Woran soll man in der Perspektive der Unterscheidung zwischen *wahr* und *nicht-wahr* denn denken, wenn er behauptet, dass etwas „Positives für den Glauben auf beiden Seiten gewachsen" ist? Kann es denn etwas kirchlich „Positives", also *Wahres* geben, wo die von den Kirchen zur Angabe der *wahren* Kirchlichkeit gebrauchten Kriterien nicht erfüllt werden?

Nach Auffassung von E. Herms beinhaltet der Brief von J. Ratzinger denselben Blick auf das Problem, den er schon seit seinen ersten Forschungen im ökumenischen Bereich (einschließlich seines dem ‚Rahner-Plan' gewidmeten Werkes) herauszuarbeiten sucht und der ihn im Jahr 2001 zu einem der Mitbegründer der Forschungsgruppe *Themen der Fundamentaltheologie in ökumenischer Hinsicht* mit Sitz an der Päpstlichen Lateranuniversität in Rom gemacht hat.[23] Es handelt sich um einen Blick, der es als notwendig erachtet, die Kirche und ihre Spaltungen untereinander in der Perspektive der Fundamentaltheologie, also einer Offenbarungstheologie, zu sehen. Dieser Blick lädt dazu ein, die Lehre, den Kult und die Organisationsform und schon davor das Kirchesein jeder Kirche im Licht der Wahrheit der Offenbarung Gottes in Christus zu betrachten, denn mit all dem, was jede einzelne Kirche ist, lehrt und feiert, kann sie gar nicht umhin, auf dieses Ereignis Bezug zu nehmen, durch das sie ja überhaupt erst geschaffen wurde und von dem allein ja ihre Existenz abhängt. Alle Kriterien, die die Kirchen gewöhnlich gebrauchen, um zwischen dem *Wahren* und dem *Nicht-Wahren* in Bezug auf die Kirchlichkeit einer Wirklichkeit (einer Glaubensgemeinschaft mit ihren Sakramenten und Amtsträgern) zu unterscheiden, können also – einschließlich dem Kriterium, das ‚Tradition' genannt wird – nur von diesem einheitlichen *Gründungshorizont* aus verstanden und verwendet werden, und zwar in dem Sinne, dass einzig dieser Horizont den rechten Maßstab für das Urteil über

---

[23] Für eine Vorstellung der Forschungsgruppe, ihrer Ziele und ihrer Arbeitsmethode verweise ich auf *E. Herms*, Der hermeneutisch-thematische Ansatz des Forschungsprojekts „Grund und Gegenstand des Glaubens", in: G. Frank/A. Käuflein (Hg.), Ökumene heute, Freiburg i. Br. 2010, 341–353; *Ders.*, Über unsere Methode, in: A. Sabetta (Hg.), Fidei doctrinae fundamentum: veritas Evangelii per se ipsam praesens, Città del Vaticano 2013, 81–98; *C. Schwöbel*, „Unterschiedliche Konstruktionsprinzipien" – Problem und Lösungsansatz im ökumenischen Dialog, in: M. Heimbucher (Hg.), Reformation erinnern. Eine theologische Vertiefung im Horizont der Ökumene (Evangelische Impulse 4), Neukirchen-Vluyn 2013, 108–135, v.a. 127–133. Die Arbeitsergebnisse der Forschungsgruppe wurden gesammelt und veröffentlicht in den Bänden E. Herms/L. Žak (Hg.), Grund und Gegenstand des Glaubens nach römisch-katholischer und evangelisch-lutherischer Lehre. Theologische Studien, Tübingen 2008; Dies. (Hg.), Sakrament und Wort im Grund und Gegenstand des Glaubens. Theologische Studien zur römisch-katholischen und evangelisch-lutherischen Lehre, Tübingen 2011; Dies. (Hg.), Taufe und Abendmahl im Grund und Gegenstand des Glaubens. Theologische Studien zur römisch-katholischen und evangelisch-lutherischen Lehre, Tübingen 2015 (i.E.). Weitere zwei Bände sind in Vorbereitung.

die Kirchlichkeit einer Wirklichkeit bildet, indem er objektiv gültige Parameter zur Bestimmung dessen festlegt, was *wahrhaft* kirchlich ist und was nicht.

3 Die Wahrheit der Kirche im Licht der Offenbarung

Ich erlaube mir, daran zu erinnern, dass die Idee von der entscheidenden Bedeutung
der fundamentaltheologischen Perspektive für die theologische Auseinandersetzung über
Schlüsselthemen der Kirchenlehre einschließlich des Themas ‚Kirche' im Bereich des
ökumenischen Dialogs eine für das Denken von E. Herms und seine Forschungsgruppe
zentrale Idee ist. W. Thönissen hat genau das erfasst, wenn er in Bezug auf Letztere sagt,
dass die Überlegungen der Forschungsgruppe innovativ sind, weil sie sich dadurch, dass
das den Glauben begründende Ereignis der Selbstvergegenwärtigung des Heils den Mittelpunkt der Fragestellung bildet, „*auf alle* [Hervorhebung L. Ž.] fundamentaltheologisch-
dogmatischen Fragestellungen ausdehnen lassen"[24]. Und er fügt hinzu: „Damit nimmt
die Forschergruppe Fragen auf, die sich auf das Ökumenismusdekret beziehen, aber bis
heute nicht angemessen berücksichtigt wurden."[25]
   Zugleich möchte ich hervorheben, dass gerade dieser theologische Forschungsansatz
– und die Überzeugung von seiner Nützlichkeit im Bereich des Dialogs vor allem mit der
katholischen Theologie – E. Herms dazu geführt hat, die Hermeneutik des Zweiten Vatikanischen Konzils zur Geltung zu bringen, was auch bei der Abschiedsvorlesung in
Tübingen am 11. Februar 2009 deutlich wurde.[26] Es handelt sich um eine Hermeneutik,
die dem Thema des dreifaltigen Geheimnisses Gottes und seiner Offenbarung in der
Person Jesu Christi ein grundlegendes und performatives *prius* gegenüber jedem anderen
Thema zuerkennt,[27] da die Wirklichkeit der dreifaltigen Offenbarung (das Christusgeschehen) gegenüber jeder einzelnen zum *ordo salutis* – und damit zur Ökonomie des *opus
Dei gratiae* – gehörenden Wirklichkeit konstitutiv ist, und daher ist sie es auch gegenüber
der Wirklichkeit der Kirche. Wenn das Ökumenismus-Dekret in Nr. 11 die Theologie
dazu einlädt, zwischen den Glaubenswahrheiten (die zusammen das *depositum fidei* bilden)
und ihrem Fundament (*fundamentum fidei*) zu unterscheiden, dessen Wahrheit jede Glau-
benswahrheit begründet und deutet, und wenn zugleich das Kapitel 1 der Konstitution
Dei Verbum eine solche Beschreibung der Offenbarung Gottes (seines Willens und seiner
Heilsgnade) in der Person Jesu Christi durch den Heiligen Geist bietet, die in diesem

---

[24] *W. Thönissen*, Aufbruch in ein neues Zeitalter der Kirche. Die Entwicklung des Ökumenismus nach
dem Zweiten Vatikanischen Konzil, in: ThRv 108 (2012) 4, 267–282, 274.
[25] Ebd.
[26] Vgl. *E. Herms*, Die Bedeutung der ökumenischen Bewegung der römisch-katholischen Kirche für die
evangelischen Kirchen, in: *Ders.*, Kirche – Geschöpf und Werkzeug des Evangeliums, Tübingen 2010,
443–464, v.a. 449–456.
[27] Vgl. *E. Herms*, Das fundamentum fidei. Luthers Sicht, in: *Ders.*, Phänomene des Glaubens. Beiträge
zur Fundamentaltheologie, Tübingen 2006, 81–95, 94.

Ereignis das *fundamentum*[28] all dessen sieht, was zu glauben und zu leben ist, dann müssen nach Auffassung von Herms diese Ausrichtungen der beiden Texte als Konsequenz und zugleich auch als Fokussierung genau jener hermeneutischen Interpretation verstanden werden, die die ganze Theologie des Zweiten Vatikanischen Konzils kennzeichnet, auch wenn es einen Unterschied in der Anwendung auf die behandelten Themen gibt, der zweifellos der unterschiedlichen theologischen Sensibilität der Konzilsväter entspringt.

Hier ist nicht der Ort, um diese Interpretationsart der Konzilsversammlung mit jener ihr nahe stehenden Interpretationsart zu vergleichen, die besonders in den letzten Jahrzehnten mit immer größerem Nachdruck in der katholischen Theologie Raum greift (C. Theobald, P. Hünermann, W. Thönissen, J. Wicks, O. Rush u.a.) und die der Konstitution *Dei Verbum* – insofern sie die Offenbarungstheologie des Konzils am weitesten entfaltet – eine hermeneutische Bedeutung und Rolle erster Ordnung zuerkennt, die innerhalb des gesamten Konzilskorpus zur Geltung gebracht werden muss. Es sei darauf verwiesen, dass sich in der katholischen Theologie in letzter Zeit immer deutlicher die Stimmen derer Gehör verschaffen, die aus der Sackgasse der mühseligen Rezeption der Ekklesiologie des Zweiten Vatikanischen Konzils ausbrechen wollen, indem sie eben gerade die theologische Perspektive von *Dei Verbum* ins Zentrum stellen.[29]

Wenn es einerseits wahr ist, dass die entscheidende Bedeutung der hermeneutischen Valenz von *Dei Verbum* für die Ekklesiologie des Konzils von E. Herms vom Anbeginn seiner der Theologie des Zweiten Vatikanischen Konzils gewidmeten Studien gesehen und behauptet worden ist, so ist es ebenso wahr, dass er im hermeneutischen Ansatz des Konzils nur eines der maßgeblichen Beispiele jener Ausrichtung des Denkens sieht, die jede authentische Erneuerungsbewegung in der Kirche und in der Theologie kennzeichnet, auch jene der lutherischen Reformation. Diese Ausrichtung hat das Potenzial, aus der Sackgasse der schwierigen ökumenischen Auseinandersetzungen über die ekklesiologische Frage hinauszuführen.

Entscheidend ist jedoch der Begriff, den man von der Offenbarung Gottes in Christus (dem Christusgeschehen) hat. Von den relevanten Aspekten führe ich wenigstens die folgenden drei an: Der erste Aspekt besteht in der *Komplexität* und *Globalität* des Offenbarungsereignisses. In ihm vollendet sich nämlich die Selbstoffenbarung Gottes als dreifaltiger Schöpfer. „Durch diesen innergeschichtlichen Höhepunkt und Abschluß der Selbstoffenbarung Gottes wird dem Menschen der uranfängliche Wille des Schöpfers, der das Ganze des Weltgeschehens begründet, trägt und lenkt, als der uranfängliche Wille Gottes zur versöhnten und vollendeten Gemeinschaft mit seinem geschaffenen Ebenbild erschlossen. Im Lichte dieser Einsicht präsentiert sich das Ganze des Weltgesche-

---

[28] Zu so einer Deutung – im Licht von *Dei Verbum* – der Idee von *Unitatis redintegratio* 11 und besonders des Begriffs *fundamentum* als Christusgeschehen siehe E. *Herms*, Die ökumenische Bedeutung der Enzykliken Benedikts XVI., in: W. Thiede (Hg.), Der Papst aus Bayern. Protestantische Wahrnehmungen, Leipzig 2010, 151–176, 155–163. Für einen Vergleich mit der Perspektive der Reformation vgl. E. *Herms*, Wort und Kirche im Verständnis der Reformation, in: *Ders.*, Kirche – Geschöpf und Werkzeug (s. Anm. 26), 59–112, 81–95.

[29] Vgl. *M. De Salis*, La ricezione postconciliare della Lumen gentium: piste per superare l'impasse, in: Lateranum 80 (2014) 595–612, 599 f.

hens von Anfang bis Ende als Verwirklichung des heilvollen Schöpferwillens und damit insgesamt als Heilsgeschehen."[30]

Der zweite Aspekt besteht in der den Menschen gegebenen Möglichkeit, aufgrund der Gegenwartsdimension dieses Ereignisses und seiner Auswirkungen und Wirksamkeit im Glauben persönlichen Zugang zu eben diesem Ereignis zu haben. Das will sagen, dass die Offenbarung Gottes in Christus nicht so aufgefasst werden darf, als ob sie in den historisch-geographischen Horizont ihres Sich-Ereignens in der ‚Fülle der Zeit‘ einge-schlossen wäre, sondern dass sie in ihrer Wahrheit verstanden werden muss, dass sie ein universales Ereignis ist, das sich an jede Frau und jeden Mann richtet und das selbst die Voraussetzungen dafür schafft, dass es sich als ‚wahr‘ erfahren lässt, weil es wirklich wirksam ist.

Ferner – und das ist der dritte Aspekt – hat die Offenbarung Gottes in Christus die Dimension der Leibhaftigkeit. Diese ist wesentlich für das Ereignis der Inkarnation: so-wohl in Bezug auf das Personsein des inkarnierten Logos des Schöpfers als auch in Be-zug auf die Tatsache, dass sich die Selbstvergegenwärtigung Gottes in seinem inkarnier-ten Logos durch den Heiligen Geist immer neu unter Einschluss des leibhaften Lebens der Menschen und damit auch unter Einschluss ihres *cooperari* vollzieht. Die Leibhaf-tigkeit gehört essenziell zum innergeschichtlichen Modus des Sich-Gebens des dreieini-gen Gottes, denn sie ist ja die Bedingung der Möglichkeit der Teilnahme an der Gnade und Wahrheit dieses Ereignisses, das den uranfänglichen Schöpferwillen als Gemein-schafts-, Versöhnungs- und Vollendungswillen erschließt. Hierin, in dem so verstande-nen Schöpferwillen, liegt die *Wahrheit* der Offenbarung, ihr tiefster *Sinn*.

Die Wahrheit der ‚Kirche‘ genannten Wirklichkeit muss im Licht der Wahrheit dieses vielschichtigen und umfassenden Ereignisses verstanden werden, das ja das *fundamentum* der Wahrheit des Kircheseins ist. Denn von der Kirche gilt: Sie ist das *Geschöpf* dieses Ereignisses, sie ist der *Ort*, an dem dieses Ereignis in der Geschichte wirksam agiert, sie ist das *Werkzeug* dieses Agierens. Um es mit Bezug auf die Konstitution *Dei Verbum* zu sagen: Die Kirche ist jene Wirklichkeit, die als Werkzeug der Bewahrung und Weitergabe der dreifaltigen Offenbarung in Christus sowie deren Wahrheit und ursprünglichem Sin-ne dient. In diese Bewahrung und Weitergabe ist die Kirche wesentlich mit hineinge-nommen, insofern sie weder ein bloßes ‚Produkt‘ der Offenbarung noch eine Art Dienststelle ist, die mit der Weitergabe der ‚offenbarten Dekrete‘ beauftragt wäre, son-dern sie ist der Ort der innergeschichtlichen Vergegenwärtigung der einzigen Offenba-rung Gottes. *Dei Verbum* 8 erklärt: Der Vater, „der einst gesprochen hat", ist „ohne Un-terlass im Gespräch mit der Braut seines geliebten Sohnes", und durch den Heiligen Geist hallt die „lebendige Stimme des Evangeliums (*viva vox Evangelii*) in der Kirche und durch sie in der Welt" wider.

Es ist für dieses Verständnis der Kausalitätsverbindung zwischen der Wahrheit der Offenbarung (dem Christusgeschehen) und der Wahrheit der ‚Kirche‘ genannten Wirk-lichkeit entscheidend, dass die Kirche das Werkzeug ist, das über die notwendigen Ei-

---

[30] *E. Herms*, Die Bedeutung der ökumenischen Bewegung (s. Anm. 26), 449.

genschaften verfügt, um der Selbstvergegenwärtigung Gottes auf jene Weise des Sich-Ereignens zur Verfügung stehen zu können, die diesem Ereignis zu eigen ist, nämlich auf die Weise der Leibhaftigkeit. Denn die Grundstruktur des Offenbarungsgeschehens ist der einheitliche Zusammenhang eines göttlichen Tuns und Redens, der jeweils, als dieser Zusammenhang, den Charakter eines *leibhaftigen Zeichens* hat, „in dem sich in der geschaffenen Welt für das geschaffene Ebenbild des Schöpfers das Geheimnis von dessen schöpferischem Willen zur Gemeinschaft mit seinem geschaffenen Ebenbild selbst vergegenwärtigt"[31]. Gerade dieses Merkmal bestimmt das Personsein Christi als inkarnierten Logos des Schöpfers. Dasselbe Merkmal bestimmt auch die ‚Kirche‘ genannte Wirklichkeit.

Es bestimmt aber zugleich auch die Handlungen, die die Kirche im Auftrag des inkarnierten Logos als Zeichen der wirksamen Selbstvergegenwärtigung Gottes vollziehen soll, als Zeichen seines uranfänglichen Willens als Gemeinschafts-, Versöhnungs- und Vollendungswillens. Durch diese *Handlungen* wird die Kirche in ihrer Wahrheit, in ihrem Zeichensein *bewahrt*. Um es mit anderen Worten zu sagen: „Sie [die Kirche] ist das Geschöpf des inkarnierten Schöpferlogos, das dieser sich durch die Sendung des Geistes der Wahrheit als diejenige Gemeinschaft geschaffen hat, die dazu da ist, die Sakramente zu feiern, in denen er als das Ursakrament selber wirksam ist und durch die er sich diese Gemeinschaft und ihren Gottesdienst (ihre Sakramentsfeier) als Mittel der dauernden Selbstvergegenwärtigung seines Wirkens erhalten will. Das *eine* Sakrament (der inkarnierte Logos) schafft sich die Kirche als die Vollzugsgemeinschaft der Sakramente, in deren Vollzügen er selbst wirksam ist – den Glauben der Einzelnen weckend und bestimmend und dadurch sich die Gemeinschaft des Glaubens erhaltend."[32]

4 In Richtung auf eine Auseinandersetzung in der Wahrheit

Damit der ökumenische Dialog neue, wichtige und konkrete Schritte nach vorne machen kann, muss er sich mit der Möglichkeit beschäftigen, die Auseinandersetzung über Schlüsselthemen der jeweiligen kirchlichen Lehren – einschließlich der Fragen der Ekklesiologie – im fundamentaltheologischen Horizont zu verorten. Dieser Horizont gestattet es, mit hinreichender Objektivität zwischen dem zu unterscheiden, was – in den Worten von *Unitatis redintegratio* – in Lehre und Praxis der Kirchen und kirchlichen Gemeinschaften „der Wahrheit gemäß" (Nr. 9) ist oder nicht, also zwischen dem, was „der Wahrheit und Wirklichkeit entspricht" (Nr. 10) oder nicht. Und so ermöglicht er eine Antwort auf die Frage, ob und wie die Kirchen und kirchlichen Gemeinschaften zusammen mit ihrer Lehre, ihrem Kult und ihrer Praxis sich *in der Treue* zu ihrer ursprünglichen Berufung bewahrt haben.

---

[31] E. *Herms*, Protokoll der Diskussion, in: E. Herms/L. Žak (Hg.), Sakrament und Wort (s. Anm. 23), 213–270, 239 f.
[32] AaO., 220; vgl. auch aaO., 263 f.

Die entscheidende Frage liegt sicherlich in der Bestimmung jenes Kriteriums, das es – auf objektive und mitvollziehbare Weise – ermöglicht, diese Treue zu messen. Es ist bekannt, dass die römisch-katholische Kirche und die orthodoxen Kirchen dieses Kriterium auf der Ebene der geschichtlich-institutionellen Kontinuität zwischen *dem, was* und *wie* die Kirche lehrt, feiert und heute handelt, und *dem, was* und *wie* in der apostolischen Kirche gelehrt, gefeiert und gehandelt wurde, sehen und dabei die Autorität und Führungsrolle der Bischöfe und (ökumenischen) Konzilien in den Interpretationsvorgängen – die ein Funktionieren dieses Ansatzes erst ermöglichen – für unersetzlich halten. Die protestantischen Kirchen und kirchlichen Gemeinschaften sind dagegen sensibel dafür, dass dieses Kriterium in der Geschichte des Christentums häufig missbraucht wurde, und sprechen von der Treue zum *Evangelium* Christi, zu seinem Wort, dem man sich durch die Heilige Schrift und Predigt annähern kann, und sorgen sich folglich weder um die Kontinuität der geschichtlichen Modalitäten der Interpretationsvorgänge noch um die Kontinuität eigener institutioneller Formen zur Beaufsichtigung und Korrektur dieser Vorgänge.

Wenn man nicht in der Reduktion der beiden Kriterien auf die unfruchtbare und voreingenommene Gegenüberstellung von *sola Traditio* und *sola Scriptura* versinken will, muss man anerkennen, dass beide einen Maßstab der Treue zum Ausdruck bringen, der ernsthaft in Betracht gezogen werden muss. Zugleich erscheint es aber offensichtlich, dass weder das eine noch das andere Kriterium in der Lage ist, Missverständnisse und Missbrauch zu vermeiden, und dass beide nur recht funktionieren können, wenn sie in der Perspektive der dreifaltigen Offenbarung angewandt werden. Diese Perspektive gestattet es ferner anzuerkennen, dass die beiden Kriterien miteinander interagieren können und sich gegenseitig erhellen, da sie ja jeweils einer Ergänzung und darüber hinaus einer beständigen Neuausrichtung in Deutung und Verwirklichung bedürfen. Solcher Art Ergänzung und Neuausrichtung drängen sich von selbst auf, sobald die Frage der Treue zur ursprünglichen Berufung der Kirche von der Wahrheit über die Kirche als Wirklichkeit beleuchtet wird, die von dem *geschaffen* und *erhalten* wird, der im Heiligen Geist als ewiger und inkarnierter Logos des Schöpfers handelt. Diese Wahrheit verbindet das *Geschaffen-Sein* und das *Erhalten-Werden* der Kirche mit ihrem Werkzeug-Sein für die Selbstvergegenwärtigung Gottes und gibt zu verstehen, dass dieses Werkzeug-Sein mit der Verwirklichung des Gebotes zusammenfällt, das Wort, das zum Heil widerhallen soll, die Vergebung und die Versöhnung im Raum der sakramentalen Handlungen zu verkünden, die Christus als erkennbare (insofern *leibhaftige*) und *gewiss wirksame* Zeichen seines Handelns wollte. Um es mit anderen Worten zu sagen, muss also jedes der beiden Kriterien zur Messung der Treue einer bestimmten Kirche oder kirchlichen Gemeinschaft zu ihrer ursprünglichen Berufung ernsthaft die Frage der *tatsächlichen Wirksamkeit* der Selbstvergegenwärtigung des ewigen und inkarnierten Logos des Schöpfers im Heiligen Geist durch die sakramentalen Handlungen in Betracht ziehen, die jedoch, wenn sie als wahrhaft *wirksam* betrachtet werden sollen, in der ganzen Wahrheit dieses Ereignisses betrachtet werden müssen. Diese Wahrheit sagt: Das Christusgeschehen geschieht durch die sakramentalen Handlungen als jenes Ereignis, das im Heiligen Geist geschieht und die

Seinsweise des Glaubens schafft und erhält und zugleich die Kirche schafft und erhält,[33] also jene konkrete Glaubensgemeinschaft, die diese Handlungen in dem Bewusstsein feiert, dass sie die Empfängerin des Gebotes Christi („geht und verkündet", „tut dies") und deshalb auch das Werkzeug seiner Verwirklichung ist.

Die Frage der – mit der *tatsächlichen* Selbstvergegenwärtigung und Handlung des ewigen und inkarnierten Logos des Schöpfers im Heiligen Geist verbundenen – *tatsächlichen Wirksamkeit* der sakramentalen Handlungen, die von einer konkreten Glaubensgemeinschaft vollzogen werden, ist eine ökumenische Frage erster Ordnung, und zwar aufgrund ihrer außerordentlichen ekklesiologischen Bedeutung. Denn wenn es zwischen den Partnern des ökumenischen Dialogs so weit kommt, gegenseitig beim Anderen das Vorhandensein der *tatsächlichen Heilswirksamkeit* wenigstens eines Sakramentes anzuerkennen, und wenn man ferner daran denkt, dass die Sakramente nicht Handlungen eines einzelnen Gläubigen, sondern der Glaubensgemeinschaft sind, dann muss man auch zugeben, dass eine konkrete Gemeinschaft, die jenes bestimmte Sakrament feiert, sich – von einer konsequenten Offenbarungstheologie her gesehen – in jener *konstitutiven Beziehung* gegenüber dem Gekreuzigten und Erhöhten (der hier gegenwärtig und wirksam ist) befindet, die der ‚Kirche' genannten Wirklichkeit zu eigen ist. Jetzt muss man fragen: Hätte denn solch eine *konstitutive Beziehung* nur vorübergehend Bestand, so dass man sagen könnte und müsste, dass eine konkrete Glaubensgemeinschaft nur solange ‚Kirche' wäre, wie sie zum Beispiel gerade wirksam Taufe feiert? Gestattet es die Wahrheit über die Selbstvergegenwärtigung Gottes in Christus anzunehmen, dass es eine *zeitlich befristete* Kirchlichkeit gibt? Wenn eine konkrete Glaubensgemeinschaft eine bestimmte sakramentale Handlung vollzieht, die die Glaubensgemeinschaften der anderen Konfessionen als wirksam anerkennen, äußert sie damit nicht die Wahrheit ihres Werkzeug-Seins für das Sich-hier-und-jetzt-Geben der Gnade und Wahrheit des dreifaltigen Gottes, was wiederum die Wahrheit ihres tatsächlich Geschaffen-Seins und Erhalten-Werdens durch den ausdrückt, der sich durch sie für das Heil vergegenwärtigt? Kann die *Wirkung* (die Konstitution der Kirche als Werkzeug, als *creatura verbi*) dieser Handlungen Gottes einen *nur vorübergehenden* Bestand haben, der sich auflöst, sobald die Feier der sakramentalen Handlung vorüber ist?

Es ist klar, dass diese und ähnliche Fragen – ausgehend von den Fragen, die sich in Bezug auf den *kirchlichen Charakter* (in Bezug sowohl auf die Person des Empfängers als auch auf die feiernde Gemeinschaft) der Taufe stellen – eine Antwort erfordern, die sich, wenn man sie im Licht der Wahrheit des Christusgeschehens suchen und formulieren will, nicht darauf beschränken kann, das hermeneutische Schema anzuwenden, das der Idee der *elementa/dona ecclesiae Christi* (vgl. *Lumen gentium* 8; *Unitatis redintegratio* 3 u. 19; *Ut unum sint* 10–15) zu eigen ist, die es zwar durch die Einnahme eines bestimmten Betrachtungspunktes gestattet, gewisse Unterschiede zwischen den Glaubensgemeinschaften zu machen, aber in fundamentaltheologischer Hinsicht noch nicht hinreichend klar und erschöpfend ist. Mit Bezug auf eine hermeneutische Kehrtwende dieser Art, die im Be-

---

[33] Vgl. *E. Herms*, Das fundamentum fidei (s. Anm. 27), 89–91.

reich des ökumenischen Dialoges wünschenswert wäre, nahm E. Herms zu Recht an, dass es nicht auszuschließen sei, „dass eine solche in der treuen Orientierung an der *veritas rerum* wachsende Theologie […] in den Bereich dessen vorstößt, was bisher noch nicht explizit gedacht und gesagt worden ist"[34].

Eine Kehrtwende dieser Art kann gewiss nicht darin bestehen, dass man unkritisch und um jeden Preis den gegenwärtigen Zustand der Lehre, des Kultes und der Praxis der Kirchen rechtfertigen will. Zugleich verlangt sie jedoch, dass es jeder Glaubensgemeinschaft noch vor irgendeinem Urteil über die anderen gelingt, sich – im Horizont des Christusgeschehens formulierte – Fragen über die eigene Treue zu der Berufung zu stellen, eine Wirklichkeit zu sein, die den Namen ‚Kirche – *creatura verbi*' verdient. E. Herms hatte den Mut – das will ich hier erwähnen – mehrmals den Theologen und Würdenträgern seiner eigenen Kirche diese Fragen zu stellen.[35] Die Einführung dieser Art von Hermeneutik in den ökumenischen Dialog müsste gleichermaßen mit einem Wachsen in dem Bewusstsein einhergehen, als Theologen und kirchliche Würdenträger über jene rechte geistliche Wachsamkeit verfügen zu müssen (vgl. Mk 3,29), die allein es möglich macht, dass wir uns als Christen und als Kirchen *secundum veritatem* betrachten.

(Übersetzung: Andreas Linderer)

---

[34] *E. Herms*, Die ökumenische Bedeutung (s. Anm. 28), 163.
[35] Eines der jüngsten Beispiele dafür ist eine Reihe von Fragen in der Abschiedsvorlesung. Vgl. *E. Herms*, Die Bedeutung der ökumenischen Bewegung (s. Anm. 26), 451–463.

AUTORENVERZEICHNIS

Anzenbacher, Arno, Dr. phil., Professor i. R. für Christliche Anthropologie und Sozialethik an der Katholisch-Theologischen Fakultät der Johannes-Gutenberg-Universität Mainz.

Bayer, Stefan, Dr. rer. pol., Leiter des Fachgebietes Militär und Ökonomie an der Führungsakademie der Bundeswehr in Hamburg und Professor für Volkswirtschaftslehre an der Helmut-Schmidt-Universität, Universität der Bundeswehr Hamburg.

Deuser, Hermann, Dr. theol., Dr. theol. h.c., Professor em. für Systematische Theologie und Religionsphilosophie an der Goethe-Universität Frankfurt a. M., 2006/07 und seit 2008 Fellow am Max-Weber-Kolleg der Universität Erfurt.

Gerlach, Jochen, Dr. theol., Pfarrer, Leiter des Referats Wirtschaft-Arbeit-Soziales der Evangelischen Kirche von Kurhessen-Waldeck, Lehrbeauftragter für Ethik in der Sozialen Arbeit an der Evangelischen Hochschule Darmstadt, Studienstandort Hephata.

Gräb-Schmidt, Elisabeth, Dr. theol., Professorin für Systematische Theologie und Direktorin des Instituts für Ethik an der Evangelisch-Theologischen Fakultät der Eberhard Karls Universität Tübingen.

Härle, Wilfried, Dr. theol., Professor em. für Systematische Theologie/Ethik an der Theologischen Fakultät der Ruprecht-Karls-Universität zu Heidelberg.

Heesch, Matthias, Dr. theol., Professor für Systematische Theologie und theologische Gegenwartsfragen an der Philosophischen Fakultät I der Universität Regensburg.

Hermanni, Friedrich, Dr. phil., Professor für Systematische Theologie an der Evangelisch-Theologischen Fakultät der Eberhard Karls Universität Tübingen und kooptiertes Mitglied der Philosophischen Fakultät.

Hristea, Vasile, Dr. theol., Dozent für Biblische Theologie und Religionsdidaktik an der Pädagogischen Hochschule Weingarten.

Janowski, Bernd, Dr. theol., Professor em. für Altes Testament an der Evangelisch-Theologischen Fakultät der Eberhard Karls Universität Tübingen.

Käfer, Anne, Dr. theol., Privatdozentin für Systematische Theologie an der Eberhard Karls Universität Tübingen; derzeit Gastprofessorin an der Humboldt-Universität zu Berlin.

Kutting, Dirk, Dr. theol., Ev. Pfarrer im Schuldienst, Rabanus-Maurus-Gymnasium, Mainz, Systemischer Berater (DGSF), Honorardozent am RPI Hessen in der Schulseelsorge Weiterbildung, Buchveröffentlichungen zu Themen der Lehrerfortbildung, Schulbuchautor, Mitglied im Gesamtkirchlichen Ausschuss für den Religionsunterricht (EKHN).

Leiner, Martin, Dr. theol., Professor für Systematische Theologie mit Schwerpunkt Ethik an der Theologischen Fakultät der Friedrich-Schiller-Universität Jena.

Lohmann, Friedrich, Dr. theol., Professor für Evangelische Theologie mit dem Schwerpunkt Angewandte Ethik an der Fakultät für Staats- und Sozialwissenschaften der Universität der Bundeswehr München.

Ohst, Martin, Dr. theol., Professor für Historische und Systematische Theologie am Fachbereich Geistes- und Kulturwissenschaften der Bergischen Universität in Wuppertal.

Preul, Reiner, Dr. theol., Professor em. für Praktische Theologie an der Theologischen Fakultät der Christian-Albrechts-Universität zu Kiel.

Rohls, Jan, Dr. theol., MA, Professor em. für Systematische Theologie an der Evangelisch-Theologischen Fakultät der Ludwig-Maximilians-Universität München.

Rosenau, Hartmut, Dr. phil., Professor für Systematische Theologie mit dem Schwerpunkt Dogmatik an der Theologischen Fakultät der Christian-Albrechts-Universität zu Kiel.

Sautter, Hermann, Dr. rer. pol., Professor em. für Wirtschaftswissenschaften mit Schwerpunkt Entwicklungsökonomik, Internationale Ordnungspolitik und Wirtschaftsethik an der Georg-August-Universität Göttingen.

Schlenke, Dorothee, Dr. theol., Professorin für Evangelische Theologie mit dem Schwerpunkt Systematische Theologie an der Pädagogischen Hochschule Freiburg i. Br.

Schuck, Martin, Dr. theol., Pfarrer der Evangelischen Kirche der Pfalz (Protestantische Landeskirche) und Verlagsleiter der Verlagshaus Speyer GmbH.

Schweitzer, Friedrich, Dr. rer. soc. theol. habil., Professor für Praktische Theologie/ Religionspädagogik an der Evangelisch-Theologischen Fakultät der Eberhard Karls Universität Tübingen.

Schwöbel, Christoph, Dr. theol., Professor für Systematische Theologie mit den Schwerpunkten Fundamentaltheologie und Religionsphilosophie an der Evangelisch-Theologischen Fakultät der Eberhard Karls Universität Tübingen.

Seibert, Christoph, Dr. theol., Professor für Systematische Theologie mit dem Schwerpunkt Ethik/Religionsphilosophie am Fachbereich Evangelische Theologie der Universität Hamburg.

Stock, Konrad, Dr. theol., Professor em. für Systematische Theologie an der Evangelisch-Theologischen Fakultät der Rheinischen Friedrich-Wilhelms-Universität Bonn (Dienstsitz Köln); Pfarrer a. D. der Evangelisch-Lutherischen Kirche in Bayern.

Stroh, Ralf, Dr. theol., theologischer Referent für Wirtschafts- und Sozialethik, Zentrum Gesellschaftliche Verantwortung der EKHN, Mainz.

Tilly, Michael, Dr. theol., Professor für Neues Testament und Leiter des Instituts für hellenistische Religionsgeschichte und antikes Judentum an der Evangelisch-Theologischen Fakultät der Eberhard Karls Universität Tübingen.

Žak, Lubomir, Dr. theol., Professor für Fundamentaltheologie mit Schwerpunkt theologischer Erkenntnislehre an der Päpstlichen Lateranuniversität, Rom.

Zippert, Thomas, Dr. theol., Professor für Diakoniewissenschaft an der Fachhochschule der Diakonie in Bielefeld.

PERSONENREGISTER

MARBURGER THEOLOGISCHE STUDIEN

begründet von

Hans Graß und Werner Georg Kümmel

ab Band 19 herausgegeben von
Wilfried Härle und Dieter Lührmann

ab Band 100 herausgegeben von
Friedhelm Hartenstein und Michael Moxter

ERHÄLTLICHE TITEL

Band 113: Marburger Jahrbuch Theologie XXIII. "Christologie". Hrsg. von Elisabeth Gräb-Schmidt und Reiner Preul, 2011.

Band 112: Selbstbestimmung in der Perspektive theologischer Ethik. Hrsg. von Frank Martin Brunn und Alexander Dietz, 2011.

Band 111: Marburger Jahrbuch Theologie XXII. "Ästhetik". Hrsg. von Elisabeth Gräb-Schmidt und Reiner Preul, 2010.

Band 110: Anknüpfung und Aufbruch. Hermeneutische, ästhetische und politische Perspektiven der Theologie. Hrsg. von Cornelia Richter, 2011.

Band 109: Warnemann, Alexander: Der Marburger Theologe Hans Graß. Die entmythologisierte Dogmatik, 2012.

Band 108: Zerrath, Martin: Vollendung und Neuzeit. Transformation der Eschatologie bei Blumenberg und Hirsch, 2011.

Band 107: Marburger Jahrbuch Theologie XXI. "Wahrheit". Hrsg. von Wilfried Härle und Reiner Preul, 2009.

Band 106: Riede, Peter: Schöpfung und Lebenswelt. Studien zur Theologie und Anthropologie des Alten Testaments, 2009.

Band 105: Marburger Jahrbuch Theologie XX. „Sünde". Hrsg. von Wilfried Härle und Reiner Preul, 2008.

Band 104: Dahnelt, Rainer: Funktion und Gottesbegriff. Der Einfluss der Religionssoziologie auf die Theologie am Beispiel von Niklas Luhmann und Falk Wagner, 2009.

Band 103: Sparn, Walter: Frömmigkeit, Bildung, Kultur. Theologische Ausätze I: Lutherische Orthodoxie und christliche Aufklärung in der frühen Neuzeit, 2012.

Band 102: Preul, Reiner: Die soziale Gestalt des Glaubens. Aufsätze zur Kirchentheorie, 2008.

Band 101: Marburger Jahrbuch Theologie XIX. „Personalität Gottes". Hrsg. von Wilfried Härle und Reiner Preul, 2007.

Band 100: Menschenbild und Theologie. Beiträge zum interdisziplinären Gespräch. Hrsg. von Frank Martin Brunn, Alexander Dietz, Christian Polke, Sibylle Rolf und Anja Siebert, 2007.

Band 99: Härle, Wilfried: Willensfreiheit und Prädestination, 2009. *vergriffen*

Band 98: Haigis, Peter: Pluralismusfähige Ekklesiologie. Zum Selbstverständnis der evangelischen Kirche in einer pluralistischen Gesellschaft, 2008.

Band 97: Ethik im Kontinuum. Beiträge zur relationalen Erkenntnistheorie und Ontologie. Hrsg. von Wilfried Härle, 2008.

Band 96: Stock, Konrad: Die Gegenwart des Guten. Schriften zur Theologie, 2006.

Band 94: Marburger Jahrbuch Theologie XVIII. „Verstehen über Grenzen hinweg". Hrsg. von Wilfried Härle und Reiner Preul, 2006.

Band 93: Bäder-Butschle, Ivo: Interpretation der moralischen Welt. Michael Walzers Phi-losophie der moralischen Praxis als Impuls für die theologische Ethik, 2006.

Band 92: Lehmeier, Karin: Oikos und Oikonomia. Antike Konzepte der Haushaltsführung und der Bau der Gemeinde bei Paulus, 2006. *vergriffen*

Band 91: Künstliche Intelligenz und menschliche Person, Hrsg. von Wolfgang Achtner, Johannes Dittmer, Anja Haag, Christoph Keil, Martin Jung, Heike Preising, Axel Schumann-Luck und Vladislav Soskin, 2006.

Band 90: Theologie zwischen Pragmatismus und Existenzdenken. FS für Herrman Deuser. Hrsg. von Gesche Linde, Richard Purkarthofer, Heiko Schulz und Peter Steinacker, 2006.

Band 89: Marburger Jahrbuch Theologie XVII. „Menschenwürde". Hrsg. von Wilfried Härle und Reiner Preul, 2005.

Band 88: Spengler, Franziska Friederike: Kindsein als Menschsein. Beitrag zu einer integrativen theologischen Anthropologie, 2005.

Band 87: Holtmann, Thomas: Die Magier vom Osten und der Stern. Mt 2,1-12 im Kontext frühchristlicher Traditionen, 2005.

Band 86: Russische Religionsphilosophie und Theologie um 1900. Hrsg. von Karl Pinggéra, 2005.

Band 85: Patristica et Oecumenica. Festschrift für Wolfgang A. Bienert. Hrsg. von Peter Gemeinhardt und Uwe Kühneweg, 2004.

Band 84: Marburger Jahrbuch Theologie XVI. Das Selbst in der Evolution. Hrsg. von Wilfried Härle und Reiner Preul, 2004.

Band 83: Latzel, Thorsten: Theologische Grundzüge des Heidelberger Katechismus. Eine fundamentaltheologische Untersuchung seines Ansatzes zur Glaubenskommunikation, 2004.

Band 82: Kutting, Dirk: Gesinnungsbildung. Die humanistische Schul- und Bildungstheorie Hartmut von Hentigs in theologischer Sicht, 2004.

Band 81: Volkmann, Stephan: Der Zorn Gottes. Studien zur Rede vom Zorn Gottes in der evangelischen Theologie, 2004.

Band 80: Systematisch praktisch. Festschrift für Reiner Preul. Hrsg. von Wilfried Härle, Bernd-Michael Haese, Kai Hansen und Eilert Herms, 2005.

Band 79: Janssen, Bernd-Holger: Die Inkarnation und das Werden der Menschheit. Eine Interpretation der Weihnachtspredigten Friedrich Schleiermachers im Zusammenhang mit seinem philosophisch-theologischen System, 2003.

Band 78: Schwöbel, Marlene: Kirche auf dem Prüfstand. Eine Untersuchung zu den theologischen Orientierungen kirchlicher Strukturplanung, 2003.

Band 77: Charbonnier, Ralph: Technik und Theologie. Ein theologischer Beitrag zum interdisziplinären Technikdiskurs unter besonderer Berücksichtigung der Theologie F.D.E. Schleiermachers, 2003.

Band 76: Die bleibende Gegenwart des Evangeliums. Festschrift für Otto Merk. Hrsg. von Roland Gebauer und Martin Meiser, 2003.

Band 75: Theologie und Kirchenleitung. Festschrift für Peter Steinacker. Hrsg. von Her-mann Deuser, Gesche Linde und Sigurd Rink, 2003.

Band 74: Marburger Jahrbuch Theologie XV. Religion. Hrsg. von Wilfried Härle und Reiner Preul, 2003. *vergriffen*

Band 73: Harbeck-Pingel, Bernd: Gesellschaft und Reich Gottes. Studien zu Alterität, Kommunikation und Handlung, 2003.

Band 72: Reinhardt, Ursula: Religion und moderne Kunst in geistiger Verwandtschaft. Robert Musils Roman „Der Mann ohne Eigenschaften" im Spiegel christlicher Mystik, 2003.

Band 71: Marburger Jahrbuch Theologie XIV. Ethik und Recht. Hrsg. von Wilfried Härle und Reiner Preul, 2002.

Band 70: Leben und Kirche. Festschrift für Wilfried Härle. Hrsg. von Uta Andrée, Frank Miege und Christoph Schwöbel, 2001.